le Guide du routard

Directeur de collection et auteur
Philippe GLOAGUEN

Cofondateurs
Philippe GLOAGUEN et Michel DUVAL

Rédacteur en chef
Pierre JOSSE

Rédacteurs en chef adjoints
Amanda KERAVEL et Benoît LUCCHINI

Directrice de la coordination
Florence CHARMETANT

Rédaction
Olivier PAGE, Véronique de CHARDON,
Isabelle AL SUBAIHI, Anne-Caroline DUMAS,
Carole BORDES, André PONCELET,
Marie BURIN des ROZIERS,
Thierry BROUARD, Géraldine LEMAUF-BEAUVOIS,
Anne POINSOT, Mathilde de BOISGROLLIER,
Alain PALLIER, Gavin's CLEMENTE-RUÏZ
et Fiona DEBRABANDER

THAÏLANDE

2007

Hachette

Avis aux hôteliers et aux restaurateurs

Les enquêteurs du *Guide du routard* travaillent dans le plus strict anonymat. Aucune réduction, aucun avantage quelconque, aucune rétribution n'est jamais demandé en contrepartie. Face aux aigrefins, la loi autorise les hôteliers et restaurateurs à porter plainte.

Hors-d'œuvre

Le *Guide du routard,* ce n'est pas comme le bon vin, il vieillit mal. On ne veut pas pousser à la consommation, mais évitez de partir avec une édition ancienne. Les modifications sont souvent importantes.

ON EN EST FIERS : www.routard.com

Tout pour préparer votre voyage en ligne, de A comme argent à Z comme Zanzibar : des fiches pratiques sur 125 destinations (y compris les régions françaises), nos tuyaux perso pour voyager, des cartes et des photos sur chaque pays, des infos météo et santé, la possibilité de réserver en ligne son visa, son vol sec, son séjour, son hébergement ou sa voiture. En prime, *routard mag,* véritable magazine en ligne, propose interviews de voyageurs, reportages, carnets de route, événements culturels, dossiers pratiques, produits nomades, fêtes et infos du monde. Et bien sûr : des concours, des *chats,* des petites annonces, une boutique de produits de voyage...

Les réductions accordées à nos lecteurs ne sont jamais demandées par nos rédacteurs afin de préserver leur indépendance. Les hôteliers et restaurateurs sont sollicités par une société de mailing, totalement indépendante de la rédaction qui reste libre de ses choix. De même pour les autocollants et plaques émaillées.

Mille excuses, on ne peut plus répondre individuellement aux centaines de CV reçus chaque année.

Le contenu des annonces publicitaires insérées dans ce guide n'engage en rien la responsabilité de l'éditeur.

TABLE DES MATIÈRES

COMMENT Y ALLER ?

QUITTER LE PAYS

GÉNÉRALITÉS

BANGKOK ET SES ENVIRONS

AU SUD-EST DE BANGKOK

À L'OUEST DE BANGKOK

AU NORD DE BANGKOK

LA PLAINE CENTRALE

CHIANG MAI ET SA RÉGION

À L'OUEST DE CHIANG MAI : LA PROVINCE DE MAE HONG SON

De Mae Hong Son à Chiang Mai par Pai

CHIANG RAI ET LE TRIANGLE D'OR

LE NORD-EST

DE MUKDAHAN À KHONG CHIAM

SUR LA ROUTE DES CITADELLES KHMÈRES, DE PHIMAI AU PREAH VIHARN

LE SUD : ITINÉRAIRE BANGKOK – HAT YAI

DE HUA HIN À SURAT THANI

À L'EST : LES ÎLES ENTRE KO SAMUI ET KO TAO

À L'OUEST : DE PHUKET À HAT YAI

ET PLUS AU SUD...

LES GUIDES DU ROUTARD 2007-2008

(dates de parution sur **www.routard.com**)

France

Nationaux

- **Camping en France (avril 2007)**
- Nos meilleures chambres d'hôtes en France
- Nos meilleurs hôtels et restos en France
- Nos meilleures tables à la ferme en France
- Petits restos des grands chefs

Régions françaises

- Alpes
- Alsace
- Aquitaine
- Ardèche, Drôme
- Auvergne, Limousin
- Bourgogne
- Bretagne Nord
- Bretagne Sud
- Châteaux de la Loire
- Corse
- Côte d'Azur
- Franche-Comté
- Île-de-France
- Languedoc-Roussillon
- **Lorraine (janvier 2007)**
- Lot, Aveyron, Tarn
- Nord-Pas-de-Calais
- Normandie
- Pays basque (France, Espagne)
- Pays de la Loire
- Poitou-Charentes
- Provence
- Pyrénées, Gascogne

Villes françaises

- Bordeaux
- Lille
- Lyon
- Marseille
- Montpellier
- Nice
- **Strasbourg (avril 2007)**
- Toulouse

Paris

- Junior à Paris et ses environs
- Paris
- Paris balades
- Paris exotique
- Paris la nuit
- Paris sportif
- Paris à vélo
- Paris zen
- Restos et bistrots de Paris
- Le Routard des amoureux à Paris
- Week-ends autour de Paris

Europe

Pays européens

- Allemagne
- Andalousie
- Andorre, Catalogne
- Angleterre, Pays de Galles
- Autriche
- Baléares
- Belgique
- Castille, Madrid (Aragon et Estrémadure)
- Crète
- Croatie
- Écosse
- Espagne du Nord-Ouest (Galice, Asturies, Cantabrie)
- Finlande
- Grèce continentale
- Hongrie, République tchèque, Slovaquie
- Îles grecques et Athènes
- Irlande
- Islande
- Italie du Nord
- Italie du Sud
- **Lacs italiens (décembre 2006)**
- Malte
- Norvège, Suède, Danemark
- Pologne et capitales baltes
- Portugal
- Roumanie, Bulgarie
- Sicile
- Suisse
- Toscane, Ombrie

LES GUIDES DU ROUTARD 2007-2008 (suite)

(dates de parution sur **www.routard.com**)

Villes européennes

- Amsterdam
- Barcelone
- Berlin
- Florence
- **Lisbonne (octobre 2006)**
- Londres
- Moscou, Saint-Pétersbourg
- Prague
- Rome
- Venise

Amériques

- Argentine
- Brésil
- Californie
- Canada Ouest et Ontario
- Chili et île de Pâques
- Cuba
- Équateur
- États-Unis côte Est
- Floride, Louisiane
- Guadeloupe, Saint-Martin, Saint-Barth
- **Guatemala, Yucatán (novembre 2006)**
- Martinique, Dominique, Sainte-Lucie
- Mexique
- New York
- Parcs nationaux de l'Ouest américain et Las Vegas
- Pérou, Bolivie
- Québec et Provinces maritimes
- République dominicaine (Saint-Domingue)

Asie

- Birmanie (Myanmar)
- Cambodge, Laos
- Chine (Sud, Pékin, Yunnan)
- Inde du Nord
- Inde du Sud
- Indonésie
- Istanbul
- Jordanie, Syrie
- Malaisie, Singapour
- Népal, Tibet
- Sri Lanka (Ceylan)
- Thaïlande
- Turquie
- Vietnam

Afrique

- Afrique de l'Ouest
- Afrique du Sud
- Égypte
- Île Maurice, Rodrigues
- Kenya, Tanzanie et Zanzibar
- Madagascar
- Maroc
- Marrakech
- Réunion
- Sénégal, Gambie
- Tunisie

Guides de conversation

- Allemand
- Anglais
- **Arabe du Maghreb (mars 2007)**
- **Arabe du Proche-Orient (mars 2007)**
- Chinois
- Croate
- Espagnol
- Grec
- Italien
- Portugais
- Russe

Et aussi...

- Le Guide de l'humanitaire

Nous tenons à remercier tout particulièrement Loup-Maëlle Besançon, Thierry Bessou, Gérard Bouchu, François Chauvin, Grégory Dalex, Fabrice de Lestang, Cédric Fischer, Carole Fouque, Michelle Georget, David Giason, Lucien Jedwab, Emmanuel Juste, Florent Lamontagne, Philippe Martineau, Jean-Sébastien Petitdemange, Laurence Pinsard, Thomas Rivallain, Déborah Rudetzki, Claudio Tombari et Solange Vivier pour leur collaboration régulière.

Et pour cette nouvelle collection, nous remercions aussi :

David Alon et Andréa Valouchova
Bénédicte Bazaille
Jean-Jacques Bordier-Chêne
Ellenore Busch
Louise Carcopino
Florence Cavé
Raymond Chabaud
Alain Chaplais
Bénédicte Charmetant
Cécile Chavent
Stéphanie Condis
Agnès Debiage
Tovi et Ahmet Diler
Clélie Dudon
Sophie Duval
Sophie Ferard
Julie Fernandez
Alain Fisch
Suzel Gary
Adrien et Clément Gloaguen
Romuald Goujon
Stéphane Gourmelen
Pierre Granoux
Claudine de Gubernatis
Xavier Haudiquet
Claude Hervé-Bazin
Claire d'Hautefeuille
Bernard Hilaire
Lionel Husson
Sébastien Jauffret
François et Sylvie Jouffa
Hélène Labriet
Lionel Lambert
Vincent Launstorfer
Francis Lecompte
Jacques Lemoine
Sacha Lenormand
Valérie Loth
Dorica Lucaci
Philippe Melul
Kristell Menez
Delphine Meudic
Éric Milet
Jacques Muller
Anaïs Nectoux
Alain Nierga et Cécile Fischer
Hélène Odoux
Caroline Ollion
Nicolas Pallier
Martine Partrat
Odile Paugam et Didier Jehanno
Xavier Ramon
Dominique Roland et Stéphanie Déro
Corinne Russo
Caroline Sabljak
Prakit Saiporn
Jean-Luc et Antigone Schilling
Brindha Seethanen
Nicolas Tiphagne
Charlotte Valade
Julien Vitry

Direction : Nathalie Pujo
Contrôle de gestion : Joséphine Veyres et Céline Déléris
Responsable éditoriale : Catherine Julhe
Édition : Matthieu Devaux, Stéphane Renard, Magali Vidal, Marine Barbier-Blin, Géraldine Péron, Jean Tiffon, Olga Krokhina et Sophie Touzet
Secrétariat : Catherine Maîtrepierre
Préparation-lecture : Dorica Lucaci
Cartographie : Frédéric Clémençon et Aurélie Huot
Fabrication : Nathalie Lautout et Audrey Detournay
Couverture : conçue et réalisée par Thibault Reumaux
Direction marketing : Dominique Nouvel, Lydie Firmin et Juliette Caillaud
Responsable partenariats : André Magniez
Édition partenariats : Juliette Neveux et Raphaële Wauquiez
Informatique éditoriale : Lionel Barth
Relations presse : Danielle Magne, Martine Levens et Maureen Browne
Régie publicitaire : Florence Brunel

NOS NOUVEAUTÉS

GUATEMALA, YUCATÁN (novembre 2006)

Une région que nous aurions pu tout aussi bien intituler « Le Pays maya ». Que l'on atterrisse à Ciudad Guatemala ou à Cancún, que l'on passe par le Chiapas ou par le Belize pour rejoindre le Yucatán ou le Guatemala, partout on est en territoire maya. À la fin d'un tel circuit, cette civilisation aux coutumes toujours vives n'aura plus de secret pour vous. Malgré sa petite superficie, le Guatemala offre une palette étonnamment variée de paysages, de climats, de coutumes locales qui raviront les amateurs de vestiges, de culture et de dépaysement. Flores, ravissante île posée sur le lac Petén, Itza et Tikal, site splendide en pleine forêt vierge. Alentour, enfouis dans la jungle, d'autres sites moins connus attendent les randonneurs aguerris. Le lac Atitlán, l'un des plus beaux du monde, avec sa couronne de volcans, est bordé d'un chapelet de villages hors du temps. Antigua, ancienne capitale coloniale et plus belle ville du pays, mérite à elle seule une étape de plusieurs jours. Et puis, changement de décor ! À bord d'une *lancha* vous descendrez le *río Dulce* jusqu'à Livingston, au bord de l'Atlantique, refuge des *Garifunas,* des descendants d'esclaves, présents aussi au Belize tout proche. Ici, on vit au rythme d'une musique caraïbe. Enfin, près de Cobán, ne manquez pas de rendre visite à l'oiseau-roi des Mayas, le *quetzal,* volatile rare et somptueux, qui a donné son nom à la monnaie locale. Escalade des volcans ou des pyramides, plongée dans les eaux turquoise du Belize et du Yucatán, découverte des biotopes complèteront ce superbe voyage.

LACS ITALIENS (décembre 2006)

Le lac Majeur, le lac de Garde, Côme, Lugano, Orta, Iseo... Des romantiques du XIXe siècle aux stars hollywoodiennes, les lacs italiens n'ont cessé d'attirer et de séduire le visiteur. Nous sommes tous envoûtés par ces rivages nichés dans des paysages préalpins de toute beauté. Après avoir savouré le charme des villages du lac Majeur et du lac de Côme, leurs fastueuses villas entourées de jardins somptueux, peut-être serez-vous tenté alors par une virée helvète, à Locarno ou au bord du petit lac de Lugano. C'est là que vous vous attablerez dans les charmants *grotti,* ces petites auberges de campagne où l'on dévore un plateau de charcuterie (ou la spécialité locale) tout en s'abreuvant du vin du patron. Dans cette région de balades, entre villes et montagnes, le routard pourra toujours choisir entre le glamour et l'agitation des petites villes chic qui bordent les lacs et l'authenticité des coins perdus sur les hauteurs, dans une nature généreuse et escarpée qui offrira aux randonneurs une multitude de sentiers à explorer.

LES QUESTIONS QU'ON SE POSE LE PLUS SOUVENT

➤ ***La Thaïlande est-elle un pays cher ?***
Non, c'est même un pays où le rapport entre la qualité de ce qu'on vous propose et le prix demandé reste exceptionnel, que ce soit pour l'hébergement, la nourriture ou les excursions. En revanche, certaines stations balnéaires et les îles du sud du pays sont devenues assez onéreuses.

➤ ***Faut-il y aller malgré le tsunami ?***
Que les choses soient claires : il n'y a quasiment plus de trace du tsunami, et tout a été reconstruit, y compris à Ko Phi Phi, Phuket, etc. Seule la zone de Khao Lak (côte sud) reste abîmée.

➤ ***Quelle est la meilleure période pour y aller ?***
De novembre à février, quand les températures sont agréables et pas encore insupportables. De mars à août, le thermomètre grimpe rapidement et il fait très chaud. Évitez la saison des pluies, en septembre et octobre principalement.

➤ ***Quel est le décalage horaire ?***
Compter 5 h d'avance sur Paris en été ; 6 h en hiver. Quand il est midi à Paris, il est 17 h (été) ou 18 h (hiver) à Bangkok.

➤ ***Un visa est-il nécessaire ?***
Non, si vous restez moins de 30 jours sur place. Au-delà, il faudra impérativement vous en procurer un.

➤ ***Y a-t-il des problèmes de sécurité ?***
Pas plus mais pas moins que dans tout pays hautement touristique. Une vigilance naturelle est de rigueur, surtout dans le Nord, à la frontière birmane.

➤ ***Quels sont les secteurs les plus culturels ?***
Bangkok, la plaine centrale et le Nord. On y trouve les plus beaux temples, les minorités ethniques, et toute la spiritualité du pays. Le Sud attire surtout pour ses plages.

➤ ***Peut-on emmener les enfants en Thaïlande ?***
Oui, sans souci. Il n'y a pas de problème sanitaire particulier, la Thaïlande dispose de bons hôpitaux et venir en famille vous ouvre de nombreuses portes tant les Thaïs adorent les enfants.

➤ ***Dans quelle région les plages sont-elles les plus belles ?***
Dans les îles du Sud. Petit palmarès : Ko Samui pour sa douceur de vivre, Ko Tarutao ou Ko Bulon Lae pour jouer les Robinson, Ko Tao et Ko Phi Phi pour les amateurs de plongée.

➤ ***Y a-t-il de bons spots de plongée ?***
La Thaïlande regorge de très beaux spots, comme autour de Ko Phi Phi, Ko Tao, ou encore Ko Lipe. Quant aux îles Similan et Surin, elles figurent parmi les plus beaux spots du monde.

➤ ***Quel est le meilleur moyen de transport ?***
Le bus offre pas mal de liberté, les liaisons entre les villes sont assez nombreuses et pas chères. La location de voitures est possible (routes bien goudronnées), même sur certaines îles comme Ko Samui ou Ko Lanta. Attention, conduite à gauche. Pour les motos, prudence et casque de rigueur, les bécanes – et les routes – ne sont pas toujours en bon état. En voiture ou à moto, toujours bien vérifier l'assurance.

➤ ***Est-il nécessaire de parler l'anglais ?***
Il est préférable de connaître quelques mots d'anglais, mais on se fait facilement comprendre quel que soit le langage utilisé (mimes, dessins... !).

➤ ***Est-il vrai qu'il y a de la prostitution partout ?***
Non, il y a certes beaucoup de prostitution, mais elle est cantonnée à certaines régions et à certaines villes. Il suffit d'éviter ces coins pour ne pas rencontrer ce phénomène.

COMMENT Y ALLER ?

LES COMPAGNIES RÉGULIÈRES

VOLS SANS ESCALE

▲ AIR FRANCE

Renseignements et réservations au ☎ 0820-820-820 (0,12 €/mn – de 6 h 30 à 22 h), sur • www.airfrance.fr •, dans les agences Air France et dans toutes les agences de voyages.
– *Bangkok :* Vorawat Building (20e étage), 849 Silom Rd. ☎ 02-635-11-91. Fax : 02-635-12-14.
Air France propose une gamme de tarifs accessibles à tous : du *Tempo 1* (le plus souple) au *Tempo 5* (le moins cher), selon les destinations. Pour les moins de 25 ans, Air France propose des tarifs très attractifs, *Tempo Jeunes,* ainsi qu'une carte de fidélité (Fréquence Jeune) gratuite et valable sur l'ensemble des compagnies membres de Skyteam. Cette carte permet de cumuler des *miles.*
Tous les mercredis dès 0 h, sur • www.airfrance.fr •, Air France propose les tarifs « Coup de cœur », une sélection de destinations en France pour des départs de dernière minute.
Sur Internet, possibilité de consulter les meilleurs tarifs du moment, rubrique « Offres spéciales », « Promotions ».

▲ THAI AIRWAYS INTERNATIONAL

– *Paris :* 23, av. des Champs-Élysées, 75008. ☎ 01-44-20-70-80. Fax : 01-45-63-75-69. • www.thaiairways.fr • Ⓜ Franklin-D.-Roosevelt.
– *Nice :* 8, av. Félix-Faure, 06000. ☎ 04-93-13-80-80. Fax : 04-93-13-43-43.
➢ La compagnie assure 7 vols par semaine sur Bangkok sans escale au départ de Roissy 1. Depuis Bangkok, Thai Airways dessert 14 villes en Thaïlande. Un pass « Amazing Thailand » de 3 coupons est disponible pour 179 US$ (59 US$ le coupon supplémentaire, avec un maximum de 8 coupons, mais prix soumis aux variations saisonnières). Réservations et achats possibles avant le départ.

VOLS AVEC ESCALE

▲ CATHAY PACIFIC

– *Neuilly-sur-Seine :* 8, rue de l'Hôtel-de-Ville, 92200. ☎ 01-41-43-75-75. • www.cathaypacific.com/fr •
➢ Un vol quotidien Paris – Hong Kong et 6 vols par jour entre Hong Kong et Bangkok.

▲ GULF AIR

– *Paris :* 9, rue de Téhéran, 75008. Renseignements et réservations au ☎ 01-49-52-41-41. Fax : 01-49-52-03-15. • www.gulfair.fr • bkk@gulfair.fr • Ⓜ Miromesnil. Onze vols par semaine via Bahrain ou Moscate au départ de Paris, aéroport de Roissy-CDG, pour Bangkok.
– *Bangkok :* 3 Maneeya Centre Bldg, Ploenchit Rd, 10500. ☎ 254-79-31. Fax : 252-52-56.

▲ **KLM**

☎ 0890-710-710 (0,15 €/mn). Fax : 0890-712-714. • www.klm.fr • Réservation ouverte tous les jours.

➢ La Thaïlande est reliée quotidiennement, via Amsterdam-Schiphol, à Bordeaux, Lyon, Marseille, Nice, Paris et Toulouse.

▲ **LUFTHANSA**

BP 72, 92105 Boulogne-Billancourt Cedex.

– *Agence Star Alliance :* 106, bd Haussmann, 75008 Paris.

Informations et réservations au ☎ 0820-020-030 (n° Indigo). • www.lufthansa.fr •

➢ Lufthansa dessert Bangkok 14 fois par semaine au départ de Paris, Lyon, Nice, Marseille, Toulouse, Bordeaux, Strasbourg et Mulhouse (via Francfort ou Munich). Depuis Bangkok, correspondances vers Chiang Mai, Chiang Rai, Hat Yai, Phuket et Surat Thani en collaboration avec Thai Airways.

▲ **MALAYSIA AIRLINES**

– *Paris :* 12, bd des Capucines, 75009. ☎ 01-44-51-64-20. Ⓜ Opéra. • www.malaysiaairlines.com •

➢ Malaysia Airlines dessert Bangkok à raison de 5 vols par semaine au départ de Roissy-CDG. Départs tous les jours sauf mercredi et jeudi via Kuala Lumpur. Retour tous les jours sauf mardi et mercredi.

▲ **SINGAPORE AIRLINES**

– *Paris :* 43, rue Boissière, 75116. ☎ 0821-230-380 (0,12 €/mn). • www.singaporeair.fr •

➢ Propose un vol quotidien Paris-Singapour sans escale et 6 correspondances quotidiennes vers Bangkok, 26 correspondances hebdomadaires vers Phuket et 4 hebdomadaires vers Chiang Mai.

VOLS INTÉRIEURS : LES COMPAGNIES *LOW-COST*

Le bon plan. Ce sont des compagnies dites « à bas prix ». Une révolution dans le monde aérien ! Retrouvez tous nos tuyaux plus loin dans la rubrique « Transports » des « Généralités ».

LES ORGANISMES DE VOYAGES

– Ne pas croire que les vols à tarif réduit sont tous au même prix pour une même destination à une même époque : loin de là. On a déjà vu, dans un même avion partagé par deux organismes, des passagers qui avaient payé 40 % plus cher que les autres. De plus, une agence bon marché ne l'est pas forcément toute l'année (elle peut n'être compétitive qu'à certaines dates bien précises). Donc, contactez tous les organismes et jugez vous-même.

– Les organismes cités sont classés par ordre alphabétique, pour éviter les jalousies et les grincements de dents.

EN FRANCE

▲ **ASIA**

– *Paris : Asia* et *Air Asia,* 1, rue Dante, 75005. ☎ 01-44-41-50-10. Fax : 01-44-41-50-19. • www.asia.fr • Ⓜ Maubert-Mutualité.

– *Lyon :* 11, rue du Président-Carnot, 69002. ☎ 04-78-38-30-40. Fax : 04-78-92-85-18.

– *Marseille :* 424, rue Paradis, 13008. ☎ 04-91-16-72-32. Fax : 04-91-77-84-41.
– *Nice :* 23, rue de la Buffa, 06000. ☎ 04-93-82-41-41. Fax : 04-93-88-83-15.
– *Toulouse :* 5, rue Croix-Baragnon, 31000. ☎ 05-61-14-51-50. Fax : 05-61-14-51-59.
En Thaïlande, Asia conçoit votre voyage avec vous, selon vos envies, vos contraintes et votre budget. Asia, c'est aussi des produits maison hors des sentiers battus : *Mékhala,* barge de rivière et petit hôtel flottant pour relier Bangkok à Ayuthaya ; le *Lisu Lodge* pour séjourner au nord de la Thaïlande dans une tribu Lisu, etc. Pour le farniente, Asia a également sélectionné des hôtels de charme ou de luxe sur les plus belles plages d'Asie. Pour les amateurs de voyages en petits groupes, Asia propose une vingtaine de circuits à travers toute l'Asie dans sa brochure « Tentation », ainsi que 8 séjours sur les plus belles plages d'Asie. Avec la brochure « Air Asia » : des vols réguliers à prix charters pour parcourir l'Asie, de l'Ouzbékistan au Japon et de la Chine à la Nouvelle-Zélande, sans oublier l'Australie.

▲ BOURSE DES VOLS / BOURSE DES VOYAGES

Pour connaître les derniers « Bons Plans » de la Bourse des Vols / Bourse des Voyages, rendez-vous sur le site • www.bdv.fr • ou par téléphone, appelez le ☎ 0892-888-949 (0,34 €/mn), agence ouverte du lundi au samedi de 8 h à 22 h. Agence de voyages en ligne, bdv.fr propose une vaste sélection de vols secs, séjours et circuits à réserver en ligne ou par téléphone. Pour bénéficier des meilleurs tarifs aériens, même à la dernière minute, le service de Bourse des Vols propose en temps réel un large panel de vols réguliers, charters et dégriffés au départ de Paris et de nombreuses villes de province à destination du monde entier ! Référençant les offres d'une trentaine de tour-opérateurs spécialistes, Bourse des Voyages permet aux internautes d'accéder à une gamme étendue de voyages répondant à toutes leurs envies d'escapades ! bdv.fr propose également des guides pratiques sur plus de 180 destinations à consulter en ligne pour préparer ses prochains voyages.

▲ CLUB AVENTURE

– *Paris :* 18, rue Séguier, 75006. ☎ 0826-88-20-80 (0,15 €/mn). Fax : 01-44-32-09-59. • www.clubaventure.fr • Ⓜ Saint-Michel ou Odéon.
– *Marseille :* Le Néréïs, av. André-Roussin, Saumaty-Séon, 13016. ☎ 0826-882-080 (0,15 €/mn). Fax : 04-91-09-22-51.
Spécialiste du voyage d'aventure depuis près de 30 ans, clubaventure privilégie le trek, la randonnée, les voyages découverte ou en liberté, en famille ou entre amis pour parcourir le monde hors des sentiers battus. Le catalogue offre 600 voyages dans 90 pays différents à pied, en 4x4, en pirogue ou à dos de chameau. Ces voyages sont conçus pour une dizaine de participants, encadrés par des guides accompagnateurs professionnels.
La formule reste confortable et le portage est confié à des chameaux, des mulets, des yacks et des lamas. Les circuits en 4x4 ne ressemblent en rien à des rallyes, mais laissent aux participants le temps de flâner, contempler et faire des découvertes à pied. Le choix des hôtels en ville privilégie le charme et le confort.

▲ COMPAGNIE DES INDES & DE L'EXTRÊME-ORIENT

– *Paris :* 82, bd Raspail (angle rue de Vaugirard), 75006. ☎ 01-53-63-33-40 (Cie des Indes) et ☎ 01-53-63-33-41 (Cie de l'Extrême-Orient). Fax : 01-42-22-20-15. Ⓜ Rennes ou Saint-Placide.
– *Paris :* 3, av de l'Opéra (1er étage), 75001. ☎ 01-42-60-30-00. Fax : 01-42-60-68-68. Ⓜ Palais-Royal - musée du Louvre.

• www.compagniesdumonde.com • indes@compagniesdumonde.com • Ⓜ Rennes ou Saint-Placide.
Jean-Alexis Pougatch a ouvert Compagnie des Indes & de l'Extrême-Orient, également spécialisée dans le voyage individuel organisé à la carte. Elle couvre entre autres la Thaïlande. Tous les voyages individuels organisés se font en voiture privée avec chauffeur et guide.
Compagnie des Indes & de l'Extrême-Orient propose de bons tarifs sur le transport aérien en vols réguliers. Et, comme pour les États-Unis et le Canada, l'Amérique latine et les Caraïbes, Cie des Indes et de l'Extrême-Orient fait partie du groupe Compagnies du Monde.

▲ COMPTOIRS DU MONDE (LES)

– *Paris :* 22, rue Saint-Paul, 75004. ☎ 01-44-54-84-54. Fax : 01-44-54-84-50. • cdm@comptoirsdumonde.fr • Ⓜ Saint-Paul.
C'est en plein cœur du Marais, dans une atmosphère chaleureuse, que l'équipe des Comptoirs du Monde traitera personnellement tous vos désirs d'évasion : vols à prix réduits mais aussi circuits et prestations à la carte pour tous les budgets sur toute l'Asie, le Proche-Orient, les Amériques, les Antilles, Madagascar et maintenant l'Italie. Vous pouvez aussi réserver par téléphone et régler par carte de paiement, sans vous déplacer.

▲ DIRECTOURS

– *Paris :* 90, av. des Champs-Élysées, 75008. ☎ 01-45-62-62-62. Depuis la province : ☎ 0811-90-62-62 (prix d'un appel local). Fax : 01-40-74-07-01. • www.directours.com •
Directours présente la particularité de s'adresser directement au public, en vendant ses voyages exclusivement par téléphone, sans passer par les agences et autres intermédiaires.
Spécialiste des voyages à la carte, Directours propose une grande variété de destinations dont la Thaïlande. Directours vend aussi des vols secs et des locations de voitures sur le Web.

▲ EXPEDIA.FR

☎ 0892-301-300 (0,34 €/mn), du lundi au vendredi de 8 h à 20 h et le samedi de 9 h à 19 h. • www.expedia.fr • Expedia.fr permet de composer son voyage sur mesure en choisissant ses billets d'avion, hôtels et location de voitures à des prix très intéressants. Possibilité de comparer les prix de 6 grands loueurs de voitures et de profiter de tarifs négociés sur 20 000 hôtels de 1 à 5 étoiles dans le monde entier. Également la possibilité de réserver à l'avance et en même temps que son voyage des billets pour des spectacles ou musées aux dates souhaitées.

▲ FLEUVES DU MONDE

– *Paris :* 28, bd de la Bastille, 75012. ☎ 01-44-32-12-85. Fax : 01-44-32-12-89. • www.fleuves-du-monde.com • Ⓜ Bastille.
Fleuves du Monde défend l'élément naturel du voyage. Appréhender l'histoire d'un pays, pénétrer le cœur d'une civilisation, toucher l'intimité d'une culture et savourer le silence de la nature constituent l'objet de ces voyages au fil de l'eau. « Voguer » ou « explorer » sont les deux thèmes de Fleuves du Monde. Le premier savoure l'exotisme et le confort d'une embarcation traditionnelle, pour aborder les coutumes de lointaines destinations. Le second éveille l'esprit et l'œil en touchant des cultures à peine déflorées, rencontrées en felouques, pirogues, sampans ou canots.

▲ **JET TOURS**

La brochure « Les voyages à la carte » est disponible dans toutes les agences de voyages. Renseignements sur • www.jettours.com • et au ☎ 0825-302-010.

Les voyages à la carte Jet tours permettent de voyager en toute liberté sans souci de réservation, soit en choisissant des itinéraires suggérés (itinéraires au volant avec ou sans chauffeur, randonnée, excursions, escapades et sorties), soit en composant soi-même son voyage (vols secs, voiture de location, hébergements à la carte).

Jet tours propose aussi des hébergements authentiques, des adresses de charme, des maisons d'hôtes, des hôtels design...

Avec les voyages à la carte de Jet tours, vous pourrez découvrir de nombreuses destinations comme les Açores (en été), les Baléares (en été), Chypre (en été), la Crète (en été), l'Espagne, la Grèce (en été), Madère, le Portugal (en été), la Sicile (en été), le Maroc, le Mexique, l'île Maurice, la Réunion, l'Afrique du Sud (en hiver), Cuba (en hiver), l'Inde (en hiver), la Thaïlande (en hiver), le Canada (en été) et les États-Unis.

▲ **JEUNESSE ET RECONSTRUCTION**

– *Paris :* 10, rue de Trévise, 75009. ☎ 01-47-70-15-88. Fax : 01-48-00-92-18. • www.volontariat.org • Ⓜ Cadet ou Grands-Boulevards.

Jeunesse et Reconstruction propose des activités dont le but est l'échange culturel dans le cadre d'un engagement volontaire. Chaque année, des centaines de jeunes bénévoles âgés de 17 à 30 ans participent à des chantiers internationaux en France ou à l'étranger (Europe, Asie, Afrique et Amérique), s'engagent dans le programme de volontariat à long terme (6 mois ou 1 an) en Europe, Afrique, Amérique latine et Asie, s'inscrivent à des cours de langue en immersion au Costa Rica, au Guatemala et au Maroc, à des stages de danse traditionnelle, percussions, poterie, art culinaire, artisanat africain. Dans le cadre des chantiers internationaux, les volontaires se retrouvent autour d'un projet d'intérêt collectif (1 à 4 semaines) et participent à la restauration du patrimoine bâti, à la protection de l'environnement, à l'organisation logistique d'un festival ou à l'animation et l'aide à la vie quotidienne auprès d'enfants ou de personnes handicapées.

▲ **LASTMINUTE.COM**

Lastminute.com propose une vaste palette de voyages et de loisirs : billets d'avion, séjours sur mesure ou clé en main, week-ends, hôtels, locations en France, location de voitures, spectacles, restaurants... pour penser ses vacances selon ses envies et ses disponibilités.

Les offres lastminute.com sont accessibles sur • www.lastminute.com •, au ☎ 0899-78-5000 (1,34 € l'appel TTC puis 0,34 €/mn) et dans 9 agences de voyages situées à Paris, Nice, Toulouse, Bordeaux, Montpellier, Aix-en-Provence et Lyon.

▲ **LOOK VOYAGES**

Les brochures sont disponibles dans toutes les agences de voyages. Informations et réservations : • www.look-voyages.fr •

Ce tour-opérateur propose une grande variété de produits et de destinations pour tous les budgets : séjours en club *Lookéa,* séjours classiques en hôtels, des circuits « découverte », des autotours et des croisières.

▲ **NOSTAL'ASIE**

– *Paris :* 19, rue Damesme, 75013. ☎ 01-43-13-29-29. Fax : 01-43-13-30-60. • www.ann.fr • Sur rendez-vous.

Parce qu'il n'est pas toujours aisé de partir seul, Nostal'Asie propose des voyages sur mesure, notamment en Thaïlande. Deux formules au choix : *Les Estampes* avec billets d'avion, logement, transferts entre les étapes, ou *Les Aquarelles* avec en plus un guide et une voiture privée à chaque étape. Ces formules à la carte sont possibles sur la plupart des itinéraires suggérés. La patronne est asiatique, donc elle sait ce qu'elle vend !

▲ NOUVELLES FRONTIÈRES

– Renseignements et réservations dans toute la France : ☎ 0825-000-825 (0,15 €/mn). • www.nouvelles-frontieres.fr •

Les 13 brochures Nouvelles Frontières sont disponibles gratuitement dans les 210 agences du réseau, par téléphone et sur Internet. Plus de 30 ans d'existence, 1 400 000 clients par an, 250 destinations, une chaîne d'hôtels-clubs *Paladien* et une compagnie aérienne, *Corsair*. Pas étonnant que Nouvelles Frontières soit devenu une référence incontournable, notamment en matière de tarifs. Le fait de réduire au maximum les intermédiaires permet d'offrir des prix « super-serrés ». Un choix illimité de formules vous est proposé : des vols sur la compagnie aérienne de Nouvelles Frontières au départ de Paris et de province, en classe Horizon ou Grand Large, et sur toutes les compagnies aériennes régulières, avec une gamme de tarifs selon confort et budget. Sont également proposés toutes sortes de circuits, aventure ou organisés ; des séjours en hôtels, en hôtels-clubs et en résidences ; des week-ends, des formules à la carte (vol, nuits d'hôtel, excursions, location de voitures...), des séjours neige.

Avant le départ, des réunions d'information sont organisées. Intéressant : des brochures thématiques (plongée, rando, trek, thalasso).

▲ OBJECTIF ASIE

– *Lyon :* 11, rue Gentil, 69002. ☎ 04-72-77-98-98. • www.objectif-asie.com •

Spécialiste des voyages en Asie et notamment en Thaïlande, ce tour-opérateur original fabrique ses propres programmes et édite sa propre brochure *Objectif Asie*, distribuée exclusivement dans sa propre agence à Lyon. Avec Objectif Asie, vous pourrez construire votre itinéraire et personnaliser votre voyage en Thaïlande à l'aide d'une sélection d'étapes de charme et de modules d'escapades très intéressants. Tout à la carte ! Brochure sur demande par téléphone ou sur Internet.

▲ PLEIN VENT

Réservations et brochures dans les agences du Sud-Est et du Rhône-Alpes. Premier tour-opérateur du Sud-Est, Plein Vent assure toutes ses prestations au départ de Lyon, Marseille et Nice. Ses destinations phares sont : la Bulgarie, la Croatie, l'Espagne, Prague, Malte, la Tunisie et le Maroc, mais également l'Europe du Nord avec l'Irlande, l'Écosse et la Norvège. Plein vent propose aussi le Canada, le Mexique, le Pérou, la Thaïlande, les Antilles, les États-Unis en circuit accompagné. Nouveautés : le Brésil, l'Australie, la Roumanie et la Jordanie. Croisières fluviales sur la Volga et le Danube. Plein Vent garantit ses départs et propose un système de « garantie annulation » performant.

▲ LES ROUTES DE L'ASIE

– *Paris :* 7, rue d'Argenteuil, 75001. ☎ 01-42-60-46-46. Fax : 01-42-61-11-70. • www.laroutedesindes.com • Ⓜ Palais-Royal ou Pyramides.

Les Routes de l'Asie s'adressent aux voyageurs indépendants et proposent des voyages individuels organisés, sur mesure, à travers l'Asie du Sud-Est et

l'Extrême-Orient, adaptés aux goûts et au budget de chaque voyageur. Les itinéraires sont construits par des spécialistes après un entretien approfondi. La librairie offre un large choix de guides, de cartes et de littérature consacrée à l'Asie du Sud-Est et à l'Extrême-Orient. Des expositions sont régulièrement organisées dans la galerie-photo et des écrivains sont invités à venir signer leurs ouvrages.

▲ **TERRES DE CHARME & ÎLES DU MONDE**

– *Paris :* 19, av. Franklin-D.-Roosevelt, 75008. ☎ 01-55-42-74-10. Fax : 01-56-24-49-77. • www.terresdecharme.com • www.ilesdumonde.com • Ⓜ Franklin-D.-Roosevelt. Ouvert du lundi au vendredi de 10 h à 18 h 30 et le samedi de 13 h 30 à 19 h.

Terres de charme et Îles du monde a la particularité d'organiser des voyages « sur mesure » haut de gamme partout dans le monde pour ceux qui souhaitent voyager à deux, en famille ou entre amis. Des séjours et des circuits rares et insolites regroupés selon 5 thèmes : « charme de la mer et des îles », « l'Afrique à la manière des pionniers », « charme et aventure », « sur les chemins de la sagesse », « week-ends et escapades », avec un hébergement allant de douillet à luxueux.

▲ **TROPICALEMENT VOTRE**

– *Paris :* 43, rue Basfroi, 75011. ☎ 01-43-70-99-55. Fax : 01-43-70-99-77. Ⓜ Voltaire ou Bastille.

• www.tropicalement-votre.com • info@tropicalement-votre.com •
Tropicalement Votre est spécialiste de la Thaïlande. Sur leur site internet : séjours en hôtels de charme ou de luxe, circuits accompagnés ou privatifs, séjours bien-être ou voyage de noces. Proposent aussi des séjours sur mesure et des circuits personnalisés dans un esprit d'authenticité. Les membres de l'équipe connaissent particulièrement bien les séjours qu'ils conseillent.

▲ **UCPA (Union Nationale des Centres sportifs de plein air)**

– Informations et réservations : ☎ 0825-820-830 (0,15 €/mn). • www.ucpa.com •

– Bureaux de vente à *Paris, Lyon, Marseille, Nantes, Strasbourg* et *Bruxelles.*
Voilà près de 40 ans que 8 millions de personnes ont fait confiance à l'UCPA pour réussir leurs vacances sportives. Et ce, grâce à une association dynamique, qui propose une approche souple et conviviale de plus de 60 activités sportives, en France et à l'international, en formule tout compris (moniteurs professionnels, pension complète, matériel, animations, assurance et transport) à des prix serrés. Vous pouvez choisir parmi plusieurs formules sportives (plein temps, mi-temps ou à la carte) ou de découverte d'une région ou d'un pays. Plus de 100 centres en France, dans les Dom et à l'international (Canaries, Crète, Cuba, Égypte, Espagne, Maroc, Tunisie, Turquie, Thaïlande), auxquels s'ajoutent près de 300 programmes itinérants pour voyager à pied, à cheval, à VTT, en catamaran, etc., dans plus de 50 pays.

▲ **ULTRAVACANCES**

☎ 0825-36-25-25 (prix d'un appel local). • www.ultravacances.com •
Le nouveau site « discount » de Nouvelles Frontières. Des prix serrés pour des circuits et séjours sur une quarantaine de destinations, ainsi que des offres de dernière minute.

▲ **VOYAGEURS EN ASIE DU SUD-EST**

☎ 0892-238-181 (0,34 €/mn). Fax : 01-40-15-05-71. • www.vdm.com •
Le grand spécialiste du voyage en individuel sur mesure.

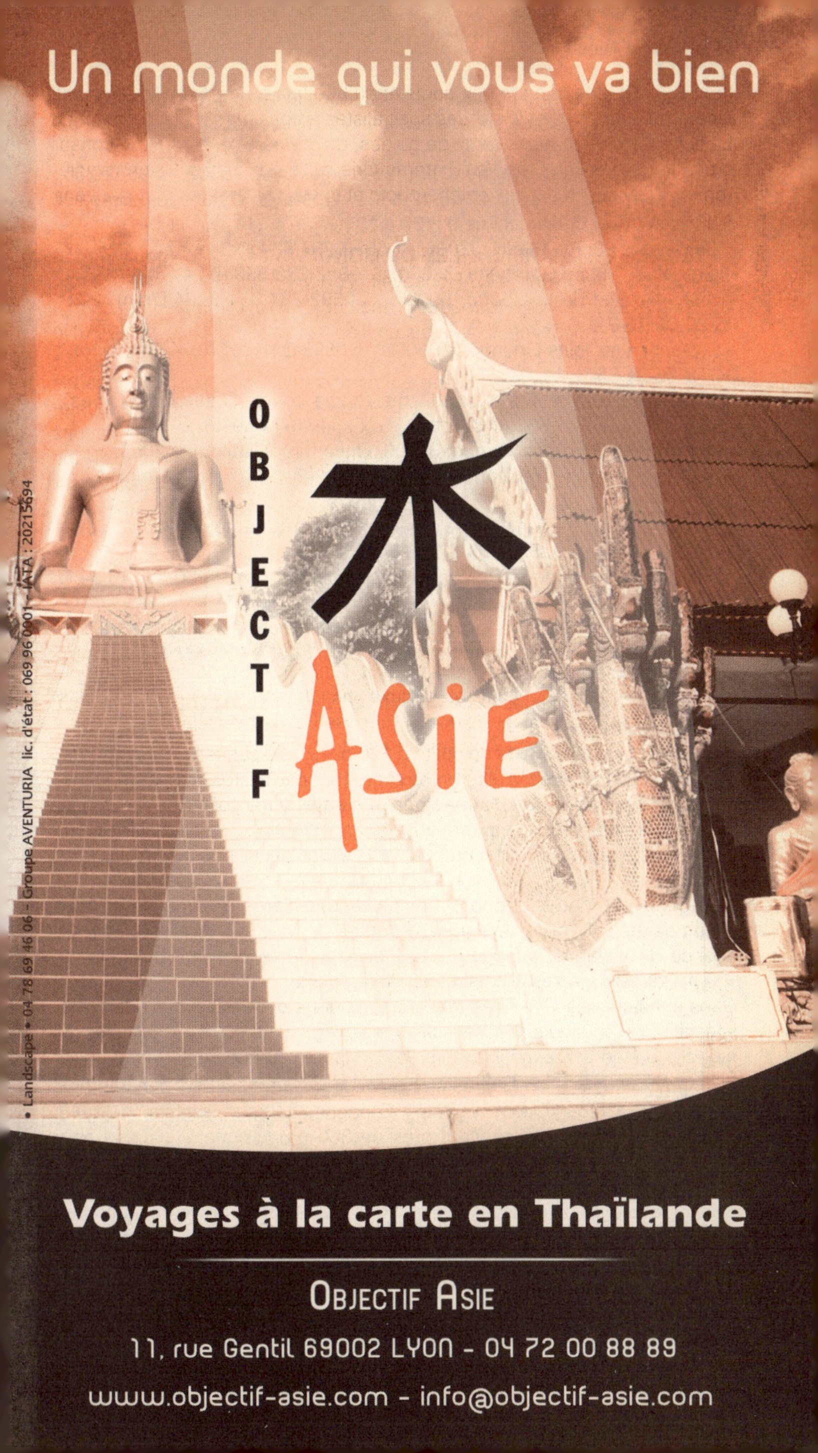
Un monde qui vous va bien
OBJECTIF
ASIE
• Landscape • 04 78 69 46 06 - Groupe AVENTURIA lic. d'état : 069 96 0001 - IATA : 20215694
Voyages à la carte en Thaïlande
OBJECTIF ASIE
11, rue Gentil 69002 LYON - 04 72 00 88 89
www.objectif-asie.com - info@objectif-asie.com

Nouveau ! Voyageurs du Monde Express : tous les vols et une sélection de voyages « prêts à partir » sur des destinations mythiques. ☎ 0892-68-83-63 (0,34 €/mn).

– *Paris :* La Cité des Voyageurs, 55, rue Sainte-Anne, 75002. ☎ 0892-235-656 (0,34 €/mn). Fax : 01-42-86-17-88. Ⓜ Opéra ou Pyramides. Bureaux ouverts du lundi au samedi de 9 h 30 à 19 h.

– *Bordeaux :* 28, rue Mably, 33000. ☎ 0892-234-834 (0,34 €/mn).

– *Grenoble :* 16, bd Gambetta, 38000. ☎ 0892-233-533 (0,34 €/mn).

– *Lille :* 147, bd de la Liberté, 59000. ☎ 0892-234-634 (0,34 €/mn). Fax : 03-20-06-76-31.

– *Lyon :* 5, quai Jules-Courmont, 69002. ☎ 0892-231-261 (0,34 €/mn). Fax : 04-72-56-94-55.

– *Marseille :* 25, rue Fort-Notre-Dame (angle cours d'Estienne-d'Orves), 13001. ☎ 0892-233-633 (0,34 €/mn). Fax : 04-96-17-89-18.

– *Montpellier :* 7, rue de Verdun, 34000. Ouverture à l'automne 2006.

– *Nantes :* 22, rue Crébillon, 44000. ☎ 0892-230-830 (0,34 €/mn). Fax : 02-40-20-64-38.

– *Nice :* 4, rue du Maréchal-Joffre (angle rue de Longchamp), 06000. ☎ 0892-232-732 (0,34 €/mn). Fax : 04-97-03-64-60.

– *Rennes :* 31, rue de la Parcheminerie, 35102. ☎ 0892-230-530 (0,34 €/mn). Fax : 02-99-79-10-00.

– *Rouen :* 17-19, rue de la Vicomté, 76000. Ouverture en septembre 2006.

– *Toulouse :* 26, rue des Marchands, 31000. ☎ 0892-232-632 (0,34 €/mn). Fax : 05-34-31-72-73. Ⓜ Esquirol.

Sur les conseils d'un spécialiste de chaque pays, chacun peut construire un voyage à sa mesure...

Pour partir à la découverte de plus de 120 pays, 100 conseillers-voyageurs, de près de 30 nationalités différentes et grands spécialistes des destinations, donnent des conseils, étape par étape et à travers une collection de 25 brochures, pour élaborer son propre voyage en individuel. Des suggestions originales et adaptables, des prestations de qualité et des hébergements exclusifs.

Voyageurs du Monde propose également une large gamme de circuits accompagnés (Famille, Aventure, Routard...). À la fois tour-opérateur et agence de voyages, Voyageurs du Monde a développé une politique de « vente directe » à ses clients, sans intermédiaire.

Dans chacune des *Cités des Voyageurs,* tout rappelle le voyage : librairies spécialisées, boutiques d'accessoires de voyage, restaurant des cuisines du monde, lounge-bar, expositions-vente d'artisanat ou encore dîners et cocktails-conférences. Toute l'actualité de VDM à consulter sur leur site Internet.

EN BELGIQUE

▲ CONNECTIONS

Renseignements et réservations au ☎ 070-233-313. • www.connections.be • Ouvert du lundi au vendredi de 9 h à 21 h et le samedi de 10 h à 17 h.

Spécialiste du voyage pour les étudiants, les jeunes et les *independent travellers.* Le voyageur peut trouver informations et conseils, aide et assistance (revalidation, routing...) dans 22 points de vente en Belgique et auprès de bon nombre de correspondants de par le monde.

Connections propose une gamme complète de produits : des tarifs aériens spécialement négociés pour sa clientèle (licence IATA), une très large offre

de « last minutes », toutes les possibilités d'arrangement terrestre (hébergement, location de voitures, *self-drive tours,* vacances sportives, expéditions) ; de nombreux services aux voyageurs comme l'assurance voyage « Protections » ou les cartes internationales de réductions (carte internationale d'étudiant ISIC).

▲ CONTINENTS INSOLITES

– *Bruxelles :* rue César-Franck, 44 A, 1050. ☎ 02-218-24-84. Fax : 02-218-24-88. Ouvert du lundi au vendredi de 10 h à 18 h et le samedi de 10 h à 13 h. • www.continentsinsolites.com • info@insolites.be •

Continents Insolites, organisateur de voyages lointains sans intermédiaire, propose une gamme étendue de formules de voyages détaillée dans sa brochure gratuite sur demande.

– *Voyages découverte taillés sur mesure :* à partir de 2 personnes. Un grand choix d'hébergements soigneusement sélectionnés : du petit hôtel simple à l'établissement luxueux et de charme.

– *Circuits découverte en mini-groupes :* de la grande expédition au circuit accessible à tous. Des circuits à dates fixes dans plus de 60 pays en petits groupes francophones de 7 à 12 personnes. Avant chaque départ, une réunion est organisée. Voyages encadrés par des guides francophones, spécialistes des régions visitées.

De plus, Continents Insolites propose un cycle de diaporamas-conférences à Bruxelles. Ces conférences se déroulent à l'Espace Senghor, pl. Jourdan, 1040 Etterbeek (dates dans leur brochure).

▲ GLOBE-TROTTERS

– *Bruxelles :* rue Victor-Hugo, 179 (coin av. E.-Plasky), 1030. ☎ 02-732-90-70. Fax : 02-736-44-34. • globetrotterstours@hotmail.com • Ouvert du lundi au vendredi de 9 h 30 à 13 h 30 et de 15 h à 18 h, ainsi que quelques samedis de 10 h à 13 h.

Une large gamme de voyages pour tous au départ de Bruxelles. Spécialisé dans les voyages à la carte (principalement les États-Unis, le Canada, l'Australie, la Nouvelle-Zélande, la Thaïlande, le Vietnam, le Cambodge...). Assurances voyages. Cartes étudiant ISIC, d'auberges de jeunesse, IYHF, hostels of Europe, VIP & Nomads Backpackers et Nomads Backpackers. Globe-Trotters est le représentant de *Kilroy Travels* et *Voyages Campus* pour la Belgique et le grand-duché de Luxembourg.

▲ JOKER

– *Bruxelles :* quai du Commerce, 27, 1000. ☎ 02-502-19-37. Fax : 02-502-29-23. • brussel@joker.be •

– Adresses également à *Anvers, Bruges, Courtrai/harelbeke, Gand, Hasselt, Louvain, Malines, Schoten* et *Wilrijk.*

• www.joker.be •

Joker est spécialiste des voyages d'aventure et des billets d'avion à des prix très concurrentiels. Vols aller-retour au départ de Bruxelles, Paris et Amsterdam. Voyages en petits groupes avec accompagnateur compétent. Circuits souples à la recherche de contacts humains authentiques, utilisant l'infrastructure locale et explorant le vrai pays.

▲ NOUVELLES FRONTIÈRES

– *Bruxelles* (siège) *:* bd Lemonnier, 2, 1000. ☎ 02-547-44-22. Fax : 02-547-44-99. • www.nouvelles-frontieres.be • mailbe@nouvelles-frontieres.be •

LES COMPTOIRS DU MONDE
De grands voyages pour tout le monde
Billet A/R PARIS/BANGKOK
A partir de 490 € HT
Circuits personnalisés
pour groupes ou individuels,
guides francophones, réservations d'hôtel,
location de voitures.
• Billets toutes destinations
• Réservation et paiement par téléphone
Brochures des circuits sur demande
LES COMPTOIRS
DU MONDE
22, RUE SAINT-PAUL - 75004 PARIS
TÉL. : 01 44 54 84 54 - FAX : 01 44 54 84 50 - LICENCE 075 950 218
www.comptoirsdumonde.fr • E-Mail : cdm@comptoirsdumonde.fr

la Thailande
selon TROPICALEMENT VOTRE
Des voyages à votre image :
⊙ des hôtels rigoureusement sélectionnés par notre équipe
⊙ des circuits privatifs à la découverte d'une Thailande insolite
⊙ des prix très compétitifs
⊙ Une équipe passionnée à votre écoute 6 jours sur 7
TROPICALEMENT
VOTRE
Tropicalement Vôtre
43, rue Basfroi - 75011 Paris
Parking gratuit
Tél. : +33 (0)1 43 70 99 55
Fax : +33 (0)1 43 70 99 77
web : tropicalement-votre.com
mail : info@tropicalement-votre.com

– Également d'autres agences à *Bruxelles, Charleroi, Liège, Mons, Namur, Waterloo, Wavre* et au *Luxembourg.*
Plus de 30 ans d'existence, 250 destinations, une chaîne d'hôtels-clubs *Paladien.* Pas étonnant que Nouvelles Frontières soit devenu une référence incontournable, notamment en matière de tarifs. Le fait de réduire au maximum les intermédiaires permet d'offrir des prix « super-serrés ».

EN SUISSE

▲ HORIZONS NOUVEAUX

– *Verbier :* centre de l'Étoile, CP 196, 1936. ☎ 027-771-71-71. • www.horizonsnouveaux.com •
Horizons Nouveaux est le tour-opérateur suisse spécialisé dans les régions qui vont de l'Asie centrale à l'Asie du Sud. Nicolas Jaques et Paul Kennes, qui voyagent dans ces régions depuis plus de 20 ans, organisent principalement des voyages à la carte, des voyages culturels à thème, des trekkings souvent inédits et des expéditions. Photographes et auteurs de nombreux reportages sur ces destinations, ils pourront vous renseigner sur tous les aspects du pays et vous aider à préparer votre voyage dans les meilleures conditions.

▲ JERRYCAN

– *Genève :* 11, rue Sautter, 1205. ☎ 022-346-92-82. Fax : 022-789-43-63. • www.jerrycan-travel.ch •
Tour-opérateur de la Suisse francophone spécialisé dans l'Afrique, l'Asie et l'Amérique latine. Trois belles brochures proposent des circuits traditionnels et hors des sentiers battus. L'équipe connaît bien son sujet et peut vous construire un voyage à la carte.
En Asie, Jerrycan propose entre autres la Thaïlande.

▲ NOUVELLES FRONTIÈRES

– *Genève :* 10, rue Chantepoulet, 1201. ☎ 022-906-80-80. Fax : 022-906-80-90.
– *Lausanne :* 19, bd de Grancy, 1006. ☎ 021-616-88-91. Fax : 021-616-88-01.
(Voir texte dans la partie « En France ».)

AU QUÉBEC

▲ EXOTIK TOURS

Renseignements sur • www.exotiktours.com • ou auprès de votre agence de voyages.
La Méditerranée, l'Europe, l'Asie et les Grands Voyages : Exotik Tours offre une importante programmation en été comme en hiver. Circuits et séjours sont proposés en Thaïlande. On peut également opter pour des combinés plage + circuit.

▲ RÊVATOURS

Ce voyagiste, membre du groupe Transat A.T. Inc., propose quelque 25 destinations à la carte ou en circuits organisés. En Thaïlande notamment, le client peut soumettre son itinéraire à Rêvatours qui se charge de lui concocter son voyage.

▲ TOURS CHANTECLERC

• www.tourschanteclerc.com • Tours Chanteclerc est un tour-opérateur qui publie différentes brochures de voyages : Europe, Amérique du nord au sud

en passant par le Mexique, Asie + Pacifique Sud, Afrique et Soleils de Méditerranée. Il se présente comme l'une des « références sur l'Europe » avec deux brochures : groupes (circuits guidés en français) et individuels.

▲ VACANCES AIR CANADA

Vacances Air Canada propose des forfaits loisirs (golf, croisières et excursions diverses) flexibles vers les destinations les plus populaires des Antilles, de l'Amérique centrale et du Sud, de l'Asie et des États-Unis. Vaste sélection de forfaits incluant vol aller-retour, hébergement. Également des forfaits vol + hôtel/ vol + voiture. Pour en savoir plus : • www.vacancesaircanada.com •

▲ VOYAGES CAMPUS / TRAVEL CUTS

Pour contacter l'agence la plus proche : • www.voyagescampus.com •
Campus / Travel Cuts est un réseau national d'agences de voyages qui propose des tarifs aériens sur une multitude de destinations pour tous et plus particulièrement en classe étudiante, jeunesse, enseignant. Il diffuse la carte internationale d'étudiant (ISIC), la carte jeunesse (IYTC) et la carte d'enseignant (ITIC). Voyages Campus publie quatre fois par an le Müv, le magazine du nomade (www.muvmag.com). Voyages Campus propose un programme de Vacances-Travail (SWAP), son programme de volontariat (Volunteer Abroad) et plusieurs circuits au Québec et à l'étranger. Le réseau compte quelque 70 agences à travers le Canada, dont neuf au Québec.

QUITTER LE PAYS

PAR VOIE AÉRIENNE

Bangkok est la porte d'entrée principale du pays et la porte de sortie aussi ! Mais on peut quitter le pays depuis d'autres aéroports, par exemple celui de Hat Yai (vols directs pour Kuala Lumpur et Singapour).

PAR VOIE TERRESTRE

Attention, certains postes frontières peuvent ouvrir et fermer comme des fleurs ou voir leurs horaires d'ouverture se modifier sans préavis. Vérifier auprès des ambassades concernées à Bangkok ou des antennes de province.

➢ ***Pour la Birmanie :*** frontière et autorisation journalière à Mae Sai et Mae Sot. Possibilité de passage à *Ranong* également (à la pointe sud du pays).

➢ ***Pour le Laos :*** se reporter à la partie « Le Nord-Est ». Quatre postes-frontières permettent aux étrangers de passer au Laos : *Nong Khai, Nakhon Phatom, Mukdahan* et *Chong Mek.*

➢ ***Pour le Cambodge :*** Aranyaprathet-Poipet est le poste frontière le plus usité tandis que Had Lek (via Trat) permet d'arriver par le sud du pays (Sihanoukville). Tous deux sont desservis par des bus directs depuis Bangkok. Dans la région de Surin, à *Chong Chom,* un poste frontière « aventure » vient d'ouvrir, à seulement 150 km d'Angkor.

➢ ***Pour la Malaisie :*** en train depuis Bangkok, ou en utilisant l'un des nombreux bus et minibus depuis Hat Yai. Postes frontières à *Padang Besar, Sadao, Betong* et *Sungai Kolok.* Passage très simple et sans formalités. Voir notre chapitre « Le Sud : itinéraire Bangkok - Hat Yai ».

PAR VOIE MARITIME

Pas vraiment le bon plan...

GÉNÉRALITÉS

Pour la carte générale de la Thaïlande, se reporter au cahier couleur.

**« Sourire éternel, douceur de vivre, tolérance religieuse,
ouverture d'esprit et dynamisme économique.
Contrée de la délicatesse exquise,
de la courtoisie infinie et de la gentillesse innée !
Et d'une remarquable gastronomie... »**

Tout cela est vrai, certes. Mais il faut nuancer et rappeler d'abord qu'il y a plusieurs Thaïlande. Tout d'abord, Bangkok, plus de 10 millions d'habitants, mégapole hyperactive et monstre urbain où l'on se perd avec plaisir. Puis le Sud, ses îles, ses plages et ses rocs jaillis de la mer, sa cuisine plus épicée, sa mentalité un peu différente. Enfin, le Nord, Thaïlande profonde, originelle avec ses anciens royaumes fondateurs, son rythme de vie détendu, ses milliers de temples bouddhistes, sa terre fertile... Trois Thaïlande donc, physiquement et culturellement différentes.
Cependant, d'un bout à l'autre du pays – 2 000 km du nord au sud – se retrouvent les qualités nationales : une forte identité d'abord, le Siam n'ayant jamais été colonisé et ayant développé des arts, une culture et même un alphabet propres. Un sens aigu des conventions sociales et de la politesse, et aussi beaucoup de pudeur, de calme et de dignité. Une forte religiosité et, conjointement, une quasi-vénération pour la famille royale, élue de Dieu. Enfin, pas mal d'humour, car on est philosophe, et un solide appétit, de tout, de plaisirs surtout – Thaïlandais épicuriens, l'air de rien toujours prêts à faire la fête, à bien manger et bien boire.
Malheureusement, l'esprit mercantile et l'afflux touristique ont pu dénaturer par endroits le caractère aimable des Thaïlandais. Et puis, vu qu'une partie de ces touristes ne vient ici que pour la galipette, on voit mal pourquoi les Thaïlandais se forceraient à être toujours agréables. Du coup : bandes côtières saccagées, transformation des sites privilégiés en ghettos à touristes, hausse des prix, rentabilité prenant le pas sur le service, etc.
Cela dit, *Muang Thai* (étymologiquement, « le pays des hommes libres ») reste l'un des derniers pays au monde à réunir tant d'ingrédients de qualité pour réussir la recette des vacances idéales : bungalows de bois sur plages somnolentes, vastes rizières et collines couvertes de jungle, traditions vivaces, businessmen speedés et tribus ancestrales, cuisine raffinée et variée à des prix (encore) dérisoires. Ajoutez quelques ingrédients personnels : un brin de tolérance, un zeste d'ouverture d'esprit, un nuage de curiosité, une pincée d'abnégation, et on ne voit pas comment vous pourriez rater votre séjour.

CARTE D'IDENTITÉ

- ***Population :*** environ 65 millions d'habitants.
- ***Superficie :*** 513 120 km^2 (à peine plus petite que la France).
- ***Capitale :*** Bangkok (plus de 10 millions d'habitants).
- ***Langues :*** le thaï (langue officielle), le chinois et l'anglais.
- ***Monnaie :*** le baht (Bts). 1 € = 48 Bts.
- ***Religions :*** bouddhisme (94 %), islam (5 %), christianisme (environ 1 %), animisme et hindouisme.
- ***Nature du régime :*** monarchie constitutionnelle à tendance autoritaire.
- ***Chef de l'État :*** le roi Bhumibol Adulyadej (depuis 1946 !), également connu sous le nom de Râma IX.
- ***Chef de la junte au pouvoir (sept 2006) :*** général Sonthi Boonyaratkalin.
- ***Monuments classés au Patrimoine de l'Unesco*** *(cités dans le guide)* : les villes historiques de Sukhothai et d'Ayutthaya.

AVANT LE DÉPART

Adresses utiles

En France

Office national du tourisme de Thaïlande : 90, av. des Champs-Élysées, 75008 Paris. ☎ 01-53-53-47-00. Fax : 01-45-63-78-88. • www.tourismethaifr.com • www.decouvrir-thailande.com • Ⓜ George-V. Ouvert du lundi au vendredi de 9 h 30 à 12 h 30 et de 13 h 30 à 17 h 30. Pas mal de brochures, dont un *Guide pratique,* et d'infos touristiques. Accueil aimable.

Action-Visas : 69, rue de la Glacière, 75013 Paris. ☎ 0892-707-710 (0,33 €/mn). Fax : 0826-000-926 (0,15 €). • www.action-visas.com • Ouvert du lundi au vendredi de 9 h 30 à 12 h et de 13 h 30 à 18 h 30, et le samedi de 9 h 30 à 13 h. Les visas peuvent s'obtenir rapidement et sans souci avec Action-Visas, spécialisé sur plusieurs destinations. Ils s'occupent d'obtenir et de vérifier les visas. Le délai est rapide, le service fiable et vous n'avez plus à patienter aux consulats ni à envoyer votre passeport à l'ambassade avec des délais de retour incertains et, surtout, sans interlocuteurs... ce qui permet d'éviter les mauvaises surprises juste avant le départ. Pour la province, demandez le visa par correspondance. Possibilité de télécharger gratuitement les formulaires sur • www.action-visas.com • N'oubliez pas de vous réclamer du *Routard,* une réduction vous sera accordée. Parce que voyager peut être aussi synonyme d'aide aux plus démunis, Action-Visas prélève 1 € de sa marge commerciale pour un projet humanitaire qui peut être suivi en direct sur leur site internet.

■ ***Consulat royal de Thaïlande :*** 8, rue Cargo-Rhin-Fidelity, 13002 Marseille. ☎ 04-91-21-61-05 ; ou ligne téléphonique d'information : ☎ 0899-702-023 (1,21 €/mn). Ouvert du lundi au mercredi de 8 h 30 à 11 h 30. On obtient le visa tourisme avec 2 photos, une demande de visa à remplir sur place et un passeport en cours de validité. Prix du visa : 30 €. Paiement en espèces.

■ ***Consulat royal de Thaïlande :*** 40, rue du Plat, 69002 Lyon. ☎ et fax : 04-78-37-16-58. Ligne téléphonique d'information : ☎ 0899-702-023 (1,21 €/mn). • thailande.consulatlyon@wanadoo.fr • Ⓜ Bellecour. Ouvert les lundi, mardi et vendredi de 9 h à 11 h. Pour obtenir un visa par correspondance, envoyez une enveloppe timbrée ; un formulaire vous sera alors adressé.

■ ***Consulat royal de Thaïlande :*** service visas et renseignements : 42, av. Robert Schuman, 33110 Le Bouscat. ☎ 0892-686-916 (service d'information 24 h/24 et permanence téléphonique aux heures d'ouverture). Fax : 05-56-08-67-92. • consulat.bordeaux@tiscali.fr • Ouvert les mardi et jeudi de 14 h à 17 h.

■ ***Ambassade royale de Thaïlande :*** 8, rue Greuze, 75016 Paris. ☎ 01-56-26-50-50. Fax : 01-56-26-04-45. • http://franco-thai.com • Ⓜ Trocadéro. Visas du lundi au vendredi de 9 h 30 à 12 h. On obtient le visa en 2 jours, sauf en période de fête thaïlandaise où c'est un peu plus long. Pas de visa par correspondance.

■ ***Amitiés Sans Frontières :*** BP 2074, 28, rue Daguerre, 68059 Mulhouse Cedex. ☎ 03-89-43-21-11. Une association qui se propose de créer des liens entre la Thaïlande et la France. Contre souscription, visites guidées sur place par des anglophones ou des francophones, logement chez l'habitant, etc.

■ ***Musée Guimet :*** 6, pl. d'Iéna, 75016 Paris. ☎ 01-56-52-53-00. • www.museeguimet.fr • Ⓜ Iéna ou Trocadéro. Ouvert de 10 h à 18 h. Fermé le mardi. Entrée : 6 € ; réductions ; gratuit le 1er dimanche de chaque mois. Au rez-de-chaussée, quelques pièces thaïlandaises, bien mises en valeur. Pour vous initier à l'art du Sud-Est asiatique et aux styles propres au royaume de Siam.

En Belgique

■ ***Ambassade de Thaïlande :*** sq. du Val-de-la-Cambre, 2, 1050 Bruxelles. ☎ 02-640-68-10. Fax : 02-648-30-66. • www.thaiembassy.be • Permanence téléphonique de 9 h 30 à 12 h 30 et de 14 h à 17 h. Ouvert au public du lundi au vendredi de 10 h à 12 h et de 14 h à 15 h. Délai minimum pour les visas : 2 jours ouvrables. Coût : 30 €. Le passeport doit être valable au moins 6 mois à partir du jour d'entrée en Thaïlande.

■ ***Consulat honoraire de Thaïlande :*** c/o Antwerp Business Center, Meir, 44 A, 2000 Anvers. ☎ 03-205-92-03 ou 05. Fax : 03-226-44-82.

– *À Liège :* rue Côte-d'Or, 274, 4000. ☎ 04-254-48-60. Fax : 04-254-24-15.

En Suisse

■ ***Ambassade de Thaïlande :*** Kirchstrasse 56, 3097 Liebefered (Berne). ☎ 031-970-30-30 à 34. Fax : 031-970-30-35. Ouvert du lundi au vendredi de 9 h à 12 h. Permanence téléphonique de 14 h à 17 h. Obtention des visas uniquement le matin. Prévoir 45 Fs.

■ ***Consulat général de Thaïlande :*** 16, cours des Bastions, 1205

Genève. Pour la correspondance, CP 289, 1211 Genève 12. ☎ 022-311-07-23. Fax : 022-311-00-49. • www.thaiconsulate.ch • Ouvert les lundi et jeudi de 9 h à 11 h 30. Délai d'obtention des visas : 3 jours. Il faut 2 photos, l'attestation de l'agence pour un aller-retour, un passeport valable 6 mois à partir de la date de sortie et 25 Fs pour un visa tourisme valable pour une entrée.

– *À Zurich :* Löwenstrasse 3, 8001. ☎ 043-344-70-00. Fax : 043-344-70-01.

Au Canada

■ ***Ambassade du royaume de Thaïlande :*** 180 promenade Island Park, Ottawa (Ontario), K1Y-0A2. ☎ (613) 722-4444, (613) 729-5235. Fax : (613) 722-6624. • thaiott@magma.ca •

■ ***Consulat général de Thaïlande :*** 1501 MacGill College Avenue, bureau 2244, 22e étage, Montréal (Québec), H3A-3M8. ☎ (514) 878-4466. Fax : (514) 878-2446. Ouvert les mardi et jeudi de 10 h à 12 h.

Formalités

– ***Le visa*** n'est pas nécessaire pour les séjours de moins de 30 jours pour les membres de la Communauté européenne avec un vol aller-retour confirmé. Par contre, impossible de l'obtenir à l'arrivée. Bien y penser si vous restez plus de 30 jours.
– Pour les séjours de moins de 30 jours (donc sans visa), ***passeport*** impérativement valable au moins 6 mois après le retour de Thaïlande. Et de plus en plus de pays d'Asie du Sud-Est exigent que le passeport soit valable désormais 6 mois après le retour. **En revanche, pour les séjours de plus de 30 jours (avec visa), le passeport doit être absolument valide 6 mois après le retour de Thaïlande.**
Selon la manière dont vous organisez votre voyage, vous avez le choix entre deux possibilités :
– vous comptez rester en Thaïlande pendant plus de 30 jours consécutifs : demandez un visa avant votre départ, car vous pouvez vous voir refouler par les compagnies aériennes. ***Un visa d'une entrée*** vaut 30 € (45 Fs pour nos amis suisses). Il est utilisable pendant 3 mois après son émission. Le visa touristique est valable ensuite 60 jours sur place, renouvelable sur place éventuellement pour 30 jours (auprès du Bureau de l'immigration à Bangkok : les requérants doivent fournir un passeport valable 6 mois minimum à partir de la date de demande de visa, une photo et 1 900 Bts (38 €) à régler en espèces. ***Pour un visa deux entrées*** (pour 2 séjours de 60 jours), compter 60 € (le 2e séjour est renouvelable à un poste-frontière, et pas à l'ambassade, plus pratique !).
Sans cette double entrée, on vous redonne un visa de 30 jours.
– Votre séjour en Thaïlande n'excède pas 30 jours : vous obtiendrez sans problème un visa à la frontière ou à l'aéroport. Votre passeport devra néanmoins être valable 6 mois après votre retour de Thaïlande.
Mêmes formalités pour nos amis canadiens, suisses et belges.

Quelques remarques

– Pour l'entrée en Thaïlande, vous pouvez choisir n'importe quel moyen de transport, avec ou sans visa.

– Pensez à vérifier la date limite inscrite sur votre passeport car il ne s'agit pas toujours de 30 jours pile, parfois moins. Et ne vous amusez pas à la dépasser lors d'un séjour en Thaïlande ! Amende de 200 Bts (4 €) par jour supplémentaire dépassant la date de limite du visa *(overstay)*, à payer en sortant du pays. Un bon tuyau : si votre visa arrive à expiration et que vous vous trouvez près de la frontière malaise, n'hésitez pas à faire l'aller-retour, on vous donnera un nouveau visa de 30 jours (gratuitement, bien sûr).
– Il existe une ***taxe d'aéroport*** de 300 Bts (6 €) pour les vols intérieurs vers Samui ou Sukhothai (ce sont des aéroports privés) et quand on quitte le pays (500 Bts ou 10 € en 2006), ainsi qu'une taxe pour chaque déplacement sur des vols intérieurs (30 Bts ou 0,60 €), déjà incluse dans votre billet. On règle ces taxes soit aux guichets des douaniers, soit aux guichets automatiques qui acceptent pièces et billets.
– Pour vous présenter à la douane, préférez une tenue correcte (épaules et jambes couvertes) plutôt que votre bermuda râpé et votre débardeur échancré sur poitrail velu !

Vaccinations

– Aucun vaccin obligatoire pour les voyageurs en provenance d'Europe.
– Sont recommandés les vaccins déjà conseillés en France : tétanos, polio, diphtérie (DT polio, rappel adulte *Revaxis®* ou, mieux aujourd'hui, *Repevax®* qui contient en plus un rappel coqueluche), hépatite B. Les vaccins contre l'hépatite A et la typhoïde sont conseillés. Enfin, les vaccins contre la rage et l'encéphalite japonaise sont à prévoir en cas de séjours ruraux de plus d'un mois ou d'expatriation.

Carte internationale d'étudiant (carte ISIC)

Elle prouve le statut d'étudiant dans le monde entier et permet de bénéficier de tous les avantages, services, réductions étudiants du monde, soit plus de 30 000 avantages, dont plus de 7 000 en France, concernant les transports, les hébergements, la culture, les loisirs... C'est la clé de la mobilité étudiante ! La carte ISIC donne aussi accès à des avantages exclusifs sur le voyage (billets d'avion spéciaux, assurances de voyage, carte de téléphone internationale, location de voitures, navette aéroport...).
Pour plus d'informations sur la carte ISIC : • www.isic.fr • ou ☎ 01-49-96-96-49.

Pour l'obtenir en France

Se présenter dans l'une des agences des organismes mentionnés ci-dessous avec :
– une preuve du statut d'étudiant (carte d'étudiant, certificat de scolarité...) ;
– une photo d'identité ;
– 12 €, ou 13 € par correspondance incluant les frais d'envoi des documents d'information sur la carte.
Émission immédiate.

■ ***OTU Voyages :*** ☎ 0820-817-817 (0,12 €/mn). • www.otu.fr • pour connaître l'agence la plus proche de chez vous. Possibilité de commander en ligne la carte ISIC.
■ ***Voyages Wasteels :*** ☎ 0825-88-

70-70 (0,15 €/mn) pour être mis en relation avec l'agence la plus proche de chez vous, ou • www.wasteels.fr • Propose également une commande en ligne de la carte ISIC.

En Belgique

Elle coûte 9 € et s'obtient sur présentation de la carte d'identité, de la carte d'étudiant et d'une photo auprès de :

- ***Connections :*** renseignements au ☎ 02-550-01-00.

En Suisse

Dans toutes les agences STA TRAVEL, sur présentation de la carte d'étudiant, d'une photo et de 20 Fs.

- ***STA TRAVEL :*** 3, rue Vignier, 1205 Genève. ☎ 058-450-48-30.
- ***STA TRAVEL :*** 26, rue de Bourg, 1015 Lausanne. ☎ 058-450-48-70.

Il est également possible de la commander en ligne sur le site • www.isic.fr • (et pour la Suisse : • www.isic.ch •).

Carte internationale des auberges de jeunesse (FUAJ)

Cette carte, valable dans 81 pays, permet de bénéficier des 4 000 auberges de jeunesse du réseau Hostelling International réparties dans le monde entier. Les périodes d'ouverture varient selon les pays et les A.J. À noter, la carte A.J. est surtout intéressante en Europe, aux États-Unis, au Canada, au Moyen-Orient et en Extrême-Orient (Japon...).
Pour tout renseignement, réservation et information :

Pour tous renseignements et réservations en France

Sur place

- ***Fédération unie des Auberges de jeunesse (FUAJ) :*** 27, rue Pajol, 75018 Paris. ☎ 01-44-89-87-27. Fax : 01-44-89-87-49. • www.fuaj.org • Ⓜ Marx-Dormoy ou La Chapelle. Ouvert du mardi au vendredi de 10 h à 18 h et le samedi de 10 h à 17 h. Montant de l'adhésion : 10,70 € pour la carte moins de 26 ans et 15,30 € pour les plus de 26 ans (tarifs 2006). Munissez-vous de votre pièce d'identité lors de l'inscription. Une autorisation des parents est nécessaire pour les moins de 18 ans (une photocopie de la carte d'identité du parent qui autorise le mineur est obligatoire).
– Inscription possible également dans toutes les auberges de jeunesse, points d'information et de réservation FUAJ en France.

Par correspondance

Envoyez une photocopie recto-verso d'une pièce d'identité et un chèque correspondant au montant de l'adhésion. Ajouter 1,20 € pour les frais d'envoi de la FUAJ. Vous recevrez votre carte sous une quinzaine de jours.
On conseille de l'acheter en France, car elle est moins chère qu'à l'étranger.

– La FUAJ propose aussi une ***carte d'adhésion « Famille »,*** valable pour les familles de 2 adultes ayant un ou plusieurs enfants âgés de moins de 14 ans. Prix : 22,90 €. Fournir une copie du livret de famille.
– La carte donne également droit à des réductions sur les transports, les musées et les attractions touristiques de plus de 80 pays. Ces avantages varient d'un pays à l'autre, ce qui n'empêche pas de la présenter à chaque occasion, ça peut toujours marcher.

En Belgique

Son prix varie selon l'âge : entre 3 et 15 ans, 3 € ; entre 16 et 25 ans, 9 € ; après 25 ans, 15 €.

Renseignements et inscriptions

– *À Bruxelles :* LAJ, rue de la Sablonnière, 28, 1000. ☎ 02-219-56-76. Fax : 02-219-14-51. • www.laj.be • info@laj.be •
– *À Anvers :* Vlaamse Jeugdherbergcentrale (VJH), Van Stralenstraat 40, Antwerpen B 2060. ☎ 03-232-72-18. Fax : 03-231-81-26. • www.vjh.be • info@vjh.be •

– Votre carte de membre vous permet d'obtenir un bon de réduction de 5 € sur votre première nuit dans les réseaux LAJ, VJH et CAJL (Luxembourg), ainsi que des réductions auprès de nombreux partenaires en Belgique.

En Suisse (SJH)

Le prix de la carte dépend de l'âge : 22 Fs pour les moins de 18 ans, 33 Fs pour les adultes et 44 Fs pour une famille avec des enfants de moins de 18 ans.

Renseignements et inscriptions

■ ***Schweizer Jugendherbergen (SJH) :*** service des membres, Schaffhauserstr. 14, Postfach 161, 8042 Zurich. ☎ 01-360-14-14. Fax : 01-360-14-60. • www.youthhostel.ch • marketing@youthhostel.ch •

Au Canada et au Québec

Elle coûte 35 $Ca pour une durée de 16 à 26 mois (tarif 2006) et 175 $Ca à vie. Gratuit pour les enfants de moins de 18 ans qui accompagnent leurs parents. Pour les juniors voyageant seuls, la carte est gratuite, mais la nuitée est payante (moindre coût). Ajouter systématiquement les taxes.

■ ***Tourisme Jeunesse :***
– *À Montréal :* 205, av. du Mont-Royal Est, Montréal (Québec) H2T-1P4. ☎ (514) 844-02-87. Fax : (514) 844-52-46.
– *À Québec :* 94, bd. René-Lévesque Ouest, Québec (Québec) G1R-2A4. ☎ (418) 522-2552. Fax : (418) 522-2455.
■ ***Canadian Hostelling Association :*** 205 Catherine Street, bureau 400, Ottawa (Ontario), K2P-1C3. ☎ (613) 237-78-84. Fax : (613) 237-78-68. • www.hihostels.ca • info@hihostels.ca •

ARGENT, BANQUES, CHANGE

Monnaie, distributeurs de billets (ATM) et change

– L'unité monétaire de la Thaïlande est le ***baht*** (Bts dans le guide) – บาท.
– ***Taux de change en 2006 :*** 1 euro = 48 Bts. En gros, 100 Bts font 2 €.
– Il n'y a pas de marché noir et le ***change*** des euros s'effectue partout sans aucun problème, même en chèques de voyage. Inutile d'apporter des dollars. Les grosses coupures de chèques de voyage (il est conseillé de les prendre libellés en euros) sont plus intéressantes que les petites, car on paie une petite commission sur chaque chèque.
– ***Les banques*** en Thaïlande sont ouvertes du lundi au vendredi de 8 h 30 à 15 h 30. Dans les coins touristiques, les horaires sont généralement plus larges (ouvert parfois jusqu'à 20 h !). Chaque ville, grande ou petite, possède son lot de *money changers* ouverts jusqu'à 20 h et parfois 22 h, même les samedi et dimanche. Aucun problème de change, donc. On indique les distributeurs de billets (ATM).

Cartes de paiement

Les cartes *MasterCard, Visa* et *American Express* sont acceptées dans presque toutes les banques. Parmi celles-ci, la *Thai Farmers Bank* – ธนาคารกสิกรไทย propose sans doute les taux de change les plus intéressants.
Beaucoup de ces banques sont équipées de distributeurs automatiques, souvent accessibles 24 h/24.
Attention, vous paierez une commission d'environ 6 € pour chaque retrait ou paiement. Pour toute information, avant de partir : • www.mastercardfrance.com • ou, sur Minitel, composer le 36-15, code EM ou le 36-16, code CBVISA (0,20 €/mn), pour obtenir les adresses de tous les distributeurs de billets du pays de destination. Attention cependant, certains distributeurs n'acceptent pas la carte *Visa.*
– ***Carte MasterCard :*** assistance médicale incluse ; numéro d'urgence : ☎ (00-33) 1-45-16-65-65. En cas de perte ou de vol, composez le ☎ (00-33) 1-45-67-84-84 en France (24 h/24 ; PCV accepté) pour faire opposition ; numéro également valable pour les autres cartes de paiement émises par le Crédit Agricole et le Crédit Mutuel. • www.mastercardfrance.com •
– ***Carte Visa :*** assistance médicale incluse ; numéro d'urgence : ☎ (00-33) 1-42-99-08-08. Pour faire opposition, contactez le ☎ 1-410-581-9994 (depuis l'étranger).
– Pour la carte ***American Express,*** téléphonez en cas de pépin au ☎ (00-33) 1-47-77-72-00. Numéro accessible 24 h/24, PCV accepté en cas de perte ou de vol.
– Pour toutes les cartes émises par ***La Poste,*** composer le ☎ 0825-809-803 (pour les DOM : ☎ 05-55-42-51-97).

Besoin urgent d'argent liquide

Enfin, en cas de besoin urgent d'argent liquide (perte ou vol de billets, chèques de voyage, cartes de paiement), vous pouvez être dépanné en quelques minutes grâce au système ***Western Union Money Transfer.*** Pour cela, demandez à quelqu'un de vous déposer de l'argent liquide en euros dans l'un des bureaux *Western Union*. Le correspondant en France est *La Poste* (fermée le samedi après-midi et le dimanche, n'oubliez pas ! ☎ 0825-009-898). L'argent vous est transféré en moins de 15 mn en Thaïlande. La commission est payée par l'expéditeur. En Thaïlande, ce sont surtout les *Banks of Ayudhaya* qui assurent ce service. On les indique le plus souvent possible.

ACHATS

L'artisanat

L'artisanat thaïlandais est de bon goût, sauf dans quelques domaines.
– ***Conseils :*** attention aux imitations de certains produits. Ce sont des contrefaçons de marques françaises, italiennes ou américaines très renommées, de qualité souvent médiocre, dont l'importation en France exposerait leur détenteur à des poursuites judiciaires et à des amendes douanières sévères, quel que soit le nombre d'articles rapportés. Et attention, les douanes ne rigolent plus vraiment avec ça. Se faire piquer au retour coûte bonbon.
Si vous réglez le montant de vos achats avec une carte de paiement, ne la perdez pas des yeux et n'oubliez pas de récupérer le double. De manière générale, évitez de régler par carte de paiement pour les petits achats. Le liquide donne des marges de marchandage bien plus grandes que l'argent plastique.
– ***Les cotonnades :*** tissées ou imprimées, dans des motifs contemporains ou traditionnels, elles sont à des prix très intéressants. Possibilité pour les routardes de se faire tailler, à des prix avantageux, une robe dans l'un des nombreux petits ateliers de quartier. Et, en règle générale, les vêtements ne sont pas chers. Ne vous encombrez pas à l'aller !
– ***Les pierres précieuses :*** Bangkok est devenu le centre mondial de la taille des pierres précieuses, surtout pour les saphirs et les rubis. Évidemment, beaucoup de pierres synthétiques en balade. Quelques conseils : évitez les bijouteries qui vendent à la fois pierres précieuses, bibelots, souvenirs et gadgets divers. Les belles pierres ne s'achètent que chez les spécialistes. Généralement, les bijouteries des grands hôtels sont dignes de confiance (ces hôtels ont une réputation à garder). De plus, le 5 décembre (anniversaire du roi), une réduction de 25 % est accordée.
Ne pénétrez **jamais** dans une boutique avec un guide d'agence de voyages. Il est automatiquement commissionné.
– ***L'argent :*** il est travaillé suivant des dessins traditionnels et décoré en « repoussé », une technique qui permet de présenter en relief les motifs symboliques ou mythologiques. Le *nielle,* lui, est obtenu avec de l'argent incrusté d'un autre alliage et souvent doré. Tout cet artisanat remonte au temps du roi Narai, d'Ayutthaya (1656-1688), et on peut en voir de beaux exemples au Musée national.
Attention, beaucoup d'objets en argent ressemblent à de l'alu. C'est de l'argent à 20 % qui ne vaut pratiquement rien. Il faut demander du « sterling ».
– ***Les bijoux en or :*** ils sont moins chers qu'en France, mais vous n'aimerez pas forcément leur style vieillot. De plus, à moins d'être fin connaisseur, vous risquez de vous faire avoir (même s'il y a un poinçon, cela peut être du cuivre ou de l'or à 14 carats). Vous pouvez apporter votre flacon d'acide pour faire un test... Les bracelets de jade et d'onyx sont souvent bon marché.
– On trouve aussi de beaux ***laques*** (spécialité du Nord).

– ***Le bronze :*** matériau utilisé depuis des siècles dans l'artisanat thaï. Possibilité d'acheter, dans toutes les tailles et toutes les tonalités, les cloches et clochettes de temple en cuivre et bronze, et en forme de feuilles d'arbre de la Bodhi *(Ficus religiosa).*
– ***La poterie :*** on assiste au renouveau d'un art ancien, le *céladon,* notamment à Chiang Mai. Le céladon est fabriqué selon un procédé compliqué avec une terre qu'on ne trouve que dans certaines régions, et cuite à haute température. Il se distingue par un délicat craquelé d'un exquis vert jade.
– Citons encore les ***frottis de temple :*** avec un papier de riz, et à l'aide de charbon de bois, de poudre d'or ou de peinture à l'huile, ces « frottis » ont été effectués sur les bas-reliefs des principaux temples de Bangkok.
– ***Les poupées thaïes :*** elles sont surtout faites en soie, très colorées, et figurent les personnages de la danse classique thaïe et les membres des tribus montagnardes.
– ***Les masques du Khon :*** ils servent au théâtre populaire dramatique, et peuvent s'acheter. Représentant les héros du *Râmakien,* version thaïe du *Ra ma yana* : démons, singes et autres, ils peuvent servir d'éléments décoratifs magnifiques.
– ***Les objets en teck :*** provenant des jungles épaisses du Nord, le teck est utilisé pour la fabrication de quantité d'objets, des plateaux, de la vaisselle, des statuettes aux plus beaux meubles.
– ***La vannerie de rotin et le mobilier de bambou :*** ils sont très beaux, raffinés et pas chers, mais très souvent encombrants. On hésite à les rapporter. Les touristes se rabattent sur les ***chapeaux chinois pointus*** (en paille) et les ***ombrelles de papier*** (surtout à Chiang Mai).
– ***Les reproductions de tableaux célèbres :*** c'est la grande mode depuis quelques années. Passés maîtres dans l'art de reproduire, les Thaïlandais se sont dit que, puisqu'ils pouvaient copier des fringues et des bagnoles, pourquoi pas des chefs-d'œuvre de la peinture. Et c'est devenu ici un marché comme un autre. Le truc vraiment marrant est de se faire tirer le portrait en photo, puis de la donner à un atelier qui vous la reproduira en peinture. Tous les jours, vous pouvez venir voir l'avancement de votre toile. Amusant et pas si cher.
– ***Conseils :*** si vous voulez envoyer des objets en France par la mer, comptez 3 mois de voyage. Pour les expéditions, préférez la poste officielle (en recommandé) aux marchands qui vous proposent de s'en occuper. Voir la rubrique « Poste ».

Le marchandage

C'est la tradition. Le prix de certains articles sera à diviser par deux. Pour d'autres, et c'est le cas le plus général, vous n'obtiendrez que 5 ou 10 %, 20 % au mieux. En tout cas, il faut toujours essayer ! Avoir cependant à l'esprit que certains petits artisans ont une marge très faible. En tenir compte. Même dans les boutiques chic où les objets sont étiquetés, n'hésitez pas à marchander (imaginez la même chose en France !).
En général, on vous accordera un rabais. Et la concurrence marche à fond. Visitez toujours plusieurs boutiques pour comparer les rabais proposés. Enfin, n'oubliez pas le principe de vente dans ces pays-là : vendre beaucoup, même avec des petites marges. L'affluence de touristes américains dans les îles du Sud commence pourtant à saboter la sympathique cérémonie du marchandage.

Même si le marchand reste ferme sur les prix, il sourira ou rira toujours. Un truc : riez encore plus que lui. Un Européen hilare, ça déconcerte.

La TVA

Il est possible de demander, en partant, le remboursement de la TVA (ici, on dit *VAT*) sur les achats – d'une valeur minimum de 5 000 Bts (100 €) – que vous aurez effectués dans les grands magasins ou les boutiques ayant pignon sur rue. Pour cela, faire remplir le formulaire de remboursement le jour de l'achat, chaque formulaire devant représenter une valeur de plus de 2 000 Bts (40 €). N'hésitez pas à insister auprès des employés des boutiques qui ont l'habitude de ce type de formalité. Ainsi, le jour du départ, à l'aéroport, avant l'enregistrement, vous présenterez formulaires et articles en question au guichet spécial des douaniers qui se feront un plaisir de vous rendre votre argent.

BOISSONS

– Vous avez le choix entre vous démolir l'estomac avec le Coca et autres Seven Up ou vous détraquer l'intestin avec les amibes. Mais on trouve aussi de l'***eau filtrée*** en bouteille presque partout. Vérifiez qu'elle soit bien capsulée.
– Les fauchés apporteront leurs pastilles de *Micropur® DCCNa*. Sinon, on trouve partout des pastilles d'hydroclonazone.
– ***Le thé*** est universel, mais c'est soit du Lipton (si c'est pas malheureux !), soit un pâle succédané pas très ragoûtant. Quant à leur ***café*** fadasse, vous pouvez l'oublier.
– Il faut tester le whisky local : le ***mekong*** – แม่โขง, auquel on ajoute du Sprite. Ça ne vaut pas l'armagnac, autant vous le dire tout de suite ! On peut acheter sa bouteille pour la boire au restaurant, mais il n'y a pas de grosses différences de prix.
– Vous pouvez boire les ***jus de fruits frais*** (on n'en trouve pas partout), sains et délicieux. Les prudents préciseront qu'ils ne veulent pas de glaçons dedans. Goûtez absolument au *Vitamilk* – ไวตามิ้ลค์, lait à base de soja, sucre, etc. Délicieux !
– ***Les shakes*** sont des jus frais mixés avec de la glace pilée : attention, qui dit glace pilée dit risque d'amibes ! En revanche, les glaçons de forme cylindrique sont fabriqués avec de l'eau purifiée.
– ***La bière thaïe*** *Singha Beer* – เบียร์สิงห์ est bonne et pas bien chère. Idem pour la *Leo Beer* ou la *Chang Beer*. Ces blondes légères sont servies soit en canette, soit en bouteille de 65 cl. Rares sont les bouteilles de 33 cl, sauf dans le cas des bières importées.
– Signalons encore un vin pétillant sucré à base de riz fermenté du nom de ***sato,*** l'équivalent du saké japonais, mais avec des bulles !

BUDGET

Hébergement

Pour une même catégorie d'hébergement, les tarifs vont quasiment du simple pour le Nord au double dans les stations balnéaires les plus cotées du Sud (Phuket, par exemple). Bangkok est également plus chère que le Nord, mais on y trouve toujours nombre d'adresses bon marché. Aux variations géographiques s'ajoutent les variations saisonnières. Il n'est pas rare qu'une

même prestation soit facturée 50 % plus chère pendant la haute saison et carrément le double quand les établissements appliquent le tarif « Peak Season » (très haute saison) du 15 décembre au 15 janvier. Ces sautes de prix annuelles sont bien plus fortes dans le Sud que dans le Nord, où elles sont parfois négligeables.
En tenant compte de ces éléments, nous avons établi des échelles de prix, qui sont à chaque fois précisées dans le texte. Les prix sont exprimés en bahts, suivis de l'équivalent en euros (1 € = 48 Bts).
Échelle pour le Nord :
– ***Pas cher ou bon marché :*** entre 80 et 200 Bts (1,60 et 4 €).
– ***Prix moyens :*** entre 200 et 400 Bts (4 et 8 €).
– ***Un peu plus chic :*** de 400 à 1 000 Bts (8 à 20 €).
– ***Plus chic :*** de 1 000 à 2 000 Bts (20 à 40 €).
– ***Encore plus chic :*** au-delà de 2 000 Bts (40 €).
Pour le Sud et autour de Bangkok, il convient de doubler les tarifs des deux premières catégories d'hébergement :
– ***Bon marché :*** moins de 500 Bts (10 €).
– ***Prix moyens :*** de 500 à 1 000 Bts (10 à 20 €).
– ***Un peu plus chic :*** de 1 000 à 1 500 Bts (20 à 30 €).
– ***Plus chic :*** de 1 500 à 3 000 Bts (30 à 60 €).
– ***Beaucoup plus chic :*** plus de 3 000 Bts (60 €).

Restauration

Même remarque que pour l'hébergement.
– Les gargotes ***bon marché,*** populaires, à moins de 100 Bts (2 €) le repas complet.
– Les restaurants à ***prix moyens,*** où l'on peut s'en tirer à bon compte pour 100 à 300 Bts (2 à 6 €).
– Puis les adresses ***plus chic,*** où l'on débourse 300 Bts (6 €) et plus, et qui sont surtout destinées à une clientèle touristique et/ou gastronomique.

Visite de sites, de musées et de temples

Les prix des visites des parcs nationaux, des musées, des sites et autres temples constituent un budget non négligeable. Ces tarifs ont connu une flambée assez spectaculaire ces dernières années. Disons-le tout net, 200 Bts (4 €) pour un temple, un zoo ou l'entrée d'une petite réserve, c'est exagéré. Alors, beaucoup de routards sont amenés à faire des choix et décident de faire l'impasse sur certains sites, d'autant que le pays pratique une politique de doubles tarifs. Les étrangers, y compris ceux qui résident officiellement dans le pays, paient jusqu'à 10 fois plus cher que les Thaïs ! Certains en perdent leur « sanuk »... La disparité économique ne suffit pas à justifier cette situation. Imaginez : un riche Thaïlandais paiera 10 fois moins cher qu'un étudiant européen !

CLIMAT

Il fait chaud en toute saison, partout. Le climat est tropical, c'est-à-dire à deux saisons. La saison des pluies s'étend de juin à octobre : rien à voir avec la mousson indienne. Le temps reste ensoleillé avec parfois de gros orages imprévisibles et brefs. Les pluies sont plus abondantes dans le Nord, où l'air est également plus frais. La saison sèche devient torride de mars à mai (de façon presque insupportable), mais il fait froid la nuit, surtout en montagne

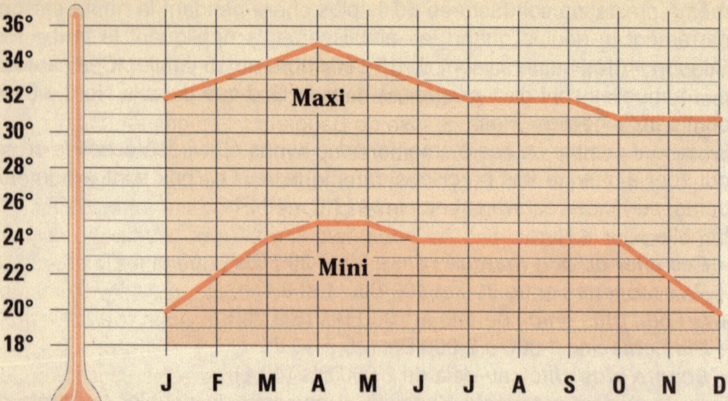

Moyenne des températures atmosphériques

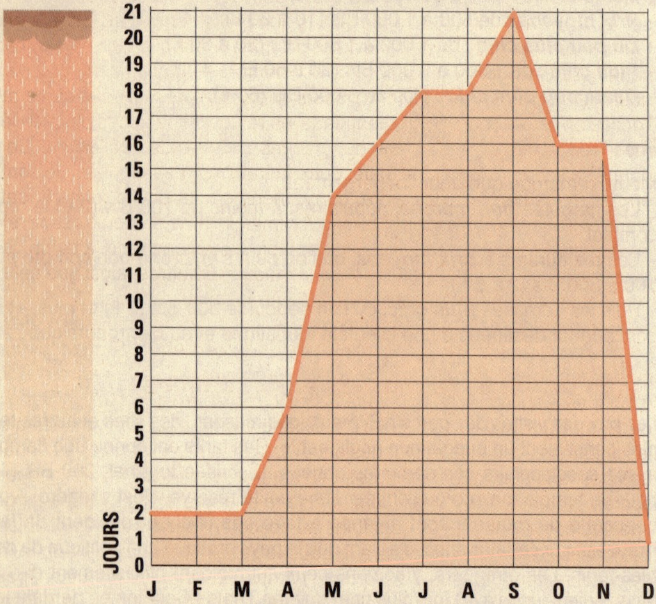

Nombre de jours de pluie

THAÏLANDE (Bangkok)

(trekking). Dans le Sud (Phuket, Hat Yai), saison sèche et saison des pluies sont moins marquées : il peut pleuvoir un peu n'importe quand, alors qu'à Ko Samui la mousson a lieu entre octobre et décembre. De toute façon, ça ne dure jamais bien longtemps.

Un conseil : mieux vaut éviter septembre et octobre pour découvrir la Thaïlande, les typhons pouvant sévir à cette époque.

CUISINE

Aiguisez vos papilles, ami routard, et laissez-vous envahir par ces nouvelles senteurs, ces parfums inconnus, cette richesse enivrante de la cuisine thaïlandaise. Restaurants de luxe de Bangkok ou stands ambulants sur les trottoirs de Chiang Mai, plats élaborés ou simple riz frit... l'art culinaire est ici toujours de bonne qualité et on est rarement déçu. De plus, les restos servent à toute heure de la journée. En revanche, ne pas arriver après 22 h.
La brochure *Saveurs de Thaïlande,* que l'on peut se procurer à l'office de tourisme à Paris, présente des noms de plats et des recettes. Pratique pour vous mettre à l'œuvre dès votre retour. En attendant, pour saliver, vous pouvez consulter un autre ouvrage très bien fait : ***Petits plats thaïs*** (Marabout, 2001, 256 pages) avec plein de photos.
La base de la cuisine thaïe est le riz. On le fait frire et on l'accommode de mille manières (avec poisson, bœuf, porc, crabe, crevettes). La plupart des plats sont épicés. Un peu ou alors, beaucoup. Donc, un conseil : apprenez le terme *maï phèt* – ไม่เผ็ด, qui signifie « peu épicé ». Certains restos vous servent la sauce au piment à part, dans une petite soucoupe. Dans les lieux touristiques, les restaurateurs évitent de mettre le feu à leurs plats, car ils connaissent les goûts de la clientèle occidentale. Outre le riz frit, goûtez aux nouilles frites (*phat thai* – ผัดไทย), absolument délicieuses. Vous aurez aussi l'occasion de manger, notamment dans les restos chinois, des plats de légumes locaux frits ou cuits dans des sauces à la viande. Délicieux ! Ce qui donne sa saveur à la cuisine thaïe, outre la fraîcheur des produits, ce sont les épices et les herbes : coriandre, curry, menthe, citronnelle, piment, safran blanc et gingembre lui apportent un goût inimitable et mystérieux, assez relevé pour le goût occidental mais très appréciable lorsqu'on prend la peine de s'y intéresser. Les sauces de poisson, de moules et d'huîtres, ainsi que celle de soja sont couramment utilisées pour relever les plats. Un régal !
Si riz et nouilles frits constituent la base de l'art culinaire thaïlandais, de plus en plus de restos de Bangkok et de Chiang Mai se mettent à redécouvrir une cuisine ancienne et raffinée à laquelle ils ajoutent le savoir-faire d'aujourd'hui. Les résultats sont éloquents (voir *Bussaracum* – บุษราคัม, à Bangkok, ou *Heun Suntaree* – เฮือนสุนทรีย์, à Chiang Mai). La cuisine actuelle a subi les influences chinoise et indonésienne, tout en conservant sa personnalité.
Les desserts sont peu prisés. Les seuls qui existent sont très chimiques et sucrés. Noter tout de même (comment faire autrement ?) les carrés de gélatine fluo contenant un fruit. Les flans au coco sont plus recommandables.
La richesse des fruits met l'eau à la bouche : ananas, papaye, mangue, noix de coco, ramboutan, pomelo (sorte de pamplemousse), mangoustan, pastèque, *jack fruit* (jacquier) et le célèbre durian. Ce dernier, sorte de ballon de rugby agrémenté de piquants triangulaires, est très prisé par les Thaïs. Il est hors de prix pour un budget thaïlandais et son achat représente un véritable « investissement » pour le chef de famille. Son odeur alléchante vous rappellera celle d'un vieux container à ordures et son goût celui d'échalotes pourries... Nous vous proposons ici quelques plats classiques, histoire de vous repérer dans la carte.

Les « frits »

– *Khao phat* – ข้าวผัด : riz frit, avec poulet, crabe ou crevettes.
– *Phat phak bung* – ผัดผักบุ้ง : assortiment de légumes frits.

– *Nua phat nam man hoï* – เนื้อผัดน้ำมันหอย : bœuf frit à la sauce d'huîtres aux oignons.
– *Thot man pla* – ทอดมันปลา : beignets de poisson frits.
– *Mi krop* – หมี่กรอบ : nouilles craquantes accommodées avec de la viande, des crevettes ou autres.

Les soupes

– *Kaeng chut* – แกงจืด : soupe de légumes avec crevettes ou porc.
– *Tom yam* – ต้มยำ : mélange aigre-doux accompagné de morceaux de porc, poulet ou poisson.
– *Tom yam kung* – ต้มยำกุ้ง : soupe de crevettes parfumée à la citronnelle.
– *Khao tom pla* – ข้าวต้มปลา : soupe à la sauce de poisson.

Les nouilles

– *Phat thay* – ผัดไทย : nouilles sautées accompagnées de viande ou fruits de mer, soja cru ou cuit, cacahuètes pilées, noix de cajou, *tofu*, crevettes séchées ou encore la traditionnelle sauce de poisson.
– *Kuai tio haeng* – ก๋วยเตี๋ยวแห้ง : nouilles agrémentées de viande et de légumes émincés, le tout épicé.
– *Kuai tio phat siu* – ก๋วยเ ตี๋ยวผัด ซีอิ๊ว : nouilles frites avec sauce chinoise, viande, légumes et œufs.
– *Ba mi krob rat na kung* – บะหมี่กรอบราดหน้ากุ้ง : nouilles jaunes craquantes avec crevettes.
– *Suki yaki* – สุกี้ยากี้ : pâtes sèches avec des fruits de mer et de la viande, préparées avec une sauce assez indescriptible.

Les autres plats

– *Laab* – ลาบ : viande de porc hachée avec des épices. Se mange cru (*laab isan*, pas très conseillé pour les Occidentaux) ou cuit *(laab kua)*.
– *Kam pu thot* – ก้ามปูทอด : crabes frits.
– *Kaï yang* – ไก่ย่าง : poulet grillé.
– *Hu chalam sai pu* – หูฉลามใส่ปู : aileron de requin avec crabe.
– *Keng pla nam khao* – แกงปลาน้ำขาว : pomfret (sorte de poisson) cuit au court-bouillon, servi avec une sauce blanche.
– *Kaï phat phrik* – ไก่ผัดพริก : poulet grillé pimenté.
– *Lap* – ลาบ : viande hachée avec du citron et des échalotes saisie avec des piments.
– *Pla prio wan* – ปลาเปรี้ยวหวาน : poisson à l'aigre-doux.
– *Ho mok pla chonne* – ห่อหมกปลาช่อน : poisson à la pâte de curry cuit à l'étouffée dans une feuille de bananier.

DANGERS ET ENQUIQUINEMENTS

Voici la liste des pépins qui ne vous arriveront jamais une fois que vous aurez lu ces lignes ! De plus, un petit tour par les « Conseils aux voyageurs » du ministère des Affaires étrangères peut lever quelques inquiétudes : • www.diplomatie.gouv.fr •

Vols et brigandage

Le vol et le brigandage ne sont pas des problèmes particuliers à la Thaïlande, en tout cas pas plus – mais pas moins – que dans tout autre pays où le tourisme est important.

Cela dit, les pickpockets et les agresseurs potentiels existent. Ainsi il convient, pour ne pas se faire plumer, de rester vigilant et de ne pas baisser la garde dans les situations les plus décontractées. Un truc assez répandu : le vol « à la tire ». Les malfrats agissent seuls ou à plusieurs. Il est judicieux d'avoir au moins la moitié de son argent en chèques de voyage et de ne prendre sur soi que ce dont on a besoin. Certains hôtels possèdent des coffres et l'on vous remet un reçu de ce que vous y avez déposé. Évidemment, ne laissez rien de valeur dans un bungalow de bambou tressé, fermé par un simple cadenas. Conservez toujours votre passeport sur vous, tout en laissant des photocopies dans un sac à votre *guesthouse* ou votre hôtel.

– Dans les transports en commun et notamment les bus, il arrive que des bagages disparaissent lors des arrêts intermédiaires. Rien de plus facile en effet, au milieu de la nuit, que de faire descendre quelques sacs en plus. Ne laissez en soute que ce que vous ne pouvez prendre à bord, et veillez à ne rien placer de valeur dans ces bagages-là.

– Deux mots des « bars à filles » où les plus naïfs se font plumer sans s'en rendre compte en payant de larges tournées et se font piquer leur fric et leurs papiers une fois qu'ils sont bien allumés. On ne les plaint pas vraiment.

– Évitez aussi, aux alentours de Bangkok, les propositions de balades dans les *khlongs* pour voir les marchés flottants à un prix super-alléchant.

– On ne compte plus non plus les arnaques du genre « Ce temple est fermé, venez voir celui-ci » proféré par un type en costard-cravate ou un gentil monsieur qui souhaite vous faire visiter la ville uniquement pour son plaisir... Une fois encore, refusez !

– Quand vous payez avec une carte de paiement, conservez bien les carbones et évitez de payer de petites factures dans des endroits peu sûrs.

– CONSEIL PRIMORDIAL : CONSERVEZ TOUJOURS VOTRE CARTE DE PAIEMENT AVEC VOUS. Ne la laissez pas dans le coffre à l'hôtel quand vous partez en trek. Trop de lecteurs se retrouvent en France avec d'énormes découverts bancaires...

Pierres précieuses

Face au nombre toujours croissant de nos lecteurs victimes d'escroqueries, on ne saurait que trop recommander la prudence... Le scénario est le suivant : un conducteur de *tuk-tuk* – ตุ๊ก ตุ๊ก ou un simple passant sympathise avec vous et vous mène très patiemment dans une boutique qui, ce jour-là (comme par hasard !), fait de très grosses réductions. Facile de se laisser embobiner : faux témoignages d'autres touristes et certificats d'authenticité (encore plus faux !) leur servent de preuves. Là encore, le marchand ne compte ni les thés, ni les heures... et le tour est joué !

Assistance aux touristes

Des centres d'assistance aux touristes existent dans toutes les grandes villes et dans les lieux touristiques. Nous en donnons les coordonnées dans la rubrique « Adresses utiles » des villes concernées. La majorité des postes *Tourist Police* sont plutôt efficaces. En cas de pépin, n'hésitez donc pas à aller les voir.

– Si vous avez un problème, composez le ☎ 11-55, numéro de la *Tourist Police*. Ce 11-55 est un peu l'équivalent du 17 pour Police-Secours en France.

Drogue

On ne va pas vous faire la morale, mais il faut savoir qu'essayer une drogue, même douce, peut coûter très cher en Thaïlande. Les sanctions sont terribles, et une bonne vingtaine de Français sont actuellement sous les verrous pour ne pas avoir tenu compte des lois thaïes en vigueur, et ce souvent pour de longues peines (20 à 30 ans).

Serpents

Attention aux piqûres de serpents. Sans tomber dans la parano, quelques cas surviennent chaque année.

DÉCALAGE HORAIRE

Compter 5 h d'avance sur Paris en été, 6 h en hiver. Quand il est midi à Paris, il est 17 h (été) ou 18 h (hiver) à Bangkok.
Enfin, n'oubliez pas que le temps, en Thaïlande, est régi par le ***calendrier bouddhique.*** Ajoutez donc 543 années à votre bon vieux calendrier grégorien. Ce n'est qu'une question d'habitude, mais sachez qu'en 2007 les Thaïlandais sont passés à l'an 2550 !

DROITS DE L'HOMME

La crise institutionnelle majeure connue par la Thaïlande en 2006 n'aura guère permis d'améliorer la situation des Droits de l'homme en Thaïlande. Surtout dans le sud, où les attentats et assassinats se sont multipliés cette année. À ces violences, commises par des groupes islamistes non identifiés, l'armée répond par des exactions à l'encontre notamment de la population civile. Le Comité des Droits de l'homme de l'ONU s'est ainsi inquiété de l'état d'urgence proclamé en juillet 2005 dans la région, ainsi que des allégations d'actes de tortures et d'exécutions extrajudiciaires. Peu de chance d'ailleurs que les forces de l'ordre aient un jour à répondre de ces actes. La récente campagne de lutte contre les stupéfiants, avait en effet causé la mort de plus de 2 200 personnes, dont nombre d'entre eux étaient des civils innocents. Officiellement, ces derniers sont pourtant considérés comme victimes de « règlements de compte », et aucune plainte déposée contre les forces de l'ordre n'a fait l'objet d'une enquête sérieuse. Les ONG se préoccupent également du sort des centaines de milliers de réfugiés qui s'entassent dans des camps aux frontières du pays. Le gouvernement souhaiterait en effet leur retour progressif dans leurs pays d'origine, sans qu'aucune garantie de sécurité ne leur soit apportée. Les immigrés, qui travaillent dans le pays de façon illégale, sont par ailleurs victimes de graves discriminations, notamment en matière d'accès aux soins ou à l'éducation.
Pour en savoir plus, n'hésitez pas à contacter :

- ***Fédération internationale des Droits de l'homme (FIDH) :*** 17, passage de la Main-d'Or, 75011 Paris. ☎ 01-43-55-25-18. Fax : 01-43-55-18-80. • www.fidh.org • fidh@fidh.org • Ⓜ Ledru-Rollin.
- ***Amnesty International*** *(section française) :* 76, bd de la Villette, 75940 Paris Cedex 19. ☎ 01-53-38-65-65. Fax : 01-53-38-55-00. • www.amnesty.asso.fr • info@amnesty.asso.fr • Ⓜ Belleville ou Colonel-Fabien.

N'oublions pas qu'en France aussi, les organisations de défense des Droits de l'homme continuent de se battre contre les discriminations, le racisme et en faveur de l'intégration des plus démunis.

ÉCONOMIE

Les fondements de l'économie thaïlandaise sont l'agriculture (premier exportateur mondial de riz, importante production maraîchère et fruitière dans le Centre et le Nord), l'extraction minière et l'industrie mécanique (pas de grandes marques nationales, mais d'importants ateliers automobiles installés dans le pays : Toyota, General Motors). Malgré quelques gisements de gaz, le pays reste dépendant pour son énergie.
Après le krach boursier de 1997, on peut dire que la Thaïlande a bien remonté la pente. Certes, le salaire moyen est de 440 €, et 2 millions de travailleurs sont encore au chômage. Mais avec une croissance dépassant les 4,5 % en 2005, malgré le tsunami et les cours élevés du pétrole, et des prévisions à 6 % pour 2006, tous les espoirs sont permis.
Le Premier ministre, Thaksin Shinawatra, homme d'affaires populaire pour les uns, populiste haïssable pour les autres, a lancé de nombreux programmes d'investissements publics. Il a également multiplié les accords économiques avec les pays voisins, faisant de la Thaïlande un acteur économique essentiel de la région. Histoire de diversifier ses partenariats, il a ouvert des négociations (difficiles !) sur des accords de libre-échange avec les USA et reçu le président Chirac en février 2006, avec à la clé l'achat d'avions et de matériel high-tech. Le Japon et la Chine restent néanmoins les principaux partenaires économiques de la Thaïlande. Mais le vrai-faux départ de Thaksin Shinawatra en avril 2006 risque de stopper cette vague prospère, comme l'augmentation du prix du pétrole, l'inflation... Rien de bon en somme, la morosité gagne autant les milieux financiers que les Thaïs eux-mêmes (baisse du pouvoir d'achat). À suivre.

ÉLECTRICITÉ

Du 220 V. avec des prises dites « américaines ». Se procurer un adaptateur (on en trouve sur place ; vous pouvez aussi en acheter avant le départ chez votre quincaillier). Toutefois, dans les hôtels de standing international, les prises sont adaptées aux appareils européens.

ENVIRONNEMENT

De même qu'on avait rasé les mangroves (des forêts de palétuviers qui poussent au bord de marigots et qui sont essentielles à la stabilité des bandes côtières) pour raisons financières, on a depuis plus de 80 ans surexploité et détruit les dernières grandes forêts primitives de l'Asie du Sud-Est. Ainsi, la Thaïlande a perdu presque tout son teck. L'équilibre ne sera jamais rétabli, malgré la création de parcs nationaux. Que dire aussi de ces stations balnéaires qui, à coups de rejets de déchets, sont en train de perdre leurs principaux atouts (vie marine, coraux notamment) ? N'oublions pas Bangkok, ville engorgée par les voitures et donc par la pollution, qui souffre aussi du pompage frénétique des nappes phréatiques. En somme, les écologistes ont du pain sur la planche !
Et puis il y a le problème des îles : Phuket est déjà saccagée, inutile de revenir sur son cas. Mais c'est vrai que ce qu'est en train de devenir une île comme Ko Phi Phi a de quoi inquiéter. Des centaines de palmiers rasés pour faire place à des bungalows, des problèmes de surpopulation et surtout d'évacuation des eaux usées. Le surpeuplement touristique de la haute saison

provoque des va-et-vient incessants de bateaux « longues-queues » qui polluent et provoquent l'asphyxie de l'eau et, partant, la destruction de la faune. Ainsi, les eaux aux abords du port sont devenues irrémédiablement troubles.

L'éléphant : le plus aimé de tous

L'éléphant est l'animal thaïlandais par excellence, respecté et aimé plus que tout autre. Pensez, ces pachydermes ont même droit à la retraite et à la sécurité sociale (un hôpital leur est spécialement destiné et il est admis qu'ils ne travaillent plus à partir de 60 ans afin de se reposer tranquillement jusqu'à la fin de leurs jours). S'ils sont beaucoup moins nombreux aujourd'hui, on en compte tout de même encore près de 4 000 dans le pays. Mais la mécanisation du travail agricole (l'éléphant servait surtout au transport du teck, or le teck, surexploité, a presque disparu du pays) et le coût exorbitant de son entretien ont porté un rude coup à l'animal sacré. Le tourisme est ainsi devenu le premier gagne-bananes de ces grands animaux si sages. Sachez que les conditions de transport ne sont pas des plus agréable pour le roi des animaux thaïlandais : il ne se passe pas une semaine sans que la presse ne parle de traitements infâmes envers eux.
Mais plus aimé encore est l'éléphant blanc, l'animal sacré du bouddhisme, symbole de paix et de prospérité à travers l'Asie. L'origine de sa légende dépasse l'entendement : il aurait fécondé la mère de Bouddha pour qu'elle donne naissance au grand Sage... En Thaïlande, l'histoire de ces animaux d'exception a toujours été liée à la nation. Jadis insignes du drapeau siamois, les éléphants blancs sont traditionnellement la propriété du roi, qui renforce ainsi sa position de demi-dieu. Le simple fait d'attraper un tel animal et de l'offrir au roi provoque des liesses populaires... Il n'en reste plus beaucoup aujourd'hui.

FÊTES ET JOURS FÉRIÉS

La plupart des fêtes ont lieu en fonction du calendrier lunaire, elles varient donc. Comme les travailleurs thaïlandais n'ont pas de congés payés, les jours fériés sont très attendus et respectés.
– ***Nouvel An*** (31 décembre au 1er janvier) *:* jours fériés. À Bangkok, grosse foule et bousculade sur l'immense place de Sanam Luang (en face du Wat Phra Keoh). À Chiang Maï, les hôtels sont archicombles. Bien réserver sa place de train une semaine à l'avance.
– ***Nouvel An chinois*** (fin janvier-début février) *:* fête de famille. Il ne se passe rien, sinon que tous les magasins sont fermés pendant quatre jours et que les bus, trains et hôtels sont bondés.
– ***Magha Puja*** (fin février) *:* fête bouddhique. Les gens vont dans les temples. Processions aux chandelles.
– ***Les combats de cerfs-volants*** (mars-avril) *:* à Bangkok, tous les après-midi à 16 h 30 sur Sanam Luang. Le jeu consiste à faire tomber les cerfs-volants. Le tout dépend du vent, et attention aux fils électriques !
– ***Le jour des Chakri*** (6 avril) *:* fête de la dynastie actuelle. Cérémonies au temple du Bouddha d'Émeraude à Bangkok.
– ***Songkran*** (13 ou 15 avril) *:* Nouvel An bouddhique. Le jour le plus chaud en Thaïlande. Du coup, les gens s'aspergent d'eau mutuellement. Très pratiqué à Chiang Mai et à Phra Praokong, dans la banlieue de Bangkok.

– ***Le jour du Couronnement*** (5 mai) **:** anniversaire officiel du roi Bhumibol, actuel souverain régnant.
– ***La cérémonie du Labour*** (mi-mai) **:** cérémonie hindoue qui marque le début du repiquage du riz. Le roi et la reine sont visibles sur Sanam Luang à Bangkok.
– ***Visahka Puja*** (mai) **:** anniversaire de la naissance de Bouddha. Dans tous les temples, processions aux chandelles. Une des plus belles fêtes de Thaïlande.
– ***La Fête ! (mi-juin/mi-juillet) :*** organisée par l'Ambassade de France et l'Alliance française de Bangkok. Des concerts, des spectacles de danse, des expos dans des lieux sympas. Se renseigner.
– ***Khao Pansa*** (juillet) **:** magnifique festival des Bougies (surtout à Ubon Ratchatani, dans le Nord-Est).
– ***Tak Bat Dok Mai*** (fin juillet) **:** grande fête à Saraburi, à 136 km de Bangkok, à l'autel de l'Empreinte du pied. On dit que c'est le pied de Bouddha.
– ***L'anniversaire de la reine Sirikit*** (12 août) **:** jour férié.
– ***Ok Pansa*** (octobre) **:** fin du carême et début de la *saison des kathins* où les gens offrent aux moines bouddhistes leurs nouvelles robes. Processions en musique.
– ***Loy Krathong*** (novembre) **:** la plus belle fête de Thaïlande. Elle a lieu la nuit. Les gens fabriquent des *krathong,* minuscules bateaux de feuilles de bananier avec une bougie allumée et de l'encens, qu'ils déposent sur les rivières et les *khlong* pour honorer les esprits des eaux. À voir particulièrement à Bangkok sur la Chao Phraya, du côté de Memorial Bridge, à Chiang Mai sur la rivière Ping, et à Sukhothai (festival son et lumière, danses).
– ***Le rassemblement des éléphants*** (début novembre) **:** existe depuis 1955, organisé par le TAT (office de tourisme de Thaïlande) à Surin (dans l'Est du pays). Des centaines d'éléphants en représentation. C'est bien le seul moment où l'on peut voir autant d'éléphants en Thaïlande !
– ***L'anniversaire du roi*** (5 décembre) **:** fête nationale ; encore un peu plus de photos du roi, déjà partout. Illuminations, villes pavoisées. À Bangkok, la zone comprise entre le Chittlâdâ Palace, l'Assemblée nationale et le Grand Palais est le théâtre d'une multitude de manifestations : films en plein air, danses, concerts...
– ***Noël :*** bien que Noël ne signifie rien en Thaïlande, bon nombre de supermarchés (comme les palmiers) sont enguirlandés comme chez nous. Il devient même possible de réveillonner dans certains établissements tenus par des Européens.

GÉOGRAPHIE

Avec ses 513 120 km^2, la Thaïlande est à peine plus petite que la France pour une population approchant les 65 millions d'habitants. Sa silhouette est pour le moins curieuse : une sorte de grosse masse un peu informe au nord et une longue bande étroite qui part loin vers le sud. Voilà le résultat des guerres au cours de l'histoire. Remarquez, tous les pays en sont au même point.
Grosso modo, la Thaïlande, qui touche quatre pays (Cambodge, Laos, Myanmar [ex-Birmanie] et Malaisie) et s'ouvre sur deux mers (Chine et Andaman), peut se diviser en quatre régions :
– ***le Nord :*** montagneux, couvert de jungle et des derniers rares bois de tecks, et creusé de profondes vallées où le riz pousse au soleil et les pieds

dans l'eau. Dans ces contrées vivent d'incroyables tribus, visitées de plus en plus par d'autres peuplades qu'on rassemble sous le terme générique de « touristes ». Le plus haut sommet culmine à 2 590 m.

– ***Le Nord-Est :*** le coin le moins fréquenté par les voyageurs. Finies les montagnes arrosées, bonjour les plateaux arides ! C'est une région dure mais passionnante.

– ***Le Centre :*** large bassin fertile, arrosé de manière idéale. C'est l'équivalent de la Beauce, chez nous. Rivières nombreuses, sol riche, climat propice à la culture, c'est là le creuset de la civilisation thaïlandaise.

– ***Le Sud :*** cette région qui s'étire au sud est productrice d'hévéas. Mais pour le touriste, le Sud c'est avant tout les plages et le farniente. On ne va pas le contredire. Les superbes îles de la mer d'Andaman et du golfe de Thaïlande sont devenues le rendez-vous des vacanciers.

HÉBERGEMENT

Aucun problème pour trouver à se loger. Il y a de tout, à tous les prix et partout : à Bangkok des *guesthouses* en dur, à Chiang Mai des maisons en teck au milieu d'un jardin et, dans les îles, des bungalows en bambou ou en dur devant la plage. Il existe toujours plusieurs niveaux de confort : avec ventilo ou air conditionné ; et avec ou sans douche (chaude ou froide) et toilettes. En règle générale, pas de problème de propreté. Beaucoup d'endroits sont sommaires et pas chers, mais le balai est toujours passé.

Les auberges de jeunesse

– Il n'y a pas de limite d'âge pour séjourner en AJ. Il faut simplement être adhérent.

– La FUAJ propose trois guides répertoriant toutes les adresses des AJ du monde : un pour la France, un pour l'Europe et un pour le reste du monde, payants pour les deux derniers.

– Dommage que le système de réservation depuis la France ne fonctionne que pour une seule AJ à Bangkok. Possibilité de réserver en ligne • www.hostelbooking.com • Vous réglez en France, avec en supplément des frais de réservation (environ 6,15 €).

– Pour les adresses de la FUAJ, voir à cette entrée dans la rubrique « Avant le départ ».

Les parcs nationaux

Le pays compte plus de 100 parcs nationaux dont la plupart offrent des possibilités d'hébergement. Un must pour les amoureux de nature et de calme. On peut planter sa propre tente (autour de 100 Bts, soit 2 €, par personne), en louer une (à partir de 150 Bts, soit 3 €, pour 2 personnes avec matelas et sac de couchage) ou résider dans un bungalow. Ces derniers sont de confort et de taille très variables. Certains possèdent 4 lits ou plus, ce qui permet de partager le prix avec ses amis ou d'autres routards de passage. Dans ce cas, prévoir quand même 200 Bts (4 €) par personne. Il existe aussi des bungalows pour 2 personnes, plus chers bien sûr. Certains parcs imposent de réserver à l'avance. Dans d'autres, il est possible de tenter sa chance sur place. Essayez quand même d'appeler avant votre arrivée. Savoir que tout peut être plein pendant les périodes de congés scolaires.

Pour réserver à l'avance (plus possible 60 jours avant votre arrivée), deux possibilités :
– Auprès du siège, ***Wildlife and Park Conservation Department,*** 61 Phaholyothin Road, Chatuchak, Bangkok, 10900. ☎ 02-562-07-60. Fax : 02-579-52-69. À environ 3 km au nord de Chatuchak. Ouvert du lundi au vendredi de 8 h 30 à 16 h 30. Prendre le métro (descendre à la station Phaholyothin) puis un bus.
– Passer par le site • www.dnp.go.th/parkreserve • Réservations maintenues 3 jours après confirmation.
Bon tuyau : le site • www.guidetothailand.com/maps-thailand • (cliquer ensuite sur National Park), interactif, avec numéro de téléphone et descriptif de chaque parc.

HISTOIRE

Un des berceaux de l'Homo sapiens

L'histoire des Thaïs remonte certainement à plus de 4 000 ans. Les premiers vrais agriculteurs furent thaïs, et même les premiers hommes à travailler le métal ! Ces Thaïs de la toute première heure ont proliféré à travers tout le Sud-Est asiatique, jusqu'au sud de la Chine. Dès les IIe et IIIe siècles av. J.-C., des moines bouddhistes venus des Indes sont allés vers un pays appelé *Suvarnabhumi* (« la Terre d'or »). Ce territoire s'étendait vraisemblablement de la Birmanie, traversant le centre de la Thaïlande actuelle, jusqu'à l'est du Cambodge.

Les âges farouches : la période de Dvâravatî

Une pépinière agitée et changeante de cités-États fut désignée sous le nom de *Dvâravatî* (du sanskrit : « lieux ayant des portes »), durant une période qui s'étira du VIe siècle au XIe, voire jusqu'au XIIe siècle de notre ère. Probablement érigées par le peuple môn – des descendants d'immigrants indiens métissés avec les Thaïs originels – , ces cités n'ont livré que peu de leurs secrets. Les Chinois connaissaient cette région sous le nom de *T'o-Lo-Po-Ti,* à travers les voyages du moine Xuan Zang. Il en reste quelques magnifiques œuvres d'art, notamment des représentations de Bouddha, des bustes en terre cuite, quelques bas-reliefs en stuc dans des temples ou des grottes, mais malheureusement peu d'éléments d'architecture sont demeurés intacts. La culture Dvâravatî a décliné rapidement à partir du XIe siècle sous la poussée des conquérants khmers.

Le Moyen Âge : l'apogée de l'influence khmère

Entre les XIe et XIIIe siècles, l'influence khmère est dominante dans l'art, la religion et le langage. Beaucoup de monuments de cette période, situés à Kanchanaburi, Lopburi et dans d'autres sites du Nord-Est, peuvent être comparés à l'architecture d'Angkor. Mais c'est aussi à ce moment que les premières peuplades thaïes, qui avaient émigré vers la Chine dans la préhistoire, repartirent dans le sens inverse, de la province du Yunnan vers la Thaïlande. Ces Thaïs furent appelés par les Khmers des *Syams,* ce qui signifie « basanés », référence faite à la couleur de leur peau. Un rameau de cette même souche fondera le royaume de Lan Xang (le Laos, « pays du million d'éléphants ») en 1353.

La Renaissance et le premier royaume : Sukhothai

Plusieurs principautés thaïes de la vallée du Mékong s'unirent aux XIIIe et XIVe siècles pour livrer combat aux Môns, et leur prirent Haripunchai pour fonder Lan Na. Ils s'attaquèrent ensuite aux Khmers et récupérèrent toute la région de Sukhothai. Et c'est ainsi qu'en 1238 fut proclamé le premier royaume et État organisé thaï. Cette période vit aussi la naissance et l'épanouissement de la culture, de la politique et de la religion thaïes à proprement parler. *Sukhothai* veut dire « l'aube de la félicité », et les Thaïs d'aujourd'hui considèrent cette période comme un âge d'or. La prospérité était telle que les sujets étaient dispensés d'impôts ! Un des rois, Ram Khamheng, a permis la mise en place d'un système d'écriture, base du thaï moderne, mais à sa mort le royaume éclata en plusieurs États, cependant qu'une nouvelle capitale attendait dans les coulisses...

Ayutthaya... capitale d'un million d'habitants !

Paris n'était qu'un village à l'époque, en comparaison de la puissance et de la richesse d'Ayutthaya. Cette nouvelle capitale fut fondée en 1350 par le roi Ramadhipati Ier. Bien que les Khmers fussent l'ennemi « héréditaire » et que les batailles fissent rage, la cour d'Ayutthaya adopta leur langage et leurs coutumes. L'un des résultats fut que les rois thaïs devinrent des monarques absolus avec le titre de « roi-dieu ». La capitale khmère Angkor tomba en 1431 et pendant quatre siècles, les Thaïs, pourtant si souriants, furent craints et redoutés dans toute l'Asie du Sud-Est. C'est en 1498 que Vasco de Gama et ses vaisseaux portugais, ayant contourné le cap de Bonne-Espérance, ouvrirent une nouvelle route commerciale et inaugurèrent l'ère de l'expansion européenne en Asie. La première ambassade portugaise fut établie à Ayutthaya en 1511, suivie par celle des Hollandais en 1605, des Anglais en 1612, des Danois en 1621 et des Français en 1662.

Le royaume de Siam et Louis XIV : regards vers le soleil couchant...

Le mot *farang,* en thaïlandais moderne, signifie « étranger » et c'est une abréviation de *farangset,* qui désignait alors les Français... ce qui dénote une agressivité certaine à l'encontre de la France ! L'origine de cette ferme xénophobie est due... à un Grec, Constantine Phaulkon. Aventurier sans scrupule, il avait réussi grâce à un certain culot et à une « tchatche » imparable à infiltrer la cour et se vit nommé Premier ministre. La description de Phaulkon par Maurice Garçon est tout à fait éloquente : « Levantin d'origine, devenu anglais et converti à la religion anglicane par commodité, catholique sous la direction d'un jésuite, portugais par politique, siamois par accident, marié à une Japonaise par hasard, Constantine Phaulkon devint français de cœur par nécessité et résolut de faire du Siam, qui l'avait imprudemment accueilli, une colonie pour Louis XIV. »

C'est donc grâce à Phaulkon qu'un autre personnage haut en couleur, et de mœurs discutables, fit son apparition au Siam : François Timoléon, abbé de Choisy. Ce prélat extravagant envoyé par le Roi-Soleil aimait, entre autres, se déguiser en femme. Nous, on n'est pas contre, mais on peut s'interroger sur son dévouement religieux. Le roi Narai, sous l'influence de ces deux personnages, dont l'un dirigeait le royaume quasiment à sa place, accepta (un peu à contrecœur, il est vrai) de laisser stationner des garnisons françaises au Siam. Exaspérés par l'insolence de Phaulkon, les dignitaires siamois approuvèrent le coup d'État qui, en 1688, marqua la fin de cette première ouverture vers l'Europe. Le roi Narai perdit son trône, Phaulkon, sa vie, et tous les étrangers – Français en tête – furent chassés du Siam. Mais le mot *farang* resta dans le vocabulaire comme un stigmate disgracieux de cette époque...

La chute d'Ayutthaya

Durant tout le XVIIIe siècle, les principautés du Siam se livrèrent des guerres sans merci. Les Birmans en profitèrent pour envahir le pays et anéantir la splendide capitale Ayutthaya, après deux ans d'un siège commencé en 1769 et que les ruines attestent toujours. Malgré la mise à sac de l'ancienne cité, les Birmans ne réussirent pas à s'implanter au Siam. Le général thaï Phya Taksin érigea une nouvelle capitale, Thonburi, en face de la future Bangkok sur les bords de la rivière Mae Nam Chao Phraya, et se fit proclamer roi. Il ne régna pas longtemps : mégalomane et fanatique religieux (il se prétendait presque l'égal de Bouddha !), il fut assassiné (sagement ?) par ses ministres. En 1782, un autre général, Phya Chakri, monta sur le trône sous le nom de Râma Ier, et fonda la capitale actuelle, Bangkok. Les souverains de la dynastie Chakri, encore au pouvoir aujourd'hui, portent tous le nom de Râma.

Les prémices de la modernité

C'est en 1851, avec l'avènement du roi Mongkut qui régna sous le nom de Râma IV, que les graines de la Thaïlande moderne furent semées. Homme instruit, raffiné et courtois, il vouait à l'Occident une admiration qui l'amena non seulement à entretenir une correspondance soutenue avec le président des États-Unis de l'époque, James Buchanan – il lui avait même offert des éléphants pour améliorer les transports américains ! –, mais aussi à signer des traités avec, entre autres, la Grande-Bretagne.
Une fois au pouvoir, il s'entoura de nombreux conseillers occidentaux. Pourrait-on imaginer en France une telle ouverture ? Malgré toutes ces influences occidentales, Mongkut, tout comme ses successeurs, conserva son goût des traditions thaïlandaises. Il fut un polygame convaincu, reconnaissant 82 enfants de 35 femmes différentes ! Il s'attacha les services d'une gouvernante anglaise, Anne Leonowens, dont les *Mémoires* ont inspiré trois films. Le plus célèbre, bien que fantaisiste sur le plan historique, fut sans conteste *The King and I* (« Le Roi et moi »), qui révéla Yul Brynner. Plus récemment, on a pu apprécier la prestation de la belle Jodie Foster sous les traits de ladite gouvernante dans *Anna et le Roi.* Un seul hic : le tournage a eu lieu en Malaisie !

Un roi révolutionnaire...

État tampon à l'époque entre la Birmanie britannique et l'Indochine française, la Thaïlande échappa à la colonisation grâce à une diplomatie habile. Fin politicien, l'héritier de Mongkut, le roi Chulalongkorn Râma V (1868-1910), fit contre mauvaise fortune bon cœur et céda plus de 100 000 km^2 (y compris tout le Laos) à ces pillards de Français et d'Anglais. Ce trait de génie préserva l'indépendance du Siam jusqu'à nos jours (c'est en 1939 que le Siam prit officiellement le nom de Thaïlande).
Le roi Chulalongkorn poussa si loin l'introduction des institutions et des mécanismes modernes que son propre fils le traita de révolutionnaire ! En 1873, à

son couronnement, il interdit à ses sujets de se prosterner devant lui. Une des raisons qui ont dû influencer le roi dans son souci d'alléger l'étiquette fut la mort d'une de ses femmes, noyée sous les regards imperturbables de ses serviteurs car il leur était interdit de la toucher ! La raison d'être de ce genre de mesures draconiennes trouve son origine dans la volonté de protéger les membres de la famille royale des assassinats ; mais ne valait-il pas mieux être touché que coulé ?

La monarchie aujourd'hui

Depuis 1932, la Thaïlande est une monarchie constitutionnelle : le roi Bhumibol (né en 1927) règne sous le nom de Râma IX et est le chef de l'État, mais c'est le gouvernement qui exerce le pouvoir. Durant des années, cela sous-entendait des généraux, plus ou moins corrompus ; mais depuis 1978, la Thaïlande a renoué avec la démocratie. Ce qui n'implique pas obligatoirement la transparence des Premiers ministres, même civils !

Crises : *bis repetita*

Une crise économique sans précédent frappe le pays en juillet 1997. En novembre, le Parti démocrate, mené par Chuan Leekpai, se retrouve à la tête du gouvernement. Mais ce changement n'arrange rien : chômage, dévaluation, on s'inquiète très sérieusement, le FMI vient à la rescousse. Licenciements massifs, baisse des salaires (de 20 à 30 % dans la plupart des entreprises), expulsion de travailleurs immigrés, exode de Bangkok vers les campagnes, où tout au moins l'on mange... Dur dur !
Élu une première fois en 2001, le Premier ministre, Thaksin Shinawatra, rétablit la situation. Il est sur tous les fronts : politique, économique et social. *« Une entreprise, c'est un pays. Un pays, c'est une entreprise »*, telle est sa devise. Profitant de sa bonne gestion du tsunami et des résultats économiques encourageants malgré un contexte défavorable, il a été réélu début février 2005 avec une majorité encore renforcée. Un scrutin toutefois entaché d'une foule d'irrégularités. *Thai Rak Thai* (les Thaïs aiment les Thaïs), le parti fondé et instrumentalisé par Thaksin, est de loin la formation la plus riche du pays. Ceci permet d'avaler les petits partis concurrents en garantissant des postes et, évidemment, de bien se placer dans la course aux enveloppes. Stupéfaction en avril 2006. Après avoir réclamé des élections législatives anticipées, et s'être déclaré dans un premier temps vainqueur malgré 20 % de bulletins blancs, Thaksin doit reconnaître sa défaite. Coup de théâtre un mois plus tard : Thaksin reprend les rênes du pouvoir, en attendant la fin des célébrations commémorant les 60 ans de règne du roi, afin de contrer aussi la reprise des attaques et des prises d'otages dans le Sud musulman (province de Narathiwat) au cœur d'un pays majoritairement bouddhiste. En attendant aussi de nouvelles élections législatives...

Tsunami

Le 26 décembre 2004, 9,3 sur l'échelle de Richter, une secousse tellurique a entraîné une succession de vagues dévastatrices au Sud-Ouest de la Thaïlande et en Asie du Sud-Est. Environ 5 400 morts uniquement sur le sol thaï, 3 000 disparus, des chiffres effrayants. Mais aujourd'hui, si quelques poches sont encore peu déblayées (Khao Lak notamment), les plages sont toutes nettoyées, les bâtiments reconstruits, et le tourisme a repris de plus belle. La vie suit son cours.

Les faits marquants de l'année 2006

L'année politique a commencé fort, avec la dissolution de la chambre basse du Parlement décidée par Thaksin en février. Son parti possédant plus de deux tiers des sièges pour encore 3 ans, il s'agissait d'un pari risqué. Critiqué de toutes parts pour son populisme et son arrogance, soupçonné de corruption, ébranlé par de vastes manifestations de rue et par les flambées de violence qui continuent dans l'extrême sud du pays (plus de 1 000 morts depuis 2004 !), il a préféré remettre son mandat en jeu. Les élections anticipées, tenues en avril, lui donnent tort, il démissionne. Il reprend le flambeau pour les cérémonies marquant les 60 ans de règne du roi Bhumibol. Entre deux, Jacques Chirac est venu en visite officielle en Thaïlande du 17 au 19 février 2006.
L'épidémie de grippe aviaire touche principalement le centre du pays. Difficile pour l'instant de chiffrer les dégâts humains (déjà plusieurs morts confirmés) et financiers (plus de 60 millions de poulets abattus) d'une épidémie dont on ne voit pas encore la fin. Des glissements de terrain dans le nord, des vents violents dans le sud rappellent de mauvais souvenirs en mai 2006.
Le 19 septembre 2006, la Thaïlande renoue avec ses vieux démons : coup d'état, le général Sonthi Boonyaratkalin prend la tête du pouvoir adoubé par le roi, sans effusion de sang. Thaksin est renversé, les médias, contrôlés.

INFOS EN FRANÇAIS SUR TV5

La chaîne TV5 MONDE est reçue dans de nombreux hôtels du pays, et disponible dans la plupart des offres du câble et du satellite.
Si vous êtes à l'hôtel et que vous ne recevez pas TV5 MONDE dans votre chambre, n'hésitez pas à la demander ; vous pourrez ainsi recevoir 18 fois par jour des nouvelles fraîches de la planète en français.
Pour tout savoir sur TV5, connectez-vous à • www.tv5.org •

ITINÉRAIRES

Bangkok et ses environs

Temples et gratte-ciels. Excursions vers la rivière Kwai et les îles de l'Orient. Compter une bonne dizaine de jours.

Les anciens royaumes du centre

Ayutthaya (2/3 jours), inévitable, pour ses collections de Bouddha sublimissimes, ***Lopburi*** et ***Kamphaeng Phet*** en route (pas nécessaire d'y dormir), ***Phitsanulok (1 jour),*** pour le côté calme et ***Sukhothai (3 jours).***

Chiang Mai et Chiang Rai

Le pays du million de rizières : randos, minorités ethniques et culture du Lanna. ***Chiang Mai (5/6 jours),*** histoire de profiter nonchalamment de la ville (massages, balades à dos d'éléphant, cours de cuisine thaïe, etc.) et de faire des treks chez les ethnies montagnardes. Extension et boucle au sud-est de Chiang Mai : ***Lampang (1 jour),*** grimpette jusqu'au ***Doi Inthanon*** (en *songthaew* mais mieux en moto), ***Mae Sariang (1 jour), Mae Hong Son (1/2 jours)***, avec possibilité de treks et ***Pai*** pour finir dans une ambiance baba. De là, direction Thanon (pas nécessaire d'y dormir) pour descendre la rivière Kok et rejoindre ***Chiang Rai (4 jours)*** et la découverte du fameux

Triangle d'Or. La Birmanie ! Le Laos ! sur la rive en face, à ***Sop Ruak (1 jour depuis Chiang Rai),*** pour dire « J'y étais » ! Ascension jusqu'au Doi Tung via ***Mae Salong (1 jour).*** Belles balades alentour dans les champs de plantation de thé.

Le Nord-Est

Vestiges khmers, Mékong, cuisine et sourires de l'Isan. Compter 12 jours au pas de course pour découvrir cette Thaïlande au goût de Cambodge et de Laos. ***Loei (2 jours)*** pour le ***parc de Phu Kradung (2 jours),*** un des plus beaux parcs naturels. ***Chiang Khan (2 jours) :*** balades, grottes, rapides, traversée du Mékong et la nature, toujours ! ***Nong Khai (2 jours)*** et le parc de Phu Phra Bat. Dans les terres, ***Udon Thani (1 jour)*** et ***Khon Kaen (2 jours),*** pour l'artisanat et les vestiges des dinosaures thaïs. ***Ubon Ratchathani (1 jour),*** mais surtout ***Khong Chiam (3 jours)*** avec le ***parc national de Pha Taem.*** Enfin, plein Sud, la route des citadelles khmères ***(Nakhon Ratchasima – 1 jour, Phimai – 2 jours, Muang Tham – 2 jours, Surin – 1 jour et Prasat Khao Preah Viharn – 1 jour).***

Le Sud-Ouest

Sables blancs, mer d'émeraude, falaises et jungles de la Côte d'Andaman. ***Phuket (4/5 jours), Khao Sok (2 jours)*** pour dormir dans les arbres, ***Ko Phi Phi*** pour la plongée ou ***Krabi (4 jours), Ko Lanta (3 jours)*** pour un mélange parfait entre calme et animation ; enfin, le parc maritime de ***Ko Tarutao*** et ses îles sauvages et reposantes ***(4/5 jours).***

Le Sud-Est

Détente et fiesta dans les îles. ***Ko Samui (4 jours),*** plages et farniente ; ***Ko Pha Ngan (3 jours),*** plages, farniente et grosses fiestas ; ***Ko Tao (2 jours)*** pour la plongée.

LANGUE

La langue thaïe est, à l'origine, proche du chinois, puisque l'ethnie est originaire du sud de la Chine. Ensuite, elle s'est enrichie de mots et de tournures khmers, puis de sanskrit et de pali (langues de l'Inde). La langue nationale thaïe enseignée dans les écoles est une synthèse des dialectes du centre du pays. En effet, les quatre principales régions ont chacune leur dialecte, dialectes à peu près aussi différents entre eux que le portugais, l'espagnol, l'italien et le français. En plus, il y a le *rachasap,* vocabulaire spécial employé en présence des souverains, proche du langage encore pratiqué au Cambodge.
L'alphabet est composé de 44 consonnes et de 11 voyelles, plus 4 signes écrits d'intonation, et s'écrit de gauche à droite. Ça ressemble à des spaghettis assez harmonieux. La grammaire du thaï populaire est rudimentaire : pas de genre, pas d'article, pas de pluriel, pas de conjugaison. Un mot peut aussi bien servir de nom, de verbe, d'adjectif ou d'adverbe. Tout ça se différencie par les tons. Il y en a 5 et ils sont les fondements du « parler » thaï. Un même mot pourra donc avoir 5 significations différentes pour une même écriture. On pourrait citer le célèbre « Mai mai mai mai mai ? », qui signifie à peu de chose près « Le bois vert ne brûle pas, n'est-ce pas ? ».

PLANS ET CARTES EN COULEURS

SOMMAIRE

LA THAÏLANDE

BANGKOK – PLAN I

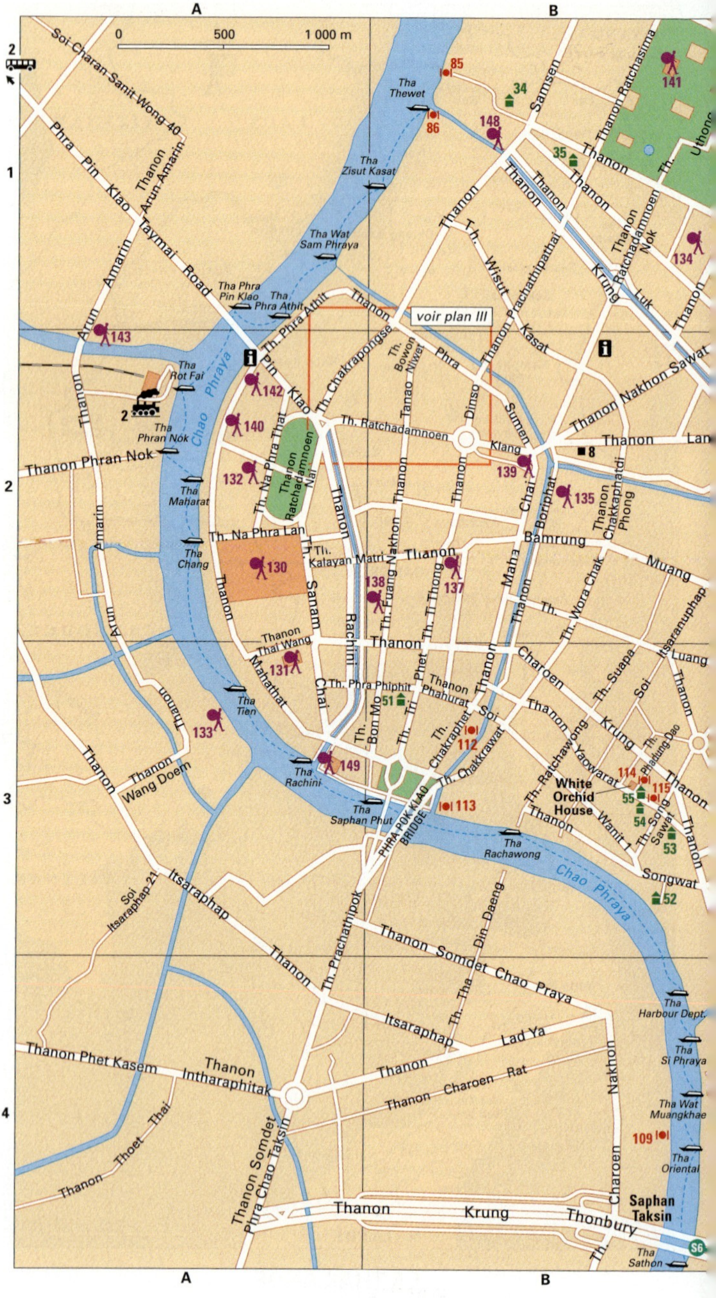

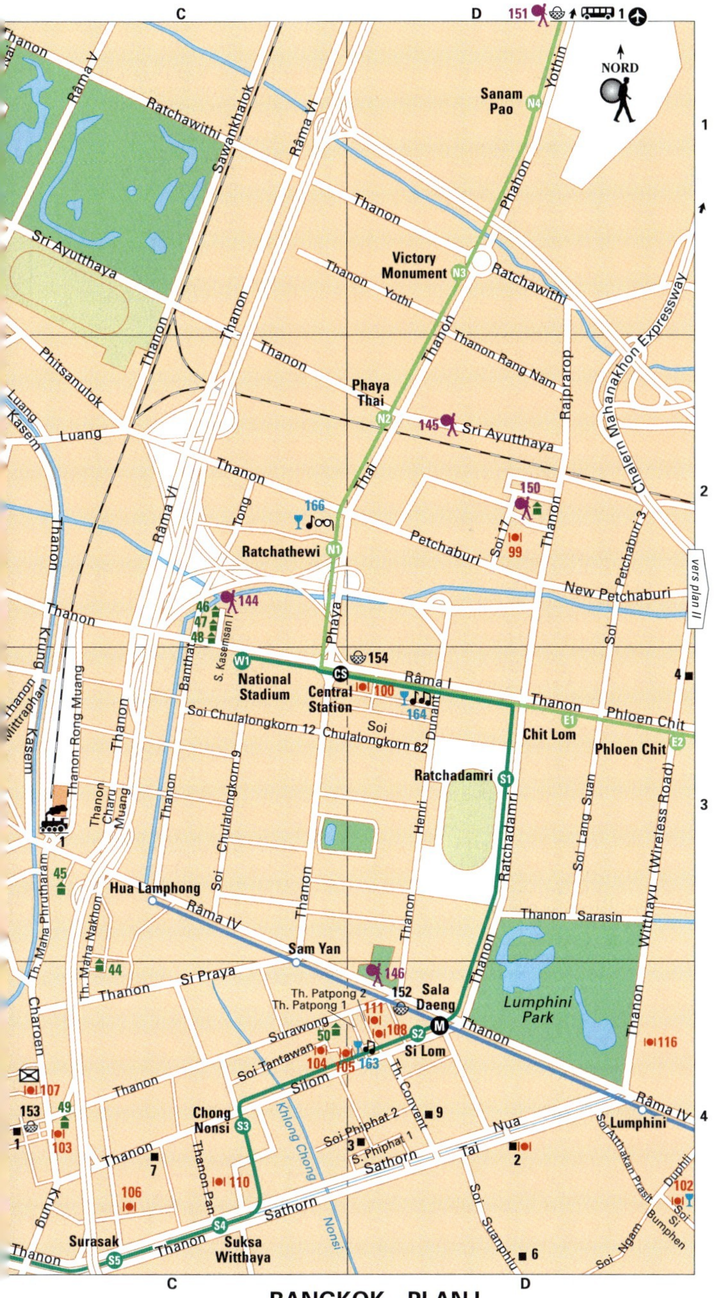

BANGKOK – PLAN I

Adresses utiles

- Office de tourisme TAT *(plan I)*
- Office de tourisme BTD *(plans I et III)*
- 1 Gare de Hua Lamphong *(plan I)*
- 2 Gare de Thonburi *(plan I)*
- 1 Northern Bus Terminal *(plan I)*
- 2 Southern Bus Terminal *(plan I)*
- 3 Eastern Bus Terminal *(plan II)*
- Aéroport *(plan I)*
- General Post Office *(plan I)*
- Banglampoo Post Office *(plan III)*
- 1 Ambassade de France *(plan I)*
- 2 Alliance française *(plan I)*
- 3 Ambassade de Belgique *(plan I)*
- 4 Ambassade de Suisse *(plan I)*
- 6 Service de l'Immigration *(plan I)*
- 7 Air France *(plan I)*
- 8 Thai Airways International *(plan I)*
- 9 BNH Medical Center *(plan I)*

Où dormir ?

- 20 Ranee's Guesthouse *(plan III)*
- 21 V.S. Guesthouse *(plan III)*
- 24 Orchid House *(plan III)*
- 25 Marco Polo Hostel *(plan III)*
- 26 Prasuri Guesthouse *(plan III)*
- 27 D & D Inn *(plan III)*
- 28 New Siam Guesthouse *(plan III)*
- 29 Au Thong *(plan III)*
- 30 Sawasdee House *(plan III)*
- 31 Wild Orchid Villa *(plan III)*
- 32 Buddy Lodge *(plan III)*
- 33 Sawasdee Khaosan Inn *(plan III)*
- 34 Backpackers Lodge, Tavee Guesthouse, Sawasdee Guesthouse, Shanti Lodge, Taewez *(plan I)*
- 35 Bangkok International Youth Hostel *(plan I)*
- 36 Shambara Hostel *(plan III)*
- 37 Suk 11 Hostel *(plan II)*
- 38 Nana City Inn *(plan II)*
- 39 Stable Lodge *(plan II)*
- 40 Royal Asia Lodge *(plan II)*
- 42 White Inn *(plan II)*
- 43 Regency Park Hotel *(plan II)*
- 44 TT Guesthouse *(plan I)*
- 45 FF Guesthouse *(plan I)*
- 46 The Bed & Breakfast *(plan I)*
- 47 White Lodge *(plan I)*
- 48 Reno Hotel *(plan I)*
- 49 New Trocadero Hotel *(plan I)*
- 50 Tarntawan Place Hotel *(plan I)*
- 51 238 Guesthouse *(plan I)*
- 52 River View Guesthouse *(plan I)*
- 53 New Empire Hotel *(plan I)*
- 54 China Town Hotel *(plan I)*
- 55 White Orchid Hotel *(plan I)*
- 150 Baiyoke Sky Hotel *(plan I)*

Où manger ?

- 2 Café 1912 *(plan I)*
- 80 Bai Bua *(plan III)*
- 81 Pannee Restaurant *(plan III)*
- 82 Tuptim Restaurant *(plan III)*
- 84 Tom Yum Kong *(plan III)*
- 85 Kaloang *(plan I)*
- 86 In Love *(plan I)*
- 87 Food Court de l'Emporium *(plan II)*
- 88 Yong Lee Restaurant *(plan II)*
- 89 Oam Thong Restaurant *(plan II)*
- 90 Cabbages and Condoms *(plan II)*
- 91 Moghul Room *(plan II)*
- 92 Eleven Gallery *(plan II)*
- 94 Baan Khanitha *(plan II)*
- 95 Seafood Market and Restaurant *(plan II)*
- 96 Lemon Grass *(plan II)*
- 97 Le Banyan *(plan II)*
- 99 Once Upon A Time *(plan I)*
- 100 Hard Rock Café *(plan I)*
- 102 Wong's Place *(plan I)*
- 103 Himali Cha Cha One *(plan I)*
- 104 Mango Tree *(plan I)*
- 105 Aoi *(plan I)*
- 106 Ban Chiang *(plan I)*
- 107 Harmonique *(plan I)*
- 108 Café de Paris *(plan I)*
- 109 Sala Rim Nam *(plan I)*
- 110 Bussaracum *(plan I)*
- 111 Le Bouchon *(plan I)*
- 112 Royal India Restaurant *(plan I)*
- 113 Nangnual Restaurant *(plan I)*
- 114 Texas Suki Yaki & Noodle *(plan I)*
- 115 China Town Scala Shark-Fins Restaurant *(plan I)*
- 116 Food Center du Suan Luang Night Bazaar *(plan I)*

Où boire un verre ? Où sortir ?

- 160 Q Bar et The Bed Supperclub *(plan II)*
- 161 Charlie's Bar *(plan II)*
- 162 Moon Shine Bar *(plan III)*
- 163 Lucifer et Radio City *(plan I)*
- 164 Concept CM2 *(plan I)*
- 165 Narcissus *(plan II)*
- 166 Calypso Cabaret *(plan I)*

À voir

- 130 Wat Phra Kaeo et Grand Palais *(plan I)*
- 131 Wat Pho *(plan I)*
- 132 Wat Mahathat *(plan I)*
- 133 Wat Arun *(plan I)*
- 134 Wat Benjamabopitr *(plan I)*
- 135 Wat Sakhet *(plan I)*
- 137 Wat Suthat *(plan I)*
- 138 Wat Rajabophit *(plan I)*
- 139 Wat Ratchanadaram *(plan I)*
- 140 Musée national *(plan I)*
- 141 Vimanmek Mansion Museum *(plan I)*
- 142 Théâtre national *(plan I)*
- 143 Musée national des Barges royales *(plan I)*
- 144 Maison de Jim Thompson *(plan I)*
- 145 Suan Pakkard Palace *(plan I)*
- 146 Snake Farm *(plan I)*
- 148 Thewet Flower Market *(plan I)*
- 149 Pak Khlong Market *(plan I)*
- 150 Tour Baiyoke II *(plan I)*
- 151 Chatuchak Park *(plan I)*

Achats

- 151 Chatuchak Park *(plan I)*
- 152 Boutique Jim Thompson *(plan I)*
- 153 A. Song Tailor *(plan I)*
- 154 Grands magasins de Siam Square *(plan I)*

REPORTS DES PLANS I, II ET III DE BANGKOK

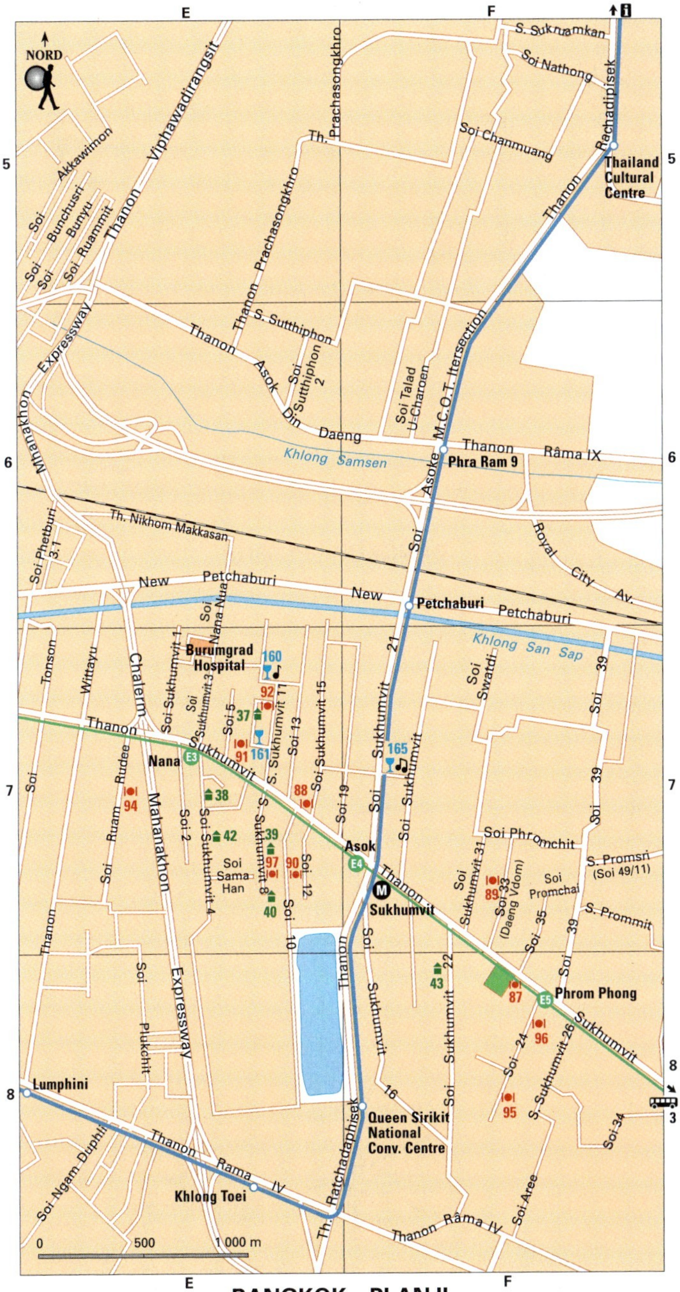

BANGKOK – PLAN II

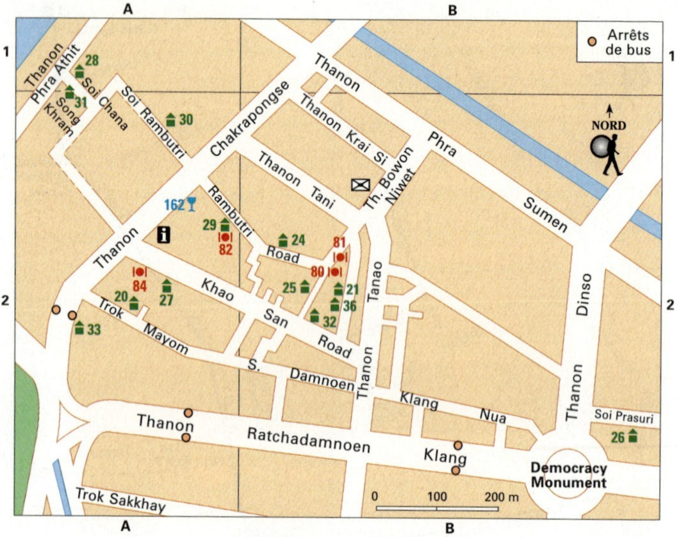

BANGKOK – PLAN III

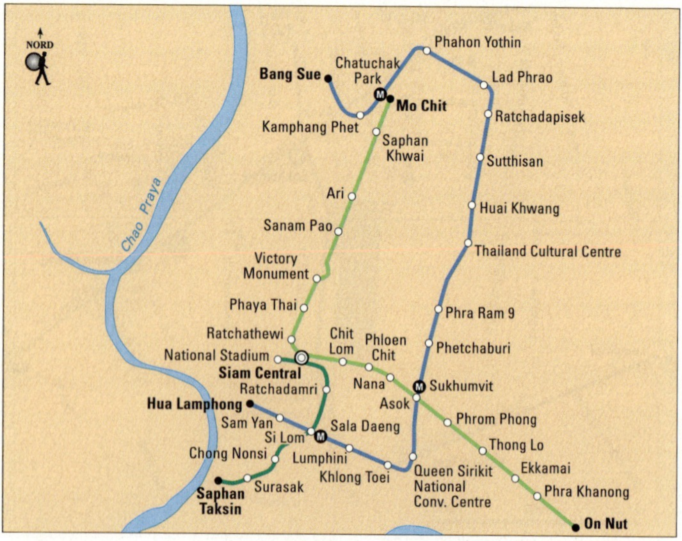

LE MÉTRO DE BANGKOK

La langue des touristes est l'anglais, à l'exclusion de toute autre. À peu près pratiquée à Bangkok et dans les hôtels de Phuket, de Pattaya ou de Chiang Mai. Ailleurs, vous retrouverez les joies du mime et des petits dessins.

Quelques règles de prononciation

Il existe 5 tons en thaï : le ton neutre (a court), bas (à), tombant (â), haut (á) et montant (a). Les lettres *p, t, k* suivies d'un « h » sont aspirées, et *ph* se prononce comme « p » dans « premier ». La dernière syllabe de chaque mot se prononce plus fort que le reste. Le *u* se dit « ou », le *aï* se prononce « ail », *j* se prononce « dj », et les *r* se roulent comme en Bourgogne !

Quelques expressions et mots courants

Le vocabulaire ci-dessous est donné avec une transcription phonétique qui est évidemment très imparfaite. Pour vous faciliter la vie, on a traduit en lettres thaïes une sélection de mots ou expressions utiles. Du coup, au lieu de vous escrimer à baragouiner dans la langue du pays, vous n'aurez qu'à brandir votre guide préféré. Allez, bon courage !

Salutations et politesse

Bonjour, bonsoir, au revoir (dit par une femme)	*sawat di kha* – สวัสดี
Bonjour, bonsoir, au revoir (dit par un homme)	*sawat di khrap* – สวัสดีครับ
S'il vous plaît	*karuna* – กรุณา
Merci (dit par un homme)	*kop khun khrap* – ขอบคุณครับ
Merci (dit par une femme)	*kop khun kha* – ขอบคุณค่ะ
Pardon	*kho thot* – ขอโทษ
Oui	*tchaï* – ใช่
Non	*may tchaï* – ไม่ใช่
Monsieur, madame	*khun* – คุณ (aussi pronoms « tu » et « vous »)
Comment allez-vous ?	*(khun) sabai ïdi ru ?* – (คุณ) สบายดีหรือ
Très bien	*sabaïdi khrap* (ou *kha*) – สบายดี ครับ (ค่ะ)
Je ne vous comprends pas	*may khao ja ï* – ไม่เข้าใจ
Parlez lentement, s'il vous plaît	*phut cha cha* – กรุณาพูดช้าๆ
Je ne parle pas thaï	*phut thaï mïa pen* – พูดไทยไม่เป็น

Questions, verbes et mots usuels

Combien ? (prix)	*rakha thao-raï ?* – ราคาเท่าไหร่
Quoi ?	*araï ?* – อะไร
Comment ?	*yang raï ?* – อย่างไร
Pourquoi ?	*thammaï ?* – ทำไม
Quand ?	*mua ra-ï ?* – เมื่อไหร่
Où ?	*thi naï ?* – ที่ไหน
À quelle heure ?	*wèla naï ?* – เวลาไหน
Je veux	*tchan tong kan* – ฉันต้องการ
Je ne veux pas	*tchan maï tong kan* – ฉันไม่ต้องการ
Changer	*plian* – เปลี่ยน
Acheter	*su* – ซื้อ

Vendre	*khaï* – ขาย
Aller	*paï* – ไป
Venir	*ma* – มา
Donnez-moi	*kho* – ขอ
Dormir	*non lap* – นอนหลับ
Manger	*kin* – กิน
Ouvert	*peut* – เปิด
Fermé	*pit* – ปิด
Assez	*pho lêo* – พอแล้ว
Plus	*mak kwa* – มากกว่า
Moins	*noï kwa* – น้อยกว่า
C'est cher	*phèng mak* – แพงมาก
C'est joli	*suay di* – สวยดี
Beaucoup	*maak* – มาก
Mauvais, mal	*maï di* – ไม่ดี
Doucement	*cha-cha* – ช้าๆ
Amusant, rigolo	*sanuk* – สนุก
Bouddha	*phra* – พระ
Bonze	*phrasong* – พระสงฆ์
Tailleur	*ráan tát sûa* – ร้านตัดเสื้อ
Médecin	*phêêt* – แพทย์

Dans le temps

Aujourd'hui	*wan nii* – วันนี่
Demain	*phrûng nii* – พรุ่งนี่
Hier	*mûea wann nii* – เมื่อวานนี่
Matin	*tonn tchao* – ตอนเช้า
Après-midi	*tonn baï* – ตอนบ่าย
Soir	*tonn kam* – ตอนค่ำ
À midi	*thiang* – เที่ยง
Avant	*konn nii* – ก่อนนี่
Après	*lang* – หลัง

Dans l'espace

Où allez-vous ?	*khun kamlang tjà païnaï ?* – คุณกำลังจะไปไหน
Droite	*kwa* – ขวา
Gauche	*saï* – ซ้าย
Tournez à droite	*lio kwa* – เลี้ยวขวา
Tournez à gauche	*lio saï* – เลี้ยวซ้าย
Conduisez tout droit	*khap rôt trong paï* – ขับรถตรงไป
Prenez un *tuk-tuk*	*nâng tùk tùk paï* – นั่งตุ๊กๆไป
Combien dois-je payer ?	*khâa rot thâu raï ?* – ค่ารถเท่าไร
Plus lentement	*cháa cháa noï* – ช้าๆหน่อย
Où est l'arrêt d'autobus ?	*pâï rôt mé yùu thi naï ?* – ป้ายรถเมล์อยู่ที่ไหน
Gare	*sathani rot faï* – สถานีรถไฟ
Gare des bus	*sathani rot mé* – สถานีรถเมล์
Cyclo-pousse	*samlor* – สามล้อ
Plage	*thalé* – ทะเล
Poste de police	*sathani tamrouat* – สถานีตำรวจ
Hôpital	*rong phayaabaan* – โรงพยาบาล
Ambassade de France	*sàthaanthuut faràngsèt* – สถานทูตฝรั่งเศส
Bureau de poste	*praïsanii* – ไปรษณีย์

À l'hôtel

Hôtel	*rong raem* – โรงแรม
Chambre	*hong* – ห้อง
Douche	*hong abnam* – ห้องอาบน้ำ
Téléphone	*thorasap* – โทรศัพท์
Eau chaude	*náam ron* – น้ำร้อน
Couvertures	*phâa hom* – ผ้าห่ม
Serviettes	*phâa chét tua* – ผ้าเช็ด ตัว
Combien pour la nuit ?	*khun là thao raï ?* – คืนละเท่าไร

Au restaurant

Restaurant	*ran a han* – ร้านอาหาร
Eau (carafe)	*nam plao* – น้ำเปล่า
Eau (bouteille)	*nam kwat* – น้ำขวด
Pain	*khanom pang* – ขนมปัง
Boire	*dum* – ดื่ม
Riz	*khao* – ข้าว (avec « r » suggéré entre le « k » et le « h »)
Riz sauté	*khao phat* – ข้าวผัด
Nouilles	*kuay tio* – ก๋วยเตี๋ยว
Nouilles sautées	*kuay tio phat* – ก๋วยเตี๋ยวผัด
Œuf	*khaï* – ไข่
Poisson	*pla* – ปลา
Viande	*neua* – เนื้อ
Soupe chinoise	*feu* (mais se dit plutôt *soup*) – ซุ๊ป
Avez-vous le menu anglais ?	*mi meynuu pèn phaasaa angkrit maï ?* – มีเมนูเป็นภาษาอังกฤษไหม
Qu'est-ce que vous avez de bon ?	*mi araiïaroïbâang ?* – มีอะไรอร่อยบ้าง
Pas épicé	*ao maï phèt* – เอาไม่เผ็ด
Pas trop épicé	*phèt nit noï* – เอาไม่เผ็ด
Faites le mien bien épicé	*ao phèt phèt* – เอาเผ็ดๆ
Thé	*nam chaa* – น้ำชา
Café	*kaafè* – กาแฟ
Thé chinois	*chaa yèn* – ชาจีน
Whisky thaï	*mè khong* – แม่โขง

Les chiffres

Un	*neung* – หนง
Deux	*song* – สอง
Trois	*sam* – สาม
Quatre	*si* – สี่
Cinq	*ha* – ห้า
Six	*hok* – หก
Sept	*tjet* – เจ็ด
Huit	*pèt* – แปด
Neuf	*kao* – เก้า
Dix	*sip* – สิบ
Vingt	*yi sipp* – ยิสิบ
Trente	*sam sipp* – สามสิบ
Quarante	*si sipp* – สี่สิบ
Cent	*roï* – ร้อย
Deux cents	*song roï* – สองร้อย
Mille	*neung phan* – หนึ่งพัน

1 baht	*rian báat* – เหรียญบาท
5 Bts	*rian hâa báat* – เหรียญห้าบาท
10 Bts	*baï sip* – ใบสิบ
20 Bts	*baï yi sip* – ใบยี่สิบ
50 Bts	*baï háa sip* – ใบห้าสิบ
100 Bts	*baï roï* – ใบร้อย
500 Bts	*baï hâa roï* – ใบห้าร้อย
1 000 Bts	*baï phan* – ใบพัน

Lieux

Baie	*ao* – อ่าว
Village	*ban* – บ้าน
Ville	*chiang* – เชียง
Étranger de race blanche	*farang* – ฝรั่ง
Colline	*khao* – เขา
Canal	*khlong* – คลอง
Île	*ko* – เกาะ
Montagne	*phu* – ภู
Édifice religieux caractéristique du style khmer	*prasat* – ปราสาท
Ruelle	*soi* – ซอย
Port, embarcadère	*tha* – ท่า

LIVRES DE ROUTE

– ***La Sagesse du Bouddha,*** de Jean Boisselier (Gallimard, coll. « Découvertes », n° 194, 1993, 192 pages). La vie de Bouddha, né en 560 av. J.-C., avec des textes fondateurs. Parfait pour s'initier.

– ***Petits plats thaïs*** (Marabout, 2001, 256 pages). Un livre de cuisine pour vous mettre en appétit avant le départ ou pour vous rappeler de bons souvenirs au retour.

– ***Paradis Blues,*** roman de John Ralston Saul (Rivages-Poche, n° 338, 2001, 400 pages). Bangkok de nos jours et le Triangle d'or. Transaction commerciale louche de l'autre côté du Mékong, au Laos.

– ***Le Faucon du Siam,*** d'Anne Carrière (coll. « Le Livre de Poche », n°s 14452, 14674 et 14895). En 3 tomes. L'incroyable histoire du Grec Phaulkon, au XVIIe siècle, premier courtisan et ministre du roi Narai. Pour se plonger dans l'histoire du pays.

– ***Le Bouddha derrière la palissade,*** roman de Cees Nooteboom (Actes Sud, coll. « Terres d'aventure », 1992, 64 pages). Étrange : un voyageur occidental nous fait part de ses impressions lors d'un séjour à Bangkok. Un ami thaï lui fait voir, derrière une palissade, un bouddha en plastique pourtant placé sur un autel et vénéré à l'instar des bouddhas en or traditionnels. Comment réconcilier les images ? se demande alors le voyageur...

– ***Comme un collégien,*** polar de John Le Carré (Le Seuil, coll. « Points », n° 922, 2001, 676 pages). L'Asie du Sud-Est est le dernier champ de bataille du Cirque, le service secret anglais dirigé par George Smiley qui tente de reconstituer ses réseaux laminés par un espion soviétique.

– ***La Plage,*** roman d'Alex Garland (LGF, coll. « Le Livre de Poche », n° 14641, 1999, 480 pages). À la recherche de LA plage, éden mystérieux, où Richard et ses potes se déchirent et s'entretuent. Esprit baba mais pas cool.

– ***Venin,*** de Saneh Sangsuk (Le Seuil, coll. « Points », n° 1319, 2001, 74 pages). Une Thaïlande mystérieuse, hantée par le divin. Nature, sorcel-

lerie, on est loin des plages dorées du Sud thaïlandais. Du même auteur, ***Une histoire vieille comme la pluie*** (Le Seuil, 2004, 228 pages), toujours habité par ces légendes et cette terre thaïlandaise mystérieuse.
– ***Plateforme,*** de Michel Houellebecq (J'ai Lu, n° 6345, 2002, 350 pages). Une vision désespérée et triste à mourir de la Thaïlande, qu'on ne partage absolument pas. Avec des femmes thaïes offertes aux portefeuilles d'Occidentaux en mal d'amour. Des héros sans aucun état d'âme. En prime, un portrait du *Guide du routard* pas piqué des vers... Mais nous acceptons toutes les opinions !
– ***Le Siam,*** de Michel Jacq-Hergoualc'h (Belles Lettres, coll. « Guide des Civilisations », 2004, 256 pages). Une collection très ludique mais très sérieuse pour découvrir les civilisations du Siam et ses anciennes capitales, Ayutthaya et Sukhothai.

MÉDIAS

Premier ministre depuis 2001 et en sursis depuis, Thaksin Shinawatra, un « Berlusconi asiatique », a compris depuis longtemps l'importance de la radio et de la télévision. Ce magnat des télécoms contrôle la majorité des chaînes de télévision du pays. La presse écrite, en thaï et en anglais, est en revanche assez indépendante et tente de le rester. La censure est rare, mais les pressions et les plaintes abusives en diffamation sont régulières.

Radio

Le pays compte plus de 500 radios. La majorité d'entre elles sont locales et diffusent beaucoup de musique, mais relativement peu d'information. Trinity Radio (FM 97) diffuse les programmes d'information en thaï de la BBC, et Smile Radio (FM 107) reprend les nouvelles de CNN Asia. Les auditeurs raffolent des talk-shows. À vous d'apprendre le thaï...
L'armée thaïe, qui contrôle plus de 120 radios et 2 chaînes de télévision dans le pays, n'est pas prête à abandonner ce secteur stratégique même si, d'après la Constitution de 1997, l'audiovisuel devrait être entièrement libéralisé et les fréquences redistribuées.
Vous pouvez retrouver Radio France Internationale et la plupart des FM françaises sur • www.rfi.fr •

Télévision

Les six chaînes nationales de télévision sont des concessions de l'État. Mais c'est sans compter avec les nombreuses télévisions régionales et surtout le câble et le satellite.
Les critiques contre le gouvernement sont rares à la télévision. Avant d'arriver au pouvoir, le Premier ministre Thaksin Shinawatra avait pris le contrôle de la seule chaîne hertzienne indépendante, ITV, et licencié la moitié de la rédaction. En revanche, l'accès aux grandes chaînes d'information, BBC ou CNN, est très facile grâce au câble. MCM ou la chaîne francophone TV5 sont présents dans certains bouquets de câble ou de satellite.

Journaux

La lecture des deux principaux quotidiens anglophones *The Nation* et *Bangkok Post* ne pourra que vous convaincre de la qualité des journalistes thaïs, de leur liberté de ton par rapport aux pays voisins. Une bonne manière de

savoir ce qui se passe dans le pays, la région et le monde. Certains titres de la presse en thaï sont également de bon niveau, notamment *Matichon, Khaosod Daily et Thai Rath.* C'est sans compter les nombreux tabloïds populaires qui misent sur le sensationnalisme.
Les grands titres de la presse étrangère sont facilement disponibles dans les kiosques des grandes villes. Pour la presse française, passez à l'Alliance française de Bangkok, sur Sathorn Road, qui dispose d'une médiathèque bien fournie. À l'aéroport et dans certains grands hôtels, on trouve également *Le Monde, Libération, Le Point* et... *Point de Vue-Images du Monde* !

Liberté de la presse

Entourée de pays très répressifs, la Thaïlande a longtemps été considérée comme un « phare » de la liberté de la presse en Asie du Sud-Est. Mais sa lumière a fortement décliné sous la pression du Premier ministre Thaksin Shinawatra, intolérant à la critique. Entre 2004 et 2006, une vingtaine de journalistes ont été licenciés ou contraints à la démission suite à des pressions politiques ou économiques. En 2005, des radios communautaires ont également été fermées et des sites Internet bloqués, accusés de mettre en danger « l'unité et la sécurité du pays ». La même année, à Pattaya, le directeur d'un journal local a été abattu pour avoir enquêté sur des réseaux de prostitution.
En 2006, la défaite devant les tribunaux de l'entreprise Shin Corps, propriété de la famille du chef du gouvernement, contre la jeune militante de la liberté de la presse, Supinya Klangnarong, a permis d'exposer l'étendue des conflits d'intérêts de Thaksin Shinawatra à la fois chef de gouvernement et chef d'entreprise.
Il ne faut pas s'étonner que ce soit un patron de presse dont le gouvernement venait de supprimer le talk-show politique, qui lance en 2006 les manifestations anti-Thaksin.
Ce texte a été réalisé en collaboration avec ***Reporters sans frontières.*** Pour plus d'informations sur les atteintes aux libertés de la presse, n'hésitez pas à contacter :

■ ***Reporters sans frontières :*** 5, rue Geoffroy-Marie, 75009 Paris. ☎ 01-44-83-84-84. Fax : 01-45-23-11-51. • www.rsf.org • RSF@rsf.org • Ⓜ Grands-Boulevards.

PATRIMOINE CULTUREL

Les grandes écoles artistiques

La découverte de sites préhistoriques à Ban Chiang, au nord-est, laisse à penser que la Thaïlande fut le berceau d'une civilisation vieille de 5 000 ans. Le peuplement qui se fit par vagues successives, Môns, Khmers, Thaïs, apporta des influences religieuses et culturelles qui ont façonné son évolution.
– ***Période de Dvâravatî (VIe-XIe siècle) :*** les Môns, qui vivaient dans le sud-est de Myanmar, dans le centre et dans le nord-est de la Thaïlande, ont développé un État aux structures politiques mal connues, avec des cités construites suivant un plan ovale, ceinturées de douves. Les sculptures principalement bouddhiques, rarement hindouistes, ont subi trois sources d'influence : Ceylan (V^{e}-VIe siècle), art pala (Srîvijaya ; VIIIe-Xe siècle), et art

khmer à la fin. Ces influences créèrent une image particulière de Bouddha, qui cessa d'être la copie d'un style indien, pour devenir le premier style d'art bouddhique original.

Bouddha, en pierre ou en bronze, se tient le plus souvent debout, les deux mains faisant le geste d'argumentation, ou assis à l'européenne, les pieds posés sur un socle en forme de lotus. Son visage est large, ses arcades sourcilières jointives et galbées, son nez épaté et ses lèvres charnues.

– ***Période de Srîvijaya (VIIIe-XIIIe siècle) :*** l'histoire de cet empire reste encore très obscure. Il se développa entre le VIIIe et le XIIIe siècle dans la partie péninsulaire de la Thaïlande. Certaines des statues sont d'une grande perfection, comme celle du torse d'Avalokiteçvara, du Musée national de Bangkok. Les formes des statues sont épanouies et parées de bijoux.

– ***Khmers ou école de Lopburi (XIe-XIIIe siècle) :*** l'influence khmère fut très grande et, jusqu'à l'aube du XIXe siècle, les provinces du Nord-Est ont continué à jouer (davantage que le Cambodge) le rôle d'un véritable conservatoire des traditions artistiques et iconographiques angkoriennes. Les grands temples (Prasat Hin Phimai, Phanom Rung, Phanom Wan, Muang Tham) furent construits en fonction à la fois de croyances hindouistes et du bouddhisme mahâyâna. Les temples khmers étaient bâtis selon les critères symboliques de la cosmologie hindouiste. Les douves et bassins représentaient l'océan, les enceintes des montagnes, et la tour sanctuaire *(prasat)* le mont Meru, axe du monde et séjour des dieux. Le *prasat* servait à abriter la divinité principale, dieu hindouiste, puis Bouddha au XIIe siècle. De petits *prasat* ceinturaient la tour principale et servaient à abriter l'épouse et le véhicule du dieu. À côté s'ajoutaient des constructions secondaires destinées aux objets de culte. Une grande enceinte fermée par des portes ceinturait le tout. À l'intérieur, une seconde enceinte, construite en bois, contenait les habitations des prêtres, musiciens, danseuses... Le temple, construit au centre de la ville, devait se trouver près du palais du roi, mandataire des dieux sur terre. Quant aux statues, les caractéristiques des bouddhas (principalement en grès) sont un visage carré, des sourcils rectilignes, une bouche large, un bandeau qui démarque le front des cheveux, et une protubérance au sommet du crâne, symbole de l'Illumination.

– ***Royaume du Lan Na (XIe-XVIIe siècle) :*** principalement influencé par la Birmanie, le royaume du Lan Na, avec ses temples aux toits à étages, ses porches élaborés soutenus par des *nâgas* (serpents), ses *chedîs* octogonaux à la partie supérieure en forme de cloche recouverte de cuivre et d'une fine flèche dorée, et ses statues délicates, a développé des styles artistiques propres. On décompose cette période en deux, avec le style de Chiang Saen (XIe-XIIIe siècle) qui montre un bouddha au corps robuste et au visage rond ; suivi par le style appelé Chiang Saen tardif ou Chiang Mai, qui révèle un bouddha plus élancé, avec un visage ovale. Les statues sont pour la plupart en pierre semi-précieuse, tel le bouddha d'Émeraude.

– ***École d'U-Thong (XIIe-XVe siècle) :*** ce petit royaume fut fortement influencé par les styles khmers, de Sukhothai et de Ceylan. Seule sa sculpture fut originale avec de fines lignes qui soulignent les lèvres et les yeux du Bouddha, ajoutant le tracé d'une fine moustache.

– ***Période de Sukhothai (XIIIe-XVe siècle) :*** c'est avec l'école de Sukhothai que débute l'art proprement thaïlandais. Il semblerait que ce soit le fait d'avoir adopté le bouddhisme theravâda (à la fin de l'Empire khmer, qui pratiquait le bouddhisme mahâyâna) qui engendra une forme d'art originale, dont le but était d'affirmer l'identité culturelle du nouveau royaume. Le bouddha de

- **Époque de Dvâravatî (VIe-XIe siècle)**

Bouddha possède des traits accusés, un visage large et carré, un nez aplati et des lèvres épaisses. Ses yeux sont dirigés vers le bas, donnant un regard à la fois intérieur et bienveillant pour le fidèle qui prie à ses pieds. On le trouve au centre de la Thaïlande et dans le sud de la Birmanie. Représentation dans les musées de Nakhon Pathon, Ratchaburi, Khon Kaen et Lamphun.

- **École de Lopburi (XIe-XIIIe siècle)**

Il s'agit de l'image même du bouddha khmer. Son visage est carré, ses sourcils rectilignes, sa bouche large. Un bandeau démarque le front des cheveux et une protubérance en coiffe le sommet, symbole de l'illumination. On le retrouve dans tout le centre et le Nord-Est de la Thaïlande. Le bouddha protégé par un capuchon à sept têtes est aussi l'une des innovations du culte khmer du roi-dieu (Devaraja).

- **Époque du royame du Lan Na (XIe-XVIIe siècle)**

Région de Chiang Saen et Chiang Mai. Le Bouddha de cette époque est caractéristique. On le reconnaît aisément avec son corps opulent, son visage rond, ses petits yeux et sa petite bouche. Il porte de grandes boucles sur le sommet du crâne, couronnées d'un bouton de lotus. Les statues sont généralement en cristal ou pierre semi-précieuse.

- **Période d'U-Thong (XIIe-XVe siècle)**

Au centre de la Thaïlande, l'influence khmère de cette époque est très forte. Les représentations de Bouddha se font sur le même modèle. La seule originalité se trouve dans le fin soulignement des yeux et de la bouche, qui peuvent faire penser à une fine moustache.

• *Période de Sukhothai (XIIIe-XVe siècle)*

Époque où l'image de Bouddha est la plus caractéristique de l'art thaïlandais. Les statues deviennent plus élancées, l'ovale du visage parfait, le nez long et aquilin, les sourcils arqués, les paupières lourdes et la chevelure pleine de fines bouclettes. Le crâne est surmonté d'une longue flamme *(ushnîsha)*, symbole de force spirituelle. L'autre innovation de cette période est celle du bouddha marchant, première représentation de Bouddha en mouvement.

• *Période d'Ayutthaya (1350-1767)*

Durant la période d'Ayutthaya, au centre de la Thaïlande, les statues de Bouddha reprennent les influences des diverses écoles. On retrouve les courbes de l'école de Sukhothai, les yeux de l'époque dvâravatî, les parures des dieux khmers avec la reprise du culte du roi-dieu. Les statues de Bouddha sont alors parées de bijoux et deviennent colossales.

LES VISAGES DE BOUDDHA

Bhumisparsa ou « Geste de la prise de la terre à témoin »

Position assise, la main droite touche le sol, tandis que la gauche repose sur les jambes, paume tournée vers le ciel. Ce geste représente l'Éveil de Bouddha. Il tient une très grande place dans l'imagerie thaïlandaise, car il est le symbole de la victoire sur Mâra (la mort, le démon, le grand dieu des Désirs). Mâra tenta d'interrompre la méditation de Bouddha, en lui présentant toutes les distractions possibles. Bouddha, en réponse, toucha la terre, faisant appel à la nature pour témoigner de sa résolution. Ce geste apparaît pour les Thaïlandais comme l'illustration du plus grand des miracles et représente le sommet de la vie de Bouddha.

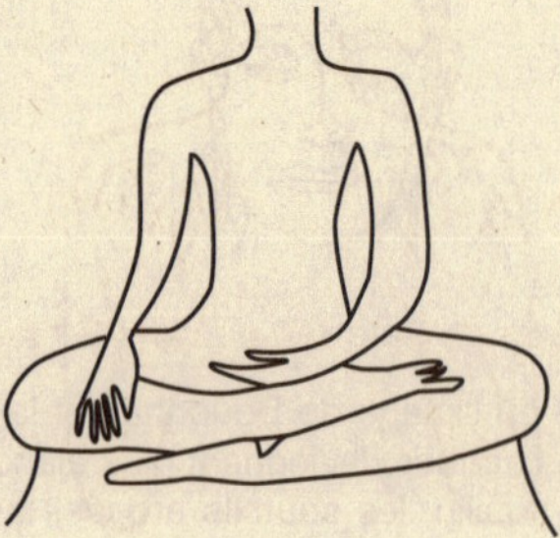

Dhyana ou « Attitude de méditation »

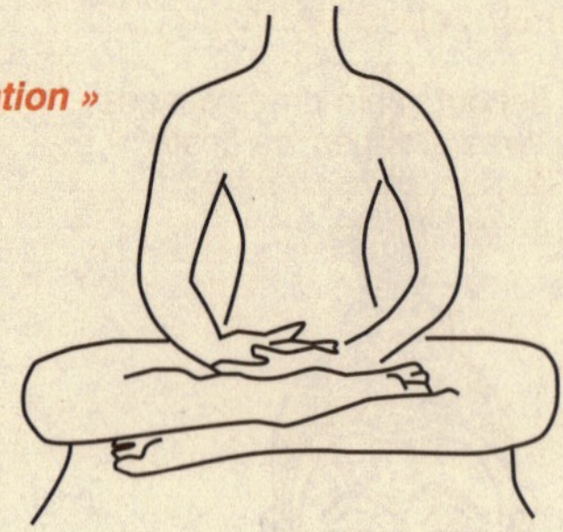

Les deux mains reposent l'une sur l'autre, paumes vers le ciel, la main droite sur la main gauche. Les jambes sont pliées en tailleur, dans la position du lotus.

Vitarka ou « Geste de l'argumentation »

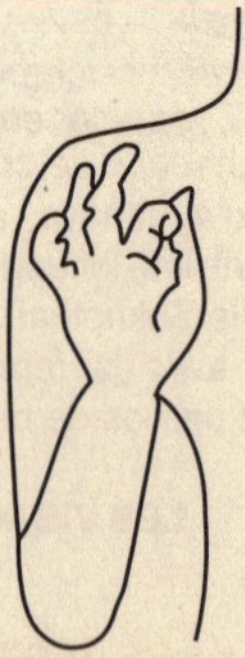

Position debout ou assise, le bras droit est levé, main à demi ouverte pour que le pouce et l'index se joignent et forment un cercle (la roue, symbole de l'enseignement). Peut être fait de la main droite ou gauche.

- ***Dharmachakra***

Les deux mains sont levées, paumes face à face, pouce et index se joignant pour former un cercle. Geste de tourner la roue de Dharma, qui rappelle le premier sermon de l'enseignement de Bouddha.

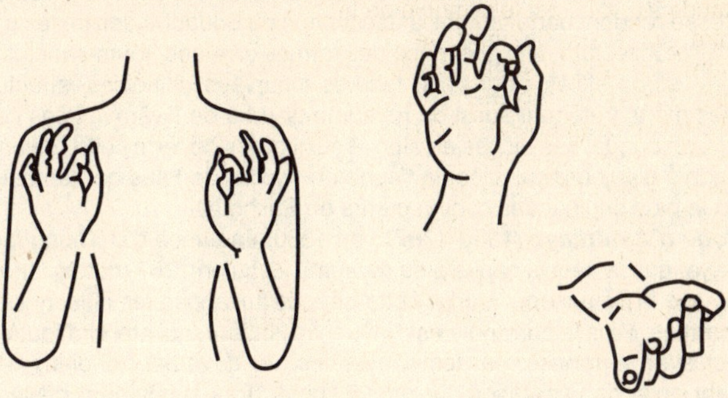

- ***Varada ou « Geste du don »***

Assis ou debout, main droite ouverte et offerte, bras allongés, ce geste est celui du don, de la charité, des faveurs répandues.

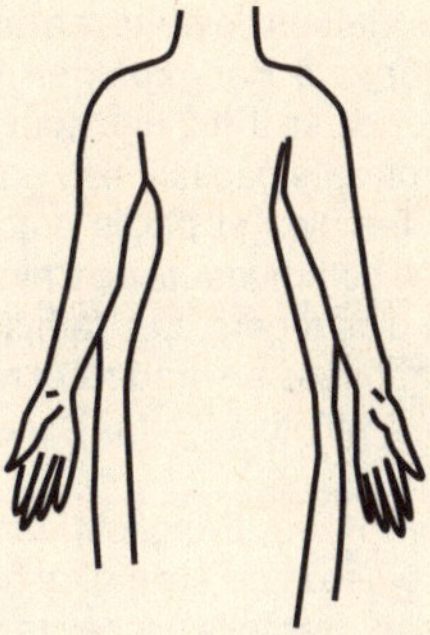

- ***Abhaya ou « Apaisant les querelles »***

Position debout ou en marche, une ou deux mains levées, paume en avant. C'est le geste de l'absence de crainte et de l'apaisement.

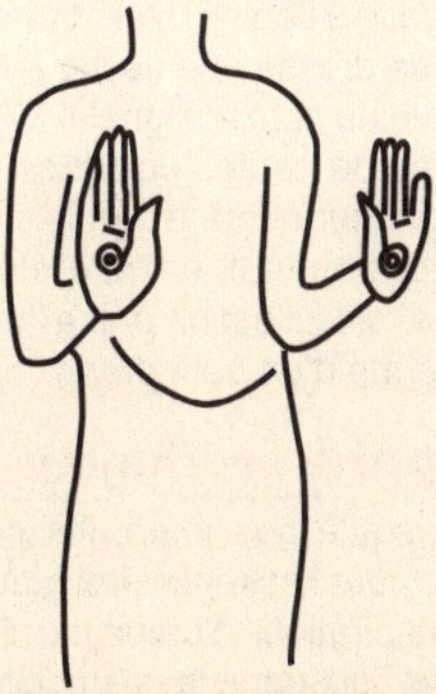

LES GESTES DE BOUDDHA

Sukhothai est l'une des images les plus caractéristiques de l'art thaïlandais (visage d'un ovale parfait, long nez aquilin, sourcils arqués, paupières lourdes, chevelure en bouclettes...). Il fit son apparition au XIIIe siècle. Les mains et toutes les proportions du corps deviennent plus stylisées et le crâne est surmonté d'une longue flamme *(ushnîsha)*, symbole de la force spirituelle. La seconde image typique est celle du bouddha marchant, dont la grâce et la délicatesse rendent parfaitement la description du Bouddha des textes palis. Quant à l'architecture, elle juxtapose des formes diverses, tours-sanctuaires khmères, *stûpa* effilés cinghalais, toitures incurvées chinoises, structures cubiques môns, retenant aussi du royaume disparu de Dvâravatî ses constructions en brique, ses niches en stuc et ses figures de terre cuite. Selon les Thaïlandais d'aujourd'hui, c'est la flèche en bouton de lotus qui représente l'apport le plus original des constructeurs de Sukhothai.

– ***Période d'Ayutthaya (1350-1767) :*** en 1350, un prince d'U-Thong fonde Ayutthaya, qui devient la capitale du royaume jusqu'en 1767 (date à laquelle les Birmans la détruisent). L'art à cette période juxtapose les influences les plus diverses. Mais la principale est l'influence khmère, qui prendra toute son ampleur avec la reprise, par les souverains, du *devaraja* (roi-dieu), le roi devenant objet de vénération. Le *prasat* khmer (tour-sanctuaire) devient le *prang* avec une forme en épi de maïs. Le royaume se porte bien et la splendeur ainsi que la dimension des temples sont le témoignage de la puissance royale. Les statues de Bouddha se parent de bijoux et deviennent colossales.

– ***D'Ayutthaya à Bangkok :*** en 1767, les Birmans détruisent Ayutthaya et Râma Ier fonde en 1782 une nouvelle capitale, Bangkok. Le style architectural de la nouvelle capitale est, pour la majeure partie, l'héritage de l'ancien royaume. Temples et palais entourés par des jardins d'influence chinoise (une grosse communauté de Chinois vit à Bangkok) sont construits avec des matériaux plus légers. Les temples possèdent d'élégantes toitures recourbées, juxtaposées en gradins et recouvertes de tuiles vernies (influence chinoise). Des peintures murales et des panneaux de laque en garnissent l'intérieur.

Le *wat* Phra Kaeo (Bangkok), temple du bouddha en pierre précieuse, est l'exemple type de ce style d'architecture. Il est constitué par un sanctuaire rectangulaire. Ses toits concaves accusent une pente prononcée et sont couverts de tuiles de couleurs vives (influence chinoise). Le *bot* (salle de réunion) peut comprendre d'une à trois nefs. La statue de Bouddha se dresse sur le mur face à l'entrée. Au nord-ouest s'élève un *chedî* en forme de cloche, sur lequel se dresse une flèche formée d'anneaux concentriques et décroissants, dérivé du *stûpa* cinghalais. Au nord, se dresse un *mondop* de structure carrée, avec de hautes colonnes qui soutiennent de petits étages décroissants, le tout surmonté d'une flèche et d'une profusion de décorations multicolores. Au nord-est, enfin, a été érigé un temple où sont conservées les statues des rois ; c'est un *prasat* hérité des Khmers, surmonté de toits superposés et fermé d'un petit *prang*.

La sculpture en Thaïlande

Presque jusqu'à nos jours, l'inspiration de la sculpture en Thaïlande est demeurée, pour l'essentiel, religieuse. Qu'il s'agisse de Bouddha, principale source d'inspiration, d'animaux réels ou mythiques, de décors... tout a sa place et son rôle dans la cosmogonie.

– ***Les yakshas :*** des génies de la nature, mystérieux et parfois malfaisants, qui ont été « récupérés » par le bouddhisme. Ils sont devenus les protecteurs de la Loi bouddhique. On les retrouve sous leur aspect terrifiant dans les enceintes des temples, parés comme d'antiques guerriers, les vêtements incrustés d'or, d'émail et de verre coloré.

– ***Représentations de Bouddha :*** sous les différentes influences (môn, khmère, lan na...), un art local semble s'être forgé. En effet, dès le VIIe siècle, l'art dvâravatî présente la structure d'un art bouddhique. Les différents apports qui viendront s'y greffer par la suite n'étoufferont jamais cette originalité ni cette continuité, qui sont les traits essentiels de l'imagerie bouddhique thaïlandaise. Ces « innovations » doivent tout de même respecter une iconographie stricte, venant du sud de l'Inde.

L'apparence de Bouddha est déterminée par les *lakshana* (marques et signes) qui définissent « l'Homme Éminent ». Il en existe 32 principales, complétées par 80 secondaires. Manifestées dès la naissance, les *lakshana* sont le résultat des différents mérites acquis au cours des existences antérieures. On ne trouve la totalité de ces « marques » que chez l'être appelé à devenir un souverain, maître de l'univers, ou, s'il renonce au monde, un bouddha.

Parmi les 32 marques principales, certaines ne concernent que des qualités psychiques intraduisibles (voix du lion, finesse du goût...). D'autres, au contraire, inspirées de préoccupations magico-religieuses, sont des signes qui dotent Bouddha d'une apparence hors du commun (une tête à protubérance, la rotondité d'un banian...).

– ***Gestes et attitudes :*** Bouddha peut être figuré dans quatre attitudes : assis, debout, marchant et couché (c'est dans ces positions qu'il est apparu à Srâvastî). Les statues en attitude de marche sont la grande innovation de l'école de Sukhothai (XIIIe-XVe siècle) et restent parmi les réalisations les plus originales de la sculpture thaïlandaise.

Les gestes n'ont pas en Thaïlande la même signification précise qu'en Inde où la conception mahāyāna (du Grand Véhicule) donne à chaque *mudrâ* (geste des mains et des doigts auquel on attribue une signification magique et mystique) la marque d'un *jina* (vainqueur), moyen qui permet de différencier les bouddhas qui, par essence, sont tous semblables. Vous suivez toujours ?

Dans le bouddhisme theravāda, et spécialement dans l'iconographie thaïlandaise, le terme de *mudrâ* n'est pas employé. En effet, les *mudrâ* ne suffisent pas à représenter l'ensemble des plus grands miracles du Bienheureux. Mais nous garderons cette appellation par souci de simplification.

PERSONNAGES

– ***Le roi Bhumibol :*** né en 1927, monté sur le trône en juin 1946. On le voit partout ! Très inventif, il vient de faire breveter son invention pour lutter contre la sécheresse, soit créer des nuages de différentes températures avec des avions. Ingénieux, non ? Le roi est très respecté en Thaïlande, sa famille aussi d'ailleurs, et son anniversaire (le 5 décembre) est l'occasion de grandes festivités, notamment à Bangkok.

– ***Bundit Ungrangsee :*** un chef d'orchestre honoré par Lorin Maazel lui-même, qui fit ses classes au New York Philharmonic Orchestra, jonglant entre les musiques traditionnelles thaïes et les classiques occidentaux. Du grand art !

– ***Saneh Sangsuk :*** écrivain publié au Seuil en France, considéré comme le « Joyce thaï »... rien que ça ! *Venin* ou *Une histoire vieille comme la pluie* vous feront découvrir une Thaïlande loin des clichés sur papier glacé du Sud thaï.

– ***Hu Sengla :*** né en 1924 et disparu en 2001, ce Thaï est surtout connu pour ses exploits capillaires. Il a été recensé comme « homme ayant les plus longs cheveux du monde » par le *Livre Guinness des records.* Imaginez un peu, une tignasse de 5,79 m ! Paix à son âme. Elle a été coupée et donnée à son village comme protection. Le plus rassurant dans cette affaire, c'est que son frère Yi prend désormais sa place avec plus de 5 m à son actif.
– ***Attadech Lowapharp :*** né en 1971 à Bangkok, voici le jeune designer qui monte, qui monte. Il travaille la céramique et la porcelaine, mais est surtout reconnu pour ses vases-racines, longs, très longs.
– ***Râma :*** personnage mythique du théâtre épique thaïlandais (le *Ramakien*). Il représente le roi idéal, proche de Vishnou. C'est aussi un dieu tout-puissant capable de vaincre tous les démons.
– ***Bamrung Kayotha :*** j'ai une moustache bien fournie, je suis chef de file des paysans thaïs, je boycotte les champs d'OGM près de la frontière birmane ; qui suis-je ? Mais le José Bové thaïlandais, pardi !
– ***Tony Jaa :*** la star du *muay thay* (art martial) au cinéma, né à Surin en 1976, vu dans *Ong Bak I et II* et *L'Honneur du dragon.*
– ***Paradorn Srichapan :*** la star du tennis thaï, qui s'invite régulièrement sur les tournois du Grand Chelem avec un certain succès.

PHOTOS

Les pellicules papier sont moins chères qu'en France ; ça vaut carrément le coup d'en rapporter un petit stock (bien vérifier leur date limite d'utilisation et ne pas acheter de vieilles pelloches dont la conservation a pu être hasardeuse). En revanche, éviter le développement, assez médiocre. Vous trouverez tout le matériel désiré à Bangkok et dans les grandes villes. Pour les numériques, la chaleur et l'humidité peuvent poser problème si vous restez au long cours (plusieurs semaines) ; sinon, peu de soucis. Un tuyau : glisser des sachets de silicate, qui absorbent l'humidité, dans la valise-photo.

POSTE

La poste est généralement ouverte du lundi au vendredi de 8 h à 17 h 30 dans les grandes villes et jusqu'à 16 h 30 dans les villes plus petites, et le samedi de 8 h à 12 h. Fermée le dimanche, sauf à Bangkok. Personnel efficace et organisation parfaite. Compter bien une semaine avant que votre carte n'arrive (durée soumise aux variations saisonnières !). Tous les bureaux de poste disposent d'un service d'envoi de paquets par surface ou par air. Par mer, délai de 3 mois. Dans les grandes villes, on peut acheter la boîte, et une balance permet de peser son paquet. Vraiment bien et très sûr. Pour les cartes postales vers l'Europe, compter 15 Bts (0,3 €).
Notons aussi la multiplication de postes privées, dans les grandes villes surtout, proposant un service postal (peu fiable), téléphonique et un *E-mail Service.* Horaires sensiblement différents le plus souvent (ouverture plus tardive).

POURBOIRE

En Thaïlande, on ne laisse pas de pourboire, bien que dans les grands hôtels et les lieux extrêmement touristiques les Thaïs se soient aisément habitués à cette gratification importée.

PROSTITUTION

Tout le monde connaît la réputation de la Thaïlande et de ses femmes « dociles », et tout le monde sait aussi que la prostitution y est assez, voire très répandue. Pourquoi ? Et quelle est l'ampleur de ce phénomène ?

Origines culturelles

Sur la question du pourquoi, il est primordial d'intégrer le rôle de la religion bouddhique où, c'est ainsi, la femme est tenue pour « inférieure ». Mais attention, nul machisme ici : inférieure dans le sens des réincarnations, et c'est tout. Il faut aussi comprendre que le rapport à la sexualité, au corps en général, est vécu ici très différemment. On est à mille lieues du plaisir coupable et de nos tabous judéo-chrétiens, et la chose, comme on dit, est abordée beaucoup plus simplement. Le rapport à l'argent aussi est différent, plus franc. Et il n'est pas rare que l'homme, si la femme est indisposée, aille voir une prostituée. Il ne le criera pas sur les toits, mais il n'éprouvera en revanche aucune honte.
Pour ces raisons, la prostitution choque beaucoup moins qu'en Occident, et n'est ni scandaleuse ni vraiment honteuse.
La plupart des filles sont contraintes d'aller vivre de leurs charmes quelques années à Bangkok, afin de nourrir leur famille, souvent avec l'assentiment des parents, qui parfois même les vendent. Leur nom en thaï est *phouyng ha kin,* qui signifie littéralement « celles qui cherchent à manger ». Bien souvent, elles sont achetées pour devenir... serveuses, et se retrouvent vite à faire des passes, contraintes et forcées.
Le laisser-faire des années 1970 et 1980, période d'explosion de la prostitution, avec notamment les Américains engagés dans la guerre du Vietnam, basés à Pattaya, et les timbrés du monde qui venaient libérer leur libido sur les plus jeunes corps, a poussé à bout la logique du sordide. Le réveil, sous l'égide de nombreuses associations internationales, a été long à venir mais, finalement, même les autorités thaïlandaises ont commencé à se sentir concernées, moins pour des questions évidentes de morale qu'à cause de la dégradation de l'image du pays à l'étranger. Il s'agissait dès lors d'un problème de santé publique et d'économie, car sur le plan touristique, la Thaïlande était montrée du doigt et le pays boudé. Par ailleurs, le sida ayant fait des ravages, les rangs des prostituées se sont alors vite éclaircis.

Sida, pédophilie

Ainsi les choses ont-elles changé depuis quelques années et le dernier pointage, réalisé par l'armée américaine, ne donnait plus que 100 000 prostituées. Même si les chiffres manquent de précision, on a assisté ces dernières années à une baisse considérable, due d'abord au sida, catastrophique en Thaïlande (environ 1 million de séropositifs). Puis il y a eu le scandale de la pédophilie. Un scandale énorme, international, et qui ternissait considérablement l'image du pays. Car la prostitution, c'est une chose ; mais trouver dans n'importe quel bordel, ou presque, des gamin(e)s, de 10 ou 12 ans, vendu(e)s aux pédophiles venus du monde entier, c'est une tout autre affaire. Disons tout de suite qu'en Thaïlande ce commerce ignoble a considérablement reculé depuis. Car, face au scandale et à la colère des Thaïlandais eux-mêmes, le gouvernement a pris des mesures énergiques : répression judiciaire, fermeture de bordels, contrôle des « employées » et vote par le parlement du *Child Prostitution and Prevent Act.* Rappelons aussi, avec la

TAT *(Tourism Authority of Thailand)*, qui condamne l'exploitation sexuelle des enfants, que les « clients » sont passibles de 4 à 20 ans de prison si les prostituées ont entre 13 et 15 ans, et de prison à perpétuité si l'enfant a moins de 13 ans. Pour aider la TAT dans son combat et pour toutes infos : • tat@cs.ait.ac.th •

De son côté, l'Unicef entreprend de nombreuses actions de lutte contre la pédophilie, relayée par la justice française, qui travaille en étroite collaboration avec les justices d'autres pays. Depuis 1994, la France s'est dotée de lois permettant de condamner pour abus sexuel des personnes qui se croyaient déchargées de toute responsabilité puisqu'elles étaient sur un sol étranger. On a ainsi vu se tenir récemment deux procès jugeant, en France, des actes innommables commis par des Français sur le sol thaïlandais. Une autre loi, adoptée en 1998 par le Congrès mondial sur l'exploitation sexuelle des enfants, est encore plus contraignante. Désormais, tout abus sexuel exercé à l'étranger sur un mineur de moins de 15 ans est passible d'une peine de 10 ans de prison et d'une amende s'élevant à plusieurs centaines de milliers d'euros. Les associations peuvent désormais se porter partie civile. C'est dans ce cadre que l'Unicef a pu mener ses campagnes de lutte en aidant des victimes thaïlandaises à venir témoigner en France. C'est là une grande avancée juridique pour combattre les abus sexuels. Les amateurs de tourisme sexuel, n'ignorant pas la fin de leur impunité, regardent désormais à deux fois avec qui ils finissent la soirée.

RELIGIONS ET CROYANCES

5 % de la population est musulmane, essentiellement dans le Sud, quelque 1 % des Thaïs sont catholiques, 0,5 % sont animistes et environ 94 % sont bouddhistes.

La vie de Bouddha

Le prince Siddhārta Gautama (dit le Sage, L'Éveillé, le Bouddha) naquit au Népal au VIe siècle av. J.-C. Il mena une vie d'ascète et fut d'abord bodhisattva, c'est-à-dire futur bouddha. Il tint tête à Mara, le démon, assis quatre jours sous un figuier, les jambes croisées dans la fameuse position que nous connaissons. Il atteignit ainsi l'Éveil et réussit à se libérer de toute souffrance. Dès lors, il partit tout le long du continent asiatique, proclamant la loi du Karma, loi universelle selon laquelle toute action, bonne ou mauvaise, est punie ou récompensée dans la réincarnation de l'âme.

Le bouddhisme s'inscrit dans un mouvement de réaction au brahmanisme. Il ne tient aucun compte du système des castes ni des rites et s'appuie sur une démarche strictement individuelle, une voie de libération.

La doctrine

La pensée du Bouddha vise à libérer de la douleur (cf. son premier sermon à Bénarès, « À l'origine de la douleur universelle est la soif d'exister »).

Les quatre nobles vérités éclairent bien la « mécanique bouddhique » :

– l'attachement conduit à la souffrance ;
– l'origine de l'attachement est dans les passions ;
– pour se libérer de la souffrance, il faut maîtriser les passions ;
– pour maîtriser les passions, il faut suivre une discipline.

Pas facile tout ça, mais le Bouddha a été assez précis sur la façon d'accéder au nirvāna : le bouddhiste doit parcourir successivement les huit nobles entraînements présentés dans l'Octuple Noble Sentier, seule façon d'éviter de se voir renaître en rat ou en grenouille.
Pour ceux qui voudraient essayer, nous vous donnons les clés du nirvāna : contrôler sa parole, sa volonté, ses actions, son mode de vie, ses aspirations, sa pensée et sa concentration.
Attention, le nirvāna n'est pas notre paradis, mais plutôt le bonheur, le moment où l'esprit de l'homme se purifie des passions et la fin du cycle des renaissances (Samsāra). En bref, le bouddhisme est une voie du bonheur spirituel, et ça se voit !

Les bouddhismes Theravāda et Mahāyāna

La doctrine du Bouddha n'existant pas sous forme écrite, les textes sacrés devaient être appris par cœur à la suite des récits faits par Ananda, le cousin du Bouddha, lors du premier concile bouddhique. Ces textes psalmodiés et chantés en commun ne furent codifiés que vers l'an 100 de notre ère par les moines de Ceylan. Ce canon bouddhique est la base du bouddhisme Theravāda.

Le bouddhisme Theravāda ou « Petit Véhicule » (du Sud)

Confiné d'abord dans l'île de Ceylan où il est né, il s'est ensuite répandu en Birmanie (en 1044), puis en Thaïlande et au Cambodge. C'est la doctrine la plus ancienne. Les adeptes utilisent le pali comme langue sacrée (on dit que c'était la langue de Gautama, le prince Siddhārta) et suivent un enseignement légèrement différent des paroles de Bouddha. Le Theravāda, omniprésent au Myanmar, ne reconnaît aucun dieu créateur. C'est une doctrine non théiste qui ne nécessite pas la présence d'intermédiaire entre l'homme et son salut ; donc point de prêtre ni de brahmane. L'homme peut parvenir seul à l'état de nirvāna. Pour cela, il n'a pas à transformer son environnement. La libération du désir, cause de toutes ses souffrances, s'obtiendra par des actes individuels, la discipline (mais non l'ascétisme, jugé inutile et dangereux !) et la contemplation. De plus, le fidèle ne pense pas que le bouddhisme Theravāda puisse expliquer tous les mystères de la nature. Ce genre de fatalisme (autre nom de la sagesse ?) profite bien aux militaires au pouvoir à Yangon (qui usent et abusent de la crédulité du petit peuple). Pour un adepte de cette voie Theravāda, le repli dans la contemplation et l'abstinence demeure la voie royale de la Libération.

Le bouddhisme Mahāyāna ou « Grand Véhicule » (du Nord)

La deuxième branche du bouddhisme représente un courant de pensée qui s'est propagé en Chine, au Tibet, en Mongolie, en Corée et au Japon, sans oublier le Vietnam et l'Indonésie (le temple de Borobudur en est un bon exemple). Les pratiquants utilisent le sanscrit comme langue sacrée. Au contraire du Theravāda, le bouddhisme Mahāyāna cherche à transformer le monde non par l'abstention mais par l'action. Le détachement, le sourire ne sont plus de mise, l'action et la compassion priment. Pour les adeptes du Mahāyāna, il faut aider son prochain à parvenir à la délivrance afin de suivre les paroles du

Bouddha : « Délivré, délivre. Arrivé sur l'autre rive, fais-y parvenir les autres. » C'est le bodhisattva, qui, parvenu aux dernières étapes de la sagesse, renonce à « s'éteindre » dans le nirvāna pour aider les autres à parvenir à la délivrance. Cette vision du rôle du bodhisattva est absente dans le Theravāda.

• *Bhumisparsa ou « geste de la prise de la terre à témoin »*

Position assise du lotus, la main droite touche le sol, tandis que la gauche repose sur les jambes, paume tournée vers le ciel. Ce geste représente l'Éveil de Bouddha. Appelé aussi mudrâ maraisijaya (victoire sur Mara).

• *Dhyana Ou « Attitude De Méditation »*

Les deux mains reposent l'une sur l'autre, paumes vers le ciel, la main droite sur la main gauche.Les jambes sont pliées en tailleur, dans la position du lotus.

• *Vitarka et dharmachakra ou « geste de tourner la roue »*

Position debout ou assise, le bras droit est levé, main à demi ouverte pour que le pouce et l'index se joignent et forment un cercle (la roue, symbole de l'enseignement). Fait avec une seule main, ce geste s'appelle Vitarka ; fait des deux mains, il se nomme Dharmachakra (voir illustration plus haut). Geste de tourner la roue de Dharma, qui rappelle le premier sermon de l'enseignement du Bouddha.

• *Varada ou « geste du don »*

Assis ou debout, main droite ouverte et offerte, bras allongés, ce geste est celui du don, de la charité, des faveurs répandues.

• *Abhaya ou « apaisant les querelles »*

Position debout ou en marche, une ou deux mains levées, paume en avant. C'est le geste de l'absence de crainte et de l'apaisement.

La doctrine Mahāyāna s'approche d'une religion où le Bouddha est divinisé, où le nirvāna devient le Ciel, où les méchants vont en enfer. Dans cette voie Mahāyāna, les offices sont observés en commun et selon de nombreux rites variés.

Le bouddhisme thaïlandais

Proportionnellement, il doit y avoir plus de temples en Thaïlande que d'églises à Rome. C'est dire comme le bouddhisme est présent dans la vie quotidienne des Thaïlandais.
Les temples sont des lieux ouverts et conviviaux, où l'on vient pour tout un tas de raisons (mariages, funérailles, prières...). Les moines, surtout dans les villages, interviennent dans les affaires courantes et sont sollicités pour donner leur avis, un peu comme les curés en Occident, il n'y a pas si longtemps.
Outre les images de Bouddha, très vénérées, les Thaïlandais ont aménagé leur bouddhisme en y incluant une foule de démons et d'esprits.
Pour un Occidental, le bouddhisme thaï apparaît comme une religion tolérante, plutôt cool et souriante, très imbriquée dans la vie des gens.

Les Thaïlandais, bouddhistes à 95 %, doivent mener, au moins une fois dans leur vie et pour une période variable, une vie de moine en revêtant la robe safran. Certains travaillent bénévolement à la construction ou à la réfection des temples. Tous apportent aux statues de Bouddha de nombreuses offrandes (fleurs, cierges...) et subviennent aux besoins quotidiens des moines.

Les nonnes

Le monastère des nonnes bouddhistes ressemble à celui des hommes, sauf que les bâtiments communautaires comme la *sala* et le *bot* y sont généralement plus petits. Le public n'y est pas admis.
En Thaïlande, les nonnes sont entièrement vêtues de blanc. Elles ne sont que des novices, des « mèchis », le resteront toute leur vie et ne jouiront jamais du prestige des bonzes. La faute en revient à Bouddha, qui ne voulait pas fonder d'ordre féminin, malgré les demandes incessantes des femmes. Il finit tout de même par céder aux instances de sa tante, mais édicta huit règles très sévères, et les plaça sous la dépendance totale des bonzes. Comme elles ne doivent pas sortir du monastère pour quêter, ce sont les bonzes qui partagent avec elles la nourriture qui leur a été donnée. C'est la raison pour laquelle les monastères des femmes sont toujours jumelés avec ceux des hommes.

Le temple bouddhique

Le temple bouddhique thaïlandais, le *wat,* regroupe un ensemble de monuments religieux, souvent d'époques et/ou de styles variés. Centre de la vie socioculturelle, le *wat* remplit de nombreuses fonctions : lieu de culte, d'enseignement, de réunion, d'échanges...

Le bot

Sanctuaire principal du *wat,* le *bot,* ou *ubosot,* est une salle de plan rectangulaire à nef unique avec des bas-côtés. Consacrée à la psalmodie des textes sacrés et aux ordinations monastiques, elle est délimitée par huit bornes *(bais simâs),* plus ou moins hautes et ouvragées selon l'importance du *wat,* que personne ne doit dépasser lors d'une cérémonie. Considéré comme sacré, ce périmètre est soustrait à toute juridiction laïque.

Le vihara

Grande salle où moines et fidèles se rassemblent pour écouter les sermons. Elle renferme des représentations de Bouddha ainsi que les objets sacrés du temple. La salle est rectangulaire, avec des toits en pente sur plusieurs niveaux, aux extrémités décorées de *chofa* (« pointe du toit »).

Le sala

C'est l'un des premiers bâtiments que l'on rencontre en arrivant dans un monastère : sorte de grand hall dans lequel les bonzes se réunissent, matin et soir, pour la psalmodie des textes sacrés. Les fidèles y circulent pour leur propre méditation, pour assister aux offices, ou encore pour y écouter des sermons. Mais on peut aussi y prendre ses repas, parler et même y dormir ! Au fond trône une grande statue de Bouddha, entourée par de plus petites qui sont des donations de fidèles. Aux extrémités, il y a parfois de drôles de « décorations », différentes selon les donateurs et le message que veut faire passer le supérieur du temple. C'est ainsi que l'on peut y trouver, dans des cages en verre, un authentique squelette humain ou un bocal avec un fœtus d'enfant mort-né. Assez macabres, les Thaïs aiment à rappeler que « tout est éphémère, tout est souffrance » !

Les autres bâtiments

Le *bot,* le *vihara* et le *sala* forment, avec le réfectoire des moines, les bâtiments communautaires principaux. Les bonzes vivent autour, dans de petites huttes appelées *kutis,* ou dans des bâtiments quand la place vient à manquer. C'est là qu'ils passent le plus clair de leur temps à méditer, recevoir des visiteurs, se reposer... Ils sont entièrement libres de leur temps et personne ne contrôle ce qu'ils font.

– D'autres bâtiments composent un temple, dont le *chedî,* une tour-reliquaire contenant des reliques de Bouddha, d'un saint homme, ou d'un personnage royal. Le *chedî* est souvent à l'origine de la construction d'un *wat.* Sa forme de dôme, ou de cloche, est surmontée d'un empilement de parasols.

On peut aussi trouver un clocher qui sert à rythmer la journée des moines, des *ho trai* (ou bibliothèques) et un crématorium.

Petit glossaire pour circuler dans un temple

– *Wat :* nom du monastère bouddhique regroupant les divers édifices religieux.

– *Bot ou ubosot :* salle de réunion des moines dans le monastère (le *wat*), réservée aux seuls religieux et où se pratiquent les ordinations.

– *Vihara ou vihan :* de tradition indienne, cette salle abrite des images de Bouddha et sert de salle d'assemblée pour les fidèles.

– *Phra chedî ou chedî :* sorte de monument funéraire, désigne tous les édifices contenant des reliques. Définit plus spécialement le *stûpa.*

– *Stûpa :* dôme contenant des reliques bouddhiques ou servant d'objet de culte. Devenu très tôt le monument par excellence du bouddhisme, il est chargé d'un symbolisme très élaboré. Il s'agit soit d'un édifice contenant des reliques de Bouddha, soit d'un monument commémoratif. Il se compose d'un dôme surmonté d'un empilement de parasols.

– *Mondop :* prononciation thaïe du *mandala,* en sanskrit, qui est la salle de réunion des fidèles.

– *Prang :* terme utilisé pour désigner un sanctuaire carré, élevé avec de très hauts soubassements et une toiture importante. Le *prang* rappelle le *prasat* khmer (style d'Angkor Vat), mais en étant encore plus élevé. Il est caractéristique de l'architecture des périodes d'Ayutthaya et de Bangkok.

– *Prasat :* tour-sanctuaire.

– *Dvârapâla :* le gardien de la porte. Le gardien à droite de la porte a une expression bienveillante, tandis que celui de gauche a une expression terrible. À la fin de la période d'Ayutthaya, tous prennent l'apparence de *yaksha* au masque terrifiant.

– *Chofas :* ce sont les ornements qui sont aux extrémités des pignons sur les toitures à double pente. Ils représentent le plus souvent des serpents *nâga,* ou des oiseaux comme les *hamsas.*

Rites et superstitions

Les nâga

Les *nâga* (serpents) sont issus des anciennes croyances khmères. Ils servaient de décorations sur les ponts enjambant les douves. Le *nâga* permet de mettre en évidence le lien existant entre le monde des humains et celui des dieux, entre le ciel et la terre. Il est aussi, dans la tradition bouddhique, l'animal qui protégea Bouddha des intempéries, durant sa première longue méditation transcendantale, en se dressant au-dessus de lui, par-derrière, sa large tête de cobra faisant office de pébroque (ce *nâga* bouddhique est alors souvent représenté à sept têtes, ça protège mieux). Le serpent relie donc le sacré à l'homme : le ciel à la terre, l'esprit au prophète.

Le culte du roi-dieu

Héritage khmer, le culte du roi-dieu *(deveraja)* est encore présent. Le *prasat,* la tour-sanctuaire, perçu comme le centre de l'univers, devait abriter les dieux. Les *prasats* servent maintenant à abriter les statues des rois, comme celui du Wat Phra Keo de Bangkok.

Libérer un oiseau

Dans le bouddhisme, une des vertus principales est le respect de la vie sous toutes ses formes. Ce qui peut conduire à des excès, voire des aberrations. Un des actes de piété est de rendre la liberté à des êtres captifs. Ce qui conduit à la capture d'oiseaux ou de poissons dans le seul but de les vendre à la sortie des temples et des monastères. Il ne faut pas encourager ces conduites en achetant la liberté de ces animaux, nés le plus souvent en captivité et qui, s'ils ne retrouvent pas le chemin de leur prison, meurent. D'autant qu'en libérer un, c'est en emprisonner un autre (eh oui, pour le remplacer). Ne marchons pas dans cette combine !

Les porte-bonheur

Dans toutes les pagodes de ville, on assiste à une pratique divinatoire qui n'a pourtant rien de spécifiquement bouddhique. Qu'en penserait Bouddha ? Il la rangerait sûrement au rang des superstitions, mais c'est sans doute la superstition la plus populaire de tout le bouddhisme.
Après avoir prié devant Bouddha, il est possible de connaître son avenir grâce à la méthode des « bâtonnets ». Une vingtaine de bâtonnets sont disposés dans une boîte ronde, ouverte. Il faut la prendre dans ses mains et la secouer jusqu'à ce que l'un des bâtonnets tombe. Ce bâtonnet porte des inscriptions sibyllines que le bonze interprète, contre une offrande bien sûr ! Donnez une petite pièce à une icône représentant un dieu, et vous serez aspergé d'eau bénite. Si l'on veut rester sec, il est possible d'acheter toutes sortes d'amulettes aux bonzes, touffes de fils jaune et bleu portant bonheur, petits bracelets en bois, images du Bouddha... destinés à une population toujours fascinée par ce qui a trait à la magie.
Enfin, dans de nombreux temples, de beaux gongs peuvent être frappés, du poing s'il n'y a pas de frappe-gong à disposition, pour former un vœu. C'est joli et ça marche (si, si !).

Les compositions florales

Tout dans la vie des Thaïlandais est prétexte à une offrande (promenade en famille, accueil d'un visiteur...). L'offrande la plus prisée est la fleur, petite image terrestre de Bouddha. Les trois offrandes les plus courantes sont :
– ***les malai :*** ce sont les colliers de fleurs, confectionnés de boutons de jasmin, de roses, de pâquerettes africaines ou d'orchidées. Leur fonction est principalement religieuse ; ce sont les offrandes des temples et lieux de pèlerinage. Mais, suspendus au rétroviseur des voitures, *tuk-tuk,* « longues-queues » ou tout autre moyen de transport, ces gris-gris odorants et éphémères sont un gage de bonne route, de chance.
– ***Les bai-sri :*** compositions pyramidales, constituées principalement de feuilles de bananier très soigneusement pliées. C'est le gage que l'on offre aux nouveau-nés, aux jeunes mariés, pour l'obtention d'un premier poste... comme promesse de bonheur et de réussite. Si l'on ajoute du riz, un œuf dur et des fruits en son centre, on obtient un *bai-sri chan.*
– ***Les jad pan :*** ce sont de gros boutons de lotus, formés par des fleurs de couleur, offerts lors des mariages. La forme du bouton de lotus représente le signe de la pureté, de la beauté, mais aussi de leur caractère éphémère.

Les maisons aux Esprits

À côté de la plupart des immeubles – anciens et nouveaux – se dresse une sorte de petite pagode colorée, posée sur un pilier. Cette demeure miniature abrite l'esprit de la maison, le *phra phum.* En effet, lorsque la construction d'un bâtiment quelconque est envisagée en Thaïlande, la première chose à faire est de trouver, dans le jardin, une place favorable à l'édification de la maisonnette où pourront se réfugier les esprits *(phi)* un moment délogés. La sélection de l'emplacement et l'aménagement de cette maison d'esprits sont du ressort exclusif d'une personne initiée : on ne place pas n'importe où une demeure réservée aux *phi* (surtout pas en un endroit qui risquerait de se trouver ombragé par l'immeuble), et un jour de bon augure doit être choisi pour la cérémonie d'installation des âmes dans leurs appartements.
On y dépose un bouquet de fleurs, quelques bâtonnets d'encens et plusieurs bougies. Lorsqu'un étranger est invité, il doit tout d'abord demander la permission d'entrer, faute de quoi il risquerait de très mal dormir. S'il ne respecte pas cette coutume, l'esprit viendra au cours de la nuit s'installer sur sa poitrine, ce qui engendre toujours, c'est bien connu, d'horribles cauchemars. Et le matin, il convient de le saluer avant de nourrir l'espoir de passer une bonne journée, de lui présenter l'une ou l'autre offrande si l'on aspire à voir quelque souhait exaucé.
Par ailleurs, le propriétaire qui s'enrichit et décide d'embellir et de moderniser son habitation sait que l'oubli de parer en conséquence la maison de l'esprit risque de lui jouer de très mauvais tours.

SANTÉ

D'une manière générale, les hôpitaux sont de bonne qualité. Dans certaines villes, on donne les adresses des rares médecins qui parlent le français.
Au moment des grosses chaleurs, se méfier des problèmes de déshydratation, responsables de bien des maux.

LISBONNE (octobre 2006)

Lisbonne, à l'embouchure du Tage, avec vue sur l'Atlantique... La ville qui a vu passer Vasco de Gama, Magellan ou saint Antoine de Padoue offre – en moins de 3 h d'avion depuis Paris – un rapport qualité-prix-dépaysement imbattable. De l'authentique Alfama, jusqu'au Bairro Alto branché, en passant par le Parc des Nations, la ville du futur et le musée Calouste-Gulbenkian où les chefs-d'œuvre abondent. Tout le monde s'y retrouve. Entre deux gargotes, on saute dans le vieux tram jaune 28 qui traverse la ville, du château Saint-Georges avec sa forteresse jusqu'au monastère des hiéronymites de Belém, tout en dentelles. Funiculaires, ascenseurs, tram, métro, tous les moyens sont bons pour arpenter la ville. On goûte un *pasteis de nata*, petit flan crémeux en buvant une *ginja*... Sans oublier les *casa do fado*, pour écouter ce blues portugais. Et les derniers fêtards se retrouvent sur les *docas*, où les meilleurs DJs viennent astiquer les platines.

Le paludisme

Dans tous les livres et brochures, on trouve la mention « Paludisme +++ multirésistant ». Cela est vrai, mais :
– ce paludisme n'est présent que dans des zones très limitées, forestières et frontalières ; la très grande majorité du pays, faite de plaines et de rizières, en est totalement indemne ;
– dans les zones impaludées, il n'y a risque de transmission que la nuit ;
– il n'y a pas de paludisme dans les grandes villes.
Prenons pour exemple un circuit touristique habituel : Bangkok, Pattaya, Phuket (par avion), Chiang Mai, Chiang Rai avec une visite diurne de la zone frontalière du Nord : il n'y a aucune possibilité de transmission du paludisme. Pourtant, nombre de touristes mal informés partent régulièrement bourrés d'antipaludiques majeurs dont les effets secondaires gâcheront le voyage d'une partie d'entre eux.
Ce n'est qu'au cas où un séjour comprendrait des nuitées dans les villages des zones frontalières qu'un traitement antipaludique s'imposerait : ce serait alors de la doxycycline (Doxypalu), 1 comprimé par jour, en commençant la veille de l'arrivée en zone impaludée, à poursuivre pendant toute la durée du séjour et pendant les 4 semaines qui suivent le retour. Tous les autres antipaludiques sont insuffisants pour ces zones de multirésistance. Le seul inconvénient : il ne faut absolument pas s'exposer au soleil. La doxycycline entraîne une photosensibilisation de la peau. Gare aux coups de soleil et aux douleurs ! Protégez-vous bien.

La dengue

Une épidémie de dengue peut survenir à tout moment en Thaïlande, comme dans tout pays de l'Asie du Sud-Est, en particulier lors de la mousson. Transmise par les piqûres de moustiques, la dengue est une forte fièvre d'origine virale, un peu comme une très grosse grippe, parfois très grave (1 à 2 % de décès). On ne dispose pas de traitement spécifique à l'heure actuelle. La seule prévention consiste à se protéger des moustiques, de nuit comme de jour. La dengue est présente depuis de nombreuses années en Thaïlande. Si on en entend parler de plus en plus, c'est parce qu'elle s'est propagée largement dans la zone inter et subtropicale et sur une bonne partie de la planète.

Les antimoustiques

Les moustiques étant partout très nombreux en Thaïlande, il faut toujours utiliser des répulsifs antimoustiques *(repellents)*. Beaucoup – pour ne pas dire la quasi-totalité – des répulsifs antimoustiques/arthropodes vendus en grande surface ou en pharmacie sont insuffisamment efficaces. Un laboratoire (Cattier-Dislab) a mis sur le marché une gamme enfin conforme aux recommandations du ministère français de la Santé. *Repel Insect* Adulte (DEET 50 %) ; *Repel Insect* Enfant (35/35 12,5 %) ; *Repel Insect* Trempage (perméthrine) pour imprégnation des tissus (moustiquaires en particulier) permettant une protection de 6 mois ; *Repel Insect* Vaporisateur (perméthrine) pour imprégnation des vêtements ne supportant pas le trempage, permettant une protection résistant à 6 lavages.
Disponibles en pharmacie, parapharmacie et en vente web sécurisée • www.sante-voyages.com • Voir les coordonnées à la fin de cette rubrique pour plus d'infos.

Il est conseillé de s'enduire les parties découvertes du corps et de renouveler fréquemment l'application : toutes les 4 h au maximum.

Vaccinations

Diphtérie, tétanos, polio (avec un nouveau rappel adultes *Revaxis*® ou, mieux aujourd'hui, *Repevax*® qui contient en plus un rappel coqueluche) et hépatite B. Vaccin contre la fièvre typhoïde en cas de séjour prolongé. Vaccin antirabique préventif en cas de séjour rural ou d'expatriation. En cas de séjour de plus d'un mois en zone rurale en période de mousson ou d'expatriation, l'OMS recommande la vaccination contre l'encéphalite japonaise.
L'hépatite A est l'une des maladies les plus fréquemment contractées dans cette zone. Elle se transmet par la consommation d'eau ou d'aliments contaminés. La vaccination contre l'hépatite A (une seule injection de *Havrix 1440* ou d'*Avaxim*) est donc très utile avant votre voyage. N'oubliez pas le rappel 6 mois à 36 mois après, qui vous assurera une protection de longue durée (sans doute à vie) pour vos prochaines destinations.

Le sida et les MST

La Thaïlande est un pays très touché par le sida. La vie sexuelle plutôt libre et active des Thaïlandais a favorisé l'avancée massive et foudroyante de la maladie. Le temps de comprendre et de réagir, et ce sont un million de personnes qui ont été contaminées. Quant aux prostituées, avancer un chiffre serait vain, car ça évolue vite et l'état des lieux ne peut pas être fait, mais on ne doit pas se tromper de beaucoup en disant qu'une sur deux (une sur trois si l'on est optimiste) est contaminée. L'usage systématique des préservatifs est donc vital et l'abstinence encore plus raisonnable.
La large (mais tardive) prise de conscience du gouvernement a été récompensée, mais l'on constate aussi un faible recours au préservatif.

À emporter avec soi

Moustiquaire imprégnée d'insecticide (si l'on doit dormir dans des endroits sans AC), répulsifs antimoustiques, insecticides, crèmes de protection solaire, ainsi que différents produits et matériels utiles au voyageur. Ils peuvent être achetés par correspondance :

■ ***Catalogue Santé Voyage :*** 83-87, av. d'Italie, 75013 Paris. ☎ 01-45-86-41-91. Fax : 01-45-86-40-59. • www.sante-voyages.com • (infos santé voyages et commande en ligne sécurisée). Envoi gratuit du catalogue sur simple demande. Livraison *Colissimo suivi* : 48 h en France métropolitaine. Expéditions DOM-TOM.

Les soins médicaux sont de qualité acceptable, de loin les meilleurs de la péninsule. Pour autant, il peut s'avérer judicieux de prévoir une assurance-santé avant le départ.

■ ***AVI International** (Routard Assistance) :* 28, rue de Mogador, 75009 Paris. ☎ 01-44-63-51-00. Fax : 01-42-80-41-57. • www.avi-international.com • Vous assure (entre autres) une prise en charge totale en cas d'hospitalisation ou de rapatriement sanitaire.

Centres de Vaccinations

Pour les centres de vaccinations partout en France, consulter notre site internet : • http://www.routard.com/guide_voyage_page/66/les_vaccinations.htm •

SAVOIR-VIVRE ET COUTUMES

Un certain savoir-vivre est utile. Au niveau des coutumes, il y en a quelques-unes à respecter et qui ne sont vraiment pas contraignantes. Voici quelques principes :

– ***Interdiction de fumer*** dans les lieux publics (halls d'hôtels, restos, bars). Ces mêmes lieux ferment aussi désormais à 1 h du matin (sauf autorisation spéciale), dernier carat et pas une minute de plus... On ne plaisante pas.

– ***Le roi et la famille royale :*** ils sont très respectés. Si l'hymne national retentit en pleine rue (c'est parfois le cas dans les villes à 8 h et/ou à 18 h), si le portrait royal apparaît au cinéma avant le film, il faut se lever. C'est simple, il suffit de faire comme tout le monde. Gardez-vous surtout de critiquer ouvertement la monarchie thaïe, car toute insulte publique à l'encontre du roi est passible de prison.

– ***Dans les temples bouddhiques :*** il faut enlever ses chaussures et, lorsqu'on s'assied, s'arranger pour ne pas mettre ses pieds face à Bouddha : c'est sacrilège. Ensuite, il faut s'y présenter en tenue décente. En règle générale, si une femme veut offrir quelque chose à un moine, elle doit d'abord le donner à un homme qui le lui remettra. Toutes les images ou sculptures de Bouddha, petites ou grandes, même abîmées ou en ruine, sont des objets sacrés.

– ***Dans les bus :*** à l'adresse des routardes, n'occupez pas les sièges à l'avant des bus. Ils sont généralement réservés aux moines, tenus d'éviter tout contact physique avec les femmes.

– ***Se saluer poliment :*** en général, les Thaïlandais ne se serrent pas la main. Le salut traditionnel est le *wai,* c'est-à-dire les deux mains jointes, comme pour prier... encore que son utilisation, soumise à des règles bien précises, soit hasardeuse. Très souvent, le *wai* traduit l'expression d'une inégalité. C'est toujours à l'inférieur (ou au plus jeune) que revient l'initiative du geste, et la réponse se limite souvent à un léger sourire. Pas d'impair, ne « waiez » jamais un enfant, ni même une femme de chambre, vous les verriez gênés. En somme, utilisez de préférence votre sourire, c'est facile et – les Thaïs en sont la preuve – ça rend beau.

Attendez-vous à être appelé plutôt par votre prénom. C'est l'usage ici, généralement précédé de *khun* (M., Mme ou Mlle).

– ***Au restaurant :*** on ne partage pas l'addition. La règle est simple : c'est celui qui invite qui paie pour toute la table. Si aucune invitation n'a été faite, c'est au supérieur de se dévouer (aucune exception cette fois, l'égalité n'existe pas en Thaïlande !). À table, on mange habituellement avec fourchette et cuillère (jamais de couteau).

– ***Les gestes du corps :*** on ne doit jamais toucher la tête de quelqu'un, car c'est le siège de son âme, et ce geste peut être considéré comme du mépris envers cette personne. Le pied étant la partie la moins noble du corps, il faut éviter de montrer quelqu'un du pied, c'est très irrespectueux. En public, abstenez-vous donc de croiser les jambes, vous éviterez les malentendus.

– ***Les gestes impudiques :*** ceux et celles qui ont une libido exaltée remarqueront que le geste le plus licencieux des amoureux en Thaïlande est de se tenir par la main ! Même si les Thaïlandais occidentalisent leurs comportements à vue d'œil, le Code pénal punit sévèrement tous les sacrilèges : la sanction 206, par exemple, prévoit un maximum de trois mois de prison ou une amende pour tout geste ou attitude visant à insulter la religion... Comme dans le reste de l'Asie où la pudeur en public est plus forte qu'en Europe, il convient d'adopter une attitude réservée. Il n'est pas facile de considérer qu'un geste « normal » chez nous puisse être source d'offense pour le pays hôte. Nul doute que la légère baisse de l'accueil des Thaïs envers les « Blancs » trouve son explication en partie dans ce manque de retenue des touristes. Il ne s'agit pas de pudibonderie, mais de simple respect.
– ***Ne pas s'énerver et toujours sauver « la face » :*** par ailleurs, montrer des signes d'énervement, de perte de sang-froid, hausser le ton sont des attitudes considérées comme déplacées, voire dégradantes pour celui qui les arbore. Elles indiquent un signe de faiblesse. Le Thaï, face à ce type de comportement, peut perdre lui aussi son flegme, notamment si vous le mettez en cause. Dans une société où la dernière des hontes est de *perdre la face* en public, il se sentira menacé (surtout si des témoins assistent à la scène).
– ***Garder le sourire :*** le sourire légendaire des Thaïs est utilisé à toutes les sauces. À côté de la bienvenue ou de l'amusement (et Dieu sait si la vie est *sanouk* – rigolote – en Thaïlande), il fait aussi office d'excuse ou d'esquive ; ça évite ainsi dans de nombreuses situations d'avoir à s'expliquer et éventuellement d'en venir à des mots ou des gestes que l'on pourrait regretter plus tard.
– ***Respecter l'environnement :*** il vous faudra également être vigilant dans les rues, où le respect du cadre environnant est pris particulièrement au sérieux. Pour tout crachat ou papier négligemment abandonné par terre, vous pourrez vous voir infliger une amende de 100 €. Ainsi, les fumeurs apprendront-ils à rouler leur mégot entre leurs doigts pour l'éteindre, et jeter ensuite le filtre dans une poubelle.

Les massages : une vieille tradition

Venue d'Inde et de Chine, la tradition des massages a toujours été plus ou moins liée à la philosophie bouddhique qu'elle met en pratique à travers les quatre états de l'esprit divin enseignés par « l'Illuminé » (la bonté, la compassion, la joie de vivre et la sérénité). Cela explique pourquoi, dans le passé, une salle était réservée à cet effet dans chaque temple.
Mais au-delà de cet aspect spirituel, le massage est une pratique très répandue en Thaïlande : la mère apprend aux filles, qui massent le père, qui les masse à son tour, et l'on se masse entre soi le plus naturellement du monde. C'est un acte quotidien, familial, de réconfort et de convivialité. Et il y a bien sûr des écoles (notamment la fameuse école du *Wat Pho* – วัดโพธิ์, à Bangkok par exemple), où sont enseignés les trois principaux types de massage : massage traditionnel complet (tout le corps travaillé pendant 2 h), massage aux herbes et massage du pied. Ce dernier a d'ailleurs pris une ampleur incroyable. On ne voit plus que ça. Tout le monde le propose. Certains ne sont que des peloteurs d'orteils améliorés, mais ça ne peut pas faire de mal.
Puis il y a les massages sexuels (voir plus avant la rubrique « Prostitution »), pratiqués dans des salons aux vitres fumées (souvent appelés *parlours*), où

les masseuses sont effectivement expertes en sexe, bien plus qu'en massage. Mais le client y perd vite la tête et le porte-monnaie. Toutefois, il faut savoir que la limite n'est pas aussi nette : dans certains salons traditionnels, des femmes peuvent parfois proposer des massages moins classiques, sans toutefois le faire systématiquement ni sur commande. Elles cherchent simplement à arrondir leurs fins de mois, même si la prostitution n'est pas leur métier.

Cela dit, la plupart des massages proposés dans certaines *guesthouses* (et habituellement pratiqués par de vieux Chinois) ou au bord des plages du Sud, sont tout à fait sages et de qualité. Il ne faut pas en tout cas quitter la Thaïlande sans avoir essayé le massage traditionnel complet, où pressions, tensions et torsions vous réveilleraient un mort – et, c'est vrai, on revit !

SITES INTERNET

Infos pratiques

• ***www.routard.com*** • Tout pour préparer votre périple, des fiches pratiques, des cartes, des infos météo et santé et la possibilité de réserver vos prestations en ligne. Sans oublier *Routard mag,* véritable magazine avec, entre autres, ses carnets de route et ses infos du monde pour mieux vous informer avant votre départ.

• ***www.sawadee.com*** • Excellent site en anglais pour toutes les infos pratiques (bus, trains, avions, etc.), mais aussi calendrier des fêtes et festivals, sites à visiter et webcams pour voir s'il fait beau !

• ***www.tourismethaifr.com*** • ***www.decouvrir-thailande.com*** • Les sites officiels de l'office national de tourisme de Thaïlande à Paris. En français, donc. Intéressants et assez beaux visuellement. Liens avec d'autres sites, et possibilité de visiter virtuellement des palais.

• ***www.eurasie.net*** • Le webzine de la culture asiatique. Un important portail offrant des infos tous azimuts. Une vraie mine d'or.

• ***users.skynet.be/abottu/principal.htm*** • Les événements à fêter, les infos pratiques, les institutions politiques et sociales, ce site voit large et ce, pour notre plus grand plaisir.

Culture

• ***www.franco-thai.com*** • Site trilingue (français, anglais et thaï) de l'Association franco-thaïe de Paris. Très complet. Nouvelles, petites vidéos, forum de discussion, lexique avec prononciation en direct des mots, histoire de se familiariser avec la langue avant le départ, etc.

• ***www.palaces.thai.net*** • Le Wat Phra Kaeo et le Grand Palais comme si vous y étiez !

• ***www.gavroche-thailande.com*** • Magazine français sur le Siam. Très pratique.

Médias

• ***www.bangkokpost.net*** • ***www.thenation.com*** • Deux des principaux journaux thaïs en ligne. En anglais.

• ***www.farangonline.com*** • Le site de *Farang,* un mensuel branché édité par des expats et distribué par le *Bangkok Post.* Auto-proclamé sauvage et provocateur. Et une rubrique « nighttripping ». Au milieu de tout ça, des infos utiles (en anglais) pour les routards.

• ***www.onlinenewspapers.com/thailand.htm*** • Journaux thaïs en ligne.

• ***www.comfm.fr*** • Radio et télévision en direct. À vous de vous faufiler pour dénicher la Thaïlande.

Sports

• ***www.oceanic-fr.com*** • Site extraordinaire sur la plongée, conçu par un instructeur passionné également photographe sous-marin. Bourré d'humour, ultracomplet et magnifique graphiquement parlant, avec de superbes photos et fonds d'écran (libres de droits, sympa !) ; ce site a d'ailleurs obtenu le Net d'or 2000. Un autre site aussi tout en anglais : • ***www.thaidiver.net*** • avec description des sites de plongée.

• ***www.chiangmaiswing.com*** • Un site énumérant les greens thaïs. En français.

SPORTS ET LOISIRS

La boxe thaïlandaise

La violence, escamotée dans les rapports excessivement polis du quotidien, s'exprime à fond dans ce sport national. Le combat est impitoyable : on se sert non seulement des poings, mais aussi des genoux, des coudes et des pieds.

Le spectacle est également dans la salle. Si vous avez le temps, il faut assister à un match de boxe thaïe dans l'un des deux amphithéâtres de Bangkok, à Lumphini – ลุมพินี, Râma IV Avenue – ถนนพระราม๔, ou à Ratchadamnoen – ราชดำเนิน, sur Ratchadamnoen Nok – ราชดำเนินนอก. À Chiang Mai également, bons combats professionnels. Expérience inoubliable ! Les Thaïs, le *mekong* ou la bière aidant, se laissent parfois aller à des attitudes rarement visibles dans la rue. Ouvrez donc vos yeux d'ethnologue ! La boxe thaïe, c'est aussi un sport d'argent, de parieurs. De fortes sommes sont misées sur l'une des têtes présentes sur le ring.

Avant le combat proprement dit, observez la curieuse gestuelle de chaque protagoniste, à cheval entre le yoga et l'expression corporelle. Ce rituel personnalisé constitue en fait une prière, une sorte d'incantation, exécutée (parfois) sur des musiques populaires. La délicatesse de ces premiers gestes contraste d'autant avec la violence des coups que les adversaires échangent durant le combat proprement dit.

La plongée sous-marine

La Thaïlande compte quelque 2 614 km de côtes bordées de plages, avec, au large, de petites îles paradisiaques clairsemées. L'appel y est irrésistible ! En fonction des saisons, deux zones se prêtent particulièrement à l'exercice de la plongée sous-marine avec bouteilles : la *mer d'Andaman* (côte ouest), de novembre à mai, et le *golfe de Thaïlande* (côte est), de juin à octobre. La visibilité sous-marine est variable et dépend de la température de l'eau (autour de 28 °C), mais aussi du plancton en suspension qui attire périodiquement raies mantas gracieuses et requins-baleines débonnaires. Respectez absolument cet environnement délicat. N'apportez pas de nourriture aux poissons, ne prélevez rien, et attention où vous mettez vos palmes !

Jetez-vous à l'eau !

Pourquoi ne pas profiter de votre escapade dans ces régions où la mer est souvent calme, chaude, accueillante, et les fonds riches et colorés, pour vous initier à la plongée sous-marine ? Quel bonheur de virevolter librement au-dessus d'un nid de poissons-clowns... Les poissons sont les animaux les plus chatoyants de notre planète ! Certes, un type de corail brûle, quelques rares poissons piquent, on parle (trop) des requins... Mais la crainte des non-plongeurs est disproportionnée par rapport aux dangers réels de ce milieu. Les plus peureux s'essaieront au ***snorkelling,*** une plongée avec masque, palmes et tuba, au bord de l'eau. Et **attention aux coups de soleil dans le dos** : prévoyez votre crème *waterproof* !
Pour faire vos premières bulles, pas besoin d'être sportif, ni bon nageur. Il suffit d'avoir au moins 8 ans et d'être en bonne santé. Sachez que l'usage des médicaments est incompatible avec la plongée. De même, nos routardes enceintes s'abstiendront formellement de toute incursion sous-marine. Enfin, vérifiez l'état de vos dents : il est toujours désagréable de se retrouver avec un plombage qui saute pendant les vacances. Sauf pour le baptême, un certificat médical vous est normalement demandé, et c'est dans votre intérêt. L'initiation des enfants requiert un encadrement qualifié dans un environnement adapté (petit fond, sans courant, matériel spécial).
Non, la plongée ne fait pas mal aux oreilles ; il suffit de souffler gentiment en se bouchant le nez. Il ne faut pas forcer dans cet étrange « détendeur » que l'on met dans la bouche, au contraire. Et le fait d'avoir une expiration active est décontractant puisque c'est la base de toute relaxation. Être dans l'eau modifie l'état de conscience car les paramètres du temps et de l'espace sont changés : on se sent (à juste titre) ailleurs. En contrepartie de cet émerveillement, suivez impérativement les règles de sécurité, expliquées au fur et à mesure. En vacances, c'est le moment ou jamais de vous jeter à l'eau... Attention : pensez à respecter un intervalle de 12 à 24 h avant de prendre l'avion, afin de ne pas modifier le déroulement de la désaturation.

C'est la première fois ?

Alors l'histoire commence par un baptême ; une petite demi-heure pendant laquelle le moniteur s'occupe de vous et vous tient la main. Laissez-vous aller au plaisir ! Vous ne devriez pas descendre au-delà de 5 m. Nos lecteurs sensibles au mal de mer se laisseront glisser doucement dans l'eau, sans stress ni angoisse, depuis le rivage. Pour votre confort, sachez que la combinaison doit être la plus ajustée possible afin d'éviter les poches d'eau qui vous refroidissent. Puis l'aventure se poursuit par un apprentissage progressif...

Les centres de plongée

En Thaïlande, les clubs sont tous affiliés à l'organisme international *PADI (Professional Association of Diving Instructors),* représenté dans 60 pays, dont les règles et standards de plongée, d'origine américaine, sont aujourd'hui reconnus sous toutes les mers du globe. L'encadrement est assuré par des instructeurs certifiés – véritables professionnels de la mer – qui maîtrisent le cadre des plongées et connaissent tous les spots sur « le bout des palmes » (écoutez attentivement les briefings !).

Un bon centre de plongée est un centre qui respecte toutes les règles de sécurité, sans négliger le plaisir. Méfiez-vous d'un club qui vous embarque sans aucune question préalable sur votre niveau ; il n'est pas « sympa », il est dangereux. Regardez si le centre est bien entretenu (rouille, propreté...), si le matériel de sécurité, obligatoire (oxygène, trousse de secours, radio...), est à bord, s'il n'y a pas trop de plongeurs par moniteur (6 maxi), et si vous n'avez pas trop à porter l'équipement. Les diplômes des instructeurs doivent être affichés. N'hésitez pas à vous renseigner car vous payez pour plonger. En échange, vous devez obtenir les meilleures prestations... Enfin, à vous de voir si vous préférez un club genre « usine bien huilée » ou une petite structure souple.

Les centres proposent généralement des prestations à la journée *(day trips)*, comprenant deux plongées et un « casse-croûte » selon l'endroit où vous passez vos vacances. La destination plongée la plus chère est incontestablement Phuket, suivie de Ko Phi Phi et de Ko Tao. Les fauchés iront « se rincer l'œil » à Ko Lanta ou à Ko Chang, vraiment plus abordables. Vous accéderez aux spots les plus proches en pirogue à moteur (*taxi-boat*, 6 personnes maxi), tandis que les bateaux de plongée classiques (15 personnes) vous mèneront un peu plus loin. Vous pourrez aussi prendre une vedette rapide (*speed boat*, 6 personnes maxi) pour gagner des sites plus lointains, ou embarquer sur un bateau de croisière (*dive-safari*, de 4 à 10 jours) à destination des spots les plus sauvages.

Formation et brevets

Partout dans le monde, les centres de plongée *PADI* délivrent des enseignements standardisés que les routards-plongeurs pourront suivre et enchaîner aisément, au gré de leurs pérégrinations. L'apprentissage débute ainsi par le brevet d'*Open Water Diver*, dont l'ambition est de rendre autonome – jusqu'à 20 m de fond – un plongeur accompagné d'un binôme (le *buddy*) de même niveau. Compter alors de 8 000 à 12 000 Bts (160 à 240 €), pour 4 jours de formation ; puis on enchaîne avec l'*Advanced Open Water Diver*, de 7 000 à 11 000 Bts (140 à 220 €), en 2 jours ; on passe ensuite le *Rescue Diver*, de 8 000 à 10 000 Bts (160 à 200 €), sur 2 jours également. Enfin, le diplôme de *Divemaster* prépare les futurs instructeurs à l'encadrement. Compter alors de 20 000 à 30 000 Bts (400 à 600 €) pour les 3 semaines de formation.
Attention, suite à l'augmentation du prix du carburant et des affiliations *PADI*, une augmentation de 10 % minimum est envisagée.
Chaque brevet apporte une autonomie supplémentaire ; et l'on conseille d'étaler leur passage dans le temps, afin de pouvoir acquérir l'expérience indispensable. Demandez conseil à votre instructeur (il y est passé avant vous !). Tous les centres délivrent un carnet de plongée, ou *log-book*, qui retracera votre expérience et réveillera vos bons souvenirs une fois les vacances terminées. Gardez-le soigneusement et pensez toujours à emporter ce précieux « passeport » en voyage.

Reconnaissance internationale

Avant de venir en Thaïlande, nos routards-plongeurs déjà expérimentés tâcheront d'obtenir une équivalence internationale de leurs brevets, auprès des organismes *CMAS*, *NAUI* ou *SSI*. Sinon, ils devront se mettre à l'eau pour une « plongée-test » avec un instructeur ; en piscine ou sur un site souvent sans intérêt. Si près de tant de merveilles, ce serait dommage de gâcher une plongée, non ? Dans tous les cas, sachez que pour votre première plongée en Thaïlande, le chef de palanquée vous demandera quelques petits exercices du style vidage de masque, interprétation de signes, récupération de détendeur, utilisation d'une source d'air de secours, stabilisation, etc., histoire de se remettre dans le bain...

Tour-opérateurs spécialisés dans la plongée

■ ***Ultramarina :*** 37, rue Saint-Léonard, BP 33221, 44032 Nantes Cedex 1. ☎ 0825-02-98-02 (0,15 €/mn). • www.ultramarina.com •
– *Paris :* 25, rue Thiboumery, 75015. Même numéro de téléphone. Ⓜ Vaugirard.

■ ***Force 4 :*** 16, rue d'Argenteuil, 75001 Paris. ☎ 01-42-97-51-53. • www.force4plongee.com • Ⓜ Pyramides.

■ ***Aeromarine :*** 22, rue Royer-Collard, 75005 Paris. ☎ 01-43-29-30-22. • www.aeromarine.fr • RER B : Luxembourg.

■ ***Key Largo :*** 82, rue Balard, 75015 Paris. ☎ 01-45-54-47-47. • www.keylargo.to • Ⓜ Javel, Balard ou Lourmel.

Le golf

C'est la nouvelle mode en Thaïlande. On compte déjà plus de 500 000 *aficionados* au royaume de Siam. Les greens poussent comme des champignons, notamment dans les environs de Bangkok (mais partout ailleurs également). Un bon site à consulter : • www.chiangmaiswing.com •

TÉLÉPHONE – TÉLÉCOMS

Téléphone et fax

Les Thaïlandais sont passés maîtres dans l'art de la communication. Ils possèdent tous les derniers gadgets qui sortent en matière de téléphonie. Pour le téléphone, la manière classique consista longtemps à se rendre dans les centres téléphoniques officiels. Existant dans chaque ville, ils disposent de téléphones à carte, de fax et souvent du service PCV *(collect calls)* contre un droit d'accès forfaitaire. Aujourd'hui, c'est rarement une obligation (sauf dans certains coins pas touristiques) et dans tous les cas, pas pratique (horaires des services publics, éloignement) ni économique (tarif « plein pot »). Les alternatives sont multiples :
– ***Les échoppes Internet :*** présentes dans tous les lieux fréquentés, elles proposent en général des *overseas calls* (appels internationaux) à des prix défiant toute concurrence (à partir de 15 Bts, soit 0,3 €/mn pour la France). Il s'agit en fait de systèmes « call back » ou « Internet Phone ». La qualité n'étant pas toujours au rendez-vous, ne pas hésiter à en essayer plusieurs.
– ***Les cabines téléphoniques internationales :*** la compagnie *Lenso* (cabines de couleur orange) a installé des cabines et points phone sur les grands axes, sites touristiques et devant les épiceries de type *7/Eleven.* Pratique, mais mêmes tarifs que les centres officiels. Cartes prépayées du même nom dans les petits commerces ou à la poste (à partir de 300 Bts l'unité, soit 6 €).
– ***Les cartes Internet Phone prépayées :*** le truc des malins. Plusieurs marques dont *Phonenet* et *Hatari.* 500 Bts (10 €) d'investissement vite rentabilisés car les tarifs sont très intéressants (à partir de 7 Bts, soit 0,14 €, la minute).

Elles fonctionnent avec les téléphones fixes, les mobiles mais aussi les cabines publiques TOT et des points phone situés dans les grands aéroports.
– ***Indicatif téléphonique international à prix réduit :*** TOT a mis en place deux indicatifs permettant des tarifs réduits : 007 (France, 22 Bts la minute, soit 0,44 €) et 008 (qualité moindre mais seulement 7 Bts, soit 0,14 €, la minute). Accessible depuis les postes fixes, portables et cabines TOT.
– ***Pour les appels nationaux :*** à nouveau le choix entre plusieurs types de cabines gérées par différents opérateurs. Quelques-unes fonctionnent encore avec de la monnaie. Pour les cartes, préférez TOT (meilleure couverture du pays, à partir de 50 Bts, soit 1 €).
– ***Acheter une carte SIM thaïe*** (voir plus bas).

– ***Thaïlande → Thaïlande :*** toujours composer le numéro complet avec l'indicatif régional.
– ***Thaïlande → France :*** composer le 001 + 33 + le numéro du correspondant, sans le 0 de la numérotation à 10 chiffres. Dans certains cas, possible de composer le 007 ou 008 pour des tarifs réduits.
– ***France → Thaïlande :*** composer le 00 + 66 (indicatif du pays) + indicatif de la ville (sans le 0) + le numéro du correspondant. De 0,85 à 1,07 €/mn.

Internet

On trouve désormais de très nombreux cybercafés (ou salles de jeux en ligne), même dans les petites îles. Les prix oscillent entre 15 (certaines grandes villes) et 60 Bts l'heure (0,3 et 1,2 €). Ce sont souvent dans ces mêmes endroits qu'on peut appeler l'international à tout petits prix (voir ci-dessus).

Téléphones portables

Le pays est désormais assez bien couvert. Sachez toutefois que les connexions sont plus difficiles dans les montagnes du Nord, à la frontière avec la Birmanie et sur certaines îles perdues.
Acheter une carte SIM en Thaïlande peut s'avérer très intéressant. Pas cher, à partir de 250 Bts (5 €) pour obtenir un numéro. Puis il suffit de recharger avec des cartes à gratter. Pas compliqué, instructions disponibles en anglais. Compter autour de 5 Bts/mn (0,1 €) pour les coups de fils locaux, et minimum 30 Bts/mn (0,6 €) pour l'international (coupler avec une carte Internet Phone pour de meilleurs tarifs). La réception d'appels internationaux ne donne normalement lieu à aucun frais. Plusieurs opérateurs : One-Two-Go, Dtac et Orange. Se faire conseiller dans l'un des nombreux magasins spécialisés au sujet de la durée d'utilisation du numéro, de la couverture et des tarifs.
Pour bénéficier de l'option « Monde » à partir de votre téléphone portable, n'oubliez pas de joindre le Service clients de votre opérateur AVANT votre départ. Sachez que cette option « roaming » revient cher et que c'est vous qui payez quand on vous appelle, au tarif d'une communication internationale. Boum !

TOILETTES

On trouve encore des toilettes « à la turque » dans de nombreux établissements thaïlandais, les hébergements bon marché ou les gargotes. Précisons que la plupart du temps, dans ce genre de lieux, il n'y a pas de papier-toilette ! Les établissements d'un standing supérieur ont, quant à eux, des sanitaires semblables aux nôtres.

TRANSPORTS

La Thaïlande est un pays où les déplacements sont faciles et pas chers. Incroyable, le nombre d'agences qu'on trouve partout dans le pays : elles proposent de tout. N'importe quel boui-boui pourra, dans certains cas, vous vendre un billet d'avion ou de train. Sur le plan des transports, la notion de service joue ici à plein, tout comme la concurrence. Mais attention aux arnaques !

Trains

Ils sont d'une ponctualité étonnante mais très lents (en général, 40 km/h de moyenne pour les express) et un peu plus chers que les bus. Il y a souvent un wagon-restaurant ou, au moins, un vendeur ambulant de boissons et snacks. En outre, à chaque gare vous trouverez des foules de vendeurs d'ananas, cacahuètes, poulet sauté, petits gâteaux, etc.

Il existe trois catégories de places : la 3e classe, qu'on vous déconseille (pas mal de vols) ; la 2e classe, ventilée ou climatisée, très confortable ; et enfin la 1re classe, chère mais toujours climatisée et vraiment très chicos ! Attention aux divers suppléments pour les rapides, express, spécial express, les voitures avec AC et les couchettes. Les 1re et 2e classes couchettes, impeccables avec draps propres et couverture de temps à autre, sont à essayer au moins une fois ; notez que les couchettes supérieures sont moins chères que celles du bas (moins larges aussi).

Consultez le site • www.railway.co.th/httpeng • ou procurez-vous le dépliant général des horaires et tarifs à la gare centrale de Bangkok (Râma IV Rd) – สถานีรถไฟหัวลำโพง (ถนนพระรามี่) : rédigé en anglais et très pratique.

Pour les longs trajets (Bangkok - Chiang Mai, par exemple), on préfère le train, plus sûr et plus confortable que le bus.

Bus

Ils se rendent partout où vous voulez aller, et notamment là où le train ne va pas. Les bus sont un peu plus rapides que les trains et moins chers. Chauffeurs pas toujours très expérimentés, mais les accidents de bus sont rares. Pour les longues ou très longues distances, on préfère le train (voir au-dessus).

Il existe grosso modo trois sortes de bus.

– ***Les bus gouvernementaux avec air conditionné** (AC) **ou sans air conditionné** (non AC)* **:** on les prend généralement à un *Bus Terminal* où s'effectuent tous les départs. Les bus non AC desservent toutes les villes et les villages dans les environs d'une grande ville, ils se rapprochent de l'omnibus. Très fréquents et pratiques pour les petites destinations, ils ont malheureusement la fâcheuse habitude d'appuyer un peu fort sur le champignon. Souvent surpeuplés, ils ne circulent que pendant la journée. Pour les longs trajets, préférer les bus AC. Les bus gouvernementaux sont moins chers que les bus privés, mais le confort est moindre (pas de boissons).

– ***Les bus privés climatisés :*** on en trouve dans toutes les villes où le tourisme existe. Ils sont confortables, rapides, plus chers que les autres, ponctuels ; on y sert à boire et, sur certains trajets, un carton-repas (parfois mangeable, parfois non). Ils effectuent en général de longues étapes et circulent principalement de nuit. Souvent TV avec films, ambiance des plus bruyantes ! Refusez par précaution toute nourriture que vous offre un autre passager... On ne sait jamais ! Il existe également de nombreux services de minibus privés. Mais ils ne sont pas forcément plus confortables qu'un gros bus « pullman » où on peut allonger les jambes.

VILLES	DISTANCE	TEMPS EN TRAIN	TEMPS EN AVION
Ayutthaya	86	1 h 20	
Bangsaen	106		
Chanthaburi	319		
Chiang Mai	700	14 h	1 h
Chiang Rai	823		
Chumphon	460	9 h	
Had Yai	996	19 h	1 h 15
Hua Hin	230	4 h	
Kanchanaburi	126	2 h 30	
Khon Kaen	445	8 h 30	1 h
Lampang	604	11 h 30	
Lamphun	667	13 h 30	
Nakhon Pathom	56	1 h 40	
Nakhon Phanom	735		
Nakhon Ratchasima	256	5 h	
Nakhon Si Thammarat	832	16 h 45	
Nan	745		
Pattaya	140		
Petchburi	125	4 h	
Phitsanulok	498	7 h	40 mn
Phuket	922		1 h 10
Rayong	208		
Songkhla	1 024		
Sukhothai	466		
Trat	387		
Ubon Ratchathani	647	10 h 30	1 h 35
Udon Thani	562	10 h 30	1 h 35
Yala	1 142	20 h	

***N.B. :** des distorsions peuvent intervenir, selon les sources, dans l'évaluation des kilométrages (traduction des miles en kilomètres pas toujours rigoureuse). De même, les temps de trajet en train ou en avion sont donnés à titre indicatif, des variations existant selon le nombre d'arrêts ou d'escales.*

PRINCIPALES DISTANCES DEPUIS BANGKOK EN KILOMÈTRES

– ***Les bus VIP :*** il s'agit de bus climatisés de luxe, puisque le faible nombre de sièges permet une inclinaison maximale. Rapides et plus chers, mais on arrive frais et dispo. Petite laine conseillée pour la nuit. Vérifiez bien que figure sur votre billet la mention « VIP » et ne vous fiez pas aux photos de bus qu'on vous fera miroiter : certains se sont retrouvés dans un bus miteux, pensant faire un trajet confortablement lovés dans leur siège...

Avion

Un petit conseil : n'oubliez pas que vous devrez payer une taxe d'aéroport importante de 500 Bts (soit 10 € en 2006) pour les vols internationaux. Attention, elle n'est pas incluse dans le prix du billet. À payer en liquide !

Les compagnies régulières

■ ***Thai Airways :*** des bureaux ou représentants un peu partout dans le pays (voir sous chaque section). ☎ 02-628-20-00. • www.thaiairways.com • A multiplié ses liaisons depuis quelques années. Plusieurs vols journaliers pour Chiang Mai, Mae Hong Son, Chiang Rai, Phitsanulok, Khon Khaen, Ubon Ratchathani, Phuket, Hat Yai, Krabi, Trang. Leur bureau parisien communique toutes les fréquences et horaires des vols. En haute saison, il est conseillé de faire ses réservations à Paris avant de partir. Il est maintenant inutile de confirmer un vol sur la *Thai.*

■ ***Bangkok Airways :*** 99 Moo, 14 Viphavadee Rangsit Rd, Bangkok 10900. ☎ 02-265-55-55. • www.bangkokair.com • Dessert principalement Ko Samui depuis Bangkok (une quinzaine de vols quotidiens) ou Phuket (2 vols quotidiens). Également 1 vol journalier Bangkok-Sukhothai et Chiang Mai-Sukhothai. Un peu chère car elle exerce un monopole sur Ko Samui et Sukhothai.

Les compagnies low-cost

Depuis deux ans, les compagnies *low-cost* proposant des vols à bas prix se multiplient en Thaïlande. C'est la grosse bagarre avec les compagnies régulières. À la régularité des prix et des horaires de ces dernières, ainsi qu'aux garanties d'un service complet à bord, s'opposent les prestations minimums, les tarifs (et souvent horaires) fluctuants des *low-cost.* Le consommateur est gagnant, car les options se multiplient et les prix déjà peu chers auparavant sont encore tirés vers le bas.
On trouve leurs bureaux directement dans les aéroports, parfois aussi dans les centres commerciaux. Réticentes au début, les agences de voyages du pays commencent aussi à les vendre... N'oublions pas Internet, devenu un mode de réservation très pratique. Vols entre Bangkok et Chiang Mai mais aussi Krabi, Hat Yai, Udon Thani, Ranong, Buriram ainsi que quelques liaisons inter-provinciales.

■ ***Orient Thai (« One two go ») :*** ☎ 1126 *(Call center).* • www.onetwo-go.com • La compagnie de Thaksin, le Premier ministre. Possibilité d'acheter des allers-retours, dates modifiables. Bon service.

■ ***Nok Air :*** ☎ 1318 *(Call center).* • www.nokair.co.th • Filiale de Thai Airways, ce qui est un gage de fiabilité.

■ ***Thai Air Asia :*** ☎ 02-515-99-99. • www.airasia.com • Représentant local de la célèbre compagnie Air Asia, précurseur en la matière. Propose les tarifs les moins chers si réservés longtemps à l'avance via Internet. Pas le cas pour les dernières minutes.

■ Citons encore ***Phuket Air*** : ☎ 02-679-89-99. • www.phuketairlines.com • qui sort de ses bases îliennes pour desservir quelques villes (au maximum deux fois par jour).

Nous tenons à préciser que ***Phuket Air*** fait partie de la liste noire des compagnies aériennes interdites pour la desserte de la France par la Direction générale de l'Aviation civile française.

Auto-stop

Très peu pratiqué, autant par les Thaïs que par les touristes. Sachez tout de même que le bus et le train sont bien plus rapides.

Location de voitures

– La Thaïlande est un pays facile pour le voyageur désireux de circuler en voiture. Comme aux États-Unis ou en Europe, il est possible de louer une voiture et de la conduire seul. On peut également louer des voitures avec chauffeur. Sur les grands axes, les panneaux routiers sont indiqués en thaïlandais et en anglais. Quand on circule sur les petites routes, il est conseillé de se munir d'une bonne carte détaillée et d'un petit lexique franco-thaïlandais pour demander sa route en cas de problème. Mais attention ! Les Thaïs aiment rendre service et, même s'ils ne connaissent pas votre destination, ils vous conseilleront quand même ! Donc fiez-vous à votre sens de l'orientation avant tout !

– Les principales agences de location sont représentées à Bangkok et dans les grandes villes de Thaïlande. Parmi celles-ci, *Hertz* (☎ 0825-861-861 ; 0,15 €/mn), *Avis* (☎ 0820-050-505 ; 0,12 €/mn) et *Budget* (☎ 0825-003-564 ; 0,15 €/mn). Il existe aussi des petites agences locales qui offrent des tarifs moins élevés, pour des véhicules de même qualité.

– ***En matière de location de voitures :*** l'agence Auto Escape réserve auprès des loueurs de véhicules de gros volumes d'affaires, ce qui garantit des tarifs très compétitifs. N° gratuit : ☎ 0800-920-940. ☎ 04-90-09-28-28. Fax : 04-90-09-51-87. • www.autoescape.com • Réduction de 5 % supplémentaire aux lecteurs du *Guide du routard* sur l'ensemble des destinations. Il est recommandé de réserver à l'avance. Vous trouverez également les services d'Auto Escape sur • www.routard.com •

– ***Formalités et pièces requises :*** l'âge minimum est de 21 ans. Le permis de conduire international est demandé, ainsi que le passeport et une carte internationale de paiement (nécessaire pour la facturation).

– ***Location de voitures sans chauffeur :*** au minimum, compter 1 350 Bts (27 €) par jour pour la location d'une petite voiture japonaise avec AC. Ce prix est valable pour un kilométrage illimité ; il inclut l'assurance LDW et la TVA. Les frais d'essence ne sont pas inclus. Pour une voiture plus confortable, compter 2 200 Bts par jour (44 €). Attention aux mesures de sécurité draconiennes en ce qui concerne le port de la ceinture et surtout la conduite en état d'ébriété. La police thaïe vient de s'équiper d'éthylotests et, en cas de contrôle positif, on risque des pénalités allant de 10 000 Bts (200 €) jusqu'à la prison ferme.

– ***Location de voitures avec chauffeur :*** compter environ 1 500 Bts (30 €) par jour pour une location de voiture avec chauffeur, essence incluse.

– ***Les stations-service :*** très nombreuses, très modernes (autant qu'en Europe) et faciles d'usage.
– ***Péage :*** entre 10 et 15 Bts (0,2 et 0,3 €) par péage.

Moto

Certaines régions se prêtent admirablement bien à ce moyen de transport. Chiang Mai, Chiang Rai ou l'île de Phuket en sont quelques exemples. Dans les montagnes du Nord, c'est le pied : autonomie, choix du circuit... Les îles du Sud aussi sont bien agréables à parcourir à moto. En revanche, il serait suicidaire d'enfourcher un engin à deux roues à Bangkok.
Si la moto constitue un bon compromis prix-indépendance, il faut rappeler qu'en Thaïlande il n'y a pas de Sécurité sociale. De même, il n'y avait pas d'assurance il y a encore peu de temps. Si l'on vous propose un contrat d'assurance, lisez-le attentivement et faites bien préciser ce qui est ou n'est pas à votre charge ! Quand il n'y a pas d'assurance (la plupart du temps), cela signifie que si vous êtes en tort, il vous faut payer l'hôpital pour vous et les passagers de l'autre véhicule. De plus, l'assurance ne couvre jamais votre véhicule... Bref, la moto, c'est super, mais prudence !
Louer de préférence des motos neuves, afin d'éviter toute galère mécanique. Avant de payer, essayez-la, testez le freinage et reluquez son aspect (éraflures, accidents antérieurs...). Enfin, ayez votre permis international sur vous car c'est théoriquement obligatoire ; il peut y avoir des contrôles et donc des amendes...
Attention : les loueurs réclament et conservent votre passeport jusqu'à votre retour. C'est l'usage. Garder bien évidemment une photocopie avec vous. Avant de partir, faites éventuellement constater les éraflures ou autres défauts existants afin d'éviter d'avoir à les réparer si le loueur est malhonnête (rare). Par ailleurs, il n'y a souvent dans le réservoir que le strict nécessaire pour se rendre... à la pompe ! Calculez votre coup pour ne pas rendre la bécane avec le plein !

VTT

Très pratique dans les îles, car nombreuses sont celles dont le réseau routier n'est pas complètement, voire pas du tout goudronné (Ko Samet, Ko Chang, Ko Tao...). Quelques proprios de bungalows en proposent. Les prix pratiqués sont relativement élevés comparativement à la moto, car la concurrence est moins rude.

URGENCES

Si vous avez un problème, composez le ☎ 11-55, numéro de la *Tourist Police*. Ce 11-55 est un peu l'équivalent du 17 pour Police-Secours en France.
Pour les urgences médicales, Bangkok regroupe les meilleurs hôpitaux de l'Asie du Sud-Est.

■ ***Docteur Philippe Balankura*** – หมอฟิลิป *:* 1 Nares Rd, à Bangkok – ถนนนเรศ. ☎ 02-236-14-89 (cabinet) ou 02-236-13-89 (domicile). Il parle le français comme vous et moi. Compétent mais cher. Possibilité de prendre rendez-vous. Il exerce également au BNH Medical Center et au Burumgrad Hospital.

BANGKOK ET SES ENVIRONS

Pour les plans de Bangkok, se reporter au cahier couleur.

BANGKOK (KRUNG THEP) – กรุงเทพฯ

10 millions d'hab. IND. TÉL. : 02

Deux chiffres sont significatifs : l'agglomération regroupe 10 % de la population thaïlandaise et 90 % des voitures immatriculées dans le royaume. Et, en effet, c'est une ville champignon très étendue et, surtout – c'est ce qu'on retient – une ville où la circulation est chaotique et exténuante et la pollution très importante. Notons aussi que cette ville faite de canaux s'est affaissée de 2 m en 10 ans. Les habitants voient là une manifestation des esprits qui se vengent ! Malgré ces problèmes qui s'aggravent, il existe beaucoup d'endroits tranquilles vivables au cœur de ce tumulte urbain. Après la boulimie d'immeubles toujours plus hauts, les autorités politiques essaient d'améliorer la circulation urbaine. La ville s'est équipée d'un vaste réseau d'autoroutes urbaines suspendues, ainsi que d'un métro aérien – le *Skytrain* – qui est relié au réseau souterrain. D'ici 2010, 3 nouvelles lignes sont en prévision.
Bangkok est une étape pratiquement obligatoire, qui possède quelques belles curiosités : des temples superbes, un musée splendide, des restaurants de tous les styles et une vie nocturne animée. Tout cela compense la chaleur, la poussière et le bruit de la journée.
Remarque : les Thaïs utilisent plus couramment *Krung Thep,* « Cité des anges » (sic !), que le mot Bangkok. Le nom complet de la ville est le plus long du monde : Krung Thep Maha Nakhorn Amorn Ratanakosindra Amhindraytthaya Mahadilokrop Noparatana Rajdhani Buriram Udon Rajnivet Mahasatan Amorn Pimarn Avatarn Satit... Ce qui signifie : grande cité des anges, autel suprême des joyaux divins, forteresse invincible, vaste et sublime royaume, capitale royale et sans pareille des neuf nobles joyaux, demeure magnanime du monarque, etc. Pas de panique, Krung Thep suffira !

TOPOGRAPHIE

Plus de 10 millions d'habitants : Bangkok est une ville immense ! Les distances sont importantes et les temps de parcours élevés. Aux heures de pointe, gare aux embouteillages gigantesques ! Aux heures normales, les embouteillages continuent. La partie la plus intéressante de la ville est située aux abords de la ***rivière Chao Phraya,*** où l'on trouve le Musée national, le Grand Palais, les temples... Routard, vous avez de la chance, c'est là que se situe le quartier des petits hôtels bon marché, le tout relié par un système de bateaux bien organisé.

Chinatown est en plein centre. Au sud de Râma IV Road s'étendent Surawong et Silom Roads qui aboutissent sur Thanon Charoen Krung (New Road). Tout ce quartier concentre une partie de l'animation de la ville. Sukhumvit est aussi un axe important : hôtels, *shopping centers* et beaucoup de restos...
La partie ouest de la rivière, ***Thonburi,*** construite bien avant Bangkok, conserve la plupart de ses canaux (qui ont tous été couverts à l'est). L'exploration de ces *khlongs* par bateau est à faire. C'est l'ancien Bangkok, au visage rural.
Conseil : à Bangkok, les adresses comportent souvent le nom de la rue, suivi d'un numéro de ***soi.*** Le *soi* est une petite rue perpendiculaire à une grande artère. Il faut donc se repérer par rapport à cette dernière, puis chercher le bon *soi.* Comme en France, *soi* pairs et *soi* impairs se partagent les 2 côtés de la chaussée.
Un autre précieux conseil : les routards fumeurs en seront pour leurs frais ! Interdiction de fumer dans tous les restos, bars et lieux publics. Et la loi est particulièrement bien appliquée. Quant aux noctambules, idem. Tous les lieux dits de divertissement ferment désormais à 2 h du matin. Un point c'est tout !

Arrivée à l'aéroport

✈ ***Le nouvel aéroport de Suwannaphun*** – สนามบินใหม่สุ วรรณภูมิ « devrait » ouvrir officiellement ses portes mi-2006. Néanmoins, 2007-2008 semblerait plus crédible. Il sera relié par voie ferrée à la gare centrale ; une station est en construction avant Prachin Buri sur la ligne d'Aranyaprathet. Le trajet durera environ 2 h et le coût en 3e classe sera inférieur à 50 Bts. Les bus partiront du terminal est.
✈ ***Aéroport international*** – ท่าอากาศยานดอนเมือง *(hors plan couleur I par D1) :* pour le moment situé à Don Muang, à 25 km au nord de la ville. • www.airportthai.co.th • Infos générales par opérateur : ☎ 535-11-11. Les numéros suivants sont des enregistrements vocaux. Au terminal 1, infos départs : ☎ 535-12-54 ; infos arrivées : ☎ 535-11-49. Au terminal 2, infos départs : ☎ 535-13-86 ; infos arrivées : ☎ 535-13-01.
– *Consigne* ouverte 24 h/24 mais assez chère. *Change* 24 h/24 (taux pas vraiment avantageux). Guichet de réservations *Thai Airways International.*
ℹ On y trouve aussi un office de tourisme (comptoir *Tourist Autorithy of Thailand*). ☎ 535-26-69. Ouvert de 8 h à minuit, pause casse-croûte de 12 h 30 à 13 h 30 et de 19 h à 20 h. Vous pourrez vous y procurer une carte de la ville, ainsi qu'une feuille intitulée *Getting to the City,* qui indique tous les moyens de gagner la ville (voir aussi plus loin). **Attention !** Même si les prix semblent attractifs, évitez tous les rabatteurs dans le hall des arrivées, vous risquez de payer 4 à 5 fois les prix en vigueur ! Filez droit dehors !
✈ ***Aéroport national :*** se trouve juste à côté de l'autre. Infos départs : ☎ 535-11-92 et 535-13-05 ; infos arrivées : ☎ 535-12-53. Navette gratuite qui circule entre les deux terminaux toutes les 15 mn, de 5 h à 23 h 30.

Moyens de gagner la ville

Airport Bus

Il s'agit de 4 lignes de bus climatisés avec espace à bagages, assez économiques (environ 100 Bts, soit 2 €) et très pratiques. ☎ 995-12-52. L'arrêt se trouve juste à gauche en sortant du hall des arrivées. Passage toutes les 30 mn de 5 h à minuit. En fonction du trafic, compter 2 bonnes heures de trajet. Le ***bus A1***

(*A pour Airport*) se rend dans le quartier de Silom. Si vous allez vers Khao San Road, grimpez dans le ***bus A2*** et descendez à *Democracy Monument*. La zone Sukhumvit et l'*Eastern Bus Terminal* sont desservis par le ***bus A3.*** Pour vous rendre à la gare centrale de Hua Lamphong, prendre le ***bus A4.***

Public bus

Pour les plus fauchés, car de très loin le moins cher (autour de 20 Bts, soit 0,4 € !). Les bus publics sont reconnaissables à leur plaque bleue. Les bus ordinaires sans clim' circulent 24 h/24. Durée du trajet : 2 h 30 ; beaucoup plus s'il pleut. Si vous allez vers Khao San Road, prenez le ***n° 59*** et descendez à *Democracy Monument*. La ligne ***n° 29*** mène à la gare centrale de Hua Lamphong. Les bus suivants (climatisés) circulent de 4 h 30 à 21 h : le ***n° 513*** conduit au quartier de Sukhumvit Road (hôtels plus chic) et à l'*Eastern Bus Terminal*. Le quartier de Silom et Charoen Krung Road (sud de la ville) est accessible avec le ***n° 504,*** tandis que le bus ***n° 510*** passe à proximité du *Northern Bus Terminal* et du Victory Monument. Attention : les bus publics sont vraiment bondés le matin avant 10 h et le soir jusqu'à 20 h. Les autochtones voient d'un œil moyennement accueillant la flopée de routards avec sac à dos qui envahissent l'espace.

Comptoir des taxis

Juste à la sortie du hall arrivée. Le montant de la course est fixé au départ, comptez de 200 à 350 Bts, soit 4 à 7 €, en fonction de la distance ; ajoutez à cela 50 Bts (1 €) pour le chauffeur et si vous décidez d'emprunter l'autoroute urbaine, ce qui évite pas mal d'embouteillages, le péage est à votre charge, de 20 à 50 Bts (0,4 à 1 €). Essayez de vous grouper : les taxis acceptent 4 passagers, à condition de ne pas avoir de paquetages trop encombrants. Comptez alors une bonne heure de trajet. Sachez que les vrais taxis ont tous des plaques jaunes.

– ***Thaï Limousine Service :*** berlines grand luxe, climatisées, qui vous déposeront devant l'hôtel de votre choix. ☎ 535-28-01. Très cher (de 500 à 1500 Bts, soit 10 à 30 €). À éviter, sauf si vous êtes complètement envahi de bagages.

Le train

Valable uniquement si vous allez dans le quartier de la gare. L'*Airport Express* passe toutes les heures en moyenne. Trajet : 45 mn. Emprunter la passerelle dans le hall d'arrivée qui mène à l'*Airport Hotel*. La gare est juste en face. Pratique pour rejoindre directement Ayutthaya et Chiang Mai, sans passer par le centre de Bangkok. Environ 7 trains par jour, premier vers 6 h 50 et dernier aux environs de 22 h. Horaires à l'office du tourisme de l'aéroport. Achat des billets sur le quai.

Adresses utiles

Informations touristiques

ℹ ***BTD*** *(Bangkok Tourist Division ; plan couleur I, A2)* **:** 17/1 Phra Athit Rd. ☎ 225-76-12. Fax : 225-76-16. À 5 mn du Musée national. Ouvert tous les jours de 9 h à 19 h. Plein de docs, de plans, notamment celui des

khlongs. Magazine *Farang* à disposition, une mine d'infos. Personnel efficace sur les questions de visas. Organise des tours à vélo dans le quartier de Thonburi, des sorties en bateau et des visites de la ville.
– Également sur Thanon Chakrapongse, à proximité de Khao San Rd *(plan couleur III, A2)* : cartes de la ville, horaires de train et de bus. Accueil efficace et cordial.
i ***TAT*** *(Tourism Authority of Thailand* – ท.ท.ท.การท่องเที่ยวแห่งประเทศไทย *; plan couleur I, B2) :* 4 Thanon Ratchadamnoen Nok. ☎ 16-72, (de 8 h à 20 h). • www.tourismthailand.org • Central, à côté de l'une des deux grandes salles de boxe. Bureaux ouverts tous les jours de 8 h 30 à 16 h 30. On y parle le français. Une foule de prospectus utiles, dont *Eating in Bangkok*. Pensez aussi à leur demander les numéros de bus pour les monuments que vous voulez visiter, ainsi que tous les horaires des trains et bus pour toutes les directions. Nombreuses brochures intéressantes. Possède aussi la liste des hôtels, services de santé, compagnies aériennes...
■ ***Police touristique*** – ตำรวจท่องเที่ยว *(plan couleur I, B2) :* à l'angle du TAT, sur Thanon Ratchadamnoen Nok. ☎ 11-55. Un interprète français peut vous aider dans vos démarches administratives en cas de vol, agression, etc. Tout ce qu'on ne vous souhaite pas !
– On vous signale aussi que Nancy Chandler publie son *Map of Bangkok*, drôle et plein de bons conseils. Disponible dans toutes les librairies et les magasins de souvenirs. Également quelques magazines gratuits, *BK Magazine* et *Farang* (au BTD, voir plus haut). Offre pas mal d'infos concernant les nouvelles tendances gastronomiques, les coins pour sortir, les concerts, etc. Un magazine payant, *Metro*, donne aussi de bons conseils pour vos sorties nocturnes.

Représentations diplomatiques

D'une manière générale, pour toute demande de visa, munissez-vous de votre passeport, d'une copie de ce dernier, de 2 photos d'identité et d'un peu de patience.

■ ***Ambassade de France*** – สถานทูตฝรั่งเศส *(plan couleur I, C4, **1**) :* 35 Soi Rong Phasi Kao – ซอยโรงภาษีเก่า, 36 Charoen Krung – ถนนเจริญกรุง. ☎ 657-51-00. Fax : 657-51-11. • www.ambafrance-th.org • Ouvert du lundi au vendredi de 8 h 30 à 17 h 30 (16 h 30 le vendredi). Au-delà de ces horaires, un répondeur communique le n° de téléphone de l'agent de permanence. Également une *section consulaire*, sur le même site. ☎ 657-51-51. Fax : 657-51-55. Ouvert au public de 8 h 30 à 12 h et sur rendez-vous l'après-midi. En cas d'urgence, la nuit ou les jours fériés, comme à l'ambassade, on vous communique le numéro de l'agent de permanence. La section consulaire peut, en cas de difficultés financières, vous indiquer la meilleure solution pour que des proches vous fassent parvenir de l'argent, et vous conseiller en cas de problème.
■ ***Ambassade de Belgique*** – สถานทูตเบลเยียม *(plan couleur I, D4, **3**) :* Sathorn City Tower – ตึกสาธรซิตี้, 17e étage – , 175 South Sathorn Rd – ถนนสาธรใต้. ☎ 679-54-54. Ouvert du lundi au vendredi de 8 h 15 à 11 h 30 (16 h sur rendez-vous).
■ ***Ambassade de Suisse*** – สถานทูตสวิส *(plan couleur I, D3, **4**) :* 35 Wireless Rd. ☎ 253-01-56 ou 60. Ouvert du lundi au vendredi de 9 h à 11 h 30.
■ ***Ambassade du Canada*** – สถานทูตแคนาดา *(plan couleur I, D4) :* Abdulrahim Place Building, 15e étage, 990 Râma IV Rd. ☎ 636-05-40.

Ouvert du lundi au jeudi de 7 h 30 à 16 h 15 et le vendredi jusqu'à 13 h.

■ ***Ambassade du Myanmar** (ex-Birmanie)* – สถานทูตพม่า *(plan couleur I, C4) :* 132 Sathorn Nua Rd – ถนนสาธรเหนือ. ☎ 233-22-37 ou 72-50. En face de l'hôpital Saint-Louis. Ouvert du lundi au vendredi de 8 h 30 à 12 h et de 14 h à 16 h 30. Coût du visa : 810 Bts (16,2 €). Validité du visa : 30 jours. Délivré sous 2 jours.

■ ***Ambassade du Laos*** – สถานทูตลาว *(hors plan couleur I, par D1) :* 520-502/1-3 Soi Ramkhamhaeng 39 – ถยรามคำแหง, Bangkapi. ☎ 536-36-42 et 539-73-41. Ouvert du lundi au vendredi de 8 h à 12 h et de 13 h à 16 h. Validité du visa : 1 mois (coût : 1 650 Bts, soit 33 €). Si vous demandez le visa à un poste-frontière, la validité du visa laotien n'est que de 15 jours (coût : 30 €). Dans ce cas, il est renouvelable à Vientiane, la capitale du Laos, pour 15 autres jours.

■ ***Ambassade du Cambodge*** – สถานทูตกัมพูชา *(plan couleur I, D3) :* 185 Ratchadamri – ถนนราชดำริ, Lumphini. ☎ 253-79-67. Entrée sur Sarasin Rd, face au parc de Lumphini, dans une impasse. Ouvert du lundi au vendredi de 9 h à 11 h. Pour le visa, compter 2 jours d'attente. Coût : 1 000 Bts (20 €). Validité du visa : 1 mois. Mais vous pouvez l'obtenir à Phnom Penh ou à Siem Reap sans problème.

■ ***Ambassade du Vietnam*** – สถานทูตเวียดนาม *(plan couleur I, D3) :* 83 Witthayu Rd – ถ. วิทยุ. ☎ 251-58-36 ou 251-72-02. Ouvert du lundi au vendredi de 8 h 30 à 11 h 30 et de 13 h 30 à 16 h 30. Coût du visa : 2 700 Bts (54 €). Validité : 1 mois. Délivré en 2 jours.

■ ***Ambassade d'Indonésie*** – สถานทูตอินโดนีเซีย *(plan couleur I, D2) :* 600-602 Petchaburi Rd – ถนนเพชรบุรี. ☎ 252-31-35. Ouvert du lundi au vendredi de 8 h à 12 h et de 13 h à 16 h. Compter 3 jours d'attente pour l'obtention du visa. Coût : 950 Bts (19 €). Validité du visa : 1 mois.

■ ***Ambassade de Malaisie*** – สถานทูตมาเลเซีย *(plan couleur I, D4) :* dans le coin de l'Alliance française, 33-35 Sathorn Tai Rd. ☎ 679-21-90. Ouvert du lundi au vendredi de 8 h à 12 h et de 13 h à 16 h. Coût du visa : 1 200 Bts (24 €). Validité : 1 mois.

■ ***Ambassade de l'Inde*** – สถานทูตอินเดีย *(plan couleur II, F7) :* 46 Soi Prasanmitr – ถยประสานมิตร, 23 Sukhumvit Rd. ☎ 258-03-00. Ouvert du lundi au vendredi de 7 h à 12 h et de 13 h 30 à 17 h. Coût du visa : 2 100 Bts (42 €). Une semaine d'attente.

■ ***Ambassade de Singapour*** – สถานทูตสิงคโปร์ *(plan couleur I, C4) :* Rajanakarn Building, 9e étage, 183 South Sathorn Rd. ☎ 286-21-11. Ouvert du lundi au vendredi de 8 h 30 à 12 h et de 13 h à 16 h 30.

Services

✉ ***General Post Office*** – ไปรษณีย์กลาง *(GPO ; plan couleur I, C4) :* Charoen Krung Rd (ou New Rd) ; près de l'ambassade de France. ☎ 234-95-30. Ouvert du lundi au vendredi de 8 h à 20 h et les samedi, dimanche et jours fériés de 8 h à 13 h. Possibilité d'envoyer des paquets pour l'Europe. Très bien organisé. On vous fournit les boîtes (pas cher) et le ruban adhésif. Prix élevé par air et vraiment modique par mer. Efficace pour éviter la surcharge en bagages.

✉ ***Banglampoo Post Office*** – ที่ทำการไปรษณีย์บางลำพู *(plan couleur III, B2) :* un autre bureau de poste, situé à proximité de Khao San Rd. ☎ 282-24-81. Ouvert du lundi au vendredi de 8 h 30 à 17 h et le samedi de 9 h à 12 h. Fermé le dimanche. Bien pratique si on loge dans le coin...

■ ***Téléphone :*** dans l'immeuble à

gauche en sortant de la *General Post Office.* Possibilité d'appeler l'international tous les jours de 7 h à 10 h. Vente de cartes de téléphone de 100 à 3 000 Bts (2 à 60 €). Les cabines jaunes sont pour les cartes *Lenso,* les autres cabines acceptent toutes les autres cartes. De nombreuses cabines disséminées partout en ville. Service internet cher.

@ ***Internet :*** les kiosques et petites boutiques proposant des accès Internet ne cessent de s'ouvrir dans tout Bangkok. Grosse concentration dans Khao San Rd, notamment.

■ ***Service de l'Immigration*** – สำนักงานตรวจคนเข้าเมือง *(plan couleur I, D4,* ***6****) :* à 10 mn de marche de South Sathorn Rd. New Building-Immigration Bureau, 507 Soi Suanphlu – ถยสวนพลู. ☎ 287-31-01. Ouvert de 8 h 30 à 16 h 30 (12 h le samedi). Y aller plutôt le matin. Pour vos démarches d'extension de visa. Compter 1 900 Bts (38 €) pour un renouvellement de 30 jours. Venir avec les photocopies du passeport et de votre formulaire d'entrée dans le royaume et 2 photos.

Culture

■ ***Alliance française*** – สมาคมฝรั่งเศส *(plan couleur I, D4,* ***2****) :* 29 Sathorn Tai Rd – ถนนสาธรใต้. ☎ 670-42-00. Fax : 670-42-71. ● www.alliance-francaise.or.th ● Ouvert du lundi au samedi de 9 h à 17 h 30. On y rencontre des Thaïlandais parlant le français et des Français qui y apprennent le thaï. Cours trimestriel ou particulier. Films en français le samedi à 17 h 15, participation de 50 Bts (1 €). On y trouve aussi *Gavroche,* le magazine des Français de Bangkok, et une chouette cafet' (voir « Où manger ? Dans le quartier de Soi Ngam Duphli ») pour grignoter quelques pâtisseries.

■ ***Aporia Books*** *(plan couleur III, B2) :* 131 Thanon Tanao (à gauche en sortant de Khao San Rd). ☎ 629-21-29. Bon choix de journaux, livres et guides de voyage, majoritairement en anglais, romans en français au 1er étage.

Compagnies aériennes

■ ***Air France*** – สายการบินแอร์ฟรานซ์ *(plan couleur I, C4,* ***7****) :* Vorawat Building (20e étage), 849 Silom Rd – ถนนสีลม. ☎ 635-11-99. Fax : 635-11-89. Accueil en français.

■ ***Thai Airways International*** – สายการบินไทย *(plan couleur I, B2,* ***8****) :* 6 Thanon Lan Luang – ถนนหลานหลวง. Légèrement en retrait, le bâtiment n'est pas directement visible. Réservations : ☎ 280-00-60 ou 628-20-00. Fax : 280-07-35.

■ ***Bangkok Airways*** – สายการบินบางกอกแอร์เวย์ *(hors plan couleur I par D1) :* 99 Moo, 14 Viphavadee Rangsit Rd. ☎ 265-56-78. Vols quotidiens pour Ko Samui, Phuket, Sukhothai et Chiang Mai.

■ ***Air Canada*** – สายการบินคาเนเดียน *(plan couleur I, D3) :* 130-132 Sindhorn Building, Tour 3, Witthayu Rd. ☎ 253-02-60.

■ ***Swiss Airlines*** – สายการบินสวิส *(plan couleur I, D4) :* Abdulrahim Place Building (21e étage), 990 Râma IV Rd. ☎ 636-21-60.

■ ***KLM*** – สายการบิน เค.แอล.เอ็ม *(plan couleur I, C-D4) :* Thai Wah Tower (19e étage), 21/133-134 Sathorn Tai Rd. ☎ 679-11-00.

■ ***Lufthansa*** – สายการบินลุ๊ฟทันซ่า *(plan couleur II, E7) :* Q House Asoke Building (18e étage), 66 Soi 21, Sukhumvit Rd. ☎ 264-24-00.

■ ***Alitalia*** – สายการบินอลิตาเลีย *(plan couleur I, C4) :* SPP Tower 3 (15e étage), 88 Silom Rd. ☎ 634-18-00.

■ ***Emirates*** – สายการบินเอมิเรทส์ *(plan couleur II, F7) :* BB Building (2e étage), 54 Soi 21, Sukhumvit Rd. ☎ 664-10-40.

■ ***Gulf Air*** – สายการบินกัลฟ์แอร์ *(plan couleur I, D3) :* Maneeya Center Building, rez-de-chaussée, 518/5 Phloen Chit Rd. ☎ 254-79-31.

■ ***Air India*** – สายการบินแอร์อินเดีย *(plan couleur I, D4) :* SS Travel Service, SS Building, 10/12-13 Convent Rd. ☎ 235-55-34.

■ ***Malaysia Airlines*** – สายการบินมาเลเซีย *(plan couleur I, D3) :* Phloen Chit Tower (20e étage), 898 Phloen Chit Rd. ☎ 263-05-65. Bien reconfirmer son vol 3 jours avant le départ.

■ ***Singapore Airlines*** – สายการบินสิงคโปร์ *(plan couleur I, D4) :* Silom Center (12e étage), 2 Silom Rd. ☎ 236-04-40 ou 02-22.

Médecins et hôpitaux

■ ***Docteur Philippe Balankura*** – หมอฟิลิป *:* 1 Nares Rd – ถนนนเรศ. ☎ 236-14-89 (cabinet) ou 236-13-89 (domicile). Il parle le français comme vous et moi. Compétent mais cher. Possibilité de prendre rendez-vous. Il exerce également au BNH Medical Center et au Burumgrad Hospital.

■ ***BNH Medical Center*** – บีเอ็นเอช เมดิคัล เซ็นเตอร์ *(plan couleur I, D4, 9) :* 9/1 Convent Rd – ถนนคอนแวนต์, Silom. Dans une rue perpendiculaire à Silom Rd. ☎ 632-05-50 ou 60. Très bon hôpital (mais on espère que vous n'en aurez pas besoin !). Compétent et sympathique, demander à voir le docteur Yuthana. Il parle bien le français et soigne les petits bobos de nombre d'expats à Bangkok. Consultation à prix abordable.

■ ***Burumgrad Hospital*** – โรงพยาบาลบำรุงราษฎร์ *(plan couleur II, E7) :* 33 Sukhumvit Rd, Soi 3. ☎ 253-02-50. Le meilleur hôpital de l'Asie du Sud-Est. Très cher. En cas de gros pépin.

Banques

À Bangkok, on peut se procurer des *bahts* très facilement, avec de l'argent liquide, des chèques de voyage et toutes les cartes de paiement possibles. Les nombreuses banques ouvrent généralement du lundi au vendredi de 8 h 30 à 15 h 30. En cas de fermeture, il suffit de s'adresser aux kiosques de change qui pullulent dans tous les coins touristiques (au moins une dizaine rien que sur Khao San Rd). La plupart d'entre eux ferment entre 20 h et 22 h. ATM 24 h/24 à l'extérieur ; les banques en sont pratiquement toutes équipées (attention, commission bancaire très élevée).

■ ***Bureaux de change :*** à la gare, à l'aéroport. Nombreux kiosques sur Sukhumvit, Silom, Khao San Road... et puis dans les grands hôtels, mais à n'utiliser qu'en dernier recours car le taux de change est extrêmement défavorable.

■ ***Perte et vol :*** reportez-vous à la rubrique « Argent, banques, change » dans les « Généralités » en début de guide.

Agences de voyages

Certaines agences de Khao San Road ont vraiment mauvaise réputation, des lecteurs nous ont signalé des entourloupes. Soyez vigilant. Quoi qu'il arrive, occupez-vous personnellement de l'obtention de vos visas (voir plus haut).

■ ***Compagnie générale du Siam :*** 645/42-43 Petchaburi Rd. ☎ 251-02-25 ou 252-02-99. Fax : 255-42-22. • cgsiam@cgsiam.com • À 10 mn de marche de la station Ratchathewi. Entrée au niveau du 645/

17, en arrière-cour. Voyage à la carte, du sur-mesure. Accueil souriant et sympathique dans un français parfait.

■ ***July Travel*** **–** บริษัทจูไลแทรเวล *(plan couleur II, E7) :* 20/15-17 Sukhumvit Rd, Soi 4. ☎ 656-76-79 et 85. Fax : 656-76-75. • www.julytravel.co.th • Le correspondant de *Nouvelles Frontières*. Ils organisent des circuits pour groupes et en individuel. Accueil agréable.

■ ***East West Siam*** **–** บริษัทอีสเวสท์สยาม *(plan couleur I, D3) :* 183 Regent House, 15e étage, Ratchadamri Rd. ☎ 651-91-01. Fax : 651-97-66. • www.east-west.com • Le correspondant d'*Asia* en Thaïlande. Propose des croisières très cadrées sur le Chao Phraya et le Mékong. Demander les prix incluant les transits et les nuits supplémentaires. Achat de billets pour le Myanmar (ex-Birmanie), la Malaisie, Hong Kong... Bonne qualité des prestations. Accueil en français.

■ ***Turismo Thaï*** **–** บริษัททูริสโมไทย *(plan couleur I, D2) :* 511 Soi 6, Sri Ayutthaya Rd. ☎ 245-15-51. Fax : 246-39-93. • www.turismothai.co.th • Le correspondant de *Voyageurs en Asie du Sud-Est*, de *Maison de l'Indochine* et de bien d'autres encore... Réputée compétente et sérieuse, cette agence propose des séjours à la carte et des circuits classiques, en individuel ou en groupe. Toutes les gammes de prix.

Les transports à Bangkok

L'efficacité thaïlandaise en matière de transports en commun se retrouve à Bangkok. Vous constaterez rapidement que la ville est immense et qu'il est pratiquement impossible de se déplacer à pied. Le plus important est de se munir d'une carte détaillée de la ville pour connaître les itinéraires des bus et métros, ou préciser sa destination aux chauffeurs de taxis, *tuk-tuk* et motos-taxis.

– ***Les taxis :*** il en existe 2 sortes : le *taxi-meter* et le *taxi* tout court. Préférer le premier. Il possède un compteur qui marche. Si, si ! Fini les interminables négociations ! Si certains refusent encore de se plier à la règle, surtout ne pas céder et toujours bien demander *by meter*. Prise en charge de 35 Bts (0,7 €) incluant les 2 premiers kilomètres, puis le compteur grimpe lentement. Le taxi s'avère plus économique que le *tuk-tuk*, à condition que votre chauffeur ne se prenne pas pour un guide touristique et ne vous promène. Soyez ferme.

– ***Les tuk-tuk :*** c'est le grand truc à Bangkok. Sorte de scooter à trois roues décoré soigneusement, avec banquette à l'arrière. De véritables bolides pilotés par des jeunes intrépides qui manipulent leur engin avec dextérité, ce qui n'empêche nullement les fesses de se serrer et les frissons d'envahir la nuque ! Le prix d'une course varie selon la distance et surtout selon votre talent de négociateur ! Par exemple, entre Khao San et Patpong, compter environ 80 Bts (1,6 €). Attention, les chauffeurs essaient d'abuser les Européens ! Ils prétendent souvent que tel ou tel monument est fermé pour vous entraîner dans des magasins où ils perçoivent des commissions. Refusez ! Et n'hésitez pas à casser les prix de 30 % au moins. Sachez aussi que votre conducteur de *tuk-tuk* ne comprend que quelques mots d'anglais ; lui indiquer le nom d'un grand hôtel proche de la destination (voir sur votre carte), et le faire répéter, sinon il vous baladera gentiment avant de vous déposer où bon lui semble en vous disant que c'est là ! Gare au *tuk-tuk* qui rend toc-toc. Enfin, s'il se prend un peu trop pour l'as du guidon, hurlez : « *chéa-chéa !* » (ça signifie « doucement ! »).

– ***Les motos-taxis :*** pour gagner du temps dans les embouteillages (monstrueux à Bangkok aux heures de pointe). Vraiment moins chères que les taxis. Mais ce sont de vrais fous du guidon. À éviter.

– ***Les bus :*** devant la flambée des prix des *tuk-tuk*, ça vaut vraiment la peine d'y jeter un petit coup d'œil... Ils fonctionnent jusqu'à 22 h en général. Le réseau est dense et les lignes sont longues, le tout pour un prix dérisoire (les fauchés apprécieront !). Beaucoup de touristes paniquent à l'idée de prendre le bus. Il n'y a pas de quoi ! Attention simplement à la spécialité du coin : la découpe des sacs au rasoir. Il existe deux sortes de bus : avec air conditionné *(AC)* et sans air conditionné *(non AC)*. Pas bien difficile de se diriger avec une carte indiquant tous les parcours. Mais d'une manière générale, bien se faire confirmer par le conducteur ou les passagers la destination souhaitée (en thaï). Si vous êtes à Bangkok pour 2 ou 3 semaines, ça vaut le coup. Mais pour 3 ou 4 jours, on déconseille carrément, car la perte de temps est incroyable. Les bus AC sont un peu moins bondés aux heures de pointe que les autres, mais ils sont plus chers.

– ***Les bateaux :*** un moyen de transport bien pratique pour rallier certains coins de la ville et qui échappe aux embouteillages. Il en existe plusieurs sortes :

➢ *Chao Phraya River Express :* il s'agit de grosses vedettes qui montent et descendent tout le fleuve Chao Phraya. Ils desservent les deux côtés de la rivière, en zigzaguant. Pratique, pas cher et rapide. Ils fonctionnent de 6 h à 18 h environ. Beaucoup de monde aux heures de pointe. Un truc pour vous repérer : les bateaux sans drapeau desservent tous les embarcadères ; quant à ceux avec drapeau jaune ou orange, ils ne desservent que quelques arrêts seulement. Tous les noms des arrêts commencent par *Tha (Tha Oriental, Tha Chang...)*. Le bateau s'arrête tout près de nombreux sites, comme le Wat Arun et le Grand Palace. Indiquez votre destination au vendeur de tickets, car le bateau ne respecte pas systématiquement tous les arrêts.

➢ *Chao Phraya Tourist Boat :* quasi les mêmes vedettes que le *River Express*, mais qui s'arrêtent aux points les plus touristiques de la ville (*Rachawongse Pier* pour Chinatown, *Tha Chang* pour le Grand Palais et le Wat Prah Kaeo, *Banglampoo Pier* pour Khao San Road, etc.). Embarcations nickel, commentaires (en anglais) à bord, mini-guide et petite bouteille d'eau offerts. Comme sur la Seine ! Forfait fluvial par personne à la journée de 75 Bts (1,5 €) avec circulation illimitée. Achat dans les BTS Tourist Info ou au Central Pier (Ⓜ *(Skytrain)* Saphan Taksin), près de l'*Oriental Hotel*. Reste qu'il s'agit d'un moyen de transport un peu cher. Parfait pour les routards pressés et avides de vite découvrir les points forts de la « Cité des anges » ! Les autres prendront le *River Express*, meilleur marché.

➢ *Ferries :* ces bateaux ressemblent un peu aux *River Express* mais se contentent de traverser la rivière. On achète son ticket (pour une somme symbolique) à un guichet avant d'embarquer. Attention, des particuliers trompent les touristes pour faire prendre leur bateau plutôt que ceux des lignes régulières. Évidemment, c'est bien plus cher ! Les arrêts sont les mêmes que ceux des *Chao Phraya River Express*, ou juste à côté. Ils font constamment l'aller-retour.

➢ *Long-tail boats* (les bateaux « longue-queue ») *:* appelés ainsi à cause de la tige extrêmement longue qui relie le moteur à l'hélice. Ce sont des taxis privés au moteur souvent énorme, que les pilotes conduisent avec une étonnante habileté. Ce sont eux qu'il vous faudra prendre si vous désirez explorer les *khlongs* (petits canaux) qui sillonnent Thonburi. Balade quasi obligatoire qui vous montrera un tout autre Bangkok.

Ne vous laissez pas impressionner par les types qui vous montrent des super-albums de photos pour vous emmener sur les *khlongs*. Allez plutôt négocier directement sur les bateaux, sans passer par les rabatteurs.

Pour les promenades sur les *khlongs,* consultez la rubrique « À voir. À faire ».
– ***Le Skytrain :*** rapide, pratique et simple d'usage. C'est aussi un bon moyen de découvrir la mégapole d'en haut en survolant les embouteillages. Ce métro aérien flambant neuf compte pour le moment une vingtaine de stations sur 2 lignes. Ouvert de 6 h à minuit. Les billets à l'unité coûtent de 10 à 40 Bts (0,2 à 0,8 €) et s'achètent directement aux automates. Les guichets ne servent qu'à faire de la monnaie et à acheter les cartes de voyage. La carte pour la journée coûte 100 Bts (2 €) ; attention, sa validité s'arrête à minuit le jour de l'achat. Les cartes 10 voyages coûtent 250 Bts (5 €) ; d'autres forfaits proposent 15 et 30 voyages à 300 et 540 Bts (6 et 10,8 €) mais ne sont valables que pour une seule personne et pour une durée d'un mois. Réductions. La 1re ligne débute à proximité du Northern Bus Terminal (Thanon Phahon Yothin), frôle Victory Monument et Siam Square, avant de dévaler Sukhumvit Road en passant par l'Eastern Bus Terminal ; terminus près du Soi 77. Plus courte, la 2e commence au National Stadium, chevauche l'autre ligne (correspondance des deux à Siam) jusqu'au carrefour de Siam Square, puis tourne brusquement sur Ratchadamri Road avant d'enchaîner sur Silom et de bifurquer sur Sathorn ; terminus au King Taksi Bridge, près du fleuve.
– ***Le métro souterrain :*** bien moins cher que le *Skytrain.* Prix en fonction de la destination, de 14 à 40 Bts (0,3 à 0,8 €). Les billets cumulés avec le réseau aérien n'existent pas, dommage. Ouvert depuis août 2004. Il relie le nord-est au sud-est, et compte 18 stations. Il sera achevé vers 2010. Les stations les plus intéressantes : ***Hua Lamphong*** (la gare centrale de Bangkok), ***Silom*** (quartier commercial et correspondance avec le *Skytrain*), ***Lumphini,*** près des bars sympa et des matchs de boxe, ***Sukhumvit*** (correspondance), l'une des plus grosses artères commerciales, avec quelques adresses pour dormir et pour sortir. ***Petchaburi*** et ***Chatuchak*** pour le marché du week-end (lire « À voir. À faire » plus loin) et le Northern Bus Terminal.

Où dormir ?

IMPORTANT : très peu de chauffeurs de *tuk-tuk* lisent notre alphabet. Donc, dès que vous arrivez dans un hôtel, demandez la carte de visite avec l'adresse en thaï.

Dans Khao San Road – ถนนข้าวสาร *(quartier de Banglampoo – ย่านบางลำพู ; plan couleur III)*

Depuis l'aéroport, prendre l'*Airport Bus A2* ou le *public bus* n° 59. Descendre à Democracy Monument – อนุสาวรีย์ประชาธิปไตย (une grande place avec un gigantesque monument au milieu). De là, c'est à 5-10 mn à pied. Ou bien descendre du bateau à Tha Banglampoo. Le coin cosmopolite de Bangkok. Cette rue est depuis plusieurs décennies le rendez-vous de tous les routards, et certains semblent ne jamais en être repartis. La rue est bruyante le soir, chaque *guesthouse* rivalisant avec la sono de sa voisine, mais il règne une chouette ambiance. Remisez vos envies d'emplettes, car tout le faux chic et le vrai toc s'échangent ici au prix le plus fort de la « Cité des anges ». Quelques arnaques nous ont déjà été signalées concernant la vente de billets d'avion dans les nombreuses agences de la rue : surbooking, annulation ou pire encore... Pour éviter toute déconvenue, une règle d'or : n'achetez vos billets que dans des agences ouvertes depuis plusieurs années... ou ailleurs dans la ville (voir plus haut « Agences de voyages » dans nos « Adresses utiles »).

Très bon marché (autour de 200 Bts – 4 €)

V.S. Guesthouse – วี.เอส.เกสท์เฮ้าส์ *(plan couleur III, B2, **21**)* **:** sur Khao San Rd, dans la 1re ruelle à droite en venant de Thanon Tanao. ☎ 281-20-78. Dans une vieille maison chinoise, une très chouette adresse au confort et à la tenue rudimentaires. Chambres minuscules avec ventilo ; sanitaires sur le palier. Dortoirs de 6 vraiment pas chers. Accueil et ambiance sympathiques. Nombreuses petites cantoches aux alentours.

De bon marché à un peu plus chic (de 300 à 700 Bts – 6 à 14 €)

Shambara Hostel *(plan couleur III, B2, **36**)* **:** 138 Khao San Rd. ☎ 282-79-68. • www.shambarabangkok.com • Dans une ruelle, accès par le 28 B Khao San Rd. Une bonne adresse. Pimpante maisonnette abritée derrière un muret de brique. Les chambres sont sommaires mais très bien tenues. Douches communes, froides et toniques. Terrasse ombragée pour prendre la tasse de café et les toasts inclus avec la nuitée. L'accueil est à l'image du lieu, souriant et sympathique. Réservation conseillée.

Ranee's Guesthouse – ราณีเกสท์เฮ้าส์ *(plan couleur III, A2, **20**)* **:** 77 Trok Mayom – ตรอกมะยม (ruelle parallèle à Khao San Rd). ☎ 282-40-72. Fax : 281-67-45. Dans une vieille maison traditionnelle, adresse conviviale. Dommage, la tenue générale est un peu négligée. Chambres spartiates, sans salle de bains, avec ventilo. Jardinet ombragé par un arbre centenaire. Cuisine sans prétention mais honnête.

Au Thong – อู่ทอง *(plan couleur III, A2, **29**)* **:** 78 Rambutri Rd. ☎ 629-21-72. • au_thong@hotmail.com • Une maison bleue cachée au fond d'une impasse. À l'étage d'un bar, quelques chambres sommaires, moyennement tenues. Sanitaires et douches indépendants, avec vue sur les cuisines. Repaire de *backpackers* aguerris mais pas blasés. Pour le petit dej', rendez-vous au *Tuptim Restaurant* juste à côté (voir « Où manger ? ») !

Orchid House – ออร์คิดเฮ้าส์ *(plan couleur III, B2, **24**)* **:** 323/2-3 Rambutri Rd. ☎ 280-26-91 ou 92. À deux pas de Khao San Rd. Chambres équipées de sanitaires. Bon rapport qualité-prix pour celles équipées de ventilos et qui donnent sur l'arrière-cour. Les chambres avec AC n'ont pas de fenêtre. Supplément pour celles avec balcons. Accueil tiède et propreté limite quand même.

Prasuri Guesthouse – พระสุริย์เกสท์เฮ้าส์ *(plan couleur III, B2, **26**)* **:** 85/1 Soi Prasuri. ☎ et fax : 280-14-28. • prasuri_gh_bkk@hotmail.com • En dehors de Khao San Rd. Juste à côté de Democracy Monument : quand vous y êtes, prenez la Dinso Rd, et c'est la 1re rue à droite, loin de la faune touristique. Calme, donc. Chambres avec douche, w.-c. et AC pour certaines. Bon plan si vous êtes trois. Relativement bien tenue. Accès Internet.

Marco Polo Hostel – มาร์โคโปโลโฮสเทล *(plan couleur III, B2, **25**)* **:** 108 Soi Rambutri – ซอยรามบุตรี, Khao San Rd. ☎ 281-17-15. Dans un passage qui relie Khao San Rd à Rambutri Rd ; ne pas confondre avec la *Marco Polo Guesthouse*. Chambres minuscules, lits riquiqui ; quant aux fenêtres, il n'y en a pas. De vraies cellules de moine, et puis vous profiterez gratuitement des litanies musicales du pub juste en dessous.

Wild Orchid Villa – ไวด์ออร์คิดวิลล่า *(plan couleur III, A1-2, **31**) :* 8 Soi Chana Song Khram, juste en face de la *New Siam Guesthouse*. ☎ 629-43-78. Fax : 629-00-46. • wild_orchid_villa@hotmail.com • Établissement aux couleurs fraîches et pimpantes. Hall très chaleureux, décoré de dragons volants et autres bouddhas. Chambres bien tenues. Prix variant du simple au double en fonction du confort. AC ou ventilo, salles de bains sur le palier (rutilantes de propreté) ou privées... Accueil à l'emporte-pièce. Consignes à bagages. Billard.

Sawasdee House – สวัสดีเฮ้าส์ *(plan couleur III, A2, **30**) :* 147 Soi Rambutri – ซอยรามบุตรี, Chakrapongse Rd (rue qui croise Khao San Rd). ☎ 281-81-38. Fax : 629-09-94. • sawasdee_house@hotmail.com • C'est une véritable ruche. Hall chaleureux, à l'atmosphère teintée d'aventure et d'exotisme. Chambres à tous les prix : des borgnes, des sans douche, des tout confort, des bruyantes et des silencieuses. L'ensemble est assez propre, même si une bonne couche de peinture et un changement de literie s'imposent ! Resto et bar Internet au rez-de-chaussée.

New Siam Guesthouse – นิวสยามเกสท์เฮ้าส์ *(plan couleur III, A1, **28**) :* 21 Soi Chana Song Khram – ซอยชนะสงคราม, perpendiculaire à Phra Athit Rd. ☎ 282-45-54. Fax : 281-74-61. • www.newsiam.net • Il s'agit d'un petit immeuble de 5 étages. Les chambres sans douche sont agréables et vraiment impeccables (à l'étage). Celles avec eau chaude, salle de bains, AC et armoires fortes (prévoir un cadenas) sont plus chères, forcément, mais le tout reste d'un bon rapport qualité-prix. Draps nickel. Accueil dynamique. À signaler : la consigne ouverte à tous, y compris aux non-résidents. Petit local Internet. Négociation possible hors saison.

D & D Inn – ดีแอนด์ดีอินน์ *(plan couleur III, A2, **27**) :* 68-70 Khao San Rd – ถนนข้าวสาร. ☎ 629-05-26/8. Fax : 629-05-29. • www.khaosanby.com • Repérer le grand bâtiment dont l'enseigne lumineuse verte irradie les noctambules de Khao San Rd. Chambres très inégales : ne vous laissez pas faire, demandez à en voir plusieurs. Ensemble bien tenu et confortable, AC, eau chaude, TV... Et une vraie piscine sur le toit. Comme dans toute usine, l'accueil se fait à la chaîne.

Sawasdee Khaosan Inn – สวัสดีข้าวสารอินน์ *(plan couleur III, A2, **33**) :* 18 Chakrapongse Rd. ☎ 629-47-98. Fax : 629-47-99. • www.sawasdee-hotels.com • À quelques encablures de Khao San Rd. Chambres propres, claires, toutes carrelées mais sans grand charme. TV, AC et salle de bains. Bruyant en façade. En dépannage.

Plus chic (de 1 800 à 2 300 Bts – 36 à 46 €)

Buddy Lodge – บัดดี้ลอดจ์ *(plan couleur III, B2, **32**) :* 265 Khao San Rd. ☎ 629-44-77. Fax : 629-47-44. • www.buddylodge.com • Hôtel avec un certain charme. Chambres alliant confort moderne (TV, minibar, AC, coffre-fort) et élégance orientale (bois de rose, parquets sombres, meubles asiatiques). Attention, tous les balcons n'ont pas de vue. Petit déjeuner inclus. Piscine sur le toit, et bronzette sous le ciel de Bangkok, un rêve en plein cœur de Khao San. Discounts réguliers, bien négocier. Accueil courtois.

Dans le quartier de Thewet – ย่านเทเวศร์ *(plan couleur I, B1)*

Au nord de la bruyante Khao San Road, à deux pas du fleuve et de la Bibliothèque nationale, notre quartier préféré à Bangkok. Une rue où il fait bon vivre. Les chambres d'hôtes y sont calmes et bon marché. Accessible par le *Chao Phraya River Express* (arrêt Tha Thewet). Pour s'y rendre en bus, prendre les nos 3, 9, 49, 505 et 506. Le bus n° 510 (climatisé), provenant de l'aéroport, est également intéressant (arrêt au carrefour de Thanon Samsen et Ratchawithi, au nord de la bibliothèque).

Bon marché (de 200 à 400 Bts – 4 à 8 €)

Tavee Guesthouse – ทวีเกสท์เฮ้าส์ *(plan couleur I, B1, **34**)* : 83 Sri Ayutthaya Rd, Soi 14. ☎ 280-14-47. Une bien belle maison en bois, à l'intérieur soigné (retirez vos chaussures !), donnant sur une terrasse ombragée où quelques poissons rouges font la ronde. Les chambres sont irréprochables et joliment décorées, mais les cloisons sont extrafines... Sanitaires privés ou sur le palier (il y en a peu, c'est donc la queue le matin), ventilo ou AC. Pas d'eau chaude, mais propreté immaculée. Accueil très cordial, et bons petits plats maison.

Sawasdee Guesthouse – สวัสดีเกสท์เฮ้าส์ *(plan couleur I, B1, **34**)* : 71 Sri Ayutthaya Rd, Soi 16 (pile en face du *Shanti Lodge*). ☎ 281-07-57. Vous entrez par un agréable hall-salon donnant sur la rue, où quelques routards sirotent jus de fruits et bières. Chambres au confort simple, propres et bien tenues par une patronne souriante. Douches communes nickel, où de belles plantes en pots profitent de l'humidité du lieu.

Backpackers Lodge – บ้านพักแบ็คแพ็คเกอร์ *(plan couleur I, B1, **34**)* : 85 Sri Ayutthaya Rd, Soi 14 – ถ.ศรีอยุธยา ซอย 14 (tout au fond de la ruelle). ☎ 282-32-31. Charmante pension proprette (ôtez vos godillots !) où l'on prend le petit déjeuner dans une courette bien fraîche. Plusieurs petites chambres avec ventilo ; sanitaires collectifs seulement. L'ensemble est propre. Bonne cuisine pas chère du tout. Accueil familial.

Bangkok International Youth Hostel – บ้านพักเยาวชนกรุงเทพฯ *(plan couleur I, B1, **35**)* : 25/2 Phitsanulok Rd – ถนนพิษณุโลก. ☎ 281-03-61. Bus nos 12 et 64 depuis Democracy Monument. Sa façade porte une multitude de petits drapeaux... Normal, c'est le rendez-vous de la jeunesse internationale ! Dortoirs corrects (8 lits) et très bon marché (fermés de 11 h à 17 h). Chambres doubles assez confortables (ventilo et sanitaires) mais bien plus chères, avec lits superposés ou lits 2 places. Carte de membre exigée (FUAJ). Intéressant d'acheter la carte à partir de 3 nuits. Resto-salon sympa. Accès Internet.

Taewez – บ้านพักเทเวศร์ *(plan couleur I, B1, **34**)* : 23/12 Sri Ayutthaya Rd – ถ.ศรีอยุธยา. ☎ 280-88-56/8. Fax : 280-88-59. • taewez@yahoo.com • Au bout d'une allée pavée. Une grande maison en teck agrandie et transformée en auberge. Chambres impersonnelles mais confortables et propres. Sofas et petit salon pour refaire le monde. Accueil avenant. Quelques ordinateurs pour se connecter à Internet. Machine à café.

Prix moyens (de 400 à 700 Bts – 8 à 14 €)

Shanti Lodge – บ้านพักสันติลอดจ์ *(plan couleur I, B1, **34**)* : 37 Sri Ayutthaya Rd – ถนนศรีอยุธยา, Soi 16. ☎ 281-24-97 ou 628-76-26. Délicieuse maison en teck, savamment décorée de quelques meubles patinés et d'objets insolites... Jolies chambres avec ventilo ou AC. Douches communes où poussent des orchidées. L'ensemble est bien tenu. Éviter les chambres borgnes, préférer celles à l'étage. Dortoir à prix très abordable. Petit resto de spécialités végétariennes. Prudent de réserver à l'avance car on se bouscule à la porte. Attention, très bruyant.

Dans le quartier de Siam Square et Sukhumvit – ย่านสุขุมวิทและสยามสแควร์ *(plan couleur II)*

Sukhumvit est une grande artère à l'est de la ville, dans le prolongement de Râma I. Là aussi, grosse concentration d'hôtels, réservés à la clientèle chic, genre voyages organisés, notamment autour des *soi* 4, 8 et 11. Si vous y choisissez un hôtel, sachez seulement que vous perdrez pas mal de temps dans les embouteillages pour rejoindre le quartier historique ; même si Sukhumvit Rd est désormais desservie par le métro aérien qui vous rapproche un peu du centre... Pour rejoindre nos adresses, s'arrêter aux stations Nana ou Asok. Autrement, arrêt Sukhumvit de la nouvelle ligne souterraine de métro (depuis le nord-est). Depuis l'aéroport, prendre l'Airport Bus A3.

Prix moyens (autour de 600 à 700 Bts – 12 à 14 €)

☗ ***Suk 11 Hostel*** – สุข 11โฮสเทล *(plan couleur II, E7, **37**)* **:** 1/13 Sukhumvit, Soi 11. D'où le nom ! ☎ 253-59-27. Fax : 253-59-29. • www.suk11.com • Dans un renfoncement, un chouette décor, l'adresse la plus marrante du quartier. Les couloirs ont des airs de sous-bois... Ahou, ahou, ahouuu... Un soir sans lune... Au rez-de-chaussée, vous pouvez écouter vos CD et vous préparer un thé. Avec ou sans salle d'eau, les chambres sont d'un confort modeste et n'ont pas de caractère délirant particulier. Douche commune avec vue sur les buildings. Terrasse vraiment géniale pour flemmarder. Accueil sympa. Réservation conseillée. Connexions Internet. Quelques adresses pour boire un verre ou manger dans le coin (voir plus loin).

De prix moyens à un peu plus chic (de 700 à 1 300 Bts – 14 à 26 €)

☗ ***Nana City Inn*** – นานาซิตี้อินน์ *(plan couleur II, E7, **38**)* **:** 23/164 Nana City Sukhumvit, Soi 4. ☎ 253-44-68 et 9. Fax : 255-24-49. • nanacityinn@hotmail.com • À 300 m de l'entrée du *soi*. Moderne et de taille modeste, donc pas trop « usine à touristes ». On y trouve des chambres confortables et parfaitement équipées (salle de bains, AC, TV). Attention aux chambres avec la clim' toute proche. Accueil discret mais sympa.

☗ ***Stable Lodge*** – สเตเบิลลอดจ์ *(plan couleur II, E7, **39**)* **:** 39 Sukhumvit, Soi 8. ☎ 653-00-17. Fax : 253-51-25. • www.stablelodge.com • Hôtel moderne construit autour d'une courette arborée. Les chambres sont spacieuses et bien tenues. Chouette piscine pour barboter. Celles avec vue sur le bassin sont beaucoup plus chères. Petit dej' non inclus. Accueil très cordial. Le soir, propose des buffets-barbecues, trop chers à notre goût.

☗ ***Royal Asia Lodge*** – โรยัล เอเชีย ลอดจ์ *(plan II, E7, **40**)* **:** 91 Sukhumvit, Soi 8. ☎ 251-55-14/6. Fax : 253-25-54. • www.royalasialodge.

com ● Hôtel moderne, tout au bout du *soi*. Les chambres standard n'ont pas de charme particulier mais sont confortables et bien tenues. Sur le toit, la piscine et le jacuzzi profitent d'une chouette vue sur Bangkok. Accueil très courtois. Un *tuk-tuk* privé et gratuit assure la navette jusqu'à Sukhumvit Rd.

▲ ***White Inn*** **–** ไวท์อินน์ *(plan couleur II, E7,* ***42****)* **:** 41 Sukhumvit, Soi 4. ☎ 252-70-90. Fax : 254-88-65. Une drôle de maison blanche à colombages, un peu en retrait de l'artère principale, au calme. Toutefois, l'ensemble mériterait un petit ravalement. Chambres standard un peu tristounettes, avec AC et salle d'eau. Préférez celles qui s'ouvrent sur le jardinet et... la piscine, où l'on peut même nager ! Pas de petit dej'. N'accepte pas les cartes de paiement.

Plus chic (de 2 800 à 3 200 Bts – 56 à 64 €)

▲ ***Regency Park Hotel*** **–** โรงแรมรีเจนซี่ปาร์ค *(plan couleur II, F8,* ***43****)* **:** 12/3 Sukhumvit Rd, Soi 22 – ถ.สุขุมวิทซอย. ☎ 259-74-20. Fax : 258-28-62. ● res@regencypark.net ● L'un des meilleurs rapports qualité-prix dans le luxe. Tout le confort des grands hôtels à des prix plutôt corrects : TV, coffre-fort individuel, petite piscine, sauna et club de gym, le tout organisé autour de 2 beaux patios fleuris. Accueil cordial.

Dans le quartier de Silom Road et jusqu'à la gare du Hua Lamphong – ย่านถนนสีลมถึงหัวลำโพง *(plan couleur I)*

Au sud de Bangkok, Silom Road est une très longue avenue qui part de Charoen Krung et se termine à l'intersection de Râma IV Road, en face du Lumphini Park. Pour vous y rendre depuis l'aéroport, prendre l'*Airport Bus* A1. En bus publics (climatisés), prendre les n°s 502, 504, 505 et 514. Les stations du métro aérien les plus proches : Sala Daeng et Chong Nonsi. Également le métro souterrain avec... Silom Station et Hua Lamphong (pratique pour rejoindre le quartier de Sukhumvit). Les 2 adresses *TT Guesthouse* et *FF Guesthouse* sont à proximité de la gare centrale. Conviendra aussi bien à ceux qui arrivent très tard par le train qu'à ceux qui repartent très tôt.

Bon marché (autour de 250 Bts – 5 €)

▲ ***TT Guesthouse*** **–** ที.ที.เกสท์เฮ้าส์ *(plan couleur I, C3-4,* ***44****)* **:** 516-518 Soi Sawang – ซอยสว่าง, Si Praya Rd – ถนนสี่พระยา. ☎ 236-29-46. Fax : 236-30-54. ● ttguesthouse@hotmail.com ● En sortant de la gare, prendre en face la grande Maha Phrutharam Rd, puis à gauche le *soi* Kaew Fa jusqu'au croisement de la Maha Nakhon Rd ; c'est dans le petit *soi* en face. Bien indiqué. Si vous êtes chargé, préférez le *tuk-tuk*. Une *guesthouse* très sympa et bien tenue. Chambres spartiates avec lit métallique, eau froide, ventilo et sanitaires communs. Certaines n'ont pas de fenêtre, mais toutes sont calmes. Retirez vos chaussures en entrant. Dortoir pas cher. Possibilité de faire laver son linge. Connexion Internet. Bonne ambiance. Cantines de rue à proximité.

▲ ***FF Guesthouse*** **–** เอฟเอฟเกสท์เฮ้าส์ *(plan couleur I, C3,* ***45****)* **:** 338/10 Trok La-O Râma 4 Rd. ☎ 233-41-68. À gauche en sortant de la gare, sur Râma IV, un petit *soi* sur la droite, juste avant le pont autoroutier. Tout au fond de l'allée. Une *guesthouse* familiale. L'accès aux chambres se fait par le salon. Délicieuse collection de souvenirs de voyages dans les vitrines. L'ensemble est très modeste et honnêtement tenu. Néanmoins, un petit coup de peinture serait bienvenu. Douche froide sur le palier. Accueil très sympa.

Prix moyens (de 400 à 500 Bts – 8 à 10 €)

The Bed & Breakfast – เดอะเบดแอนด์เบรคฟัสท์เกสท์เฮ้าส์ *(plan couleur I, C2, **46**) :* 36/42-43 Soi Kasemsan I, Râma I Rd. ☎ 215-30-04. Fax : 215-24-93. Une pension très propre et toute carrelée d'un blanc immaculé. Les chambres sont petites et sobres mais offrent l'AC et les sanitaires complets. Gentillesse de la patronne, et petit déjeuner compris. Sans souci.

White Lodge – ไวท์ลอดจ์เกสท์เฮ้าส์ *(plan couleur I, C2, **47**) :* 36/8 Soi Kasemsan I, Râma I Rd – ถ.พระราม1 ซ.เกษมสันติ1. ☎ 216-88-67. Fax : 216-82-28. Une poignée de belles chambres rénovées et agréables – avec sanitaires complets et clim'. Propre et sans bavure. Très bon rapport qualité-prix, accueil souriant en prime.

De prix moyens à un peu plus chic (de 800 à 1 300 Bts – 16 à 26 €)

Reno Hotel – เรโนโฮเต็ล *(plan couleur I, C2, **48**) :* 40 Soi Kasemsan I – ถยเกษมสันติ 1, Râma I Rd – ถนนพระราม 1 (petit *soi* perpendiculaire à Râma I Rd). ☎ 215-00-26. Fax : 215-34-30. • renohotel@clickta.com • À l'ouest de Siam Square et à deux pas de la maison de Jim Thompson. Hall design et sympa. Chambres claires, propres et plutôt confortables (salle de bains et AC de série). Demandez à en voir plusieurs car certaines méritent une bonne rénovation. Piscine. Accueil souriant.

New Trocadero Hotel – โรงแรมนิวโทรคาเดโร *(plan couleur I, C4, **49**) :* 343 Surawong Rd – ถ.สุริวงศ์. ☎ 234-89-20. Fax : 234-89-29. • www.newpeninsulagroup.com • Non loin du coin avec Charoen Krung, près de la rivière. Bien situé, cet hôtel de semi-luxe n'est plus tout jeune mais il dispose de chambres spacieuses et confortables (baignoire, AC, TV). Les moins chères donnant sur l'arrière de l'hôtel sont plus silencieuses et celles en façade ont vue sur l'autoroute. Piscine de taille respectable, un peu glauque car entourée d'immeubles.

De chic à beaucoup plus chic (de 2 000 à 4 000 Bts – 40 à 80 €)

Baiyoke Sky Hotel – โรงแรมใบหยกสกาย *(plan couleur I, D2, **150**) :* 222 Rajprarop Rd, Rajthevee. ☎ 656-30-00. Fax : 656-35-55. • www.baiyokehotel.com • Ne pas confondre avec sa voisine, la tour Baiyoke numéro 1. Hôtel haut de gamme dans la tour la plus haute de Bangkok. Chambres doubles tout confort. Attention, les prix grimpent en fonction de l'altitude. Supplément pour le petit déjeuner. La vue, surtout la nuit, est à couper le souffle. Service impeccable. Voir aussi « À voir. À faire ».

Tarntawan Place Hotel – ทานตะ

วันเพลสโฮเต็ล *(plan couleur I, C4, 50) :* 119/5-10 Surawong Rd – ถนนสุริวงศ์. ☎ 238-26-20. Fax : 238-32-28. ● www.tarntawan.com ● À deux pas de Patpong. Hôtel moderne au fond d'une impasse calme. Propose des chambres tout à fait confortables, à des prix aisément négociables (en fonction de la saison, de la durée du séjour, de votre sourire, du taux de remplissage ou de l'âge du capitaine).

Dans le quartier chinois et indien – ย่านจีนและอินเดีย *(plan couleur I)*

Bon marché (moins de 250 Bts – 5 €)

Le long de Chakraphet Rd – ถนนจักรเพชร et dans les ruelles parallèles, à proximité de l'intersection avec le soi Wanit 1 (Sampeng Lane) – ซอยสำเพ็ง, des quantités de ***guesthouses*** tenues par des Indiens, des Népalais ou des Pakistanais, et destinées aux hommes d'affaires de la péninsule. On se croirait parfois à Bombay, dépaysement garanti. En revanche, côté chambres, rien à voir avec les standards européens. Entretien négligé, pièces sombres et exiguës. Certaines *guesthouses* proposent néanmoins des chambres avec AC.

Prix moyens (de 400 à 750 Bts – 8 à 15 €)

🏠 ***238 Guesthouse*** – 238 เกสท์เฮ้าท์ *(plan couleur I, B3, 51) :* 238 Phahurat Rd. ☎ 623-92-87. Fax : 623-90-73. ● 238guesthouse@east-thai.com ● Dans le quartier indien et des joailliers (de pacotille). Un escalier en fer forgé vous conduit vers des chambres correctement tenues, claires et spacieuses. Quelques chambres avec clim' et sanitaires complets. Pas de petit dej'. Point Internet. Super accueil du fils du patron.

🏠 ***River View Guesthouse*** – ริเวอร์วิวเกสท์เฮ้าส์ *(plan couleur I, B3, 52) :* 768 Soi Panurangsi – ซอยภาณุรังษี, Songwat Rd. ☎ 234-54-29. Fax : 237-54-28. ● riverview_bkk@hotmail.com ● Accès très pittoresque par des ruelles où sont installés grand nombre de ferrailleurs. Accessible aussi par le fleuve Chao Phraya, arrêt Tha Harbour Dept. Ensemble moderne sans charme particulier. Une des très rares *guesthouses* proposant des chambres avec vue sur le fleuve, mais seuls les 3 derniers étages bénéficient du panorama. Une situation privilégiée qui se paie : et, par Bouddha, les prix sont loin d'être justifiés ! C'est juste propre... Chambres très inégales, avec ou sans douche, AC ou ventilo. La n° 632 est très sympa, avec balcon et transat. L'aimable patronne affiche souvent complet ; il vaut mieux réserver. Resto panoramique au 8e étage, avec vue plongeante sur la vie du fleuve.

🏠 ***New Empire Hotel*** – นิวเอ็มไพร์โฮเต็ล *(plan couleur I, B3, 53) :* 572 Yaowarat Rd – ถนนเยาวราช (près du temple Nat Traimitr). ☎ 234-69-90. Fax : 234-69-97. ● www.newempirehotel.com ● Un brin à l'écart de l'agitation, hôtel classique, confortable et relativement bien tenu. Les chambres sont équipées en série d'AC et de salles d'eau. Vous aurez le choix entre les anciennes et celles dites rénovées... qui ont déjà bien vécu ! On vous conseille de choisir parmi celles des derniers étages, pour voir briller tous les feux de la « Cité des anges », une fois la nuit venue. Accueil comme le hall : un peu froid.

Un peu plus chic (de 1 000 à 1 500 Bts – 20 à 30 €)

China Town Hotel – ไชน่าทาวน์โฮเต็ล *(plan couleur I, B3, 54) :* 526 Yaowarat Rd. ☎ 225-02-03. Fax : 226-12-95. • www.chinatownhotel.co.th • Hôtel classique et agréable, en plein cœur de Chinatown. Chambres coquettes, avec salle de bains et AC. L'ensemble est particulièrement bien entretenu par un personnel plutôt cordial. Idéal pour ceux qui veulent profiter de la vie nocturne exceptionnelle et pittoresque du quartier (nombreux marchés, cantoches...).

White Orchid Hotel – ไวท์ออร์คิดโฮเต็ล *(plan couleur I, B3, 55) :* 409-421 Yaowarat Rd. ☎ 226-00-26. Fax : 225-64-03. En plein cœur de Chinatown. Chambres standard offrant tout le confort d'un hôtel de semi-luxe (TV, AC et salle de bains individuelle). Les *mini-standard*, moins chères, n'ont pas de fenêtre. Bien vérifier la présence d'eau chaude dans votre chambre. Salle de prière au 11e étage, où se rassemble la communauté musulmane chinoise. Un moment de vie de quartier.

Où dormir dans les environs ?

Plus chic (environ 1 700 Bts – 34 €)

Thaï House – ไทยเฮ้าท์หรือบ้าน–ไทย *:* 32/4 Moo 8, Tambol Bangmuang, Ampur Bangyal. Nonthaburi. À l'ouest du fleuve. ☎ 903-96-11. Fax : 903-93-54. • www.thaihouse.co.th • Cette adresse de charme est accessible par le Chao Praya et les *khlongs.* Prendre de Tha Chang le *public long-tail boat* pour Bang Yai, puis louer (environ 150 Bts, soit 3 €) un *private long-tail boat* pour gagner la *Thaï House* ; compter une bonne heure de trajet pour cette chouette balade. Par la terre ferme, prendre le bus n° 516 à Democracy Monument jusqu'à Wat Phar Nang ; ensuite, il vous restera environ 2 km à parcourir en taxi. Une élégante maison d'hôtes en teck, d'inspiration traditionnelle (style Ayutthaya), sise dans un beau jardin, au bord d'un *khlong* tout tranquille. Chambres superbes, avec matelas au sol et ventilateur. Salle de bains commune très propre. On peut aussi y prendre des cours de cuisine, excessivement chers mais admirablement dispensés dans un très bon anglais par Khun Pit. Pour devenir un véritable chef en préparation de *phad thaï, tom yum kung,* curry de bœuf à la noix de coco et autres délices. Accueil adorable et ambiance familiale. Attention, réservation à l'avance impérative et n'oubliez pas que la *Thaï House* est une maison d'hôtes, et non un hôtel traditionnel.

Où manger ?

Bangkok propose toutes sortes de restaurants et une cuisine très variée. Des dizaines de petites cantines ambulantes qui éclosent à la tombée du jour, mais aussi de vrais rendez-vous culinaires ou des adresses originales. Pour les petites adresses pas chères, c'est facile, on en trouve partout, de la petite échoppe au coin de la rue à l'éventaire riche en odeurs. Pas la peine de traverser la ville pour dégoter un bon chinois, il suffit souvent de regarder autour de soi. Les restos de rue sont en général excellents et recommandables, mais impossible pour nous de vous donner des noms précis dans la catégorie « Très bon marché ». Fiez-vous à ceux où vous verrez beaucoup de Thaïlandais attablés.
À Bangkok, on n'est jamais à plus de 100 m d'un endroit où manger, et cela (presque) 24 h/24.

Sur Khao San Road – ถนนข้า วสาร *(plan couleur III)*

Bon marché (moins de 150 Bts – 3 €)

Dans le *soi* Rambutri et à l'angle de Rambutri Rd et Thanon Chakrapongse, plein de petites ***cantoches de rue*** – มุมถนนรามบุตรีและถนนจักรพงษ์เต็มไปด้วยร้านค้าเล็กๆ et de stands où l'on choisit dans les gamelles en montrant du doigt ses pâtes, sauces et autres condiments. C'est très typique et on adore. Vraiment pas cher.

Bai Bua – ใบบัว *(plan couleur III, B2,* ***80****)* **:** 146 Rambutri Rd. Une bonne adresse qui dure. Agréable petit resto-terrasse isolé de la rue par une barrière végétale. La carte propose aux routards des plats thaïs (les moins chers) d'un goût exquis, et d'autres d'inspiration occidentale. On a bien aimé le poulet sauté au basilic *(phat kee moo)*, les *phad thaï* ou encore la batterie de salades vraiment copieuses. Simple et bon. Accueil très souriant.

Pannee Restaurant – ร้านอาหารพรรณี *(plan couleur III, B2,* ***81****)* **:** 150 Soi Rambutri Chana Song Khram. ☎ 282-55-76. Voilà un gentil resto tenu par une avenante patronne. Quelques plantes grimpantes courent au-dessus de la terrasse mignonnette... Côté cuisine, bel assortiment de bons petits plats thaïs, simples et copieux, servis avec le sourire. On a particulièrement apprécié le bœuf au maïs jeune (n° 83 sur le menu !) et les fruits frais coupés au dessert.

Tuptim Restaurant – ร้านอาหารทับทิม *(plan couleur III, A2,* ***82****)* **:** 82 Rambutri Rd. ☎ 629-15-35. Derrière un rideau végétal (décidément, c'est à la mode dans le quartier !). Belle terrasse très cosy, fauteuils en rotin, pour déguster une cuisine thaïe sans prétention mais généreuse, comme les nouilles au poulet, parfaitement réussies. Petit dej' copieux.

Prix moyens (autour de 300 Bts – 6 €)

Tom Yum Kong – ร้านต้มยำกุ้ง *(plan couleur III, A2,* ***84****)* **:** 9 Trok Mayom. ☎ 629-27-72. Entrée sur Khao San Rd, entre *D & D Inn* et *Gulliver's Tavern.* Ouvert de 15 h à 1 h. Ambiance orientale, très fréquenté le soir. Au choix : tables en plein air ou dîner sous les ventilos nonchalants de la belle maison siamoise. Bons petits plats thaïs et spécialités de fruits de mer. Quelques snacks asiatiques et salades. Intéressante carte de cocktails. Dans la cour, un glacier propose de bons sorbets à emporter.

Dans le quartier de Thewet – ย่านเทเวศร์ *(plan couleur I, B1)*

Très bon marché

Le soir, quelques bonnes cantines ambulantes ouvrent à deux pas des *guesthouses.*

Prix moyens (autour de 300 Bts – 6 €)

Kaloang – ร้านอาหารกาหลวง *(plan couleur I, B1,* ***85****)* **:** 2 Sri Ayutthaya Rd – ถ.ศรีอยุธยา. ☎ 282-75-81. Au bout d'un *soi* riche en *guest-*

houses bon marché et au bord de l'eau. Très populaire et certainement l'un de nos restos préférés à Bangkok. On dîne dehors sur un gigantesque ponton de bois qui surplombe le fleuve. Cuisine excellente. Le poulet aux noix de cajou est grillé à souhait et le riz à l'ananas ferait fondre un bonze de plaisir ! Desserts à base de durian : goût proche de l'échalote ou du fromage bien fait. À tester au moins une fois !

|●| *In Love* – ร้านอาหาร อินเลิฟ *(plan couleur I, B1,* ***86****) :* 2/1 Krung Kasem Rd. ☎ 281-29-00. À droite en sortant de l'embarcadère de Thewet. Cuisine thaïlandaise de qualité dans un mélange de décor high-tech et de nappes à carreaux. Bonnes spécialités de poisson. Grande terrasse avec vue imprenable sur le pont à haubans Râma VIII. Service agréable.

Sur et autour de Sukhumvit Road – ถนนสุขุมวิทและรอบๆ *(plan couleur II)*

Très bon marché

À l'ouest de Sukhumvit Rd, avant le croisement avec Chalem Mahanakhon (côté des *soi* impairs). Quelques cantines de rue et leurs tables sur un terre-plein. Certaines proposent même des menus en anglais. Pas cher, bon et convivial.

Bon marché (moins de 150 Bts – 3 €)

|●| *Food Court de l'Emporium* – ศูนย์อาหารเอ็มโพเรียม *(plan couleur II, F8,* ***87****) :* sur Sukhumvit Rd, entre les *soi* 22 et 24. ☎ 664-80-00. Au 5e étage du grand centre commercial. Ne pas confondre avec la quinzaine de restaurants et snacks juste à côté. Suivre les panneaux « Food Court ». Ouvert de 10 h à 22 h. On paie avec une carte magnétique fournie à l'entrée. Après avoir fureté du côté des boutiques de luxe hors de prix (mazette, des originaux !), cette halte au sommet vous ravira. Un choix énorme de plats dont on connaît enfin les noms. Il n'y a qu'à choisir en échange des coupons achetés. Pour quelques bahts à peine, nouilles et viandes, en sauce ou grillées et bons desserts (goûter au *taro,* proche de la châtaigne, miam !). Belle vue sur le parc Benjasiri. Vite, les places près des vitres sont chères !

|●| *Yong Lee Restaurant* – ร้านอาหารยงลี *(plan couleur II, E7,* ***88****) :* 213 Sukhumvit Rd, à l'angle du *soi* 15. Dernier service à 20 h 15. Bon troquet chinois, mais bien se faire préciser les prix, qui ne sont pas indiqués sur la carte. Crabe au curry (super !), crevettes, poisson et plein d'autres plats, notamment le canard laqué et le bœuf à la tomate (très bon), servis par un patron que l'on a déjà vu dans *Le Lotus bleu* ! Arrivez tôt, car vite plein.

Prix moyens (autour de 300 Bts – 6 €)

|●| *Eleven Gallery* – ร้านอาหารอีเลเวนกาลเลอรี *(plan couleur II, E7,* ***92****) :* 1/34 Sukhumvit Rd, Soi 11 (dans un renfoncement sur la gauche). ☎ 651-26-72. Une charmante dînette pour un tête-à-tête raffiné. En bord de rue, un tout petit resto plein de charme avec quelques tables basses. Le service est plein de délicates attentions. Le riz est servi sous des cloches en feuilles de bananier et, comble du chic, les plats sont présentés dans des gamelles de chantier en tôle émaillée. Délicieux curry de tofu à la noix de coco. Toutefois, portion un peu chiche pour le prix.

Oam Thong Restaurant – ร้านอาหารออมทอง *(plan couleur II, F7,* ***89****) :* 7/4-5 Sukhumvit Rd, Soi 33 (après le *Novotel Lotus* en arrivant dans le *soi*, enseigne quasiment invisible ; ne pas confondre avec le *Ton Thong*). ☎ 662-28-04. Ouvert tous les jours de 11 h à 23 h. Déco dépouillée pour ce resto spécialiste des plats de la mer, grande spécialité de la maison. On a craqué pour la poêlée de fruits de mer aux petits légumes, vraiment délicieuse. Également quelques poissons en sauce ou crustacés frits. Bref, des préparations simples, efficaces et copieuses.

Cabbages and Condoms – ร้านอาหารแคบเบจ แอนด์คอนดอม *(plan couleur II, E7,* ***90****) :* 10 Sukhumvit Rd, Soi 12 (à 200 m sur la droite à l'intérieur du *soi*). ☎ 229-46-10. Ouvert tous les jours de 11 h à 22 h. « Choux et capotes » : tel est le nom de ce resto didactique. Fondé en 1974, à l'origine comme soutien au planning familial. Aujourd'hui, les fonds récoltés sont utilisés pour la promotion d'associations de développement et de prévention, notamment du virus du sida. Les tables sont installées sous des arbres fruitiers, qui se transforment le soir en forêt de lampions. Bons petits plats très classiques et quelques spécialités végétariennes (salades, soupes...) bien ficelées. Magasin de souvenirs à la sortie et distribution gratuite de préservatifs.

Moghul Room – ภัตตาคารโมกุลรูม *(plan couleur II, E7,* ***91****) :* 1/16 Sukhumvit Rd, Soi 11 (dans un renfoncement à gauche, matérialisé par une enseigne vert et doré). ☎ 253-44-65. Un des meilleurs restos indiens de la ville et l'un des plus anciens. Cadre assez kitsch, accueillant et un brin intime. Préférer la mezzanine et ses tables basses. Cuisine du nord de l'Inde. Tous les *tikkas, raïtas* et *koftas* sont là ! Spécialités de *tandooris.* On a bien aimé le *kashmiri pullau* (riz safrané aux raisins et aux noisettes) ou le *mursh qorma* (poulet à la crème de coco et aux noix de cajou). Service irréprochable. Cartes de paiement acceptées.

Plus chic (autour de 800 Bts – 16 €)

Baan Khanitha – บ้านขนิษฐา *(plan couleur II, E7,* ***94****) :* 49 Soi Ruam Rudee – ซอยร่วมฤดี, sur Thanon Ploen Chit. ☎ 253-46-38. Ne pas confondre avec celui du *soi* 23 (même propriétaire, cuisine et service identiques, mais cadre moins plaisant). Ouvert tous les jours de 11 h à 14 h et de 18 h à 23 h. Un resto thaï installé dans une ancienne ambassade. Cadre charmant pour un dîner romantique sur la terrasse en teck, cachée sous une végétation dense. Également une grande salle décorée de peintures d'artistes locaux, mais on préfère l'air libre pour déguster un curry de crevettes au lait de coco ou les traditionnelles *fried noodles.* Amuse-gueules offerts par la maison. Service aux petits soins et excellent rapport goût-exotisme-prix.

Seafood Market and Restaurant – ภัตตาคาร ซีฟู้ดมาร์เก็ต *(plan couleur II, F8,* ***95****) :* 89 Sukhumvit Rd, Soi 24, à 500 m sur la gauche. ☎ 261-20-71. Plutôt marrante, cette ambiance de supermarché... Pour commencer, prenez un caddie et faites vos courses. Crevettes, langoustes, cigales de mer, calmars et poissons exotiques de toutes sortes. N'ayez pas les yeux plus gros que le ventre ou l'addition sera rapidement salée (prix au poids). N'oubliez pas de prendre quelques légumes, très chers eux aussi, et de passer aux rayons vin

BANGKOK

et bière. Puis, direction les caisses enregistreuses. Attention une deuxième addition vous attend à la fin du repas, celle de la cuisson. Bien se faire préciser les prix. Salle de restaurant géante. Clim' virulente. Prévoir une petite laine ou aller sur la terrasse. Service à l'emporte-pièce.

|●| ***Lemon Grass*** – ร้านอาหารเลมอนกราส *(plan couleur II, F8, **96**) :* 5/1 Sukhumvit Rd, Soi 24. ☎ 258-86-37. Service de 11 h à 14 h et de 18 h à 23 h. Un décor raffiné de boiseries travaillées, tableaux, plantes, lumières tamisées dans une suite de petites salles en enfilade, sur fond de musique thaïe traditionnelle. Quelques tables joliment dressées dans le jardin. Bonnes crevettes marinées dans le lait de coco avec du citron ou la spécialité maison : le *poulet Lemon Grass...* Arriver tôt ou réserver, car ce resto est très connu. Cartes de paiement acceptées.

Très chic (autour de 1 500 Bts – 30 €)

|●| ***Le Banyan*** – ร้านอาหารเลอบันหยัน *(plan couleur II, E7, **97**) :* 59 Sukhumvit Rd, Soi 8. ☎ 253-55-56. Ouvert le soir seulement. Fermé le dimanche. Établi depuis 16 ans dans le cadre feutré d'une belle maison en bois donnant sur un jardin exotique, ce resto français peu ordinaire vous donnera l'occasion de manger gastronomique sans y laisser une somme astronomique ! Du grand art assurément, pour une cuisine digne d'un 2 étoiles Michelin. Entre autres au menu, soupe de coquilles Saint-Jacques, plateau de fromages et crème brûlée. Belle carte de vins qui fait malheureusement grimper la note. Service très pro. Un petit plaisir à s'offrir en fin de voyage en évitant d'y aller en tongs et short. Tenue correcte plus qu'exigée. Cartes de paiement acceptées.

Dans le coin et autour de Siam Square et World Trade Center – ย่านสยามสแควร์,เวิลร์เทรดเซ็นเตอร์และรอบๆ *(plan couleur I, C-D2-3)*

Le quartier de Siam Square est composé d'un ensemble de centres commerciaux et de dizaines de restos en tout genre. Prix généralement élevés, mais nous vous en avons déniché quelques-uns pas mal du tout.

Très bon marché (moins de 100 Bts – 2 €)

|●| Tout le long du *soi* Kasemsan – ซอยเกษมสันต์ *(plan couleur I, C2-3)*, de nombreux ***stands et échoppes de rues*** où se retrouvent fans de Jim Thompson et écoliers en goguette. Bon *satays* et soupes de nouilles riches et copieuses pour une poignée de baths. Goûter aussi à la délicieuse salade de papaye.

Prix moyens (autour de 350 Bts – 7 €)

|●| ***Once Upon A Time*** – ร้านอาหารวันส์อะพอนอะไทม์ *(plan couleur I, D2, **99**) :* 32 Petchaburi Rd, Soi 17. ☎ 252-86-29. Ouvert de 11 h à 23 h. Une vieille maison de style, tout en bois, dans un jardin tropical planté de grands manguiers. En plein centre de Bangkok et pourtant au calme. Certainement l'une des meilleures cuisines thaïes traditionnelles. Le mobi-

lier patiné par les ans, la collection de portraits anciens (marotte du maître des lieux, Pierre Delalande), l'éclairage tamisé et les costumes des serveurs donnent l'impression de revivre dans la première partie du XXe siècle. Une expérience à ne pas manquer, d'autant que les prix sont d'une exceptionnelle douceur. Cartes de paiement acceptées.

|●| Pourquoi ne pas aller jeter un coup d'œil au énième ***Hard Rock Café*** – ฮาร์ดร็อคคาเฟ่ *(plan couleur I, D3, **100**)*, situé au cœur de Siam Square ? En entrant par Thanon Phaya Thai, en face du *Maboonkhlong Shopping Center (MBK)*, dans le 3e renfoncement à droite. Pas évident à trouver, mais tout le monde connaît. Ouvert de 11 h à 1 h du matin. Cher pour ce que c'est.

Dans le quartier de Soi Ngam Duphli – ย่าน ซ อยงามดูพลี *(plan couleur I, D4)*

Bon marché (moins de 200 Bts – 4 €)

|●| 🍸 ***Wong's Place*** – ร้านอาหารวงศ์เพลส *(plan couleur I, D4, **102**)* **:** 27/4 Soi Si Bumphen. Ouvert uniquement le soir. Troquet tenu par un jeune Chinois fana de musique des années 1970, comme l'attestent la déco et l'animation... Très fréquenté par les voyageurs au long cours. Des petits plats familiaux typiquement thaïs. Très sympa pour boire un verre, surtout.

|●| ***Food Center du Suan Luang Night Bazaar*** – ศูนย์อาหารสวนหลวง ไนท์บาซาร์ *(plan couleur I, D4, **116**)* **:** au bout de Witthayu Rd. Ouvert de 16 h à 2 h. En plein cœur du marché de nuit. Bienvenue au Monopoly du restaurant. Achetez des coupons puis choisissez sur les stands : saucisses de Chiang Mai, poulet ou porc grillés, *fried noodles*, fruits et autres jus de fruits délicieux. Des centaines de places assises, face à une scène où des groupes folkloriques ou de rock thaï se produisent chaque soir. Boissons très chères. Plus pour l'ambiance fête foraine que pour la gastronomie et la musique.

|●| ***Café 1912*** – สมาคมฝรั่งเศส *(plan couleur I, D4, **2**)* **:** 29 Sathorn Tai Rd – ถนนสาธรใต้. ☎ 670-42-00. Au sein de l'Alliance française. Ouvert toute la journée mais bien pour le déjeuner. Cantoche un peu chic dans un bel espace lumineux pour une cuisine thaïe vraiment pas chère. Assistez à la préparation des nouilles et de la salade de papaye par les apprentis marmitons : un vrai savoir-faire. De temps à autre, cuisine française. Bonne pâtisseries et percolateur.

Vers Silom Road et Patpong – ถนนสีลมและพัฒน์พงษ์ *(plan couleur I, B-C-D4)*

Bon marché (moins de 200 Bts – 4 €)

|●| ***Petites cantoches de rue :*** au coin de Silom et Convent Rds – ร้านค้าเล็กๆมุมถนนสีลมและคอนแวนต์. De simples et très bons plats thaïs, cuisinés dans une multitude de petits stands et servis sur des tables improvisées. On engloutit tout illico dans une chouette ambiance. À l'heure du déjeuner, tous les employés du quartier s'y précipitent ; et en soirée, de nombreux noctambules viennent là recharger leurs batteries. Rencontres authentiques. Vraiment pas cher.

Prix moyens (moins de 350 Bts – 7 €)

|●| ***Mango Tree*** – เดอะแมงโกทรี *(plan couleur I, C4,* ***104****) :* 37 Soi Tantawan, Surawong Rd. ☎ 236-16-81. Dans une ruelle calme. Une de nos meilleures adresses. On aime beaucoup le cadre soigné de cette vieille maison siamoise, exotique et chic, assise au pied d'un magnifique manguier. Charmante terrasse verdoyante où vous dégusterez une excellente cuisine thaïe à des prix qui sonnent juste. On a craqué pour le délicieux canard au curry servi dans un ananas, mais aussi pour les salades copieuses, les soupes raffinées, les nouilles subtiles (pour les fauchés) ; au dessert, le *rice pudding* est une vraie petite merveille. Une symphonie de saveurs authentiques pour un excellent rapport qualité-prix-service. Belle carte de cocktails originaux. À découvrir absolument. Venir tôt ou réserver.

|●| ***Ban Chiang*** – ร้านอาหารบ้านเชียง *(plan couleur I, C4,* ***106****) :* 14 Srivieng Rd – ถนนศรีเวียง (dans une ruelle parallèle à Sathorn et Silom Rds). ☎ 236-70-45. Dans une maison de charme ancienne, au calme et délicieusement patinée par le temps, vous serez séduit par la cuisine typiquement thaïe, exquise et raffinée ; notamment par un *roast duck curry,* qui, malgré son nom, est une soupe. Bonne cave à vins pour les amateurs. Pour la petite histoire, *Ban Chiang* est le nom d'une civilisation préhistorique qui occupa le sol thaïlandais et dont le patron possédait une collection de poteries. Excellent accueil.

|●| ***Harmonique*** – ร้านอาหารฮาร์โมนิค *(plan couleur I, C4,* ***107****) :* 22 Charoen Krung, Soi 34. ☎ 237-81-75. Ouvert du lundi au samedi de 11 h à 22 h. À deux pas de l'ambassade de France, chercher le grand portique rouge sur Charoen Krung ; c'est au fond du *soi.* Dans une maison thaïe décorée avec goût, pleine de chinoiseries. Tonnelle agréable. À la carte, fruits de mer (très bon curry de crabe) et plats thaïs bien ficelés, comme le poulet au sésame ou au lait de coco. Service sympa.

|●| ***Aoi*** – อ่อย *(plan couleur I, C-D4,* ***105****) :* 132/10-11 Silom Rd, Soi 6. ☎ 235-23-21. Chercher l'enseigne toute blanche sur la gauche. Prononcer « A-O-I ». Ouvert midi et soir. Le rendez-vous des businessmen. Cadre fait de bois, de pierre et d'alcôves en étage pour ce temple de la gastronomie japonaise. Les *sobas* et *udons* (d'énormes spaghettis préparés aux petits légumes) sont bien cuisinés et amplement suffisants pour une première approche. Variété de poissons crus ou marinés, pour les amateurs (très cher). En guise de desserts : flan à la mangue, purée de haricots rouges aux fruits... De quoi se faire hara-kiri !

|●| ***Himali Cha Cha One*** – ภัตตาคารหิมาลัยชาช่า *(plan couleur I, C4,* ***103****) :* 1229/11 Charoen Krung, Soi 47/1 ; entre Silom Rd et Surawong. ☎ 235-15-69. Ouvert tous les jours, midi et soir, jusqu'à 22 h 30. Bon resto indien vraiment sympa quoique un peu sombre (on ne voit pas toujours dans son assiette !). Cuisine d'Inde du Nord. *Vegetable kofta, curries, kormas* et *tandoori,* toujours réussis et à prix doux. Nos papilles se souviennent encore du *tandoori* à la menthe (très épicé) et du *curry kashmiri* (plus doux). Bonne carte de plats végétariens. Service diligent.

|●| ***Café de Paris*** – ภัตตาคารคาเฟ่เดอปารีส *(plan couleur I, D4,* ***108****) :* Patpong II Rd. ☎ 237-27-76. Pour les nostalgiques du petit bistro de Paname, avec ses banquettes en moleskine et sa soupe à l'oignon servie avec du pain et du beurre. Plat du jour. Petite terrasse pour boire un verre. Accueil un peu triste.

Plus chic (de 400 à 1 000 Bts – 8 à 20 €)

Pour le déjeuner, tenter le *buffet-lunch* des grands hôtels. Nourriture de qualité à volonté. On vous recommande particulièrement le ***Sala Rim Nam*** – ภัตตาคารศาลาริมน้ำ *(plan couleur I, B4, **109**)*, resto du très prestigieux ***Oriental Hotel*** – โรงแรมโอเรียลเต็ล. Réservation souhaitable : ☎ 236-04-00. Tous les jours de 12 h à 14 h. Le soir de 19 h à 22 h, dîner-spectacle, compter dans les 2 000 Bts (40 €). De l'autre côté de la rivière Chao Phraya. Une navette gratuite effectue régulièrement l'aller-retour de l'hôtel au resto. Un cadre magique pour une cuisine enchanteresse... Rien que ça ! Très luxueux (évitez d'y aller en short !), hyper-varié, copieux et super-bon... Très cher cependant. Propose également des cours de cuisine, excessivement onéreux.

Bussaracum – ร้านอาหารบุษราคัม *(plan couleur I, C4, **110**) :* Sethiwan Tower, 139 Pan Rd. ☎ 266-63-12. Dans une rue perpendiculaire à Silom Rd, au rez-de-chaussée d'un grand immeuble moderne. Prononcer « Bussaracam » (à l'intention des chauffeurs de taxi). Ouvert de 11 h à 14 h et de 17 h à 22 h 30. Tapis rouge pour cette vieille institution dont la réputation n'est plus à faire (songez, même le roi de Suède est passé par là !) et qui ravit toujours les routards de passage. 72 plats différents au menu. Apéritif offert par la maison. Pour goûter plus de choses, on pourra opter pour les *set-menus,* jolie série de plats pour 2 personnes minimum. On y déguste une excellente cuisine thaïlandaise au rythme du *Khim* ou du *Ranad.* Clientèle assez chic et européenne. Service impeccable et prix en conséquence. Le buffet du déjeuner est vraiment très abordable. Réservation recommandée.

Le Bouchon – ร้านอาหารเลอบูชง *(plan couleur I, D4, **111**) :* 37/17 Patpong II Rd. ☎ 234-91-09 ou 01-845-02-91 (portable). À deux pas du *Café de Paris,* un Lyonnais – vous l'aviez deviné ! – venu concurrencer notre bonne vieille capitale. Atmosphère étonnamment chaleureuse et intime, à quelques mètres du brouhaha de Patpong. En guise de menu, on vous apporte un grand tableau noir (pratique pour les presbytes !), où sont inscrites quelques grandes spécialités françaises. De la soupe aux lentilles au magret de canard à l'orange, en passant par le feuilleté de fruits de mer à la crème... Cuisine délicate et soignée pour une addition un peu salée à notre goût. Service souriant.

Dans le quartier chinois et indien – ย่านจีนและย่านอินเดีย *(plan couleur I, B3)*

Très bon marché

De part et d'autre de *Yaowarat Road* – ถนนเยา วราช, des ruelles s'enfoncent et proposent des dizaines de ***gargotes chinoises*** toutes plus appétissantes les unes que les autres. Au programme, crabe et homard grillés, soupe d'ailerons de requins, poisson... La plupart des restos ont deux tables, trois chaises, et la cuisine est vraiment comme là-bas ! Délicieuse ! Le soir venu, atmosphère chouette avec lumières, néons, fumée et la foule évidemment... Et pour la musique d'ambiance : symphonie pour klaxon et moteur !

Bon marché (moins de 200 Bts – 4 €)

Royal India Restaurant – ภัตตาคารรอยัลอินเดีย *(plan couleur I, B3, **112**)* : 392/1 Chakraphet Rd. ☎ 221-65-65. Ouvert tous les jours de 10 h à 22 h. Légèrement en retrait de Chakraphet Rd, dans la ruelle qui fait face à la pagode chinoise et à l'ATM Department Store. Ouvert depuis 1970, ce minuscule resto à la déco compassée propose une vraie cuisine indienne du Pendjab. Large choix de galettes (*chapati, roti, naan* et autres *paratha*), savoureux *curry, tandoori, biryani* et *thali végétariens*... Une halte de choix dans le quartier de Pahurat. Seulement huit tables et une trentaine de chaises. Clientèle d'habitués et quelques routards « perdus ». Réservation conseillée.

Nangnual Restaurant – ร้านอาหารนางนวล *(plan couleur I, B3, **113**)* : sur le *Phra Pok Klao Bridge* – สะพานพระปกเกล้า. ☎ 223-76-86. Ouvert tous les jours de 16 h à 1 h. Pas évident à dénicher. Pas d'enseigne en caractère latin. Enjamber le *khlong* par la passerelle métallique. Cuisine chinoise et thaïlandaise. Point de vue unique sur la ville et ambiance sympathique.

Texas Suki Yaki & Noodle – ภัตตาคารเท็กซัสสุกี่ยากี่ *(plan couleur I, B3, **114**)* : 17/1 Phadung Dao Rd – ถนนผดุงดาว. ☎ 222-06-49. Restaurant genre cafétéria, très fréquenté par les familles. Un repas ludique, les enfants adorent. Vous choisissez vos garnitures : calmars, bœuf, nouilles, etc. Et vous faites votre tambouille directement dans le chauffe-plat traditionnel. Service agréable. Pourquoi *Texas*, au fait ? Personne ne saura vous le dire et pourtant, tout le monde pourra vous indiquer ce quartier trépidant de Chinatown.

De plus chic à très très chic ! (de 500 à 5 000 Bts – 10 à 100 €)

China Town Scala Shark-Fins Restaurant – ภัตตาคารหูฉลามไชน่าทาวน์สกาล่า *(plan couleur I, B3, **115**)* : 483-5 Yaowarat Rd, Corner Chalermburi. ☎ 221-17-13. Face au *Chinatown Hotel*, ce resto attire depuis près d'un demi-siècle les riches hommes d'affaires chinois en quête des plus prestigieux mets de l'Empire du Milieu : nids d'hirondelle, *abalone*, cuisse d'oie, estomac de poisson et ailerons de requin braisés (la spécialité de la maison). Les prix varient en fonction de la taille de la nageoire et de la quantité que vous aurez dans votre bol. Pour notre part, nous avons goûté un tout petit aileron pour un prix très abordable. Si vous souhaitez faire un festin de mandarin, il faudra jeter votre portefeuille dans la mâchoire de la bête, car certains plats, réputés pour leurs vertus médicinales ou aphrodisiaques, coûtent l'équivalent d'une nuit d'hôtel 4 étoiles.

Où boire un verre ? Où sortir ?

La loi en vigueur autorise bars et discothèques à ouvrir jusqu'à 1 h du mat' seulement. Les oiseaux de nuit en seront pour leurs frais... Voici tout de même quelques adresses pour bien terminer la journée.

Bars de rue et bars de nuit

Charlie's Bar – ชาลีส์ บาร์ *(plan couleur II, E7, **161**)* : Sukhumvit, Soi 11. Fermeture à 0 h 30. Minuscule bar de rue dans un renfoncement à gauche. C'est un étonnant bric-à-brac végétal, une jungle de bois séchés sur un bout de trottoir. Les quelques tables sont très fréquentées le soir par les expats anglo-saxons. Chez *Charlie,* c'est bière ou whisky.

🍸 ***Moon Shine Bar*** – มูนชายน์ บาร์ *(plan couleur III, A2, **162**) :* bar de rue dans le quartier de Khao San Rd. Sur Thanon Chakrapongse, dans la station-service. Le soir, le vieux combi Volkswagen à papa est recyclé en bar itinérant. Ambiance bon enfant, pour siroter tranquillement un cocktail sur des nattes de palme.

🍸 ♩ ***Q Bar*** – คิวบาร์ *(plan couleur II, E7, **160**) :* sur Sukhumvit, tout au bout du Soi 11, dans un renfoncement à gauche. ☎ 252-32-74. Ouvert tous les jours de 20 h à 1 h. Entrée payante, avec 2 consos. Le bar-boîte qui pulse à donf. Techno, house, jungle & trip-hop. Jolie terrasse pour les amoureux. Bonne ambiance. Très fréquenté par les expats. Un peu cher.

🍸 ♩ ***The Bed Supperclub*** – เดอะ เบด ซัปเปอร์คลับ *(plan couleur II, E7, **160**) :* sur Sukhumvit, Soi 11 toujours, avant le *Q Bar.* ☎ 651-35-37. Un de ces clubs futuristes assez originaux. Dans une capsule de métal, suspendue sur des pylônes en béton. On peut dîner assis ou couché mais boire ou danser bien debout ! Écrans vidéo, jeux délicats de lumière et DJ à la pointe pour mixes tendance. *Crazy baby !*

🍸 ♩ Sur ***Sarasin Rd*** – ถนนสารสิน *(plan couleur I, D3) :* tout près de l'ambassade du Cambodge et longeant le parc Lumphini, une rangée de ***bars*** furieusement en forme égaieront vos soirées. Musique live, ambiance décontractée et bon esprit. Très sympa.

Discothèques

🍸 ♫ ***Lucifer*** – ลูซิแฟร์ *(plan couleur I, D4, **163**) :* 76/1-3 Patpong, Soi 1. ☎ 234-69-02. Entrée : 150 Bts (3 €), première boisson incluse. Au cœur de la rue chaude, envahie la nuit par les éventaires des marchands. Un escalier très pentu mène à l'étage. Stalactites pendues au plafond, déco style « Fantômes, Dracula et Halloween », serveurs portant des chapeaux diaboliques à pointe, musique techno à fond, comme d'habitude. Malgré tout, l'ambiance n'a rien d'infernal ou de malsain. Lucifer reste un sage bonzillon de la nuit.

🍸 ♩ ♫ ***Concept CM2*** – คอนเ ซ็ป ซีเอ็ม 2 *(plan couleur I, D3, **164**) :* au rez-de-chaussée de l'hôtel *Novotel,* Siam Square, Soi 6. ☎ 255-68-88. Niveau sonore totalement délirant. Inutile d'essayer de rentrer en tongs ! Fréquenté par la jeunesse dorée et les expatriés. Divers karaokés et 2 boîtes.

🍸 ♫ ***Narcissus*** – นา ซีส ลัส *(plan couleur II, F7, **165**) :* 112 Sukhumvit Rd, Soi 23. ☎ 258-48-05. Droit d'entrée de 300 à 500 Bts (6 à 10 €), avec 3 consommations. La disco la plus luxueuse et la plus frimeuse de Bangkok. Plein de *golden boys,* de dragueurs argentés ayant gagné au loto. Cela dit, cadre assez étonnant et déco changeant régulièrement. Lors de notre passage, l'ambiance était au baroque. Tenue *fashion & clean* exigée.

Bars, cabaret et spectacles

Autour des rues Patpong I et II

🍸 ♩ ♫ ***Radio City*** – เรดิโอซิ ตี้ *(plan couleur I, D4, **163**) :* dans Patpong I, juste en dessous de *Lucifer.* On a bien aimé l'ambiance survoltée de ce bar très clean, où des orchestres sympas et talentueux reprennent les chansons occidentales du moment. Quelques verres aidant, les jeunes spectateurs – thaïs et touristes – poussent tables et chaises, et se laissent vite gagner par les démons de la danse. Une bonne soirée, et plein de rencontres sur le vif.

Calypso Cabaret – คาลิปโซ่ คาบาเร่ *(plan couleur I, C2, **166**) :* dans l'*Asia Hotel,* 296 Phaya Thai Rd. ☎ 653-39-60 (de 9 h à 18 h) et 216-89-37 (de 18 h à 22 h). Show tous les soirs à 20 h 15 et 21 h 45. Durée : 1 h 20. L'entrée (chère) comprend une consommation. Il s'agit d'un spectacle réalisé par une joyeuse bande de travestis qui dansent et chantent en play-back sur des airs du monde entier. Décidément, la Thaïlande est vraiment le pays de la contrefaçon ! Show soft et bon enfant.

– Pour les ***spectacles de danses traditionnelles*** et la ***boxe thaïe,*** lire les détails dans « À voir », respectivement dans les paragraphes « Théâtre national » et « Matchs de boxe, Thaï boxing ».

Les attrape-touristes

– ***Les « go-go bars » de Patpong :*** lire attentivement la rubrique « Prostitution » dans les « Généralités » !... Si l'on pense que se priver d'une balade nocturne dans les ruelles de Patpong revient à ne pas monter jusqu'au 3e étage de la tour Eiffel, en revanche, on peut considérer qu'aller plus loin avec une des filles (surtout sans capote) reviendrait à se jeter du haut de cette même tour Eiffel. Patpong I et Patpong II sont deux ruelles composées essentiellement de bars à *go-go girls.* Les filles dansent en maillot sur la piste. Bien demander le prix de la bière avant d'entrer.

À voir. À faire

À l'ouest

Wat Phra Kaeo et le Grand Palais – วัดพระแก้วและพระบรมมหาราชวังค์ *(plan couleur I, A2, **130**) :* Sanam Chai Rd. ☎ 222-81-81. • www.palaces.thai.net • Desservi par les bus nos 1, 3, 6, 9, 15, 19, 25, 30, 44, 47, 48, 53, 60, 82, 91 ; et par le bateau : arrêt Tha Chang. Ouvert tous les jours de 8 h à 16 h. Ticket d'entrée autour de 250 Bts (5 €) ; jumelé avec la visite du *Vimanmek Mansion Museum* (voir plus loin), valable 30 jours après achat. Des audioguides sont disponibles en français (100 Bts, soit 2 €) ; ou alors visites guidées en anglais sans supplément de prix à 10 h, 10 h 30, 13 h 30 et 14 h. Tenue correcte exigée (pantalon et épaules couvertes, tongs interdites), mais si vous n'avez pas l'équipement adéquat, on vous le prêtera contre une caution. Conseillé d'y aller assez tôt afin d'éviter la chaleur et les hordes de touristes asiatiques singeant littéralement les poses des statues pour une jolie photo souvenir ! Conseillé aussi de commencer la visite par le Wat Phra Kaeo puis le Grand Palais : les gardes sont inflexibles si vous faites l'inverse !

Le palais fut construit en 1867 par Râma IV pour célébrer le 100e anniversaire de la dynastie Chakri, puis Râma V y apporta sa touche personnelle. À l'intérieur de l'enceinte (219 ha), on trouve le palais lui-même, des dépendances, ainsi qu'un ensemble de temples dont le Wat Phra Kaeo, le temple bouddhique le plus fameux de la Thaïlande, édifié pour accueillir le *bouddha d'Émeraude* (en fait, c'est du jade).

Cet ensemble de temples entourant le *wat* principal fut construit à la fin du XVIIIe siècle. C'est l'un des plus cohérents du pays sur le plan architectural, même si ça n'en a pas l'air. Envolée impressionnante de toits multicolores, de *chedî*, de sculptures et figures mythologiques où se mélangent divers styles.

La visite

Après avoir acheté vos tickets et avant l'entrée dans l'enceinte du temple, sur la droite, musée de la Monnaie, des Médailles et Trésor royal : le *Royal Thai Decorations and Coin Pavilion.* Si monnaies et médailles ne présentent pas un intérêt formidable, en revanche, la collection de vêtements, sceptres, épées, bijoux et vaisselle de la famille royale est tout simplement prodigieuse. On accède ensuite aux temples. Devant cet ensemble aux couleurs criardes, on hésite entre trouver cela somptueux ou carrément kitsch : toits superposés, façades chargées, recouvertes de verre, de bouts de miroir, de morceaux de faïences multicolores, agrémentées de petites sculptures. Ce qu'on aime particulièrement, ce sont les toits, colorés comme des tapis. Superbes *stûpa* dorés et colonnes couvertes de miroirs. On ne va pas vous faire l'historique de chaque temple, ce serait fastidieux. De plus, ce n'est pas palpitant. Voici les principaux éléments : commençons par l'édifice principal, le *Wat Phra Kaeo,* qui abrite la fameuse statuette de Bouddha. C'est en fait la chapelle royale du Grand Palais, édifiée par Râma Ier. Elle rappelle par son style les chapelles de Sukhothai et d'Ayutthaya. Le toit combine les styles thaï et cambodgien (époque où les deux pays étaient amis). On y entre par l'arrière. L'histoire du bouddha d'Émeraude fait partie des célèbres légendes de l'Orient. Au XVe siècle, à la suite de la destruction d'un temple, on découvrit à Chiang Rai une statuette de Bouddha couverte de stuc. S'écaillant doucement, le stuc laissa apparaître une statue de jade, très belle. Elle fit un séjour à Lampang, puis le roi de Chiang Mai décida de récupérer l'objet vénéré. Un siècle plus tard, la statue était au Laos, ayant suivi les princes dans leur conquête. Après encore plusieurs voyages, Râma Ier, à la fin du XVIIIe siècle, récupéra la statuette en prenant la ville de Vientiane, puis la rapporta en Thaïlande et lui consacra un temple définitif : le *Wat Phra Kaeo.* Le temple fut achevé en 1784 et, depuis, la statue n'a plus bougé. Le bouddha est dans une position de méditation, assis, les jambes repliées. Certains pensent que cette statue serait originaire du nord du pays. D'autres chercheurs croient plutôt qu'elle provient du sud de l'Inde ou du Sri Lanka...

Le bouddha est placé au sommet d'un piédestal et protégé par une sorte de baldaquin à neuf niveaux, symbole de la royauté universelle et de la dynastie Chakri. Photos interdites. Faire attention de ne pas pointer du pied la statue, insulte suprême. Bon, en réalité, on ne voit pas vraiment la statue, car elle est placée à 11 m de haut et ne mesure que 66 cm ! Petite, oui, mais coquette ! Elle possède trois tenues que le roi lui-même change à chaque saison : une robe bleue à paillettes et deux en or.

Remarquer aussi l'autel sur lequel il est dressé. Il est en bois recouvert d'or. Noter les panneaux de la porte incrustés de nacre, réalisés dans le style d'Ayutthaya. Sur les murs, belles fresques retraçant la vie de Bouddha. Les trois mondes sont évoqués : celui du désir, celui de la forme et celui de l'absence de forme. Figures hautement allégoriques, dont la signification nous échappe bien souvent. Apprécier aussi les offrandes, souvent somptueuses. Tout autour du *Wat Phra Kaeo,* on trouve moult autres édifices. Bien sûr, vous aurez remarqué encore ce magnifique *chedî* doré qui cache le sternum de Bouddha, ces statues de monstres, gardiens des portes des temples et, autour de certains *chedî,* ces démons à tête de singe qui supportent les structures, parés de costumes de mosaïques multicolores, et le *Panthéon royal* (juste derrière le *chedî* doré), ruisselant d'or et de faïence bleue, datant de la fin du XIXe siècle et abritant des statues de la dynastie actuelle. Ouvert uniquement le 6 avril, jour de célébration de la montée sur le trône de la famille.

Sous les grandes arcades tout autour, grande fresque retraçant la vie des rois de l'époque de Râma Ier. Les guides racontent en général force anecdotes et inventent d'ailleurs à peu près n'importe quoi. À côté de la bibliothèque, on trouve une *réplique d'Angkor Vat*, un des plus beaux ensembles de temples au monde, situé au Cambodge. La construction de cette maquette fut décidée par le roi Mongkut à l'époque où la Thaïlande avait la mainmise sur le Cambodge. Outre les temples, on peut visiter certaines pièces du *Grand Palais*, ancienne résidence royale (fermées les week-end et jours fériés). Chaque roi y étant allé de sa petite construction, ça fait un peu fouillis. Enfin, on peut voir le petit *musée* (8 h 30 - 16 h) : le rez-de-chaussée est assez pauvret, mais l'étage se révèle plus riche.

🏃🏃🏃 ***Wat Pho*** – วัดโพธิ์ *(plan couleur I, A3, 131)* : ☎ 222-59-10. ● www.wat pho.com ● Situé à environ 10 mn à pied du *Wat Phra Kaeo* (accessible par les mêmes bus). De ce dernier, prendre Saman Chai Rd vers le sud, la 1re rue à droite. Ouvert tous les jours de 8 h 30 à 17 h. Entrée pas chère. Visites en anglais uniquement.

Un de nos préférés. Bel ensemble de temples dont le principal contient le célèbre bouddha couché. Édifié par Râma Ier au XVIIIe siècle, c'est le plus vieux et le plus grand temple de Bangkok, mais certainement aussi le plus beau car situé dans un espace aménagé avec des coins de verdure et de repos. De plus, contrairement au Grand Palais, le Wat Pho est bien vivant. On y trouve des moines évidemment, mais aussi une école de massage, des diseurs de bonne aventure, un ashram de méditation, un petit café... Ce fut un centre d'éducation important au XVIIIe siècle, mais son origine est antérieure. Voici les éléments les plus importants.

– *Le temple du Bouddha couché :* à l'entrée, noter les 2 grands personnages de pierre, coiffés d'un chapeau haut de forme et tenant de longs bâtons ! À l'intérieur du temple, un gigantesque ***bouddha couché***, de 45 m de long et de 15 m de haut, très à l'étroit dans son petit temple. Récemment, on l'a recouvert d'une nouvelle feuille d'or. Noter son sourire narquois, la délicatesse des cheveux et ses pieds joliment incrustés de nacre, qui illustrent les qualités de Bouddha. La position couchée est celle précédant l'atteinte du nirvana, point de libération du cycle des réincarnations.

– Dans l'enceinte, quatre grands *chedî* recouverts de céramiques très décorées. Leurs formes et couleurs sont toutes différentes. Ils représentent les premiers rois de la dynastie Chakri. On les trouve vraiment superbes avec leurs flèches hautes et fines. De chaque côté, des statuettes dans des positions rigolotes, pleines d'inspiration ou de totale béatitude.

– Autour du temple, 2 galeries abritent *394 bouddhas assis.*

– Au fond de l'enceinte (côté droit par rapport à l'entrée sud), *centre de massage traditionnel.* ● www.watphomassage.com/general.shtml ● Compter entre 250 et 350 Bts (5 et 7 €). À ne pas manquer. Ce sont des étudiants qui se font la main sur votre dos. Séances de 30 mn à 1 h, avec ou sans herbes. C'est vraiment un pur moment de détente. Dans l'enceinte, buvette et toilettes.

🏃🏃 ***Wat Mahathat*** – วัดมหาธาตุ *(temple de la Grande Relique ; plan couleur I, A2, 132)* : entrée sur Thanon Na Phra That, parallèle au grand parc de

Sanam Luang. ☎ 221-59-99. Ouvert de 8 h à 17 h. Entrée gratuite. À quelques mètres des grands temples, un temple secret et loin des foules, à peine perturbé par le chant des oiseaux et des bonzes en prière. En revanche, le dimanche, c'est l'affluence pour l'impressionnante prière collective du matin. Dans l'enceinte centrale, belle collection de bouddhas en méditation, souriant et facétieux, gardant sagement les reliques de Bouddha (non visibles, dans le *chedî*), et les tombes des défunts. Centre de méditation (horaires changeants, à vérifier sur place), ouvert aux non-initiés. Université pour apprentis bonzes, ravis de vous éclairer sur l'état du nirvana. En sortant, quelques amulettes sur les trottoirs voisins.

Wat Arun **–** วัดอรุณ *(temple de l'Aube ; plan couleur I, A3,* ***133****)* **:** de l'autre côté de la rivière de Chao Phraya, à Thonburi – ฝั่งธนบุรี. ☎ 891-11-49. Prendre les navettes qui traversent le fleuve toutes les 10 mn au Tha Thien si vous venez du Wat Pho, ou au Tha Chang si vous venez du Wat Phra Kaeo. Contrairement à ce que l'on pourra vous dire, il est inutile de louer un bateau pour traverser. Ouvert de 7 h 30 à 17 h 30, mais préférer le matin car parfois le temple ferme plus tôt. Entrée pas chère.
Son nom provient d'*Aruna,* déesse de l'Aurore en Inde. Il fut édifié au XIXᵉ siècle par Râma II et Râma III, dans cette partie de la ville, Thonburi, autrefois capitale du pays. Le *prang* principal, haut de 86 m, est extraordinaire, totalement recouvert de morceaux de porcelaine cassés et accuse un style khmer assez marqué avec de délicieuses *apsara* (danseuses divines) sculptées à la base. Accès interdit jusqu'au sommet de la tour principale. Dommage, la vue doit être superbe... Juste à côté, la chapelle *(prah viharn)* est recouverte d'une céramique fleurie et champêtre. Belle porte au motif floral sculpté et gravé.

Wat Benjamabopitr **–** วัดเบญจมบพิตร *(temple de Marbre ; plan couleur I, B1,* ***134****)* **:** à l'angle de Sri Ayutthaya Rd et de Râma V Rd – มุมถนนศรีอยุธยาและถนนพระราม. ☎ 282-74-13. Desservi par les bus nºˢ 3, 5, 9, 16, 23, 50, 70, 72 et 99. Ouvert tous les jours de 8 h à 17 h 30. Entrée pas chère. Juste en face du Palais royal actuel, un charmant temple de marbre qui date du tout début du XXᵉ siècle. Le meilleur instant pour visiter est le matin, au moment des chants des moines dans la chapelle. Tout le marbre vient de Carrare, et la céramique des toits de Chine. Deux beaux lions au sexe bien dessiné gardent la porte en teck sculpté.
À l'intérieur du bâtiment principal, remarquable décoration d'or et de laque. Sur l'autel, énorme bouddha qui abrite sous lui les cendres de Râma V, mort en 1910. Agréable jardin traversé par un mini-*khlong.*

Wat Sakhet **–** วัดสระเกษ *(temple de la Montagne d'Or – วัดภูเขาทอง ; plan couleur I, B2,* ***135****)* **:** Chakkaphatdi Rd ou Boriphat Rd – ถ.จักรพัฒน์หรือถนนบริพัฒน์. Assez proche de l'office du tourisme, dans le quartier des menuisiers. Desservi par les bus nºˢ 8, 15, 37, 38, 39, 47 et 49. Ouvert tous les jours de 7 h 30 à 17 h 30. Petite donation demandée en haut de l'édifice.
Ce temple commencé par Râma III et fini par Râma V se trouve perché sur une colline artificielle et ne ressemble à aucun autre. Il présente peu d'intérêt mais offre une vue unique à 80 m de hauteur.

Wat Suthat **–** วัดสุทัศน์ *(temple de la Balançoire géante ; plan couleur I, B2,* ***137****)* **:** entrée par Bamrung Muang Thanon (face à la Balançoire). Desservi par les bus nºˢ 10, 12, 19, 35 et 42. Ouvert de 8 h 30 à 21 h. Entrée pas chère.

Construit par Râma Ier et achevé par Râma III. Fresques de grande qualité. On vient ici également pour le gigantesque portique de la Balançoire placé juste à l'entrée. Elle servait de balancier à de jeunes brahmanes dont l'objectif était de décrocher avec les dents des sacs pleins d'argent suspendus à 25 m au-dessus du sol. On ne voit pas bien le côté religieux de l'affaire...

Les mordus des temples pourront encore rendre visite au ***Wat Rajabophit*** – วัดราชบพิตร *(plan couleur I, B2, **138**)* et au ***Wat Ratchanadaram*** – วัดราชนัดดาราม *(plan couleur I, B2, **139**)*, entouré d'un marché aux amulettes.

Le Musée national – พิพิธภัณฑสถานแห่ง ชาติพระนคร *(plan couleur I, A2, **140**)* : Na Phra That Rd – ถนนหน้าพระธาตุ. ☎ 224-13-96. Desservi par les bus nos 1, 3, 6, 8, 9, 15, 19, 25, 30, 42, 44, 47, 53 et 60. Ouvert du mercredi au dimanche de 9 h à 16 h. Fermé les jours de fête. Visite guidée en français les mercredi et jeudi à 9 h 30. Entrée : 40 Bts (0,8 €). Un superbe musée à ne pas manquer.
Cet ensemble est composé de plusieurs édifices (se munir d'un plan à l'entrée) abritant les merveilles de l'art thaïlandais, ainsi que des anciens pavillons ou temples placés ici dans un but de conservation. Ce musée prépare admirablement bien à la visite ultérieure des temples. Tout l'art thaïlandais y est résumé ; de vraies merveilles...
Avant de démarrer, sachez que toutes les *salles du groupe N* regroupent l'art thaï de différentes périodes : objets et sculptures d'époque de Lan Na (XIIIe siècle), dont la capitale était Chiang Mai ; art de Sukhothai (nombreux bouddhas), d'Ayutthaya (influencé par l'art môn et khmer), ainsi que de Bangkok (création du XIXe siècle). Les *salles du groupe S* rassemblent l'art de Lopburi, Dvâravatî et Srivijaya.
Voici donc les salles qui nous ont semblé les plus intéressantes.
– ***Salles 1 et 2 :*** elles retracent la préhistoire et l'histoire du pays (situées dans l'édifice d'entrée).
– ***Salle 3 :*** c'est en fait la *chapelle Buddhaisawan,* construite à la fin du XVIIIe siècle dans le style de Bangkok pour abriter un bouddha en bronze doré du XVe siècle. Extérieur assez banal, mais panneaux peints superbes à l'intérieur. Ils décrivent la vie de Bouddha dans un style très allégorique. Plafond à poutres décorées. Panneaux de bois relatant la vie de Râma, héros national. Notre Astérix à nous, quoi !
– ***Salle 6 :*** série d'exceptionnels palanquins royaux dont un en ivoire. Haut palanquin en bois sculpté de la fin du XVIIIe siècle.
– ***Salle 7 :*** jolie collection de masques, figurines de théâtre et têtes de marionnettes. Jeux d'échecs en ivoire.
– ***Salle 8 B :*** présentation de superbes défenses d'éléphants sculptées et des boîtes incrustées de nacre.
– ***Salle 10 :*** la galerie du parfait petit tonton flingueur ! Armes de toutes sortes, parfois très raffinées. Éléphant équipé pour le combat.
– ***Salle 11 :*** emblèmes royaux et collection de bouddhas en or (déchaussez-vous !).
– ***Salle 14 B :*** tissus et costumes traditionnels et militaires à travers les siècles. Soies chinoises ou cambodgiennes, brocarts indiens. La plupart proviennent des armoires de la famille royale.
– ***Salle 15 :*** étonnante collection d'instruments de musique de toute l'Asie.
– ***Salle 17 :*** étonnants chariots funéraires royaux construits sous le règne de Râma Ier pour les crémations royales. Un des chariots est encore utilisé. Il pèse 20 t et est tiré par plusieurs centaines d'hommes.

– ***Salle 22 :*** c'est une vieille maison de teck qu'il faut absolument visiter. Ancien appartement privé d'une princesse. Toutes les planches sont chevillées et non clouées. Superbe de simplicité et de raffinement. Beau lit à baldaquin.

Vimanmek Mansion Museum **–** พิพิธภัณฑ์วิมานเมฆ *(plan couleur I, B1,* ***141****) :* Ratchawithi Rd – ถนนราชวิถี. ☎ 628-63-00. ● www.palaces.thai.net ● Au nord-ouest, près du zoo. Desservi par les bus nos 12, 18, 28, 70 et 108. Ouvert tous les jours de 9 h 30 à 16 h. Visites guidées en anglais toutes les 15 mn. Entrée : 100 Bts (2 €). Attention, le ticket jumelé acheté à l'entrée du Grand Palais inclut aussi la visite de la Vimanmek Mansion ; en revanche, le ticket acheté ici n'inclut pas le Grand Palais. Conclusion : visiter d'abord le Grand Palais. Attention, ici plus encore qu'ailleurs, une tenue correcte est exigée ; on pourra même vous prêter un *sarong.* Le prix inclut les spectacles de danse ou d'art martial, qui ont lieu à 10 h 30 et 14 h dans un petit théâtre de plein air.

Au fond d'un espace gazonné au bord de l'eau, on découvre une des plus merveilleuses maisons qui soient, considérée comme la plus grande demeure en teck du monde. Cette superbe résidence fut construite selon les désirs de Râma V à la fin du XIXe siècle sur une île au bord du golfe du Siam. Elle fut ensuite déplacée en 1901 à l'endroit actuel. Le roi y résida de temps à autre au 3e étage, laissant les 2 autres niveaux occupés par les membres de la famille royale. Les rois qui lui succédèrent y vinrent finalement assez peu, et la maison fut fermée pendant près d'un demi-siècle avant qu'une restauration en profondeur fût décidée. En tout cas, voilà qui est fait, pour notre plus grand plaisir. Toute la décoration intérieure a été reconstituée telle qu'elle était lors du règne de Râma V.

Trente et une pièces, antichambres et vérandas disposées sur 3 niveaux : il y en a de toutes les tailles, de toutes les formes, de tous les styles. Toutes les pièces possèdent des vitrines d'objets d'art, des cadeaux offerts à la famille, des souvenirs personnels et du mobilier de toute beauté...

Le Théâtre national **–** โรงละครแห่ง ชาติ *(plan couleur I, A2,* ***142****) :* Na Phra That Rd. ☎ 224-13-42 ou 221-01-74. À côté du Musée national. C'est une construction récente bâtie dans un style mi-thaï, mi-moderne, où ont lieu des représentations de danse en costume traditionnel, tous les week-ends de novembre à mai, à 16 h 30. Pas très cher et superbe. Danse classique thaïe le dernier vendredi de chaque mois à 17 h 30.

Le musée national des Barges royales **–** พิพิธภัณฑ์สถานแห่ง ชาติเรือพระราชพิธี *(plan couleur I, A1-2,* ***143****) :* ancrées sur le *khlong* Bangkok Noi, près de la gare de Thonburi. ☎ 424-11-04. Pour y aller, le plus simple : prendre le *Chao Phraya Tourist Boat,* qui s'arrête juste en face. Autre moyen, moins cher : s'arrêter au ponton du « Phra Pinklao Bridge » avec le *River Express,* prendre ensuite à gauche sous le pont, passer la *Wat Dusitaram School,* puis prendre tout de suite à gauche. Au fond du *soi* Wat Dusitaram, à gauche, puis suivre les pancartes « Royal Barges ». Par de petits pontons de béton ou de bois, au milieu d'un dédale de maisons de bois sur pilotis (en profiter pour regarder vivre la population locale), on aboutit au *khlong* où se dresse le hangar aux barges. Ouvert de 9 h à 17 h, sauf les jours fériés. Entrée pas chère mais photos payantes.

Vaste hangar sur l'eau où sont présentées 8 incroyables barges décorées et sculptées qui servaient, jusqu'à une date récente, à transporter le roi pour offrir aux bonzes leur nouvelle robe lors de la saison des *Kathins.* La plus ancienne barge mesure 43 m de long et ne comptait pas moins de 54 rameurs. Proues admirables, somptueusement ciselées, représentant des héros légendaires thaïs.

Chinatown **–** ย่านเยาวราช *(plan couleur I, B3)* **:** elle s'ordonne autour de Yaowarat et Charoen Krung, deux rues parallèles. On peut y aller en bateau. Descendre à Tha Ratchawong ou à Memorial Bridge (Tha Saphan Phut). Difficile à décrire, c'est avant tout une atmosphère. Beaucoup de commerces, bien sûr, bijoux et tissus notamment, et puis d'innombrables petites cantoches délicieuses, fumantes et animées. À voir surtout quand la nuit tombe, lorsque les néons concurrencent les vieilles lanternes chinoises.
– *Yaowarat* (nombreuses boutiques d'or et d'apothicaires) est une artère large et peu chaleureuse ; mais partez donc explorer les ruelles minuscules qui s'infiltrent de part et d'autre. Les deux venelles les plus hautes en couleur restent sans conteste *Sampeng Lane* (*soi Wanit I* sur le plan), parallèle à Yaowarat, et surtout sa transversale *Itsaranuphap.* Des centaines de petites échoppes de bric-à-brac d'où se dégagent parfois des odeurs terrifiantes, des fatras d'objets, de vêtements, de vieilleries en tout genre. Le verbe « chiner » prend ici tout son sens. C'est là qu'on ressent toute l'atmosphère. Petits restos, stands de toutes sortes et mamies chinoises donnent le ton au quartier. Fouinez et vous trouverez des coins intéressants.
– Plus vers l'est, visitez aussi *Phadung Dao* et les ruelles avoisinantes. D'un côté, le *soi Texas* (la ruelle qui s'engage face à *Chinatown Hotel*) avec ses salons de coiffure où l'on se propose, pour une poignée de bahts, de s'occuper de votre barbe ou de vos petons. De l'autre côté, un enchevêtrement de venelles résidentielles où l'on rencontre des familles chinoises souriantes et détendues. Dans les nombreuses gargotes, l'ambiance est à la fête et on surprend de vieux Chinois, un verre de whisky ou de bière à la main, chantant à pleine voix les derniers tubes de Canton, en regardant les petits derniers improviser un volley sur le trottoir entre deux arbres. Du coup, l'image qu'on s'était faite du Chinois cinq minutes plus tôt est balayée. À l'intérieur du quadrilatère formé de Charoen Krung, Chakkrawat, Yaowarat et Boriphat se trouve *Nakhom Kasem,* « le marché aux voleurs », où étaient vendues autrefois les marchandises chapardées. Plus connu aujourd'hui pour ses appareils photo d'occase et ses confiseries pas mauvaises du tout. À voir encore, le *temple Leng Noi Yee,* à l'angle de Charoen Krung et de Mangkon Rd. Atmosphère assez géniale, genre *Tintin et le Lotus bleu.*
– Tous les ans, début février, le *Nouvel An chinois* enflamme Chinatown lors d'une fête démesurée, nourrie de petits concerts et d'innombrables cantoches, installées dans les rues fermées à la circulation pour l'occasion. Un bon bain de foule à tenter si vous êtes dans le coin. De même, la mi-année du calendrier chinois est fêtée dans la rue...

Le quartier indien, le marché de Pahurat **–** ย่านอินเดีย,ตลาดพาหุรัด *(plan couleur I, B3)* **:** à l'extrémité ouest de Chinatown, de part et d'autre de *Chakraphet, Pahurat* et *Tri Phet Rds,* l'atmosphère devient plus indienne et pakistanaise. C'est surprenant ! Un marché aux étoffes bigarrées, plein d'épices odorantes, de *bindis* (bijoux indiens) et de passementeries et autres saris. Atmosphère trépidante, un bon aperçu de la culture indienne.

Les marchés flottants **–** ตลาดน้ำ **:** Bangkok en possède plusieurs. *Wat Sai Floating Market* – ตลาดน้ำวัดสาย, et, à 80 km au sud-ouest de Bangkok, le *Damnoen Saduak Market* – ตลาดน้ำดำเนินสะดวก, à Ratchaburi – จังหวัดราชบุรี. Plus grand-chose ne flotte. Un vrai repaire à touristes.

🍴🍴🍴 ***Balade sur les khlongs* – นั่งเรือชมคลอง *:*** à faire absolument. C'est un tout autre visage de Bangkok qu'on vous propose de découvrir. Les *khlongs*, ces canaux qui sillonnent la partie ouest de Bangkok, permettent de s'infiltrer dans une vie locale insoupçonnée. Loin des gratte-ciel et de la circulation, des centaines de maisons de bois sur pilotis, vieilles baraques bringuebalantes, temples modestes, tourbillons de fleurs flottantes, petits commerces sur l'eau, etc., le tout enfoui dans une végétation exubérante.
Pour une chouette balade, éviter bien sûr les circuits organisés. On peut se procurer de la documentation au TAT ou au BTD (offices de tourisme ; voir « Adresses utiles ») pour préparer son itinéraire.

Comment faire ?

➢ Prendre les bateaux réguliers *(taxi-boats)* aux embarcadères indiqués ci-dessous. Pas cher du tout.
➢ Un peu plus cher : se grouper (au moins 10 personnes) et négocier avec un *long-tail boat* un circuit d'1 h (ou plus long, ce qui est mieux encore car cela permet d'aller plus loin dans la banlieue de Bangkok) à travers les *khlongs*. On choisit de s'arrêter où l'on veut. Marchander un prix forfaitaire par personne pour la prestation et non à l'heure et prévoir les arrêts, s'il y en a, avec le pilote. Négocier fermement. Éviter de les prendre aux *piers* principaux, près des sites touristiques, et les prix diminueront comme par magie. Un super-moment en perspective !

Quelques exemples de parcours

➢ ***Sur le khlong Mon :*** départs réguliers des quais de Tha Thien depuis tôt le matin jusqu'en fin d'après-midi sur un *taxi-boat*. Toutes les 30 mn environ. Possibilité également de louer un *long-tail boat*. Sur votre chemin, plein d'orchidées et une vraie vie lacustre.
➢ ***Sur le khlong Bang Noi et le khlong Bang Yai :*** départs fréquents de l'embarcadère de Tha Chang, proche du Grand Palais. Trafic de 6 h à 19 h environ. *Long-tail* disponible.
➢ ***Sur le khlong Om jusqu'à Nonthaburi (au nord) :*** arrivé à Bang Yai (entre 6 h 30 et 11 h), marcher jusqu'au quai du temple Sao Thong Hin et prendre l'un des bateaux réguliers (service de 4 h à 19 h). Belles maisons en teck le long du canal.

🍴🍴 ***Descente (ou remontée) de la rivière Chao Phraya :*** se reporter à la rubrique « Transports ». Très nombreux quais *(tha)* d'où, pour quelques bahts, on peut emprunter le bateau-bus local. Ne pas oublier que le *Chao Phraya River Express* ou le *Chao Phraya Tourist Boat* (un peu plus cher) sont d'excellents moyens de rallier le quartier de l'*Oriental Hotel* et l'ambassade de France, le Wat Arun, le Wat Pho et le Grand Palais. Et de remonter un peu plus au nord vers Banglampoo (pour Khao San Road) et Thewet, pour son marché aux fleurs, en admirant le pont à haubans Râma VIII. Sachez aussi qu'un *Bangkok River Tour* est organisé chaque jour avec descente de la rivière et visite des principaux sites touristiques au bord de l'eau. Guide en anglais. Un peu cher mais idéal pour découvrir la ville rapidement. Renseignements au *Central Pier*, situé au terminus de la ligne du métro aérien Saphan Thaksin. ☎ 02-623-60-01.

Le marché aux amulettes – ตลาดเครื่องรางของขลังสนามหลวง *(plan couleur I, B2)* **:** Maha Chai Rd – ถนนมหาชัย. Ce petit marché jouxte le Wat Ratchanadaram et se situe non loin des grands temples. Quelques dizaines de petites boutiques concentrées sur une poignée de mètres carrés constituent le royaume des bondieuseries, ou plutôt des « bouddhaseries ». C'est ici que bonzes et bonzesses viennent faire des emplettes pour leurs temples. Quelques guinguettes avec vue sur la rivière Chao Phraya proposent de bons plats locaux. Accès par l'intérieur du marché.

Dans le centre

La maison de Jim Thompson – บ้านจิมทอมป์สัน *(plan couleur I, C2, 144)* **:** Soi 2 Kasemsan – ซอยเกษมสันติ, Râma I Rd – ถนนพระราม 1, tout près du National Stadium. ☎ 216-73-68. • www.jimthompsonhouse.com • Ⓜ *(Skytrain)* Stadium Station. Bus n° 8. Ouvert tous les jours de 9 h à 17 h (dernière visite à 16 h 30). Entrée : 100 Bts (2 €). Certains se contentent de jeter un rapide coup d'œil sans attendre la visite guidée en français. Ils ont tort. Voici peut-être les dernières vraies maisons thaïes en teck qui subsistent à Bangkok. Maisons en trapèze, sur pilotis, assises au bord d'un petit canal, dans un magnifique jardin luxuriant et très calme.

À l'intérieur, collections d'art très bien présentées et de bon goût. Jim Thompson était un ancien agent de la CIA qui s'était reconverti en relançant l'industrie de la soie dans ce pays, avant de disparaître mystérieusement en Malaisie, en 1967. À travers une succession de pièces et de salons décorés dans le plus pur style thaï, on découvre une collection d'objets d'art de toute beauté : vaisselle, sculptures, porcelaine Benjarong (à 5 couleurs), panneaux peints et, bien sûr, de magnifiques bouddhas, provenant de toute l'Asie. Un grand moment de plaisir ; on s'y installerait presque ! Boutique pour faire des emplettes et très bon resto avec produits de la ferme, pour reprendre des forces.

Suan Pakkard Palace – วังสวนผักกาด *(plan couleur I, D2, 145)* **:** 352 Sri Ayutthaya Rd – ถนนศรีอยุธยา (non loin de l'angle avec Phaya Thai Rd). ☎ 245-49-34. • www.suanpakkad.com • Desservi par les bus nos 13, 14, 17, 63 et 72 et par le *Skytrain* (station Phaya Thaï). Ouvert de 9 h à 16 h. Entrée : 100 Bts (2 €), avec un éventail offert ! Visite possible en français. Ancien « jardin planté de choux » qui cache un bel ensemble de huit maisons thaïes traditionnelles, véritable bouffée d'oxygène dans ce quartier dévoré par les édifices prétentieux. Dans le pavillon du fond, de splendides peintures murales à base d'or et de laque noire représentent la vie de Bouddha. Ailleurs, de belles pièces, masques de théâtre, poteries et une jolie collection d'instruments de musique agrémentent la visite.

Snake Farm – สวนงูสภากาชาดไทย *(plan couleur I, D4, 146)* **:** 1871 Râma IV Rd (presque au coin de Surawong Rd). ☎ 252-01-61. Ⓜ *(Skytrain)* Sala Daeng. Desservi par les bus nos 4, 16, 21, 45, 46, 50, 67 et 109. Ouvert de 8 h 30 à 12 h et de 13 h à 16 h en semaine et de 8 h 30 à 12 h les week-ends et jours fériés. Entrée : 70 Bts (1,4 €) à l'heure de la présentation, moins cher le reste de la journée.

La Croix-Rouge thaïe et l'institut Pasteur y élèvent des serpents pour fabriquer des sérums antivenin. À 11 h et 14 h 30, un vétérinaire extrait le venin des animaux (à 10 h 30 seulement les week-ends et jours fériés).

Le parc Lumphini – สวนลุมพินี *(plan couleur I, D3-4)* **:** Râma IV Rd. Un endroit agréable pour s'éloigner du tumulte de la ville, bien qu'on y perçoive encore le brouhaha des automobiles. Composé de deux plans d'eau où peut louer des barques et des pédalos, une activité appréciée des ados locaux, qui se livrent à d'intrépides batailles navales ! Le matin à l'aube, des centaines de vieux Chinois viennent y pratiquer l'art du tai-chi. Autre génération, autre style : les jeunes Rocky ont maintenant leur aire de musculation... Le parc est très fréquenté le dimanche, idéal pour faire des rencontres. Nombreux cerfs-volants à la saison chaude.

***Matchs de boxe, Thai Boxing* – มวยไทย :** le grand spectacle de Thaïlande où presque tous les coups sont permis, sauf les morsures. Le combat commence par une bizarre danse rituelle au ralenti, destinée à montrer le savoir-faire du boxeur et à mettre les esprits de son côté. Un orchestre l'accompagne et joue pendant tout le combat, augmentant d'intensité avec les coups. Les spectateurs parient de grosses sommes : ambiance délirante. Les mécontents jettent souvent des bouteilles vers l'arbitre, et tous les coups portés (surtout les coups de genou) sont accompagnés d'un « *di !* » du public, qui en gros veut dire « *bats-toi !* ».
Se renseigner sur les jours et heures des matchs au *Lumphini Boxing Stadium* – สนามมวยลุมพินี *(plan couleur I, D4)*, Râma IV Rd, au croisement de Wireless Rd (☎ 251-43-03. ● www.muaythai.co.th ● Il est question que ce dernier déménage très prochainement sur le soi Nang Lynchee 3. Se renseigner ! En général, les mardi et vendredi à 18 h, et le samedi à 14 h et 18 h 30), et au *Ratchadamnoen Stadium* – สนามมวยราชดำเนิน (☎ 281-42-05 ; normalement les lundi et mercredi à 18 h, le jeudi à 17 h et 21 h, et le dimanche à 16 h et 18 h), sur Ratchadamnoen Nok Rd, près du TAT et de la police touristique. Compter à partir de 500 Bts, soit 10 €, pour une place. Mais en fonction des matchs, les prix peuvent flamber. Nous vous déconseillons d'acheter vos billets à des revendeurs à la sauvette. Quoi de plus simple que de les acheter directement au guichet ! Des spécialistes nous ont affirmé que les meilleurs combats étaient ceux du jeudi soir à *Ratchadamnoen*.

Pour les amateurs de marchés, à l'autre bout de la ville, le ***Thewet Flower Market*** – ตลาดดอกไม้เทเวศร์ *(plan couleur I, B1, **148**)*, où l'on trouve plantes, fleurs tropicales et orchidées, ainsi que le ***Pak Khlong Market*** – ปากคลองตลาด *(plan couleur I, A3, **149**)*, marché monumental aux fruits, légumes et fleurs essentiellement. Possibilité de relier ces deux marchés en prenant le *River Express*, du Saphan Phut Ferry Pier au Thewet Ferry Pier... Pas cher, rapide et agréable. L'occasion d'amusantes balades à la découverte du visage authentique de Bangkok. De *Pak Khlong Market*, remonter au nord vers le marché indien de ***Pahura Market*** – ตลาดพาหุรัด (voir plus haut). Riche en étoffes et en bijoux.

La tour Baiyoke II – อาคารใบหยก 2 *(plan couleur I, D2, **150**)* **:** 222 Rajprarop Rd, Rajthevee. On y accède par l'avenue Petchaburi et les rues commerçantes et encombrées qui traversent le quartier des magasins de textiles et de vêtements, en gros l'équivalent du quartier du Sentier à Paris. En fait, il y a deux tours, très proches l'une de l'autre : la tour *Baiyoke I* et la tour *Baiyoke II*. Celle-ci est la plus futuriste et la plus haute de Thaïlande (309 m contre 321 m pour la tour Eiffel). Elle ressemble à une sorte de grand stylo coiffé d'une sorte de rotonde. De là-haut, vue superbe et très étendue sur la capitale, que nous vous conseillons de découvrir la nuit. Fondations à près de 65 m sous terre (équivalent en taille d'un immeuble de 22 étages) pour s'assurer de la stabilité de la tour.

La visite

Accès payant. Soit vous montez pour la vue (120 Bts, soit 2,4 €), soit vous optez pour un billet cumulé à 940 Bts (18,8 €), qui couvre l'ascenseur plus le resto-buffet au 78e étage. Avec ce même billet, on peut accéder librement à la terrasse d'observation au sommet de la tour. Moitié-prix après 20 h.
– Aux 76e et 78e étages : le *Bangkok Observation & Restaurant.* ☎ 656-35-00 ou 656-35-98. Il est très bon et, bien que ce soit un peu cher, ça vaut quand même la peine d'y venir à la nuit tombée. Ça fonctionne sur le mode du buffet à volonté. Petits plats thaïlandais et internationaux, sushis... La vue superbe sur Bangkok la nuit et la qualité des plats servis en font un endroit exceptionnel. Pour séduire la femme (ou l'homme) de votre vie rencontré(e) en voyage !
– Au 77e étage : terrasse d'observation (à l'intérieur). Ouvert de 10 h à 22 h.
– Au 84e étage : terrasse d'observation. Ouvert de 10 h 30 à 22 h.
– Voir aussi le *Baiyoke Sky Hotel* plus haut, dans le quartier de Silom Road et jusqu'à la gare de Hua Lamphong.

Au nord

Chatuchak Park – สวนจตุจักร *(Week-end Market ; hors plan couleur I par D1, **151**) :* sur Phahon Yothin Rd (route de l'aéroport international), pas très loin du *Northern Bus Terminal.* Desservi rapidement par Ⓜ *(Skytrain)* Mo Chit, Kamphang Phet (métro) ou par les bus nos 3, 29, 34, 39 et 44 entre autres. Ouvert les samedi et dimanche de 7 h à 18 h. Pas trop de touristes le samedi matin. On y trouve à peu près tout : vêtements thaïs typiques, matériel de cuisine, alimentation, animaux, tissus, outils, cotonnades, artisanat, etc. De belles orchidées et des bonsaïs à des prix déments. Visite et marchandage obligatoires. Ne manquez pas le Sunday Market. Parfois des combats de coqs. Ne manquez pas non plus les poissons de combat *(fighting fish).* Pas commodes ! Quelques boutiques d'antiquités. Nombreux éventaires et même un resto, le ***Toh Plue,*** près des sections 17 et 19, au nord-ouest du marché. ☎ 536-44-59. Ouvert du mercredi au dimanche. Plats thaïs et chinois bon marché dans une ambiance *drive-in.* Nourriture correcte mais standard.

Achats

Bangkok possède des dizaines de *shopping centers,* tous plus beaux les uns que les autres. Par ailleurs, dans certains secteurs, plusieurs rues voient leurs trottoirs se remplir de stands le soir. On y trouve de tout et surtout du faux. Incroyable comme ce pays est devenu celui de la contrefaçon : polos, montres, sacs, cassettes, CD, DVD, chemises, lunettes, bijoux... Heureusement, les soies sont bien authentiques.

La soie : relancée par Jim Thompson, l'industrie de la soie est aujourd'hui florissante. Tissée à la main, avec des motifs splendides et des tons très vifs et colorés, la soie thaïlandaise est considérée comme l'une des plus belles du monde. Faites donc un détour par la boutique *Jim Thompson* – ร้านจิมทอมปสัน *(plan couleur I, D4, **152**),* 9 Surawong Rd. ☎ 632-81-00. Ouvert tous les jours de 9 h à 21 h. Il y a beaucoup de choix, de la simple pièce de tissu aux chemises, en passant par les cravates, robes, foulards, etc. C'est beau, c'est cher, mais bien moins qu'en France. Et puis sachez aussi que tous les grands *shopping centers* ont des boutiques qui vendent de la belle soie...

Tailleurs : le grand truc, pour vous, monsieur, c'est de vous faire tailler un costard sur mesure, et pour vous, madame, un beau tailleur (découpez les photos des modèles dans vos magazines préférés). Des centaines d'adresses pour cela. Voici une adresse de très bonne qualité : *A. Song Tailor* – เอสองเทลเลอร์ *(plan couleur I, C4, **153**)*, 8 Trok Chartered Bank Lane – หน้าโรงแรมโอเรียลเต็ล. ☎ 235-27-53. Toute petite boutique ne payant pas de mine dans le quartier de l'ambassade de France. D'ailleurs, c'est son tailleur attitré. Jolies coupes, beaux tissus, magnifiques cachemires, bon rapport qualité-prix. Compter 3 essayages minimum pour un trois-pièces. Très peu de choix de tissus pour les femmes. Cela dit, si vous devez aller à Chiang Mai, patientez pour faire confectionner vos fringues, c'est beaucoup moins onéreux là-bas.

Sukhumvit Road – ถนนสุขุมวิท *(plan couleur II, E7) :* au début de la rue, entre les *soi* 5 et 20, des stands ambulants vendant toutes les grandes marques... contrefaites, jusqu'en fin d'après-midi. C'est vilain de copier et désormais, ça peut coûter cher ! Savoir par ailleurs que les montres se détraquent vite et que les étoffes passent rapidement au rayon des chiffons à chaussures. Un tas de souvenirs en tout genre.

Chatuchak Park – ตลาดนัดจตุจักร *(Week-end Market ; hors plan couleur I par D1, **151**) :* autrefois l'un des plus prodigieux marchés ouverts (se reporter à la rubrique « À voir. À faire. Au nord »).

Silom Road et Surawong Road – ถนนสีลมและถนนสุริวงศ์ *(plan couleur I, C-D4) :* boutiques d'antiquités (pour ne pas dire antiquitocs !), de laques, bijoux, porcelaines et pacotilles. Marchandage de rigueur, même si l'endroit est chic.

Yaowarat Road – ถนนเยาวราช *(plan couleur I, B3) :* dans le quartier chinois. Toute la rue est bordée de bijoutiers. Essentiellement de l'or. Dans les petites rues adjacentes, échoppes de toutes sortes où l'on trouve des herbes, des potions genre poudre de perlimpinpin aux odeurs bizarres. Plus loin, le *Nakhom Kasem* (le « marché aux voleurs »). Porcelaines chinoises et thaïlandaises, et quantité d'objets inutiles.

Patpong Night Bazaar – พัฒน์พงษ์ไนท์บาร์ซาร์ *(plan couleur I, D4) :* Patpong I Rd n'est pas seulement un grand marché à viande ! Le soir, les rues sont envahies de stands qui vendent de tout et au prix le plus fort. Babioles, CD, DVD, montres, T-shirts... Ne vous fiez pas aux marques, tout est archifaux, bien sûr !

Khao San Road – ถนนข้าวสาร *(plan couleur III, A-B2) :* possède aussi son lot de stands divers. Tous les soirs, on y trouve pas mal de bijoux fantaisie et de contrefaçons très chères. À Khao San Rd, pour 100 Bts (2 €) t'as plus rien !

Les shopping centers (ouverts généralement jusqu'à 22 h), proposent des articles intéressants. On peut y acheter des tas de choses (lingerie, produits de beauté, tissus, grandes marques – authentiques ! – etc.). En voici quelques-uns : *Siam Square,* le plus important – ศูนย์การค้าสยามสแควร์ *(plan couleur I, D3, **154**)*, Charn Issara Tower – ตึกชาญอิสระ, 942 Râma I Rd et *Emporium* sur Sukhumvit Rd, pour son élégance et sa beauté.

Shopping nocturne : les trois marchés nocturnes les plus animés sont situés sur Khao San Rd (la rue des *guesthouses* pour routards), sur Sukhumvit entre les *soi* 5 et 15 environ, et bien évidemment sur Patpong I. On y trouve toutes sortes de stands à la sauvette proposant presque exclusivement des contrefaçons de célèbres marques européennes (chemises, lunettes, polos, ceintures, montres, cassettes...). Il est tentant d'acheter, d'autant que les copies sont parfois de qualité comparable au modèle original... Sachez toutefois que si l'achat de ces produits est permis, leur importation en Europe est en revanche formellement interdite. Le risque encouru à la douane est clair : confiscation des produits et paiement d'une amende d'un montant équivalant au double du prix des originaux. Réfléchissez-y à deux fois ou votre retour risque de s'avérer douloureux...

QUITTER BANGKOK

En avion

Attention : vous devez vous acquitter d'une **taxe d'aéroport** importante en quittant le pays, de 500 Bts (10 €) pour les vols internationaux, moins chère pour les vols intérieurs.

➢ Nombreux vols intérieurs chaque jour pour *Chiang Mai, Chiang Rai, Phuket, Ko Samui, Krabi, Surat Thani, Trang, Hat Yai.*
Quasiment aucun problème pour visiter le reste de l'Asie en avion au départ de Bangkok, sauf les tensions passagères entre les pays qui ferment leurs frontières. Bangkok est une des plates-formes de cette région. Quelques exemples de prix et de trajets aller-retour :
– ***pour le Laos :*** 6 800 Bts (136 €) pour *Luang Prabang* ;
– ***pour le Cambodge :*** 11 000 Bts (220 €) pour *Siem Reap,* 8 800 Bts (176 €) pour *Phnom Penh* ;
– ***pour le Vietnam :*** 9 900 Bts (198 €) pour *Hanoi* ou *HôChiMinh-ville* ;
– ***pour la Birmanie :*** 7 000 Bts (140 €) pour *Rangoon* ;
– ***pour la Malaisie :*** 9 300 Bts (186 €) pour *Kuala Lumpur* ou *Penang.*
Bien se renseigner sur les visas avant votre départ, si vous ne l'avez pas demandé dans votre pays d'origine. Sachez aussi que la majorité des pays d'Asie du Sud-Est exigent que votre passeport soit valable plus de 6 mois après votre date d'entrée dans le pays. Le consulat français à Bangkok ne pourra en aucun cas vous en refaire un !
Pour les billets internationaux achetés dans les agences de Khao San Road, faire attention. Là encore, on ne veut pas crier à l'arnaque systématique, mais ça arrive : surbooking, vols inexistants, stand-by... Les billets les moins chers ne sont pas forcément les meilleurs. De plus, aucun recours n'est possible vu que les agences changent de nom et de personnel en un clin d'œil. Chinez et renseignez-vous auprès d'autres routards.
✈ Pour les infos concernant les aéroports, voir plus haut « Arrivée à l'aéroport ».

Pour aller à l'aéroport

➢ ***En train :*** une bonne dizaine de liaisons quotidiennes depuis la gare centrale de Hua Lamphong ; tous les trains allant vers le Nord s'y arrêtent. Pratique aux heures de pointe pour éviter les embouteillages (environ 1 h de trajet). Mais encore faut-il gagner la gare...

➢ ***En Airport Bus :*** avant de gagner l'aéroport, ces 3 lignes de bus climatisés sillonnent la ville avec des arrêts devant les grands magasins, sites notoires et hôtels chic. Autant de points de repère utiles qui vous permettront de sauter dans le bon bus en temps voulu. Ramassage toutes les 30 mn, de 5 h à minuit, pour 2 bonnes heures de trajet (environ 100 Bts, soit 2 €). On conseille de se procurer le détail des trajets auprès de l'office de tourisme *TAT* ou de votre *guesthouse*. Le ***bus A1*** démarre dans le quartier de Silom, à proximité de l'*Oriental Hotel*. La ***ligne A2*** passe par Democracy Monument. Le ***bus A3*** remonte Sukhumvit Rd.

➢ ***En public bus :*** ils circulent 24 h/24 et sont reconnaissables à leur plaque bleue. Un trajet d'environ 2 h 30, beaucoup plus s'il pleut, et pas cher du tout (environ 20 Bts, soit 0,4 €). Le ***n° 59*** passe par Democracy Monument. La ligne ***n° 29*** commence sa folle course à la gare de Hua Lamphong. Les 3 bus suivants fonctionnent de 4 h à 21 h : le ***n° 513*** remonte Sukhumvit Rd en passant par l'Eastern Bus Terminal. Le ***n° 504*** démarre du quartier de Silom et Charoen Krung Rd, alors que le bus ***n° 510*** frôle Victory Monument. Sachez enfin que les bus publics sont souvent bondés, et pas vraiment adaptés si vous êtes bien chargé.

➢ ***En taxi :*** nettement plus cher évidemment. Compter environ 350 Bts (7 €). Raisonnable pourtant, d'autant que les chauffeurs de *taxi-meter* acceptent plus facilement de mettre leur compteur dans le sens ville-aéroport que dans l'autre sens. Permet de gagner 45 mn environ sur le bus.

En train

Il existe 3 classes dans le train. Deux grandes gares à Bangkok :

Gare de Hua Lamphong – สถานีรถไฟหัวลำโพง *(plan couleur I, C3, **1**)*, d'où partent les trains vers le Nord, le Nord-Est et certains trains vers le Sud. Pour tout renseignement : ☎ 16-90. D'une manière générale, réservez dès que vous pouvez. Les billets peuvent être achetés 2 mois à l'avance en gare. Horaires fluctuants à vérifier au bureau d'infos, situé à droite de l'entrée, juste avant les guichets. Assez sympa. Consigne à bagages à gauche de l'entrée, ouverte de 4 h à 23 h. Plusieurs bureaux de change ouverts de 10 h à 19 h ; le plus avantageux est sur le balcon de gauche. Distributeur automatique d'argent. *Food Court*, dans le hall sur la droite. Prix bon marché. Ouvert de 6 h à 21 h 45. Excellente soupe de canard grillé, bien agréable avant de prendre un train. Achetez vos coupons à l'entrée.

Gare de Thonburi – สถานีรถไฟธนบุรี *(plan couleur I, A2, **2**)*, d'où partent des trains pour Nakhon Pathom, Kanchanaburi et Nam Tok. Tous les dimanches, la gare organise un aller-retour pour visiter Nakhon Pathom, Kanchanaburi et Nam Tok (petites chutes d'eau). Départ à 6 h 20, retour à 22 h 30.

➢ ***Pour Chiang Mai :*** 3 trains de jour et 4 de nuit. Compter entre 350 et 1 300 Bts (7 et 26 €). Préférer les trains de nuit, ça évite de perdre une journée et le trajet paraît moins long (de 12 à 15 h). Éviter le *Rapid* (!), quasiment le plus long. Le meilleur train est l'*Express Special*. Pensez à réserver vos couchettes bien à l'avance, car c'est souvent complet, en vous assurant que le train en propose (ce n'est pas toujours le cas). Les couchettes du haut sont moins chères que celles du bas car les rideaux n'obstruent pas totalement la lumière des néons qui restent allumés toute la nuit. Prévoir un masque de voyage ! De plus, elles sont moins larges et n'ont pas de fenêtres. Un service de restauration est assuré dans les 1re et 2e classes. Un tuyau : si vous voyagez de nuit, préférez les couchettes avec ventilo. Presque tous ces trains s'arrêtent à ***Ayutthaya*** et ***Phitsanulok.***

➢ ***Vers le Nord-Est :*** 4 départs quotidiens pour Khon Kaen, Udon Thani et Nongkhaï ; 11 pour Surin et 7 pour Ubon Ratchathani.

➢ ***Vers le Sud :*** une dizaine de départs tous les jours pour Hua Hin, Prachuab Khiri Khan, Chumphon et Surat Thani ; 5 départs quotidiens pour Hat Yai ; 2 pour Sungai Kolok (à la frontière de la Malaisie) et 1 à destination de Butterworth (Malaisie).

➢ ***Vers la Malaisie (et en poussant un peu, jusqu'à Singapour) :*** en effet, possibilité de descendre en train jusqu'à Singapour, mais il faut changer au moins 2 fois : à Butterworth et à Kuala Lumpur. Pour ces destinations, réservez vos places assez longtemps à l'avance. Si vous passez par une petite agence, n'achetez que la section de billet jusqu'à Butterworth, ça évite les embrouilles. Ne pas prévoir de correspondances trop justes, il y a souvent du retard. Entre Kuala Lumpur et Singapour, il est intéressant de prendre un train de nuit.

En bus gouvernemental

Il en existe 2 sortes. Les bus avec air conditionné (AC) et les bus sans air conditionné (non AC). Pour les longues distances, on conseille vivement les bus AC. Ils sont moins chers que les compagnies privées mais pas énormément. Il existe 3 terminaux de bus gouvernementaux selon votre destination :

Northern Bus Terminal – สถานีขนส่งสายเหนือ *(hors plan couleur I par D1, 1) :* derrière Chatuchak Park. ☎ 936-28-52, puis taper le 611. Desservi par de nombreux bus urbains, et principalement les nos 39 et 59 à partir de Democracy Monument. Ou Ⓜ *(Skytrain)* Mo Chit et station du métro souterrain Chatuchak.

➢ *Départs de tous les bus AC et non AC vers le Nord et le Nord-Est :* départs quotidiens et réguliers pour Chiang Mai (10 à 11 h de trajet), Ayutthaya (1 h 30), Lopburi (environ 2 h), Phitsanulok (5 h 30), Sukhothai (7 h 30), Chiang Rai (11 à 12 h), Surin, Ubon Ratchathani...

Southern Bus Terminal – สถานีขนส่งรถปรับอากาศสายใต้ *(hors plan couleur I par A1, 2) :* Boromratchonnani Rd à Thonburi (dans le prolongement de Phra Pin Klao Sai Taymai Rd, à 4 km). ☎ 435-11-99 ou 435-12-00 (infos). Desservi par le bus n° 30 de Khao San Rd.

➢ *Départs des bus (AC et non AC) pour le Sud :* Hua Hin (3 h de route), Prachuab Khiri Khan (4 h), Bang Saphan (6 h), Chumphon (7 h), Surat Thani (10 h), Ko Samui (13 à 14 h), Phuket (13 h), Phang Nga (13 h), Krabi (12 h), Trang (12 h), Hat Yai (14 h)... C'est également d'ici que partent les bus pour Nakhon Pathom, Kanchanaburi et Damnoen Saduak (marché flottant à 2 h de route).

Eastern Bus Terminal – สถานีขนส่งสายตะวันออก *(Ekkamai ; hors plan couleur II par F8, 3) :* Sukhumvit Rd, près du *Soi* 42. ☎ 391-25-04 ou 391-80-97 (infos). Ⓜ *(Skytrain)* Ekkamai. Desservi aussi par le bus n° 2 à partir de Democracy Monument.

➢ *Départs de tous les bus AC et non AC vers l'Est :* Pattaya (2 h 30 de trajet), Rayong (3 h 30), Chanthaburi (4 h), Ban Phe (Ko Samet ; 3 h 30), Trat (Ko Chang ; 5 h)...

En bus privé

Plusieurs agences se trouvent sur Khao San Rd, sur Sukhumvit Rd et dans le quartier des grands hôtels. Bien sûr, les prix sont plus élevés que les bus gouvernementaux, mais le service est impeccable : oreiller, boisson, nourriture... Plus cher lorsqu'on passe par une agence, mais que de temps gagné ! Éviter les minibus : a priori plus confortables, mais peu de place pour les jambes.
Les bus sont généralement assez luxueux, voire très luxueux. Pour les longues distances, prendre les bus de nuit. Avant d'acheter un billet, consulter plusieurs agences.
Refuser toute nourriture ou boisson suspecte au cours du voyage : pas mal de routards se sont retrouvés en slip kangourou-chaussettes sur le bord de la route le lendemain matin !
Autre chose : pour Chiang Mai, certaines agences proposent, en plus du ticket de bus à prix écrasé, une nuit gratuite à l'arrivée dans l'hôtel avec lequel ils sont de connivence. C'est très gentil : sachez simplement que c'est dans l'unique intention de vous pousser à vous inscrire à un trek organisé par l'agence de l'hôtel. En cas de refus, on a hâte que vous quittiez l'hôtel. Parfois même, si vous ne signez pas tout de suite, on vous fout dehors !
Encore une autre arnaque : tous les bus privés partant de Khao San Rd s'arrêtent à une dizaine de kilomètres de Chiang Mai, généralement sur un parking quelconque où siègent des hordes de rabatteurs prêts à vous sauter sur le poil. Et comme, de toute façon, vous n'aurez pas d'autre possibilité pour arriver dans le centre de Chiang Mai que de prendre un *pick-up* de rabattage, méfiance...
On signale aussi qu'il y a de plus en plus d'accidents. Les chauffeurs roulent vite et sont astreints à des horaires serrés. Pour Chiang Mai ou d'autres longs trajets, nous, on préfère le train, même si c'est bien plus cher comparé aux prix d'appel que pratiquent les compagnies de bus. À vous de voir.

AU SUD-EST DE BANGKOK

ANCIENT CITY, MUSÉE ERAWAN ET CROCODILE FARM – เมืองโบราณ,พิพิธภัณฑ์ช้างเอราวัณและฟาร์มจระเข้

À 30 km au sud-est de Bangkok, sur l'ancienne route de Pattaya. En face du bureau Mercedes sur Democracy Monument, prendre le bus n° 11 jusqu'à Paknam (le terminus), puis un minibus qui s'arrête à Muang Boran (nom thaï de Ancient City). Pour le retour, on fait pareil, après avoir traversé l'autoroute à pied. Enfin, dernières solutions, louer un taxi à plusieurs ou, peut-être plus économique encore, faire une excursion.

Sur la route, ne manquez pas l'INCROYABLE ***Erawan Elephant Museum* – พิพิธภัณฑ์ช้างเอราวัณ *:*** ouvert tous les jours de 8 h à 18 h. Entrée : 150 Bts (3 €). Accessible par le bus n° 511 de Democracy Monument. En taxi, compter de 100 à 150 Bts (2 à 3 €). Tout récemment ouvert et pas encore tout à fait terminé, ce gigantesque éléphant à 3 têtes mesure, depuis la base jusqu'au sommet, pas moins de 43,6 m, soit l'équivalent d'un immeuble de 14 étages ! Et encore, le dieu Indra, qui chevauche normalement sa monture Erawan, n'a pas été ajouté à l'édifice. Quand on sait que le projet d'origine devait avoir la taille d'un bâtiment de 70 étages, on se dit que cet édifice est finalement modeste ! C'est monsieur Lek (le bâtisseur de *Nuang Borang*) qui a eu l'idée de bâtir ce géant, mais c'est son fils qui l'a mis en œuvre. L'abdomen d'Erawan abrite un temple dédié à Bouddha. Dans ce lieu de recueillement, vous pourrez contempler 6 bouddhas dont le plus ancien date du VIIIe siècle. La fresque symbolisant le système solaire, d'un esprit très moderne, est due à Jacob Schwarzkopf. On accède au ventre de l'éléphant par un grandiloquent escalier à double révolution meringué, intégralement recouvert d'une mosaïque de bols et de cuillères en céramique. Un remarquable travail de « marquetterie ». Enfin une pièce montée que l'on peut escalader... Les soubassements de l'édifice abritent un musée présentant la collection de monsieur Lek. Sculptures, jades, mobilier et benjarongs – de magnifiques pots couverts de porcelaine. La technique a été importée de Chine pour la cour royale à l'époque d'Ayutthaya. Dans le pavillon extérieur, vous pourrez observer les sculpteurs au travail. Il finissent l'habillage en métal des quatre piliers principaux. Pour l'histoire, chacun d'entre eux représente une religion : hindouiste, judaïque, chrétienté et islam.

***Ancient City (Muang Boran)* – เมืองโบราณ :** ☎ 323-92-53. ● www.ancientcity.com ● Accessible de Democracy Monument par le bus n° 511 puis 36. Bus n° 25 aussi, de Sukhumvit, puis Paknam. Ouvert tous les jours de 8 h à 17 h. Entrée : 300 Bts (6 €). Compter 3 ou 4 h de visite pour cette excursion souvent ignorée par les voyageurs. Location de vélos possible.
Il s'agit d'une « folie » du concessionnaire Mercedes pour la Thaïlande. Milliardaire nostalgique et cultivé, celui-ci y a laissé la quasi-totalité de sa fortune. Sur plusieurs dizaines d'hectares, il a reconstitué 110 grands monuments (à taille réelle ou au tiers) de ce que l'on appelait le Siam. Le travail est superbe. Un endroit « zen », à visiter de préférence au début du voyage pour se donner une idée de l'architecture du pays.
– Quelques monuments exceptionnels : le *Khao Phra Wihan* (n° 72 sur le plan donné à l'entrée), magnifique temple khmer bâti sur une gigantesque colline artificielle gagnée par la jungle.
– L'empreinte des pieds de Bouddha (n° 33 sur le plan) à Saraburi. L'un des endroits les plus sacrés de Thaïlande. L'empreinte est dans une pagode, creusée dans une pierre.
– Autre chef-d'œuvre, le *Sanphet Prasat* (n° 27 sur le plan). Ce palais d'Ayutthaya, entièrement détruit par les Birmans, a été reconstruit selon des documents d'époque, au tiers de sa taille originale. Sachez que dans le vrai temple, le roi reçut la visite du chevalier de Choisy, envoyé de Louis XIV...
|●| Possibilité d'y déjeuner pour pas cher.

***Crocodile Farm* – ฟาร์มจระเข้ :** à 3 km de Ancient City. ☎ 703-48-91. Ouvert tous les jours de 7 h à 18 h. Bus n° 531 de Democracy Monument. À éviter le week-end car archibondé. Entrée : 300 Bts (6 € ; assez cher pour l'intérêt que ça représente, sauf si vous avez des enfants). Un véritable parc d'attractions avec shows d'éléphants et de crocodiles (en alternance toutes les demi-heures, de 9 h à 16 h) et bien sûr, boutiques de souvenirs – notamment en peau de croco... – et restaurants.
|●| Possibilité de boulotter un bout de croco au ***Hard Croc Café.*** Le burger est abordable, toutefois le steak est cher et la portion chiche.
Au total, 60 000 crocodiles et 9 espèces. Les plus impressionnants sont les *salt-water crocodiles,* car ils peuvent atteindre 5 m ! Ils sont capables de survivre plusieurs mois sans manger. Quand ils s'enfoncent dans l'eau, des

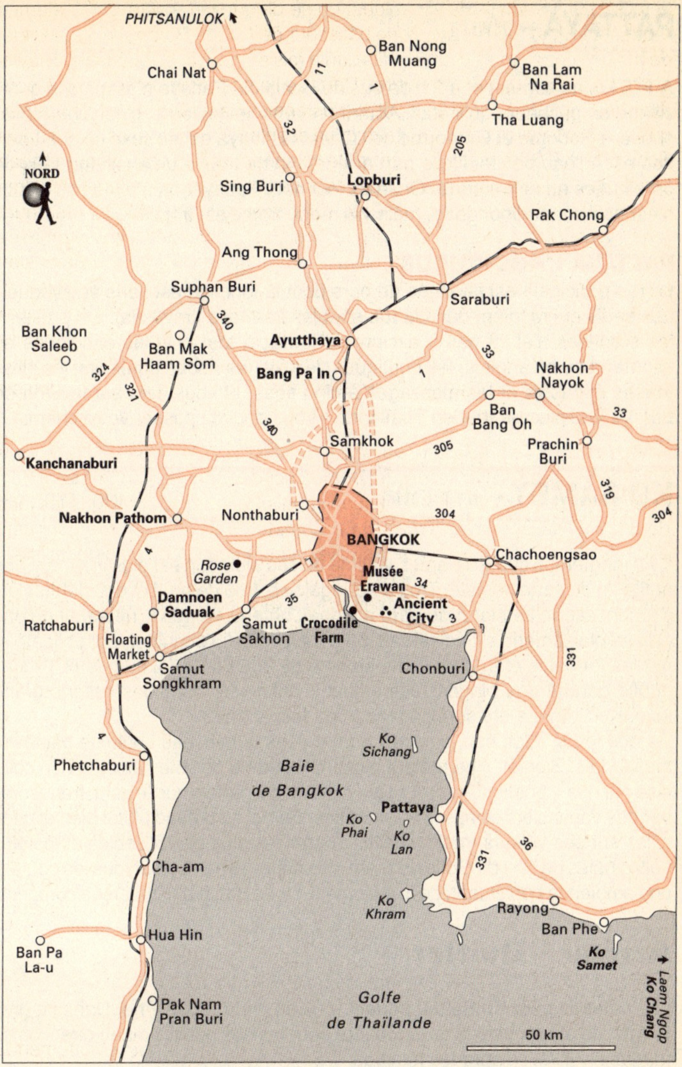

LES ENVIRONS DE BANGKOK

membranes empêchent l'eau de pénétrer dans les oreilles et la gorge. La chaleur extérieure est nécessaire pour accélérer les fonctions de leur organisme. Mais trop de chaleur tue le système de reproduction du crocodile. Seuls les éclairs ou le tonnerre déclenchent à nouveau leur libido. Dilemme quand il fait plus de 40 °C pendant 6 mois de l'année. Pourtant, une étude récente indique que le bruit des hélicoptères (proche de celui du tonnerre) les inciterait de nouveau à copuler. Pas tous les jours facile d'être crocodile... De 16 h 30 à 17 h 30, c'est le repas des bébêtes.

PATTAYA – พัทยา

À 145 km au sud-est et à 2 h de bus de Bangkok. Pattaya n'est plus le gentil village de pêcheurs qu'il était. Autant prévenir les lecteurs, c'est avant toute chose la Sodome et Gomorrhe de l'Orient : Pattaya est au sexe ce que Lourdes est à l'eau bénite. Nulle part ailleurs, on ne trouve un aussi fort taux de prostituées au mètre carré. On le dit tout net : Pattaya, on n'aime pas ! Et ce n'est pas par pudibonderie, mais vraiment, trop c'est trop.

PATTAYA L'AGUICHEUSE

La rue principale est jalonnée de bars dont la fonction est sans équivoque. Les seuls qui racolent dans la rue sont les *ka-toeys* (travestis). On prévient, les surprises n'étant pas à exclure... Ajoutez à tout cela les enseignes en allemand ou en anglais, les boutiques de luxe, les néons agressifs, les strip-teases minables et les massages à cinq sous, et vous êtes sur le Strip de Las Vegas, plus du tout en Thaïlande ! Vous pouvez passer votre chemin.

KO SAMET – เกาะเสม็ด

IND. TÉL. : 038

Il y a longtemps que Ko Samet, victime de ses atours, n'est plus vraiment une petite île de carte postale. Trop de bungalows, trop de bruit et des détritus qui s'amoncellent. Le statut de parc national, obtenu en 1981, ne serait qu'une grosse plaisanterie s'il ne servait toujours à valider l'acquittement obligatoire par les touristes étrangers d'une somme de 200 Bts (4 €), ou mieux, l'accès public garanti aux plages récemment « enlevées » par des *resorts* grand luxe. Ko Samet a été surexploitée et parfois abîmée.
De nos jours, il fait bon juger Ko Samet dans le nouveau contexte balnéaire thaïlandais. Bientôt, il ne restera plus un kilomètre de côte sauvage non colonisé par des « boutique-resort-spa » qui n'en ont parfois que le nom, fréquentés par des vacanciers clonés. Et là, surprise, Samet se défend plutôt bien et capitalise sur ses valeurs traditionnelles : parmi les plus beaux sables et les plus belles baies de l'est du Golfe de Siam, des hébergements pour tous les goûts et une ambiance bon enfant, ce à seulement 4 h de Bangkok, traversée comprise.

Arriver – Quitter

Les bateaux pour Ko Samet partent tous du port de Ban Phe. Dans ce gros village, se diriger vers la gare routière pour les bus publics ou en direction du magasin *7/Eleven* pour les minibus.

➢ ***Bangkok :*** depuis la capitale, les bus AC desservant Ban Phe quittent l'*Eastern Bus Terminal* (*Ekkamai*, voir « Quitter Bangkok ») toutes les heures de 7 h à 19 h, ainsi qu'à 5 h et 20 h 30. Prévoir 3 h 30 de trajet. Depuis Khao San et d'autres quartiers touristiques, des voyages tout compris (minibus plus bateau) sont vendus par les agences pour le double du prix des bus publics. Même si vous logez loin d'Ekkamai, ne croyez pas que ça va aller plus vite, car il faut rassembler les passagers et parfois être transféré d'un véhicule à l'autre jusqu'à ce que le plein se fasse. Dans le sens inverse, mêmes fréquences de bus et quatre départs de minibus quotidiens de 9 h à 14 h depuis Ban Phe.

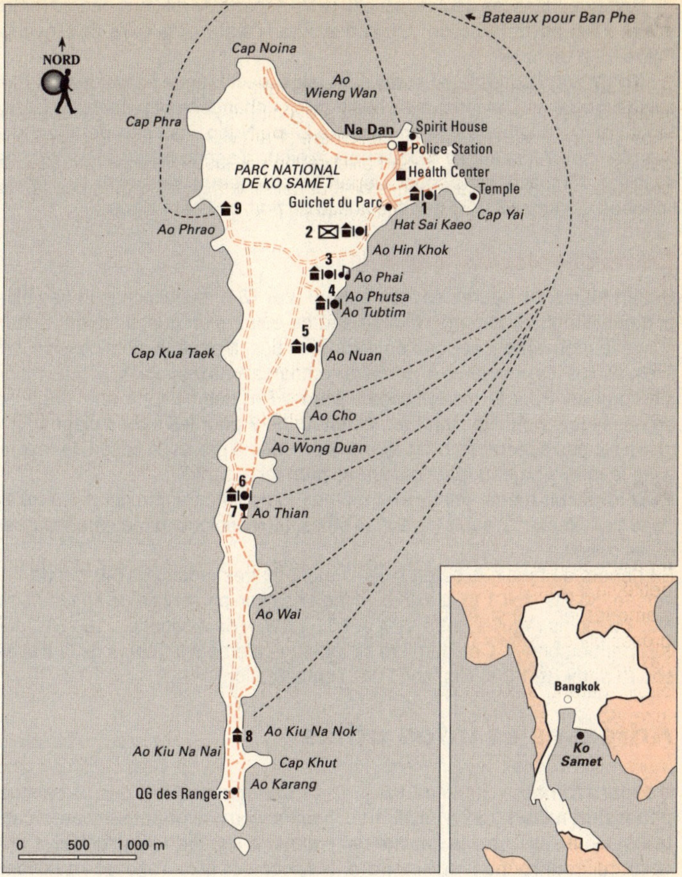

KO SAMET

Adresse utile

- 2 Poste
- 7 Diver's Club

Où dormir ? Où manger ? Où sortir ?

1 Sai Kaew Beach Resort
2 Naga Bungalows, Tok's Little Hut, Jep's Bungalows
3 Ao Phai Hut, Bamboo Restaurant, Silver Sand, Samed Villa
4 Tubtim Resort, Pudsa Bungalows
5 Nuan Kitchen
6 Candle Light Resort, Keang Talea Restaurant, Sang Thian Beach Resort
7 Apache
8 Paradee
9 Ao Prao, Vimarn, Lima Coco

➢ ***Pattaya :*** dans les deux sens, plusieurs départs de minibus directs (entre 9 h et 17 h environ) ou de *songthaews* transitant par la gare de Rayong. Prévoir 2 h de trajet.

➢ ***Ko Chang :*** possible en combinant taxi collectif (entre l'arrêt de Ban Phe sur la highway n° 3 et les quais), bus public (+ changement probable à Chantaburi) et re-*songthaews* de Trat jusqu'à Laem Ngop. Tout cela peut prendre des plombes. Alors autant recourir aux minibus d'agences, qui permettent de se laisser trimballer sans souci. Départ à 9 h 30 (haute saison) et 12 h (toute l'année). Compter 3 h 30 de trajet jusqu'au port de Laem Ngop.

Traversée depuis Ban Phe – บ้านเพ

Départ toutes les heures environ entre 8 h et 18 h, depuis chacun des trois pontons d'embarquement. Rien ne sert de courir d'un quai à l'autre, autant suivre le mouvement général en sortant du bus. Malgré la mention d'heures fixes, seules les premières et dernières embarcations respectent grosso modo les horaires. Pour le reste, l'appareillage a lieu dès qu'il y a une vingtaine de passagers pour Na Dan Pier, et autour de 7 pour les autres plages (voir plan). Ne pas acheter un billet aller-retour : même prix et ça oblige de revenir avec le même bateau (pas toujours le premier à partir).

Pour le retour, même principe et mêmes fourchettes approximatives qu'au départ de *Na Dan.* Depuis les autres baies, se renseigner directement auprès de sa pension.

En dehors de tous ces bateaux lents aux prix très modiques (40 mn de traversée, 50 Bts, soit 1 €), il existe en haute saison un service de *speed boats* plus ou moins régulier entre 11 h et 15 h (10 mn de navigation, 150 Bts, soit 3 €, par personne). Ces derniers se louent également le temps de la traversée (à partir de 1 000 Bts, soit 20 €, l'embarcation).

AU SUD-EST DE BANGKOK

Adresses et infos utiles

■ ***Health Center*** – ศูนย์สุขภาพอยู่ระหว่างหน้าด่านและทางเข้าด้านตะวัน–ออกของสวนสนุก ***:*** sur la gauche de la route goudronnée qui mène à l'entrée du parc.

■ ***Police Station :*** près du débarcadère.

✉ ***Post Office :*** plage d'Ao Hin Khok, géré par le complexe *Naga (plan, 2).* Ouvert tous les jours de de 8 h 30 à 21 h 30.

@ ***Internet et téléphone internationaux à prix réduits :*** service disponible dans la plupart des pensions. Prévoir respectivement 2 Bts (0,04 €) et 20 Bts (0,4 €) la minute pour Internet et les appels. Bravo au ***Miss You Cafe Corner*** (sur la gauche en venant du port, juste avant le guichet du parc), ouvert de 8 h à 23 h, pour son confort et l'accès large bande en wi-fi.

■ ***Change :*** toujours pas de banque, mais deux distributeurs automatiques, à chaque fois attachés à une épicerie 24 h/24, l'une face au débarcadère, l'autre juste avant le guichet du parc.

■ ***Location de motos :*** plusieurs loueurs spécialisés entre le port et l'entrée du parc. Possible aussi directement auprès de sa pension. Attention à la qualité des véhicules (pneus et freins), car la piste est parfois mauvaise et très sablonneuse. Prix assez chers, 300 Bts (6 €) la journée, livré avec assez d'essence pour une journée de balade. Au-delà d'une journée d'exploration, penser à la marche par le sentier des plages (bien plus sympa) ou aux taxis *songthaews,* voire au stop.

Circuler dans l'île

À l'exception d'Ao Phrao, toutes les plages se trouvent sur la côte est. Vu la petite taille de l'île (7,5 km sur 3 km dans sa plus grande largeur), l'idéal est de parcourir le joli sentier côtier à pied. Si vous êtes très chargé, empruntez les taxis-camionnettes. Les tarifs affichés au port et à l'entrée du parc vont de 20 à 50 Bts (0,4 à 1 €) par personne. Attention, comme il n'y a pas de trafic régulier hors arrivée et départ de bateaux ainsi que toute la journée vers la pointe sud, il faut souvent chartériser le véhicule pour un prix équivalent à celui de 10 places. N'hésitez pas à tenter le stop (moyennant pourboire) quand passe un *pick-up* appartenant à un hôtel. Possible de louer des motos à l'heure ou à la journée (voir « Adresses et infos utiles » ci-dessus). Les pistes carrossables ne sont pas bitumées et elles sont parfois délicates (notamment au sud) pour les novices, car rocailleuses sous une épaisse couche de sable.

Où dormir ? Où manger ? Où sortir ?

Les bungalows pour routards sont plus nombreux au nord de l'île. En descendant vers le sud, les prix ont tendance à augmenter jusqu'à leur absolu. Ao Phrao, seule plage occidentale, est également devenue une réserve pour ceux qui sont à l'aise niveau porte-monnaie. Comme partout, le rêve et la tranquillité, ça se paie ! Prévoir une lampe de poche pour les sorties nocturnes et pensez à économiser l'eau douce, elle doit être amenée par bateau-citerne du continent !
Nous démarrons la visite en partant de la pointe nord-est.

PLAGE D'HAT SAI KAEO – ชาดหาดของหาดทรายแก้ ว

La première en venant du port ; prendre l'allée pavée qui file derrière la guitoune aux tickets. Favorite des groupes de vacanciers, ses abords ont été arrangés en une promenade desservant une rangée continue de pensions et de restaurants sans intérêt. Atmosphère populaire et désuète comme dans une vieille station balnéaire. La qualité du sable reste cependant magnifique (d'où son nom signifiant « plage de diamant »). Alors, têtus, nous y avons déniché une bonne et sérieuse adresse.

De plus chic à beaucoup plus chic (de 3 000 à 4 200 Bts – 60 à 84 €)

Sai Kaew Beach Resort – ทรายแก้ วบิชรีสอร์ท *(plan, 1)* : à l'extrémité est de la plage (à gauche en regardant la mer). Accès par le front de mer ou directement par une piste filant à gauche après le guichet du parc. ☎ et fax : 644-193. • www.samedresorts.com • Choix entre des bungalows ou des chambres de plain-pied, toujours bien équipées. Couleurs bleues et blanches dominantes, aménagements modernes et parfois minimalistes allant jusqu'au béton poli au sol. Profite d'un secteur de plage pas trop congestionné, plus crique bien calme. Bon petit dej' inclus.

PLAGE D'AO HIN KHOK – หาดอ่าว วหินคก

Séparée d'Ao Hat Sai Kaeo par une saillie rocheuse surmontée d'une statue de sirène bien kitsch. Plage superbe et assez longue, facilement accessible à pied depuis le port. Bordée par les restaurants légèrement en surplomb des pensions du coin, elle n'est curieusement pas trop envahie par les parasols. Les hébergements se situent tous de l'autre côté de la piste, étagés sur le relief côtier. Deux conséquences : pas de vue parfaite sur la mer et l'obligation de s'éloigner de la piste pour ceux qui ont le sommeil léger.

De bon marché à prix moyens (de 300 à 800 Bts – 6 à 16 €)

Naga Bungalows – นาคาบังกาโล *(plan, 2)* : ☎ 652-448. Premier village de bungalows en venant du nord. Prix planchers pour ceux de style vieille école en bois et tresses de bambous, sans salles de bains, dont l'intérieur est beaucoup mieux que ne laisse présager l'extérieur. Plus luxueux, des pavillons bi-chambres (l'une sur l'autre) en pierre et béton avec salle de bains, sol carrelé), mais sans charme particulier ni clim'. Bonne tenue générale malgré le caractère sommaire. Le resto et le bar donnant sur la plage jouissent d'une bonne réputation. Délicieux petit déjeuner, petits pains et gâteaux frais tous les matins. Les fêtes données environ deux fois par mois attirent beaucoup de monde et donc pas mal de bruit. Multiples services : Internet, agence de voyages, sans oublier une école de boxe thaïe et le bureau de poste de l'île.

Tok's Little Hut – โต๊กลิตเติลฮัท *(plan, 2)* : voisin de *Naga Bungalows.* ☎ 644-072. Congrégation curieuse de bungalows bleus, perchés sur des pilotis se chamaillant avec la pente, les rochers et de vigoureuses racines (attention la nuit !). Ventilés ou climatisés, tous disposent d'une salle d'eau privée et d'une terrasse *ad hoc* pour un hamac. Les prix varient en fonction de l'altitude. Visiter, certains sont mal entretenus. L'accueil et la restauration ne valent pas ceux des voisins, mais l'atout prix est indéniable.

De prix moyens à plus chic (de 400 à 2 000 Bts – 8 à 40 €)

Jep's Bungalows – เจ « ยบบังกาโล *(plan, 2)* : à deux pas des précédents, en continuant dans la même direction. ☎ et fax : 644-112. • www.jepbungalow.com • Géré par une équipe en chemise hawaïenne qui ne déparerait pas dans une bonne série B des mers du Sud. Bungalows, chalets bi-chambres ou maisons multichambres. Confort et équipement allant du « pas de salle de bains – ventilé » au luxe « eau chaude, clim' et petit dej' compris ». Bien entretenu, même si un petit coup de frais serait le bienvenu. Le resto côté mer serait le meilleur de Samet. C'est bon et bien servi.

PLAGE D'AO PHAI – หาดอ่าว ไผ่

Une autre plage très populaire, séparée de la précédente par un petit cap rocheux. Toujours sympathique, malgré la guerre perdue d'avance qu'y mène le clan des serviettes contre l'armada des chaises longues. Un minivillage s'est développé au niveau du coude de la piste, synchro avec l'agrandissement des pensions familiales.

Prix moyens (de 600 à 1 000 Bts – 12 à 20 €)

🏠 |●| ***Ao Phai Hut*** – อ่าวไผ่ฮัท *(plan, 3)* **:** première adresse, au niveau du petit cap. ☎ 644-075. Séparés de la mer par la piste, les bungalows grimpent assez haut sur la colline, plantée d'arbres et agrémentée d'un peu de verdure. Prix planchers, à seulement 1 mn à pied de la mer. Partout, salle de bains et terrasse. Petit bungalow ventilé ou vaste climatisé, c'est rudimentaire et pas tout neuf mais suffisamment entretenu. Accueil sans étincelles.

|●| ***Bamboo Restaurant*** – ครัวแบมบู *(plan, 3)* **:** sur la plage, entre le resto du *Sea Breeze* et le complexe du *Silver Sand*. ☎ 06-665-31-89 (portable). Une petite paillote-cuisine (deux tables à l'intérieur pour les jours de pluie) surveillant jalousement une file de tables et chaises en bambou aux pieds enfoncés dans le sable. Plats et boissons meilleur marché qu'ailleurs, que l'on se contente de riz sauté ou de fruits de mer et poissons. Accueil et service sympas et désinvoltes, prodigués depuis des lustres par la même famille.

Plus chic (de 1 500 à 2 800 Bts – 30 à 56 €)

🏠 |●| ♫ ***Silver Sand*** – ซิลเวอร์แซนด์ *(plan, 3)* **:** fait sa starlette en plein milieu de la plage. ☎ 644-300. ● www.silversandresort.com ● Lieu un peu patchwork ne convenant pas si l'on recherche l'isolement (voir « Où sortir ? »). Pourtant, la dernière rénovation de l'établissement est plutôt réussie. Bungalows ou baraques multichambres de plusieurs types, toutes avec clim', jolie salle de bains, TV et coffre. Restauration honnête en terrasse, bien ombragée. Héberge aussi le seul bar-disco de l'île digne de ce nom. Toujours plus ou moins animé, l'ambiance culmine lors des *half moon parties.*

🏠 |●| ***Samed Villa*** – เสม็ดวิลล่า *(plan, 3)* **:** sur les escarpements de l'extrémité sud de la baie. Accès par la plage (dépasser *Silver Sand*). Au calme, bien en retrait de la piste. ☎ 644-094. ● www.samedvilla.com ● Quatre vastes chambres (chacune habitable en famille), efficacement équipées, décorées et maintenues, sans charme particulier. La plupart des terrasses donnent sur la mer. Cuisine honorable, tant pour les plats thaïs (tous les classiques) qu'occidentaux (tendreté des viandes).

PLAGES D'AO PHUTSA ET D'AO TUBTIM – ชายหาดอ่าวพุทราและอ่าวทับทิม

Longer la mer depuis *Samed Villa,* franchir le passage rocailleux (Ao Phutsa), et voici Ao Tubtim, parfait croissant de sable doré, souligné d'une flore généreuse. Peut-être le meilleur coin de l'île.

De prix moyens à un peu plus chic (de 700 à 1 200 Bts – 14 à 24 €)

🏠 |●| ***Pudsa Bungalows*** – อ่าวพุทรา บังกาโล *(plan, 4)* **:** Ao Phutsa. ☎ 644-030. Les premiers (et très recherchés) bungalows flanquent le sentier venant d'Ao Phai, alignés face à la mer derrière une petite barrière de bois. La bonne affaire côté budget, car à peine plus chers que les autres. Partout, salle de bains et ventilo. Visiter, l'état général est variable. Resto charmant dans et autour d'un grand pavillon rétro à claire-voie.

Tubtim Resort – ทับทิมรีสอร์ท *(plan, 4)* : à l'extrémité sud de la plage. ☎ et fax : 644-025. • www.tubtimresort.com • Bien à l'ombre, dans un jardin assez luxuriant. Quelque 70 bungalows, en bois ou maçonnerie, dont une vingtaine de climatisés. Curieusement, la tenue inégale n'est pas toujours fonction du prix, lui-même défini par l'équipement, la taille et la situation. Faire son inspection avant de signer. Agréable resto de plage avec coin barbecue et tout plein de tables sur le sable. Accueil un brin commercial. Ambiance *gay friendly*.

PLAGE D'AO NUAN – มษโฯวล

Suivre le chemin côtier et ouvrir l'œil afin de découvrir, lovée dans une adorable crique bordée de rochers, cette minuscule plage qu'il serait dommage de manquer !

Prix moyens (de 500 à 700 Bts – 10 à 14 €)

Nuan Kitchen – นวลคิทเช่น *(plan, 5)* : une poignée de bungalows rudimentaires, posés sur des escarpements, à l'ombre d'une végétation exubérante. Pas de salle de bains, matelas sur une mince plateforme, moustiquaire et terrasse. Excellente cuisine à prix doux, que l'on peut déguster dans un superbe jardin aux belles essences odorantes. Situation calme, exceptionnelle pour Ko Samet. Pas de téléphone, tenter directement sa chance.

PLAGES D'AO CHO ET D'AO WONG DUAN – ชษโมษโ อ่ษวช่อฉลธมษโอ่ษววงฌโอฯ

Ao Cho, assez étendue, manque un peu de charme et est trop fréquentée à notre goût. En plus populaire, c'est un peu la petite sœur de la suivante, Ao Wong Duan.

PLAGE D'AO THIAN ET CAP DE LUNG DAM – มษโฌฆัญฯ

Ao Thian (au nord), puis le cap de Lung Dam (pointe sud), dessinent une portion de côte sympa pour ceux qui veulent s'isoler des masses. Malheureusement, presque toute la partie sud du coin est en chantier ou négligée dans l'attente des transformations. L'ambiance reste paisible, parfois plus maritime que balnéaire malgré un front de mer bordé d'une ligne ininterrompue de bungalows. Plusieurs affleurements rocheux isolent de mini-plages.

Prix moyens (de 800 à 1 500 Bts – 16 à 30 €)

Candle Light Resort – แคนเดิลไลท์รีสอร์ท *(plan, 6)* : au milieu de l'anse d'Ao Thian. ☎ 07-149-61-39 (portable). Longue rangée de bungalows regardant la mer. Choix entre du dur climatisé et carrelé ou du bois ventilé (plus chaleureux, très demandés). Tous confortables et avec salle de bains. Petite plagette aménagée et endiguée entre les rochers. Vrai resto de plage. Accueil top.

Sang Thian Beach Resort – แสงเทียนบีชรีสอร์ท *(plan,* ***6****)* **:** pile sur le cap Nord. ☎ 644-255. Un ensemble de constructions neuves aux murs de lattes vernies, qui s'accrochent à la pente. Tout l'espace constructible de la parcelle semble avoir été utilisé, c'est donc très ramassé. Confort et équipement complet (clim', eau chaude, TV), militent cependant en faveur de cette adresse, notamment pour les chambres avec vue sur la mer.

Apache – อาปาเช่ *(plan,* ***7****)* **:** à l'extrémité sud, avant la pointe. Un drôle d'établissement qu'on ne retient pas pour ses bungalows mais pour sa terrasse très bric à brac, justement parfaite pour les apaches du coin. S'y trouve aussi l'école de plongée ***Diver's Club*** (cf. « À faire »).

Keang Talea Restaurant – ร้านอาหารแกงทะเล *(plan,* ***6****)* **:** Ao Thian, entre les *resorts* Sang Thian et Candle Light. Un petit restaurant familial et bon marché. Terrasse couverte sur une esplanade bétonnée. Des simples riz sautés aux poissons grillés et fruits de mer, en passant par les currys, tout a plus de goût que chez nombre de voisins.

PLAGES D'AO WAI ET D'AO KIU NA KOK – ชษญมษโอ่ษวมวษญฉลธอ่ษวฎใวม็ษฯอฎ

Ao Wai, jolie plage de sable bordée de palétuviers, serait totalement vierge si un seul hôtel simililuxe (à l'air un peu abandonné) ne s'y était implanté. L'endroit reste parfait pour la bronzette. Ao Kiu Na Nok, un petit kilomètre plus au sud, est carrément paradisiaque : sable blanc ultrafin et courbure langoureuse. Ko Samet étant ici aussi fine qu'un trait de calligraphie, le soleil se couche à quelques centaines de mètres de là, de l'autre côté de la piste. Ces mensurations n'ont pas échappé au plus gros opérateur de l'île, ***Samed Resorts*** (● www.samedresorts.com ●) – เสม็ดรีสอร์ท qui, non content d'avoir colonisé Ao Phrao (voir ci-dessous), vient de terminer le ***Paradee*** *(plan,* ***8****)* – พาราดี, un « 5 étoiles » dans le style méditerranéo-asiatique. Dans chaque villa : salle de bains spa, piscine et terrasse assez vaste pour héberger une gargote entière. Combien ça coûte ? À partir de 20 000 Bts (400 €) la nuit...

PLAGE D'AO PHRAO – ชษญมษโอ่ษวทณ็ษว

Baie parfaite entourée du plus bel écrin de verdure de l'île, la seule vraie plage de la côte ouest est célèbre pour « le » coucher de soleil de Ko Samet. À un gros kilomètre d'Ao Phai, on s'y rend facilement par la piste. Ao Phrao, autrefois chic mais décontractée, s'est livrée tout entière aux *resorts* de grand luxe. Morale de l'histoire, comme pour Ao Kiu Na Kok, il est certainement plus malin (et gratuit) de s'y rendre pour une partie de farniente-baignade que d'y résider.

Très chic (à partir de 2 500 Bts – 50 €)

Voir la rubrique « Hébergement » dans les « Généralités » pour réserver « malin » ce type d'adresses.

Ao Prao – อ่าว พร้าว รีสอร์ท *(plan,* ***9****)* **:** 4 étoiles, chambres à partir de 4 500 Bts (90 €) ; et le ***Vimarn*** – วิมานรีสอร์ท **:** 5 étoiles, rien en dessous de 7 000 Bts (140 €). Ils sont tous les deux gérés par le groupement *Samed Resorts.* • www.samedresorts.com •

Lima Coco **– ลิมา โคโค** ***(plan, 9) :*** ☎ 09-105-70-80 (portable). • www.limacoco.com • Récemment embelli, il reste le plus abordable.

À faire à Ko Samet

Pas grand-chose et c'est tant mieux !

➢ ***Rando le long de la côte :*** jusqu'à 6 km de promenade potentielle, sans aucun risque de se perdre, sur le sentier côtier plutôt mignon d'Ao Phai jusqu'au cap Sud. Quelques minigrimpettes dans les rochers, mais aucune difficulté. Emporter une torche, toujours utile si l'on s'est attardé (pas d'éclairage entre les plages). Pour rejoindre le cap Sud formé de rochers pelés, il faut passer sans difficulté par le QG des rangers.

– ***Location de planches à voile, canoës, ski nautique :*** sur les plages les plus populaires, d'Hat Sai Kaew à Ao Phai ainsi qu'à Ao Wong Duan.

➢ ***Sorties en mer :*** organisées par la plupart des hôtels, ou repérer les panneaux sur la plage. Tour de l'île, *snorkelling,* pêche (et même de nuit, aux calamars !), excursions vers les îles environnantes (Ko Thala, Ko Kudee, Ko Plateen, Ko Kham).

Plongée : Samet a beau ne pas offrir le potentiel de Ko Tao ou de la mer d'Andaman en matière de coraux et de faune marine, mer tropicale oblige, tous les grands *resorts* de Samet proposent des cours de plongée. À en croire nos lecteurs, les candidats sous-marins devraient pourtant pousser jusqu'à la plage d'Ao Thian (voir *Apache*) pour discuter avec Phiraphat Boonphetch, le manager de l'école ***Diver's Club*** ***(plan, 7).*** ☎ 638-266. • b_thanaporn@yahoo.com • Engagé dans la bataille de la protection, il défend et connaît les miles maritimes environnants comme sa poche.

KO CHANG – เกาะช้าง

IND. TÉL. : 039

Ko Chang, deuxième île de Thaïlande après Phuket par sa taille, donne son nom au parc national maritime de Mu Ko Chang qui englobe un archipel d'une cinquantaine d'îles. L'île éponyme, surnommée ainsi à cause de sa forme en derrière d'éléphant *(chang),* est encore aux trois quarts couverte d'une des plus belles et denses forêts pluviales du pays. Culminant à 744 m au sommet du Khao Jom Prasat, ses hautes montagnes dominent majestueusement les flots.

Commençons par un gros coup de gueule... Parties d'une feuille blanche il y a de cela une dizaine d'années, les autorités thaïlandaises sont en passe de rendre une mauvaise copie de plus en matière de développement touristique harmonieux et raisonné alors qu'ils ne peuvent plus invoquer des erreurs de jeunesse !

Décision de l'ancien Premier ministre en tête, les gros capitaux régionaux se sont partagé d'énormes parcelles de l'île pour y installer des *resorts* et des équipements (dont le nouvel aéroport de Trat) destinés à une clientèle aisée. Objectif avoué, faire de Ko Chang la nouvelle Phuket de Thaïlande.

Pourtant, pas besoin d'être un expert pour comprendre que l'île n'a pas le potentiel balnéaire et touristique de Phuket ni de Samui. Son épine dorsale très accidentée et recouverte de jungle, ainsi que (rêvons !) son classement ne laissent finalement qu'une surface exploitable limitée. Et puis, ennuyeux pour les promoteurs, il y a peu de véritables plages. Celles-ci sont à 99 % concentrées sur la côte ouest qui alterne entre le très accidenté et une platitude assez banale. Peu importe, toute cette façade occidentale est déjà garnie d'une myriade de *resorts* et les chantiers continuent. Tout ça rejette ses eaux usées à la mer sans que personne n'ait encore pensé à installer une centrale d'épuration ! Enfin, alors que le pays a démontré son savoir-faire en matière d'élégance, la plupart des ces hôtels de luxe sont très kitsch, voire simplement moches et déplacés.
Bon, positivons maintenant ! On va aller à la pêche aux trésors en péril, se saouler de virages et de montagnes russes spectaculaires, dénicher les derniers villages authentiques et les petites *guesthouses* charmantes tenues par des gens sympas faisant du business sans massacrer leur terroir.
Car si Ko Chang ne sera jamais Phuket, c'est aussi parce qu'elle a une beauté propre, un coeur vert qui bat très fort et des rivages qui incitent au farniente, à la baignade, au *snorkelling,* à la plongée ou aux randonnées.
Pas d'inquiétude, malgré l'intention avouée d'éloigner le tourisme indépendant de petit à moyen budget, il reste assez d'hébergements à même de satisfaire toutes les classes de routards. Lors des week-ends et congés de la haute saison, autant réserver la première nuit à l'avance, chose faisable même en dernière minute auprès des guichets situés aux embarcadères de Laem Ngop. À l'opposé, pas de soucis lors de la basse saison. Courant de mai à octobre, elle est marquée par de fréquentes et fortes pluies ainsi qu'une mer souvent agitée ; les prix des bungalows baissent alors de 50 %.

Le paludisme, prendre ou ne pas prendre un traitement préventif ?

Secret de polichinelle, les antipaludéens sont d'une efficacité très limitée et souvent lourds à digérer pour l'organisme. Or, si le paludisme survit à Ko Chang, il semblerait bien qu'aucun cas n'ait été recensé depuis des lustres, à l'exception d'une poignée touchant des autochtones vivant dans la jungle et dans des conditions précaires. Le centre antimalarien de l'île s'oppose donc à la prise de médicaments et favorise les mesures préventives qui ont fait leurs preuves (voir la rubrique « Santé » dans les « Généralités » en début du guide). Voyageurs n'ayant pas prévu une exploration de la jungle en pleine saison des pluies, à bon entendeur salut !

Arriver – Quitter

En bus et minibus

➢ ***Bangkok :*** de nombreuses agences (Khao San et autres quartiers touristiques de Bangkok) proposent des formules « minibus AC + bateau » au départ de votre hôtel. Idem depuis Ko Chang. Voir « Adresses utiles » et scruter les annonces dans les pensions.
Plus confortables et tout aussi rapides, les bus gouvernementaux ou privés partent principalement de l'*Eastern Bus Terminal (Ekkamai).* Quelques départs aussi depuis le *Northern Bus Terminal (Mo Chit).* Ces deux gares routières sont rejoignables en métro aérien. D'*Ekkamai,* départs toutes les

heures entre 6 h et 23 h 30 à destination de *Trat,* capitale de la province du même nom d'où un service continuel de *songthaews* rallie le port de *Laem Ngop,* situé à 16 km. Nouveau et idéal, un service quotidien (2 départs en saison) de bus VIP dessert directement *Laem Ngop* où il est synchronisé avec un *speed-boat.* Depuis Ko Chang, même principe (via Trat ou pas) et fréquences similaires de bus, à part un gros trou entre 18 h et 23 h. En tout, traversée comprise, prévoir 5 h (bus direct plus *speed-boat*), 6 h (climatisé via Trat) et 8 h (bus ordinaires) de trajet pour un prix s'échelonnant d'environ 250 à 350 Bts (5 à 7 €).

➢ ***Ko Samet :*** peu pratique en bus, car jusqu'à deux fois plus lent, même si c'est deux fois moins cher (voir « Arriver – Quitter » sous Ko Samet). Dans les deux directions, autant réserver une place en minibus (un à deux départs quotidiens) directement depuis son hôtel ou auprès d'une petite agence (voir « Adresses et infos utiles »). Prévoir trois bonnes heures de trajet plus les traversées.

➢ ***Cambodge :*** une flottille de minibus fait la navette dans les 2 directions entre Trat (arrêt à côté de la gare routière) et le poste frontière de Had Lek qui est ouvert de 7 h à 21 h. Départ toutes les 45 mn de 6 h à 18 h. Prévoir 1 h 30 de route. En direction du Cambodge, sauf départ très matinal depuis Trat, il faut passer la nuit sur l'île de Ko Kong, avant de pouvoir continuer vers Sihanoukville à bord d'un ferry bruyant et secouant, ou d'un taxi collectif. Attention, côté khmer, préférer les taxis collectifs aux moto-taxis (arnaques fréquentes). Alternativement, les agences et pensions de Ko Chang vendent des formules tout compris (ferry, minibus et pension) jusqu'à Sihanoukville, Siem Reap ou Phnom Pen. Là aussi, petites embrouilles rapportées : véhicules non-conformes aux promesses, retards volontaires. Bien se faire préciser tous les détails au moment de la résa.

Bateaux pour Ko Chang

Plusieurs quais situés au petit port de Laem Ngop ou dans ses environs desservent l'île. Choix entre des bateaux passagers, des *speed-boats* et des ferries. Ces derniers sont conseillés en cas de mauvais temps. En saison, départs toutes les heures depuis chaque quai entre 7 h et 19 h environ. Fréquence deux fois moindre pendant la saison des pluies. Compter de 10 mn *(speed-boat)* à 1 h de traversée et d'environ 50 à 150 Bts (1 à 3 €), selon l'embarcation et le lieu de débarquement – il y a plusieurs pontons sur la côte nord-est de Ko Chang.

En avion (et minibus)

✈ L'aéroport de Trat (☎ 525-777), géré par Bangkok Airways, comme celui de Ko Samui, est proche du quai de Laem Ngop. Trois vols quotidiens (2 le matin, 1 en milieu d'après-midi) dans les deux sens. Durée : 40 mn.

➢ Entre l'île et l'aéroport, des navettes de minibus très pratiques sont affrétées par la compagnie. Prévoir par exemple 250 Bts (5 €) entre l'aéroport et la plage d'Hat Sai Kaew, ferry compris.

Adresses et infos utiles

– « ***Ko Chang » :*** magazine gratuit quadri-annuel, disponible un peu partout. Bien fait et très utile. • www.whitesandsthailand.com • Horaires des transports, plans, listings des restos et des hôtels (résas possibles).

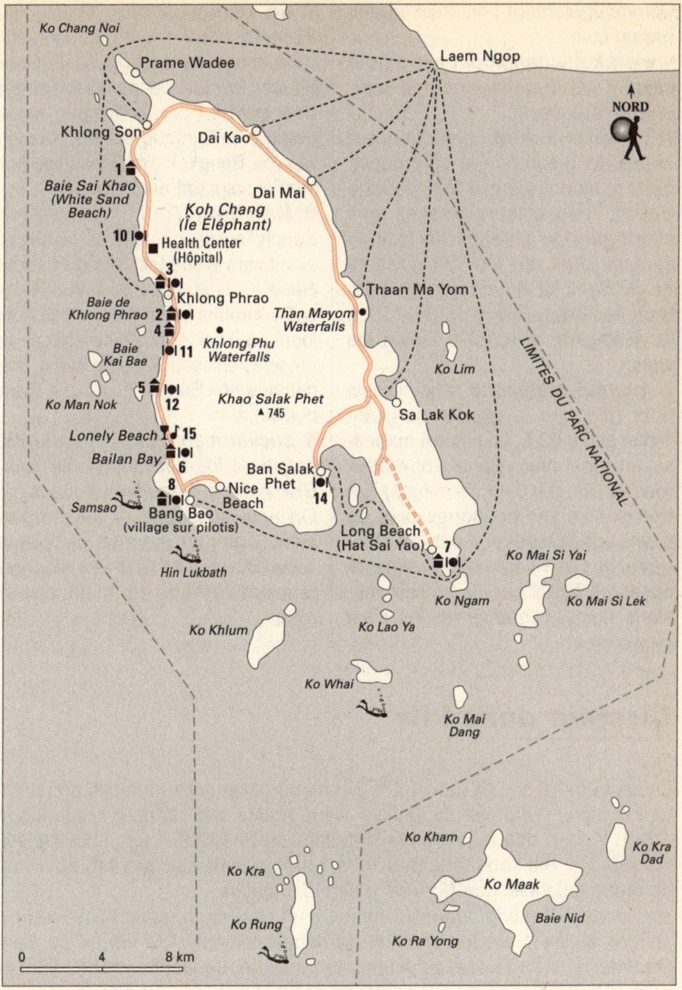

KO CHANG

Où dormir ?
Où manger ?
Où sortir ?

1 KC Grande Resort
2 KP Hut
3 Coconut Beach Bungalows
4 Ko Chang Tropicana Resort
5 Kaibae Beach Resort, Beach Grand Villa et Chai Dao House
6 Bungalows rudimentaires, Bailan Bay Resort
7 Tree House
8 Paradise Bang Bao
10 Laap Steak
11 O2 Restaurant
12 Chez Fredo
13 Ruan Thai Restaurant
14 Restos de Ban Rong Tan
15 Backsound

Couvre également Trat et les autres îles du coin.

• ***www.koh-chang.com*** • **:** un site internet qui propose une info similaire au précédent.

■ ***Banques & ATM :*** présentes sur toutes les plages de la côte ouest. Forte concentration à White Sand Beach. Les meilleurs horaires sont offerts par les bureaux de change séparés dont, au top, les guichets de la *Bank of Ayudhaya* : ouverts tous les jours de 8 h 30 (10 h le week-end) à 18/20 h, selon les sites.

@ ***Internet, téléphone :*** aucun souci pour rejoindre la toile (à partir de 1 Bts, soit 0,02 €, la minute) ou passer un appel international à prix réduit (dès 20 Bts, soit 0,4 €, la minute). On trouve diverses boutiques plus ou moins spécialisées sur toutes les plages et des services sont souvent proposés en direct par les petites pensions. Dans les grands *resorts*, c'est plus cher...

■ ***Ko Chang Clinic :*** ☎ 01-863-36-09 (24 h/24). • www.kochanginterclinic.com • Au sud de White Sand Beach ; au-delà de la poste, derrière *Eco Divers* (voir « Plongée sous-marine »). Clinique privée, succursale du Bangkok-Trat Hospital. Personnel soignant anglophone.

■ ***Matching Tour :*** White Sand Beach, sur la gauche de la rue en allant vers le sud (secteur du *Lagoon Resort*). ☎ et fax : 551-114. • bjena24@hotmail.com • Ouvert tous les jours de 9 h à 22 h. Petite agence de voyages efficace. Billets d'avion, bus, minibus (Ko Samet, Bangkok, Cambodge), etc.

■ ***Location de motos et voitures :*** plusieurs loueurs sur White Sand Beach et au niveau de chaque plage. On peut aussi passer par sa pension. Compter à partir de 200 et 1 200 Bts (4 et 24 €) la journée, pour respectivement deux ou quatre roues.

Circuler dans l'île

La seule route de l'île parcourt le périmètre côtier sans toutefois en faire le tour complet : le projet de jonction de la pointe sud est pour l'instant suspendu. À l'est, depuis la fourche du village de Sa Lak Pet, une nouvelle voie file vers Hat Sai Yao (Long Beach). À l'ouest, cul de sac (payant) au niveau du grand guignolesque *Ko Chang Grand Lagoona.*

Un service de *songthaews* (à raison d'un par heure environ) parcourt la section située entre les pontons de débarquement et le village de Bang Bao, desservant toutes les plages au passage. Les tarifs affichés vont de 40 à 100 Bts (0,8 à 2 €) par personne selon la distance. Le soir, la desserte est très irrégulière en dehors de la portion Hat Sai Khao-Kaibae. Il faut souvent chartériser (cher) ! La solution idéale est de louer une moto ou une voiture (voir « Adresses et infos utiles »), mais attention ! Si la route est bien bitumée, le ruban assez étroit se tord dans tous les sens, de manière vertigineuse à certains endroits, et se transforme en patinoire quand ça tape très fort ou qu'il pleut. Les points noirs : entre les quais des ferries et White Sand Beach ; au-delà de Kaibae (sud) et quelques passages sur la côte orientale dont la piste menant à Long Beach, à réserver aux bons pilotes tant qu'elle n'est pas complètement bitumée. Règle absolue : faire bien gaffe au trafic entre les plages les plus fréquentées, mettre un casque, ne pas franchir les rampes à deux et, surtout, ne pas louer une moto dont les pneus sont lisses ou les freins déficients.

➤ LES PLAGES

99 % des bungalows sont installés sur la côte ouest, où se trouvent toutes les plages à l'exception d'une (Long Beach). Attention ! Gare aux courants traîtres en mer, notamment pendant la mousson, quand la baignade, hélas pas surveillée, peut devenir vraiment dangereuse.

WHITE SAND BEACH – หาดทรายขาว

La plus longue et « techniquement » la plus belle plage de l'île, *Hat Sai Kaew* est aujourd'hui devenue la véritable capitale de Ko Chang. Toutes les pensions ou presque sont devenues des *resorts*. En nombre, elles se sont agrandies de véritables immeubles hôteliers bordant la route. De nombreuses galeries commerciales, restos et épiceries, ressemblant trop souvent à des baraques de chantier, se sont infiltrés dans tous les espaces restés libres. Sur la partie centrale du front de mer, la superbe impression d'être coincé entre jungle et eaux turquoise a disparu, perturbée par un front de mer trop surchargé, bruyant et encombré de chaises longues. Les extrémités sont un peu moins formatées. Entre l'adresse que nous mentionnons et là où la falaise vient plonger directement dans la mer (plein nord), une poignée de pensions-bars furieusement alternatives et multicolores offrent refuges à des spécimens bien allumés. À notre avis, pas besoin de poser son sac sur White Sand, il y a mieux et moins cher ailleurs. Rien n'empêche de venir y piquer une tête ou d'y « monter » quand on ressent un besoin d'animation, notamment nocturne. Au cas où (problèmes de transport, séjour express), on vous indique une adresse correcte.

Où dormir ? Où manger ?

Bon marché (à partir de 250 Bts – 5 €)

KC Grande Resort – เค ซี แกรน รีสอร์ท *(plan, 1)* **:** au nord de la plage, secteur ombragé et plaisant. ☎ 551-199. Dernier à proposer des huttes à l'ancienne, parmi une foule d'autres options allant jusqu'au grand luxe. Les survivantes ne procurent aucun confort particulier si ce n'est vue et accès direct à la mer, une conception de la félicité qui en vaut bien d'autres.

Laap Steak – ลาบ สเต็ก *(plan, 10)* **:** en face de la poste (sud de la plage). Ouvert jusque tard dans la nuit. Petit resto tout simple mais propre et coquet. Steaks de viandes et poissons à la thaïe, autres petits plats et boissons. Prix au raz du plancher. Gentille équipe venant de l'Isan.

LAEM CHAICHET CAPE ET KHLONG PHRAO BEACH – หาดคลองพร้าว

Ce fut notre coin préféré pour ses kilomètres de sable blanc et ses quelques ensembles de bungalows tout confort perdus dans les cocoteraies. Au nord, repéré par une agglutination de restos et commerces, le cap de Laem Chai Chet est aujourd'hui saturé de chalets. Au-delà de l'embouchure du Khlong Phu (cf. « Cascades » dans la rubrique « À voir »), traversable à pied (et en maillot !) depuis la plage pendant la marée basse, la partie sud de Khlong Phrao reste la plus séduisante, même si la bande de sable s'y réduit parfois comme une peau de chagrin.

Où dormir ? Où manger ?

Bon marché (de 150 à 500 Bts – 3 à 10 €)

🛏️ 🍴 *KP Hut* – เค พี ฮัท *(plan, 2)* : Khlong Phrao sud, à environ 2 km de Chai Chet. ☎ 04-099-51-00 (portable). Accès par une longue piste de gravillon (embranchement indiqué). *KP Hut,* merci à toi ! La preuve qu'on peut toujours construire des bungalows de bois et bambous aux toits de paille, rudimentaires (salles de bains communes), et faire des heureux. Suffit de bien les dessiner, d'y caser un bon lit, de fixer des moustiquaires aux fenêtres et placer le tout sur un terrain sympa (espace, cocotiers et verdure). Trois types : mini-mini, moyen sur pilotis et front de mer sur échasse. Le grand resto paillote délivre une intéressante et modique cuisine routarde et thaïe, décrite dans un menu instructif. Nombreux services, coffres à la réception. Pour écolos-coquets, robinsons-bobos ? Qu'importe les catégories, il fait si bon dormir ici, bercé par le ressac. Si c'est plein, d'autres pensions du même genre dans le coin, comme *Tiger Huts* (moins bien quand même).

De prix moyens à beaucoup plus chic (de 700 à 3 000 Bts – 14 à 60 €)

🛏️ 🍴 *Coconut Beach Bungalows* – โคโคนัทบีชบังกะโล *(plan, 3)* : Laem Chaichet. ☎ et fax 551-272. ● www.webseiten.thai.li/coconut ● En bord de mer, cette adresse pionnière n'a cessé de se développer. Propose aujourd'hui une très large gamme d'hébergements, allant du simple bungalow ventilé à la villa pseudo-balinaise en bord de piscine, sans oublier des chambres en section hôtelière. Cocotiers, bougainvillées et pelouses viennent ragaillardir un ensemble jamais transcendant. L'absence de mauvaises surprises en matière de tenue, d'accueil et de prestations explique la popularité de l'endroit et la fidélité de certains clients.

Beaucoup plus chic (à partir de 3 000 Bts – 60 €)

🛏️ *Ko Chang Tropicana Resort* – เกาะช้างโทรปิกาน่า รีสอร์ท *(plan, 4)* : à l'extrémité sud de Khlong Phrao ; accès par une piste. ☎ 557-122. Fax : 557-123. ● info@kohchangtropicana.com ● Un *resort* grand luxe récent, offrant de très belles prestations. Chambres très confortables et joliment décorées. L'ensemble est plus joli et moins kitsch que chez la grande majorité de ses confrères. Larges baies vitrées donnant sur un beau jardin tropical. Superbe piscine avec jacuzzi. Restaurant agréable au bord d'un joli bout de plage. À réserver par agence ou via Internet ; sinon, c'est 50 % plus cher !

KAIBAE BEACH – หาดไก่แบ้

Une partie de la plage avait déjà cédé au démon touristique, ce sont maintenant les abords de la route qui s'enlaidissent. Certains bars très « clapiers » vont-ils en faire le Lamai du coin (voir Ko Samui) ? Aïe, cette partie du front de mer transformée en polders, défigurée par des tétrapodes en béton... Allez, Kaibae, filons tout de suite vers ton extrémité sud, sablonneuse (rare dans le coin), semée de cocotiers et convenablement pelousée, découvrir une plantation de bungalows de bons rapports.

Où dormir ?

De prix moyens à plus chic (de 500 à 2 000 Bts – 10 à 40 €)

Kaibae Beach Resort, Beach Grand Villa *et* ***Chai Dao House*** *(plan, 5)* **:** au sud de Kaibae, dans ce secteur dont on parle plus haut. Trois établissements offrant des prestations assez similaires. Y subsistent des bungalows de bois ventilés voisinant avec des maçonnés climatisés sur un arrière-plan (tant mieux) d'immeubles-résidences. Prendre le temps de comparer les prestations et les situations avant de se poser.

Où manger ?

O2 Restaurant **–** ร้านอาหารอ๊อกซิเจน *(plan, 11)* **:** au bord de la petite route principale, juste en face du *7/Eleven.* ☎ 01-922-84-87 (portable). Un p'tit resto tout mignon, toit de paille et deux petites salles à l'étage. Déco simple mais bien étudiée. Les plats, bon marché, ne sont pas extrêmement copieux ; on peut en prendre deux par personne sans hésiter. On a aimé le *Phad Jey O2* (légumes sautés au gingembre et tofu) et le *massam curry* (un curry indien). Musique latino, jazzy, world, etc. Bien agréable. Accueil fort convivial de Aiy, la proprio, originaire de Bangkok.

Chez Fredo **–** ร้านอาหารเชเฟรดโด *(plan, 12)* **:** au centre de Kaibae, le long de la route. ☎ 09 -247-15-15 (portable). Dans un cadre bonne franquette à la locale, Fredo, sympathique et pittoresque Niçois établi ici depuis 1999, cuisine un assortiment de plats français (dont des salades, pâtes, viandes grillées et... calamars à la niçoise) parmi les plus goûteux de Thaïlande. Compter à partir de 250 Bts (5 €) avec un verre de vin. Très jolie sélection de vins (côtes-du-rhône, bordeaux, etc.) et même du champagne !

LONELY BEACH – โลนลี่บีช *et BAILAN BAY* – หาดใบลาน

Au sud de Kaibae, la route joue aux montagnes russes avant de plonger sur *Lonely Beach*. Très bout du monde il y a quelques années (d'où son nom), cette jolie baie ne l'était déjà plus lorsque les gros bonnets de l'île décidèrent de la dévorer. Il faudra attendre la fin du carnage avant de pouvoir y citer une adresse. En tout cas, ce ne sont pas les immeubles du *Siam Beach Resort* (extrémité nord), adresse autrefois bien cool, qui obtiendront un prix architectural ! Autant ne venir ici que pour la trempette et poursuivre vers le sud en direction de Bailan Bay, à travers reliefs côtiers accidentés et superbes jungles. Peu ou pas de plages, mais un rivage pittoresque de galets ponctués de mangroves.

Où dormir ? Où manger ? Où sortir ?

De bon marché à prix moyens (150 à 600 Bts - 3 à 12 €)

Bungalows rudimentaires *(plan,* ***6****) :* au milieu du petit village de Bailan, ainsi que sur le cap rocailleux au sud de Lonely Beach. Des pistes filent vers la mer et les hébergements les moins chers de l'île tels que ***Jungle Hut, Bailan Hut, Tarnsilah Hut*** ou autres *« Hut »*. Ne pas s'attendre à grand-chose en terme de confort : minicabanes pas forcément d'équerre, matelas au sol pas toujours nets, sanitaires communs plus ou moins propres. Mais les bonnes surprises pour petits budgets existent aussi. Suffit d'une gentille famille, d'un resto bohémien sur pilotis et, quand on aime, de la grande berceuse salée qui racle sous le plancher. Chacun ses rêves...

Bailan Bay Resort – ใบลาน เบย์ รีสอร์ท *(plan,* ***6****) :* accès par la butte qui annonce Bailan Bay. ☎ 558-022. • www.bailanbayresort.com • Signalé par un adorable petit café-restaurant qui surplombe les flots et offre un joli point de vue. La partie hébergement, située en bord de mer (escalier assez raide, parfait pour la gym quotidienne) n'est pas en reste. « Roots » (traditionnels) mais très mimis et bien espacés, les bungalows aux toits de paille sont dotés de bons lits sous moustiquaires, de terrasses et, petite concession, de salles de bains. Pas de plage ici, mais un ensemble photogénique de grande bleue, de mangrove et de cocotiers + une cabane resto, le ***Sea Wind.*** Accueil délicieux.

Backsound – แบล็ค ซา วด์ *(plan,* ***15****) :* à l'extrémité sud de Lonely Beach. ☎ 02-642-44-20. Le long de la route, côté jungle. Grande construction sur pilotis, qui s'anime particulièrement lors des parties « lunaires » *(full moon, black moon)* ou reggae *(freedom)*. Mode locale à laquelle souscrivent de plus en plus de *farang* ; les cocktails servis en saut et se buvant à plusieurs pailles ne sont pas pour rien dans l'échauffement de l'atmosphère ! Attention au retour si vous ne logez pas dans le coin, rampes très raides et délicates, en amont comme en aval.

LONG BEACH (Hat Sai Yao)

Une très jolie crique encore « robinsonne », à l'extrême sud-est de l'île. *Tree House,* la pension qui lança autrefois « Lonely Beach », y a d'ailleurs déménagé. Au-delà de l'embranchement de Salak Khok, la route, récemment tranchée dans une jungle impénétrable, devient spectaculaire. On entend distinctement le bruit de ses habitants (oiseaux, singes). Quelques passages assez raides, très sablonneux et rocailleux n'étaient pas encore bitumés lors de notre passage (voir plus haut « Circuler dans l'île »). Accès aussi possible en *taxi-boat* (100 Bts, soit 2 €) depuis *Lonely Beach.* Voici donc une tranche de paradis à accompagner de l'éternelle question : pour combien de temps ? Déjà, des pancartes « terrain à vendre ». Comme le disent les autochtones : « Pourquoi aurait-on construit cette route si ce n'est pour desservir de futurs *resorts* ? » Y aller, vite !

Où dormir ? Où manger ?

Bon marché (autour de 250 Bts – 5 €)

🏠 🍽 ***Tree House** (plan, 7) :* lisière nord de la baie, sur un terrain accidenté et rocailleux. Adorables et minimalistes huttes en bambou, bois et feuillage, perchées sur de longues échasses ou de courts piliers, histoire d'assurer la vue sur la mer pour tout le monde. Jolis sanitaires communs. Jardin en gestation. Tenu par un couple germano-thaï. Cuisine métissée (des pommes de terre farcies en curry) à déguster assis en tailleur dans la grande maison ouverte aux embruns. Des passerelles rejoignent la plage. Diverses activités sont organisées (sorties en mer, randonnées, cours de yoga). Atmosphère et organisation un peu communautaires, parfaites pour ceux qui veulent être isolés mais... pas seuls.

➤ VILLAGES ET AUTRES SITES

BANG BAO – บางเบ้า

Autrefois, il fallait louer un bateau « longue-queue » ou bien marcher 2 h dans la jungle pour arriver ici ! Hier seulement, c'était encore un petit village typique de pêcheurs, composé d'une quarantaine de maisons sur pilotis, desservies par une rue-ponton de béton. Aujourd'hui, Bang Bao est une attraction touristique à part entière, complète avec sa banque, ses multiples restaurants, une boulangerie et des hébergements allant du très rustique au 2-étoiles sans oublier un très british *bed and breakfast* ! D'ici partent la plupart des bateaux d'excursions vers les îles avoisinantes. Posté à un petit stand avant le ponton (plans, boissons, motos et chambres tout confort à louer), Chris *(Sukhothai Guest House)*, un Anglais sympa et excentrique comme il se doit, saura vous conseiller à ce sujet. Ceux à la recherche de villages plus authentiques iront explorer la côte est (cf. « À voir »). Mais Bang Bao n'est pas désagréable, loin de là.

Où dormir ? Où manger ?

🏠 🍽 ***Paradise Bang Bao** – บางเบา พาราไดซ์ (plan, 8) :* sur pilotis, à droite en allant vers la mer. ☎ 09-934-80-44 (portable). Quatre cabanons « boîte à lit » très bon marché. À l'arrière, la maison de l'hôte, la très gentille Mme Pheat, qui peut aussi vous nourrir. Croquignolet, très propre et amusant.

🍽 ***Ruan Thai Restaurant** – ร้านอาหารเรือนไทย (plan, 13) :* ☎ 09-883-51-17 (portable). Un des plus anciens restaurants de fruits de mer du village. Le premier grand établissement sur la droite en venant de la terre ferme. Très populaire auprès des Thaïs, dont nombre d'autochtones, toujours un bon signe. Gros choix de plats de bon marché (riz sautés, etc.) à prix moyens (fruits de mer).

BAN SALAK PHET – บ้านสลักเพชร

Le plus gros et le plus authentique village de pêcheurs de Ko Chang. Situé au centre de la grande baie en forme de fer à cheval qui découpe l'extrémité sud de l'île. Le village lui-même, moitié sur la terre ferme, moitié sur des pilotis via un enchevêtrement de pontons, fait un peu fouillis. Bougainvillées en pot, canaux boueux où s'échouent des embarcations, poisson qui sèche en plein soleil, suspendu au toit des maisons, équipages aux visages mats et burinés s'activant à l'entretien des engins de pêche (casiers, filets, lignes...). S'y promener gentiment en respectant les habitants, ce n'est pas un zoo. S'étendant sur la côte occidentale de la baie (suivre la route jusqu'à un parking de gravillon faisant cul-de-sac), *Ban Rong Tan* est réputé pour sa bordée de restaurants flottants *(plan, 14)*. Les Thaïs (encore peu de *farangs*) se précipitent ici pour faire de véritables orgies de poisson et de fruits de mer (dont des cigales de mer et autres crustacés rares). Ah, ces succulents calamars séchés puis grillés ! Prix très raisonnables.

À voir. À faire à Ko Chang

Exploration de la pointe sud-est de l'île : peu développée, c'est l'occasion de découvrir la vie authentique des autochtones et d'apprécier de superbes points de vue donnant sur la mer, des plantations ou la jungle. En profiter pour se baigner à Long Beach et déguster un repas marin à Salak Phet (voir ci-dessus).

Les cascades de Ko Chang : il y en a quatre en tout. Il faut payer le droit d'accès au Parc national (200 Bts, soit 4 €) pour les visiter. Gardez le ticket, il vous servira pour aller de l'une à l'autre. La plus grande, Than Mayom, est accessible depuis la côte est. Face à elle mais accessible par la route ouest (voir aussi « Randos dans la jungle » ci-dessous), ***Khlong Phu Waterfalls*** – น้ำตกคลองพลู, haute de 20 m, est l'occasion d'une balade sympa dans la jungle et d'une tête piquée dans un bassin naturel rempli d'eau limpide et bien fraîche... L'embranchement, fléché, se situe à 5 km au nord de Kaibae. Arrivé au parking, il reste 500 m de grimpette à pied jusqu'à la cascade.

Randonnées dans la jungle **– เดินป่า :** une expérience étonnante et inoubliable, au milieu d'une végétation exubérante et bruyante. Impératif de se renseigner auprès de sa pension (une offre trekking se met en place timidement) et de se faire accompagner d'un guide. L'itinéraire le plus couru consiste à traverser l'île entre les cascades de Khlong Phu et Than Mayom. D'autres disent beaucoup de bien du sud de l'île (entre Bang Bao et Salak Phet).
Voir sous Chiang Mai pour les conseils généraux concernant cette activité. Particulier à Ko Chang : très peu de monde dans les terres, à l'exception de quelques cabanes liées aux cocoteraies ou plantations d'hévéas (latex). En cas de doute à un croisement de chemins (il y en a très peu), prenez toujours celui qui est le plus proche de la côte.

Excursions en bateau autour de Ko Chang : plusieurs petites compagnies (de la pub partout, résa possible depuis sa pension) proposent diverses activités : baignade, *snorkelling,* voire pêche parmi les îlots et fonds sous-marins avoisinants ; journée complète à la découverte des îles de Ko Maak, Ko Whai, Ko Kud où l'on peut aussi loger – ces mêmes bateaux ou d'autres, dédiés, assurent un service passager.

Plongée sous-marine

Le parc national de Ko Chang offre aux plongeurs des sites sauvages, où s'ébat une profusion de poissons d'une richesse inestimable. Un spot qui monte, qui monte ! La saison s'y étend d'octobre à mai. En février, on croise dans les eaux du coin des requins-baleines. Ceux qui restent à la surface pourront observer quelques dauphins au large des plages de White Sand et de Khlong Phrao.

Club

■ ***Eco Divers*** – อีโคไดเวอร์ส ***:*** au sud de White Sand Beach, sur la droite et après la poste en allant vers Khlong Phrao. ☎ 551-037 et 04-638-26-67 (portable). ● mlancon@hotmail.fr ● Centre de plongée *PADI* et *CMAS* (une référence de qualité), géré par des Français. Ici, « eco » n'est pas qu'un argument de vente mais un engagement réel, reconnu par les autorités locales qui consultent l'équipe quant à la protection des fonds marins. Proposent tout type d'excursions et de prestations (baptême, formation et encadrement) vers les spots de la région. Gérard, Cap'tain Mook et toute l'équipe savent conjuguer bonne humeur et sérieux tant pour l'enseignement que l'équipement.

Nos meilleurs spots

Hin Lukbath – หินลูกบาท ***:*** au sud-ouest de l'île. Une plongée sympa et « fastoche » sur un plateau corallien (de 12 à 15 m) particulièrement riche en vie sous-marine. Dans des eaux pas toujours limpides, symphonie jamais achevée de murènes de toutes sortes, dont les blanches, une espèce rare. Également des raies à points bleus, des poissons-papillons, perroquets, lions, trompettes, clowns. Aux alentours, quelques beaux « bestiaux » (fusiliers, barracudas, carrangues). Également des langoustes dans les failles. Pour plongeurs de tous niveaux.

Hin Rua Tek – หินเรือแตก ***:*** au sud de l'île. Une formation rocheuse impressionnante par son côté « dramatique » : gorges, canyons... et une très grande faune aquatique. Un site où l'on peut descendre jusqu'à 18 m. Pas mal de courant, mieux vaut donc être en forme, car il faut palmer !

Ko Yak – เกาะยักษ์ ***:*** un îlot à l'ouest de Ko Chang. Pinacle avec une chaîne de massifs coralliens qui regroupe plus de 350 espèces de coraux. Nombreux poissons de toutes sortes. Profondeur maximale de 15 m.

Samsao – สามสาว ***:*** au sud-est de l'île. Un caillou sympa et peu profond (de 3 à 16 m). De beaux bénitiers, des oursins aux piquants monstrueux et la classique gamme des poissons colorés (à vous de les reconnaître !). Il n'est pas rare de se trouver nez à nez avec de petits requins curieux. Pour plongeurs de tous niveaux.

Ko Rung – เกาะรัง ***:*** un îlot à 1 h 30 au sud de Ko Chang. Sur ce bel ensemble rocheux sauvage (entre 5 et 25 m), de belles gorgones rouge flamboyant. Également des anémones roses dans lesquelles les poissons-clowns prennent leurs aises (un exemple à ne pas suivre !), et de beaux coraux colorés. Ici, les barracudas, poissons-perroquets et autres raies sont de très classiques compagnons de plongée, et messieurs les requins à pointes blanches font bien souvent des passages très remarqués... L'une des plongées les plus cotées du coin. Pour plongeurs de tous niveaux.

Ko Whai – เกาะหวาย ***:*** île perdue au sud de Ko Chang. Un site où les coraux se plaisent particulièrement. Entre 9 et 20 m, on admire leurs formes généreuses que survolent d'imposantes escadrilles de poissons colorés. Quelques beaux prédateurs affamés tournicotent avec envie ; l'heure de la soupe a sonné ! Sur le fond sablonneux, on peut souvent approcher un gentil requin-léopard et des raies pastenagues immobiles. Pour plongeurs de tous niveaux.

À L'OUEST DE BANGKOK

NAKHON PATHOM – นครปฐม

IND. TÉL. : 034

C'est en ce lieu, considéré comme le berceau de l'enseignement bouddhique en Thaïlande, que se dresse le plus haut *chedî* (ou *stûpa*) du monde, d'une hauteur de 120,5 m et entièrement recouvert de tuiles vernissées de Chine. Les uns avancent que Bouddha s'y serait reposé, les autres que des reliques lui appartenant y seraient enfouies, mais tous sont d'accord pour reconnaître à l'édifice son caractère hautement sacré.

Arriver – Quitter

– ***En train :*** de Bangkok, 11 départs quotidiens de la gare de *Hua Lamphong* et 3 de celle de *Thonburi*. Compter 1 h à 1 h 30 de trajet. Très pratique. Dans le sens inverse, 12 départs quotidiens en train, dont 2 pour *Thonburi*.
– ***En bus :*** de Bangkok, départ toutes les 20 mn de 6 h à 22 h 30 à partir du *Southern Bus Terminal* sur Boromratchonnani Rd à Thonburi (dans le prolongement de Phra Pin Klao Sai Taymai Rd). Compter 1 h de trajet, mais parfois plus aux heures de pointe ! Au retour, en bus AC (n°s 997 et 83), départ toutes les 20 mn sur Phayaapun Rd, au bord du *khlong* (la rue à gauche après avoir traversé le pont, en venant du *chedî*).
➢ ***Pour Kanchanaburi et la rivière Kwaï :*** 2 trains (1 en matinée, l'autre l'après-midi) ; 1 h 30 de voyage. Également des bus (ligne n° 81) partant à proximité de la porte est du *chedî*.
➢ ***Pour Damnoen Saduak :*** emprunter le bus n° 78. Départ toutes les 30 mn de 6 h 30 à 11 h. Arrêt près du bureau de la police face à l'entrée sud du *chedî*.

Où dormir ? Où manger ?

Rien ici qui puisse justifier de passer la nuit. Un seul hôtel décent parmi les quelques adresses bon marché que compte la ville.

Bon marché (de 100 à 350 Bts – 2 à 7 €)

■ ***Mit Paisal Hotel*** – โฮเต็ลมิตรไพศาล *:* 120/30 Prayapan Rd. ☎ 242-422. • mitpaisal@hotmail.com • Dans la première ruelle sur la droite en sortant de la gare ferroviaire, réception dans le hall de l'immeuble. Chambres ventilées ou climatisées, assez vieillottes mais relativement propres. Accueil froid. Très central. Possibilité de monter sur le toit pour observer le *chedî*.

|●| Il est conseillé de manger sur le ***marché*** qui se tient chaque jour le long de la route qui relie le *chedî* à la gare, et dans les rues transversales. Goûter au *khao lam*, cette spécialité locale à base de riz gluant et de lait de coco, cuite à la vapeur et servie dans une tige de bambou. Brochettes et fruits en abondance. Également de belles orchidées. Folle ambiance le dimanche avec un concert donné par les aveugles du coin, tous baffles dehors, et la foule

des Thaïs encore plus souriants qu'à l'accoutumée.

Deux ***restos*** à la bonne franquette en bordure du *khlong,* sur la droite en venant du *chedî* – ร้านอาหารสองร้านบรรยากาศดีอยู่ที่ริมคลองเมื่อมาจากเจดีย์จะอยู่ทางขวามือ. Jolie vue sur le pont.

À voir

Le chedî : ouvert de 6 h à 20 h. Peu ou pas de guides anglophones sur place, et peu de secours à attendre des moines. Compter 1 h 30 pour une visite détaillée.
Maintenant, suivez le *Guide du routard* et en route pour une ronde au départ de l'entrée nord (face à la gare) et dans le sens horaire (gardez toujours l'édifice sur votre droite).
– On accède aux 2 terrasses circulaires par quelques marches pour découvrir d'abord la première chapelle ou ***viharn nord*** (3 édifices semblables sont disposés aux 3 autres points cardinaux), intéressante pour sa statue de Bouddha debout de style Sukhothai. On aperçoit les premières cloches du *chedî* destinées à témoigner tout haut de l'Illumination de Bouddha. Elles vous accompagneront tout au long de la visite.
– À gauche, le ***musée*** (ouvert de 9 h à 12 h et de 13 h à 16 h, sauf les lundi, mardi et fêtes) qui présente un vrai « bric-à-brac » poussiéreux : des pendentifs à l'effigie de Bouddha, des statuettes Dvâravatî, mais aussi des bizarreries en tout genre comme ces vieux billets sous verre (on reconnaît au passage le célèbre Voltaire).
– Puis viennent sur la droite le ***temple chinois*** suivi du ***viharn est*** et son bouddha méditant sous l'arbre de l'Illumination.
– Face au musée en direction du sud se dresse le ***bot*** où ont lieu, entre autres, les ordinations des jeunes moines. À l'intérieur, un bouddha très vénéré de style Dvâravatî.
– Peu avant la porte sud, un ensemble de trois ***grottes*** (dont l'une daterait de plus de mille ans) recèle des dizaines de statues de Bouddha.
– Une autre réplique, un peu plus loin, trône après le ***viharn sud.*** Celui-ci abrite la statue de Bouddha assis sur un *nâga,* lors de son premier sermon à ses cinq disciples. Plus loin encore sur la gauche, en contrebas de la terrasse, un ensemble de bungalows destinés à accueillir les pèlerins ayant opté pour la retraite méditative (entrée libre).
– Autour, quantités d'arbres saints tels que le *bo* ou le *banian.* Pour finir, le ***viharn ouest*** présente un bouddha couché (et non endormi) en passe de rejoindre le nirvana et, un peu après sur la gauche, un petit parc mignon tout plein, une occasion de s'asseoir et de méditer sur les principes de cette fameuse « Voie du Milieu » qui fait aujourd'hui courir tant d'Européens.

DAMNOEN SADUAK (FLOATING MARKET) – ตลาดน้ำดำเนินสะดวก

IND. TÉL. : 034

Petite ville à un peu moins de 100 km à l'ouest de Bangkok, réputée pour son marché flottant, assez touristique et de moins en moins pittoresque.

Arriver – Quitter

– ***En bus :*** du *Southern Bus Terminal* de Bangkok, sur Boromratchonnani Rd à Thonburi (dans le prolongement de Phra Pin Klao Sai Taymai Rd). Bus n° 78. Départ toutes les 40 mn à partir de 6 h (2 h de trajet) jusqu'à 20 h. Certains bus vous déposent directement sur le quai à proximité du marché, mais d'autres s'arrêtent à la gare routière. Dans ce cas, prendre un *songthaew.* Retour sur Bangkok aux mêmes fréquences.

➢ Ceux qui veulent ***partir pour le Sud*** (après leur visite) n'ont pas besoin de repasser par Bangkok. Nombreux bus de Damnoen Saduak (gare routière) pour Ratchaburi, puis train. Mêmes bus pour ceux qui veulent rejoindre Nakhon Pathom et Kanchanaburi, après la visite.

À voir

***Damnoen Saduak** (Floating Market) :* ne fonctionne que de 7 h à 13 h, sauf pendant les 3 jours du Nouvel An chinois (se renseigner quand même). Quelle déception ! Ce marché flottant a dépéri sous la pression touristique, plus aucune trace d'authenticité. Deux possibilités pour visiter l'endroit. Pour louer une pirogue, compter 250 à 600 Bts l'heure (5 à 12 €). Négocier ferme. Les moins chères sont sur Luoneda pier, au bout de la route à droite, directement sur le marché. Attention, même si votre batelière est sympa et souriante, elle vous mènera chez ses copines pour essayer de vous fourguer babioles et souvenirs... *made in China.* Le truc le plus amusant, ce sont les embouteillages. Sinon, visiter l'endroit à pied, en prenant la berge à gauche le long du canal, le must étant d'y aller en pirogue et de revenir à pied. Vous verrez surtout des femmes, coiffées d'un chapeau de bambou traditionnel, vendre leurs marchandises en pirogue. En s'aventurant dans des canaux moins fréquentés, on découvre de charmantes maisons fleuries plantées au bord de l'eau. Un moyen unique de rencontrer de vrais villageois et de saisir quelques tranches de vie authentiques.

KANCHANABURI ET LA RIVIÈRE KWAÏ – กาญจนบุรีและแม่น้ำแคว

IND. TÉL. : 034

À 130 km à l'ouest de Bangkok, Kanchanaburi s'étale sur 5 km le long de la célèbre rivière Kwaï. Sa situation lui donne une atmosphère toute particulière, assez séduisante et, d'ailleurs, de plus en plus appréciée des touristes. Mais le charme est intact et il règne une douce torpeur au bord de l'eau.

Arriver – Quitter

– ***En bus** (plan B3) :* de Bangkok, départ toutes les 15 à 20 mn du *Southern Bus Terminal,* sur Boromratchonnani Rd à Thonburi (dans le prolongement de Phra Pin Klao Sai Taymai Rd). Liaisons assurées de 4 h 30 à 20 h environ. Compter 3 h de trajet. Dans le sens inverse, départ des bus AC toutes les 15 à 20 mn entre 3 h 30 et 18 h 30 (3 h de trajet).

➢ ***Pour Nakhon Pathom :*** bus AC toutes les 15 mn de 3 h 30 à 18 h 30. Environ 2 h de trajet.
➢ ***Pour Damnoen Saduak (Floating Market) :*** le même bus que pour Bangkok, s'arrêter à Bangpae. De là, prendre le bus n° 78 ou le minibus n° 1733. Durée : 2 h.
➢ ***Pour le Sud :*** bus pour Ratchaburi. De là, une dizaine de trains partent pour le Sud, dans l'après-midi essentiellement. Ils desservent les gares de *Hua Hin, Prachuab Khiri Khan, Chumphon, Surat Thani, Trang* et *Hat Yai.*
– ***En train*** *(plan B2)* **:** de Bangkok, 2 départs de la gare de *Thonburi,* tôt le matin et en début d'après-midi. Compter environ 2 h de trajet. Le nombre des départs étant restreint, on vous conseille de prendre le bus. Dans l'autre sens, 2 trains par jour, tôt le matin et en début d'après-midi, pour la gare de Thonburi (environ 3 h de trajet). Ils s'arrêtent brièvement à *Nakhon Pathom.*

Adresses utiles

TAT – ท.ท.ท. *(plan B3)* **:** Saeng Chuto Rd (juste à côté du terminal de bus). ☎ 034-511-200. Ouvert tous les jours de 8 h 30 à 16 h 30. Accueil sympa. On peut s'y procurer la liste des hôtels et des *guesthouses,* ainsi qu'un plan de la ville, des infos loisirs, les horaires des bus et des trains en partance. Accueil sympa et efficace.

■ ***Toi's Tour*** – บริษัทต้อยทัวร์ *(plan B2,* ***1****)* **:** 45/3 Rong Heeb Oil Rd (à côté de *Sam's River Rafthouse*). ☎ 514-209 ou 01-856-55-23 (portable). • toistour@yahoo.com • Un autre bureau sur la route de Mae Nam Khwae, plus près du pont. Toi, la patronne, parle bien le français et vous chaperonnera lors d'étonnantes balades en bateau, à vélo, à pied, à dos d'éléphant, en minibus, etc. De jolis programmes à prix très raisonnables.

@ ***Internet :*** plusieurs boutiques proposent des connexions sur la petite route qui mène au célèbre pont, et principalement aux alentours du resto *Jolly Frog (plan B2,* ***20****).*

Où dormir ?

De bon marché à prix moyens (de 150 à 600 Bts – 3 à 12 €)

Toutes les adresses que nous avons sélectionnées dans cette rubrique sont sur ou à proximité de la rivière.

Nita Rafthouse – เรือนแพนิด้าใกล้พิพิธภัณฑ์ *(plan B3,* ***10****)* **:** 27/1 Phakphrak Rd. ☎ 514-521. • nita_rafthouse@hotmail.com • À 100 m au nord du JEAATH Museum. Chambres en bambou, propres et pittoresques, construites sur un gros radeau flottant sur la rivière. Toutes avec ventilo, mais certaines sans salle d'eau (les moins chères). Notre préférée est la n° 54 avec ses deux fenêtres sur la rivière. Cuisine délicieuse que l'on déguste assis en tailleur devant des tables basses (on inscrit soi-même sur la note ce que l'on mange). Ambiance décontractée et patron très sympa. Notre meilleur rapport qualité-prix, malgré la proximité bruyante des *discorafts,* le week-end (voir la rubrique « Où manger ? », plus loin).

Bamboo House – แบมบูเฮ้าส์ *(plan A1,* ***15****)* **:** 3-5 Soi Vietnam Tha Makham (500 m avant le célèbre pont). ☎ 624-470. • bambou-house@thaimail.com • Une des rares *guesthouses* du coin avec vue directe sur le fameux pont de la rivière Kwaï. Nous indiquons cette adresse uniquement pour ses 2 bungalows flottants, qui sont d'un très bon rapport qualité-prix. Propres et simples (matelas par terre, pas de douche et ventilo). Même pas peur des lézards ! Les aventuriers apprécieront, d'autant qu'on y mange bien et pour pas cher. Accueil courtois et distant.

Sugar Cane Guesthouse – ชูการ์เคนเกสท์เฮ้าส์ *(plan A2, **11**) :* 22 Soi Pakistan Maenam Kwaï Rd. ☎ 034-624-520. Charmante *guesthouse* située au bord de la rivière Kwaï, composée de petits bungalows en bambou disposés autour d'une pelouse bien entretenue. Salle d'eau particulière, ventilo et moustiquaire. Quelques chambres avec AC. D'autres chambres très agréables sur un bungalow flottant.

Et face au succès de la formule, ***Sugar Cane 2*** – ชูการ์เคน 2 เกสท์เฮ้าส์ *(plan A1, **17**)* est apparu ! Rendez-vous au 7 Soi Cambodia, sur la route Maenam Kwai. ☎ et fax : 514-988. À quelques encablures de la première adresse, on retrouve les mêmes avantages. Propreté, accueil et confort. Chouettes bungalows bon marché, petits et avec de l'eau froide. Les chambres sur la rivière sont beaucoup plus chères. Manque la patine du temps, mais ça viendra ! Très calme.

Sam's River Rafthouse – แซมริเวอร์ราฟท์เฮ้าส์ *(plan B2, **12**) :* 48/1 Rong Heeb Oil Rd. ☎ 624-231. Fax : 512-023. Plantée dans un joli petit jardin. Chambres impeccables, avec salle d'eau, ventilo ou AC (les plus chères). Certaines, sur des pontons flottants, vous permettront de dormir au fil de l'eau (nos préférées). Les autres se trouvent sur la terre ferme (les moins chères et les moins propres). Resto agréable où l'on sert de bons petits plats, et accueil attentionné.

Sam's House – แซมเฮ้าส์ *(plan A2, **13**) :* 14/2 Mooh 1 Thamakarm (assez près du Sutchai Bridge). ☎ 515-956. Fax : 512-023. • www.samsguesthouse.com • Un village de petites maisons en bambou très bien tenues. Douche, w.-c. et ventilo ou AC. Les plus chères dominent la rivière, tout comme l'agréable terrasse du resto. Accueil un peu froid, dommage !

Blue Star Guesthouse – บลูสตาร์เกสท์เฮ้าส์ *(plan A2, **14**) :* 241 Mae Nam Kwaï Rd (à proximité du Sutchai Bridge). ☎ 512-161. • bluestar_guesthouse@yahoo.com • Peu de bungalows profitent d'une belle vue, les autres se font face autour d'une allée. Les moins chers sont d'un entretien un peu léger.

Adresses utiles

- TAT
- Gare ferroviaire
- Terminal de bus
- Poste
- Internet
- 1 Toi's Tour

Où dormir ?

- **10** Nita Rafthouse
- **11** Sugar Cane Guesthouse
- **12** Sam's River Rafthouse
- **13** Sam's House
- **14** Blue Star Guesthouse
- **15** Bamboo House
- **16** Luxury Hotel
- **17** Sugar Cane 2

Où manger ?

- **20** Jolly Frog
- **21** Snooker Bar

À voir

- **30** Pont de la rivière Kwaï
- **31** JEAATH Museum
- **32** Marché

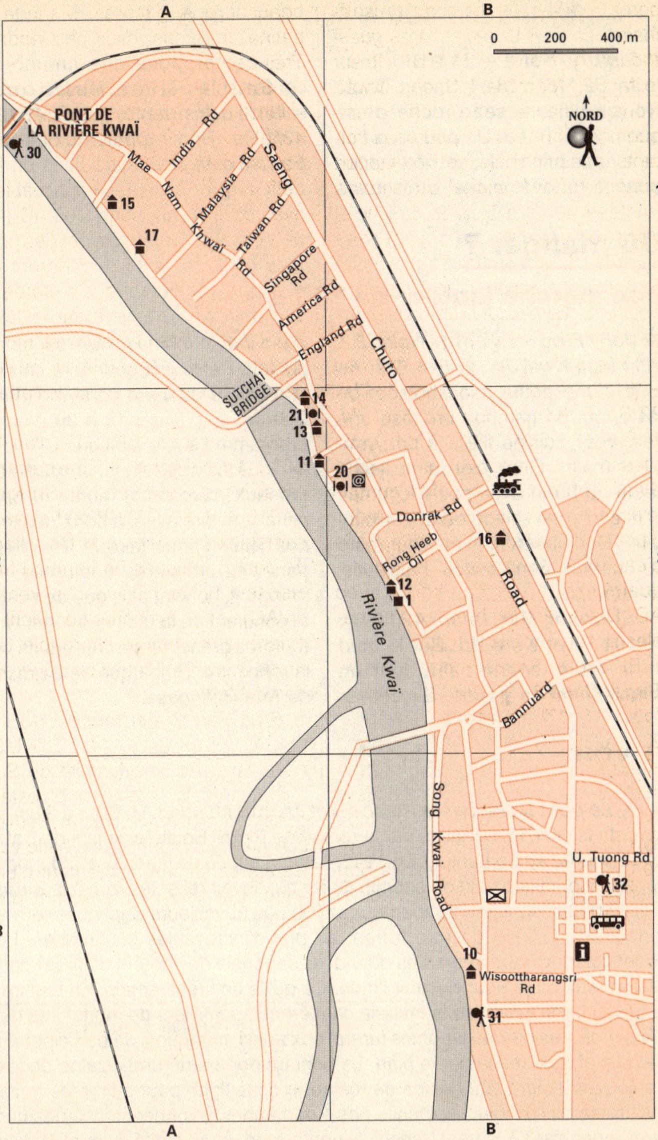

KANCHANABURI

Prix moyens (de 400 à 800 Bts - 8 à 16 €)

Luxury Hotel – โรงแรมลักเชอรี *(plan B2, **16**)* **:** 284/1 Saeng Chuto Rd (en ville, assez proche de la gare). ☎ 511-168. Un peu en retrait de la route principale, cet hôtel entièrement rénové, nickel mais sans charme, propose des chambres confortables et spacieuses, avec salle de bains, ventilo ou AC. Accueil aimable. Bon rapport qualité-prix pour sa catégorie.

Où manger ?

Bon marché (autour de 150 Bts - 3 €)

Jolly Frog – จอลลิฟร็อก *(plan B2, **20**)* **:** Mae Kwaï Rd. ☎ 514-579. Au fond d'une petite allée boisée, ce resto tout en bambou propose une délicieuse cuisine thaïe à prix vraiment malin. On a bien aimé le riz sauté au bœuf avec petits légumes et la copieuse salade de fruits, jolie, jolie ! Certainement le meilleur resto du quartier. Bon accueil. Fait aussi *guesthouse.*

Snooker Bar *(plan A2, **21**)* **:** 99-101 River Kwaï Rd. Sur le bord de la route, bonne halte pour un déjeuner sur le pouce. Excellents *phad thaï* et *thom kha kai* (soupe de poulet). Petits prix pour faire sourire la glissière de votre porte-monnaie. Chaque soir, film à 18 h 30. Voir le programme sur le tableau.

Tous les week-ends, une flotte de radeaux *(discorafts)* monte et descend la rivière avec, à bord, des jeunes Thaïs venus faire la fête. Pendant ces croisières nocturnes, ils mangent, boivent plus que de raison et écoutent de la musique forte. Nos routards branchés seront séduits par la rencontre. Embarquement proche de *Nita Rafthouse.*

À voir

Le pont de la rivière Kwaï – สะพานแม่น้ำแคว *(plan A1, **30**)* **:** à 3 km au nord de la ville. Immortalisé par le roman de Pierre Boulle et le film de David Lean (tourné au Sri Lanka). En 1942, l'armée impériale japonaise ordonna la construction d'une voie de chemin de fer qui devait relier le Siam à la Birmanie. 30 000 prisonniers occidentaux et 100 000 travailleurs asiatiques œuvrèrent à ces 415 km de voie ferrée, au prix d'incroyables souffrances. Les cadences devinrent infernales quand les Japonais décidèrent d'utiliser cette liaison ferroviaire pour envahir l'Inde. Ce qu'ils ne firent jamais. En tout cas, le travail forcé ainsi que la malaria causèrent des milliers de morts. Les derniers mois, les gardes japonais furent, eux aussi, contraints de participer aux travaux afin de respecter le plan. Le pont fut bombardé une dizaine de fois. Le gouvernement thaï décida de restaurer cette ligne pour attirer les touristes. Ironie de l'histoire, il n'hésita pas à demander le financement à des banques japonaises. On peut franchir le pont à pied. À proximité du pont, 2 trains d'époque, dont un camion transformé en locomotive. Grande fête annuelle pendant une semaine (fin novembre - début décembre) avec reconstitution des événements de 1942, son et lumière. Plusieurs trains à vapeur fonctionnent pour l'occasion.

JEAATH Museum – พิพิธภัณฑ์อักษะเชลยศึก หรือพิพิธภัณฑ์ สงคราม *(plan B3, **31**)* **:** dans le centre, près de la rivière. Ouvert tous les jours de

8 h 30 à 17 h 30. Entrée : 30 Bts (0,6 €). Ce musée rassemble les divers objets, photos d'époque et gravures qui rappellent les atrocités qu'endurèrent les prisonniers de guerre pour la construction du chemin de fer. Photos, coupures de journaux retracent en guise de témoignage l'horreur de cette période. Au passage, JEAATH sont les initiales de « Japan, England, America, Australia, Thailand et Holland ». Ce terme JEAATH était utilisé au lieu de DEATH, considéré comme tabou. Le musée est installé dans une cabane de bambou, fidèle réplique des dortoirs de prisonniers.

***Le marché* – ตลาดในเมือง *(plan B3, 32)* :** dans le centre-ville. Vivant et coloré.

***La Nonne flottante* – แม่ชีลอยน้ำ *(hors plan par B3)* :** dans le temple Tham Mongkon Thong – วัดถ้ำมังกรทอง. Y aller en fin de journée ou le week-end, car le reste du temps la piscine n'est pas chauffée. Offrandes possibles à l'entrée. Des centaines de personnes font le voyage chaque jour pour voir Among, « la Nonne flottante », réaliser, dans un bassin où l'eau lui arrive à la taille, les différentes positions de Bouddha. La cérémonie se termine par la bénédiction des fidèles avec l'eau sacrée du bassin. Among est la deuxième nonne flottante de ce temple, qui est devenu grâce à elles un véritable lieu de pèlerinage. Nombreux touristes chinois et coréens.

➤ DANS LES ENVIRONS DE KANCHANABURI

➢ ***Petite excursion en tortillard à Nam Tok* – รถไฟนำเที่ยวน้ำตก :** c'est une balade de 2 h sympa car la voie ferrée traverse le fameux pont, longe la rivière Kwaï et passe sur des surplombs impressionnants (60 km). Prenez un siège sur la gauche, dans le sens de la marche du train. Il s'arrête souvent sans qu'on sache pourquoi, siffle à perdre haleine quand il croise une route, car il n'y a pas de passage à niveau. Paysages magnifiques, mais sur une portion du trajet seulement. Trois départs depuis la gare de Kanchanaburi à 7 h, 10 h 30 et 16 h 30 (qu'on ne vous conseille pas, à moins de dormir sur place). Retour de Nam Tok à 13 h et 15 h 15.

➢ ***Balade aux Erawan Waterfalls* – ไปเที่ยวน้ำตกเอราวัณ :** superbes cascades à 65 km de Kanchanaburi, situées dans un parc national. Entrée : 200 Bts (4 €). • www.nationalpark.go.th • En été, les cascades sont réduites à un simple filet d'eau (bien se renseigner). Mais le reste de l'année, un chemin remonte les sept niveaux de cascades (2 h de marche). Nombreuses piscines naturelles. Apportez chaussures de marche et maillot de bain. Paysages superbes. Possibilité de louer des bungalows et des tentes sur place. Petits restos. Pour vous y rendre, prenez le bus n° 8170 au terminal de Kanchanaburi. Départ toutes les 50 mn de 8 h à 17 h 20 (2 h de trajet). Attention, si vous ne désirez pas dormir sur place, le dernier bus part des chutes à 16 h (archiplein, bien entendu).

➢ Autres chutes d'eau : ***Sai Yok Noi*** – น้ำตกไทรโยคน้อย, petites, ce qui n'empêche pas une belle baignade, sauf en été où l'eau se fait rare ; et ***Sai Yok Yai*** – น้ำตกไทรโยคใหญ่, plus importantes. Elles se trouvent respectivement à 60 et 105 km de Kanchanaburi. Départ toutes les 30 mn de 6 h à 18 h 30 au terminal des bus. Compter 1 h 30 et 2 h de trajet. C'est le même bus, le n° 8203. Au retour, sachez que le dernier bus quitte le site à 17 h.

➢ ***Balades en grand raft*** **–** ล่องแพ, de 1 à 2 jours selon la demande. Demandez donc conseil à *Toi's Tour* (voir plus haut les « Adresses utiles »), qui connaît bien son affaire.

➢ Quelques beaux temples *(hors plan par B3)* à voir dans la journée en louant un vélo ou une moto : le ***Wat Ban Tum*** **–** วัดบ้านทุ่ม, construit dans une grotte, et, côte à côte, un temple thaï et une pagode chinoise : le ***Wat Tham Sua*** **–** วัดถ้ำเสือ et le ***Wat Tham Kaeo*** **–** วัดถ้ำแก้ว, à 20 km de Kanchanaburi.

AU NORD DE BANGKOK

BANG PA IN – บางปะอิน

À une soixantaine de kilomètres au nord de Bangkok. Ouvert tous les jours de 8 h à 16 h. Entrée : 100 Bts, soit 2 €.
Un palais d'été construit par Râma V à la fin du XIXe siècle. Bâtiments dans le style européano-thaï qu'il affectionnait. D'où cette église néogothique qui serait banale en France, mais qui détonne ici, où elle sert de temple (notez que ce temple insolite, visible du parc, n'est cependant accessible que depuis le parking, par une nacelle qui traverse la rivière). D'où ce *palazzo* à l'italienne, servant d'ailleurs toujours aux réceptions royales. Beau parc exotique.

Arriver – Quitter

En bus

➢ ***De Bangkok :*** bus ordinaire, terminal *Northern Bus Terminal.* Toutes les 30 mn de 5 h à 20 h. Trajet : 1 h 30. En train, gare de Hua Lamphong à 7 h (1 h 30), retour à 14 h 15 ou 16 h, juste le temps de la visite et gare assez excentrée, prendre un *songthaew.*

En bateau

➢ ***De Thoburi,*** les *long-tail boats* vous y emmènent pour 4 000 Bts (80 €), à chartériser à 8. Compter 2 h de trajet. Croisière au départ de Sathorn Pier le dimanche matin à 7 h 30 avec arrêts dans différents centres artisanaux et retour à 18 h 30. Tarif : 430 Bts (8,6 €) par personne.
➢ ***D'Ayutthaya :*** des camionnettes partent du marché Chao Phrom. Pas cher, trajet de 1 h 15. Des *tuk-tuk* vous y emmènent aussi ; plus cher mais plus rapide.

À faire

➢ *Balade en bateau :* au fond du parking à gauche, de 8 h à 15 h 30 environ, des bateliers proposent la balade en « longue-queue ». Petit tour seulement ou 2 h jusqu'à Ayutthaya. Assez cher (on loue la pirogue) mais intéressant si l'on est plusieurs. Huit personnes maximum.

AYUTTHAYA – อยุธยา

IND. TÉL. : 035

À 88 km de Bangkok. Son nom complet, *Phra Nakon Sri Ayutthaya* (« ville sainte d'Ayutthaya »), est généralement celui qui figure sur les cartes. Ayutthaya, une des anciennes capitales de la Thaïlande, offre au visiteur un parc archéologique intéressant. Certes, ceux qui disposent de peu de temps et comptent aller à Sukhothai pourront se passer de la visite, mais tous les autres devraient s'y arrêter, ne serait-ce que le temps d'une excursion à la journée depuis Bangkok.

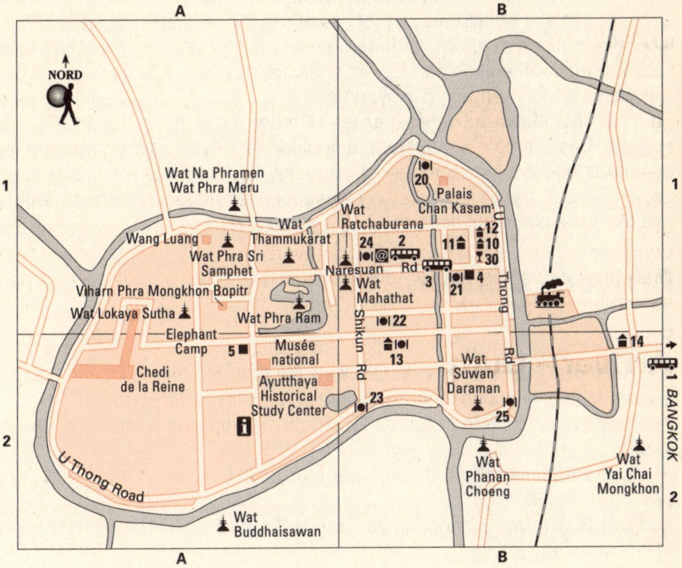

AYUTTHAYA

■ **Adresses utiles**

- TAT
- Internet
- Gare ferroviaire
- 1 Gare des bus longues distances
- 2 Bus pour Bangkok
- 3 Bus locaux
- 4 Siam Commercial Bank
- 5 Tourist Police Office

Où dormir ?

- 10 Tony's Place
- 11 P.U. Inn Ubonpon
- 12 Chantana Guesthouse
- 13 Sherwood House
- 14 U Thong Inn

Où manger ?

- 20 Marché Hua Raw
- 21 Marché Chao Phrom
- 22 Marché de nuit
- 23 Saithong River Restaurant
- 24 Malakor
- 25 Pae Krung Kao

Où boire un verre ?

- 30 Moon Café

UN PEU D'HISTOIRE

Trente-trois rois régnèrent à Ayutthaya, qui fut fondée au XVIIIe siècle. Le royaume d'Ayutthaya fut l'objet, au XVIIe siècle, d'une étrange relation avec la France. Louis XIV, après une première mission, envoya une nouvelle délégation avec le dessein de faire du roi Narai un allié et, éventuellement, de le convertir au catholicisme. François de Chaumont dirigea l'ambassade, accompagné de l'abbé de Choisy à qui l'on doit l'un des premiers récits de routard moderne, *Journal du voyage de Siam* (Éd. Fayard, 1998), un étrange personnage qui aimait se travestir en femme. L'ambassade siamoise reçue par Louis XIV, quant à elle, fit grand bruit à Brest, qui s'en souvient encore, et baptisa rue de Siam son artère principale en l'honneur de l'événement.

Au Siam, la situation fut largement facilitée par la francophilie d'un aventurier grec, Phaulkon, qui exerçait une grande influence sur le roi Narai. Phaulkon évinça Anglais et Hollandais au profit des Français, et ceux-ci obtinrent d'installer des troupes au Siam. La lune de miel prit fin cependant en 1688 avec l'assassinat de Phaulkon par des nationalistes, la destitution du roi et l'expulsion de tous les étrangers du royaume.

En 1767, Ayutthaya fut rasée par les Birmans, et Bangkok devint alors la capitale. Les Siamois achevèrent la liquidation d'Ayutthaya en utilisant les matériaux des anciens temples et pagodes pour construire ceux de Bangkok. Le reste, laissé à l'abandon et livré à la végétation, fut réhabilité il y a une trentaine d'années seulement.

Arriver – Quitter

En bus

Gare des bus longues distances « Na Grand » *(hors plan par B2, 1)* **:** dessert les destinations longues distances vers le nord du pays.

➢ ***Pour Lopburi :*** départ toutes les 30 mn. Compter 2 h de trajet, 25 Bts (0,5 €).

➢ ***Pour Phitsanulok :*** 6 départs par jour de 7 h à 15 h. Compter 5 h de trajet, 140 Bts (2,8 €).

➢ ***Pour Sukhothai :*** 8 départs par jour de 7 h à 18 h. Compter 6 h de trajet, 170 Bts (3,4 €).

➢ ***Pour Chiang Mai :*** 9 départs par jour de 6 h 30 à 20 h 50. Compter 9 h de trajet, 280 Bts (5,6 €).

Stations et arrêts le long de Naresuan Road (en partant de l'intersection avec Shikun Rd ; *plan B1*) **:**

➢ ***Arrêt des bus au départ et pour la gare routière nord de Bangkok*** *(plan B1, 2)* **:** bus depuis la capitale de 5 h 30 à 18 h. Départ depuis Ayutthaya toutes les 20 mn de 5 h 30 à 18 h 30 en bus AC (52 Bts, soit 1 €) ou sans AC (41 Bts, soit 0,8 €). Trajet : 1 h 30 environ. Possible de descendre au niveau de l'aéroport.

➢ ***Arrêt des minibus pour Bangkok (Victory Station ou gare du sud) :*** à proximité de l'arrêt précédent. Partent quand le véhicule est plein (à peu près toutes les 30 mn), entre 5 h 30 et 18 h environ. Tarif : 45 Bts (0,9 €).

➢ ***Arrêt des bus locaux (Chao Phrom Market)*** – ตลาดเจ้าพรหม *(plan B1, 3)* **:** permet par exemple d'aller à Kanchanaburi. Prendre le bus jaune n° 703, descendre à Suphanburi, puis embarquer dans un bus rouge n° 411. En tout, prévoir 4 h de trajet.

En train

La gare *(plan B1)* **:** de l'autre côté du canal, prendre le bac ou tourner à gauche sous le pont en venant de l'île. ☎ 24-15-21. Consigne à l'intérieur.

➢ ***De la gare centrale Hua Lamphong à Bangkok :*** départs tous les jours, toutes les heures de 5 h 45 à 23 h (moins de trains le week-end). Durée : 1 h 30. Essayer de prendre le premier du matin.
➢ ***Pour Lopburi :*** 17 départs quotidiens entre 5 h 50 et 23 h 30. Prévoir 1 h à 1 h 30 de trajet. Tarif *(Rapid)* : 35 Bts (0,7 €). Les premiers trains du matin (5 h 50, 8 h 10 et 8 h 45) permettent de visiter Lopburi, puis de reprendre un autre train en fin de matinée pour Phitsanulok (où il arrive dans l'après-midi) et même d'enchaîner avec un bus pour Sukhothai.
➢ ***Pour Bangkok :*** départ toutes les 30 mn environ de 3 h 50 du matin à 19 h 30. Prévoir 1 h 30 à 2 h de trajet. Tarifs : de 15 à 70 Bts (0,3 à 1,4 €) selon les types de trains.

Orientation

La ville historique ressemble à une « île », dessinée par la rencontre du Chao Phraya et d'un de ses affluents, la rivière Pa Sak. De forme presque rectangulaire, les hôtels pour routards s'y concentrent à l'est alors que les principaux vestiges archéologiques se trouvent au centre et à l'ouest. La voie ferrée passe à l'extérieur de l'île, parallèlement à son bord est. Un bac, en face de la gare ferroviaire *(plan B1)*, permet de rejoindre la vieille ville. L'accès routier se fait par un grand pont qui traverse la rivière non loin de la gare ferroviaire.
Pour se déplacer, une myriade de *tuk-tuk* à banquettes latérales ou de moto-taxis vous attendent. Prix : 40 Bts (0,8 €) la course en ville, 200 Bts (4 €) l'heure.

Adresses utiles

TAT – ท.ท.ท. *(Tourism Information Center ; plan A2)* **:** au rez-de-chaussée du *Musée national Chao Sam Praya* – พิพิธภัณฑสถานแห่งชาติเจ้าสามพระยา. ☎ 322-730. • tatyutya@tat.or.th • Ouvert tous les jours de 8 h 30 à 16 h 30. Probablement le meilleur TAT de Thaïlande car il sert de test national pour l'amélioration de ce service. Prompeth, la directrice, veille à la qualité des renseignements donnés. Belle carte gratuite avec tout ce qu'il faut : liste des monuments avec leurs horaires de visite et d'éclairement nocturne, horaires des trains et bus et bien d'autres choses. Expo permanente consacrée à la ville.

Internet *(plan B1)* **:** plusieurs boutiques les unes à côté des autres sur Naresuan Rd en venant de Shikun Rd. Entre cybercafé et salle de jeux vidéo. Prix : 30 Bts (0,6 €) l'heure. Lors de notre passage, le plus clame et confortable était ***9 to Nine Net.***

Siam Commercial Bank *(plan B1, 4)* **:** Naresuan Rd. ☎ 243-791. Sinon, distributeur très pratique sur le quai de la gare.

Location de vélos et motos : dans la ruelle des routards (voir « Où dormir ? ») et au niveau du *Tourist Police Office (plan A2, 5)*, juste à côté du TAT. Compter 50 Bts (1 €) la journée pour un vélo, 250 Bts (5 €) pour une moto.

Piscine Sherwood House – สระว่ายน้ำแชวูดเฮ้าท์ **:** petite mais tellement agréable. Accepte les non-résidents pour 40 Bts, soit 0,8 € (voir « Où dormir ? »).

Où dormir ?

De bon marché à un peu plus chic (de 150 à 700 Bts – 3 à 14 €)

Tony's Place – โทนีส์ เพล *(plan B1, **10**) :* 12/18 Naresuan Rd, Horatanachai. ☎ 252-578. Dans la rue des routards, sur la droite. De 200 à 700 Bts (4 à 14 €). Maisons de bois d'un étage autour d'une cour avec un peu de verdure et du bric-à-brac. Bar et resto en terrasse et au rez-de-chaussée. Très populaire. Sympa mais un rien commercial, car ils organisent un tas de choses. Rien à dire sur les chambres qui sont bien et qui se déclinent avec ou sans salle de bains et AC, avec ou sans balcon.

P.U. Inn Ubonpon – พี.ยู เกสเฮ้าท์ *(plan B1, **11**) :* 20/1 Moo 4, Horatanachai. ☎ 251-213. • u.p.inn_ayutthaya@hotmail.com • Continuer dans la rue depuis *Tony's* ; par une allée partant sur la gauche. Prévoir de 350 à 500 Bts (7 à 10 €) pour 1 à 3 personnes. Le grand concurrent de *Tony's* est animé sans répit par *P.U.*, surnom de la patronne thaïe. Toutes les chambres ont une salle de bains avec eau chaude ou froide, ventilo ou AC. Atmosphère chaleureuse. Réduc' pour ceux qui sont seuls.

Chantana Guesthouse – ฉันทนาเกสท์เฮ้าส์ *(plan B1, **12**) :* 12/22 Naresuan Rd, Horatanachai. ☎ 323-200. • chantanahouse@yahoo.com • Toujours la même rue, après *Tony's*. Doubles à partir de 300 Bts (6 €). *Guesthouse* plus traditionnelle et familiale que *Tony's* et *P.U.* Chambres décorées avec beaucoup de goût, toutes avec salle de bains et eau chaude. Jardinet. Accueil amical.

Sherwood House – แชวูดเฮ้าท์ *(plan B2, **13**) :* 21/25 Dechawut Rd. ☎ 06-666-08-13 (portable). • sherwoodmm@hotmail.com • Proche du centre de l'île. De 270 Bts (5,4 €) avec ventilo à 380 Bts (7,6 €) avec AC. Tenu par Steve, un Anglais sympa. Pavillon blanc immaculé, d'un étage, ayant la particularité de cacher une petite piscine à l'arrière. Cinq chambres doubles très propres ; salle de bains à l'extérieur. Celles du haut ont un petit balcon donnant sur la piscine. Pas de réduction pour l'occupation simple. Resto au rez-de-chaussée. Petits plats (sandwichs, petits dej') appétissants.

Plus chic (de 1 400 à 2 400 Bts – 28 à 48 €)

U Thong Inn – โรงแรมอู่ทองอินน์ *(plan B2, **14**) :* Rotchana Rd. ☎ 242-236. Fax : 242-236. • www.uthonginn.com • Très excentré. Hôtel-building sans surprise, de standing, pour touristes pas fauchés ou hommes d'affaires. Piscine. Prestations à la hauteur des prix. Et même une suite royale avec 2 lits, jacuzzi et living-room à 20 000 Bts (400 €) !

Où manger ?

Bon marché (moins de 100 Bts – 2 €)

Marchés de jour et de nuit – ตลาดหัวรอ *:* assez propres et vraiment pas chers. Pendant la journée, se rendre au marché ***Hua Raw*** *(plan B1, **20**)*, près de la rivière, ou ***Chao Phrom***, vers l'extrémité est de la rue Naresuan *(plan B1, **21**)*. La nuit, longue rangée de stands à l'intersection de Shikun et Bang Lan Rd *(plan B1, **22**)*.

|●| ***Saithong River Restaurant*** – ร้านอาหารสายทองริเวอร์ *(plan B2, **23**) :* 45 U Thong Rd. ☎ 035-241-449. Restaurant en terrasse sur la rivière. Assez prisé des locaux, pour la qualité des mets et pour les prix, plutôt bas. Une bonne adresse pour déjeuner.

Prix moyens (de 100 à 200 Bts – 2 à 4 €)

|●| ***Malakor*** – ร้านอาหารมะละกอ *(plan B1, **24**) :* 22/13 Naresuan Rd. Quasi à l'angle des rues Naresuan et Shikun. Une maison en teck, charmante. Balcon couvert, terrasse le long de la rue et 3 tables à l'intérieur. Spécialités thaïes simples mais bonnes, bière à la pression. Service relax.

|●| ***Pae Krung Kao*** – แพกรุงเก่า *(plan B2, **25**) :* 2 U Thong Rd. ☎ 035-241-555. En bordure de rivière, avec un cadre et un service un peu plus soignés. Assez romantique. Un peu de verdure agrémente la terrasse, nappes et serviettes ont été bien repassées, et la cuisine est savoureuse. Spécialité de *seafood* (poisson, écrevisses, crabe).

Où boire un verre ?

🍷 ***Moon Café*** – มูนคาเฟ่ *(plan B1, **30**) :* à côté de *Tony's,* dans la ruelle des routards. ☎ 232-507. Deux salles : une pour la journée, l'autre de style pub, tout en long, pour les nocturnes. Ambiance musicale tendance blues et rock'n'roll. Un groupe joue parfois. Vrai café, torréfié maison. Bières, tous cocktails et spiritueux. Quelques petits plats thaïs ou non (macaronis, *chicken salad*...). Accueil occidentalisé.

À voir

Site archéologique très étendu. Quasi impossible de le parcourir à pied. Le mieux est de louer un vélo (voir « Adresses utiles »). On peut aussi s'entendre avec un chauffeur de *tuk-tuk,* négocier la tournée de tant de sites, ou la demi-journée. À vous de calculer, en tenant compte également du fait que la visite de la plupart des temples est payante. Ceux-ci sont ouverts au minimum de 8 h à 17 h, parfois 18 h.

En dehors de la ville

Ces sites se trouvent avant Ayutthaya si l'on vient du Sud par la route.

★★★ ***Wat Yai Chai Mongkhon*** – วัดใหญ่ชัยมงคล *(plan B2) :* l'un des ensembles les plus intéressants. Entrée : 20 Bts (0,4 €). Situé hors de l'île, à environ 3 km de la gare. Construit en 1360. Entièrement restauré et bien fleuri. Le *chedî* fut construit en 1592 par le roi Naresuan pour fêter une victoire sur les Birmans (après, il n'y eut plus d'invasions pendant près de deux siècles). Entouré de plusieurs dizaines de bouddhas drapés d'orange. À l'intérieur du sanctuaire, gros bouddha de cuivre. Sur le chemin du *chedî,* on notera un beau bouddha couché et drapé, sur lequel les fidèles viennent écrire des messages d'espoir. Bon à savoir : si vous venez ou partez à Bang Pa In, les *tuk-tuks* passent devant ce temple et son voisin le *Wat Phanan Choeng.*

★★★ ***Wat Phanan Choeng*** – วัดพนัญเชิง *(plan B2) :* à 1 km du précédent. Situé face au sud-est de l'île. Entrée : 20 Bts (0,4 €). Temple récent et classique. Surtout intéressant pour son énorme bouddha ancien (1350) s'élevant au-dessus des fumées bleues d'encens et pour la ferveur populaire qu'il suscite. C'est le plus haut bouddha assis en brique de Thaïlande (19 m). Dans les murs, une multitude de niches, chacune abritant un bouddha... Il y en a 48 000 en tout dans le temple, pour les 48 000 paroles de Bouddha !

En ville

Wat Phra Sri Samphet* – วัดพระศรีสรรเพชร *(plan A1) : dans le coin nord-ouest de l'île. Entrée : 30 Bts (0,6 €). L'ensemble le plus imposant d'Ayutthaya. Édifié au XVe siècle. Les trois grands *chedî* symbolisent les trois premiers rois qui régnèrent ici. Beaucoup de monde (mais moins le matin).

Viharn Phra Mongkon Bopitr* – วิหารพระมงคลบพิตร *(plan A1) : pas loin du précédent. Entrée gratuite. Le *viharn,* de construction récente, abrite un bouddha de bronze. Daté du XVe siècle. Le fait qu'il ait traversé autant de périodes troublées et survécu à tant d'épreuves a suscité un culte très important.

Wat Na Phramen* – วัดหน้าพระเมรุ *(ou Wat Phra Meru ; plan A1) : situé au nord, hors de la ceinture d'eau, il fait face à l'ancien palais. Entrée : 20 Bts (0,4 €). Miraculé de l'occupation des guerriers birmans à la fin du XVIIIe siècle, il a conservé un très beau plafond à caissons en bois du XVe siècle et laqué d'or, ainsi que de majestueuses colonnes en fleur de lotus. La curiosité tient surtout au bouddha vêtu du costume royal.

Wat Ratchaburana* – วัดราชบูรณะ *(plan B1) : à côté du Mahathat. Entrée : 30 Bts (0,6 €). Édifié en 1424, il a miraculeusement conservé un superbe *prang* (tour à base carrée de style khmer).

Wat Mahathat* – วัดมหาธาตุ *(plan B1) : ensemble malheureusement en ruine, mais les fondations et quelques pans de mur laissent entrevoir combien il dut être imposant. Entrée : 30 Bts (0,6 €). Au moment des fouilles, on y découvrit nombre de bijoux et objets religieux de grande valeur, aujourd'hui au musée.

Le Musée national Chao Sam Praya* – พิพิธภัณฑสถานแห่ง ชาติเจ้าสามพระยา *(plan A2) : ouvert du mercredi au dimanche (sauf les jours fériés) de 9 h à 17 h. Entrée : 30 Bts (0,6 €). Belle situation dans un vaste domaine. Magnifique expo des produits des fouilles réalisées sur le site.
– *Au rez-de-chaussée :* portes sculptées splendides, *toranas* de temples, porcelaines, céramiques, petits bronzes, etc.
– *Au 1er étage : trésor du Wat Ratchaburana,* une vraie merveille ! Orfèvrerie religieuse : « arbres votifs » en or, statuettes, collections de bijoux superbes, plaques votives, tiare d'un prince, fascinant éléphant ciselé et orné de pierres précieuses. *Salle du Wat Mahathat :* coffres peints, tablettes votives, bouddha debout, maquette d'un *viharn* du XVIIe siècle.
– *À l'extérieur :* maison traditionnelle sur pilotis ; on constate que les Thaïlandais ne s'encombrent pas de meubles inutiles.

Ayutthaya Historical Study Center* – ศูนย์ศึกษาประวัติศาสตร์อยุธยา *(plan A2) : Rojana Rd. ☎ 035-245-124. Ouvert de 8 h 30 à 16 h 30. Entrée : 100 Bts (2 €). Élégante construction alliant modernité et tradition thaïlandaise. À l'intérieur, vaste hall divisé en espaces thématiques, où sont abordées l'histoire, l'économie et l'ethnologie locales. Pièces archéologiques bien mises en valeur. Librairie.

AU NORD DE BANGKOK

À faire

– ***Visites guidées des temples en tuk-tuk*** – เที่ยวชมวัดต่างๆด้วยรถตุ๊กตุ๊ก ***:*** renseignements et réservations auprès des *guesthouses,* comme par exemple *P.U.* ou *Tony's* (voir « Où dormir ? »). Plusieurs formules :
– la journée : en groupe pendant 3 à 4 h, prévoir 150 Bts (3 €) par personne ; en privé, de 150 à 200 Bts l'heure (3 à 4 €) ;
– la nuit avec un groupe : 100 Bts (2 €) par personne. Cinq temples uniquement sont éclairés, surtout dans le centre.

➢ ***Balade à dos d'éléphant :*** de 8 h à 17 h. Les éléphants stationnent dans la vieille ville, à l'*Ayutthaya Elephant Camp* – ศูนย์ฝึกช้างอยุธยา *(plan A1-2),* non loin du musée Ayutthaya Historical Study Center. Pensez à eux ! Une balade à dos d'éléphant, c'est toujours sympa, et vous trimbaler, c'est leur gagne-pain (à ces braves bêtes, leur gagne-bananes) !

➢ ***Tour de la ville en bateau :*** se renseigner auprès des pensions de la ville pour l'organisation de ces balades très sympas. Possible le matin de 11 h à 13 h (150 Bts, soit 3 €, par personne) ou le soir à partir de 16 h (200 Bts, soit 4 €). Ceux qui aiment les rivières pourront aussi se joindre à une « mini-croisière » jusqu'à **Bang Pa In** (voir plus haut). Endroit sans caractère particulier mais charmant. Pour l'occasion, « chartériser » un *long tail boat,* moins cher. Agréable d'y déjeuner. Balade sur un cours d'eau parsemé de nénuphars. Durée : environ 4 h aller-retour.

Fête

– ***Grande foire annuelle :*** une semaine en janvier ou février, selon le calendrier. Grande expo-vente à prix intéressants de toutes les productions artisanales locales (tissage, bois, bambou, etc.).

LOPBURI – ลพบุรี

IND. TÉL. : 036

Ville calme et paisible d'origine très ancienne, située à 67 km au nord d'Ayutthaya et à 155 km de Bangkok. Partie intégrante de l'Empire khmer au Xe siècle, elle donne son nom au style Lopburi, étape de transition du style khmer au style thaï. C'est ici que fut reçue la fameuse ambassade de Louis XIV, conduite par le chevalier de Chaumont. Le roi Narai préférait résider à Lopburi plutôt qu'à Ayutthaya ; l'été, le climat y était moins humide et plus sain.
La visite des temples peut se faire en 2 h environ au pas de course. Mais pourquoi ne pas y faire une étape ? Les gens sont très gentils et la ville a une particularité étonnante, celle d'être totalement livrée aux singes en liberté. Ceux-ci courent sur les fils électriques, prennent le soleil sur le sommet des stupas ou traversent la route sans se soucier des feux ! On se croirait en Inde. Rien d'étonnant, puisque ces temples furent à l'origine des lieux de culte hindouiste.
Chaque année, le dernier dimanche de novembre, la population organise un véritable banquet pour ses singes au temple Phra Prang Samyod.

Arriver – Quitter

Lopburi n'est pas située sur la grande autoroute montant à Chiang Mai. De Bangkok (et Ayutthaya), prendre le train est donc plus rapide et agréable.
➢ ***En train :*** depuis et pour la gare de *Hua Lamphong* de Bangkok. Nombreux départs quotidiens. Trajet en 2 h 45 environ. Prix : de 30 à 120 Bts (0,6 à 2,4 €). Au retour, plusieurs trains par jour, surtout le matin. Prévoir 3 h à 3 h 45 de trajet.
➢ ***Pour Phitsanulok :*** une dizaine de départs par jour, entre 6 h et 0 h 30. Prévoir 4 à 5 h de trajet selon les types de trains. Si les horaires ne conviennent pas, aller à la gare routière d'où partent 3 bus quotidiens avec AC. Prévoir 5 h à 5 h 30 de trajet, pour 95 Bts (2 €). Le bus de 14 h 30 est parfait, car il permet encore d'assurer la correspondance immédiate par Sukhothai alors qu'aucun train ne circule entre 12 h et 17 h.
➢ ***En bus :*** du *Bangkok Northern Bus Terminal.* Départ toutes les 20 mn environ, de 4 h 30 à 20 h 30. Compter 2 h 30 de trajet environ. Prévoir 70 à 90 Bts (1,4 à 1,8 €).

Adresses utiles

■ ***TAT** – ท.ท.ท. (plan A2) :* Rop Wat Pharthat Rd. ☎ 422-768. Fax : 424-089. • tatlobri@tat.or.th • Ouvert tous les jours de 8 h 30 à 16 h 30. Dans une belle demeure de bois blanc. Moins efficace qu'à Ayutthaya mais serviable quand même. Une hôtesse parle anglais. Carte de la ville, horaires des trains.
■ ***Gare ferroviaire** – สถานีรถไฟ (plan B2) :* en plein centre. Traversez la rue et vous entrez à Wat Phra Sri Ratana Mahathat. Ambiance rétro comme sur toute la ligne. Consigne *(Cloak Room)* sur le quai : 10 Bts (0,2 €) par bagage.
■ ***Gare routière** – สถานีรถบัส (hors plan par B2) :* vers l'est, à l'écart du centre historique, au niveau d'un grand rond-point. Compter 10 mn en vélo-taxi et 30 Bts (0,6 €).
■ ***Internet** – อินเตอร์เน็ท (plan B2, 1) :* en allant vers Ratchadamnoen depuis la gare.
■ ***Siam Commercial Bank** – ธนาคารไทยพาณิชย์ (plan A2, 2) :* au croisement des rues Ratchadamnoen et Surasongkhram. Distributeur à l'extérieur.

Où dormir ?

De bon marché à prix moyens (de 150 à 450 Bts – 3 à 9 €)

■ ***Nett Hotel** – เนทท์โฮเท็ล (plan A2, 10) :* Ratchadamnoen, Soi 2. ☎ 411-738. À 5 mn à pied. En sortant de la gare, partir à droite, puis tourner à gauche dans Ratchadamnoen, la rue principale ; après le marché, s'engager dans la petite rue à gauche ; réception au niveau du parking intérieur. Grandes chambres doubles avec salle de bains. Compter 160 Bts (3,2 €) la chambre, 300 Bts (6 €) avec l'AC et l'eau chaude. Dans un immeuble de 4 étages, un hôtel standard au style désuet. Sans charme mais assez propre. Grandes chambres doubles avec salle de bains et eau froide. Pas de réduc' en cas d'occupation simple. Préférer les

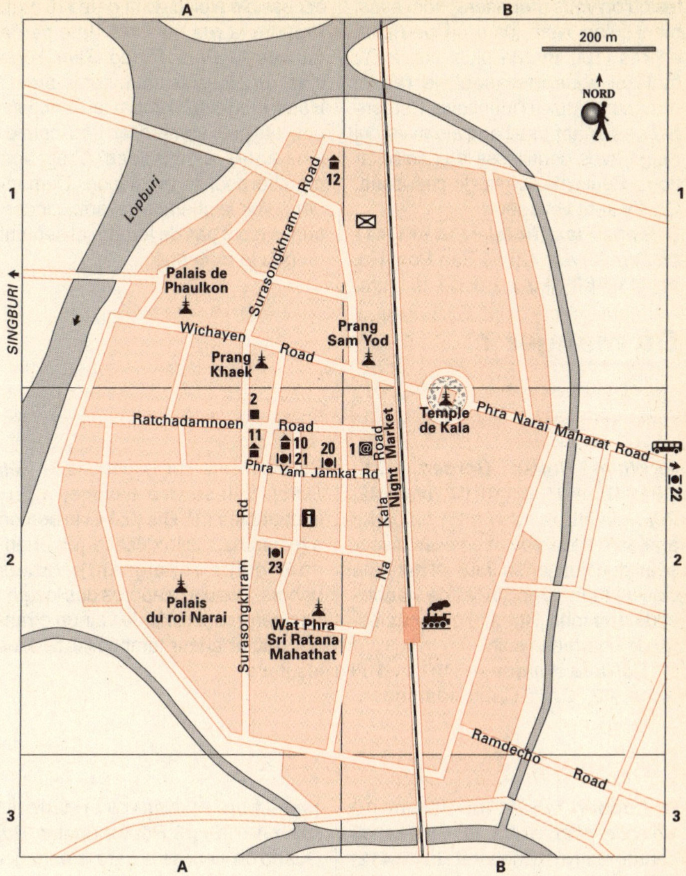

LOPBURI

■ Adresses utiles

- TAT
- Gare ferroviaire
- Gare routière
- Poste
- 1 Internet
- 2 Siam Commercial Bank

Où dormir ?

- 10 Nett Hotel
- 11 Lopburi Asia Hotel
- 12 Râma Plaza Hotel

Où manger ?

- 20 White House Garden
- 21 Gargote typique
- 22 Lopburi Inn
- 23 Chanchao (Blue Eagle) Restaurant

chambres sur l'arrière, plus calmes. Accueil transparent.

Lopburi Asia Hotel – โรงแรมลพบุรีเอเ ชีย *(plan A2, 11)* : 1/7-8 Surasak Rd. ☎ 618-893. En face du palais du roi Narai. Similaire au *Nett Hotel*, avec un ascenseur en plus... Les meilleures chambres (celles qu'on vous proposera) sont aussi bien qu'au *Nett,* juste un peu plus chères (100 Bts de plus, soit 2 €) ; mais si vous êtes seul, la réduc' ramène les prix à l'identique. Personnel ne parlant pas l'anglais mais qui réagit avec gentillesse aux sollicitations. Petit café au rez-de-chaussée. On s'y sent voyageur.

Râma Plaza Hotel – รามาพลาซ่าโฮเต็ล *(plan A1, 12)* **:** 4 Ban Pom Rd. ☎ 411-663. Au nord de la ville, accessible à pied de la gare (10 mn). Prendre la rue qui contourne par la gauche le *Phra Prang Sam Yod* ; c'est un peu plus haut, sur la droite. Hôtel moderne, propre et fonctionnel, un peu sombre et très calme. Chambres climatisées. Très bon marché pour la prestation. Demander à voir la chambre avant, car certaines n'ont pas de fenêtre et sentent un peu le renfermé.

Où manger ?

Bon marché (autour de 100 Bts - 2 €)

White House Garden – ร้านอาหารไวท์เฮ้าส์การ์เด้น *(plan A2, 20)* **:** ouvert de 12 h à 23 h. Cadre agréable de tables et chaises disposées dans un jardin fleuri et honnête cuisine thaïe. Spécialités de viandes et de poissons. Romantique, orchestre de charme le soir.

Gargote typique – การ์ก๊อต ธิปิค *(plan A2, 21)* **:** Ratchadamnoen, Soi 2. Jouxte sur la gauche le *Nett Hotel.* Self-service typique, à prix imbattables : 18 Bts (0,4 €) la portion avec du riz. Salle décatie (en attendant qu'ils repeignent), tables dehors. Populaire auprès des locaux. Les gens sont ravis de voir un étranger goûter à leur tambouille de tous les jours.

Plus chic (plus de 300 Bts - 6 €)

Lopburi Inn – ร้านอาหารลพบุรีอินน์ *(hors plan par B2, 22)* **:** à 5 km du centre, sur Narai Maharat Rd. ☎ 412-300. • www.lopburinn.com • Pour s'y rendre, prendre un bus local près du temple de Kala. Ouvert de 6 h à minuit. C'est le resto de l'hôtel du même nom. Bonne cuisine locale ou légèrement occidentalisée, au choix. Adresse appréciée des gens du coin. Très vivant et souvent complet. Animation musicale tous les soirs.

Chanchao (Blue Eagle) Restaurant – ร้านอาหาร (บูล อีเกิ้ล) จันทร์เจ้า *(plan A2, 23)* **:** 3 Ropwatphatad Rd. Quand on vient de la gare, s'engager dans la petite rue qui longe le Wat Phra Sri Ratana Mahathat sur la droite. Typiquement *country-thai* (style très populaire dans tout le pays), sa façade en bois foncé se remarque aisément. Ouvert le soir uniquement. Groupe local. Excellente cuisine servie dans une jolie salle, carte bien appétissante. Assez cher pour la ville.

À voir

Wat Phra Sri Ratana Mahathat – วัดพระศรีรัตนมหาธาตุ *(plan A2)* **:** ses ruines s'étendent juste devant la gare. Ouvert tous les jours de 8 h 30 à 16 h30. Entrée : 30 Bts (0,6 €). Vestiges importants de *prang* et *chedî.* Très belles sculptures, notamment sur le *prang* central (remarquable fronton). Le lieu le plus reposant de la ville !

Le palais du roi Narai – นารายณ์ราชนิเวศน์ *(plan A2) :* Surasonkhram Rd. D'immenses portes dans la muraille s'ouvrent sur de vastes cours verdoyantes où s'alignent les anciens communs, magasins et écuries. Deux pavillons du palais royal, au fond, dans la 2e cour, ont été transformés en *musée.* Ouvert tous les jours de 8 h 30 à 16 h 30. Entrée : 30 Bts (0,6 €). Intéressantes collections de sculptures de style Lopburi, meubles, etc. Au dernier étage, un peu de mobilier européen du XIXe siècle rassemblé par Râma IV (dont une statue en pied de Napoléon Ier !).
Le *Hall Dusit Maha Prasad* fut, quant à lui, construit pour recevoir le chevalier de Chaumont et les ambassadeurs étrangers en général. D'où l'importance du style français dans les miroirs ou les fenêtres.
À l'intérieur des murs, on notera les dizaines de niches, en forme de feuilles, qui servaient à recueillir les illuminations à l'occasion des grandes fêtes et cérémonies.

Prang Khaek – ปรางค์แขก *(plan A1) :* au carrefour très animé de la rue du *Lopburi Asia Hotel* et de celle allant du palais de Phaulkon au Phra Prang Sam Yod. Monument hindouiste du Xe siècle, de style typiquement Lopburi.

Le palais de Phaulkon – บ้านวิชาเยนทร์หรือพอลคอนเฮ้าส์ *(plan A1) :* ouvert de 8 h 30 à 16 h 30. Entrée payante (modique). Construit pendant le règne de Narai, au XVIIIe siècle, pour son fameux conseiller. Pratiquement aussi grand que le palais du roi. Son architecture dégage quelques effluves européens. Il ne reste que la façade, mais l'ensemble, d'une grande élégance, laisse facilement deviner quelle existence luxueuse s'y déroulait.
Phaulkon fut vraiment un cas : aventurier d'origine grecque, né dans l'île de Céphalonie, marin sur les navires anglais pendant dix ans, commerçant en Indochine, puis trafiquant d'armes pour le compte du ministre des Finances du roi Narai. Comme il réussit de gros coups commerciaux et diplomatiques, il acquit de plus en plus d'importance à la cour, se fit nommer ministre d'État, puis devint le principal conseiller de Narai. Son influence fut immense. Phaulkon parlait couramment le grec, le français, l'anglais, le portugais, le malais, le latin et, bien sûr, le thaï. Louis XIV et le pape lui écrivaient personnellement. Ses fêtes étaient légendaires. Tout cela suscita naturellement beaucoup de jalousie chez les dignitaires thaïs qui, encouragés par les Hollandais et profitant de la maladie du roi, organisèrent un complot contre lui. Il fut arrêté et exécuté le 5 juin 1688. Le roi mourut la même année. Après cet épisode, le Siam devait se fermer aux étrangers pendant deux siècles.

Phra Prang Sam Yod – ปรางค์สามยอด *(plan B1) :* au bout de la Na Kala Rd (à droite en sortant de la gare). Beau temple à trois *prang* s'élevant sur une esplanade. D'origine hindouiste, il révèle de nettes influences khmères et est le monument qui symbolise le mieux le style Lopburi. Édifié en latérite et grès, il présente une intéressante décoration sculptée. Quantité de singes, parfois chapardeurs, abondamment nourris de bananes et autres victuailles par la population. C'est ici que, le dernier dimanche de novembre, toute la ville vient les honorer.

– Avec un *rickshaw* (station au marché), aller voir les ***pêcheurs*** un matin tôt sur la rivière, avec leurs grands filets carrés à balancier.

LA PLAINE CENTRALE

De Bangkok au nord du pays s'étend une assez vaste étendue agricole, la plaine centrale, riche d'un important patrimoine architectural. D'abord, encore proches de Bangkok, le palais royal de Bang Pa In, puis Lopburi, un peu plus haut (décrits dans la partie précédente, « Au nord de Bangkok »). Mais les choses sérieuses commencent avec Kamphaeng Phet, site archéologique de premier plan et pourtant peu visité, puis Phitsanulok et surtout Sukhothai, l'ancienne capitale du royaume homonyme. Un superbe détour culturel.
Aller à la découverte de cette région, c'est ressentir les battements du cœur historique et campagnard de la Thaïlande. Plutôt reposants après les frénétiques pulsations de la capitale, ils aident à recharger les accus avant de monter sur Chiang Mai et le Triangle d'Or.

Arriver – Quitter

Le région est très facilement accessible en train, bus ou avion.

➢ ***En avion :*** pas si coûteux que cela. Entre 1 500 et 1 800 Bts (30 et 36 €) l'aller simple. Depuis Bangkok, liaison quotidienne avec *Bangkok Airways* pour Sukhothai et avec *Thai Airways* pour Phitsanulok. Voir les chapitres consacrés à ces villes et la rubrique « Quitter Bangkok ».

➢ ***En bus :*** bon marché, c'est l'avantage. Un peu plus cher, le bus AC vous évitera de crever de chaleur. Plus cher encore, le bus VIP est réellement confortable. Se reporter à la rubrique « Quitter Bangkok ».

➢ ***En train :*** notre moyen de transport préféré malgré les petites contraintes (réservations : se rendre à la gare...). Moins de risques que par le bus, et tout le charme du chemin de fer, de ses gares rétro et des Thaïlandais calmes ou hilares. La vie du rail, quoi ! Se reporter à la rubrique « Quitter Bangkok ».

KAMPHAENG PHET – กำแพงเพชร

IND. TÉL. : 055

Bourg assez important mais tranquille, situé en bordure de la rivière Ping et vivant notamment de la canne à sucre et de la fameuse « banane petit doigt ». Cette dernière entre dans la préparation de la spécialité culinaire locale, le *kluay kai* (banane à l'œuf), en vente sur le marché et le long des routes. Mais Kamphaeng Phet est aussi un site archéologique peu visité.
La ville fut une des trois capitales du royaume de Sukhothai, qu'elle défendait à l'ouest ; et c'est ici que se réfugia le dernier souverain de Sukhothai, avant de se soumettre au roi d'Ayutthaya (1378). De cette époque subsistent quelques remparts (*Kamphaeng Phet* signifie « Muraille de diamant ») mais surtout des temples monumentaux assez émouvants, en partie ruinés et environnés de verdure, où d'énormes bouddhas livrés aux intempéries sont toujours vénérés et drapés de safran. Rien d'autre à faire à part ça.

Arriver – Quitter

Pas de train à Kamphaeng Phet. Bus et *songthaews* se prennent à la gare routière *(plan A3)*.

➢ ***Pour Sukhothai :*** 1 bus toutes les heures environ. Autour de 50 Bts (1 €). Prévoir 2 bonnes heures de trajet.

➢ ***Pour Phitsanulok :*** 1 départ toutes les heures. Compter 60 Bts (1,2 €). Environ 3 h de trajet.

➢ ***Pour Bangkok :*** 1 départ toutes les heures. Environ 180 Bts (3,6 €) le ticket.

Adresses utiles

Office de tourisme – การท่องเที่ยว *(plan B4)* **:** un ersatz d'office de tourisme installé dans un petit bâtiment de la chambre de commerce *(Kamphaeng Phet Chamber of Commerce)*, sur Tesa Rd. ☎ 418-050. Peu de documents en anglais, que les hôtesses ne parlent d'ailleurs quasiment pas.

Banques *(plan B4, **1**)* **:** change et ATM à la *Kasikorn Bank*, sur Charoensuk Rd (route de Phitsanulok). Également une autre banque, juste à côté : *Siam Commercial Bank* – ธนาคารไทยพาณิชย์.

Gare routière – สถานีรถบัส *(plan A3)* **:** route de Tak, 200 m après le pont sur la droite.

Où dormir ? Où manger ?

Qu'on se le dise, l'hébergement à Kamphaeng Phet n'est pas de bonne qualité, même si on a bien aimé la *Canaan Guesthouse*. Passer la nuit dans la ville n'est pas indispensable.

De bon marché à un peu plus chic (de 100 à 650 Bts – 2 à 13 €)

Canaan Guesthouse – คานาอันเกสต์เฮ้าส์ **:** 158/2 Soi Sriyothin, Wangpikul Rd, mais appeler Tom pour qu'il vienne vous chercher. ☎ 09-216-18-65 (portable). La véritable case de l'Oncle Tom ! Juste 3 chambres avec ventilo et eau chaude à partager. Une promiscuité qui ne déplaira pas à ceux qui aiment entendre parler les sages car Tom fait partie de ceux-là ! Il saura vous faire bénéficier des bons plans de la région, en guide officiel qu'il est, parlant très bien l'anglais. Très bon marché. Un vrai coup de cœur.

Navarat Hotel – โรงแรมนวรัตน์ *(plan B4, **11**)* **:** Tesa 1 Rd, Soi Prapan 2. ☎ 055-711-106. Fax : 055-711-961. Un hôtel qui devait être beau dans les années 1970 mais qui a perdu de sa superbe ! Vieux meubles, ascenseur plus très jeune, comme l'AC ou la literie d'ailleurs. Bien tenu tout de même et propre. Resto au rez-de-chaussée. Sourire à l'accueil, mais rapport qualité-prix moyen.

Night Bazaar – ไนท์บาซาร์ **:** le soir, quelques restos en plein air le long de Tesa Rd, où s'étire un petit bazar de nuit.

Kwai Tiao Manao – ก๋วยเตี๋ยวสูตรมะนาว *(plan B3, **20**)* **:** Tesa Rd (près de la Police Station, sur le trottoir opposé). ☎ 055-711-856. Petit snack bien propre et ouvert sur la rue. Attention, le nom n'est pas écrit en caractères latins, mais il n'y a qu'un resto dans ce secteur ; si vous doutez, fiez-vous au panneau avec soleil jaune sur fond bleu accroché au-dessus de l'entrée. Plats simples et savoureux, pas trop épicés si vous le demandez (*phèt nit noï,* voir la rubrique « Langue » dans les « Généralités »). Pensez aux *satay,* brochettes de poulet ou de porc avec sauce aux cacahuètes, ou au *sweet and sour pork.* Une bonne cantine.

À voir

La ville actuelle s'est développée à l'intérieur et au sud-est des remparts, qu'elle a en partie absorbés ; mais il en reste quelques sections bien conservées au nord-ouest (muraille crénelée, porte, forts d'angle).

Le Wat Phra Kaew et le Wat Phra That – วัดพระแก้วและวัดพระธาตุ *(plan B2)* **:** ticket unique (40 Bts, soit 0,8 €) valable sur les 2 sites. Ne le perdez pas ! Commençons par le ***Wat Phra Kaew*** – วัดพระแก้ว : c'est dans ce périmètre de la vieille ville que se trouve ce temple vaste et tout en longueur, avec, en plein air, un groupe de trois bouddhas, deux assis, un couché. Du bâtiment qui les abritait ne restent que les bases de colonnes. Superbe. Plusieurs *chedî* ruinés, et d'autres statues ou fragments de statues épars ornent le temple çà et là.
Voisin du Wat Phra Kaew, le ***Wat Phra That*** – วัดพระธาตุ, moins remarquable, montre toutefois un beau *chedî* à base octogonale de style Sukhothai.

Le Musée national de Kamphaeng Phet – พิพิธภัณฑ์สถานแห่' ชาติกำแพ 'เพชร *(plan B3)* **:** presque en face du *Wat Phra That.* Ouvert du mercredi au dimanche. Entrée : 30 Bts (0,6 €). Nombreuses pièces découvertes sur le site ou rapportées d'ailleurs : céramiques, sculptures (magnifique bouddha de bronze, très beau et monumental Civa de style Sukhothai, etc.). Intéressant et tout à fait recommandé en complément de la visite sur le site.

Le site archéologique Aranyik – สถานโบราณวัดฤอรัญญิก *(plan B1 et hors plan par B1)* **:** à 2 km au nord du centre-ville s'étend le site archéologique à proprement parler. Dégagé de la jungle dans les années 1970, il a été classé en parc protégé. Accès payant (bon marché), de 8 h à 16 h 30.
C'est ici que se trouvent les ruines les plus remarquables de Kamphaeng Phet, dans un vaste domaine boisé au relief légèrement marqué. Cadre harmonieux. Les moines avaient voulu s'éloigner de l'agitation de la cité pour édifier leurs temples, souvent monumentaux. À ne pas manquer : le ***Wat Phra Non*** – วัดพระนอน, au bouddha couché (en ruine), le ***Wat Phra Sit Iriyabot*** – วัดพระสิทธ อิสริยะบท, au superbe bouddha debout et au vestige de bouddha marchant, le ***Wat Singh*** – วัดพระส'ห์ avec son bouddha assis, ceint de son écharpe orange, et le ***Wat Chang Rop*** – วัดช้า'รบ *(hors plan par A1)* au grand *chedî* en cloche de style sri-lankais, ceint de 68 avant-corps d'éléphants, en bon état dans l'ensemble, même si pas une trompe ne répond présente.

Adresses utiles

- Office de tourisme
- Gare routière
- 1 Banques

Où dormir ? Où manger ?

- 11 Navarat Hotel
- 20 Kwai Tiao Manao

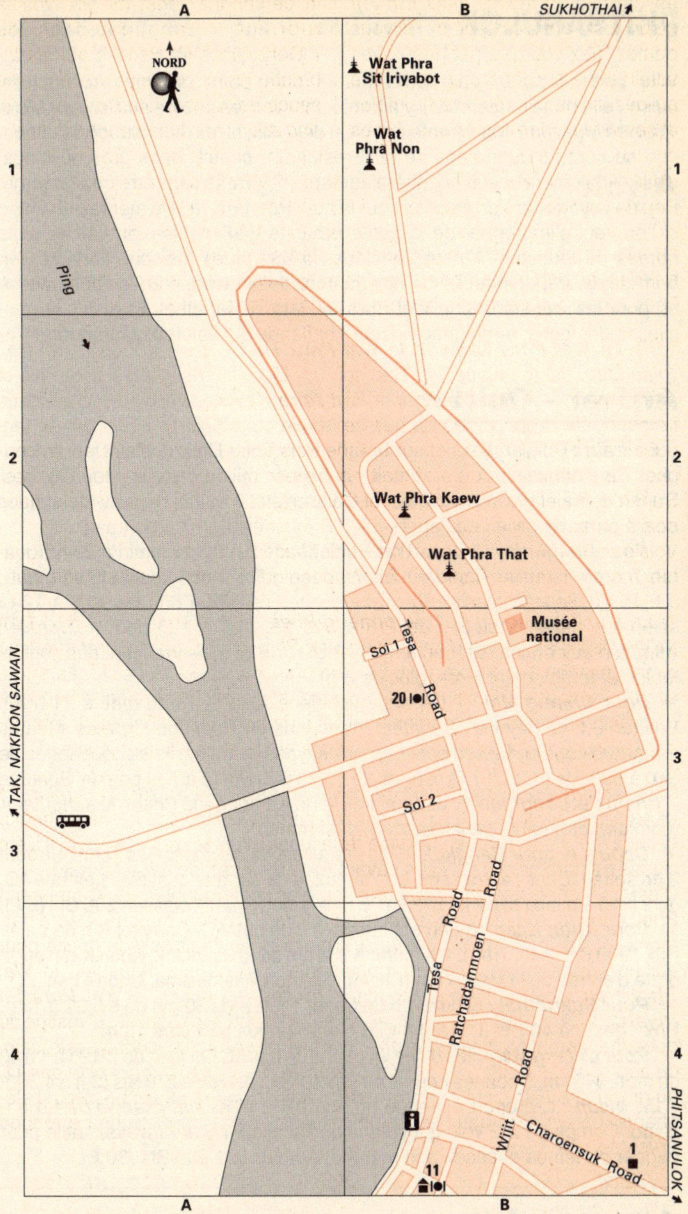

KAMPHAENG PHET

PHITSANULOK – พิษณุโลก

IND. TÉL. : 055

Ville commerçante, pas remarquable d'un point de vue architectural puisqu'elle brûla totalement il y a trente ans (voir les photos au *Sergent Major Thawee Museum*). Mais trente ans c'est déjà loin, et les reconstructions d'époque se sont fondues dans ce qu'il restait. Le centre, sans gros buildings, distille finalement une atmosphère agréable et vivante sans être trop engorgé. Peu de voyageurs s'arrêtent ici pour la nuit. Pourtant, la ville mérite une étape si l'on veut s'imprégner de la petite urbanité thaïlandaise, au calme, sans hordes de touristes. À noter, quelques pittoresques maisons flottantes en bord de rivière, un marché de nuit au bord de la rivière pour les bombances et, pour les *wat addicts,* le Wat Phra Si Ratana Mahathat. Et puis... la gentillesse des gens, témoignage d'une Thaïlande qui sait toujours sourire.

Arriver – Quitter

– ***En train :*** Phitsanulok est sur la ligne Bangkok - Chiang Mai. Depuis Bangkok, une douzaine de trains avec un trou en milieu d'après-midi. Compter 5 à 6 h de trajet selon les trains. De Chiang Mai, 8 trains, départs tôt le matin puis à partir du milieu de l'après-midi. Prévoir environ 7 h de trajet.

➢ ***Pour Bangkok :*** 12 départs quotidiens, de 2 h 30 du matin à 23 h. Environ 7 h de trajet en *Rapid* ou *Express* (qui offrent des couchettes la nuit), 5 h 15 en *Sprinter* (assis). Prix : couchettes de 328 à 600 Bts (6,6 à 12 €) selon les classes ; sièges de 118 à 348 Bts (2,4 à 7 €) pour le *Sprinter.* Attention aux ordinaires, seulement 78 Bts (1,5 €) mais vraiment pas confortables et terriblement lents (plus de 8 h).

➢ ***Pour Chiang Mai :*** 7 départs quotidiens, de 2 h 15 du mat' à 21 h 40. Environ 6 h de trajet en *Sprinter,* 1 h de plus en *Rapid* ou *Express.* Mêmes remarques que ci-dessus concernant les types de trains. Prix : couchettes de 310 à 590 Bts (6,2 à 12 €), sièges de 105 à 350 Bts (2 à 7 €) pour le *Sprinter.*

– ***En bus et songthaew :*** de Bangkok et de Kamphaeng Phaet, le *songthaew* (camionnette) est le seul transport en commun.

➢ ***Depuis et pour Bangkok :*** 5 bus réguliers du *Northern Bus Terminal,* dont 3 en soirée. Dans l'autre sens, une trentaine de départs quotidiens en bus AC, de 9 h 15 à minuit et demi. 372 km, 6 h de trajet. Prix 1re classe : 256 Bts (5 €).

➢ ***Pour Khon Kaen :*** 8 départs quotidiens de bus AC. Compter 6 h de trajet. Prix : 200 Bts (4 €). Très belle route. À 364 km de Phitsanulok, Khon Kaen est la porte d'entrée de la région Est (Phimai, Nakhon Ratchasima, Udon Thani...).

➢ ***Pour Sukhothai :*** 60 km, 1 h de trajet. Toutes les 30 mn de 5 h 30 à 18 h. Prix : de 23 à 40 Bts (0,5 à 0,8 €). Le dernier bus part vers 18 h.

➢ ***Pour Chiang Mai :*** plus d'une vingtaine de bus AC par jour, de 7 h 25 à 1 h 30 du mat'. 343 km, 5 bonnes heures de trajet. Prix : de 168 à 216 Bts (3,4 à 4,3 €).

– ***En avion :*** l'aéroport est situé au sud de la ville, *songthaews* ou taxis à dispo. Compter 1 à 2 vols quotidiens de Bangkok *(Thai Airways)* ; utile pour gagner du temps et assez bon marché. Autour de 1 500 Bts (30 €).

Adresses utiles

ℹ ***TAT*** – ท.ท.ท. *(plan A2) :* 209/7 Surasi Trade Centre, Boromtrailo Kanat Rd. ☎ 25-27-42/3. ● tatphlok@tat.or.th ● Ouvert tous les jours de

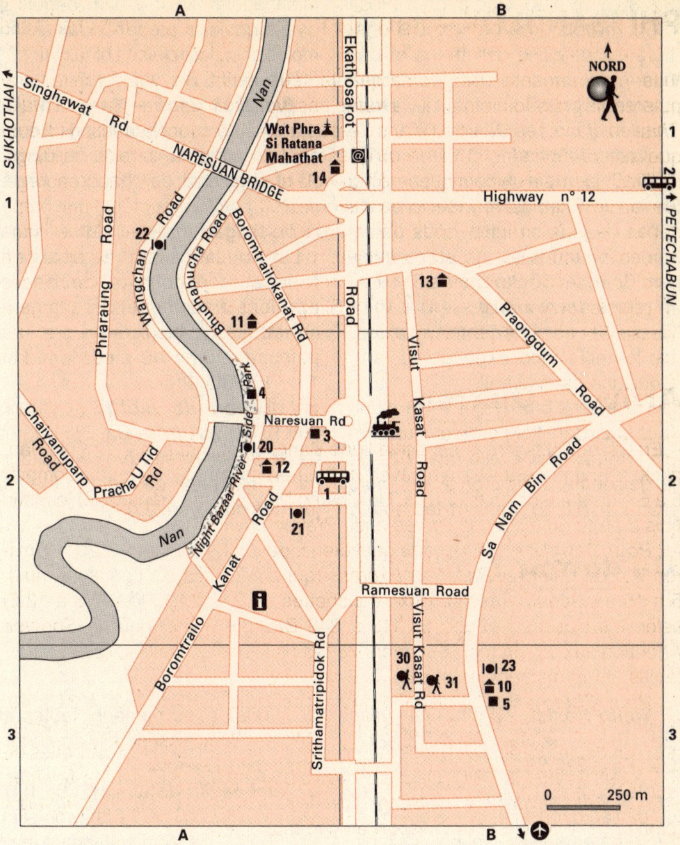

PHITSANULOK

■ **Adresses utiles**

- TAT
- Gare ferroviaire
- 1 Bus pour Bangkok
- 2 Bus gouvernementaux
- Internet
- 3 Bangkok Bank
- 4 Massages thaïs
- 5 Location de motos

Où dormir ?

- 10 Youth Hostel
- 11 Petchpaylin Hotel
- 12 London Hotel
- 13 Rajapruk Hotel
- 14 Topland Hotel

Où manger ?

- 20 Night Bazaar
- 21 Resto thaï sans nom
- 22 Fahthai Floating Restaurant
- 23 Meals Thai

À voir

- 30 Sgt Major Thawee Folk Museum
- 31 Buddha Casting Foundry

8 h 30 à 16 h 30. Une mine d'infos : plan, hôtels, restos, excursions, horaires détaillés des trains et des bus. Y demander aussi les renseignements pour Sukhothai, qui ne dispose toujours pas de vrai TAT.

Accès Internet – ศูนย์อินเตอร์เน็ท *(plan B1)* **:** plusieurs boutiques le long de la rue Ekathosarot. Remplies de fanas de jeux en ligne, elles offrent généralement aussi un accès Internet. Compter 30 Bts l'heure (0,6 €).

Gare ferroviaire – สถานีรถไฟ *(plan B2)* **:** en plein centre, impeccable ! Vieille loco exposée devant. Consigne dans le hall.

Gares de bus – สถานีรถบัส **:** l'une (bus pour Bangkok) est plutôt un simple arrêt, en pleine ville *(plan A2, 1)* ; la deuxième, à environ 2 km *(hors plan par B1, 2)*, dessert les autres destinations. Pour y aller depuis la gare ferroviaire, prenez un *tuk-tuk* ou, moins cher, les minibus bleu clair n° 1 (seulement 5 Bts, soit 0,1 €).

Bangkok Bank – ธนาคารกรุงเทพฯ *(plan A2, 3)* **:** sur Naresuan Rd, à mi-chemin entre la gare et la rivière. ATM et guichet de change à l'extérieur.

Massages thaïs – การนวดไทยแผนโบราณ *(plan A2, 4)* **:** au bord de la rivière, à proximité de beaux pavillons traditionnels récemment construits. À l'extérieur, sur une pelouse. Corps ou pieds pendant 1 h : 100 Bts (2 €).

Location de motos – การเช่ารถจักรยานยนต์ *(plan B3, 5)* **:** auprès de la *Youth Hostel* (voir « Où dormir ? »). À partir de 200 Bts (4 €) la journée pour une 100 cm^3.

Où dormir ?

De bon marché à prix moyens (de 150 à 400 Bts – 3 à 8 €)

Youth Hostel – บ้านเยาวชน *(plan B3, 10)* **:** 38 Sa Nam Bin Rd. ☎ 242-060. Fax : 210-864. Sud-est de la ville, sur la route de l'aéroport. De la gare ou de l'aéroport, prendre le bus n° 4. De la gare routière, c'est plus simple en *tuk-tuk* ou cyclo-taxi (prévoir 30 Bts, soit 0,6 €). Étonnante auberge de jeunesse, aérée et verdoyante dans son grand domaine en retrait de la rue. Assemblée à partir de vieilles maisons récupérées dans le pays. Multiples options, toutes avec le petit dej' inclus. Deux dortoirs de 5 lits, sommaires et serrés mais clean, 120 Bts (2,4 €) par personne. Des chambres simples (200 Bts, soit 4 €) aux quadruples (150 Bts, soit 3 €, par personne) donnant sur l'arrière d'un pavillon sont de style traditionnel-rustique. Que du teck avec de drôles de salles de bains à l'extérieur ! Eau froide et ventilo. D'autres encore, avec AC mais toujours rustiques ! Elles sont moins bien. Coin relax avec hamacs, tables et chaises. Blanchisserie. Resto en terrasse dans le jardin.

Petchpaylin Hotel – เพชรไพลินโฮเท็ล *(plan A1, 11)* **:** 4/8 Arthitwong Rd. ☎ 258-844. De facture standard mais redécoré de façon loufoque : voir le *lobby* avec ses curieux bar et petit resto éclairés de lampes disco. Chambres très confortables et propres en tout cas, avec frigo et télé. Prix (petit dej' inclus !) à partir de 300 Bts (6 €) pour celles qui ont un ventilo. Accueil souriant.

London Hotel – เพชรไพลินโฮเท็ล *(plan A2, 12)* **:** 21/22 Phuttcha Bucha Rd. ☎ 225-145. À deux pas du marché de nuit. Le moins cher, à partir de 100 Bts (2 €) la simple. Un drôle d'hôtel, petit, familial et rempli de collections hétéroclites d'objets en tout genre au rez-de-chaussée. C'est le dada du patron. On y parle l'anglais. À l'étage, par un grand escalier de bois, 12 chambres très simples mais assez propres, avec salle de bains commune (uniquement eau froide).

D'un peu plus chic à plus chic (de 500 à 2 000 Bts – 10 à 40 €)

🏠 ***Rajapruk Hotel*** – โรงแรมราชพฤกษ์ *(plan B1, **13**)* **:** 99/9 Praongdum Rd. ☎ 212-727. Fax : 251-395. Un hôtel classique avec ascenseur et portier, mais qui ne date pas d'hier (mobilier des années 1970). Chambres d'assez bon confort et bien tenues, à prix très intéressants. Petit déjeuner compris. Dispose également d'une piscine. Le meilleur plan dans cette catégorie à Phitsanulok.

🏠 ***Topland Hotel*** – โรงแรมท็อปแลนด์ *(plan A1, **14**)* **:** 68/33 Ekathosarot Rd. ☎ 247-800. Fax : 247-815. • www.toplandhotel.com • Un gros building tout neuf, extrêmement confortable. Chambres de très bon standing. Jacuzzi, billard, *lobby lounge,* resto et belle piscine. Service 3-4 étoiles. Grand centre commercial avec un supermarché à proximité (ça peut dépanner). Tarifs pas si élevés que ça (petit dej' inclus), et même très honnêtes comparés à d'autres établissements du pays.

Où manger ?

Bon marché (moins de 100 Bts – 2 €)

|●| ***Night Bazaar*** – ตลาดกลางคืน *(plan A2, **20**)* **:** le long de la rivière Nan, au sud de la ville. Ouvert de 19 h à tard dans la nuit. A été récemment modernisé : chaises en métal, promenade un peu trop bétonnée, stands plus proprets et à la queue leu leu. Toujours charmant cependant. Les plats très variés, à prix riquiqui, sont très bons et bien servis. Asseyez-vous, les serveurs vous apporteront une carte en anglais, notamment dans le coin (sud) du *Good Taste et Nan Riverside.* Très populaire et animé. Un peu de fringues aussi.

|●| ***Resto thaï sans nom*** *(plan A2, **21**)* **:** Phayalithai Rd. À côté de *Bon Bon GH.* Une petite salle ouverte sur la rue. Repeint et gai, l'endroit est très fréquenté. Sur le principe du self, choisissez à l'étal et asseyez-vous. Accueil sympa. On s'en tire à partir de 20 Bts (0,4 €). Juste en face, ***Karaket*** – การะเกด fait la même chose en plus standing, AC en sus.

Prix moyens (de 100 à 300 Bts – 2 à 6 €)

|●| ***Fahthai Floating Restaurant*** – ร้านอาหารฟ้าไทยโฟลทติ้ง *(plan A1, **22**)* **:** Wangchan Rd. Quasi en face du Wat Mahathat, de l'autre côté de la rivière. Ouvert tous les jours de 11 h à 23 h. Comme son nom l'indique, un ensemble de maisons flottantes et tables en plein air. Vaut plus pour le cadre que pour la cuisine, somme toute classique. Reste bon marché.

|●| ***Meals Thai*** – มีลส์ไทยที่บ้านเยาวชน *(plan B3, **23**)* **:** 38 Sa Nam Bin Rd. ☎ 210-862. C'est le resto de la *Youth Hostel.* Terrasse bien agréable agrémentée de verdure, un peu proche de la route mais pas trop (surtout si vous prenez une table au fond, évidemment). Service aimable et cuisine thaïe pas trop épicée mais tout de même bien typée. On se régale et ce n'est pas cher. Le bon plan !

À voir. À faire

***Wat Phra Si Ratana Mahathat* – วัดพระศรีรัตนมหาธาตุ *(plan A1)* :** à droite du pont, sur la rivière Nan menant à Sukhothai. Datant du XVe siècle, il fut le seul temple à échapper à l'incendie. Le clou de la visite ici, c'est le *Phra Buddha Chinara* – พระพุทธชินราช. Ce bouddha de bronze doré, très vénéré, symbolise la victoire de Sukhothai sur les Khmers. Caractérisé par son aura dorée et finement ciselée qui entoure la tête et les épaules, c'est le bouddha le plus copié et représenté en Thaïlande. On oublierait presque le remarquable temple qui l'abrite, arborant le style gracieux et ramassé des temples Lanna (toit incurvé descendant très bas). Admirez ses superbes portes incrustées de nacre, sur lesquelles plus de cent artisans travaillèrent de longs mois au XVIIIe siècle, les piliers de bois dorés et le plafond rouge vermillon.

***Sgt Major Thawee Folk Museum* – พิพิธภัณฑ์พื้นบ้าน จ่าทวี *(plan B3, 30)* :** 26/138 Visut Kasat Rd. ☎ 212-749. Ouvert tous les jours sauf le lundi, de 8 h 30 à 16 h 30. Entrée : 50 Bts (1 €) ; réductions. Initiative privée du major susnommé. Cet homme, que vous rencontrerez peut-être, a dédié sa vie au patrimoine de son pays et a fini par installer cette sorte d'écomusée très intéressant (légendes en anglais) dans une belle demeure en teck. Riches collections de coffres *(Aep Sai Pha)*, de paniers d'osier tissés d'arabesques savantes, de surprenants « gratte-noix de coco » *(Kratai Khut Maphrao)*, appeaux, pièges, jouets et ustensiles de massage (dont d'auto-massage, les *Mai Mo Nuat*). À l'extérieur, du gros volume comme ce char à zébu presque entièrement en bambou.
– Deux cents mètres plus loin, de l'autre côté de la rue, ne pas manquer la ***Buddha Casting Foundry*** *(plan B3, 31)*, un atelier de fabrication de bouddhas, du petit au très grand. Artisans, hommes et femmes sont au travail, maniant le chalumeau ou pétrissant la glaise de leurs mains. Au fond, un magasin avec de belles pièces à prix fixe (à partir de 80 Bts, soit 1,6 €) et honnête. Plus sûr que le Night Bazaar de Chiang Mai.

SUKHOTHAI – สุโขทัย

IND. TÉL. : 055

La première capitale du Siam est située dans une large vallée entourée de douces collines boisées. C'est l'un des plus beaux sites archéologiques de Thaïlande. Les temples sont disséminés dans une superbe nature, aujourd'hui ceinte d'un « Parc historique national ». Autant dire que c'est très touristique, très organisé aussi (parkings, postes de contrôle, barrières, etc.). La ville du coin, New Sukhothai, est à 12 km à l'ouest du site. De petite taille, relax, la majorité des touristes y logent, bien que certains préfèrent se baser à Old Sukhothai, village en plein développement se trouvant juste à l'entrée du parc. En tout cas, il est conseillé d'arriver la veille à Sukhothai (que ce soit à Old ou à New) et d'y rester la nuit. Cela permet de partir dès l'aube sur le site et d'en bénéficier pleinement avant les groupes. À 10 h, il est déjà trop tard et il commence à faire chaud.

UN PEU D'HISTOIRE

D'abord, le prince thaï Bang Klang Thao bouta les Khmers hors de la région au début du XIIIe siècle, avant de fonder une dynastie de huit rois qui devaient

régner 150 ans environ. Le nom *Sukhothai* signifierait « aube » ou « naissance du bonheur » et proviendrait d'un mot sanskrit ou pali (la langue du bouddhisme *theravāda*). Les terres étaient riches, l'eau ne manquait point et on y trouvait carrières de pierre et forêts pour la construction des temples. La région produisit même un roi de légende, Phra Ruang, fils d'une princesse Naga, et qui aurait possédé des dons et pouvoirs surnaturels. Mais c'est Râma Khamheng (Râma le Fort) qui fut le grand monarque de la dynastie de Sukhothai, régnant de 1275 à 1317. Une stèle de pierre gravée, premier exemple connu d'écriture thaïe, raconte sa vie et son œuvre. Ce fut un monarque éclairé. Il créa l'alphabet thaï, établit des relations diplomatiques avec la Chine (qu'il visita par deux fois), instaura le bouddhisme comme religion nationale. Sur le plan artistique, Râma Khamheng fit venir des potiers chinois qui créèrent un artisanat florissant faisant la richesse et le renom du royaume. Dans un tel climat favorable, la production artistique fut, bien sûr, fantastique. Sukhothai se couvrit de temples, de sculptures merveilleuses. L'art de Sukhothai venait de naître, produit de cette atmosphère de liberté créatrice et de l'ouverture vers le monde extérieur. Il digéra de façon harmonieuse les traditions artistiques des anciens oppresseurs khmers, les techniques chinoises, l'apport de l'art birman, saupoudré d'influence cinghalaise. Est-ce un hasard si c'est ici que l'on trouve le célèbre bouddha qui marche, d'une grâce presque précieuse, se dirigeant vers « l'aube du bonheur » ?
Avec ses derniers rois, la civilisation de Sukhothai déclina cependant, tandis que le royaume d'Ayutthaya montait irrésistiblement. Sukhothai mourut langoureusement, avec élégance. Elle nous laisse aujourd'hui des dizaines de merveilles en pierre, un site incomparable et la possibilité de rêver lorsqu'on a le bonheur d'arriver le premier sur les lieux...

Arriver – Quitter

En bus

➢ ***Depuis et pour Bangkok :*** nombreux départs du *Northern Bus Terminal*. 4 bus de nuit. Trajet : 7 h environ. Dans l'autre sens, 10 départs quotidiens AC ou non AC, de 7 h 10 à 23 h. Possibilité de s'arrêter à Ayutthaya sur demande préalable. Environ 7 h de trajet. Prix : entre 150 et 200 Bts (3 et 4 €).
➢ ***Depuis Ayutthaya et Chiang Mai :*** plusieurs bus directs et quotidiens, avec ou sans AC.
➢ ***Pour Chiang Mai :*** 4 compagnies se partagent le marché. 13 départs quotidiens, de 7 h 15 à 17 h 30. Plus des bus de nuit à 1 h 30 et 2 h 30 du matin. Prix : avec AC (beaucoup mieux), compter 170 Bts (3,4 €) ; avec ventilo, prévoir 122 Bts (2,4 €). Environ 5 h de trajet, car les bus ont tendance à se transformer sans prévenir en omnibus ou en car de ramassage scolaire.
➢ ***Pour Chiang Rai :*** 3 bus AC *Win Tour* tous les jours à 6 h 40, 9 h et 11 h 30. Trajet : environ 9 h. Prix : 190 Bts (3,8 €).
➢ ***Pour Sri Satchanalai :*** il vaut mieux prendre les bus allant à Chiang Rai. Prévoir une bonne heure.
➢ ***Pour Phitsanulok :*** départ toutes les 30 mn avec *Win Tour*, de 6 h à 18 h. Prix : de 23 à 40 Bts (0,5 à 0,8 €).
➢ ***Pour Khon Kaen*** (Est de la Thaïlande) *:* 5 départs entre 9 h 30 et 16 h + 2 bus de nuit. Environ 7 h de trajet. Prix : 130 Bts (2,6 €) avec ventilo, et 183 Bts (3,6 €) avec AC.

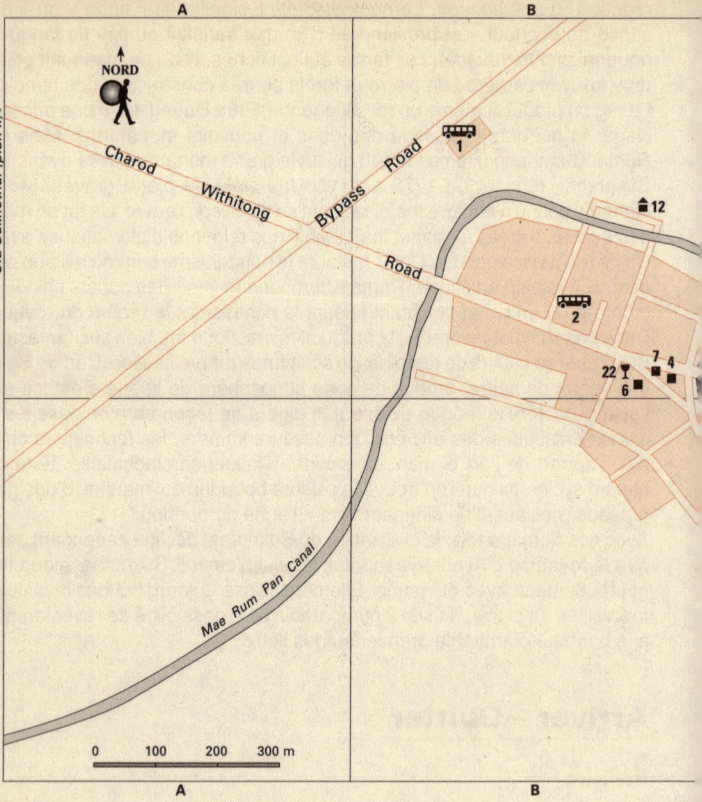

■ **Adresses utiles**

- ✉ Poste
- 1 Terminal des bus
- 2 Gare des songthaews pour Old Sukhothai
- @ 3 Good Net
- 4 Kasikorn Bank
- 5 Sukhothai Travel Service
- 6 Poo Sukhothai Motorbike
- 7 Tanin Motorbike

Où dormir ?

- 10 Banthai Guesthouse
- 11 River House

En avion

✈ L'aéroport est situé à environ 26 km de la ville. Un service de navette vous attend. Prix : 80 Bts (1,6 €). *Bangkok Airways* (voir plus bas nos « Adresses utiles ») affrète une liaison quotidienne depuis Bangkok (départ tôt le matin ; compter 2 020 Bts, soit 40,4 €), plus, les mardi, jeudi et samedi, un 2e vol qui s'arrête à Sukhothai avant de continuer sur Luang Prabang (Laos).

➢ ***Pour Chiang Mai,*** un vol quotidien en milieu de matinée (prix : 2 170 Bts, soit 43,4 €). Parfois des *special fares* donnant 10 % de remise. Au retour,

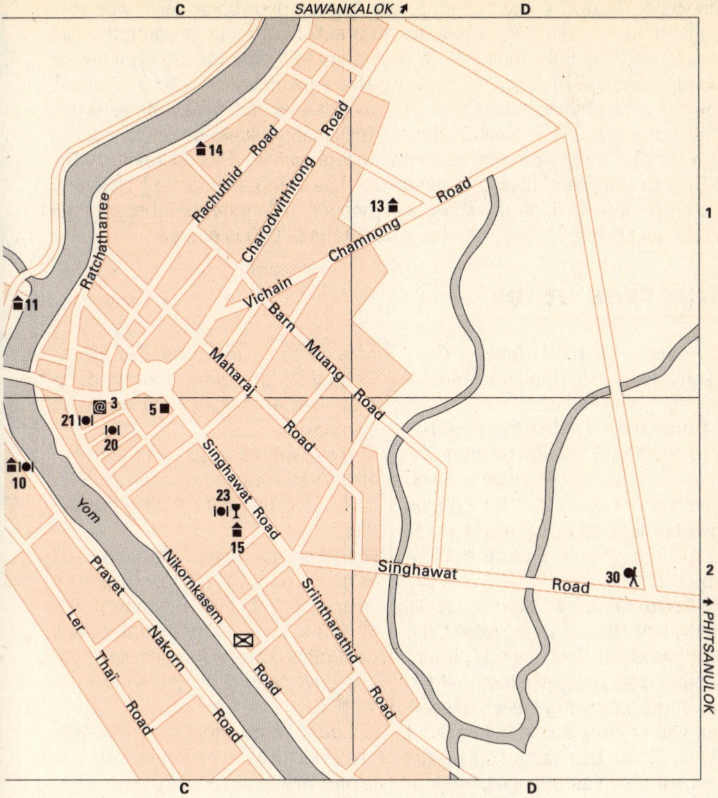

SUKHOTHAI (PLAN I)

12 J and J Guesthouse
13 Sukhothai Guesthouse
14 Lotus Village
15 Cocoon Guesthouse

Où manger ? Où boire un verre ?

10 Banthai Guesthouse
20 Marché de nuit
21 Dear House
22 Chopper Bar
23 Dream Café

À voir

30 Sangkhalok Museum

Bangkok Airways dessert quotidiennement Bangkok et Chiang Mai ainsi que Luang Prabang (Laos) 3 fois par semaine. ☎ 02-229-34-34. • www.bangkokair.com • Vérifier toutefois sur le site Internet car la situation peut évoluer.

En train

Nécessité de s'arrêter à Phitsanulok (ou d'y retourner !).

Orientation

La ville de Sukhothai *(New Sukhothai)* se love à l'intérieur d'un coude de la rivière Yom. La plupart des pensions et hôtels sont proches des rives. La rue principale, Charod Withitong, emprunte le pont pour sortir de la ville vers l'ouest et se transformer en rocade. Au premier carrefour, prendre à droite pour rejoindre la gare routière. En continuant tout droit (12 km en tout), on atteint *Sukhothai Historical Park* et sa petite agglomération *(Old Sukhothai)*. Un service de petits camions-taxis, les *songthaews,* font la navette sans discontinuer entre Old et New Sukhothai (destination écrite en anglais sur le pare-brise). Certains passent aussi par la gare routière. Prix du trajet : 10 Bts (0,2 €). Ils s'arrêtent aussi à la station des bus. Autre alternative à l'intérieur des agglomérations, de drôles de *samlor* avec, à l'arrière, une bécane tout terrain qui pousse le siège. Pas plus de 30 Bts (0,6 €) la course.

Adresses utiles

✉ ***Poste*** – ไปรษณีย์ *(plan I, C2) :* Nikornkasem Rd. Appels téléphoniques longue distance.

@ ***Good Net*** – กู๊ดเน็ท *(plan I, C1-2, 3) :* Withitong Rd. Avant de tourner à droite dans la rue du Night Market. Ouvert de 8 h 30 à 22 h 30. Le plus agréable lors de notre passage. Si c'est plein, d'autres juste à côté. Prix : 1 Bt/mn.

Terminal des bus – สถานีรถขนส่งถนนประเสริฐพงษ์ *(plan I, B1, 1) :* Bypass Rd. Tous les bus partent de cette gare routière située à 4 km du centre. Les *songthaews* desservant Old et New Sukhothai passent par ici. Sinon, des *samlor* ou *tuk-tuk* avec les réserves énoncées ci-dessous dans « Où dormir ? ». Environ 30 Bts (0,6 €).

Gare des songthaews pour Old Sukhothai – สถานีรถสองแถวเพไปอุทยานประวัติศาสตร์ *(plan I, B1, 2) :* Charod Withitong Rd. Après le pont, sur le côté droit en direction du site historique. Départ toutes les 10 mn entre 6 h et 17 h 30.

■ ***Kasikorn Bank*** *(plan I, B1, 4) :* 134 Charod Withitong Rd. De l'autre côté du pont sur la route des ruines. Possibilité de retrait avec la carte *Visa.* Des ATM également sur la rue Singhawat.

■ ***Bangkok Airways*** – สายการบินบางกอกแอร์เวย์ *:* à l'aéroport. ☎ 647-224. Fax : 647-222. • www.bangkokair.com •

■ ***Sukhothai Travel Service*** – บริษัทสุโขทัยทราเวิลเซอร์วิสจำกัด *(plan I, C2, 5) :* 12 Singhawat Rd. ☎ 613-075. • sukhothaitravelservice@yahoo.com • Agence de voyages ouverte tous les jours de 8 h à 16 h 30.

■ ***Location de motos*** – บริการให้เช่ารถจักรยานยนต์ *:* bien pour sillonner le parc historique ou faire une excursion dans les environs (Sri Satchanalai, Ramkhamhaeng Park, voir « Dans les environs de Sukhothai »). Accueil sympa, petites motos en bon état général et prix identiques (200 Bts, soit 4 € les 24 h) chez ***Poo Sukhothai Motorbike*** – ปู สุโขทัย มอเตอร์ไบ๊ท์ *(plan I, B1, 6)* et ***Tanin Motorbike*** – ธานินทร์ มอเตอร์ไบ๊ท์ *(plan I, B1, 7).*

Où dormir dans la ville moderne (New Sukhothai) ?

Attention aux rabatteurs de la gare routière. Petite mafia (pas dangereuse toutefois), ils vous raconteront tout et n'importe quoi pour vous emmener dans la *guesthouse* de leur choix. Si ça s'embrouille, attendez les *songthaews.* De toute façon, les prix sont affichés sur le mur de la gare routière.

SUKHOTHAI

De bon marché à prix moyens (de 150 à 400 Bts – 3 à 8 €)

Banthai Guesthouse – บ้านไทยเกสท์เฮ้าส์ *(plan I, C2, 10)* : 38 Pravet Nakorn Rd. ☎ 610-163. • banthai_guesthouse@yahoo.com • De l'autre côté de la rivière Yom. À l'arrière, des petits bungalows de bois abritant des chambres basiques mais correctes. Devant, d'autres chambres dans le bâtiment principal. Très intéressant guide manuscrit de la région, œuvre du propriétaire belge, Ronny. Resto pas mal du tout (voir « Où manger ? »).

River House – ริเวอร์เฮ้าท์ *(plan I, C1, 11)* : 7 Soi Watkuhasuwan. ☎ 620-396 ou 09-568-00-93 (portable). • riverhouse_7@hotmail.com • Sur la rive ouest de la rivière. Tourner à droite immédiatement après le pont en sortant de la ville. Grande maison en teck sur pilotis. Tenu par un jeune Français, Jacques, très sympa, et son épouse thaïe, Nan. Au premier, 5 chambres très simples, matelas sur le plancher et moustiquaire, 150 Bts (3 €) pour 1 ou 2 personnes. Balcon devant pour se reposer en contemplant la rivière. Au rez-de-chaussée, pavillon moderne ventilé (200 Bts, soit 4 €) ou AC (300 Bts, soit 6 €) avec salle de bains et eau chaude. Resto-bar à petits plats, à l'ombre.

J and J Guesthouse – เจ เจ เกสท์เฮ้าส์ *(plan I, B1, 12)* : 122/1501 Maeramphan. ☎ 620-095. • jjguest@hotmail.com • À l'écart, déjà à la campagne. Prendre la 2e ruelle à droite, en sortant de la ville en direction d'Old Sukhothai (10 mn à pied). Encore un Belge ! Jacky gère cet endroit avec simplicité et sagesse. Une maison et un pavillon, mi-bois mi-maçonnerie. Chambres (préférer celles du premier) à partir de 120 Bts (2,4 €) la simple sans salle de bains. Pour vos ablutions privées, ça grimpe à 250 Bts (5 €) avec ventilo ou 450 Bts (9 €) avec AC. Des bungalows avec ou sans terrasse, avec ou sans AC : 500 à 600 Bts (10 à 12 €). Grands et bons lits. Bar-resto à l'abri. Bon plan, Jacky organise des balades dans la campagne. Prix tout compris par personne : 1 jour, 700 Bts (14 €) ; 2 jours (nuit sur un îlot), 1 700 Bts (34 €).

Sabaidee Guesthouse *(plan I, A1)* : 81/7 Moo 1 ; Tambol Banklouy. ☎ 613-303 ou 09-988-35-89 (portable). • sabaideehouse-guesthouse.com • Pas très loin vers l'est de la gare routière. Des chambres avec sanitaires collectifs entre 100 et 150 Bts (2 et 3 €) et des bungalows avec salle de bains entre 100 et 350 Bts (2 et 7 €), ventilo ou clim' (pour les plus chers). Dans un joli jardin tropical, une *guesthouse* qui fait l'unanimité chez les routards. Accueil, cadre, service et confort y sont pour beaucoup. Manoon, le proprio, a vécu en France et parle un peu la langue de Molière. Resto, service lingerie, téléphone, plein d'infos, location de vélos. Un endroit zen comme on les zem !

SUKHOTHAI

D'un peu plus chic à plus chic (de 400 à 1 500 Bts – 8 à 30 €)

Sukhothai Guesthouse – สุโขทัยเกสท์เฮ้าส์ *(plan I, D1, 13)* : 68 Vichain Chamnong Rd. ☎ 610-453. • www.sukhothaiguesthouse.com • Une adresse qu'on aime bien. Des bungalows bien propres, plutôt mignons et au confort satisfaisant (eau chaude, moustiquaire, ventilo), répartis dans une courette-jardin reposante. D'autres chambres toutes neuves et tout confort. Excellent accueil de Dang, Indien d'origine, et de Phon, son épouse ; des gens très gentils et qui assurent aussi les repas pour les hôtes. Le patron se fera une joie de vous aider à découvrir la région. Massage thaï sur demande (payant). Vient vous chercher si vous appelez avant.

Lotus Village – โลตัสวิลเลจ *(plan I, C1, **14**) :* 170 Ratchathanee St. ☎ 621-484. Fax : 621-463. ● www.lotus-village.com ● Accès soit par Rachuthid Rd, soit par les quais. Réservation e-mail conseillée. Voici une adresse de charme, nichée dans un jardin luxuriant. Tenue par Michel, un ancien correspondant de l'*AFP*, et sa femme Tan, originaire de Sukhothai. Bungalows ou chambres pour 2 personnes de 500 à 900 Bts (10 à 18 €), selon la taille et le rafraîchissement choisi (ventilo ou AC). Rien à dire, l'ensemble est aménagé avec un goût très sûr. C'est beau et confortable. Copieux petit déjeuner continental (le meilleur de la région ?). Bibliothèque et magazines, pastis... La maison organise toute une série de balades avec location de voiture, guidées ou non (Tan est francophone), que nous ne pouvons que recommander. Exemples de prix (avec guide) à se partager jusqu'à 5 personnes : parc historique de Sukhothai, 2 200 Bts (44 €) ; Sri Satchanalai, 2 500 Bts (50 €).

Cocoon Guesthouse – โคคูน เกสท์เฮ้าส์ *(plan I, C2, **15**) :* 86/1 Singhawat Rd. ☎ 612-081. Fax : 622-157. Un grand lit pour 500 Bts (10 €). Des bungalows grand luxe en préparation ; prix prévu : 1 500 Bts (30 €). C'est là que Chaba (voir ci-dessous le *Dream Café*) se repose des agressions du monde. En retrait de la route dans un jardin. Se veut calme et reposant, et doit le rester. Quatre belles chambres à l'atmosphère ethnique-moderne, décorées comme dans un magazine. Un salon d'extérieur pour le petit dej'. C'est bien.

Où manger ? Où boire un verre ?

Bon marché (autour de 100 Bts – 2 €)

Le marché de nuit – ตลาดกลางคืน *(plan I, C2, **20**) :* non loin du *Dear House.* Ouvert tous les soirs sauf le lundi, de 18 h à 21 h 30. On y trouve plusieurs ***cuisines de plein air.*** En général, propre et bonne nourriture pas chère. Atmosphère plus animée que dans les restos des hôtels. Notez qu'un marché s'installe aussi les vendredi, samedi et dimanche soir dans la galerie du Sangkhalok Museum, assez excentrée et au cadre moins typique, mais tout de même animée.

Dear House – เดียร์เฮ้าส์ *(plan I, C2, **21**) :* 7 Nikornkasem Rd. ☎ 611-474. Ouvert de 8 h à 22 h. Un restaurant routard moitié-maison moitié-terrasse couverte. Le personnel parle l'anglais et se débrouille très bien. À notre avis, y aller plutôt pour les nombreux petits plats thaïs authentiques et goûteux que pour les viandes. Personnel enjoué, bonne ambiance. En fin d'aprèm', les locaux font leur aérobic juste en face, au bord de la rivière, encouragés par une musique techno boum boum. Marrant.

Banthai Guesthouse – บ้านไทย เกสท์เฮ้าส์ *(plan I, C2, **10**) :* la pension (voir « Où dormir ? ») héberge un resto agréable et aéré. Ouvert de 7 h à 20 h. Petits déjeuners, produits frais maison (confiture, yaourts, etc.), délicieuses salades et sandwichs, plats thaïs et spiritueux locaux (du *yaa dong,* un alcool de riz). Intéressant menu à 130 Bts (2,6 €).

Chopper Bar – บาร์ ชอบเปอร์ *(plan I, B1, **22**) :* Charod Withitong Rd. Sur la gauche après le pont, en sortant de la ville. Maison ouverte à tout vent et agrandie d'une terrasse.

Rendez-vous des routards (des motards ?) et des jeunes du coin. Un groupe local joue souvent au rez-de-chaussée. Petits plats, mais plutôt pour boire un verre.

Prix moyens (de 100 à 300 Bts – 2 à 6 €)

🍽 🍸 ***Dream Café*** **–** ครีมคาเฟ่ *(plan I, C2,* ***23****)* **:** 86/1 Singhawat Rd. ☎ 612-081. Un café-restaurant qui plaira aux fanas de vieux meubles, porcelaines et autres beaux objets (dont de superbes tissages). Assez classe. C'est l'antre de Chaba, la patronne thaïe, mais celle-ci préfère rester au calme dans sa *Cocoon Guesthouse* (voir « Où dormir ? »). Plats thaïs et européens. Quelques *herbal cocktails* à base de *yaa dong,* composé d'alcool de riz et d'herbes médicinales. Certains sont aphrodisiaques. Nous déclinons toute responsabilité ! Gâteaux et glaces. Terrasse plus anodine sur la rue.

À voir dans la ville moderne (New Sukhothai)

Sangkhalok Museum **–** พิพิธภัณฑ์สังขโลก *(plan I, D2,* ***30****)* **:** 10 Ban Lum. ☎ 055-614-333. Ouvert tous les jours de 10 h à 18 h (20 h les samedi et dimanche). Entrée : 100 Bts (2 €). Dans un grand bâtiment, sur 2 niveaux, exposition de céramiques d'une qualité exceptionnelle.
Sangkhalok est le nom donné à la production de céramique de Sukhothai. Ce terme n'est autre que la déformation du nom de la ville par les marchands chinois faisant commerce au XIIIe siècle, qui n'arrivaient pas à prononcer « Sukhothai ». Quantité impressionnante de pièces rares, des périodes Lanna ou Sukhothai (XIVe siècle), mais aussi chinoises Yuan ou Ming (XIIIe et XVe siècles). On comprend ici pourquoi ces vieilles poteries peuvent valoir des fortunes. Splendide ! Magnifiques bouddhas également, de terre cuite ou en céramique, antiques céladons parfaitement conservés, etc.

Le parc Suang Luang **–** สวนหลวง **:** à l'est de la ville. Prendre Singhawat Rd (route de Phitsanulok) et continuer toujours tout droit ; c'est à 3 km environ, sur la droite. Entrée gratuite. *Suang Luang* signifie « parc énorme », et c'est tout à fait ça. Un grand espace de verdure, plantations, aires de pique-nique, jeux pour enfants, pièces d'eau... Endroit relax et populaire. À côté, la piscine *Kasem Villa* ; entrée : 20 Bts (0,4 €).

SUKHOTHAI HISTORICAL PARK (OLD SUKHOTHAI) – อุทยานประวัติศาสตร์สุโขทัย

Le parc englobe toutes les ruines de Sukhothai, à l'intérieur et hors des anciens murs de la cité qui, elle seule, mesurait déjà 1,8 km de long sur 1,5 km de large.
Rendez-vous sur place le plus tôt possible (dès 7 h). Vous disposerez ainsi de 2 bonnes heures pour vous tout seul. La lumière est superbe, les couleurs vivaces, la fraîcheur de l'aube bien agréable. Après, c'est l'arrivée des gros bus et de la chaleur. Il vaut mieux alors flâner sous les grands arbres ou contempler la ligne mauve des lotus en fleur depuis un endroit calme. Prévoyez donc la matinée avant de faire un long break pour le déjeuner, ou une sieste..., de réattaquer par un musée, et d'attendre la fin d'après-midi pour de nouvelles visites.

Sachant que chaque zone est soumise à un droit d'entrée de 30 à 40 Bts (0,8 €), à moins d'une visite éclair et partielle (ce serait dommage), autant acheter le *pass* pour 150 Bts (3 €). Celui-ci donne non seulement accès à toutes les zones du parc de Sukhothai, mais aussi aux musées *Râma Kamhaeng* et *Sawanwaranayok* (dans la ville de Sawankhalok) et aux sites de *Sri Satchanalai* et *Sangkhalok* (voir « Dans les environs de Sukhothai »). Valable un mois. Le sésame, tamponné à chaque caisse, ne permet cependant pas de visiter chaque site plus d'une fois. S'y ajoutent les droits d'entrée pour les vélos et les motos (20 Bts, soit 0,4 €) ou autos, mais ce n'est pas systématiquement appliqué. Par contre, alors que les sites sont ouverts de 6 h 30 à 21 h, la vente des *passes* (pas de billets simples) ne démarre qu'à 8 h.

Comment y aller ? Comment se déplacer ?

Les ruines sont situées à 12 km à l'ouest de New Sukhothai. Des camionnettes *(songthaews)* font la navette en continu entre 6 h et 17 h 30, au départ de Charod Withitong Rd *(plan I, B1, 2)*. Prévoir 25 mn environ de trajet. Prix : 15 Bts (0,3 €). Une fois sur place, la meilleure manière de visiter est d'aller à bicyclette, étant donné la superficie des sites. À pied, c'est très long et il y a beaucoup de zones à découvert. Possibilité de louer aussi un *tuk-tuk* pour quelques heures. Beaucoup de concurrence, marchandage aisé. Plus exotique encore, des promenades en char à zébus, à l'extérieur du site (départ à côté du Wat Phra Pai Luang).

Adresses utiles

i ***Centre d'information touristique*** **–** ศูนย์ข้อมูลท่องเที่ยว *(plan II, E3)* **:** à l'extérieur de l'enceinte, au nord-ouest, près du Wat Phra Pai Luang. Belles reconstitutions de pavillons, mais pas grand-chose à se mettre sous la dent, à part une maquette des ruines. Se munir des prospectus disponibles à l'entrée principale et aux autres guérites est largement suffisant.

■ ***Location de vélos*** **–** บริการให้เช่ารถจักรยาน *(plan II, F4,* ***8****)* **:** deux loueurs se partagent le marché en face de l'entrée, à côté de *Vitoon GH.* Pas d'affolement, il y en aura pour tout le monde, vu la taille du parc. Prix : 20 Bts (0,4 €) pour la journée, pas de caution. Chacun y va de son plan gratuit plus ou moins fantaisiste (les distances ne sont pas respectées !). Vélos corrects de toutes tailles et styles, mais vérifiez qu'ils vous vont bien car après, sous le cagnard, il sera trop tard. D'ailleurs, n'oubliez pas de vous en protéger !

■ ***Change*** *(plan II, F4,* ***9****)* **:** dans l'allée qui mène au musée Râma Kamheng. Ouvert de 8 h 30 à 12 h 30.

Où dormir ? Où manger près des ruines ?

▲ ***Vitoon Guesthouse*** **–** วิฑูรย์เกสท์เฮ้าส์ *(plan II, F4,* ***16****)* **:** 49/3 Charod Withitong Rd. ☎ 697-045. Pile en face de l'entrée, au milieu des loueurs de bicyclettes. Vingt chambres en tout. Celles dans le pavillon moderne du devant sont climatisées (500 Bts, soit 10 €). À l'arrière, chambres ventilées (250 Bts, soit 2,5 €). Salles de bains partout (eau chaude). L'ensemble est propre. Proprios très « commerçants » mais sympas.

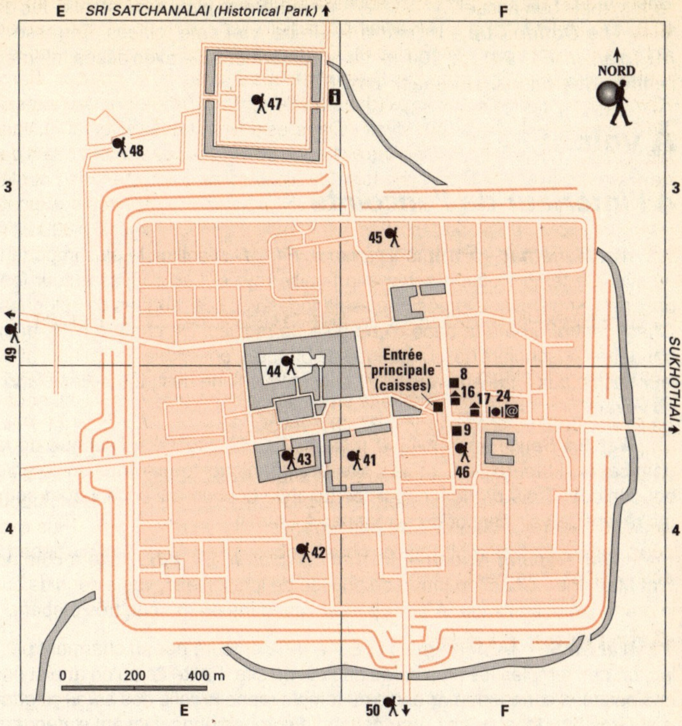

SUKHOTAI – OLD SUKHOTAI (PLAN II)

Adresses utiles

- i Centre d'information touristique
- 8 Location de vélos
- 9 Change

Où dormir ? Où manger ?

- 16 Vitoon Guesthouse
- 17 Old City Guesthouse
- 24 The Coffee Cup

À voir

- 41 Wat Mahathat
- 42 Wat Sri Sawai
- 43 Wat Trapang Ngoen
- 44 Wat Sa Si
- 45 Wat Sorasak
- 46 Musée national Râma Kamheng
- 47 Wat Phra Pai Luang
- 48 Wat Sri Chum
- 49 Wat Saphan Hin
- 50 Wat Chetupon

Old City Guesthouse **–** เมืองเก่า เกสท์เฮ้าส์ *(plan II, F4, 17)* **:** 28/7 Charod Withitong Rd. ☎ 697-515. Le paysan savait qu'il y avait de l'or pas loin de son champ. Dès que la ruée a commencé, il a multiplié les hébergements... Et ça continue. Simples cellules à partir de 80 Bts (2 €). Pour quelques bahts de plus, piaules sympas au 1er étage de la vieille maison. Au top, mais bon... la chambre tout confort à 500 Bts (10 €) ! Entassé, certes, mais bon accueil.

The Coffee Cup – เคอะคัอฟฟ คัป *(plan II, F4, **24**)* **:** à 100 m de l'entrée des ruines. Un snack pas cher. Petits plats consistants. Jus de fruits, vrai café, glaces. Terrasse à l'ombre et salle avec accès Internet.

À voir

À l'intérieur de l'enceinte

Wat Mahathat – วัดมหาธาตุ *(plan II, F4, **41**)* **:** l'édifice le plus important du site. Ce temple était réservé à la famille royale. Les douves autour font près de 1 km. Devant, imposante esplanade avec ses rangées de colonnes. *Chedî* central orné à la base d'une frise de moines. De chaque côté, deux bouddhas prisonniers de leur gangue de brique. L'ensemble des ruines, avec leur bassin aux lotus au premier plan, constitue l'une des plus belles diapos du voyage.

Wat Sri Sawai – วัดศรีสวาย *(plan II, E4, **42**)* **:** fondé à l'époque de la domination khmère. Un ancien site brahmanique transformé en temple bouddhique. Trois *prang* hindouistes de style Lopburi qui consoleront ceux qui rêvent de voir Angkor ou n'iront pas à Phimai.

Wat Trapang Ngoen – วัดตระพังเงิน *(plan II, E4, **43**)* **:** juste à côté du Wat Mahathat. *Chedî* en forme de pousse de lotus. De là, vue splendide sur le grand lac et ses lotus. À deux pas, un bouddha en marche très élégant.

SUKHOTHAI

Wat Sa Si – วัดสระศรี *(plan II, E3-4, **44**)* **:** entouré par un charmant petit lac, un des temples les plus croquignolets du site. Petite île qu'on atteint par une passerelle. La forme arrondie du temple rappelle celle des *stûpa* cinghalais. Gros bouddha au nez étrangement disproportionné. Devant s'étendent les vestiges du *viharn* avec ses colonnes tronquées. Sur la pelouse, un bouddha en marche, à la démarche extrêmement gracieuse.

Wat Sorasak – วัดสรศักดิ์ *(plan II, F3, **45**)* **:** très belle frise d'éléphants restaurée, sculptée à la base. Vaut le coup d'œil.

Le Musée national Râma Kamheng – พิพิธภัณฑ์สถานแห่ชาติรามคำแห' *(plan II, F4, **46**)* **:** à droite de l'entrée principale. Ouvert tous les jours de 9 h à 16 h. Un important musée en Thaïlande, même si les pièces sont, hélas, mal mises en valeur. Nombreux produits des fouilles régionales, ainsi que des sculptures, céramiques et fresques d'une qualité extraordinaire. Il faut dire que l'art de Sukhothai est le plus abouti qui soit. Une bonne occasion pour distinguer les différents styles des royaumes siamois (tous y sont quasiment représentés). Photos et vidéos interdites (et ça rigole pas !).

À l'extérieur de l'enceinte

Wat Phra Pai Luang – วัดพระพายหลวง *(plan II, E3, **47**)* **:** au nord du site. L'un des plus anciens temples de Sukhothai. Fondé par les Khmers, au XIIe siècle. Vestiges du *viharn* avec ses rangées de colonnes. Y subsiste un *prang* quasi intact avec de magnifiques stucs et sculptures copiés sur ceux d'Angkor (surtout le fronton). Étonnants restes d'un bouddha marchant en brique.

Wat Sri Chum **–** วัดศรีชุม *(plan II, E3,* ***48****)* **:** au nord-ouest, pas loin du précédent. Ouvert de 8 h 30 à 16 h. Un genre de blockhaus, rébarbatif de l'extérieur, contient un énorme bouddha assis d'un peu plus de 11 m de haut. Un escalier encastré dans le mur permettait d'accéder à la tête du bouddha (peut-être l'ascension symbolique vers l'état de bouddha ?).

Wat Chang Lom **–** วัดช้างล้อม *(hors plan II par F4)* **:** à l'entrée du site, juste à côté du *Thai Village House.* Là aussi, sculptures intéressantes, notamment les figures d'éléphants, autour du socle. Intéressant pour ceux qui ne pourraient pas aller voir le Wat Chang Lom à Sri Satchanalai.

À quelques kilomètres de l'enceinte

Pour ceux qui ont loué un *tuk-tuk* ou un *samlor* (ou même un vélo), possibilité d'aller visiter quelques ruines qui ne manquent pas d'intérêt.

Wat Saphan Hin **–** วัดสะพานหิน *(hors plan II par E3,* ***49****)* **:** à environ 4 km à l'ouest de l'enceinte. Intéressant pour son chemin de grosses pierres surélevé qui mène au sommet. En haut, ruines du *viharn* et un bouddha de 12 m.

Wat Chang Rop **–** วัดช้างรอบ **:** situé un peu plus loin. Moins spectaculaire et en assez mauvais état. *Stûpa* avec éléphants sculptés à la base.

Wat Chetupon **–** วัดเชตุพน *(hors plan II par F4,* ***50****)* **:** au sud, à environ 2 km. Vestiges de l'enceinte en schiste et des douves. Bel ensemble. Surtout le sanctuaire principal aux Quatre Bouddhas. Ceux qui sont assis et couchés ont pratiquement disparu. Reste les bouddhas debout et marchant. Noblesse du coup de ciseau, délicatesse des courbes, de la démarche. D'autres petits *wat* tout autour pour rentabiliser le déplacement.

Fête

– ***Loy Krathong*** **:** grande fête fin octobre - début novembre dans les ruines. Son et lumière. Beaucoup de son, même (on ne s'entend plus !). Danses.

➤ *DANS LES ENVIRONS DE SUKHOTHAI*

SRI SATCHANALAI HISTORICAL PARK – อุทยานประวัติศาสตร์ศรีสัชนาลัย

Ceux qui n'ont pas une overdose de temples devraient se rendre à Sri Satchanalai Historical Park *(hors plan II par E3)*, à une soixantaine de kilomètres au nord de Sukhothai (voir « Arriver – Quitter » à Sukhothai, plus haut). Un site assez extraordinaire car sauvage et encore peu fréquenté.

Comment y aller ?

➢ C'est possible ***en bus*** depuis Sukhothai. Embarquez à destination de Chiang Rai (départs à 9 h et 10 h du mat'). Mais attention ! N'allez pas jusqu'au centre du nouveau bourg de Sri Satchanalai. Descendez 7 km avant, au niveau de l'entrée principale du parc. Montrez les caractères thaïs ci-dessus au chauffeur pour qu'il n'y ait pas de quiproquo. Traversez le pont et tournez à droite pour arriver à la cahute de vente des tickets. Dernier retour des bus à destination de Sukhothai à 16 h 30.

➢ Les fervents ***motocyclistes*** (après un petit entraînement préalable) peuvent faire l'excursion en une journée. À l'aller, passer par la grande route, celle des bus. Si possible, partir dès le lever du jour afin d'arriver dès les belles (et fraîches) heures. Au retour, emprunter plutôt la petite route plus à l'ouest qui débouche sur Old Sukhothai. Se repérer sur une carte. Peinard, peu de trafic, la belle campagne.

Où dormir ? Où manger ?

Calme garanti le soir. Rien à voir avec Sukhothai.

Seul établissement pour l'instant dans le coin, ***Wang Yom – วังยม :*** 78/2 Moo 6. ☎ et fax : 631-380. Ambitieux *resort* tout de bois vêtu, étalé dans un grand domaine. Mais l'ensemble date un peu. Jardin moyennement entretenu et mobilier pas à la hauteur des prétentions. Cela permet de marchander jusqu'à obtenir, par exemple, les chambres ventilées entre 500 et 600 Bts (10 à 12 €) et les AC simples et doubles entre 700 et 800 Bts (14 à 16 €). Grand resto couvert qui accueille parfois les groupes de passage. Plus sympa, 2 ou 3 bouis-bouis locaux le long de la petite route qui mène à l'entrée. Les habitants sont vraiment adorables.

SUKHOTHAI

La visite

Entrée : 40 Bts (0,8 €). Gratuit, on le rappelle, si vous avez acheté le *pass* de Sukhothai. Prendre au passage un plan du site. Pas la peine de se rendre à l'*Information Center.*

Sri Satchanalai, lieu sacré consacré à Bouddha, fut fondé au XIIIe siècle pour les vice-rois de Sukhothai, très probablement sur un site plus ancien consacré à l'hindouisme. Plusieurs ruines intéressantes.

– *Wat Chang Lom,* datant du XIIIe siècle, forme le plus grand complexe. Y admirer le *stûpa* (ou *chedî*) orné de 39 éléphants. Juste à côté s'élève le *Wat Chedî Chet Thaeo,* où de magnifiques décors floraux ornent les murs.

– *Wat Khao Phanom Phloeng* et *Wat Khao Suwan Khiri,* un peu plus au sud, trônent sur les sommets de deux collines *(Khao)* reliées par une voie pavée (l'ancien chemin de ronde du mur d'enceinte). Endroits mystérieux, peuplés dès la préhistoire. C'est là, d'après la légende, que l'ermite Satcha (d'où le nom du site) aurait emmené le roi prier par le feu, selon les traditions brahmaniques. On grimpe par de superbes escaliers qui ondulent sous les forces végétales les malmenant depuis tant de siècles. Ici, tout est fait de latérite, les escaliers, les plates-formes de base rectangulaire et les stupas.

– À 2 km du site principal, ne ratez pas non plus le *Wat Phra Mahathat,* au milieu d'une boucle de la rivière Yom. De la cahute à l'entrée du parc, tourner à droite en sortant et continuer tout droit au carrefour (ne pas prendre le pont sur la gauche). À contempler : superbe *prang* de style khmer rappelant ceux du célèbre Bayon (Angkor), un bouddha marcheur d'une grande élégance, et, un autre protégé par un *nâga* à sept têtes.

– Aux alentours, deux autres visites à faire pour ceux qui aiment la poterie, en particulier les objets en céladon (voir à Chiang Mai la rubrique « Achats ») :

Sawanwaranayok Museum (dans la ville de Sawankhalok), 20 km avant Sri Satchanalai Historical Park, et *Sangkhalok Kilns* (anciens fours à poteries), 2 km après le parc. La région est en effet à l'origine de cet art dont d'antiques pièces enrichissent nombre de musées et, aujourd'hui, nombre de maisonnées dans le monde entier...

RAMKHAMHAENG NATIONAL PARK – อุทยานแห่ ง ชาติ ศรีสัชนาลัย

Appelé populairement *Khao Luang,* la « montagne des rois ». Quinze kilomètres à l'ouest de la ville de Kiri Mas, elle-même à 21 km de Sukhothai par la route de Kamphaeng Phet. À l'entrée du parc, on peut louer des tentes 2 places pour 100 Bts (2 €). 3 h 30 de grimpette sont nécessaires pour atteindre un beau massif à plus de 1 000 m d'altitude. Beaux panoramas, plantes rares. Plusieurs cascades et grottes, ainsi que des vestiges archéologiques.

Comment y aller ?

➢ En bus puis en moto-taxi, ou avec sa propre moto. Parfois un bus direct, le n° 1161, qui passe par Old Sukhothai.

CHIANG MAI ET SA RÉGION

Si l'on n'est pas passé par Sukhothai et la plaine centrale, on y monte directement depuis Bangkok en train, bus ou avion (voir les rubriques « Quitter Bangkok » ou « Comment y aller ? » à Chiang Mai). Région particulièrement intéressante pour sa douceur de vivre, sa cuisine, ses temples et les activités nature qu'elle permet (le trek notamment). En outre, le climat, moins torride qu'à Bangkok ou dans le Sud, n'est pas désagréable non plus. Enfin, il y a les gens, les Thaïs ou les ethnies montagnardes, attachants. Une bonne virée.

AVERTISSEMENT CONCERNANT LES CARTES DE PAIEMENT

Tout le monde a plus ou moins entendu parler de l'arnaque à la carte de paiement qui sévit dans le nord de la Thaïlande, et plus particulièrement à Chiang Mai. Schéma classique : projetant un trek et voulant éviter la perte de votre carte de paiement, vous la confiez à la *safety-box* de votre *guesthouse.* Le patron de celle-ci profite de votre absence pour remettre votre carte à une personne qui ira à Bangkok faire des courses qui atteignent souvent 4 000 ou 5 000 €, avec la complicité de certaines boutiques. On remet la carte en place, ni vu, ni connu. Vous découvrez le pot aux roses à votre retour en Europe et vous ne pouvez rien prouver. Vous voilà Gros-Jean comme devant, les poches vides. Bien que cette arnaque tende à disparaître, un bon conseil : emportez avec vous, en trek, votre carte de paiement et votre passeport. Un dernier tuyau : bien déchirer le carbone du récépissé de paiement. Sinon, il peut être réutilisé ou la somme être transformée.

PETIT AVERTISSEMENT CONCERNANT LA DROGUE

Ce n'est un secret pour personne : Chiang Mai est une plaque tournante importante pour la drogue. Petit routard, soyez averti que même un petit pétard peut vous apporter de gros pépins. Alors, un gros kilo, imaginez ! Sanctions terribles assurées. Ne pas oublier : les dealers sont les balances. Air connu. De plus, la police effectue des fouilles fréquentes dans la région des treks.

CHIANG MAI (CHIENG MAI) – เชียงใหม่ IND. TÉL. : 053

On éprouve de la tendresse pour cette bonne grosse ville de province, entourée de montagnes verdoyantes, dans laquelle on se balade à la recherche des dernières vieilles maisons traditionnelles de bois. Mais hélas, la cité explose depuis quelques années et les constructions anarchiques se multiplient. Elle compte aujourd'hui 160 000 habitants, mais rassemble en jour-

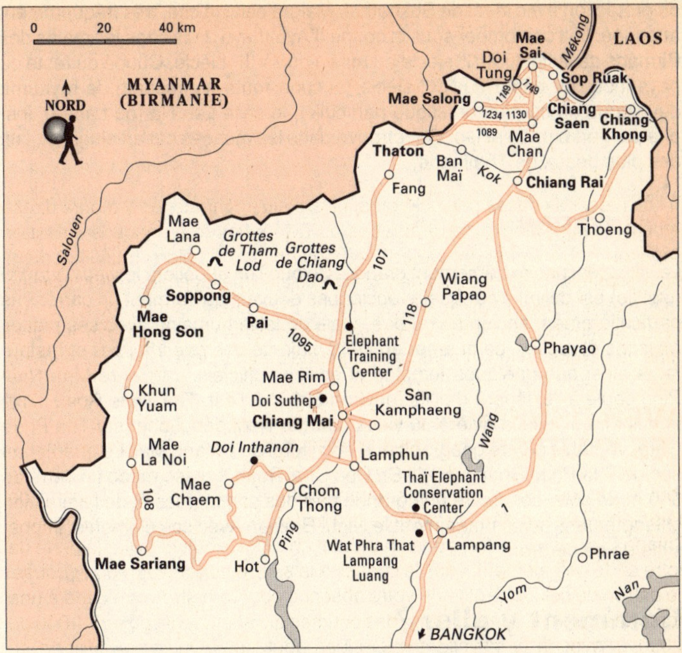

LE NORD DE LA THAÏLANDE ET LE TRIANGLE D'OR

née une bonne partie des 1,5 million d'habitants du district. Des grands hôtels et de gigantesques centres commerciaux (comme *Carrefour* et *Auchan*) font leur apparition dans le centre-ville et les environs. Et puis, le trafic se fait de plus en plus intense. Rien à voir avec Bangkok, certes, mais les bouchons sont devenus une réalité depuis peu, ainsi que le bruit.

Si Chiang Mai, ville étudiante, est suffisamment animée pour qu'on ne s'y ennuie jamais, elle abrite également nombre de quartiers très calmes. Les routards au long cours aiment y séjourner longtemps. Plusieurs raisons à cela : climat agréable (sauf, bien sûr, pendant la saison des pluies), bonne nourriture et innombrables « Thai Kitchen ou Massage Schools » pour s'initier, petites *guesthouses* bien sympas enfouies au fond des jardins et population accueillante. À part les temples, il n'y a pas énormément de choses à voir à Chiang Mai même, mais de nombreuses et chouettes excursions sont possibles dans les environs. La ville est aussi le plus grand point de départ du pays pour les treks en montagne. Plus de 100 agences se battront pour vous avoir comme client.

UN PEU D'HISTOIRE

Chiang Mai fut fondée par le roi Mengrai à la fin du XIIIe siècle. C'est à cette époque que les canaux et les remparts formant le carré central de la ville furent creusés et édifiés. La petite ville devint la capitale du royaume du Lan Na au début du XIVe siècle, après l'alliance des royaumes de Sukhothai et de Chiang Rai. Pour éviter toute agression, le roi passa même un accord de protection avec le roi de Sukhothai. Malgré cela, la cité, très fréquemment attaquée, finit par tomber sous la coupe d'Ayutthaya, puis dans les mains des Birmans de la fin du XVIe siècle au milieu du XVIIIe siècle. Coupé du reste du pays jusqu'au début du XXe siècle (aucune route n'y menait), le royaume développa un courant artistique particulier, le style Lan Na (ou Lanna), inspiré par l'art birman et lao. On retrouve dans les musées cet art singulier, l'un des plus beaux de Thaïlande.

ORIENTATION

La ville n'est pas extrêmement grande. Ce que l'on appellera le *vieux quartier* (ou l'île) est délimité par quatre anciennes douves, qui forment un carré. Pas particulièrement ancien à vrai dire, mais de taille humaine avec ses petites maisons et ruelles, ce quartier abrite la majorité des *guesthouses* et restaurants ainsi que quelques temples et édifices officiels. La rivière Mae Nam Ping coule à l'extérieur de l'île, environ 500 m à l'est. Tha Phae Road, l'axe principal, qui relie la rivière au vieux quartier vient déboucher sur Tha Phae Gate, véritable centre géographique et culturel de Chiang Mai. Le quartier au sud de Tha Phae Road jusqu'à Sri Don Chai Road, grosso modo un carré de 500 m de côté, concentre une grande part des commerces et de l'animation chiangmaïens, avec notamment le Night Bazaar. Avec ces éléments, impossible de se perdre.

Comment y aller ?

Tous les chemins mènent à Chiang Mai (ou presque) !

➢ ***En avion :*** de Bangkok, une dizaine de vols quotidiens avec *Thai Airways,* 4 avec *Orient Thai Airlines* • www.orient-thai.com • et 1 avec *Bangkok Airways* via Sukhothai. À l'international, la ville est reliée à Luang Prabang (Laos), Yangon (Birmanie), Singapour, Kunming et Jinghong (Chine).

➢ ***En bus :*** depuis ***Bangkok*** (Northern Bus Terminal), compter une grosse quinzaine de départs journaliers, de 5 h 30 à 22 h en bus AC. Durée du trajet : 10 h à 12 h. Sur Khao San Rd (à Bangkok), plein de compagnies privées proposent des prix très bas, mais il faut savoir que les bus sont souvent en piteux état ; en tout cas, éviter une formule trajet + nuit à Chiang Mai. De ***Chiang Rai,*** nombreux départs de 6 h à 16 h 45. Durée du trajet : 4 h.

➢ ***En train :*** 8 trains quotidiens au départ de Bangkok (gare Hua Lamphong). Idéal. Deux *Special Express,* avec des trains couchettes rapides (12 h de trajet) et confortables, partent en fin d'après-midi.

Comment gagner la ville ?

De l'aéroport (à environ 6 km au sud-ouest)

✈ À l'***aéroport*** *(hors plan par A4),* on trouve office de tourisme, poste et bureau de change.

– ***Les airport-taxis :*** prix fixe intéressant. Acheter le ticket dans le hall d'arrivée, domestique ou international. Compter 100 Bts (2 €) pour la course.

– ***En tuk-tuk :*** un peu moins cher (60 Bts, soit 1,2 €), mais il faut se diriger vers la sortie de l'aéroport.

Des gares ferroviaire et routières

Des dizaines de rabatteurs attendent le touriste à l'arrivée. Brandissant les photos et cartes de visite des *guesthouses,* ils proposent parfois de vous y emmener gratuitement. À vous de choisir ! Sinon, le tarif habituel pour un *tuk-tuk* ou un *songthaew* (voir ci-dessous) est de 60 Bts (1,2 €).

Transports en ville

– ***Le vélo :*** moyen de locomotion sympa car la ville est plate. Malheureusement, Chiang Mai est de plus en plus engorgée, notamment au niveau de Tha Pae Gate, des voies qui mènent aux portes et de celles qui longent les canaux. Nombreux loueurs un peu partout, avec une concentration spéciale sur Moon Muang Rd (le long du canal est). Tout type de vélo, du mini au super-VTT. À partir de 30 Bts (0,6 €) la journée.
– ***Location de motos :*** une bonne solution, notamment quand on veut rayonner dans les environs. Même réserve que ci-dessus pour la circulation en ville. La plupart des *guesthouses* en proposent, mais autant s'adresser directement à un loueur, ça évite les commissions. Nombreux sur Moon Muang

Adresses utiles

- TAT
- Poste principale
- Gare ferroviaire
- Arcade Bus Station
- Chang Puak Bus Station
- Aéroport
- 1 Kasikorn Bank
- 2 Immigration Office
- 3 Ambassade de Chine
- 4 Ram Hospital
- 5 Suriwong Library
- 6 Gecko Books
- 7 Thai Airways International
- 8 North Wheels
- 9 Alliance française

Où dormir ?

- 10 Lamchang House
- 11 Julie Guesthouse
- 12 Lek House
- 13 Mr Whisky House (Chiangmai Holiday GH)
- 14 C & C Teak House
- 15 Pun Pun Guesthouse
- 16 Mountain View Guesthouse
- 18 Wiriya House
- 19 B.M.P. House
- 20 Pha-Thai Guesthouse
- 21 Rendez-Vous Guesthouse
- 22 Little Home Guesthouse
- 23 Kim House
- 24 Hollanda Montri House
- 25 Paradise Hotel and Guesthouse
- 26 Top North Guesthouse
- 27 Srisupan Guesthouse
- 28 Pathara House
- 29 Gap's House
- 30 Chiang Mai Travel Lodge
- 31 Chiang Mai Gate Hotel
- 32 Top North Hotel
- 33 Swairiang Chiang Mai Lakeside Ville

Où manger ?

- 45 Petits restaurants de nuit de Somphet Market
- 46 Aroon Rai
- 47 Galare Food Center (Night Bazaar)
- 48 New Lamduan Faham
- 49 Muslim Food
- 51 Restaurant Tim Sum
- 52 Huen Phen
- 53 Fatty
- 54 Arabia Restaurant
- 56 Jerusalem Falafel
- 58 Vangpla Restaurant
- 59 Antique House 1
- 60 Heun Suntaree
- 61 Tha-Nam Restaurant
- 62 Franco-Thai
- 63 Pum Pui
- 64 Whole Earth Restaurant
- 65 Le Grand Lanna

Où boire un verre ? Où sortir ? Où écouter de la musique *live* ?

- 80 The Riverside
- 81 Antique House River
- 82 West-Side
- 83 Brasserie
- 84 Kafe
- 85 UN Irish Pub
- 87 Spicy

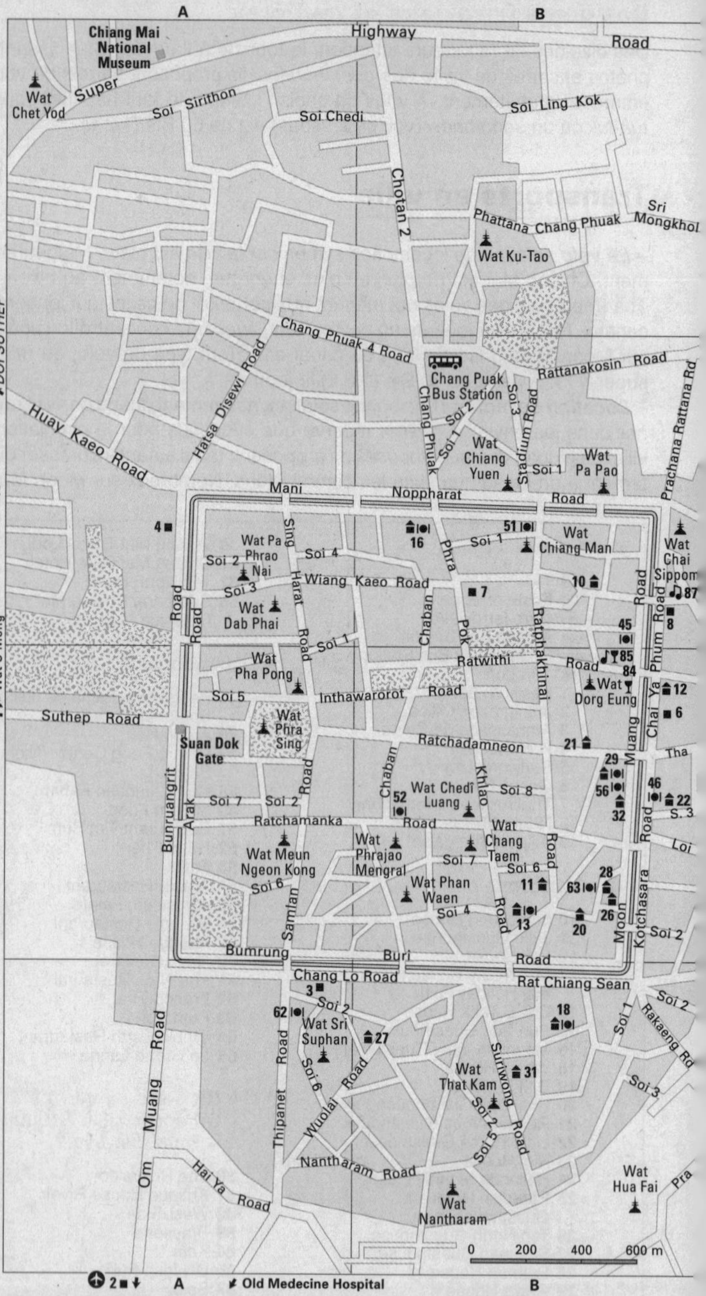
A
B
1
2
3
4
Chiang Mai National Museum
Wat Chet Yod
Super Highway Road
Soi Sirithon
Soi Chedi
Chotan 2
Soi Ling Kok
Phattana Chang Phuak
Sri Mongkhol
Wat Ku-Tao
DOI SUTHEP
Chang Phuak 4 Road
Hatsa Disewi Road
Chang Puak Bus Station
Rattanakosin Road
Huay Kaeo Road
Chang Phuak
Soi 1
Soi 2
Soi 3
Stadium Road
Wat Chiang Yuen
Soi 1
Wat Pa Pao
Prachana Rattana Rd
Mani Noppharat Road
4
16
51
Wat Chiang Man
Wat Chai Sippom
Wat Pa Phrao Nai
Soi 2
Soi 4
Soi 1
Sing Harat Road
Wiang Kaeo Road
Soi 3
Phra Pok Khlao Road
7
10
87
8
Wat Dab Phai
Chaban
Ratphakhinai Road
45
85
84
Wat U Mong
Wat Pha Pong
Soi 1
Ratwithi Road
Wat Dorg Eung
12
6
Chai Ya Phum Road
Soi 5
Inthawarorot Road
Suthep Road
Wat Phra Sing
Suan Dok Gate
Ratchadamneon
21
Muang Road
Tha
29
56
32
46
22
S. 3
Bunruangrit Road
Arak Road
Soi 7
Soi 2
Chaban
52
Wat Chedî Luang
Soi 8
Ratchamanka Road
Wat Chang Taem
Loi
Wat Meun Ngeon Kong
Wat Phrajao Mengral
Soi 7
Soi 6
28
Soi 6
Wat Phan Waen
11
63
26
Samlan
Soi 4
13
20
Moon Muang
Kotchasara Road
Soi 2
Bumrung Buri Road
Chang Lo Road
Rat Chiang Sean
3
Soi 2
18
Soi 2
Soi 1
Rakaeng Rd
62
Wat Sri Suphan
27
Soi 6
Wuolai Road
Suriwong Road
31
Wat That Kam
Soi 2
Soi 5
Soi 3
Om Muang Road
Thipanet Road
Nantharam Road
Hai Ya Road
Wat Nantharam
Wat Hua Fai
Pra
0 200 400 600 m
2
Old Medecine Hospital

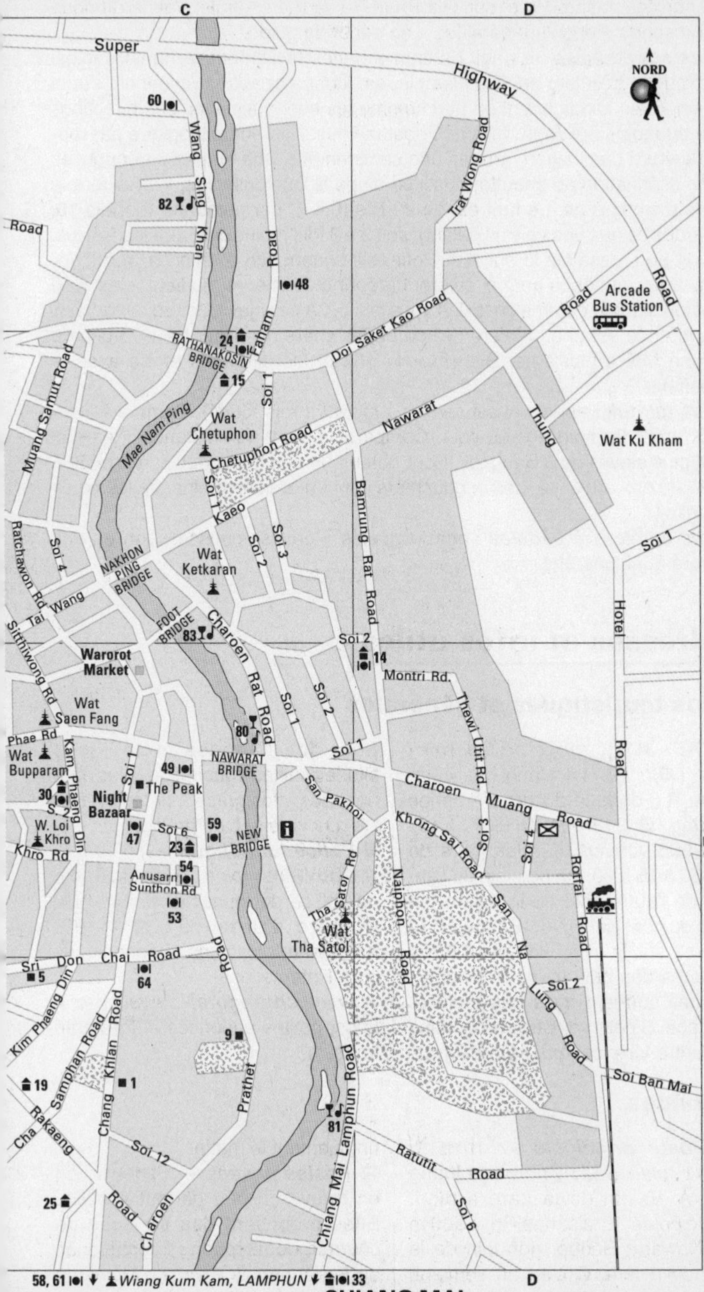
C
D
Super
Highway
NORD
Wang
Sing
Khan
Road
Road
Trat Wong Road
Arcade
Bus Station
Road
Road
Doi Saket Kao Road
RATHANAKOSIN BRIDGE
Faham
Soi 1
Muang Samut Road
Mae Nam Ping
Wat
Chetuphon
Chetuphon Road
Nawarat
Thung
Wat Ku Kham
Soi 1
Kaeo
Soi 2
Soi 3
Bamrung Rat Road
Soi 1
Ratchawon Rd
Soi 4
NAKHON PING BRIDGE
Wat
Ketkaran
Tai Wang
FOOT BRIDGE
Charoen Rat Road
Hotel
Sitthiwong Rd
Warorot
Market
Soi 2
Montri Rd.
Soi 1
Soi 2
Thewi Utit Rd.
Wat
Saen Fang
Phae Rd
Wat
Bupparam
Kam Phaeng Din
Soi 1
NAWARAT BRIDGE
Soi 1
Road
The Peak
Night
Bazaar
San Pakhoi
Charoen
Muang
Road
S. 2
W. Loi
Khro
Soi 6
NEW BRIDGE
Khong Sai Road
Soi 3
Soi 4
Khro Rd
Anusarn
Sunthon Rd
Tha Satoi Rd
Naiphon Road
Rotfai Road
San
Na
Lung
Road
Wat
Tha Satoi
Sri Don Chai Road
Road
Soi 2
Kim Phaeng Din
Samphan Road
Road
Soi Ban Mai
Chang Khlan
Prathet
Chiang Mai Lamphun Road
Cha Rakaeng
Soi 12
Ratutit
Road
Soi 6
Road
Charoen
1
2
3
4
65 BORSANG
60
82
48
24
15
83
14
80
49
30
47
59
23
54
53
5
64
9
19
1
81
25
58, 61 Wiang Kum Kam, LAMPHUN 33
D

CHIANG MAI

Rd, sur Kotchasara Rd et sur Tha Phae Rd, la rue centrale. Voir la rubrique « Transports » des « Généralités » en début de guide.

– ***Les songthaews :*** il s'agit de camionnettes facilement reconnaissables. Les rouges circulent en ville ; les bleues, jaunes et autres rayonnent sur la région. Elles fonctionnent un peu comme les bus, mais avec des directions plus ou moins précises. Un truc : postez-vous à un endroit logique par rapport à votre destination, arrêtez une camionnette, vide ou pas, et annoncez votre destination au chauffeur ; s'il se dirige là où vous allez, il vous fera le signe d'embarquer. Le tarif est de 20 Bts (0,4 €) par personne (parfois 10, regardez ce que vos voisins paient), soit 2 à 3 fois moins cher que les *tuk-tuk*. S'il dit non, essayez le suivant. Enfin, s'il commence à réfléchir trop longtemps puis annonce un prix différent (dépend de l'heure, du lieu), c'est qu'il veut fonctionner comme un taxi. À vous de voir. À ce sujet, louer un *songthaew* à la journée est une manière sympa et pas chère de visiter les environs de Chiang Mai à plusieurs. Bien fixer le prix et les différents arrêts avec le chauffeur.

– ***Les tuk-tuk :*** appelé aussi *samlor à moteur* (trois roues). Comme à Bangkok, c'est la moto-taxi du coin. Comparativement aux distances, les prix sont plus élevés qu'à Bangkok. Pour obtenir un tarif raisonnable, retirer 30 à 50 % du prix annoncé. Les conducteurs sont en général moins pressés qu'à Bangkok.

– ***Les samlors à pédales :*** aussi appelés « pousse-pousse », on en voit encore quelques-uns.

Adresses et infos utiles

Infos touristiques et générales

TAT – ท.ท.ท. *(office de tourisme ; plan C3)* **:** 105/1 Chiang Mai Lamphun Rd, dans le district d'Amphoe Muang. ☎ 248-604 ou 607. Fax : 248-605. Ouvert tous les jours de 8 h 30 à 16 h 30. Un peu loin du centre, de l'autre côté de la rivière, en face du pont Neuf (New Bridge). Brochures sur la ville, liste des hôtels, horaires des bus, trains et avions... Accueil souriant mais pas toujours efficace. Sinon, vous trouverez dans le centre-ville les *Tour Map Information,* des pagodes métalliques situées sur les trottoirs, qui vous donnent des infos grâce à un écran tactile. Ludique et bien pratique.

■ ***Police touristique*** – ตำรวจท่องเที่ยวถนนลำพูน *(plan C3)* **:** juste à côté de l'office de tourisme. ☎ 248-974. Numéro d'urgence : ☎ 16-99. À l'extérieur, cabines téléphoniques pour l'international.

● ***www.chiangmai-news.com*** ● Infos, petites annonces et forum en français.

Services

✉ ***Poste principale*** – ไปรษณีย์กลาง *(plan D3)* **:** Charoen Muang Rd. À 10 mn de la gare à pied. Autre poste : Praisanee Rd, à 200 m du Nawarat Bridge, non loin de la grande rivière. Ouvert en semaine de 8 h 30 à 16 h 30 et le week-end uniquement le matin.

✉ ***Postes privées*** – ไปรษณีย์ **:** on en trouve un peu partout en ville. Elles proposent des services de courrier, de téléphone international, de fax et parfois d'e-mail. Moins de monde qu'à la poste principale.

■ ***Téléphone* – โทรศัพท์ :** Praisanee Rd. Face à la petite poste. Ouvert tous les jours de 8 h 30 à 20 h. Nombreux kiosques et cabines en ville. Les cabines pour l'international sont de couleur orange. Se munir d'une carte spéciale coûtant minimum 300 Bts (6 €). À la poste, prix par tranches de 3 mn. Plus pratique, les boutiques Internet proposent des tarifs à partir de 15 Bts (0,3 €) la minute. On peut également appeler en PCV moyennant une commission depuis de nombreuses *guesthouses* et kiosques.

@ ***Internet* :** les centres Internet poussent comme des champignons aux quatre coins de la ville. Tarifs ultracompétitifs : entre 15 et 30 Bts (0,3 et 0,6 €) l'heure. Dirigez-vous vers les boutiques au sud-est de la vieille ville (pas loin de la *Top North Guesthouse*) ou vers l'université pour les meilleurs prix. Notez le début de votre connexion et vérifiez les minutes comptées au final.

Change

Les banques sont nombreuses et généralement ouvertes de 8 h 30 à 15 h 30 environ. On les trouve principalement sur Tha Phae Rd et aux alentours du Night Bazaar (où les bureaux de change restent ouverts jusqu'à 21 h). Pas mal d'établissements possèdent des distributeurs de billets extérieurs. Cela évite les frais supplémentaires de retrait par carte effectué au comptoir.

■ ***Kasikorn Bank* :** permet de retirer de l'argent avec une carte de paiement. Deux adresses parmi tant d'autres : 169-171 Tha Phae Rd *(plan C3)* et une autre au 145 Chang Khlan Rd *(plan C4,* ***1****)*. Banques ouvertes du lundi au vendredi de 8 h 30 à 15 h 30. La première possède un distributeur automatique à l'extérieur, ainsi qu'un kiosque qui fait le change tous les jours de 8 h 30 à 21 h. Juste en face de la *TFB*, sur Tha Phae Rd, la ***Bank of Ayudhaya*** – ธนาคารกรุงศรีอยุธยา assure les transferts d'argent avec *Western Union Money Transfer*.

■ ***Pour les chèques de voyage ou le liquide*,** on peut s'adresser à beaucoup d'autres banques. Une adresse parmi tant d'autres : la *Bangkok Bank*, 53-59 Tha Phae Rd, très intéressante pour le liquide.

Représentations diplomatiques, immigration – สมาคมฝรั่งเศส

■ ***Consulat honoraire* :** du lundi au vendredi de 10 h à 12 h, seulement en cas de gros pépin. ☎ 281-466.

■ ***Immigration Office* – สำนักงานตรวจคนเข้าเมือง** *(hors plan par A4,* ***2****)* **:** 97 Sanambin Rd. ☎ 277-510. Juste à côté de l'aéroport. Ouvert de 8 h 30 à 16 h 30. Fermé les samedi, dimanche et fêtes. Sert notamment à prolonger son séjour en Thaïlande : de 10 jours supplémentaires pour ceux qui séjournent sans visa ; d'un mois pour les titulaires de visa. Se munir de 2 photos et de 1 900 Bts (18 €). Fait en moins d'une heure. On peut faire les photocopies nécessaires sur place et même casser la croûte !

■ ***Ambassade de Chine* – สถานทูตจีน** *(plan A4,* ***3****)* **:** 111 Chang Lo Rd. ☎ 200-424. Fax : 274-614. Sur la rive extérieure sud des douves, dans un grand domaine aux murs blancs. Ouvert du lundi au vendredi de 9 h à 11 h 30. Le délai d'obtention d'un visa de tourisme est de 4 jours ouvrables. Prévoir environ 30 €. Celui-ci n'est valide que pour 1 mois de séjour, mais on peut facilement le prolonger sur place et cumuler ainsi une période totale de 3 mois.

Médecins et hôpitaux

■ ***Loi Khro Clinic*** – คลีนิคลอยเคราะห์ *(plan C3)* **:** 62/2 Loi Khro Rd. ☎ 271-571. En face du Wat Loi Khro. Ouvert du lundi au vendredi de 8 h à 13 h et de 16 h 30 à 20 h 30, le samedi de 8 h à 13 h et le dimanche de 16 h 30 à 20 h 30. Médecine sérieuse.

■ ***Ram Hospital*** – โรงพยาบาลราม *(plan A2, **4**)* **:** 8 Bunruangrit Rd. ☎ 224-861. Ultramoderne et bien équipé. Hôpital privé, donc cher.

■ ***Maharaj Public Hospital*** – โรงพยาบาลมมหาราช **:** 110 Suthep Rd, à l'extérieur de Suan Dok Gate (la porte ouest). ☎ 221-122. Bien moins cher que le premier, car public, mais beaucoup plus de monde, donc d'attente. Vaste complexe.

■ ***Dentistes :*** *Peerayoot Dental Clinic* – พีระยุทธิทันคแพทย์, 141 Somphet Market, Moon Muang Rd, Amphur Muang. ☎ 212-653. Reçoit tous les jours de 9 h à 20 h, sur rendez-vous. Fermé les 2e et 4e dimanches du mois. Excellente dentiste, mais assez chère. Autres bonnes adresses : le *Chiang Mai Dental Hospital* sur Super Highway Rd. Plusieurs dentistes parlent l'anglais sur place mais non le français. Matériel performant chez Dr Nawapoomin Chaichompoo (13/1 Sankhampang Rd, ☎ 053-248-920), sur la route des fabriques d'usine.

■ ***Pharmacies*** – ร้านขายยา **:** 46/3 Charoen Prathet Rd. ☎ 274-764. Face au *Diamond Hotel.* Ouvert de 8 h à 22 h. Fermé le dimanche. On en trouve aussi dans la même rue, au niveau du Night Bazaar.

Loisirs

■ ***Suriwong Library*** – ร้านหนังสือสุริว งษ์ *(plan C4, **5**)* **:** 54/1 Sri Don Chai Rd. Ouvert de 8 h à 19 h 30. Fermé le dimanche après-midi. La plus grande librairie de Chiang Mai. Quelques quotidiens français. Tous plans et bonnes cartes également, dont l'excellente et rigolote carte de Chiang Mai faite par Nancy Chandler.

■ ***D.K. Book House*** – ร้านขายหนังสือดี.เค.ดวงกมล **:** 79/1 Kotchasara Rd. Ouvert tous les jours de 9 h à 21 h. Même genre que *Suriwong,* grande librairie climatisée, mais avec un peu moins de choix en titres français.

■ ***Gecko Books*** – จเกกโก บุ๊ค *(plan B3, **6**)* **:** 2/6 Chiang Moi Kao Rd. • geckobooks@hotmail.com • Dans une allée sur la gauche, au début de Tha Phae Rd. La caverne d'Ali Baba des bouquins d'occase. Un peu de neuf aussi. Énorme choix en anglais, bien sûr, plus un rayon français que le patron essaie de renforcer. Donnez-lui un coup de main en lui rendant visite. Achat, vente, échange. Plusieurs succursales, mais allez à celle-ci pour les bouquins en français.

■ ***Journaux*** sur Tha Phae Gate (à 20 m du *Bar Beer Center,* voir « Où sortir ? », à 20 m du *Cap North Guesthouse*). On y trouve *Le Monde* ou *Libération.*

– Plusieurs journaux gratuits *(Welcome to Chiang Mai, Good Morning Chiang Mai, Chiang Mai Guidelines...),* que vous trouverez dans les hôtels et les restaurants, se partagent le gâteau des annonceurs publicitaires de Chiang Mai. Pas très informatif en vérité, même si l'on peut piocher ici et là un tuyau, un plan de ville ou des horaires de bus...

■ ***Piscines*** – สระว่ายน้ำ **:** on en propose quelques-unes. Celle du *Prince Hotel :* 3 Tai Wang Rd. ☎ 252-025. Billet d'entrée en vente à la réception de l'hôtel, ouverte de 10 h à 20 h. Derrière l'hôtel, à gauche. Eau très propre. Notre préférée. Une autre, au *Sara Health Club,* à l'écart du centre, 109 Bumrung Rat Rd. Au fond d'une cour d'école, en face du consulat britannique. Entrée payante (pas chère). Belle piscine olympique avec transats, chaises et parasols. Eau très propre. Également celle du *Amari Rincome Hotel* (voir ci-dessous).

■ ***Tennis* – สนามเทนนิส :** outre sa belle piscine, le *Amari Rincome Hotel* – โรงแรมรินคำ, 301 Huay Kaew Rd (☎ 894-884), possède un court, mais la location de raquettes et de balles est hors de prix. Autres courts à louer face au musée. Moins chers mais moins bien.

■ ***Photo-Bug* :** 42 à 46 Chaif Ya Phum Rd, juste avant Chang Moi Rd. Cameras, accessoires et pelloches. Tous travaux, classique ou digital, scans, tirage depuis CD, etc. Qualité pro et prix très compétitifs.

Compagnies aériennes

■ ***Thai Airways International* – สายการบินไทย *(plan B2, 7)* :** 240 Phra Pok Khlao Rd. ☎ 210-043. Même adresse et téléphone pour les vols nationaux ou internationaux. Ouvert tous les jours de 8 h à 17 h. À l'aéroport : ☎ 277-782.

■ ***Bangkok Airways* – สายการบนิบางกอกแอร์เวย์ :** à l'aéroport. ☎ 281-519. Liaisons quotidiennes avec Bangkok, Sukhothai ; tri-hebdomadaires avec Jinghong (Chine).

Agence de voyages

■ ***Trans World Travel Co* – ทรานซ์วิร์ลทราเวล :** 259-261 Tha Phae Rd. ☎ 272-415. Ouvert de 8 h à 17 h. Agence de voyages réputée sérieuse.

Transports

🚌 ***Arcade Bus Station* – สถานีรถอาร์เขด *(plan D1)* :** Lampang Super Highway. ☎ 242-664. Située en périphérie de la ville, au nord-est. C'est la station longue distance. S'y rendre pour tous les bus qui quittent la province.

🚌 ***Chang Puak Bus Station* – สถานีรถช้างเผือก *(plan B2)* :** Chang Puak Rd. ☎ 211-586. À 500 m au-delà de Chang Puak Gate, au nord de la ville.

Pour rayonner dans la province

■ ***North Wheels* *(plan B2, 8)* :** 70 Chai Ya Phum Rd. ☎ 874-478. Fax : 874-378. • www.northwheels.com • Depuis une dizaine d'années, c'est le grand spécialiste de la location de voitures sur le Nord. Offre les mêmes services que les grandes enseignes pour des tarifs très intéressants ; à partir de 800 Bts (16 €) la journée pour une petite Jeep 4 places. Les prix sont dégressifs à partir d'une semaine.

■ ***C & P Service* – ซีแอนพี เ:อร์ วิ ซ *(plan B3)* :** 51 Kotchasara Rd ; près du restaurant *Aroon Rai* (☎ 273-161 ou ☎ portable 01-885-20-64). Petites motos 100 ou 125 cm^3 à partir de 150 Bts (3 €). Ajouter 50 Bts (1 €) pour une assurance minimale.

■ ***Deng Bike Hire* – แดงไบ๊ท์ ไฮร์ *(plan B3)* :** 23 Kotchasara Rd ; face à Tha Phae Gate. ☎ 271-524. Spécialiste de longue date pour les motos 250 cm^3 de marque Honda, confortables sur la route et assez agiles sur les pistes. Ici, elles sont toutes assurées automatiquement au tiers (macarons sur le réservoir). Le parc commence certes à dater, mais les machines sont bien entretenues. Prix : 600 Bts la journée (12 €), 500 Bts (10 €) la semaine.

Francophonie

■ ***Alliance française*** – สมาคมฝรั่งเศส *(plan C4, 9)* : 138 Charoen Prathet Rd. ☎ 275-277. Fax : 821-039. • www.alliance-francaise.or.th • Ouvert du lundi au vendredi de 10 h à 12 h et de 14 h 30 à 19 h 30, et le samedi de 10 h à 12 h. Un film français le mardi après-midi (à 16 h 30 en général) et le vendredi soir à 20 h. Programme disponible dans le mensuel *Chiang Mai Guidelines.* Pelouse bien entretenue. Terrain de boules. On vous les prête (les boules !). Concours tous les samedis après-midi. À part ça, pas beaucoup d'aide ou de tuyaux. En somme, un bon petit club de pétanque !

■ ***L'Éléphant blanc-contact commercial :*** Khing Amphoe Mae On. ☎ et fax : 929-052. • marcq_pascal@yahoo.fr • À 34 km de Chiang Mai. Pascal, personnalité très sympathique de la communauté francophone, s'occupe de conception, recherche et développement de produits destinés à l'exportation. Un contact sûr et sympa sur la place.

Où dormir ?

Plus de 300 *guesthouses* à Chiang Mai, donc large choix ! On signale que certains de leurs propriétaires feront grise mine si vous ne prenez pas le trek que tous ou presque proposent. Certaines agences de voyages de Bangkok offrent une nuit gratuite à Chiang Mai à l'arrivée, là encore, pour vous inciter à prendre le trek de l'hôtel. D'ailleurs parfois, si vous refusez le trek, on vous demande alors de régler votre nuit ! Cependant (jusqu'à preuve du contraire), les adresses mentionnées ci-dessous ne s'adonnent pas à ces pratiques commerciales abusives.
Attention : à la gare des bus ou des trains, les *tuk-tuk* ou taxis racontent parfois que la *guesthouse* de votre choix a brûlé ou d'autres histoires dans le but de vous conduire là où leur commission est la plus forte. À vous de ne pas vous faire mener par le bout du nez !

Bon marché (de 80 à 200 Bts – 1,6 à 4 €)

Lamchang House – ลำช้างเฮาส์ *(plan B2, 10)* : 24 Moon Muang Rd, Soi 7. ☎ 210-586. Dans une rue calme et pourtant centrale, une excellente petite adresse, pleine de charme, simple, impeccablement tenue par une famille thaïlandaise. Belle maison en teck où tout semble d'origine, au fond d'un jardin calme. Bambou tressé, confort simple, mais douche chaude et toilettes à l'extérieur très propres. Très bon accueil. On n'y organise pas de trek, ce qui peut être considéré comme un gage de sérieux.

Julie Guesthouse – จูไรย์เกสท์เฮ้าส์ *(plan B3, 11)* : 7 Phra Pok Klao Rd, Soi 5. ☎ 274-355. • www.julieguesthouse.com • Par une petite allée dans le coin sud-est de l'île. Blindé de jeunes routards qui aiment être proches les uns des autres. Premières couches (dortoirs ou mini-piaules sans salle de bains) pour un peu plus que le prix de 2 milk-shakes. Managée par un couple suisso-thaï. Fait aussi agence de voyages. Toit-terrasse. Restaurant relax au rez-de-chaussée. Souvent plein car c'est une bonne adresse, il est conseillé de réserver.

Lek House – เล็คเฮ้าส์ *(plan B3, 12)* : 22 Chai Ya Phum Rd. ☎ 252-686. Pas loin de Tha Phae Gate, au niveau de Chang Mai Rd. Construction en brique et teck. Chambres très simples, avec ventilo et mobilier en bambou, équipées de salle de bains avec eau froide, pas vilaines mais inégales et pas toujours en bon état. Si possible, visiter avant de faire son choix. Jardin ombragé tranquille. Souvent complet, car bien situé et très bon marché.

⌂ |●| ***Mr Whisky House (Chiangmai Holiday GH)*** – นายวีสกี้เฮ้าส์ เชียงใหม่ ฮอลิเดย์ เกสท์เฮ้าส์ *(plan B3, **13**) :* 31 Phra Pok Khlao Rd, Soi 3. ☎ 207-091 ou 01-724-65-06 (portable). Dans le coin sud-est du vieux quartier. Des petites chambres avec sanitaires dans une maison récemment rafraîchie. Celles du rez-de-chaussée font vraiment boîtes à sardines. Petit restaurant et agence de trek, mais pas de pression sur la clientèle. Correct dans l'ensemble.

Prix moyens (de 200 à 500 Bts – 4 à 10 €)

⌂ |●| ***C & C Teak House*** – ซี.แอนด์. ซี.ทีคเฮ้าส์ *(plan D3, **14**) :* 39 Bamrung Rat Rd. ☎ et fax : 246-966. • ccteakhouse@hotmail.com • De la gare, tourner à droite au 3ᵉ feu ; c'est à droite, à 200 m. Une de nos adresses préférées à Chiang Mai. La recette : un couple franco-thaï, Simon et Rung, une maison en teck fin XIXᵉ siècle, au calme malgré la rue animée, une entrée assez spectaculaire au milieu de racines suspendues, une ambiance conviviale, une cuisine simple mais soignée... et des prix serrés. Une vingtaine de chambres en tout, décorées de manières différentes, ventilées (sauf une triple, climatisée). Eau chaude et prêt de bicyclettes. Au resto-terrasse, les proprios préparent des plats mixtes franco-thaïs. Propose aussi de bons treks (d'un à plusieurs jours, appréciés par nos lecteurs), pédestres ou à moto. Prêt de bicyclettes. Bref, un bon rapport confort-gentillesse.

⌂ ***Pun Pun Guesthouse*** – ปันปันเกสท์เฮ้าส์ *(plan C2, **15**) :* 321 Charoen Rat Rd. ☎ 246-180. Fax : 246-140. • www.armms.com • Assez loin du centre, sur la rive gauche de la rivière. Au bord de l'eau, des chambres simples incorporées dans de petites maisons en bois sur pilotis. Pour les moins chères, des sanitaires bien tenus sont à partager. Ventilo uniquement. Bon choix si vous êtes motorisé, car plus aéré que les adresses du centre. Accueil souriant du proprio.

⌂ |●| ***Mountain View Guesthouse*** – เมาเท็นวิวเกสเฮ้าส์ *(plan B2, **16**) :* 105 Sriphum Rd. ☎ 212-866. • www.mountainview-guesthouse.com • Au niveau de Chang Puak Gate, côté intérieur des douves. Au calme derrière une grande maison, dans une grande cour-jardin. On voit le *Doi Suthep* depuis le toit-terrasse, d'où le nom. Trente chambres doubles, dont la moitié ont la clim'. Toutes avec salle de bains. Déco traditionnelle, simple et soignée. Premiers prix à 200 Bts (4 €), dans la maison à l'entrée. À l'arrière, des pavillons d'un étage, abritant de grandes et belles chambres. Les AC coûtent 450 Bts (9 €). Réduc' de 20 % en basse saison. Bon accueil. Resto, salon TV.

⌂ ***Chiang Mai Youth Hostel*** – บ้านเยาวชนเชียงใหม่ *(hors plan par C3) :* Papraw Rd. ☎ 276-737. Fax : 204-025. • www.chiangmaiyha.org • Chambres simples, assez colorées. Tout confort, avec TV, ventilo, eau chaude et moustiquaire. Et les services d'une AJ : réservation billets, Internet, laverie, etc.

⌂ |●| ***Wiriya House*** – วิริยะเฮ้าส์ *(plan B4, **18**) :* 10/4 Rat Chiang Sean, Soi 1. ☎ 272-340. Fax : 272-346. • wiriyah@loxinfo.co.th • S'engager 200 m dans le *soi* 1 depuis Rat Chiang Sean, puis prendre le sous-*soi* qui part sur la gauche. Quartier très calme. Une grande maison moderne de 4 étages, avec réception et restaurant au rez-de-chaussée. Bains, eau chaude, ventilo ou AC. Bon accueil.

B.M.P. House – บีเอ็มพีเฮ้าส์ *(plan C4, 19)* : 97 Rakaeng Rd. ☎ 820-663. Fax : 820-665. • bmp-tourservice@yahoo.com • Rakaeng Rd a un tracé curieux, quittant la vieille ville au niveau de son coin sud-est, à l'extérieur des douves. Aller au-delà de l'intersection en S jusqu'à repérer la pancarte sur la gauche, après le petit pont. Maison blanche de 3 étages, toute neuve, avec une terrasse devant. Une dizaine de chambres très propres avec parquet et bons lits, ventilées ou climatisées. Trek de facture classique mais sans mauvaise surprise.

Pha-Thai Guesthouse – ฟ้าไทยเกสท์เฮ้าส์ *(plan B3, 20)* : 48/1 Ratphakhinai Rd. ☎ 278-013 ou 01-998-69-33 (portable). Fax : 274-075. Maison impeccablement tenue par un couple thaï adorable, toujours prêt à rendre service. Chambres avec grand lit, ventilo ou AC (parfois les deux, mon capitaine !), toutes avec douche chaude. Petit jardin pour le petit dej'. Un endroit où l'on se sent bien. Monsieur parle le français.

Rendez-Vous Guesthouse – รองเดวูเกสท์เฮ้าส์ *(plan B3, 21)* : 3/1 Ratchadamneon Rd, Soi 5. ☎ 213-763. Fax : 419-009. • RendezvousChiangmai@hotmail.com • Dans un *soi* calme, petite structure moitié moderne, moitié dans le style du pays. Au rez-de-chaussée, bar accueillant. Chambres tout confort. Celle du dernier étage nous a bien plu avec sa petite terrasse privative. À l'étage, vue sur une partie calme de la ville.

Little Home Guesthouse – ลิตเติลโฮมเกสเฮ้าส์ *(plan B3, 22)* : 1 Kotchasara Rd, Soi 3. ☎ 206-939. Petite maison assez charmante, précédée d'un jardin fleuri et tenue par un couple thaïlando-hollandais. Douze chambres seulement, simples et propres. Douche chaude, toilettes, ventilo.

Kim House – คิมเฮ้าส์ *(plan C3, 23)* : 62 Charoen Prathet Rd. ☎ et fax : 282-441. • kim – hometel@hotmail.com • Tout près du Night Bazaar, une adresse tenue par une femme charmante. Chambres avec AC ou ventilo et douche à l'intérieur. Correct. Pas d'incitation aux treks ici !

Hollanda Montri House –ฮอลลันดามนตรีเฮ้าส์ *(plan C2, 24)* : 365 Charoen Rat Rd. ☎ et fax : 242-450. • hollandamontri@asia.com • *Guesthouse* très propre, toutes les chambres avec salle de bains. AC ou ventilo. La literie aurait besoin d'être renouvelée, mais la jovialité de la proprio hollandaise fait plaisir à voir. En plus, elle a installé un petit resto sympa au bord de l'eau. Bon rapport qualité-prix.

Paradise Hotel and Guesthouse – พาราไดซ์โฮเต็ลแอนด์เกสท์เฮ้าส์ *(plan C4, 25)* : 12 Sri Chandorn Rd. ☎ 270-413. Fax : 270-596. • www.paradise.co.th • Au sud, assez excentré. Dans un immeuble très banal. Confort variable, selon qu'on choisit la partie *guesthouse,* moins chère mais aussi plus modeste, ou l'hôtel proprement dit (AC, TV, etc.). Une atmosphère d'AJ, de campus presque, avec le grand hall où l'on se retrouve pour un billard ou une partie de ping-pong, une salle Internet où pianotent des jeunes gens heureux... Ascenseur. Piscine également, et jardin. À quelques centaines de mètres se trouve le resto de l'hôtel : pas cher et plutôt bon.

Top North Guesthouse – ท็อปนอร์ทเกสท์เฮ้าส์ *(plan B3, 26)* : 15 Moon Muang Rd, Soi 2. ☎ 278-900. Fax : 278-485. • topnorth@hotmail.com • Sur 3 niveaux, un hôtel en dur proposant une centaine de chambres confortables (certaines familiales) avec douche chaude, ventilo ou AC. L'ensemble est bien tenu, même s'il commence à accuser le poids des ans. Évitez si possible les chambres du rez-de-chaussée. La super-piscine, entourée de verdure et de chaises longues, fait beaucoup pour la popularité de l'endroit. Peut toutefois s'avérer bruyant certaines nuits. Accueil plutôt aimable et efficace. Préférable de réserver en haute saison.

Srisupan Guesthouse – ศรีสุพรรณเกสท์เฮ้าส์ *(plan B4, 27)* : 92 Wuolai Rd, Soi 2. ☎ 270-087. Fax : 270-086. • stccnx45@hotmail.com • Au sud. Repérable à son rez-de-chaussée décoré de grandes roues de charrette (l'enseigne, en revanche, n'est pas bien visible). Une adresse de moyenne gamme supérieure. Vaste et belle maison privée, habitée par une famille accueillante. Une trentaine de chambres en général impeccables, aérées et lumineuses, avec balcon, TV, à prix un peu élevés, mais toutes avec sanitaires (eau chaude) et ventilo ou AC au choix. Quartier bien calme. Transport gratuit depuis la gare.

Pathara House – พัทลาเฮ้าส์ *(plan B3, 28)* : 24 Moon Muang Rd, Soi 2. ☎ 206-542. Fax : 206-543. À l'intérieur des douves, presque face à la *Top North Guesthouse.* Une vingtaine de chambres avec salle de bains (eau chaude et carrelage nickel), ventilo ou AC. Visitez-en plusieurs car certaines sont claires et d'autres très sombres. Bon accueil et ambiance décontractée.

D'un peu plus chic à plus chic (de 400 à 1 200 Bts – 8 à 24 €)

Gap's House – แก็ปส์เฮ้าส์ *(plan B3, 29)* : 3 Rachadamneon Rd, Soi 4. ☎ 278-140. • thaiculinaryart@yahoo.com • Endroit charmant, presque « junglesque » au milieu de la ville, peuplé de petits bungalows en bois (salle de bains avec eau chaude, AC), assez coquets (meubles et bibelots anciens). Le prix de la chambre, petit dej' compris, est très raisonnable. L'atmosphère est plutôt vivante et animée. Pas conseillé pour une retraite paisible. Cours de cuisine. Leurs dîners-buffets sont remarquables et ouverts aux non-résidents. Accueil un peu nonchalant mais gentil. Pas de résa possible.

Chiang Mai Travel Lodge – เชียงใหม่แทรเวลลอดจ์ *(plan C3, 30)* : 18 Kam Phaeng Din Rd. ☎ 272-448. Fax : 271-572. Immeuble blanc de 3 étages, pas trop vilain, disposant d'une quarantaine de chambres impersonnelles mais confortables (AC, douche, w.-c.). Bien tenu. Bon rapport qualité-prix. Situation très centrale (attention peut-être au bruit pour les chambres côté rue). Petit restaurant simple et tranquille.

Chiang Mai Gate Hotel – โรงแรมเชียงใหม่เกต *(plan B4, 31)* : 11/10 Suriwong Rd. ☎ 279-895. Fax : 279-085. • cmgate@loxinfo.co.th • À 300 m de la porte de Chiang Mai, au sud de la vieille ville (à l'extérieur). Hôtel moderne de bon standing dans un quartier calme, qui pratique des tarifs encore raisonnables. Deux catégories de chambres aux prix variant du simple au double : dans la partie *guesthouse,* un peu moins spacieuses, ou dans l'hôtel proprement dit, plus confortables. Toutes avec AC, douche ou salle de bains et w.-c. Certaines chambres avec balcon, d'autres avec vue sur le *chedî* voisin. Piscine plutôt agréable. Coffres-forts à disposition.

Top North Hotel – โรงแรมท็อปนอร์ท *(plan B3, 32)* : 41 Moon Muang Rd. ☎ et fax : 279-626 ou 02-643-33-96 (portable). • topnorth@hotmail.com • Au fond d'une petite allée qui part de Moon Muang, juste au sud de Tha Phae Gate. Hôtel moderne de 4 étages autour d'une piscine et d'un restaurant en plein air. Très propre. Personnel diligent. Chambres avec ventilo ou AC. Un bon choix.

Swairiang Chiang Mai Lakeside Ville – สไวเรียงเชียงใหม่เลคไซด์วิลล (*hors plan par C4, 33*) **:** sur la route de Lamphun (308 Moo 1 Nong Phung, Soi 8). ☎ 322-061. Fax : 322-062. • info@swairiang.com • Tournez à droite 2 km après l'intersection de l'autoroute « Super Highway », puis suivez les panneaux roses et verts écrits en thaï. Une adresse de charme, aux prix assez élevés. Au bord d'un petit lac, au milieu de « golden bambous » et nénuphars, voici un superbe ensemble de maisons traditionnelles sur pilotis, reliées entre elles par des pontons flottants (gare aux écarts de route après une soirée arrosée !). Les petits bungalows avec terrasse sur l'eau sont rustiques mais confortables et fort joliment aménagés avec, notamment, d'originales salles de bains mi-pierre, mi-bois. Certains soirs, on regrettera toutefois l'agitation du restaurant (cuisine typique du Nord préparée avec finesse) quand des Thaïs fortunés y amènent leurs conquêtes pour flamber. Pour y séjourner, il vaut mieux se procurer un moyen de locomotion, voiture ou moto, plutôt que d'utiliser le taxi (environ 400 Bts, soit 8 €, la course).

Où manger ?

Gourmands, à vos fourchettes ! Les restaurants de Chiang Mai sauront ravir vos papilles délicates. La cuisine locale, délicieuse et raffinée, emprunte aux voisins birmans et chinois nombre de saveurs inconnues dans le Sud. Cosmopolite, la ville permet aussi de faire un tour du monde des cuisines sans se ruiner.

Bon marché (moins de 100 Bts – 2 €)

Petits restaurants de nuit de Somphet Market – ร้านอาหารเล็กคอนกลางคืนคลาดสมเพชร (*plan B2, 45*) **:** sur Moon Muang Rd, 500 m au nord de Tha Phae Gate. N'ouvrent que le soir, mais servent jusque tard dans la nuit. Cuisine populaire thaïe et chinoise, appétissante et bon marché, servie en plein air. Animation sympathique. Encore plus couleur locale (pas de pancartes ou menus en anglais), un marché de nuit similaire se tient au niveau de *Chang Puak Gate (plan B2).*

Aroon Rai – ร้านอาหารอรุณไร (*plan B3, 46*) **:** 45 Kotchasara Rd. ☎ 276-497. À une centaine de mètres de Tha Phae Gate, dans le sens des voitures. Ouvert toute la journée et jusqu'à 22 h. Une institution à Chiang Mai. Resto populaire et simple servant une bonne cuisine du nord de la Thaïlande à prix très modérés. Large choix dont de nombreux currys tel le *kaeng kari kay* au poulet, légèrement relevé. Sympathique sélection d'insectes... Également une salle à l'étage, moins bruyante, ouverte seulement le soir.

Galare Food Center (Night Bazaar) – กาแลฟู้ดเซ็นเตอร์หน้าไนท์บาซ่าร์ (*plan C3, 47*) **:** Chang Khlan Rd. Ouvert tous les jours de 11 h à 23 h 30. C'est la partie restauration du Night Bazaar. Sans plus.

New Lamduan Faham – ร้านอาหารลำดวนฟ้าฮาม (*plan C1, 48*) **:** 352/22 Charoen Rat Rd (Faham Rd). ☎ 243-519. Sur la droite de la rue, en venant du pont Râma IX. Panneau indicateur sur le mur. Ouvert de 9 h à 15 h. Restaurant et terrasse au rez-de-chaussée d'une grande maison blanche. Célèbre pour sa recette secrète de *khao soi,* approuvée par le roi lui-même. Pas de chichis, que de l'authenticité.

Muslim Food – ร้านอาหารมุสลิม *(plan C3, 49) :* Chaoren Prathet Rd, Soi 1. En venant du pont Nawarat, s'engager dans la rue du Night Bazaar et prendre le premier *soi* sur la gauche ; c'est sur la gauche de la rue, un peu après la mosquée ; pas d'enseigne, juste un panneau. Ouvert de 8 h à 15 h. En plein dans le quartier de ces musulmans venus du Yunnan, dont on dit qu'ils importèrent le *khao soi,* ici particulièrement recommandé. D'autres préparations simples mais succulentes en vitrine : pointez-les du doigt !

Restaurant Tim Sum – ร้านอาหารคดิม ซัม *(plan B2, 51) :* immeuble vieillot de 3 étages au coin de Ratphakinai et Sri Phum (face nord de l'île). ☎ 610-249. Nom uniquement en thaï, repérer l'inscription « Tim Sum » sur le stand donnant sur la rue. Profitant de Chiang Mai pour faire un tour du monde culinaire à petit prix, il ne faudrait pas oublier ce sino-thaï squattant typiquement un rez-de-chaussée ouvert sur la rue. Drôles de tables carrelées et bancs « d'écolier » verdâtres. Des photos du pays au début du XXe siècle viennent se fondre dans plus d'une couche de peinture passée. Ici, grands-mères et jeunes couples sino-thaïs célèbrent quotidiennement la bouffe cantonaise populaire en sacrifiant aux *congees* (plat sucré ou salé à partir de porridge de riz) et, bien sûr, aux *dim sum.* D'autres préféreront un des très nombreux plats de nouilles ou différentes spécialités de la région, la carte en anglais est très éducative à ce sujet ! On y mange à toute heure, comme à celle du thé. Accueil encore timide même si l'on commence à s'habituer à la présence des longs-nez.

Prix moyens (de 100 à 200 Bts – 2 à 4 €)

Huen Phen – ร้านอาหารเฮือนเพ็ญ *(plan B3, 52) :* 112 Ratchamanka Rd. ☎ 814-548 pour le midi, ☎ 277-103 pour le dîner. Au centre de la vieille ville. Ouvert de 8 h 30 à 15 h, puis de 17 h à 22 h. Lieu idéal pour goûter aux spécialités de la région, aussi délicieuses qu'abordables. À midi, on mange comme à la cantine. Le soir, on déménage dans un espace intérieur plus formel et décoré de bric et de broc. Bon *khao soi* (bien sûr !) et *kaeng hua plii* (curry de fleurs de banane et d'herbes). Réserver en haute saison pour le dîner.

Fatty – ร้านอาหารแฟตตี้ที่ตลาดอนุสรณ์ *(plan C3, 53) :* situé sur l'Anusarn Market, marché qui donne dans Chang Khlan Rd, à deux pas du Night Bazaar. Facile à trouver, il y a un *Routard* peint sur la façade. Ouvert de 11 h à 2 h du matin. Un resto donnant sur la rue, plutôt populaire et bon enfant, avec ses tables et ses chaises *cheap* et dépareillées. Bons fruits de mer et délicieux poulet grillé au miel *kaiyang.* A tendance à se reposer sur ses lauriers depuis quelques années.

Arabia Restaurant – ร้านอาหารอาราเบีย *(plan C3, 54) :* Anusarn Market (quasi face au restaurant *Fatty*). ☎ 818-850. Cuisine indienne, arabe et pakistanaise dans ce petit établissement de quelques tables proprettes en salle, et quelques-unes en terrasse. Spécialités de viande (mouton, poulet *tikka*) et surtout un excellent canard laqué, un peu cher mais énorme et délicieux. Également quelques plats végétariens et thaïs classiques à la carte.

Franco-Thai *(plan A4, 62) :* 5 Thipanet Rd. ☎ 09-855-66-97. • francothai@hotmail.com • Derrière le consulat chinois, à 5 mn de l'angle sud-ouest des douves. Ouvert tous les jours sauf le lundi. Resto-bar niché dans l'enceinte de la maison d'Ann et de Cyril, un couple franco-thaï, justement... Grande terrasse sous un toit de bois et bambou à la locale. Petit bar avec fléchettes au fond. L'endroit table sur la bonne franquette sans pour autant oublier le sérieux puisque Cyril est du métier. Pari réussi, d'autant que les prix paraissent imbattables à ce niveau de copieux et de « goûtu » !

Jerusalem Falafel – เจรู ซาเร็มฟาลาเฟล *(plan B3, **56**) :* 35/3 Moon Muang Rd. ☎ 270-208. Ouvert de 9 h à 23 h. Fermé le vendredi. Ambassadeur d'une bonne cuisine du Moyen-Orient, bien servie et pas chère depuis déjà une dizaine d'années. *Pita, homous, falafel,* belles salades, *chawarma,* assortiment de *mezze* à se partager, fromage maison. Salle à l'intérieur, de taille parfaite. Chaleureux mais pas entassé. Trois petites tables sur la rue. Choix de petits déjeuners tip top.

Vangpla Restaurant – ร้านอาหารวังปลา *(hors plan par C4, **58**) :* 11 Moo, 2 Chang Khlan Rd. ☎ 275-961. Ouvert de 11 h à minuit. Attention, pas d'enseigne en alphabet latin, et d'ailleurs quasiment rien pour indiquer l'adresse ; on ne voit, de la route, qu'un mur de parpaings gris et ce qui ressemble à un parking ; à côté du *Tha-Nam Restaurant.* Spécialités de poisson. Goûter au *tom yam,* épicé à souhait et bien mitonné. Pas de carte en anglais. Demandez à voir le « nok kunthong », le héros de la maison, qui vous réserve quelques surprises. Un peu cher tout de même.

Un peu plus chic (plus de 200 Bts – 4 €)

Antique House 1 – บ้านโบราณฟ *(plan C3, **59**) :* 71 Charoen Prathet Rd. ☎ 276-810. Ouvert de 11 h à minuit. Belle demeure construite en 1870, en teck, par un riche homme d'affaires birman. Fine cuisine traditionnelle et légère, musique du pays chaque soir (jouée pour de vrai par d'authentiques musiciens). Essayez donc le *pla rai kang,* poisson farci frit, pas mauvais du tout. À l'intérieur, de petites salles non-fumeurs où teck lustré, tables basses et coussins créent une ambiance raffinée. Dehors, la terrasse est bien agréable, fleurie et assez profonde pour trouver à s'asseoir à l'écart de la rue. Également un balcon-terrasse à l'étage. Service dans le ton, délicat, voire indolent. Et, pour finir, une addition raisonnable. Ça roule, Raoul !

Heun Suntaree – ร้านอาหารเฮือนสุนทรีย์ *(plan C1, **60**) :* 46/1 Wang Sing Khan Rd. ☎ 252-445. Ouvert tous les soirs de 18 h à 23 h. Des tables au bord de l'eau, d'autres en mezzanine, où l'on mange par terre « à la thaïe », et certaines près de la scène, que Mme Suntaree, ex-chanteuse de variétés à succès, illumine chaque soir de sa voix cristalline en interprétant des chansons traditionnelles, accompagnées à la guitare. Bonne cuisine thaïe. Essayez l'assortiment de « hors-d'œuvre Muang », pour prendre la mesure de la cuisine, ou un *laab kua.* Parfois complet en fin de semaine.

Tha-Nam Restaurant – ร้านอาหารท่าน้ำ *(hors plan par C4, **61**) :* 43/3 Chang Khlan Rd. ☎ 275-125. À deux gros kilomètres du centre. Prendre un *tuk-tuk* pour y aller. Ouvert de 7 h à 23 h. Une vaste et superbe demeure en teck sur plusieurs niveaux, ouverte sur un jardin verdoyant et sur la rivière. Cuisine classique mais néanmoins raffinée et consistante. Musique le soir. Louent quelques très belles chambres avec sanitaires, à prix moyens.

Pum Pui – ร้านอาหารปุ้มปุ้ย *(plan B3, **63**) :* 24/1 Moon Muang Soi 2. ☎ 278-209. Avant *Top North GH,* sur la droite. L'italien de service. Grande maison de bois au fond d'une cour. Salle au premier, espace protégé sous les pilotis et grande terrasse avec parasols. Ça fait un bail que Franco gère sa petite affaire, pépère. Plats à partir de 100 Bts (2 €). On peut choisir sur une liste son type de pâtes, puis sa sauce. Pizzas, bien sûr, et viandes. Vin au verre et bonnes bouteilles. Goûteux à prix sympa.

Whole Earth Restaurant – ร้านอาหารโวลเอิร์ท *(plan C4, **64**)* : Sri Don Chai Rd. ☎ 282-463. À côté de l'hôtel *Chiang Mai Plaza.* Fort joli cadre de maison traditionnelle environnée de verdure, pour une cuisine végétarienne assez raffinée sans être chiche pour autant. Plats thaïs traditionnels non végétariens également. Prix tout à fait corrects compte tenu de la qualité du service, soigné, du cadre agréable et du plaisir gustatif. Réservation très conseillée.

Le Grand Lanna – ร้านอาหารเลอแกรนด์ลานนา *(hors plan par D3, **65**)* : 51/4 Chiang Mai-Sankampaeng Rd, Moo 1. ☎ 262-568. Un peu à l'est de la ville, en allant vers les fabriques d'artisanat, un gros kilomètre après la Super Highway Rd ; dans une ruelle qui part à droite, non loin d'un temple. Ouvert tous les jours, pas forcément très tard. Beau resto, installé dans plusieurs anciens greniers à riz, de petites constructions sur pilotis souvent rebâties pour servir de résidence secondaire aux citadins fortunés. Très bonne cuisine thaïe du Nord, et cadre fort agréable. Service classe. Très au calme. Prix assez élevés tout de même.

Kantoke dinner

Le *kantoke* est un plateau en bois (de teck dans le Nord, de bambou et rotin dans le Sud et l'Est) où est disposée une série de spécialités de la région : curry thaï, plats épicés, charcuterie de Chiang Mai, accompagnés de riz gluant. On s'asseyait autrefois autour du *kantoke* pour les grandes occasions : mariage, funérailles, naissance...
Mais c'est devenu tellement touristique qu'on ne vous recommande pas vraiment les *kantoke dinners,* par ailleurs relativement bon marché (de 180 à 300 Bts la soirée, soit 3,6 à 6 €). On n'indique donc pas d'adresse en particulier, car vous trouverez partout en ville des publicités et des accroches pour ces soirées-spectacles qui, à peu de chose près, se ressemblent toutes. Mais à notre avis, pour voir des danses traditionnelles et manger thaï, autant aller au *Galare Food Center,* sur le Night Bazaar.

Où boire un verre ? Où sortir ? Où écouter de la musique *live* ?

Si la vie nocturne est ici moins variée, moins explosive et débauchée qu'à Bangkok, Chiang Mai offre toutefois assez de possibilités pour ceux qui ne se couchent pas avec les poules. Les établissements sont généralement ouverts de 17 h à 2 h du mat', bien que certains bars jouent de discrètes prolongations au gré des contrôles et du versement de l'*argent du thé* – nom donné par les thaïs aux pots-de-vin.

The Riverside – เดอะริเวอร์ไซด์ *(plan C3, **80**)* : 9 Charoen Rat Rd. ☎ 243-239. C'est LE rendez-vous nocturne des routards de toutes nationalités depuis pas mal d'années. Beaucoup de monde d'une façon générale. Groupes de musiciens tous les soirs, de qualité inégale. Mais comme il y a deux scènes et donc deux ambiances, vous devriez y trouver votre compte. Le *Riverside* est le plus grand et le plus beau des cafés-concerts qui bordent la rivière Ping. Salles décorées dans un style *country*-moderne fait de bois et bambou. Terrasse ouverte surplombant la rivière. Clientèle jeune. Bière à la pression. Fait aussi restaurant, et même dîner-croisière très sympa, avec un bateau qui embarque les convives pour un tour sur la rivière (départ à 20 h). Il est conseillé de réserver sa table pendant la haute saison et le week-end. Si c'est complet, essayez le *Good View* juste à côté ou, un peu plus loin, la *Brasserie* (voir ci-dessous), dans un style différent.

Antique House River – บ้านโบราณริเวอร์ *(plan C4, **81**) :* Lamphum Rd. ☎ 240-270. Cadre assez différent de l'*Antique House 1* (voir « Où manger ? »), puisque nous sommes ici en terrasse sur la rivière, mais le décor est également harmonieux et de bon goût. Clientèle assez jeune et mélangée, Thaïs et touristes, petite formation musicale un peu rock ou jazz, accueil et service au poil. Une bonne adresse du soir ; on peut aussi y manger.

West-Side – บาร์เวสท์ไซด์ *(plan C1, **82**) :* 36 Wang Sing Khan Chang Moy. ☎ 234-431. Sur la rive ouest de la rivière, à 2 km du centre. Un peu comme le *Riverside,* mais fréquenté principalement par des Thaïs. Groupes de rock thaïs, souvent très bien, et qui tournent façon radio-crochet. Soirée dépaysante qui change des indécrottables rendez-vous de *farang*. Possibilité d'y manger. Pas cher et bon.

Brasserie – บ้านร่มริมน้ำ *(plan C2, **83**) :* 37 Charoen Rat Rd. ☎ 241-665. 500 m après le *Riverside* en venant du pont Nawarat. Atmosphère calme au bord de la rivière Ping, sur une terrasse toute simple ou « club-bar » à l'intérieur, avec *rhythm and blues* de qualité (concerts live) à partir de 22 h. Clientèle d'habitués thaïs ou *farangs.*

Kafe – กาแฟ *(plan B3, **84**) :* 127/9 Moon Muang Rd. ☎ 212-717. Ouvert de 9 h du matin à minuit. *Happy hours* de 17 h à 20 h. L'endroit pulse doucement mais sûrement. La clientèle est un mix inhabituel de Thaïs, d'expats et de voyageurs.

UN Irish Pub – ยูเอ็น ไอริช ผับ *(plan B3, **85**) :* 24 Ratwithi Rd. ☎ 214-554. Irlandais un peu ou beaucoup ? Peu importe, voici un superbe établissement fréquenté par une clientèle mélangée de Thaïs, *farangs* et voyageurs. Prix très raisonnables. Ces « Nations Unies » ont investi une grande maison rénovée. Au rez-de-chaussée, une salle et une cour où sont organisés des buffets le week-end. Au premier, ambiance détendue et cosy : bar, tables hautes et basses, écran géant pour les événements sportifs, fléchettes. Bières dont de bonnes pressions, on s'en serait douté... Carte thaïe et internationale si le ventre parvient à rester creux ! Musique live les jeudi (scène ouverte) et vendredi (groupes). En bonus, le petit balcon. Service nickel. *Happy hours* le vendredi de 18 h 30 à 20 h.

Bossy – บาร์บอสสิ **:** 406 Chiang Mai Land Rd. Une rue sur la droite de Chiang Klang Rd, avant le *Park Hotel,* en venant du centre. À ne pas confondre avec *Bossy 2000* sur la gauche. Quelques tables au rez-de-chaussée, des couleurs criardes, c'est un peu bruyant, mais c'est ici que ça bouge ! Musique et regards croisés entre les étages et la console du DJ. Ambiance jeune et décontractée.

Spicy *(plan B2, **87**) :* 82 Chai Ya Phum Rd. En face du marché Somphet. Ouvert à partir de 21 h. Resto-boîte à la déco un peu bâtarde. Fréquenté par les couche-tard puisque c'est le seul endroit aussi central à rester ouvert jusqu'au petit matin.

Entrée gratuite, consommations pas chères. Ambiance débridée, notamment le week-end. Clientèle pittoresque d'amateurs et de professionnel(le)s de la nuit.

À voir. À faire

Les temples et les musées

Tous les temples de la ville sont accessibles à vélo. Hmm ! Quelle chouette balade en perspective ! Il n'y a pas loin de 350 temples dans Chiang Mai ; quasi à tous les coins de rue. On vous signale les plus célèbres, sachant que, dans les plus modestes, on peut toujours goûter avec respect à la vivante quiétude d'un temple. Ne pas hésiter à entrer.
Rappel : ne pas oublier de se déchausser et de conserver une certaine retenue. On peut, à certaines périodes, suivre des cours de méditation, notamment au *Wat Ram Poeng*. Renseignez-vous à l'office de tourisme si vous êtes tenté. Cela ne peut pas faire de mal.

Wat Chiang Man – วัดเชียงมาน *(plan B2)* **:** Ratphakhinai Rd. Ouvert de 9 h à 17 h (normalement). Ensemble de temples dont les deux plus intéressants sont face à l'entrée (le grand) et à droite (plus petit). Le grand est le temple le plus ancien de la ville, fondé à la fin du XIIIe siècle. Façade élégante, tout en bois sculpté et charpente de bois à l'intérieur, typique du nord du pays. À côté du temple de droite, en cage, un bouddha de marbre qui aurait plus de 2 000 ans (on n'a pas vérifié)... Derrière le temple principal, beau *chedî* à dôme doré.

Wat Phra Sing – วัดพระสิงห์ *(plan A3)* **:** au bout de Ratchadamneon, au coin de Sing Harat Rd. Ouvert tous les jours de 8 h à 17 h. Fondé au XIVe siècle, c'est le plus important et le plus intéressant de la ville. Le temple principal arbore une belle façade classique, mais seul le temple du fond, plus petit et à gauche du principal, présente un véritable intérêt. Façade délicieusement sculptée et ornée de fresques du XVIIe siècle. Le clou de cette visite est le bouddha du VIIIe siècle qui arriva de Ceylan après de nombreuses vicissitudes.

Wat Chedî Luang – วัดเจดีย์หลว ง *(plan B3)* **:** Phra Pok Khlao Rd. Construit en 1391 sous le règne du roi Saen Muang Ma. D'effrayants *nâga* gardent l'entrée du temple où l'on découvre un *chedî,* haut de 85 m, qui date du XVe siècle, et qui abrita le bouddha d'Émeraude (celui de Bangkok). Remarquez la câblerie qui grimpe le long du *chedî* : c'est une petite télécabine à eau bénite permettant d'asperger le sommet de l'édifice, notamment à l'occasion de la fête de l'Eau.

Wat Bupparam – วัดบุพพาราม *(plan C3)* **:** 234 Tha Phae Gate. Surtout intéressant pour son *viharn* trois fois centenaire, tout en bois et sur lequel ont été collés des stucs à motifs floraux incrustés de miroirs de couleur.

Wat Chet Yod – วัดเจ็ดยอด *(plan A1)* **:** sur la Super Highway, au nord de la ville, côté gauche, quelques centaines de mètres avant le musée. Le vieux temple du XVe siècle qu'on vient voir est sis dans un environnement verdoyant, entouré d'autres petits temples, de *stûpa* et de logements pour les moines. On apprécie le calme de ce lieu. Pour une fois, voici un vieux temple qui n'a pas été rénové et c'est tant mieux. Il possède un vieux *chedî* à sept pointes qui symbolisent les sept semaines que Bouddha passa en Inde, avant son Illumination. Autour, quelques vestiges de bas-reliefs en stuc, assez abîmés, où l'on devine des bouddhas en position de méditation. Il y a toujours des bonzes et des enfants qui se baladent autour des temples et c'est agréable, même si l'entretien de la pelouse semble un peu négligé.

Wat U Mong – วัดอุโมงค์ *(hors plan par A3)* **:** complètement à l'ouest de la ville. Temple, ou plutôt *chedî* en plein milieu d'une forêt. Pas grand-chose à voir, mais une impression étrange émane de cet endroit. Sur de nombreux arbres, des proverbes thaïs un peu « ringards » sont traduits en anglais. Intéressant pour son parc animalier, ses grottes et son lac. C'est aussi un centre de spiritisme.

Wiang Kum Kam – เวียงกุมกาม *(hors plan par C4)* **:** à 5 km au sud-est de la ville. En bus, embarquer pour Pha Gluay Sarapee depuis Warorot Market et descendre à Wat Ku Khao. À bicyclette ou à moto, suivre la Highway 106 qui file vers Lamphun, bordée d'arbres gigantesques, passer sous la voie rapide et tourner à droite au niveau d'un *chedî* (repérer le panneau). Cet ensemble de vestiges archéologiques fut la première capitale du roi Mengrai. Balade agréable et intéressante dans un cadre campagnard. Carte disponible au TAT.

Le Musée national de Chiang Mai – พิพิธภัณฑ์สถานแห่งชาติเชียงใหม่ *(plan A1)* **:** au nord de la ville, à côté du Wat Chet Yod. Ouvert tous les jours de 9 h à 16 h, sauf Nouvel An et Songkran. Entrée : 30 Bts (0,6 €). Bel ensemble de bâtiments modernes mais inspirés par la tradition. Très belle collection d'objets sacrés et profanes, reflétant les différentes tendances de l'art thaï, avec une grande place laissée à l'art du Lan Na, le style du Nord influencé par les Shan (nez pointu, lobes allongés). Énorme et magnifique tête de Bouddha dans ce style. Puis, entre autres, rare empreinte de son pied, panneau de bois peint datant de 1794 et curieux fusils géants, longs de 2 m au moins et devant peser 30 kg (« Pourquoi sont-ils si grands ? » Réponse de notre guide : « Autrefois, les gens étaient plus grands aussi ! » avec un sérieux désarmant). Dans d'autres salles, objets, panneaux et maquettes illustrent l'économie et le style de vie des habitants de la région à travers les époques ; repérer les remarquables bateaux « scorpions » des commerçants chinois datant de l'époque pas si éloignée où la rivière était la principale voie commerciale du pays.

Les marchés

Warorot Market – ตลาดวโรรส *(plan C3)* **:** près de Foot Bridge, à l'angle de Chang Mai Rd et Witchayanon Rd. Tous les jours du matin jusqu'à la nuit. Énorme, coloré et odorant. On y trouve vraiment de tout. Vêtements, tissus, ustensiles divers, légumes frais, fleurs, gros tas de poissons et crevettes séchés... Il faut s'y promener avant d'aller au Night Bazaar, bien plus touristique, donc bien plus cher. On n'y rencontre pratiquement que des Thaïs qui font leurs courses. Au milieu d'un stand de poissons séchés, on a même trouvé de la fort belle porcelaine. On peut aussi y acheter des sortes de chemises en jean et sans col que portent les habitants de Chiang Mai, et quantité d'étoffes brodées. On peut bien évidemment y manger.

Night Bazaar – ไนท์บาซ่าร์ *(marché de nuit ; plan C3)* **:** sur Chang Khlan Rd, rue parallèle à Charoen Prathet Rd. Actif de 18 h à 23 h, même si quelques magasins « en dur » sont ouverts pendant la journée. Très touristique et donc un peu surfait. Stands colorés, restos en plein air (voir « Où manger ? ») ou encore spectacles de danse et de boxe thaïe gratuits (dans le *Galare Food Center*) qui rendent la sortie agréable. Sur les trottoirs, on trouve des souvenirs, chapeaux, et pas mal de contrefaçons. Quelques dealers et pickpockets aussi... Sur Tha Pae Gate, le dimanche après-midi et soir, de l'artisanat, du vrai, pas des copies de T-shirts !

Les autres distractions

– ***La boxe thaïe :*** au *Kawila Boxing Stadium (plan C-D3),* sur San Pakhoi Khong Sai. ☎ 09-265-74-43 (portable). Prendre la 2e rue à droite après le Nawarat Bridge, puis sur la gauche à la fourche. Entrée payante. En général un soir en fin de semaine, mais cela change. Il est impératif de se renseigner auprès du TAT si vous n'avez pas repéré d'affiches annonçant les matchs (où l'on peut lire « en accroche » : *Authentic Muay Thai, no exhibition !*). Et c'est vrai, là, c'est pas pour la galerie, ils se frappent vraiment comme des dingues. Très grosse ambiance avec paris et tout et tout. Sinon, des combats un peu bidon mais amusants (et gratuits) se déroulent au *Galare Food Center* du Night Bazaar (voir « Où manger ? ») et au *BBC (Bar Beer Center)* sur Moon Muang.

– ***Le marché du dimanche :*** Thanon Ratchadamneon et Phra Pok Lao (à l'intérieur des douves). À partir du milieu de l'après-midi et jusqu'à environ 22 h, des centaines de camelots (dont beaucoup d'amateurs) investissent ces deux rues. Éventail complet, joyeux et créatif, de tous les types d'artisanats, traditionnels ou branchés. Des musiciens, des peintres et parfois des saltimbanques. Beaucoup de stands de nourriture – entrer par exemple dans le premier temple sur la droite en venant de Moon Muang. Énormement de monde cheminant à la queue-leu-leu dans une ambiance bon enfant. Bien mieux que le Night Market.

– ***Le tiercé du dimanche :*** chaque dimanche vers 11 h, à l'hippodrome, Chotana Rd, km 1, passé la « Super Highway ». À côté du terrain de golf Lanna. Assez en dehors de la ville, vers le nord, sur la route de Mae Rim et des camps d'éléphants, de serpents... Spectacle dans les gradins où les joueurs échangent pognon et tuyaux dans une ambiance hystérique. Très amusant.

– ***Le zoo :*** au nord-ouest de la ville, pas loin de la résidence d'été du roi, sur la route de la montagne Doi Suthep. ☎ 211-179. Ouvert tous les jours de 8 h à 18 h. Entrée : 30 Bts (0,6 €). On n'aime pas les zoos, mais on doit avouer que celui-ci n'est pas mal conçu. Les 6 000 animaux sont ici un peu moins à l'étroit qu'ailleurs. À pied, prévoyez une grosse demi-journée. Les pressés le visitent en voiture, les motos sont malheureusement interdites. Plusieurs spectacles sont organisés, quelques attractions (petits bateaux, jeux pour enfants...).

– ***Apprendre à cuisiner thaï :*** les cours d'initiation au mystérieux art culinaire thaïlandais sont très en vogue en ce moment chez le touriste indépendant et curieux (c'est tout vous !). Prix : à partir de 700 Bts (14 €) la journée et 2 000 Bts (40 €) les 3 jours. Les cours ont lieu en général de 9 h à 16 h, par classe de 2 à 9 personnes (un maximum). Réservation obligatoire. Le tarif inclut un bouquin, une visite au marché et, *of course,* la nourriture et la boisson. Chez ***Thai Kitchen Cookery Centre*** *(plan B3),* 25 Moon Muang Rd, dans la vieille ville (☎ 219-896 ; • thaikitchen5@hotmail.com •), une charmante dame nous a appris à préparer le curry comme personne, dans une atmosphère bon enfant. Pour d'autres écoles, voir aussi « Où manger ? ».

– ***La méditation :*** certains temples (notamment le *Wat U Mong*, le dimanche à 15 h) organisent des séminaires de méditation, parfois ouverts aux touristes. Si vous avez du temps (mieux vaut en avoir pour envisager de méditer), renseignez-vous au TAT.

– ***L'escalade :*** *The Peak (plan C3)*, 28/2 Chang Kllan Rd (côté ouest). ☎ 820-777. • info@thepeakthailand.com • De l'escalade sur un mur artificiel de 15 m de haut répondant aux normes internationales, à deux pas du Night Bazaar ! Convient aussi bien aux débutants qu'aux experts ainsi qu'aux... spectateurs grâce à de nombreux bars et restaurants tout autour d'une *piazza* dédiée. Une heure pour 250 Bts (5 €) ; tarifs spéciaux enfants et membres. *The Peak* organise aussi des sorties sur de la vraie roche, dans la région de Sankampang.

Massages traditionnels

Apprendre...

Les écoles de massages traditionnels se multiplient à Chiang Mai. Partout, vous verrez des brochures vantant tel établissement ou technique. Trop de fois, l'argument majeur semble être le prix. Or apprendre à masser, ce n'est pas acheter un paquet de lessive. Faites le tour, interviewez des élèves, testez avant de plonger. Ici, nous n'en citerons qu'une, réputée pour son sérieux.

■ ***Old Medecine Hospital*** *(hors plan par A4) :* 238/8 Wuolai Rd. ☎ 201-663. • www.thaimassageschool.ac.th • Par une petite ruelle en face du *Old Chiang Mai Cultural Center.* Dans un immeuble moderne de 3 étages. Une des premières écoles à avoir monté un cours pour les étrangers. Certes, ce n'est pas un cours privé « un à un », l'enseignement se fait en classe, mais on est sûr d'y acquérir de bonnes bases. Beaucoup de profs, heureusement parce qu'il y a du monde. Deux sessions de deux semaines par mois. Cours du lundi au vendredi de 9 h à 16 h. Prix : 4 000 Bts (80 €) la session.

Laisser faire...

Là aussi, des salons partout. Prix minimum pour une heure : standard, 100 Bts (2 €) ; avec huile ou spécial (pied ou paume), 200 Bts (4 €).

■ ***Thai Massage Conservation Club*** – สมาคมนวดแผนโบราณ *:* 9 Ratdamri Rd. ☎ 406-017. Ouvert tous les jours de 8 h 30 à 21 h. Le centre le plus sérieux. Massages pratiqués par des filles aveugles (il paraît que ce sont les meilleures dans ce domaine) sortant toutes de l'école de Wat Pho à Bangkok (gage de qualité !). Notre préféré.

■ ***Chiang Mai Anatomy Thai Massage :*** 1 Changmoi Kao Rd (à côté de Tha Phae Gate). ☎ 251-407. Un autre endroit sérieux pour des massages aux plantes et au miel, cette fois.

■ ***Jatuporn Samoonrai Traditional Massage*** – จาตุพร สมุนไพร นวดแผนโบราณ *:* 146/1 Ratchiangsaen Rd. ☎ 07-188-05-04 (portable). Ouvert de 9 h à 22 h. Très bons massages traditionnels, à l'huile ou aux herbes si l'on veut, *foot massage*... Les deux patronnes dispensent également des cours excellents. Assez bon marché.

Achats

Tout le monde sait que Chiang Mai est le grand centre de production artisanale de la Thaïlande. Environ 90 % de tout l'artisanat que vous verrez ailleurs est réalisé ici. Bref, c'est sans doute ici que vous trouverez le plus grand choix. Une grande partie de la production est réalisée dans de grands ateliers ou de petites usines situés à quelques kilomètres à l'est de Chiang Mai, sur la route qui traverse les villages de ***Borsang*** et ***Sankampaeng.*** Les premiers ateliers sont à 3-4 km de la ville et les derniers à environ 12 km. Mais les boutiques ressemblent plus à des centres commerciaux qu'à des masures en bambou. Reste qu'on y découvre les techniques de fabrication de la soie, de la laque, etc. Attention : la plupart des ateliers sont fermés le dimanche (mais pas les boutiques, dont les vendeurs sont par ailleurs un peu collants).
À faire à vélo (mais attention à la circulation), à moto, en bus (départ toutes les 20 mn de 8 h à 18 h de Chang Puak Bus Station), ou en louant les services d'un taxi ou d'un *tuk-tuk.* On s'arrête ainsi où l'on veut et quand on veut, à moins que le chauffeur ne prenne le pouvoir et ne trouve tout un tas de bonnes raisons pour vous conduire là où il touchera une meilleure commission.
Voici quelques-uns des ateliers qu'on a bien aimés, classés du plus proche au plus éloigné de Chiang Mai. Il y en a beaucoup d'autres. À vous de faire votre choix.

- ***U Pienkusol et Kinaree Thai Silk*** – ยู.เพียรกุศลและกินรีไทยซิลค์ *:* sur la droite, à 3 ou 4 km de Chiang Mai. Pour la soie.
- ***Lanna Thai Silverware*** – ล้านนาไทยเครื่องเงิน *:* sur la gauche. Fabrication de bijoux. Sans plus.
- ***Bombix*** – ร้านผ้าไหมบอมบิกซ *:* autre soierie. Visite guidée en français.
- ***Laitong Laquerware*** – ร้านเครื่องเขินลายทอง *:* sur la droite, une fabrique d'objets en teck ou en bambou laqués, décorés de feuille d'or ou de coquille d'œuf.
- ***Gems Gallery International*** – ร้านเพชรเจ็มส์แกเลอริอินเตอร์เนชั่นแนล *:* sur la droite. Ouvert de 8 h à 17 h. Ami routard, tenez-vous bien, c'est la plus grande bijouterie de Thaïlande. Autant dire qu'elle a la taille d'un hypermarché...
- ***Sudaluck*** – สุดาลักษณ์ *:* sur la gauche. Un véritable Conforama asiatique. On y trouve tout, du mobilier de jardin au lit à baldaquin !
- ***À Borsang*** – บ่อสร้าง (petit village) *:* à l'angle d'une grande route qui part sur la gauche, tout un quartier est consacré à la décoration d'ombrelles. Notre préféré ! Cette fabrication traditionnelle remonte à deux siècles au moins, lors du passage d'un moine qui, ayant cassé son ombrelle, aurait demandé à un paysan de la lui réparer. Après avoir satisfait le moine, le paysan aurait appris à tout le village la technique qu'il avait improvisée. Manifestement, c'est une réussite, tout le monde s'y est mis.
- ***Siam Celadon*** – สยามศิลาดล *:* un peu plus loin encore, toujours sur la gauche. Visite tous les jours de 8 h 30 à 17 h 30. Les céladons sont des poteries de couleur verte, dont la technique de fabrication fut inventée en Chine, il y a plus de 2 000 ans !
- Et puis, ne pas oublier le ***Night Bazaar,*** dans le centre-ville et, encore dans le centre, les nombreux tailleurs qui, pour une poignée de bahts, pourront vous couper n'importe quel modèle.

Fêtes

– ***Festival des Ombrelles :*** le 3e week-end de janvier, dans le petit village artisanal de Borsang (à 8 km environ à l'est de Chiang Mai). Les artisans y présentent et vendent leur collection d'ombrelles de l'année, élection d'une Miss Ombrelle... Un vrai festival de couleurs.
– ***Carnaval des Fleurs :*** chaque année, début février, époque à laquelle on en trouve la plus grande variété.
– ***Festival des Eaux :*** entre le 13 et le 15 avril à Chiang Mai. Très amusant, c'est le Nouvel An *(Songkran)* bouddhique, souhaité à coups de seaux d'eau... À ne pas rater. Une des fêtes les plus sympas, surtout à Chiang Mai. À propos du Nouvel An, il faut savoir qu'outre le leur, les Thaïs fêtent également le nôtre et celui des Chinois.
– ***Loi Kraton :*** célèbre fête qui a lieu à la pleine lune de novembre. Défilé de chars. Multitude de petites bougies sur le fleuve. Les habitants exorcisent leurs fautes. Vu le nombre de bougies qui flottent, ils ont dû beaucoup pécher !
– ***Winter Fair :*** grande foire fin décembre - début janvier. Animation folle pendant une dizaine de jours, concentrée autour du parking du City Hall. Plein d'attractions, dont l'élection de Miss Chiang Mai, qui n'est pas celle qui déclenche le moins de passion.

➤ DANS LES ENVIRONS DE CHIANG MAI

Excursion à la journée

Voici une chouette balade d'une journée (ou d'une demi-journée si vous êtes pressé) à effectuer à moto ou éventuellement en louant un *songthaew* à plusieurs. À vélo, c'est impossible et en bus, c'est trop galère... Cela permet de découvrir la campagne, même si les *resorts* poussent comme des champignons dans cette région en pleine expansion touristique. Le circuit, qui emprunte la route du Nord puis oblique vers l'ouest, passe par plusieurs « fermes » d'orchidées et de serpents et de nombreux « centres d'entraînement d'éléphants ». On ne les indique pas tous, évidemment. Sortir de Chiang Mai par la Chuang Phuak Gate (la route du Nord), en direction de Fang. On passe devant le golf, l'hippodrome et une immense base militaire (à cause du Myanmar voisin, l'ex-Birmanie, dont on se méfie toujours en Thaïlande). À environ 16 km, vous traverserez le village de Mae Rim, où vous aurez tout intérêt à vous arrêter pour déjeuner. Les restaurants y sont bien moins chers que ceux des différentes « fermes ». On vous recommande le premier sur la droite (panneau en thaï), à côté du poste de police. Cuisine ouverte, gros bancs en bois, excellente soupe de nouilles et prix dérisoires. À la sortie de Mae Rim, prendre la route sur la gauche. Un vaste panneau indique « Mae Sa Butterfly Farm ; Mae Sa Waterfalls ; Mae Sa Elephant Camp... ».

Tribal Museum – พิพิธภัณฑ์ทริบาล (ทางไปแม่ริม) **:** au nord-ouest du Musée national, à 6 km environ de Chiang Mai, sur la gauche de la Highway 107 qui mène à Mae Rim. ☎ 210-872. Accessible facilement à vélo ou à moto. En *tuk-tuk,* compter 50 Bts (1 €). Ouvert du lundi au vendredi de 9 h à 16 h. Entrée gratuite. Le musée est installé dans les beaux jardins royaux de Suang, à l'abri d'une construction récente de style traditionnel ressemblant à un *chedî.*

Sur 3 niveaux, intéressante présentation des principales tribus montagnardes, à l'aide de mannequins costumés, d'outils divers et d'artisanat, comme dans un écomusée. Petits panneaux de propagande sur les bonnes actions du gouvernement envers les tribus (écoles, soins médicaux, etc.). Diaporamas payants disponibles en français.

☞ ***Mae Sa Butterfly and Orchids Farm (Sainamphung Orchids and Butterfly Nursery) –*** ฟาร์มผีเสื้อแม่สาและสวนกล้วยไม้สายน้ำผึ้ง ***:*** situé à un peu plus de 4 km au-delà de l'embranchement après Mae Rin, sur la gauche. ☎ 298-605. Ouvert tous les jours de 8 h à 17 h. Entrée à prix modique. Les orchidées sont des plantes épiphytes, vivant sur un support végétal ou minéral, sans le parasiter. La plupart des dizaines de milliers d'espèces poussent sans terre. Ici, petit parcours entre verdure et orchidées (peu de variétés). Également une volière à papillons (à la saison des pluies), quelques chats siamois, chiens thaïs et volatiles en cage. Bref, une petite visite pas extraordinaire mais pas désagréable. Bar-restaurant à l'intérieur, et boutique de souvenirs. Possibilité d'acheter des orchidées en bouteille qui, selon certains lecteurs, tiendraient assez bien en France.

☞☞ ***Mae Sa Snake Farm –*** ฟาร์มงูแม่สา ***:*** après la ferme des Orchidées, reprendre la route principale. 300 m plus loin, sur la droite. ☎ 860-719. Entrée chère : 200 Bts (4 €). S'arranger pour assister à l'un des shows impressionnants à 11 h 30, 14 h 15 ou 15 h 30. Nombreuses vitrines où évoluent des dizaines de serpents qui mordent, étouffent et empoisonnent tous ceux qui ne sont pas sages. La meilleure attraction est le « Cobra Show » de 20 mn, pas mal fait du tout et carrément terrifiant pour qui a peur des serpents. Phobiques, s'abstenir.

☞☞ ***Mae Sa Waterfalls –*** น้ำตกแม่สา ***:*** environ 3 km plus loin, sur la gauche. Entrée : 200 Bts (4 €). Un réseau de chemins mène à un petit chapelet de cascades pas palpitantes. Il y en a sept et pas une pour relever l'autre. Pas mal de monde en fin de semaine. Un chouette arrêt pour déjeuner. Sur le parking, nombreux petits restos. Cuisses de poulet grillées, soupes...

☞☞ 👪 ***Mae Sa Elephant Camp –*** ปาง ช้างแม่สา ***:*** en reprenant la route principale, 4 km après les Mae Sa Waterfalls, sur la gauche. Ou bien depuis la gare routière de Chang Puak à Chiang Mai, un départ toutes les 20 mn en direction de Fang, tous les jours de 5 h 30 à 17 h 30. ☎ 297-060. Entrée payante (pas chère). Quatre shows dans la matinée, de 8 h à 10 h 30. Durée : 40 mn. Démonstration (essentiellement le matin) de ce que peut faire un éléphant avec sa trompe, danse des éléphants, partie de foot... Un peu le cirque mais rudement bien fait, les enfants adorent (les éléphants aussi, semble-t-il). Un panneau – qui nous a fait rire – précise de ne pas tenir banane et appareil photo dans la même main. Cela dit, le conseil est judicieux.

☞ ***Le lac artificiel de Huay Tung Tao –*** ห้วยตึงเฒ่า *(hors plan par A2)* ***:*** à 15 km au nord-ouest de la ville. Ouvert de 7 h à 19 h. Entrée : 20 Bts (0,4 €). On s'y baigne (mais en short et T-shirt, à la mode locale), on fait du pédalo, du canoë, voire de la planche à voile.

Vers le nord-ouest

☞ ***La montagne Suthep et le Wat Doi Suthep –*** ดอยสุเทพและวัดพระบรมธาตุดอยสุเทพ ***:*** le Suthep, montagne culminant à 1 000 m d'altitude, s'élève à une vingtaine de kilomètres au nord-ouest de Chiang Mai. Prendre la route du zoo devant lequel des *songthaews* attendent les passagers ; prix du trajet : 30 Bts (0,6 €) par personne. Sinon, balade agréable et facile à moto. Tenue correcte exigée. Presque au sommet, on trouve un temple bouddhique qui dresse fièrement son grand *chedî* avec reliques de Bouddha. Panorama superbe sur la plaine. Fait assez rare, il est habité par des bonzesses tout en blanc (à ne pas confondre avec les gonzesses, plaisantait notre guide, ah ah !).

***Phuping Palace* – พระตำหนักภูพิงค์ราชนิเวศน์ :** à quelques kilomètres du temple de Doi Suthep. C'est la résidence d'hiver du roi. En réalité, il y met rarement les pieds. On peut jeter un petit coup d'œil aux jardins, ouverts à la visite seulement les vendredi, samedi et dimanche (sauf quand le roi est là).

***Doi Puy National Park* – อุทยานแห่งชาติดอยปุย :** tout ce secteur fait partie d'un parc national protégé. Pour les voyageurs au long cours, nombreuses balades possibles. Se renseigner sur place.

Vers le nord

***Elephant Training Center Chiang Dao* – ศูนย์ฝึกช้างเชียงดาว :** à 50 km environ de Chiang Mai, sur la route de Fang, donc de Chiang Dao, fléché à droite. Entrée à prix modique, mais promenade payante assez chère. Shows à 9 h et 10 h. Environnement plus « junglesque » (il y a même un pont de singe) que les autres camps du coin, spectacle plus axé sur le travail et moins « cirque », et balade agréable sur la rivière.

***Chiang Dao Caves* – ถ้ำเชียงดาว :** à environ 75 km au nord de Chiang Mai, sur la route de Fang (à mi-chemin environ). Ouvert tous les jours de 7 h à 17 h. On peut très bien y aller en bus, surtout pour ceux qui poursuivent leur route vers Thaton après. D'autres préféreront y aller à moto et revenir sur Chiang Mai. En bus, descendre à l'embranchement des grottes (dans le village de Chiang Dao), sur la gauche. Elles se trouvent à 5 km de la route principale. Des motos-taxis sont là pour vous y conduire. Petit droit d'entrée (10 Bts, soit 0,2 €), mais obligation de louer les services d'un guide muni d'une lampe à pétrole (100 Bts, soit 2 €, par groupe de 8 personnes maximum). Grottes accessibles tous les jours de 7 h à 17 h. Bel ensemble de grottes qui se faufilent sur plusieurs kilomètres dans la montagne de la « Ville de l'Étoile » (*Doi Chiang Dao* en thaï), le troisième sommet du pays. Plusieurs bouddhas dans les premières grottes (éclairées), puis des galeries qui partent dans tous les sens avec force stalactites (et stalagmites). La légende raconte que la grotte fut découverte par un roi chasseur qui poursuivait une biche d'une rare beauté. Les deux ne sont jamais ressortis de la grotte, mais, à notre connaissance, aucun touriste ne les a encore rejoints. Une sacrée aventure quand même. Chiang Dao est par ailleurs un lieu de pèlerinage important pour les Thaïs. Quelques vestiges y furent retrouvés et un temple s'est implanté devant. Ne manquez pas de nourrir les poissons du bassin. Pour votre propre estomac, vous trouverez ici de nombreux restaurants locaux, corrects et bon marché, comme partout.

Où dormir dans les environs ?

***Malee's Nature Lovers Bungalows* – มาลีบังกะโล :** sur la même route que les grottes mais un peu plus loin, juste avant l'entrée de la réserve ornithologique. ☎ 456-508. • maleenature@hotmail.com • Six bungalows en bois, saupoudrés dans un jardin luxuriant et un dortoir. Possibilité de camper. Eau chaude. Malee, la patronne, est absolument adorable et met à votre disposition de nombreuses cartes et informations sur les possibilités de balades aux alentours. Le soir, elle prépare le dîner pour tout le monde, et on discute nature et oiseaux dans ce repère d'ornithologues en tout genre !

Vers le sud

Lamphun – ลำพูน : à 25 km environ au sud de Chiang Mai. Sympa en excursion à la demi-journée ou pour y faire étape (c'est l'ancienne route, plus agréable) sur la route de Chomthong et du Doi Inthanon.
Lamphun est l'ancienne capitale du petit royaume môn d'Hariphuncha, qui parvint à conserver son indépendance entre les VIIIe et XIIIe siècles. Le centre-ville est de forme ovoïde, souligné par les anciennes douves. En plein milieu, Wat Phrathat Hariphunchai est le plus beau temple de la région : de splendides peintures y représentent les diverses étapes de la vie de Bouddha, une ombrelle en or massif est posée sur un stûpa impressionnant et un pavillon de pierre abrite un des plus gros gongs suspendus du monde. Les moines le frappent chaque jour, à 6 h et à 18 h ; vous pouvez en faire de même à toute heure en formant un vœu. C'est la tradition en Thaïlande ! En face, de l'autre côté de la rue, le *Musée national Haripunchai* permet d'en savoir plus sur les vieux royaumes de la région (fermé les lundi et mardi ; entrée 30 Bts, soit 0,6 €). Vers l'ouest, à un petit kilomètre, un stûpa très particulier de base carrée et d'origine sri lankaise, le *Wat Chamma Thewi,* s'orne de trois bouddhas sur chacune des faces de ses 5 niveaux. Pour ceux qui ont du temps, se promener aussi sous les halles du marché *Mondok,* très bien achalandé. On y trouve quelques stands où la nourriture est aussi délicieuse de simplicité que ridicule de prix. Le soir, se diriger vers la rivière où une promenade est en cours d'aménagement.

Arriver – Quitter

➢ En *songthaew* bleu, depuis le pont Narawat. Sinon, en bus depuis la gare Chang Puak. Départs toutes les 15 mn environ. Compter 45 mn de trajet. Facile aussi à moto : depuis le pont Nawarat, suivre la route bordée d'arbres gigantesques *(hors plan par C4)* qui passe par *Wiang Kum Kam* (voir « À voir. À faire. Les temples et les musées »).

Où dormir ?

Supamit Holiday Inn* – อาคาร ศุภมิตรธุรกิจ *: en face du *Wat Chamma Thewi.* Imposante bâtisse blanche de 3 étages. Anglais parlé à la réception. Chambres de type hôtel standard, carrelées et propres. Ventilo ou clim' de 250 à 400 Bts (5 à 8 €). Pas mal pour ceux qui font étape.

À voir

Le temple de Lampang, Wat Phra That Lampang Luang* – วัดลำปาง วัดพระธาตุลำปางหลวง *: attention, bien que connu comme temple de Lampang, il se trouve tout de même à 20 km de cette ville. De Chiang Mai, ne pas

aller jusqu'à Lampang, prendre à droite 12 km avant (indiqué) puis parcourir les 5 derniers kilomètres. Incontestablement, l'un des plus beaux temples thaïlandais.
Ceint d'une antique muraille (une forteresse existait ici dès le VIIIe siècle) et surélevé, on y accède par un escalier monumental, bordé de *nâga.* L'ancienneté des bâtiments (du XVe siècle pour la plupart), leur facture, le cadre tranquille et l'architecture typique du nord de la Thaïlande, avec ses toitures basses et étagées, ses élévations, tout concourt à l'harmonie générale. Le grand *chedî* abrite un cheveu de l'Éveillé. Belle teinte cuivrée (le *chedî,* pas le cheveu !).

Vers le sud-ouest

Mae Klang Falls* – น้ำตกแม่กลาง :** à environ 60 km au sud-ouest de Chiang Mai. Belle cascade, surtout à la saison des pluies. Pour y aller, prendre un bus à la Chiang Mai Gate, au coin de Wualai Road, mais c'est un peu galère. À côté des cascades, la petite ville de ***Chom Thong. À l'entrée de celle-ci, temple avec *chedî* doré. (Pour plus de détails, voir plus loin « De Mae Sariang à Chiang Mai ».)

Si vous faites ce circuit à moto, vous pourrez pousser jusqu'au ***Doi Inthanon*** – ดอยอินทนนท์ (110 km de Chiang Mai), le plus haut sommet du pays (2 590 m). Des bus directs partent de Chiang Mai Gate au sud de la vieille ville. (Pour plus de détails, voir plus loin « De Mae Sariang à Chiang Mai ».)

CHIANG MAI

QUITTER CHIANG MAI

En train pour Bangkok

***Gare ferroviaire* – สถานีรถไฟ** *(plan D3)* **:** 27 Charoen Muang Rd. ☎ 247-462. Chiang Mai est le terminus nord de la ligne venant de Bangkok. En route pour la capitale, arrêt possible entre autres à Phitsanulok, Lopburi et Ayutthaya. 7 départs entre 6 h 55 et 21 h 50. Entre 12 et 14 h de trajet. Mieux vaut s'y prendre plus d'un jour à l'avance pour la réservation. Prix : de 161 à 611 Bts (3 à 12 €) le siège ; de 421 à 761 Bts (8,4 à 15 €) la couchette en 2e (très bien) ou 3e classe ; rajouter encore 50 % pour la 1re classe.

En bus gouvernemental

Départs depuis l'Arcade Bus Station *(plan D1),* sauf mention contraire.
➢ ***Pour Bangkok*** (720 km) **:** en bus AC ou non AC, environ 20 départs par jour de 6 h 30 du mat' à 21 h. Durée du trajet : 10 à 11 h. Prix : de 314 à 625 Bts (6,3 à 12,5 €).
➢ ***Pour Chiang Rai*** (194 km) **:** 11 départs quotidiens de 6 h à 17 h 30. Durée : 4 h. Prix : ventilo, 77 Bts (1,5 €) ; 1re classe, 139 Bts (2,8 €) ; VIP, 225 Bts (4,5 €).
➢ ***Pour Mae Hong Son*** (par Mae Sariang, 369 km) **:** 5 liaisons quotidiennes de 6 h 30 à 21 h, dont 2 bus 1re classe. Durée : 8 h. Prix : de 145 à 216 Bts (2,9 à 4,3 €).
➢ ***Pour Mae Hong Son*** (par Pai, itinéraire plus sympathique, 250 km) **:** 4 bus non AC par jour de 7 h à 12 h 30. Durée : 7 h. Prix : 105 Bts (2,1 €).

➢ ***Pour Fang*** (Chang Puak Bus Station ; *plan B2*) **:** bus toutes les 30 mn de 5 h 30 à 19 h 30. 150 km. Durée : 3 h. Prix : 60 Bts (1,2 €).
➢ ***Pour Thaton*** (Chang Puak Bus Station ; *plan B2*) **:** 6 départs quotidiens de 6 h à 15 h 30. Durée : 4 h. Pour l'excursion sur la rivière Kok, prendre celui de 7 h 20. Prix : 70 Bts (1,4 €).
➢ ***Pour Lamphun*** (Chang Puak Bus Station ; *plan B2*) **:** bus toutes les 10 mn de 6 h à 18 h. Compter 1 h de trajet. Prix : 12 Bts (0,25 €).
➢ ***Pour Sukhothai*** (373 km) : 11 bus AC de 6 h du mat' à 19 h 30. Durée : 6 h. Prix : 177 Bts (3,5 €).
➢ ***Pour Phitsanulok :*** bus 1re classe à 8 h et 9 h 45 du matin. Durée : 6 h. Prix : 216 Bts (4,3 €).
➢ ***Pour Chiang Khong*** (frontière laotienne, 337 km) **:** bus AC à 8 h et 13 h. Durée : 6 h. Prix : de 121 à 218 Bts (2,4 à 4,4 €).

En bus VIP privé

Ces bus desservent surtout Bangkok et Chiang Rai. Confortables, car peu de passagers : leurs sièges s'allongent, tout comme le prix des billets évidemment. La plupart des agences se trouvent sur Anusarn Market, d'où les bus partent. Acheter ses billets sur place ou dans les *guesthouses* moyennant une petite commission. Il y a environ 5 départs quotidiens pour Bangkok, entre 7 h et 21 h. Pour Chiang Rai, on peut très bien se contenter d'un bus traditionnel. Une compagnie parmi des dizaines : *Tangit,* à l'Anusarn Market.

En avion

➢ ***Pour Bangkok :*** selon la saison, une dizaine de liaisons par jour au moins, entre 7 h et 20 h. De 1 500 à 2 170 Bts (30 à 43,4 €).
➢ ***Pour Mae Hong Son :*** 3 liaisons, entre 10 h et 15 h 30. Prix : 765 Bts (15,3 €).
➢ ***Pour Phuket :*** 1 vol par jour. Durée de vol : environ 2 h. Départ en fin de matinée.
➢ ***Pour Phitsanulok :*** 1 liaison quotidienne. Horaire variable selon les jours.
➢ ***Pour Sukhothai :*** escale du vol quotidien pour Bangkok par la *Bangkok Airways.* Prix : 940 Bts (18,8 €).
➢ ***Également des vols pour Vientiane*** (Laos), 2 fois par semaine avec *Lao Aviation* ; ***Singapour,*** 3 fois par semaine avec *Silk Air* ; ***Jinghong*** (Chine), 3 fois par semaine.

TREKS CHEZ LES ETHNIES MONTAGNARDES

Chiang Mai est le grand point de départ des treks (en français : randonnées à pied) dans les montagnes environnantes. L'intérêt principal de ces excursions est la découverte des villages et du paysage, qui sont superbes, et la rencontre avec l'habitant, qu'il soit *akha, karen, lisu, lahu* ou *yao* (une vingtaine d'ethnies en tout). Mais du trek originel, aventureux et authentique, à l'industrie touristique qui s'est développée aujourd'hui, la différence est grande. Voici quelques éléments et conseils qui vous permettront de mieux comprendre ce qu'est le trek, et comment éviter les déconvenues et autres mauvaises surprises.

LE TREK AUJOURD'HUI

Aujourd'hui, Chiang Mai compte plus de 100 agences qui organisent des treks, dont une quarantaine labellisées par le gouvernement (on ne sait pas ce que vaut ce label, mais il est certain en revanche que l'agence sans véritables moyens ni structure ne peut pas l'obtenir). Comme il y a foule d'agences et foule de trekkeurs, fatalement, tous les groupes se retrouvent sur les mêmes sentiers et dans les mêmes villages. Il existe cependant des régions moins visitées que d'autres, renseignez-vous, mais aucune n'est vierge.
Le trekking tel qu'on le pratique aujourd'hui en Thaïlande est d'une durée moyenne de 2 à 3 nuits. Il cumule en général la marche en terrain accidenté, de difficulté modérée (les montagnes du Nord thaïlandais ne dépassant pas les 2 500 m), la virée à dos d'éléphant et la descente de rivière en raft ou radeau de bambou. La visite de 2 ou 3 ethnies est bien sûr au programme. Allez, 10 ethnies, le tour en éléphant et un coup d'*hydrospeed* en un jour, et pas cher avec ça ! Et il existe même maintenant des treks « spécial 3e âge », au parcours extra-plat, sans effort. Mais trek tout de même !

QUELQUES ÉLÉMENTS SUR LES CULTURES MONTAGNARDES

Sur le plan culturel, ces sociétés distinctes et longtemps isolées des basses terres ont conservé, malgré le tourisme et la siamisation, des traditions d'une grande originalité, et cette seule dimension suffit largement à justifier la visite.
Ces ethnies sont issues de trois grands groupes linguistiques : le ***groupe sino-tibétain*** (sous-groupes tibéto-karen et tibéto-birman), qui inclut les ethnies *karen, lisu, lahu* et *akha* ; le ***groupe austro-thaï*** (sous-groupe *miao-yao*), qui inclut les ethnies *hmong* et *mien* ; et le ***groupe austro-asiatique*** (sous-groupe *môn-khmer*), incluant les ethnies *htin, khamu, lawa* et *mlabri.* Ce qui nous fait dix groupes ethniques principaux. En réalité, on pourrait en dénombrer davantage, une vingtaine en tout, mais ça deviendrait compliqué.
Tous ces groupes sont traditionnellement de religion animiste, c'est-à-dire qu'ils rendent un culte aux esprits des choses, des éléments et, en particulier, des parents défunts. Tous ont une structure sociale centrée sur le lignage et parfois le clan ; et la maisonnée est l'unité économique de base. Leur organisation politique n'excède généralement pas les limites de la famille élargie, et toute décision impliquant plusieurs lignages, voire plusieurs villages, se prend en discutant entre chefs de lignage mâle.
Les groupes ethniques sont très dispersés sur le territoire. Ce qui a pour agréable conséquence qu'il est facile de visiter plusieurs villages d'ethnies différentes au cours d'un même trek.
Voyons quelques détails sur chacun des groupes.

Les Karen, Lahu, Akha et Lisu

Ces quatre ethnies comptent respectivement pour 50 %, 11 %, 6 % et 4 % de la population montagnarde du pays.
– ***Les Karen*** (prononcer « Karène », *Kariang* en thaï) **:** ce sont les plus anciens à s'être implantés en territoire thaïlandais. Il y a près de 300 ans, ils sont venus des hautes terres de Birmanie, où réside toujours le plus gros de cette population. C'est donc le long de cette frontière qu'on trouve le plus grand nombre de villages karen, et là aussi que certains de leurs habitants

militent pour la création d'un État karen qui serait à cheval sur la Thaïlande et le Myanmar (mais principalement sur le Myanmar). Il faut noter que la répression, côté Myanmar, est terrible envers ces indépendantistes. Réfugiés politiques en Thaïlande, ils ont été « parqués » dans des villages militarisés où leurs conditions de vie, si elles ne sont pas enviables, sont toutefois incomparablement meilleures que celles vécues au Myanmar. Ils sont divisés en quatre sous-groupes : les *Saw Karen* ou *Karen blancs* ; les *Pwo Karen* ou *Plong* ; les *Taungthu* ou *Karen noirs* ; et les *Kayah* ou *Karen rouges.* Bref, un véritable arc-en-ciel.
Arrivés les premiers en Thaïlande, ils ont pu occuper des terres à une altitude relativement faible (autour de 500 m), près des villages thaïs, et ont ainsi subi une importante influence culturelle. Leur agriculture est sédentarisée et centrée sur la riziculture inondée.
Ils élèvent également des animaux domestiques : poulets, porcs, buffles et éléphants, dont ils sont d'excellents dresseurs. Les poulets sont en général sacrifiés lors des cérémonies. Les *Karen* sont, pour partie, de croyance animiste. Le divorce et l'adultère sont rares, mais si ce dernier arrive, un sacrifice doit être pratiqué pour apaiser les esprits. Il existe aussi beaucoup de chrétiens. Évangélisés au XIXe siècle par deux pasteurs américains, les *Karen* chrétiens respectent une morale profondément imprégnée de principes puritains : ni alcool ni drogue. Bref, ça ne rigole pas ! Il y a aussi pas mal de bouddhistes.
Dans certaines tribus des *Karen,* on trouve des ***femmes-girafes*** (*Padong* ou *Kayan* en thaï) qui font partie du groupe des *Karen.* Ces tribus (8 000 personnes environ) vivent principalement dans la région de Mae Hong Son. À l'image des montagnards, ces femmes ont les muscles des épaules atrophiés par les nombreux anneaux qu'elles portent autour du cou. L'origine de cette coutume est assez discutée : pour les uns, les anneaux auraient d'abord servi à se protéger des griffes du tigre, pour d'autres, c'est un privilège réservé aux femmes nées pendant la pleine lune, enfin on entend dire aussi que ces anneaux représentent et concentrent l'esprit de la tribu... Allez savoir. Toujours est-il qu'aujourd'hui les *Padong* vivent dans des conditions assez dégradantes. Le côté « zoo humain » choque vraiment, davantage que pour les autres tribus. On y revient plus loin (chapitre « Mae Hong Son »).

– ***Les Lahu*** (ou *Musoe* en thaï) **:** d'origine sino-tibétaine, on en dénombre environ 61 000 en Thaïlande, qui sont installés le long de la frontière birmane, au nord de Chiang Mai et de Chiang Rai. On compte de nombreux sous-groupes, notamment les *Lahu Nyi* (Lahu rouges) et les *Lahu Na* (Lahu noirs). Leurs villages sont petits, dispersés et situés en altitude (environ 1 000 m), donc à l'écart des lieux de résidence thaïs. Mais leur isolement ne les empêche pas d'avoir le sens de la fête : au Nouvel An, les animations sont nombreuses.
Ils cultivent l'opium en plus du riz et du maïs, et en tirent une grande source de revenus. Les *Lahu* sont également éleveurs et surtout chasseurs. Leur arbalète est toujours prête à servir. Animistes, ils croient aux esprits, ont des sorciers, et accordent une place importante à leurs ancêtres.

– ***Les Akha*** (*Ikaw* en thaï) **:** d'origine tibéto-birmane, ils viennent du Laos et du sud de la Chine (province du Yunnan), et se sont d'abord installés en Birmanie à la fin du XIXe siècle. Puis ils ont émigré vers les régions de Chiang Rai et de Chiang Mai au siècle dernier. On en dénombre environ 33 000. Ils vivent sur les montagnes ou à flanc de colline : ils sont donc assez difficiles à atteindre. Ils cultivent l'opium, le riz, le maïs, mais également le millet et des

légumes divers. Leur élevage de volailles, cochons et buffles répond à leur besoin de sacrifices. La soupe de chien constitue un de leurs plats favoris, faisant l'objet d'un véritable événement.
Leur habitat est d'une monacale simplicité, contrastant avec leur mode de vie où tout est prétexte à chanter et à faire la fête.
Les *Akha* sont panthéistes : le culte des ancêtres et les offrandes constituent des événements importants. D'ailleurs, à chaque entrée et sortie des villages, une « porte pour les esprits » est dressée afin de délimiter le monde des esprits de celui des hommes. Franchir cette porte est un moyen de se purifier des mauvais esprits de la jungle. La « cérémonie de la balançoire » est l'événement principal de la société akha.
Enfin, leurs costumes sont étonnants. Les *Akha* détiennent la palme pour l'esthétique vestimentaire, basée sur le noir et le rouge. La femme porte la jupe, ainsi que des jambières décorées. Sa tête est couverte d'une sorte de coiffe haute, agrémentée de dizaines de pièces d'argent. Les costumes ne sont pas de Donald Cardwell !
– ***Les Lisu*** (*Lisao* en thaï) ***:*** on en recense aujourd'hui 25 000 en Thaïlande (et 400 000 au Myanmar). Ils ont suivi la même vague migratoire que les *Akha,* mais ils sont d'origine sino-tibétaine. Leurs villages se concentrent près de la frontière birmane, au nord de Chiang Mai, à l'ouest de Chiang Rai et plutôt en altitude. On croit avoir observé l'entrée des premiers arrivants en sol thaïlandais il y a à peine 60 ans.
Ils exploitent leur sol (riz des montagnes, maïs, légumes...) et connaissent, bien entendu, la culture de l'opium. Très influencés par la culture chinoise, ils célèbrent le même Nouvel An qu'en Chine. Lors de cette fête, les femmes portent une coiffe particulièrement colorée.

Hmong (prononcer « mongue » ; aussi appelés « Méo ») et Mien (aussi appelés « Yao »)

Ces deux groupes sino-tibétains composent respectivement 15 % et 6 % du total de la population montagnarde de Thaïlande. En plus d'une proche parenté linguistique (leur écriture utilise les caractères chinois), ils sont tous deux originaires du centre de la Chine et ont laissé d'importantes concentrations de leurs congénères là-bas, ainsi qu'au Laos et au Nord-Vietnam. On estime la population hmong dans le Sud chinois à près de 5 millions d'individus ! Ces deux groupes ont une vision du monde se rapprochant beaucoup de la cosmogonie chinoise et pratiquent un chamanisme foisonnant (assister à une cérémonie chamanistique est une expérience inoubliable... mais malheureusement difficile d'accès pour le trekkeur de passage). Les deux sont des migrants tardifs en sol thaïlandais (environ un siècle) et peut-être est-ce pour cela qu'ils occupent les crêtes les plus hautes du massif montagneux, à plus de 1 000 m. En raison de cette altitude, les maisons hmong et mien sont systématiquement construites sur terre battue, plus chaudes que les constructions sur pilotis pratiquées par presque tous les autres groupes. Cette situation en altitude constitue également un avantage marqué quand vient le temps de cultiver le pavot ; les *Méo* et les *Yao* sont les experts incontestés de cette activité.
– ***Les Méo :*** ils sont originaires du sud de la Chine, et on en compte environ 100 000 en Thaïlande (et 5 millions en tout !), installés principalement à la frontière du Laos, au nord et à l'ouest de Chiang Mai. Ils s'installèrent ici vers la fin du XIXe siècle tout d'abord, puis après la guerre du Vietnam.

Ils se divisent en trois sous-groupes : les *Méo bleus.* On reconnaît les femmes grâce à leurs superbes jupes plissées couleur indigo et à leurs jolies broderies. Certaines sont de véritables pièces d'art composées de batik, broderie et pliage. Les *Méo blancs* : les femmes portent une jupe blanche pour les cérémonies et un pantalon indigo pour aller aux champs. Ce sont des brodeuses hors pair. Les *Méo Gua Mba,* quant à eux, viennent du Laos et habitent pour la majorité dans des camps de réfugiés ; la révolution de 1975 ne leur a rien valu. Leurs villages sont établis pour la plupart en haute altitude pour la Thaïlande (1 000-1 200 m). La culture de l'opium dépasse celle du riz et du maïs. Principale source de revenus malgré les nombreuses tentatives des autorités pour leur imposer des cultures de substitution, l'opium est surtout apprécié des vieux, qui le fument selon des rites ancestraux.
L'organisation sociale des *Méo* permet la polygamie. Leur religion combine le panthéisme et le chamanisme. Leurs croyances ont subi une importante influence chinoise, tout comme leur langue, qui ne s'écrit pas. Le Nouvel An (fin décembre) reste la fête la plus importante. Une des traditions est le lancer de balle entre garçons et filles se courtisant. Les tribus méo autour de Chiang Mai sont devenues très touristiques.
– ***Les Yao :*** venus du sud de la Chine il y a environ 150 ans, ils se sont installés près de la frontière du Laos, autour de Chiang Rai et de Nan. Comme leurs amis des autres ethnies, ils s'adonnent à la culture de l'opium dont ils tirent le gros de leurs revenus, mais les autres cultures ont aussi leur importance.
Leurs costumes sont gais, surtout ceux des femmes (touches de couleur rouge sur fond indigo). Remarquable est aussi le boa rouge écarlate qu'elles portent autour du cou. Par ailleurs, les *Yao* sont connus pour leur côté extrêmement économe.

Les Htin, Khamu, Lawa et Mlabri

Ces trois premières ethnies, Htin, Khamu et Lawa, du sous-groupe linguistique môn-khmer, totalisent ensemble moins de 8 % de la population montagnarde de Thaïlande. Considérées plus près culturellement des populations môn et khmères, qui avaient fondé de puissants empires dans la péninsule il y a plus de douze siècles, elles sont sédentarisées depuis beaucoup plus longtemps que les autres montagnards de la région. Elles pratiquent toujours un animisme qui était la norme dans toute la péninsule avant l'arrivée du bouddhisme. Il y a peu de chances pour que vous en rencontriez durant un trek.
– ***Les Khamu :*** rien à voir avec Albert, ils sont originaires du Laos et sont installés dans les provinces de Nan, sur la frontière du Laos, ainsi que dans la région de Lampang et de Kanchanaburi.
– ***Les Htin*** se situent dans le même secteur.
– ***Les Lawa :*** ils immigrèrent ici vers le VIIe siècle. Ils ne sont que 8 000 et on les trouve surtout au sud-ouest de Chiang Mai et au sud-est de Mae Hong Son. C'est le seul groupe de montagnards qu'on ne trouve qu'en Thaïlande. Ils sont presque complètement intégrés à la majorité thaïe.
– ***Les Mlabri :*** appelés aussi ***Phi Thong Luang*** (« esprits des feuilles jaunes »). Ce groupuscule compte autour de 150 individus. Ils habitent les provinces de Nan et de Phrae. Ce sont les derniers montagnards nomades qui déplacent leur campement tous les 3 ou 4 jours (des vrais routards, quoi !). Ils vivent essentiellement de la chasse et ne possèdent pas de terre. En fait,

bien souvent, ils travaillent chez les autres. Les *Mlabri* vivent en toutes petites communautés de 3 à 12 membres.

SAVOIR-VIVRE DANS LES VILLAGES MONTAGNARDS

Les vertus cardinales durant votre visite chez les montagnards sont le ***respect*** et le ***savoir-vivre.*** Vous n'êtes pas chez vous, vous en êtes même très loin ; beaucoup de choses qui peuvent vous paraître évidentes échappent en fait à votre entendement, et votre guide, qui n'est généralement pas chez lui non plus, n'y comprend peut-être rien de plus que vous. Ne prenez pas pour acquis que ce que le guide fait est bien, les exemples déplorables sont légion ; jugez plutôt par vous-même selon votre bon sens.
Les montagnards sont accueillants, c'est une tradition. Veillez donc à la faire durer en évitant d'abuser de leur patience, et surtout de celle des esprits. Car il ne faut jamais oublier cette dimension animiste. La santé, l'humeur, toutes choses et tous événements dépendent des esprits. Ne pas trop chercher à comprendre, à rationaliser, mais plutôt admettre et respecter les esprits, tout comme les lieux et les objets sacrés. Cela est essentiel. Respectez aussi le sommeil de vos hôtes, surtout si vous avez bien bu et même si vous et vos amis êtes en vacances, car eux se lèvent à 5 h. Respectez leur intimité. De la même manière que vous n'apprécieriez pas que l'on vienne vous photographier dans votre salle de bains, sachez reconnaître quand le moment de prendre une photo est approprié ou non : consultez donc votre sujet du regard avant de vous exécuter et, dans le doute, n'hésitez pas à vous abstenir. Dites-vous que déjà vous êtes privilégié de venir ici, car rien au fond ne les oblige à vous recevoir. En résumé, la meilleure des bonnes manières reste la discrétion.

COMMENT RÉUSSIR UN TREK ?

La meilleure époque se situe de novembre à mars. Petits Français qui venez en juillet-août, vous risquez de rencontrer de chouettes averses. Une condition physique moyenne et une certaine volonté de faire un effort, entre les plages du Sud et les plaisirs de Bangkok, suffisent pour être à la hauteur.
Pour s'assurer du sérieux d'une agence, il est bon de demander la durée exacte du trek (il arrive que 3 jours se transforment en 2 jours) ; s'assurer que le guide parle l'anglais ainsi qu'une ou deux langues des tribus ; enfin, il est prudent de se faire décrire le parcours sur la carte...
Refuser les offres des guides rencontrés en ville. Les *guesthouses* sont pratiquement toutes affiliées à une agence.
Se faire raconter le trek par ceux qui en reviennent est aussi une bonne méthode pour s'assurer du sérieux d'une agence.

ÉQUIPEMENT POUR LE TREK

– Chaussures de marche.
– Plusieurs slips et chaussettes (traversées de cours d'eau).
– Petite (voire grosse) laine pour la nuit. Attention : entre décembre et février, il peut faire très froid en montagne la nuit. Apporter son duvet, un vrai, bien chaud, pendant ces périodes, car les couvertures fournies sont plutôt minces.
– Pantalons longs (broussailles et ronces).

– Chapeau (insolations fréquentes) + crème solaire (bras).
– Un Opinel peut servir (construction de radeaux, par exemple !).
– Lotion antimoustiques.
– K-way ou, mieux, cape de pluie, surtout en été.
Ne chargez pas inutilement vos valises pour la Thaïlande, car tout cela se trouve à Chiang Mai, et pour une poignée de riz (ou deux).
– Pastilles *Micropur® DCCNa* (ou autre marque).
– Une gourde.
– Une torche.
– *Ercéfuryl®* et *Imodium®* pour les petits ennuis intestinaux.
– Papier hygiénique (à enterrer). Sinon, bientôt, on va suivre les touristes à la trace !
– **Emporter sa carte de paiement et son passeport** ou alors les laisser dans une banque, mais pas à la *guesthouse.*

QUELQUES ZONES DE TREKS

– ***Aux alentours de Chiang Dao*** – บริเวณเชียงดาว **:** à 80 km au nord-ouest de Chiang Mai, une multitude de villages rassemble toutes les ethnies. Région assez visitée, 60 % des treks s'y déroulent, mais le grand nombre de villages (voir plus loin) permet d'éparpiller les touristes. Quelques agences ont trouvé de nouveaux secteurs peu fréquentés.
– ***Vers le Doi Inthanon, Samoneng et Mae Chaem*** – ดอยอินทนน, สมอเงินแ ละแม่แจ่ม **:** un bon tiers des treks au départ de Chiang Mai a lieu dans ce secteur situé à 60 km au sud-ouest de la ville, dans et aux alentours du parc naturel de *Doi Inthanon.*
– ***Mae Hong Son*** – แม่ฮ่องสอน (voir plus loin) **:** toute une région à l'ouest de Chiang Mai, d'où l'on peut organiser des treks. C'était la grande mode à une période, à cause du passage possible en Birmanie par les chemins de contrebandiers pour voir les *long-necks* (« femmes-girafes », *Padong* en thaï ; voir plus haut). Les treks dans les environs de Mae Hong Son présentent l'avantage de traverser de beaux paysages. On y rencontre surtout des *Karen.*
– ***Au nord de la rivière Kok*** – เหนือแม่น้ำกก **:** le ***Triangle d'Or*** – สามเหลี่ยม ทองคำ. Nom pittoresque, mais région très touristique avec vente de T-shirts, souvenirs, etc., à chaque arrêt. Secteur usé jusqu'à la corde.
Il reste encore bien sûr des tas d'autres chemins possibles ouverts par des guides indépendants, mais là, c'est la jungle dans tous les sens du terme.

À LA RENCONTRE DES ETHNIES SANS AGENCE : PAS BON !

Il est possible, depuis Pai ou Soppong par exemple, et en 1 ou 2 h de marche (facile !), de gagner des villages lahu, karen ou méo. Cependant, **on déconseille formellement de s'aventurer trop près de la frontière birmane** où escarmouches, embuscades et autres tirs de mortier surviennent de temps à autre. Ils opposent l'armée birmane aux rebelles karen, ou aux troupes des rois de l'opium, et, parfois, mêlant l'armée thaïlandaise, qui se trouve prise entre trois feux (le Myanmar lui reproche de servir de base arrière aux *Karen ;* les *Karen* réclament l'asile, des armes, des soins, des sous et à manger, etc., et montent des opérations commando pour montrer qu'ils ne rigolent pas ; enfin, les rois de l'opium leur font ouvertement la guerre et tirent sur tout ce qui bouge). Non, vraiment, laissez tomber les balades à l'aveuglette dans les secteurs frontaliers, c'est trop risqué. Même pour de petites promenades, munissez-vous d'une carte et soyez sûr de votre localisation. Organisez impérativement les longues randonnées aventureuses avec les agences. Ça manque peut-être un peu de sel, mais au moins c'est balisé et on ne risque pas, en principe, de se faire trouer la peau.

QUELQUES ORGANISATEURS DE TREKS À CHIANG MAI

Avec plus de 100 agences, Chiang Mai est la reine du trek. Neuf treks sur dix partent de là. Nous, on préfère s'en tenir à ce qu'on connaît, et les trois organisateurs de treks suivants ne nous ont jamais posé de problème. On nous signale en revanche régulièrement de mauvaises agences, des *guest-houses* aux treks pas bons du tout, etc. Prudence !

■ ***Mr Wuthi Yunnan, S.T. Tours and Travel*** – นายวุฒิยุนนาน,เอส.ที.ทัวร์แอนด์ทราเวล *:* 143/18 Lanna Villa, Super Highway. ☎ 222-174. Fax : 212-829. • www.stvoyage.web1000.com • M. Yunnan parle très bien le français et organise des tours de toutes sortes. On n'a pas eu à s'en plaindre.

■ ***Udom Porn Tours*** – บริษัทอุดมพรทัวร์ *:* Chang Khlan Rd (petite rue à 50 m d'Anusarn Market). ☎ 204-718. Fax : 279-836. • udom@chmai.cscoms.com • Agence bien organisée, bien équipée (4×4, motos, etc.). Guides anglophones en majorité. Tous types de treks. Location de véhicules également.

■ ***Youth Hostel*** – บ้านเยาวชนเชียงใหม่ *:* 21/8 Chang Khlan Rd. ☎ 276-737. • www.chiangmaiyha.com • Plusieurs types de treks. Ils essaient de changer leurs parcours régulièrement. Certains guides parlent (soi-disant) le français. Assurez-vous bien des prix proposés, certains lecteurs ont connu quelques déconvenues. Et puis certains treks sont sous-traités par une autre agence. Des petits problèmes que vous ne manquerez pas de régler avant votre expédition...

TREKS À MOTO

Depuis quelques années se développe une nouvelle forme de trek, non plus à pied mais à moto... Elle est tout aussi physique et sportive, et requiert même des aptitudes qui ne sont pas celles de la randonnée. En gros, voici quelques recommandations générales et éléments de sûreté propres à rendre votre balade la plus agréable possible.

Les formalités

– Au cas où vous ne vous en souviendriez plus, en Thaïlande, on conduit à gauche.
– Le permis de conduire international est officiellement obligatoire mais, dans les faits, très peu demandé. Nous, on le conseille.
– Les assurances commencent à être obligatoires pour les loueurs. Vérifiez bien ce point avant de monter sur la machine et prévoyez une bonne assistance personnelle en France.
– Le passeport doit être laissé en dépôt... Autant bien se mettre d'accord avant le départ avec le loueur sur les conditions de location, et, surtout, s'assurer du bon état de marche de la bécane.

– Les locaux conduisent assez lentement, alors prenez exemple... Surtout lorsque vous traversez des villages (enfants et animaux).
– Pas d'obligation non plus concernant le port du casque (sauf à Bangkok, Chiang Mai et Sukhothai). Quoi qu'il en soit, chez vous, vous êtes habitué à en porter un (c'est dans votre intérêt !) ; aucune raison donc pour que vous ne le fassiez pas en Thaïlande. Les loueurs peuvent en fournir un (parfois assez miteux, mais c'est mieux que rien), il suffit souvent de le demander. De préférence à visière pour éviter de manger la poussière.

Le matériel

Il est le même que pour les treks à pied (voir plus haut), à quelques suppléments près :
– crème solaire indispensable. À moto, on ne ressent bien souvent pas la chaleur, et pourtant, le soleil est là ;
– pantalons et T-shirts à manches longues pour se protéger contre le vent, le soleil, les insectes, la poussière et les chutes ;
– une paire de gants et de chaussures hautes de préférence, voire des bottes de motard ;
– de grands sacs en plastique, style sac-poubelle, pour protéger vos bagages de la poussière.

Quelques astuces et conseils techniques

– Respecter les distances de sécurité... en cas de chute d'un des compagnons de route.
– Éviter de conduire à la tombée de la nuit. La visibilité est moins bonne et le trafic souvent dense.
– Être attentif lors de journées très ensoleillées : le bitume, d'assez mauvaise qualité, devient gras et glissant. Dérapages fréquents dans les virages.
– Sur les chemins de terre, dans les descentes, bien doser l'usage des freins avant et arrière pour éviter le blocage des roues et, une fois de plus, le dérapage... Toute une technique !
– Enfin, dernier conseil de maman poule : il ne s'agit pas de faire de la compét' de motocross, ni de se surpasser... N'oubliez pas que vous êtes là en randonneur pour découvrir merveilles et paysages des environs de Chiang Mai... Et surtout, **ne partez jamais seul.**

Location de motos

■ ***Goodwill Motorcycle Hire*** – *กู๊ดวิลเช่ารถมอเตอร์ไซค์ :* 2/6 Changmoi Kao, Chiang Mai. ☎ et fax : 234-161. À l'ouest de la ville, sur les remparts, tout près de Suan Dok Gate. Tenu par un Anglais qui connaît la région comme sa poche. La qualité du service et le bon état des motos justifient amplement les prix.
■ ***Dang Bike Hire*** (voir les « Adresses et infos utiles » de Chiang Mai).

Organisateurs de treks à moto

■ ***Safari Aventure*** – *ซาฟารีโมโต้อาวองจูร์ :* Prasing Post Office, BP 102, Chiang Mai. ☎ 810-103. ☎ 069-155-319 (portable). • www.safarithailand.com • pelletierthierry@hotmail.com • Thierry, le patron, un ancien de *C & C Teak House* (voir « Où dormir ? »), est un des précurseurs du trek à moto. Connaissant parfaitement pistes et sentiers de la région, il vous accompagne sur des circuits de 1 à 6 jours. S'adresse aux motocyclistes sportifs et confirmés. Thierry propose aussi des safaris en jeep de 2 à 4 jours. Plus convivial peut-être. Mais aussi douloureux pour les passagers à l'arrière... Il s'occupe de tout (assurance, essence, nourriture et hébergement). N'hésitez pas à le contacter pour plus d'infos.

■ ***Udom Porn Tours*** **– บริษัทอุดมพรทัวร์ :** propose aussi des treks à moto sérieusement menés. Voir plus haut, « Quelques organisateurs de treks à Chiang Mai ».

À L'OUEST DE CHIANG MAI : LA PROVINCE DE MAE HONG SON

Toute cette région à l'ouest de Chiang Mai peut être explorée soit en bus, soit en faisant une grande randonnée à moto de 4 ou 5 jours à partir de Chiang Mai. On peut aussi louer une moto à partir de Mae Hong Son et effectuer une boucle vers les autres villages ou encore se débrouiller avec les transports locaux, bus ou pick-up.
La population de la région se compose de 34 % de tribus montagnardes, 65 % de *Shan* et 1 % de « vrais » Thaïs. Vous noterez d'ailleurs que l'architecture des temples est fortement influencée par la majorité shan, dont le style birman s'est imposé.
Les circuits que nous proposons partent de Mae Hong Son, modeste mais attachante capitale de la province du même nom. On revient à Chiang Mai par Soppong (appelé aussi « Pang Mapha », le nom du district) et Pai. On peut évidemment aussi partir de Chiang Mai, visiter Pai, Soppong et enfin Mae Hong Son. L'autre itinéraire, passant par le Sud, via Khun Yuam, Mae Sariang et Chom Thong pour finir à Chiang Mai, est également réversible.

MAE HONG SON – แม่ฮ่องสอน

IND. TÉL. : 053

À 250 km de Chiang Mai en passant par la route de Pai et Soppong (la route aux 1 864 virages, on n'a pas compté, mais ça y ressemble fort !). Gros bourg gentil et calme, situé à quelques kilomètres de la frontière birmane. Point de base idéal pour explorer la région. On y rencontre quelques tribus montagnardes, surtout des *Karen,* mais aussi des *Lahu* noirs, *Méo* et *Lisu,* qui viennent au marché, pour vendre et acheter. La ville constitue une étape reposante, sympathique et au caractère encore unique. Un petit air de villégiature thermale suisse dans les montagnes extrême-orientales et des odeurs d'épices. Et si vous cherchez les frissons, songez que Mae Hong Son est une plaque tournante pour l'opium produit dans la région, et le rendez-vous des exploitants birmans et des trafiquants chinois, mais ça, vous n'en verrez rien. Et d'ailleurs, on vous le souhaite. Ces gens ne rigolent pas trop.

Arriver – Quitter

➢ ***En avion :*** en moyenne, 3 liaisons par jour au départ de Chiang Mai. Prix : 765 Bts (15,3 €). Idem en sens inverse.

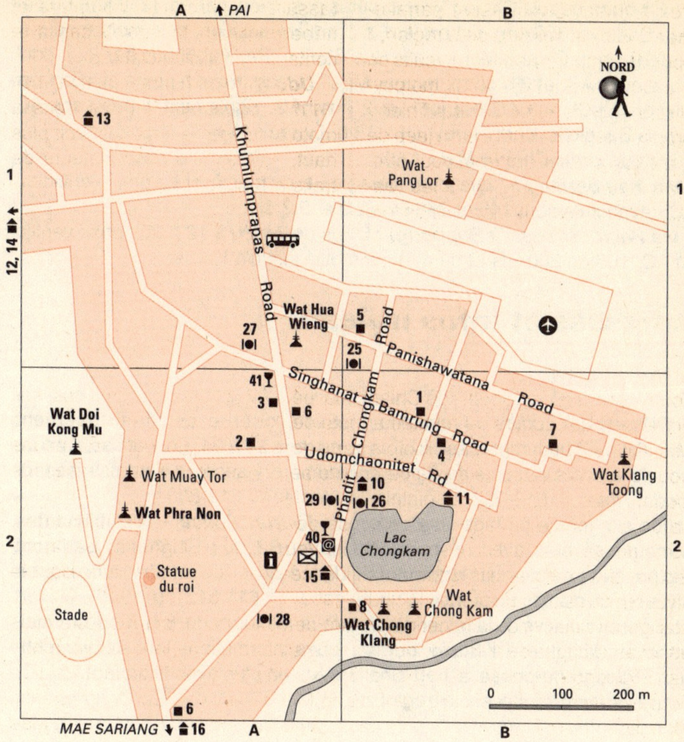

MAE HONG SON

■ **Adresses utiles**

- TAT
- Poste et Telegraph Office
- Aéroport
- Bus Station
- Lakeside Computer
- 1 Tourist Police
- 2 Téléphone international
- 3 Kasikorn Bank
- 4 Thai Airways
- 5 Motos-taxis
- 6 Highway for Rent
- 7 Hôpital Srisangwan
- 8 Namrin Tour

Où dormir ?

- 10 Friend House
- 11 Johnnie House
- 12 Cool Creek Resort
- 13 Yok Guesthouse
- 14 Sang Tong Huts
- 15 Piya Guesthouse
- 16 Fern Resort

Où manger ?

- 25 Marché central
- 26 Chez Tonn
- 27 Lucky Restaurant
- 28 Fern Restaurant
- 29 Thip Restaurant

Où boire un verre ?

- 40 Lakeside Bar
- 41 Crossroads

➢ ***En bus :*** depuis Chiang Mai, 2 routes possibles, par Pai (250 km) ou par Mae Sariang (350 km). On préfère la première solution, plus montagneuse. Départs de la Chiang Mai Arcade Bus Station. Par Pai, 8 bus par jour, dont 2 bus avec AC, et 8 h de route ; par Mae Sariang, trajet à peine plus long et environ 7 bus non AC par jour, et 2 avec AC. Également 1 bus sans AC depuis Bangkok (North Terminal) à 18 h. Durée : 14 h.
Au retour, ***pour Chiang Mai :***
– ***via Mae Sariang :*** 7 bus journaliers de 6 h du mat' à 21 h ; prix : ventilo ou AC, respectivement 145 et 261 Bts (2,9 et 5,2 €).
– ***via Pai*** *(arrêt aussi à* ***Soppong****)* ***:*** 8 bus de 7 h 30 à 12 h 30 ; prix : ventilo ou AC, 105 ou 200 Bts (2 ou 4 €) ; la moitié jusqu'à Pai.

Adresses et infos utiles

Infos pratiques

■ ***TAT*** – ท.ท.ท. *(office de tourisme ; plan A2)* ***:*** Khumlumprapas Rd ; en face de la poste et à côté du *Baiyoke Chalet Hotel.* ☎ 612-982. L'administration elle-même partage la grande demeure de bois avec un pavillon d'expo-vente de produits artisanaux OTOP (« un district, un produit », une intelligente initiative de la reine). Pour les infos, kiosque à l'entrée de la cour. Pas grand-chose à part une bonne carte gratuite de la région. Cette guérite est théoriquement ouverte 24 h/24. En tout cas, il y a un numéro « secours » en cas de problème : ☎ 612-800.

■ ***Tourist Police*** – ตำรวจท่องเที่ยว *(plan B2,* ***1****)* ***:*** Singhanat Bamrung Rd, à 50 m de la *Thai Airways,* en face. ☎ 611-812 ou 16-99. Ouvert tous les jours de 8 h à 18 h. Quelques informations touristiques, données en plus avec le sourire.

Postes et télécommunications

✉ ***Poste et Telegraph Office*** – ไปรษณีย์กลาง *(plan A2)* ***:*** 79 Khumlumprapas Rd. Poste ouverte du lundi au vendredi de 8 h 30 à 16 h et les samedi et dimanche de 9 h à 12 h. Vente de cartes téléphoniques et cabine pour l'international devant.

■ ***Téléphone international*** *(plan A2,* ***2****)* ***:*** Udomchaonitet Rd. Gros bâtiment des télécom locales, ouvert de 8 h 30 à 16 h 30. Mêmes tarifs que dans les postes, donc pas cher. On peut envoyer des fax et des e-mails. Autre alternative, les nombreuses cabines à carte *Lenso.*

@ ***Internet*** *(plan A2)* ***:*** accès aux quatre coins de la ville dans plusieurs boutiques qui ferment en général à 22 h. Prix habituel : 40 Bts (0,8 €) l'heure. Par exemple, ***Lakeside Computer*** – เลคไซด์คอมพิวเตอร์ *(plan A2)* qui jouxte le *Lakeside Bar.*

Argent, banques, change

■ Plusieurs banques se trouvent sur la rue principale, Khumlumprapas Rd : ***Kasikorn Bank*** – ธนาคารกสิกรไทย *(plan A2,* ***3*** *;* distributeur à l'extérieur), ***Bangkok Bank Limited*** – ธนาคารกรุงเทพฯ (à côté de la précédente, comptoir de change ouvert tous les jours + distributeur) et ***Bank of Ayudhya*** – ธนาคารกรุงศรีอยุธยา (pour les transferts *Western Union*). Les guichets à l'intérieur ne sont ouverts que du lundi au vendredi de 8 h 30 à 15 h/16 h 30.

Transports

✈ ***Aéroport*** – ท่าอากาศยานแม่ฮ่องสอน *(plan B1)* **:** juste au nord du centre (on peut y aller à pied). ☎ 612-220 (réservations) ou 611-297. Rabatteurs pour les *guesthouses* de la ville. Change.

■ ***Thai Airways*** – สายการบินไทย *(plan B2, **4**)* **:** 71 Singhanat Bamrung Rd. ☎ 612-221 ou 612-220 (à l'aéroport). Ouvert tous les jours de 8 h 30 à 17 h.

Bus Station *(plan A1)* **:** sur la rue principale. Renseignements : ☎ 611-318. Tous départs provinciaux et à destination de Chiang Mai.

■ ***Motos-taxis*** *(plan B1, **5**)* **:** station derrière le marché municipal en service de 8 h à 18 h. Se reconnaissent grâce au dossard rouge ou orange numéroté des conducteurs. Discuter fermement le prix avant de monter. C'est aussi ici que vous trouverez les *songthaews* (pour les villages environnants) et quelques *tuk-tuk*.

■ ***Location de motos*** – เช่ารถมอเตอร์ไซค์ **:** plusieurs loueurs dans Khumlumprapas Rd, la rue principale. ***Highway for Rent*** – ไฮเวย์รถเช่า *(plan A2, **6**)*, en face de la *Kasikorn Bank*, ☎ 611-620, fait également réparateur motos. Il nous a fait bonne impression. À partir de 150 Bts (3 €) la journée. Réduction de 20 % pour une semaine. Pas d'assurance, en avoir une perso.

Santé

■ ***Hôpital Srisangwan*** – โรงพยาบาลศรีสังวาลย์ *(plan B2, **7**)* **:** à l'est du centre. ☎ 611-378. Appuyer sur le zéro pour avoir l'opérateur.

Treks

La plupart des *guesthouses* en organisent et il y a des agences en ville. Mais prudence, se faire tout expliquer : durée de marche, villages, traversées, etc. Essayer d'obtenir l'avis de routards qui reviennent. Le prix d'un bon trek se situe en général entre 600 et 800 Bts (12 et 16 €) par jour selon sa durée et la taille du groupe.

■ ***Namrin Tour*** – น้ำรินทัวร์ *(plan B2, **8**)* **:** ☎ 614-454. Fax : 613-925. Vient de déménager au coin sud-ouest du lac. *Routard* en vitrine, panneaux en français dans la ville ! On pourrait s'inquiéter que cette célébrité finisse par nuire à la qualité des prestations. Mais M. Dam (authentique) maîtrise toujours bien son sujet. Examinez ses intéressants circuits Mae Hong Son-Pai en 4 à 6 jours, traversant jusqu'à 20 villages. Ici pas trop de bla-bla mais une devise : « Good food, good trek, good tour guide and bad jokes ! » D'autres randos sur mesure, faciles ou difficiles selon vos *desiderata*. Groupe de 5 personnes maximum. Base de calcul pour les prix : 800 Bts (16 €) par jour et par personne.

■ ***Piya Guesthouse*** – พิญาเกสท์เฮ้าส์, via son agence ***VR Travel*** – วี.อาร์. ทราเวล, et ***Friend House*** – เฟรนด์เฮ้าส์ (voir « Où dormir ? ») organisent des treks populaires. À voir.

Divers

■ ***Tubtim Thai Massage*** – ทับทิมนวดไทยแผนโบราณ **:** derrière le *Lakeside Bar*, dans la rue perpendiculaire à celle qui longe le lac. Enseigne jaune. ☎ 620-553. Ouvert de 10 h à 16 h et de 18 h à minuit environ.

Institut de massage modeste. Si vous y allez le soir, vous serez massé au son de la musique du bar voisin. Sympa et bon marché.

■ ***Laveries :*** plusieurs en ville, non loin de la poste. Pas cher du tout, et linge lavé dans la journée.

Où dormir ?

De bon marché à prix moyens (de 100 à 350 Bts – 2 à 7 €)

Friend House **–** เฟรนด์เฮ้าส์ *(plan B2, **10**) :* 20 Phadit Chongkam Rd. ☎ 620-119. Maison d'origine en teck, où les chambres ont un parquet verni et les murs sont tapissés d'écorces de bambou tressées. Plusieurs extensions depuis, moins charmantes, dans des maisons mi-bois mi-dur. Pas cher, quelle que soit l'option retenue, du matelas par terre à la chambre avec bains. Eau chaude partout. Tenu par une famille très gentille. Petite agence de voyages attachée, *Friend Tour.* Grand plan de la région et des villages sur le mur extérieur.

Johnnie House **–** จอนนิเฮ้าส์ *(plan B2, **11**) :* 5/2 Udomchaonitet Rd. ☎ 611-667. Au bord du lac, en face des temples. Petites chambres simples, tout en bois, avec salle d'eau à l'extérieur. Propre et très bon marché. D'autres avec salle de bains (plus chères). Accueil souriant. Pour l'anecdote, Johnnie était le nom du premier touriste à avoir dormi ici.

Cool Creek Resort **–** คูลครี ช รีสอร์ท *(hors plan par A1, **12**) :* à l'écart au nord-ouest, par une piste qui part sur la gauche de la route principale, après la station des bus (panneau indicateur) ; à 15 mn à pied du lac. ☎ 614-331. Disposés sur un terrain, 3 bungalows avec salle de bains (eau chaude) pour l'instant. Prix : 300 Bts (6 €). Effort de déco désarmant de naïveté, sols de cailloux et briques entremêlées. Cahute-resto.

De prix moyens à un peu plus chic (de 350 à 650 Bts – 7 à 13 €)

Yok Guesthouse **–** หยกเกสท์เฮ้าส์ *(plan A1, **13**) :* 14 Sirimongkol Rd. ☎ 611-532. Au nord-ouest, prendre l'embranchement après celui menant à Cool Creek et Sangtong Huts. Une dizaine de chambres, dont une avec AC, toutes avec salle de bains (eau chaude), d'une propreté irréprochable, avec dessus-de-lit et moquettes bigarrés. Un bon pied-à-terre.

Sang Tong Huts **–** แสงทองฮัทส์ *(hors plan par A1, **14**) :* ☎ 620-680. ● www.sangtonghuts.com ● Au nord-ouest de la ville, côté opposé de la piste par rapport à *Cool Creek Resort.* Appelés Honeymoon, Charlie, Pentagon, etc., tous les bungalows sont uniques, aménagés comme dans une revue de décoration. Parfois sous forme d'un petit appartement, avec salle de bains en sous-sol, frigo, stéréo et toit ouvert sur les étoiles ; ou plus simplement, mais toujours sans vis-à-vis. De 350 à 1 500 Bts (7 à 30 €). Bel espace restaurant. Pain maison. Super.

Un peu plus chic (de 600 à 950 Bts – 12 à 19 €)

Piya Guesthouse **–** ปิยะเกสท์เฮ้าส์ *(plan A2, **15**) :* 1/1 Khumlumprapas Rd, Soi 3. ☎ 611-260. Fax : 612-308. Très bien placé, au coin sud-ouest du lac. Bungalows climatisés tout confort (parquet, salle de bains, bonne literie). Un coup de neuf ou de discount supplémentaire et un peu de soin au niveau du jardin seraient cependant bienvenus. Quand même une bonne adresse. Ambiance décontractée et cuisine pas chère.

Plus chic (de 950 à 1 200 Bts – 19 à 24 €)

Fern Resort – เฟิร์นรีสอร์ท *(hors plan par A2, **16**)* : à 6 km au sud de la ville, fléché à gauche pour encore 2 km. ☎ 613-585. Fax : 680-001. • fern group@softhome.net • Dans un coin paumé, au bord d'une petite rivière, un ensemble de bungalows en bois et toit de feuilles de *tung* (*tong tung* en thaï), disséminés dans un jardin exotique fort bien entretenu et parcouru par de petits ruisseaux qui font chanter les bambous (pour écarter les bébêtes). Qualité de confort variable. Très cher, mais belle piscine et un calme olympien.

Où manger ?

Bon marché (autour de 100 Bts – 2 €)

Marché central – ตลาดกลางถนนขุนลุมประพาส *(plan B1, **25**)* : en plein centre (étonnant, non ?), entre Singhanat Bamrung Rd et Panishawatana Rd. Un rendez-vous culinaire à toute heure du jour, avec son animation, ses plats simples et délicieux et sa petite population active. On y mange pour trois fois rien, dans un ensemble de stands sympas, de 7 h à 18 h environ.

Chez Tonn – เชต้น *(plan B2, **26**)* : avant *Friend House*, en descendant vers le lac. Carte en anglais et en français. Ce qui, ici, ne signifie pas prix gonflés mais seulement de très abordables et alléchantes salades de pommes de terre et saucisse, soupes paysannes et galantines. Plats thaïs et birmans aussi. Cadre tout simple, terrasse sur la rue et patronne sympa.

Lucky Restaurant – ร้านอาหารลัคกี้ *(plan A1, **27**)* : 5 Singhanat Bamrung Rd. ☎ 620-654. Pour une cuisine thaïe copieuse et adoucie au goût du touriste. Servi dans une salle proprette, ouverte sur la rue, avec le sourire (celui du patron est même caricatural) et pas trop cher payé. Que demander de plus ? Peut-être la petite terrasse agréable à l'arrière. Parfait.

Prix moyens (de 100 à 400 Bts – 2 à 8 €)

Fern Restaurant – ร้านอาหารเฟิร์น *(plan A2, **28**)* : 87 Khumlumprapas Rd. ☎ 611-374. Ouvert tous les jours de 10 h à 22 h. Aspect chicos, mais atmosphère décontractée. Prix raisonnables vu la tenue de l'établissement et la qualité des préparations. Salle superbe à l'intérieur d'une maison en teck, ouverte sur la rue et prolongée à l'arrière par une terrasse-plateforme. Cuisine classique et réussie. Service diligent et tout en douceur. Délicieux *amok* (fruits de mer cuisinés avec légumes, en papillote) ou encore *kai ho bai teoi*, du poulet grillé dans des feuilles parfumées. Grand choix de *spicy dishes*. Desserts fins et délicats. Hmm... Des plats internationaux aussi, mais y venir plutôt pour manger thaï, que diable ! Cartes de paiement acceptées.

Thip Restaurant – ร้านอาหารทิพย์ *(plan A2, 29)* : Phadit Chongkam Rd. ☎ 620-553. Ouvert tous les jours, midi et soir, jusqu'à 22 h. Belle et grande maison en teck au bord du lac, précédée d'un joli balcon et d'une terrasse couverte. Cuisine thaïe classique et de bonne facture. Deux tailles de plats, mais les petits sont déjà fort copieux. Goûtez aux *crispy spring rolls* (rouleaux de printemps frits), particulièrement réussis. Mais à éviter les jours où les cars de touristes y font leur pause-déjeuner.

Où boire un verre ?

Mae Hong Son n'est pas vraiment une ville animée. Rien de la fièvre nocturne de Chiang Mai. Ici, c'est plutôt dodo et de bonne heure ! Deux adresses sympas quand même.

Lakeside Bar – เลคไซด์บาร์ *(plan A2, 40)* : Phadit Chongkam Rd. Grande terrasse et bar à l'extérieur, au bord du lac. Bancs et longues tables de bois, alignés comme dans un camp scout. L'ensemble, qui mériterait un coup de peinture, est toutefois idéalement placé pour siroter une *Singha* tranquillement, en écoutant les vedettes locales qui jouent tous les soirs du *rhythm and blues* autour de 20 h 30. Salle à l'intérieur.

Crossroads – ครอส ซ์โลคส์ *(plan A2, 41)* : maison de 2 étages au carrefour central de la ville. Bières et spiritueux se consomment à table ou sur tabouret, au bar. « Western style ». Billards. Rencard des cow-boys du coin.

À voir

Le marché – ตลาดสด *(plan A1-2)* : dans le centre, entre Singhanat Bamrung Rd et Udomchaonitet Rd. Ouvert de 6 h à 19 h, mais plus animé le matin. Surtout des fruits et des légumes, mais aussi de la vaisselle, du tissu, etc. Certaines femmes des tribus montagnardes viennent s'y approvisionner.

Wat Hua Wieng – วัดหัวเวียง *(plan A1)* : tout à côté du marché, ce petit temple shan pâtit de la proximité d'une chapelle à l'esthétique discutable et d'une réfection bâclée. Ne ratez pourtant pas, autour du bouddha birman vieux de deux siècles, les quelques mètres carrés du magnifique carrelage d'origine. Un grillage protège l'ensemble.

Wat Chong Klang – วัดจองกลาง *(plan B2)* : juste au bord du petit lac. Ouvert de 6 h à 18 h. Monastère tout en bois de style birman. Depuis leur rénovation, les multiples toits verts à bords dorés font un peu Disneyland sans toutefois parvenir à ruiner le pittoresque de l'ensemble. Dans la grande salle de prière, construite sur pilotis, d'anciennes plaques de verre peintes illustrent les grands moments de la vie de Bouddha. Au fond, un sympathique petit musée abrite une collection de statues en bois représentant des paysans, des vieillards et des animaux. Venant de Birmanie, leurs expressions de douleur mystique sont impressionnantes et peu courantes en Thaïlande. Amusant, pensez à glisser une pièce dans les troncs pour faire tourner le manège !

Wat Doi Kong Mu – วัดพระธาตุดอยกองมู *(plan A2)* : à 3 km du centre. Une route escarpée mène au sommet d'une colline *(Doi)* coiffée d'un temple très important pour les habitants du coin puisque leurs ancêtres chassèrent les bandits qui occupaient autrefois ce menaçant promontoire. On peut aussi y accéder par un escalier. Vue superbe sur la ville, le lac, la vallée... et l'aéroport.

***Wat Phra Non* – วัดพระนอน** *(plan A2)* **:** au pied de la colline qui mène au Doi Kong Mu. Le sanctuaire principal, tout en teck, abrite un bouddha couché de plus de 11 m. Tout un bric-à-brac de porcelaines, bouddhas et autres vieilleries s'entasse dans un petit musée. C'est ici que seraient entreposées, dans un cercueil gardé par deux effrayants dragons, les cendres de la famille royale de Mae Hong Son.

DANS LES ENVIRONS DE MAE HONG SON

Attention, on le répète ! Ne pas s'aventurer seul et au « radar » sur des pistes ou sentiers trop proches de la frontière birmane. Cela étant dit, la zone est bien surveillée par des patrouilles et *checkpoints* thaïs qui devraient vous repérer avant que vous n'alliez là où il ne faut pas...

***Tham Pla* – ถ้ำปลา :** à 18 km au nord, sur la route de Pai. Site resté magique malgré sa popularité et l'aménagement en rapport. Adossée à une falaise karstique, la résurgence d'une rivière souterraine s'échappe du rocher. Là, protégées par un bouddha érémitique, hésitant entre ombre et lumière, s'ébattent des carpes sacrées, d'un beau gris bleuté et d'une taille énorme (jusqu'à 1 m de long). L'imprudent qui les mangerait périrait dans des souffrances abominables. Petit parc paysagé, l'occasion d'une jolie petite balade.

***Mae Aw (Ban Rak Thai)* – แม่แอ่ว (บ้านรักไทย) :** à environ 28 km au-delà de *Tham Pla* par une petite route maintenant bitumée (panneaux indicateurs). Emmener la carte du TAT avec vous. *Mae Aw* est un village chinois KMT, en plein sur la frontière birmane. Des partisans de Chiang Kaishek se réfugièrent ici après leur défaite face aux communistes avant de s'investir largement dans la contrebande d'opium. Aujourd'hui, le bled est pacifié : *Ban Rak Thai* veut dire « village qui aime les Thaïs ». Un petit lac, un cru de thé local à goûter, c'est assez pour créer une atmosphère différente. Combiné avec *Tham Pla* et quelques arrêts en route (nombreux villages), voici une belle journée d'excursion. Ça chauffe parfois entre Thaïs et Birmans. Pas de parano, renseignez-vous avant, et les militaires des *checkpoints* sont là pour ça.

Coup de gueule contre l'exploitation touristique des tribus montagnardes

C'est dans cette région montagneuse, couverte de forêts, à la frontière birmano-thaïlandaise, que vivent les ***femmes-girafes*** *(long-necks),* membres d'une tribu apparentée aux *Karen,* les *Padong* (ou *Kayan*). Le cas des *Padong* est assez différent de celui des autres tribus de la région. En effet, ils ne sont installés en Thaïlande que depuis les années 1950. Ce sont donc des réfugiés politiques à part entière, que la Thaïlande a tout d'abord accueillis dans des camps militaires dirigés par des *Karen,* sous contrôle du gouvernement thaïlandais. Jusque-là, pas de problème. Mais la situation a pris une tournure différente avec le développement du tourisme ethnique : ces *femmes-girafes,* évidemment spectaculaires, ont un potentiel d'attraction énorme. Et donc une grosse rentabilité. Et c'est ainsi que, de réfugiées, elles se sont bientôt retrouvées bêtes de foire, exhibées contre leur gré, certaines même ayant été vendues comme esclaves. Bref, une histoire complètement sordide. Et du gâteau touristique, elles ne reçoivent, bien sûr, que les miettes.

Ces *Padong* (hommes et femmes) ne peuvent pas, en tant que réfugiés, cultiver la terre. Alors c'est vrai que le tourisme est un de leurs seuls moyens d'existence (avec un peu d'élevage), mais toutefois, compte tenu de ce que l'on sait, on ne peut pas encourager cette activité « touristique » (les guillemets s'imposent), condamnable par la morale comme par le droit. Certaines associations en France se battent bec et ongles pour essayer de sauver leur dignité. Des programmes d'aide sont mis en place. Si vous voulez plus d'infos sur cette question, contactez l'ICRA *(International Commission for the Rights of Aboriginal People)*, une association pour la défense des ethnies : 236, av. Victor-Hugo, 94120 Fontenay-sous-Bois. ☎ 01-48-77-86-02. Fax : 01-43-94-02-45. • www.icrainternational.org •
Mais les visites de tribus dans le cadre de treks autour de Mae Hong Son ne se limitent pas à celle des *Padong*. Plusieurs *guesthouses* et petites agences en organisent où l'on voit d'autres *Karen*, mais aussi des *Lisu* et *Lahu* (voir, plus haut, les commentaires sur ces tribus). Les treks par ici sont sans doute moins courus que vers Chiang Mai, c'est un avantage. Possibilité de promenades à dos d'éléphant. À ce propos, on vous conseille d'expérimenter ce moyen de transport dans la région, plutôt qu'à l'intérieur d'un camp. La balade gagnera en authenticité.

DE MAE HONG SON À CHIANG MAI PAR PAI

Cette route, que nous appellerons « du Nord », est plus tourmentée mais encore plus belle que celle « du Sud » qui passe par Mae Sariang.
Au départ de Mae Hong Son, commencer par visiter les grottes de ***Tham Pla***. Voir ci-dessus. Ensuite, attention les yeux, ce sont probablement les plus beaux kilomètres : paysage typiquement karstique composé d'une multitude de collines calcaires recouvertes d'une épaisse végétation, de vallées torturées, érodées par l'action de multiples rivières. À faire tôt le matin ou en fin d'après-midi, quand la lumière est idéale. Faire un break calme et respectueux à ***Wat Tham Wua*** – วัดถ้ำวัว (grand panneau de bois). Ce lieu est dédié à la méditation. Vu le paysage, on comprend pourquoi. Seize kilomètres avant *Soppong*, une petite route part sur la gauche vers le village de Mae Lana (voir à la fin du chapitre « Soppong »).

SOPPONG (OU PANG MAPHA) – สบป่อง IND. TÉL. : 053

À 2 h de Mae Hong Son (65 km) et à 1 h de Pai (45 km). Le bus qui relie Mae Hong Son à Chiang Mai s'y arrête malgré la petitesse du village et la relative absence de touristes (tant mieux !). Soppong (ou Pang Mapha, nom du district sur certaines cartes) se résume à un groupe de maisons le long d'une rue principale. Tout près du village, on trouve les superbes grottes de ***Tham Lod*** – ถ้ำลอด.
Si vous restez un peu dans le secteur, procurez-vous la carte des environs auprès d'une *guesthouse* ou du modeste bureau touristique installé dans le centre, en bord de route.

Où dormir ? Où manger ?

Bon marché (de 100 à 250 Bts – 2 à 5 €)

Lemon Hill – เลมอนฮิลล์เกสท์เฮ้าส์ *:* dans le centre, juste en face du terminal des bus et du marché local. ☎ 617-039. Derrière la maison en bord de route, quelques bungalows rustiques avec ventilo descendent vers la rivière Lang. L'ensemble est loin d'être d'une propreté exemplaire et d'un grand confort, mais il fait profiter de sa situation stratégique à petit prix. Les proprios sont sympas. Bon resto.

De prix moyens à un peu plus chic (de 250 à 800 Bts – 5 à 16 €)

Little Eden Guesthouse – ลิตเติ้ลเอเดนเกสท์เฮ้าส์ *:* 295 Moo 1 (dans le centre). ☎ 617-054. Fax : 617-053. • www.littleeden-guesthouse.com • Le long d'un terrain arboré et fleuri, tout en profondeur, une dizaine de bungalows en forme de A. Pas très grands mais mignons, avec eau chaude, ventilo et moustiquaire. Prix : 350 Bts (7 €). Au fond du jardin, une maison où 2 chambres coquettes sont à louer. Elles se partagent une salle de bains délirante (rocs apparents). Réservation possible de la maison entière, avec grand salon. Tout est très bien pour le prix demandé. D'autant qu'il y a, devinez quoi ? Une piscine ! Et une cheminée dans le salon-restaurant où sols et murs sont recouverts de belle brique.

Soppong River Inn – สบป่องริเวอร์ อินน์ *:* côté rivière, à l'entrée du bourg en venant de Mae Hong Son. ☎ 617-107. • www.soppong.com • Fait assez *B & B*. Un petit bungalow à 150 Bts (3 €), pour les enfants, comme le dit la pub. Plus luxueux et étonnants, les « Bamboo Rooms » et « River Rim Cottage » sont perchés au-dessus de la rivière, avec une terrasse privée ou à partager. Prix de 600 à 800 Bts (12 à 16 €). Patron occidental un peu suffisant, l'oreille collée à son portable, mais le personnel est très sympa. Restaurant de style « californien » donnant sur la route. Accès Internet.

Où dormir ? Où manger dans les environs ?

Attention, voici deux adresses assez loin du centre de Soppong et de la route goudronnée, en direction des grottes de Tham Lod. Pas facile d'accès sans moyen de locomotion et surtout en période de pluie.

Bon marché (de 150 à 300 Bts – 3 à 6 €)

Lang River Guesthouse – ลางริเวอร์เกสท์เฮาส์ *:* au bord de la rivière, à quelques centaines de mètres des grottes. ☎ 619-024 (téléphone au village, le même que pour l'adresse suivante). Les bungalows, tout simples, sur pilotis et avec matelas sur le sol, sont divisés en deux chambres séparées par une salle d'eau commune. Petite terrasse pour rêvasser. Ne pas hésiter à prendre les bungalows avec eau chaude, à peine plus chers et propres. Également un dortoir d'une trentaine de places. Petite restauration de qualité assurée par le proprio.

Cave Lodge – เคฟลอดจ์บ้านถ้ำ *:* situé à 9 km au nord de Soppong, à 200 m du village de Ban Tham et tout près des grottes de

Tham Lod. ☎ 619-024 (téléphone au village). Un lieu assez exceptionnel, dans un cadre unique. Des huttes minimalistes sur pilotis et quelques bungalows en dur plus confortables, avec ventilo et eau chaude, se partagent les flancs d'une colline qui surplombe la rivière. Au-dessus, vaste salle commune équipée d'un âtre central pour les soirées au coin du feu. Ambiance un peu communautaire. Restauration. Ne pas manquer le « swimming hole », piscine pour le moins originale. Des treks sont organisés dans les environs.

➤ DANS LES ENVIRONS DE SOPPONG

Les grottes de Tham Lod – ถ้ำลอด : non loin des deux adresses précédentes, à 9 km du village. Ouvert tous les jours de 9 h à 17 h environ. Entrée gratuite sur le site ; mais la visite des grottes est obligatoirement guidée : 100 Bts (2 €) par groupe de 4 personnes maximum. S'y ajoute éventuellement le prix des rafts (100 Bts, à se partager à chaque fois) selon l'itinéraire que l'on veut suivre à l'intérieur, et le niveau de l'eau. Tout est expliqué à l'entrée. En effet, la rivière Lang, souterraine sur environ 1 km, traverse un vaste réseau de cavernes que l'on peut suivre jusqu'à la sortie avant de revenir à l'extérieur par le *Nature Trail.* Pendant la mousson, seule la première grotte est accessible à pied.
En suivant les guides en tongs (on vous conseille des chaussures plus robustes), on découvre un monde étrange fait de stalagmites, de vastes galeries, d'étroits boyaux... Le guide montre les rochers les plus célèbres et emprunte des échelles de bois, parfois bringuebalantes, qui mènent à des terrasses d'où partent d'autres galeries. Assez impressionnant. Ne pas jouer les Indiana Jones ! Des milliers de chauves-souris ont trouvé refuge dans ces grottes. Essayez de synchroniser votre visite avec leur sortie nocturne (peu après le coucher de soleil) ou leur rentrée matinale (plus dur !). Vol groupé, très impressionnant.

Mae Lana – แม่ลานนา : un village shan perdu au milieu d'un site superbe à 16 km de Tham Lod, accessible par une piste parfois bitumée mais restant assez difficile. Aller à pied ou en moto tout-terrain. Nombreuses fourches et bifurcations ; se munir d'une carte (comme celle du *Cave Lodge*) ou aller avec un guide local. Cadre merveilleux...
On peut aussi atteindre Mae Lana bien plus facilement : prendre la route de Mae Hong Son sur environ 15 km avant de bifurquer à droite (panneau indicateur). Après 2 km, on atteint un village lahu magnifiquement perché sur une crête. Il suffit alors de descendre dans la cuvette où se niche *Mae Lana,* entouré d'arpents de terre plate contrastant avec l'étroitesse des passes et la tourmente des falaises avoisinantes. Beau temple d'influence birmane. Possibilité de dormir et manger chez l'habitant (prix affichés). Plein de balades à faire autour (il y a même une grotte). Atmosphère vraiment attachante.

PAI – ปาย

IND. TÉL. : 053

À 112 km de Mae Hong Son, Pai est un gros village où se rassemble la plus grosse partie des Occidentaux qui viennent dans la région et pas mal de touristes thaïs. Mais voilà, refrain certes connu, Pai n'est plus ce qu'elle était. La multiplication des *guesthouses* lui a fait perdre beaucoup de son cachet

campagnard. On a parfois l'impression d'être dans un camp retranché pour routards mimétiques. De décembre à avril, le coin, moins boisé, est plus sec que Mae Hong Son ou Soppong.
Cependant, nulle part ailleurs dans la région vous ne trouverez une telle concentration d'hébergements, restaurants et services à petit prix et, on l'a dit, de congénères en vadrouille à rencontrer. Du fait de la multiplicité des offres, c'est aussi un bon endroit pour organiser des treks ou des balades dans les environs. Et puis, c'est très bien pour ne rien faire du tout... Point positif étant donné les risques encourus, la vente et la consommation de drogue, un phénomène qui s'était accru ces derniers temps, a subi un brusque coup d'arrêt depuis la guerre antidrogue menée par Napoléon-Thaksin, l'ancien Premier ministre.

Arriver – Quitter

Pai est sur la route « du Nord » reliant Chiang Mai à Mae Hong Son. Tous les bus dans les deux sens peuvent s'y arrêter. On vous rappelle qu'il y en a 8 par jour. Compter 4 h de belle route montagnarde tourmentée depuis Chiang Mai, et autant depuis Mae Hong Son.
Autre option, un service de minibus AC organisé par certaines agences (consulter les affiches).

Adresses et infos utiles

Procurez-vous dans une *guesthouse* ou une échoppe la photocopie de la carte de Pai et de ses environs. Très pratique. Tous les villages des tribus y sont situés.

■ Pas d'office de tourisme, mais un bureau de la ***Tourist Police*** *(plan A2, **1**)* dans la rue principale. Pas très accueillant.

■ ***Thai Adventure*** – ไทยแอดเวนเทอร์ *(plan B1, **2**)* **:** 17 Rangsiyanun Rd. En face de *Siam used books* et *Fuji Photo Shop*. ☎ et fax : 699-111 ou 01-993-96-74 (portable). • www.activethailand.com/rafting • Cette agence (à ne pas confondre avec *Pai Adventure,* un plagiaire), tenue par un Français (Guy, dit « Khun Ki »), propose des descentes en raft (de classe 2 à 4) sur les rivières Khong et Pai. La saison commence début juillet pour se terminer fin janvier. Elle peut aussi vous conseiller des treks intéressants dans ce secteur.

✉ ***Poste*** – ไปรษณีย์ *(plan A2)* **:** dans la rue principale. Ouvert du lundi au vendredi de 8 h 30 à 16 h 30 et le samedi de 9 h à 12 h.

@ ***Internet et téléphone :*** sur Runsiyanon Rd, plusieurs boutiques affichent les mêmes tarifs peu élevés.

■ ***Krung Thai Bank*** – ธนาคารกรุงไทย *(plan B1, **3**)* **:** ouvert du lundi au vendredi de 8 h 30 à 15 h 30. Ne change que le cash et les chèques de voyage. Distributeur *MasterCard* et *Visa* à l'extérieur.

■ ***Siam Used Books*** – ร้านขายหนังสือเก่า *(plan A2, **4**)* **:** librairie d'occase de qualité. Gros choix en anglais, du roman au traité philosophique. Le rayon français existant ne demande qu'à se développer. Venez y participer.

■ ***Location de motos*** – เช่ารถมอเตอร์ไซค์ **:** un peu partout. Au-dessus du lot, ***Aya Service*** *(plan B1, **5**),* sur Chaisongkhram Rd, propose de petites motos à partir de 100 Bts (2 €) les 24 h. État général correct. Mais le véritable plus ici, ce sont les assurances. Attention, faites-vous expliquer les différentes formules (jusqu'à 180 Bts, soit 3,6 €, par jour en sus du prix de location).

Où dormir ?

Étonnant éventail de *guesthouses,* d'un bon niveau de confort et à prix doux.

De bon marché à prix moyens (de 100 à 300 Bts – 2 à 6 €)

■ ***Les guesthouses « côté champs »*** *(plan B1-2)* **:** avant les intempéries de 2005, on conseillait de venir sur les bords de la rivière dans ces *guesthouses* sur pilotis. L'État a interdit leur reconstruction, ce qui n'est pas plus mal. Par contre, les proprios se sont installés un peu plus loin, plus à distance de la rivière, le long de la route qui mène à Viangnua (100 m après le grand pont, à l'intersection, prendre à gauche ; la route de droite mène aux sources chaudes). Allez y faire un tour !

■ ***Shan Guesthouse*** – ชาญเกสท์เฮ้าส์ *(plan A2,* ***10****)* **:** au sud de la ville, sur la route de Chiang Mai. ☎ 699-162. Étonnante réception sur pilotis (comment ça tient ?) au milieu d'un tout petit lac qui confère à l'adresse un charme indéniable. Tout autour, sur un vaste terrain gazonné, 9 bungalows, tous avec eau chaude, et 5 huttes avec toilettes. Tous avec petite terrasse privative. Très agréable, très calme et très bon rapport qualité-prix.

■ ***P.S. Riverside*** – พี.เอส ริเวอร์ไซด์ *(plan B2,* ***11****)* **:** ☎ 698-095. Là encore près de la rivière, un ensemble de huttes rudimentaires en forme de A, dans un jardin calme. Deux seulement ont une salle de bains avec eau chaude. Prévoir un cadenas. Quelques tables sous une tonnelle au bord de la rivière... Ici, le temps n'a plus de sens, et le confort moderne devient un vague souvenir ! Vraiment bon marché, mais confort minimum.

■ ***Pai River Lodge*** – ปายริเวอร์ลอดจ์ *(plan B2,* ***12****)* **:** ☎ 01-984-697 (portable). Un peu à l'écart. Autour d'une prairie assez nue, des huttes sur pilotis, en bambou et feuillages. Matelas au sol, moustiquaire. Sommaire mais très bon marché et bien tenu. La maison centrale possède un bar relax. On domine le fleuve. L'endroit serait idyllique s'il n'était placé juste à côté d'un collège parfois très bruyant... Gare aux moustiques !

De prix moyens à un peu plus chic (de 200 à 650 Bts – 4 à 13 €)

■ ***P.P. Orchid Guesthouse*** – ออร์คิดเกสท์เฮ้าส์ *(plan B2,* ***13****)* **:** juste à l'entrée du village, sur la droite quand on vient de Chiang Mai. ☎ 699-159. Très agréable *guesthouse :* bungalows en dur, propres et au confort satisfaisant (eau chaude, ventilo, bonne literie...), répartis dans un chouette cadre de verdure. Atmosphère relax, bon accueil. Propose aussi une savoureuse cuisine thaïe à prix corrects. Porte fermée après 21 h.

■ ***Duang Guesthouse*** – ดวงเกสท์เฮ้าส์ *(plan B1,* ***14****)* **:** face à l'arrêt des bus. ☎ 699-101. Fax : 699-581. Dans une maison coquette, autrefois entourée d'un jardinet où

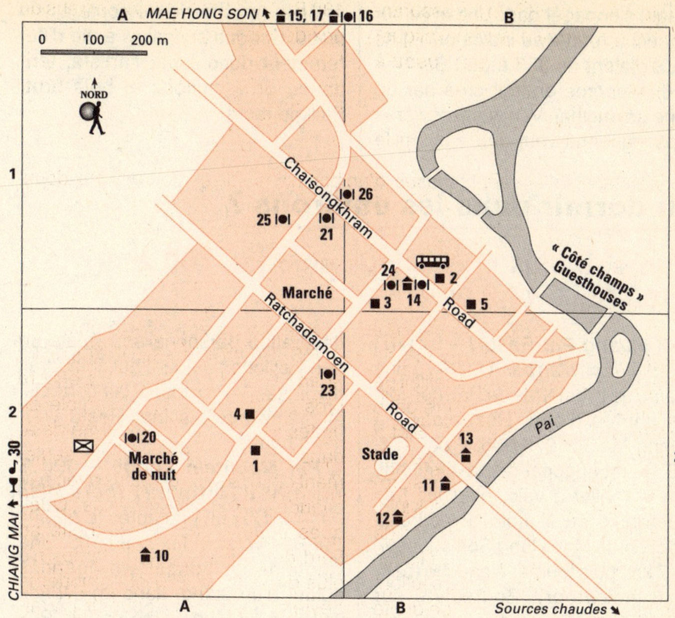

PAI

Adresses utiles

✉ Poste
1 Tourist Police
2 Thai Adventure
3 Krung Thai Bank
4 Siam Used Books
5 Aya Service

Où dormir ?

10 Shan Guesthouse
11 P.S. Riverside
12 Pai River Lodge
13 P.P. Orchid Guesthouse
14 Duang Guesthouse
15 Sipsongpanna
16 Muang Pai Resort
17 Pai Mountain Lodge

Où manger ?

14 Duang Restaurant
20 Marché de nuit
21 Nongbeer Restaurant
23 Dune Restaurant
24 Baan Pai
25 Krazy Kitchen
26 Hut Inn Pai

Où boire un verre ?

30 Be Bop

des bungalows ont maintenant poussé (fleur locale tenant parfois un peu de la mauvaise herbe). Mais ne leur jetons pas la pierre ! Dans la maison, en premier prix, chambres acceptables avec ou sans salle de bains. Certaines sont amusantes par leur aménagement vieillot. Les bungalows se négocient à 300 Bts (6 €). Malgré un peu d'usure, la propreté reste de mise. La patronne parle un peu l'anglais, mais les colombes roucoulent en thaï. Organisent des treks. Location de VTT et de motos.

Sipsongpanna – สิบสองพันนา *(hors plan par A1, **15**) :* à environ 2 km du centre dans le village de Viengneur. ☎ 735-133. Fax : 699-234. • sipsongpanna33@hotmail.com • Prendre la route de Mae Hong Son, tourner à droite après la station-service, traverser la rivière puis, au village, s'engager dans une allée sur la gauche (panneau indicateur). Les prix s'étalent de 350 à 650 Bts (7 à 13 €). Superbe endroit créé par un jeune artiste thaï. Vue sur les rizières (Sipsongpanna veut dire « dix mille rizières »), et la rivière coule à vos pieds. Chaque bungalow a été différemment décoré par l'artiste, tendance gros cailloux et bois brut. Paillote resto.

Où dormir dans les environs ?

D'un peu plus chic à plus chic (de 700 à 1 100 Bts – 14 à 22 €)

Muang Pai Resort – เมืองปายรีสอร์ท *(hors plan par A1, 16)* : à une dizaine de kilomètres de Pai, non loin des chutes d'eau. Réservation à Chiang Mai. ☎ 270-906. Fax : 272-895. • muangppai-resort@infothai.com • Y aller à vélo, pour les très courageux, ou à moto. Prendre la direction de Mae Hong Son sur environ 7 km, puis tourner à gauche (panneau indicateur). Poursuivre sur environ 5 km. Genre de petit paradis perdu dans la nature : des bungalows d'architecture traditionnelle séparés les uns des autres par des allées, chacun avec terrasse aménagée, des chambres lumineuses à la décoration personnalisée (mais un peu vieillotte ; aujourd'hui, il faudrait revoir ça...). Prix tout à fait corrects, et même une piscine. Resto vraiment bon.

Pai Mountain Lodge – ปายเม้าเทนลอดจ์ทางไปน้ำตก *(hors plan par A1, 17)* : un peu après le *Muang Pai Resort*. ☎ et fax : 699-995. Une vingtaine de bungalows agencés autour d'un étang, dans un espace vallonné, et d'un calme parfait. Prix un peu élevés par rapport aux prestations proposées. Bungalows de bois avec mini-salon d'entrée équipé d'une cheminée en brique, parquet, douche chaude. Un peu vieillot.

Où manger ?

Bon marché (autour de 100 Bts – 2 €)

Stands ambulants : en quantité, sur et autour du petit ***marché de nuit*** – ตลาดกลางคืน *(plan A2, 20)*, ou le long de Chaisongkhram. Spécialités locales, *pancakes* et brochettes à partir de 5 Bts... Certains restent ouverts assez tard... ou très tôt (y voir les bonzes à l'aube est un spectacle rare).

Nongbeer Restaurant – ร้านอาหารน้องเบียร์ *(plan A1, 21)* : 39/1 Chaisongkhram (face au *Hut Inn Pai*). Resto en angle de rues, à terrasse ouverte. Bonne cuisine populaire, très propre, bon marché. Fréquenté par les Thaïs du coin. Pas du tout épicés, les *satays* (brochettes de porc ou de poulet, sauce coco, cacahuètes et curry) ou le *fried chicken with cashew nuts* (noix de cajou, y'a bon !) *and oyster sauce* s'avalent avec joie.

Duang Restaurant – ร้านอาหารดวง *(plan B1, 14)* : attenant à la *Duang Guesthouse*, à l'angle de la rue principale. Ouvert de 7 h à 22 h. Une cuisine thaïe qui se permet quelques incursions dans l'art culinaire birman. *Pad thai* réussi. Goûtez la spécialité locale, le *khao soi*, d'origine birmane. Plats copieux. Également quelques sandwichs et spaghettis, pour ceux qui préfèrent. Et mémorables *fruit-shakes*. Cadre en revanche tout à fait banal.

Dune Restaurant – ร้านอาหารดูน *(plan A2, **23**)* **:** Ratchadamoen Rd. Propose une sélection « méditerranéenne » (*falafel, pita* et *moussaka*) en plus de plats thaïs et de salades. Le tout à prix doux, en qualité et quantité correctes. L'établissement à côté, c'est kif-kif ou presque.

De prix moyens à plus chic (de 100 à 500 Bts – 2 à 10 €)

Baan Pai – ร้านอาหารบ้านปาย *(plan B1, **24**)* **:** presque à l'intersection des rues Chaisongkhram et Rangthiyanon. Très populaire. Cadre de plein air, abrité sous les pilotis d'une grande maison. Les spécialités de viande comme le copieux *baan pai safari chicken* sont correctement maîtrisées. Pizzas, pâtes et sandwichs, *fruit-shakes*. Et des petits plats thaïs à partir de 30 Bts (0,6 €).

Krazy Kitchen – ร้านอาหารเครซี่คิทเช่น *(plan A1, **25**)* **:** à deux pas du carrefour central. Dans une maison en bois, Supata, une jeune femme gentiment planante, a mitonné un endroit baba et chaleureux, un peu fourre-tout, plutôt sympa, tout de bois sombre et au plafond bas, genre vieille taverne. On s'y restaure agréablement. Dans un coin, on peut manger assis par terre, façon *kantoke*. Dans cette ambiance un peu New Age, éclairée le soir à la bougie, on sert une honnête cuisine thaïe et végétarienne, un peu épicée tout de même (surtout les *curries*). Supercool néanmoins.

Hut Inn Pai – หัตอินน์ปาย *(plan A-B1, **26**)* **:** dans le centre. ☎ 698-103. Resto un peu chic avec ses tables en bois bien verni, mais qui reste bon marché. Belle maison en teck, récente mais élégante, et cuisine locale de facture classique. Patron sympa.

Baan Benjarong : 40 m avant le *Be Bop* (voir « Où boire un verre ? »). L'arrière-grand-mère des proprios était cuisinière du roi. Une gastronomie thaïe de bonne facture.

On nous signale aussi le resto ***La Terrasse,*** en allant vers Viangnua, 100 m après le grand pont, à l'intersection, tourner à gauche. Resto panoramique, bonne cuisine thaïe.

Où boire un verre ?

Be Bop – ร้านอาหารบีบ๊อบ *(hors plan par A2, **30**)* **:** à la sortie de Pai, direction Chiang Mai. C'est le grand rendez-vous nocturne de la région. Tous les soirs, sauf exception, petit « bœuf » façon *rhythm'n blues*.

➤ DANS LES ENVIRONS DE PAI

Les chutes de Mo Paeng – น้ำตกโม่งแปง **:** à une dizaine de kilomètres au nord de Pai. Prendre la route de l'hôpital.

Après 5 km environ, on arrive au ***village chinois du Kuomintang*** (KMT). Jetez-y un œil. Les habitants sont des membres de l'armée chinoise communiste qui combattirent Mao Zedong. Certains se sont réfugiés en Birmanie et vivent du trafic d'opium. D'autres se sont rangés et vivent de l'agriculture, de la culture du thé prédominant dans la région et du commerce en Thaïlande. Les habitations en dur ont peu à peu remplacé les traditionnelles maisons en terre battue, le décor en souffre mais le confort s'améliore.

À la fourche, à l'entrée du village, prendre à droite vers les chutes. Chemin désormais facilement praticable. Prendre plutôt la direction du *Pai Mountain Lodge* (route de Mae Hong Son) sur 7 km environ, puis à gauche en direction de l'hôtel (c'est fléché à 2 km, et c'est de la mauvaise piste ; allez-y à pied). Évidemment, c'est moins pittoresque, mais ça a le mérite d'être faisable ! Charmante chute d'eau avec, au pied, un agréable bassin de 10 m sur 5 environ dans lequel les gamins du coin barbotent. Entouré de forêts, un petit lieu absolument charmant pour une baignade. Pour y aller, on traverse un minivillage *lahu*, où les cochons des montagnes gambadent en semi-liberté. Les arbustes qui bordent la route sont des litchis.

Les sources chaudes **–** น้ำพุร้อน *(hors plan par B2)* **:** à 10 km environ au sud de Pai. Se diriger vers le temple Mae Yen et suivre la route. Pancarte de bois sur la gauche de la route indiquant ***Tha Pai Hot Springs*** **–** น้ำพุร้อนท่าปาย. Emprunter la route bétonnée sur environ 1 km. Dans une petite forêt, au bord d'un cours d'eau chaude sulfureuse, où l'on peut faire trempette quand la température de l'eau le permet... Elle est brûlante à la résurgence ! D'ailleurs, certains y mettent les œufs du pique-nique à cuire. Les arbres, les oiseaux, le calme... un bon bain. Hmm... En fin d'après-midi, un moment de détente extra. Ne pas oublier une serviette et un vêtement de rechange.

Tha Pai Spa Camping **–** ท่าปายสปาแค้มป์ปิ้ง **:** ☎ 01-95-12-784 (portable). Sur la route des sources chaudes. On nous parle de camping mais, finalement, ce ne serait possible que s'il n'y a plus de place dans les chambres. Ça commence mal ! Le sourire béat de cette dame en train de cuire dans l'eau thermale très chaude de la piscine publique (admission : 50 Bts, soit 1 €) rattrape finalement le tout. Chambres dans des pavillons avec salle de bains à l'eau « minérale » à partir de 600 Bts (12 €). Pour les résidents, piscine plus grande. Massages, sauna.

➢ ***Balade à dos d'éléphant*** **–** นั่งหลังช้างเที่ยว (ทางไปน้ำพุร้อนท่าปาย) **:** sur la route de *Tha Pai Hot Springs* (voir ci-dessus). Sur la gauche de la route (indiqué). ☎ 699-286. • thoms-elephant-camp@yahoo.com • Une famille d'agriculteurs possède deux éléphants et propose des balades en montagne ou vers la rivière (choisissez cette dernière, plus agréable, moins galère et l'éléphant la préfère). Bureau en ville, un peu après le resto *Chez Swan* en venant du centre.

➢ ***Les treks :*** de nombreuses *guesthouses* en proposent. De 2 à 5 jours, avec ou sans raft, plus ou moins bien préparés. Certains organisent des descentes de rivière en radeau de bambou. *Duang Guesthouse* propose une balade d'une journée vers les villages *lisu* et *lahu* ainsi que vers une cascade. Ils organisent aussi un trek de 3 jours, avec promenade à dos d'éléphant et rafting.

Attention : pour certains treks, il semble que les organisateurs s'arrangent pour que, incidemment, le soir au village d'étape, le touriste puisse s'offrir une « défonce » bon marché à l'opium. Ne prenez de l'opium en aucun cas : c'est une drogue dure, donc très dangereuse (un Français a été victime d'une overdose il y a quelques années).

Pour ceux qui sont à moto, les environs de Pai offrent de chouettes balades (avoir une carte). Se renseigner sur place. Voir aussi la rubrique « Treks à moto » dans « Treks chez les ethnies montagnardes », plus haut.

DE MAE HONG SON À MAE SARIANG

Cette route, que nous appellerons « du Sud », est plus rapide dans sa première partie que celle qui passe par Pai. Cependant, le tronçon Mae Sariang - Chiang Mai, montagneux et superbe, peut aussi se révéler ardu ; et si l'on veut poursuivre vers le sud et Mae Sot, risque de glissements de terrain pendant la saison des pluies : bien se renseigner avant de partir. Nous suivons donc cette route au départ de Mae Hong Son jusqu'à Chiang Mai. Vous inverserez l'ordre des sites traversés si vous partez de Chiang Mai.
La route du Sud (voir la carte régionale) est empruntée 7 fois par jour (en moyenne) par des bus réguliers dans les deux sens. Le voyage dure 8 petites heures pour effectuer 350 km.
En quittant Mae Hong Son, on traverse une région peuplée de nombreux *Karen* aux vêtements chatoyants.
Vingt kilomètres après les sources d'eau chaude où des villageois viennent laver leur linge (15 km, sur le côté droit), une route part sur la gauche, à hauteur d'un petit hôtel.
Cette route monte vers deux villages. Le premier, minuscule et perdu, est occupé par des *Karen* (chemin à gauche à 3,5 km de l'embranchement) ; dans l'autre (4,5 km plus loin) vivent huit à dix familles *hmong*. On reconnaîtra leurs habitations de plain-pied au sol en terre battue et les broderies de leurs vêtements noirs.
Malgré leur desserte facile par une route goudronnée qui mène à un relais TV au sommet de la montagne, ces deux villages ne sont absolument pas touristiques, avec les conséquences agréables et contraignantes que vous imaginez. Vous n'y êtes pas en terrain conquis. Donc respectez les gens, souriez, et tout se passera bien. Si vous sortez des grandes routes, vous découvrirez un certain nombre de villages dans le même genre.

MAE SARIANG – แม่สะเรียง

IND. TÉL. : 053

Après avoir traversé le village de Mae La Noi, on arrive à Mae Sariang, un peu à l'écart de la grande route. La ville s'organise autour d'un carrefour. Près de 4 000 personnes vivent ici, principalement des Shan et des Thaïs. Le bourg, assez commerçant, est une étape pour les voyageurs de commerce et camionneurs qui sillonnent le pays. Les montagnards de la région viennent s'y approvisionner. C'est une belle petite ville qui a gardé beaucoup de son authenticité, aidée par ses nombreuses maisons de teck et la charmante rivière contre laquelle elle s'adosse à l'ouest.

Adresses utiles

✉ ■ Sur Wiang Mai Rd, la rue qui vient de la route principale, vous trouverez ***poste*** *(plan B1)*, ***hôpital*** *(plan B1, 2)* et une ***Kasikorn Bank*** *(plan A1, 3)* avec change de 8 h 30 à 15 h 30. En face du restaurant *Intira*, un ***distributeur Visa.***

🚌 ***Gare routière*** *(plan A1)* **:** Mae Sariang Rd. Pour Mae Hong Son, 4 bus par jour, AC ou non, entre 7 h et 15 h 30. Compter 4 h de trajet, 80 ou 140 Bts (1,6 ou 2,8 €). Cinq départs journaliers pour Chiang Mai de 7 h à 15 h. Compter 4 h de route, prix similaires.

Où dormir ?

Autant dormir côté rivière pour profiter de la belle vue et de la fraîcheur.

De bon marché à prix moyens (de 100 à 400 Bts – 2 à 8 €)

■ ***Riverside Guesthouse*** – รีเวอร์ไ ซด์เกสท์เฮ้าส์ *(plan A1, **10**) :* 85 Langpanich Rd. ☎ 681-188. Fax : 681-353. La dernière *guesthouse* le long de la rivière, en allant vers le nord. Ouverte en 1988, ce fut la première *guesthouse* de Mae Sariang. Premiers prix, les chambres doubles du sous-sol (180 Bts, soit 3,6 €) mériteraient un coup de peinture. Celles du dessus, avec salle de bains, coûtent le double et profitent de la terrasse. Réduc' pour les solitaires. Des AC aussi. Pas mal. Famille pittoresque. Les dames, rondouillardes, fument le cigare, enveloppées dans leurs pelisses.

■ ***Northwest Guesthouse*** – นอร์ทเ วสท์เกสท์เฮ้าส์ *(plan A1, **11**) :* ☎ 681-956. En face de *River House.* Donne sur la rue, pas sur la rivière. Tout en teck. Chambres sobres mais nickel à partir de 150 Bts (3 €) ; salle de bains à l'extérieur. Resto. Patronne avenante. Réduc' si l'on est seul.

Un peu plus chic (de 500 à 950 Bts – 10 à 19 €)

■ ***River House*** – รีเวอร์เฮ้าส์ *(plan A1, **12**) :* 77 Langpanich Rd. ☎ 621-201. Fax : 621-202. • riverhouse@hotmail.com • Belle demeure récente en teck, coiffant la rivière de sa terrasse. Chambres classieuses, parquets et mobilier faits du même bois, tout comme les accessoires (lampes, etc.) ! On peut jouir de l'endroit à partir de 550 Bts (11 €) dans des doubles avec ventilo. À noter, au 2e, la superbe triple AC, avec vue sur la montagne, à 950 Bts (19 €). Un mauvais point, par contre, pour leur dernière addition à deux pas de là : un immeuble de 3 étages en maçonnerie défigure l'unité de la rue.

■ ***Mitra Ree Hotel*** – มิตรอารีย์โฮเตล *(plan B1, **13**) :* en ville, sur Wiang Mai Rd. ☎ 681-110. Complexe hôtelier offrant une large gamme d'hébergements allant de chambres simples à petits prix aux luxueux bungalows en passant par des *standard.* S'il n'y a plus de places vers la rivière.

Où manger ?

|●| ***Intira Restaurant*** – ร้านอาหารอิ นทิรา *(plan A1, **20**) :* Wiang Mai Rd. Ouvert tous les jours de 8 h à 21 h. On dîne dans la grande salle pittoresque ouverte sur la rue ou, à l'intérieur, dans un espace climatisé. Excellente cuisine locale, préparée avec soin et servie en portion généreuse. En automne, spécialité de grenouilles géantes de la région, mais sachez que c'est une espèce protégée.

|●| ***Renu Restaurant*** – ร้านอาหารเ รณู *(plan A1, **21**) :* en face d'*Intira Restaurant.* Plus kitsch et spécialisé dans la *wild food.* Mais attention, sanglier *(boar)* et sittelle *(nuthatch),* un petit oiseau préparé au curry, sont aussi des espèces qui deviennent rares.

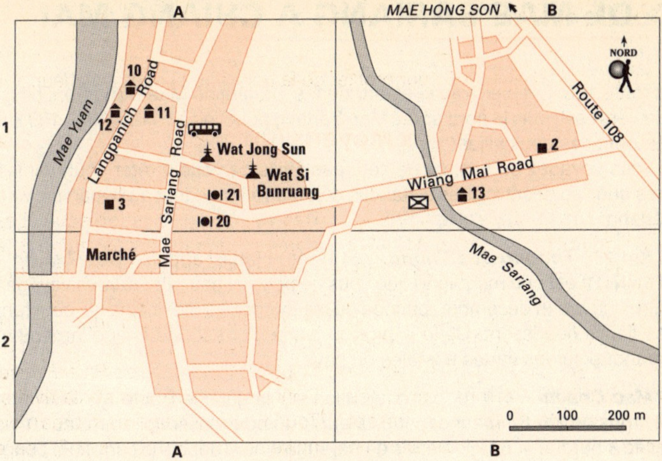

MAE SARIANG

Adresses utiles

- Poste
- Gare routière
- **2** Hôpital
- **3** Kasikorn Bank

Où dormir ?

- **10** Riverside Guesthouse
- **11** Northwest Guesthouse
- **12** River House
- **13** Mitra Ree Hotel

Où manger ?

- **20** Intira Restaurant
- **21** Renu Restaurant

À voir. À faire

Wat Si Bunruang – วัดศรีบุญเรือง et ***Wat Jong Sun*** – วัดจองสุ่น *(plan A1) :* les deux plus beaux temples de la ville, bâtis au XIXe siècle, se touchent presque. S'ils sont tous deux de style birman, le premier possède une certaine originalité dans sa structure avec décrochements. Trois *chedî* peints précèdent le second, plus classique.

Le marché : dans le moindre village, le marché est un ravissement de couleurs, de bruits et d'odeurs. On poussera la balade jusqu'au pont sur la rivière Yuam, gardé par deux autres temples sans grand intérêt architectural.

Balades sur la Salawin : cette rivière qui descend de Chine vient dessiner la frontière avec le Myanmar à environ 45 km à l'ouest de Mae Sariang, avant de se jeter dans l'océan Indien. Pas besoin d'être accompagné, prendre une carte à la *Riverside Guesthouse.*

Promenades et randonnées : possible de faire des balades de 1 à 3 jours. M. Adul, qui fréquente assidûment les pensions, s'est fait une certaine réputation en tant que guide. Il semblerait qu'avec le succès il pousse un peu sur les prix. Négociez âprement et demandez aussi conseil au très serviable patron de la *Riverside Guesthouse.*

DE MAE SARIANG À CHIANG MAI

La route 108, fort bien tracée et entretenue, partant de Mae Hong Son, bifurque vers l'est, puis le nord après Mae Sariang pour finir à Chiang Mai. 190 km séparent ces deux villes.
Si vous voyagez en bus, ce ne sera pas facile de vous arrêter pour voir les sites que l'on décrit ici. Les distances données s'entendent au départ de Mae Sariang.

Km 18 : ***Thoong Bua Thong*** **–** ทุ่ง บัวทอง (aussi appelée ***Doi Mae Ho*** **–** ดอยแม่โฮ) est une montagne que vous ne pourrez pas rater si vous voyagez entre octobre et décembre, période où les tournesols mexicains qui couvrent ses flancs fleurissent. Cette explosion jaune d'or est une image largement répandue sur les cartes postales du pays.

Mae Chaem **–** แม่แจ่ม, par bifurcation sur la gauche (route n° 1088) aux environs du km 80 (panneau indicateur) : un bourg assoupi au milieu d'une vallée « perdue ». 50 kilomètres de trajet plein nord depuis le carrefour. Longtemps difficile d'accès, les routes sont maintenant bitumées. À l'écart des grands axes, l'endroit a gardé un maximum d'authenticité loin du folklore touristique. On y trouve de nombreux beaux temples, récemment restaurés mais gardant leur cachet purement Lanna. La route remontant vers le Doi Inthanon (20 km), magnifique, plonge entièrement sous le manteau végétal après son entrée dans le parc. *Tourist Information* dans le village.

Comment aller à Mae Chaem ?

En *songhtaew* depuis Chomthong par la route traversant le Doi Inthanon (en profiter pour visiter ce dernier). Des départs aussi depuis Hot. À Mae Sariang, se renseigner à la gare routière sur les correspondances. L'idéal, c'est de venir à moto. Certes les routes, bien bitumées, sont très sinueuses et parfois assez pentues, mais, après un peu d'entraînement pour les novices, ça passe sans problème.

Où dormir ? Où manger à Mae Chaem ? À voir

Pangsara Resort **–** ปางสรารีสอร์ท **:** à l'entrée du bourg en venant de Doi Inthanon. Repérer les bungalows aux toits bleus répartis sur un grand terrain. Salle de bains et eau chaude partout. Prix : de 300 à 700 Bts (6 à 14 €). Café et bon resto en extérieur. Sinon, comme d'hab', stand de nouilles au marché de la ville.

Km 91 : ***les gorges Obluang*** **–** จอร์ค ออบหลวง, creusées par la rivière Mae Chaen, qu'enjambe un impressionnant petit pont de bois. Bien aménagée, avec aire de pique-nique, camping et baignade possible, cette petite balade suit les traces (gravures, tombes...) d'hommes qui vécurent ici il y a 7 000 ou 8 000 ans. Entrée : 200 Bts (4 €).

Km 105 : le village de ***Hot*** ne nous a pas laissé un souvenir impérissable.

Km 142 : plus intéressant, ***Chom Thong*** – ชมทอง possède un temple dont le magnifique *chedî* abrite une importante relique de Bouddha lui-même. Du coup, le village est le théâtre d'une grande fête, qui a lieu à la pleine lune de juin. Juste derrière le temple, plusieurs ***kiosques*** proposent une convaincante nourriture locale. Montrez ce que vous voulez, et n'hésitez pas à goûter ce qui vous fait envie, en vous méfiant tout de même de la viande crue ou de la soupe au sang de porc. Plein d'alcools pimentés et des prix dérisoires. Les flippés de l'hygiène et les estomacs fragiles s'abstiendront.

Km 150 : par une bifurcation sur la gauche, à la sortie de Chom Thong : parc national du ***Doi Inthanon*** (2 590 m). Entrée : 200 Bts (4 €). C'est le plus haut sommet du pays. Refuge d'espèces animales rares, de nombreuses balades y sont possibles. Il y a plusieurs chutes d'eau, des villages d'ethnies et des projets écotouristiques à visiter. Au sommet, les plates-formes de deux stûpa (assez laids, il faut bien le dire) offrent une superbe vue à presque 360°. Logement et restauration possible au niveau des National Park Headquarters.

Comment aller et se déplacer dans le parc national du Doi Inthanon ?

À Chom Thong, service de *songthaew* à destination de l'entrée du parc (20 Bts), d'où d'autres camionnettes font la navette jusqu'au sommet (50 km, 30 Bts). Muni de la brochure disponible au kiosque, indiquer au chauffeur votre destination. Entre chaque site, on peut faire du stop (payant) assez facilement. Depuis le Doi Inthanon, il est possible de continuer sur Mae Chaem en *songthaew* (voir ci-dessus).

Km 190 : arrivée à Chiang Mai par le Sud.

EXCURSION SUR LA RIVIÈRE KOK

La descente et les excursions à partir de la rivière Kok ne sont plus aussi aventureuses qu'autrefois. L'amélioration du réseau routier ayant tué le trafic fluvial, il n'y a plus que les pirogues des touristes sur la rivière. La surexploitation passée a malmené l'authenticité de ce voyage, transformant les villages bordant les rives en magasins de souvenirs. Mais la région reste très belle et la rivière peut toujours être l'objet d'explorations plus profondes.

Arriver – Quitter

Les pirogues partent de ***Thaton*** – ท่าตอน (à 177 km de Chiang Mai). Depuis Chiang Mai, 6 bus directs partent quotidiennement de *Chang Puak Bus Station*. Compter 4 h de trajet. Le bus de 7 h 20 permet d'embarquer sur l'une des *pirogues officielles,* après avoir déjeuné tranquillement. On peut aussi transiter par Fang, desservie depuis Chiang Rai (1 h 30 de trajet) et Chiang Mai, puis rejoindre Thaton en *songthaew* (1 h de route).

Organiser l'excursion

Le quai se trouve sur la rive droite de la rivière Kok. Juste avant le pont, prendre la rue qui suit la berge. Le bureau de réservation, ouvert de 9 h à 15 h, est situé sous l'abri du quai. On peut y acheter son billet pour les *pirogues officielles* de 12 h 30 (prix : 250 Bts, soit 5 €, par personne) ou louer une embarcation. Liste affichée de tous les arrêts possibles. D'autres opérateurs, privés, se trouvent plus loin sur le quai.
Ceux qui arrivent trop tard ou les groupes déjà constitués pourront donc louer une *pirogue privée* pour 1 700 Bts (34 €). Selon le niveau de l'eau, elles peuvent embarquer de 6 à 10 personnes. Il est alors possible de partir quand on veut (mais pas après 15 h) et de personnaliser son excursion en s'arrêtant à son gré. Selon la saison, le trajet jusqu'à Chiang Rai dure de 3 à 4 h. Apportez de l'eau, quelques gâteaux pour tromper les petits creux, et de quoi vous couvrir la tête. Sachez aussi que de plus en plus de *guesthouses* se sont installées à proximité des rives de la rivière Kok, notamment au niveau des sources chaudes *(Hot Springs)*. L'une d'elles, ***Akha Hill House*** – อาข่า ฮิลล์ เฮ้าส์, semble emporter tous les suffrages.
Deux autres options :
➢ *descendre la rivière Kok si on loge à Chiang Rai :* compliqué, car il n'y a pas de bus direct, mais cela peut donner l'occasion d'une belle excursion en boucle, mi-route mi-bateau. Rejoindre d'abord Mae Chan en *songthaew* par la route 110. Descendre au niveau de l'arrêt des transports publics en empruntant la route n° 1089 à destination de Thaton. Prévoir quand même 3 à 4 h de trajet en comptant les attentes.
➢ *Remonter la rivière Kok (Chiang Rai – Thaton) :* faisable (durée : 4 h), mais bruyant car la pirogue doit faire tourner son moteur à plein régime. C'est aussi moins amusant lors du passage des « rapides ». On met les guillemets car, jamais très décoiffants, ils n'apparaissent réellement qu'entre la saison sèche et la saison des pluies.

THATON – ท่าตอน

IND. TÉL. : 053

Site agréable, dominé par une colline où trône un gros bouddha. De nombreuses adresses charmantes en bordure de rivière, *guesthouses* ou hôtels, incitent à y dormir avant d'embarquer sur la rivière Kok, de faire un trek alentour ou de continuer par les belles routes de la région la plus septentrionale de Thaïlande vers Mae Salong et Mae Sai.

Où dormir ?

Bon marché (de 100 à 300 Bts – 2 à 6 €)

■ ***Thip's Travellers House 1*** – ทิปส์ทราเวลเลอร์เฮ้าส์ ฯ **:** juste avant de passer le pont, sur le côté gauche. ☎ et fax : 459-312. Doubles à 150 Bts (3 €). Cinq chambres modestes mais propres, en demi-dur, avec ventilo et eau froide. Cloisons en bambou tressé très fines. Toilettes à l'extérieur. Douche chaude payante. Patronne plutôt accueillante. Petit resto en terrasse. Bon petit déjeuner. Treks.

■ ***Apple Guesthouse*** – แอ๊ปเปิ้ลเกสท์เฮ้าส์ **:** pile en face du débarcadère. ☎ 373-144. Grande maison hébergeant un restaurant au rez-de-chaussée. Les chambres, spacieuses et d'un bon niveau de confort (salle de bains avec eau chaude), sont aux étages. Propose également des bungalows spartiates pour la moitié du prix des chambres.

De prix moyens à plus chic (de 300 à 1 500 Bts – 6 à 30 €)

Garden Home – การ์เด้นโฮมเกสท์เฮ้าส์ : passer le pont et prendre immédiatement à gauche le chemin qui borde la rivière. ☎ 373-015. Bungalows et huttes en bambou répartis dans une véritable plantation de litchis. Toute une gamme de prix, variant du simple au quadruple. Cadre vraiment extra, aéré, bien entretenu, et même une (petite) plage en saison sèche. Sauf pour la vue, on aime autant les bungalows plus simples. *Coffee shop.*

Encore plus chic (de 1 500 à 3 250 Bts – 30 à 65 €)

Thaton River View – ท่าตอนริเวอร์วิว : au-delà du *Garden Home,* non loin du pont. ☎ 373-173. Fax : 459-288. Agréables bungalows en dur, spacieux, avec parquet et petite terrasse, disposés le long de la rivière et auxquels on accède par un petit ponton tout à fait exotique. Bel environnement végétal. Excellente literie. Un endroit vraiment chouette, et vendu au prix juste, autour de 1 500 Bts (30 €), petit dej' compris. Le restaurant aussi est bien (voir plus loin).

Maekok River Village Resort – แม่กกริเวอร์วิลเลจรีสอร์ท : le long de la rivière, un peu à l'écart du centre du village, rive droite, après l'*Apple Guesthouse.* ☎ 459-355. Fax : 459-329. • www.track-of-the-tiger.com • En bordure de rivière, dans un cadre aéré et fleuri. Bel ensemble d'une vingtaine de chambres disposées autour d'une piscine, et de quelques villas un peu en retrait (vastes et élégantes, 2 chambres et salon, chouette salle de bains). Très bon standing et prix... en rapport, à partir de 2 200 Bts (44 €). Le *Maekok River Village* est aussi un centre de formation, où l'on peut apprendre la cuisine thaïe et la culture bio. Propose également des treks très intéressants. Cartes de paiement acceptées.

Où manger ?

De bon marché à prix moyens (de moins de 100 à 400 Bts – 2 à 8 €)

Apple Restaurant – ร้านอาหารแอ๊ปเปิ้ล : au rez-de-chaussée de la *guesthouse.* Cuisine thaïe simple mais bonne et pas chère, servie avec le sourire. Grande salle ou terrasse. Permet d'attendre le moment du départ puisqu'on a vue sur le ponton.

Chankasem Guesthouse – จันทรเกษมเกสท์เฮ้าส์ : non loin de l'*Apple Restaurant,* resto correct aussi.

Thaton River View – ท่าตอนริเวอร์วิว : bien bonne table, avec terrasse idéalement située face à la rivière. Pleine de charme, et de moustiques ! Mais voir le soleil se coucher sur les temples voisins, on ne s'en lasse pas. Plus cher que les adresses populaires mais pas excessivement. On peut aussi se contenter d'y prendre un verre.

Trek dans les environs

De nombreuses tribus (les *Lisu, Akha, Karen*, *Yao* et *Lahu*) vivent le long de la région traversée par la rivière Kok, sur les rives ou à une heure ou deux de marche à l'intérieur des terres. Les *guesthouses* et petites agences proposent d'explorer cette région en pirogue avec un guide. C'est quand même assez fréquenté. Pour plus d'aventure, autant examiner les itinéraires explorant les alentours de Mae Salong.

CHIANG RAI ET LE TRIANGLE D'OR

La pointe septentrionale de la Thaïlande ne manque pas d'attraits : chaleureux Night Bazaar de Chiang Rai, animation commerçante de Mae Sai, village-frontière sur le Mékong, curieux village de Mae Salong, tout chinois, et bien sûr point de vue sur le fameux « Triangle » où Laos, Myanmar et Thaïlande se rencontrent – ou plutôt, s'observent – de part et d'autre du majestueux Mékong...

CHIANG RAI – เชียงราย

IND. TÉL. : 053

Capitale de la province du même nom, Chiang Rai est une petite ville pas bien excitante à première vue, souffrant d'un urbanisme anarchique et sans grâce. Mais, rapidement, on y découvre un marché de jour typique et, la nuit venue, le Night Bazaar très animé. Chiang Rai est, par ailleurs, le point de départ vers la région du Triangle d'Or que l'on peut explorer à moto. Paysages uniques. Balades extraordinaires dans une région qui n'est plus vierge mais qui reste très belle.

Arriver – Quitter

En bus et en *songthaew*

Station de bus *(plan C2, 1)* **:** sur Prapopsuk Rd, à l'angle de Phahon Yothin Rd. Tous les bus partent d'ici, qu'ils soient gouvernementaux ou privés, AC ou non, en route pour de longues distances ou pas.

Gare des songthaews *(plan B2, 2)* **:** ils desservent les moindres petits villages et hameaux de toute la région Nord, là où les bus ne vont pas. Départ au niveau du marché principal, sur Suk Sathit Rd, presque au coin d'Utrakit Rd.

➢ ***Depuis et pour Chiang Mai :*** nombreux bus de Chiang Mai Arcade Bus Station, de 6 h à 17 h environ. Départ toutes les heures en moyenne. En sens inverse, départ en moyenne toutes les 30 mn, toute la journée de 6 h à 16 h 45. Durée : 3 h. Prix : 140 ou 220 Bts (2,8 ou 4,4 €) pour les VIP.

➢ ***Pour Bangkok :*** en général, bus vers 8 h 30 ou alors en fin d'après-midi (bus de nuit). Nombreux départs assurés par plusieurs compagnies. Durée : 11 h (845 km). Prix : de 380 à 700 Bts (7,6 à 14 €) environ, selon les classes.

➢ ***Pour Mae Sai, Mae Chan et le Triangle d'Or (Chiang Saen) :*** départ toutes les 15 mn, de 6 h à 18 h. Prix : de 15 à 40 Bts (0,3 à 0,8 €) environ.

➢ ***Pour Chiang Khong*** *(frontière laotienne)* **:** toutes les heures environ, entre 6 h 30 et 17 h. Prix : 45 Bts (0,9 €).

➢ ***Pour Mae Salong :*** prendre un bus pour Ban Pasang (compter 45 mn). De là, prendre un *songthaew* (station au marché de jour). Départs fréquents.

En avion

➢ 2 avions par jour de Chiang Mai et 3 ou 4 de Bangkok. Attention, l'aéroport de Chiang Rai est assez excentré par rapport au centre-ville (10 km environ ; *hors plan par D1*). Prendre un *tuk-tuk* (de 80 à 150 Bts, soit 1,6 à 3 €) ou un taxi (150 Bts, soit 3 €).
➢ ***Pour Bangkok :*** 3 vols par jour. Prix : 2 550 Bts (51 €).
➢ ***Pour Chiang Mai :*** 2 vols par jour. Prix : 775 Bts (15,5 €).

En pirogue

➢ En descendant la rivière Kok depuis Thaton (voir plus haut « Excursion sur la rivière Kok »).

Orientation

La ville de Chiang Rai s'est développée sur la rive droite de la rivière Kok, un affluent du Mékong, qui coule d'ouest en est, au nord de la ville. Toutes les rues se ressemblant un peu, il est essentiel de prendre des repères dès son arrivée. À l'est, l'agglomération se heurte à la Super Highway 1 qui monte vers Mae Sai. Une petite tour surmontée d'une horloge *(Clock Tower)* trône au milieu du carrefour central de la ville. En partant de là vers le sud, on rejoint immédiatement un quartier de petites ruelles centré autour de la rue Jet Yod où se rassemblent nombre de pensions, bars et restaurants. Le Night Market et le terminal des bus se trouvent à 200 m vers l'est, le long de l'artère centrale, Phahon Yothin, qui est orientée nord-sud. Cette voie, rebaptisée Rattanakhet à son extrémité nord, vient heurter un bras de la rivière. L'emprunter pour aller au TAT, en tournant à gauche, ou rejoindre, dans la direction opposée, un quartier calme où se trouvent nombre de *guesthouses*.

Transports en ville

CHIANG RAI

– ***Samlor à pédales :*** bien pour des petits déplacements.
– ***Location de motos :*** bon moyen d'explorer la région. Plusieurs loueurs en ville dans la rue principale. Les *guesthouses* s'en chargent souvent.
– ***Songthaew :*** petite camionnette bleue à Chiang Rai (rouge à Chiang Mai !). Fonctionne comme un *tuk-tuk* mais peut prendre des gens au passage. La station principale se trouve au marché de jour. Bien moins cher que les autres modes de transport.
– ***Tuk-tuk :*** pratique, rapide mais cher. Ici, les conducteurs ne s'en font pas trop et annoncent des prix délirants. Négocier ferme.

Adresses et infos utiles

Informations touristiques et communications

ℹ ***TAT*** – ททท. *(office de tourisme ; plan B1) :* Singhaklai Rd. ☎ 711-433 et 744-674. • tatcei@loxinfo.co.th • Ouvert tous les jours de 8 h 30 à 16 h 30. Brochures en anglais, bonne carte de la région, liste des *guesthouses*, horaires des bus, infos trekking...

✉ ***Poste et téléphone*** – ไปรษณีย์ *(plan B2)* **:** Utrakit Rd, à l'angle de Tha Luang Rd. Ouvert du lundi au vendredi de 8 h 30 à 16 h 30 et le samedi de 9 h à 12 h. À l'étage de la poste, centre téléphonique ouvert tous les jours de 8 h à 20 h. Comme dans toutes les grandes villes thaïlandaises, de nombreuses cabines à cartes internationales *Lenso*. L'option la moins coûteuse restant d'appeler depuis un centre Internet.

■ ***Tourist Police*** – ตำรวจท่องเที่ยว **:** au rez-de-chaussée de l'office de tourisme, sur Singhaklai Rd. ☎ 717-779 ou 796. Urgences : ☎ 11-55, jour et nuit.

■ ***Chiang Rai Telecommunication*** – ศูนย์โทรศัพท์ *(plan A2, **1**)* **:** Ngam Muang Rd. Centre de télécommunications ultramoderne, ouvert tous les jours de 8 h à 20 h (8 h 30 à 15 h 30 le week-end). Téléphone international, fax, etc. Les prix les plus bas de la ville.

@ ***Internet :*** plusieurs cybercafés au centre-ville dont ***J and J Internet*** *(plan B2-3, **1**)* sur Phahon Yothin Rd et ***Internet*** (tout simplement ; *plan B2, **2***), très sympa, à deux pas du *Wang Come Hotel* d'où l'on peut téléphoner à l'international. Ouverts de 8 h à 22 h. Prix : 30 Bts (0,6 €) l'heure.

✈ ***Aéroport*** – ท่าอากาศยานเชียงราย *(hors plan par D1)* **:** ☎ 793-000. Situé à 10 km au nord du centre-ville.

■ ***Thai Airways*** – สายการบินไทย *(plan B2, **2**)* **:** 870 Phahon Yothin Rd. ☎ 711-179. Ouvert de 8 h à 17 h. Fermé les samedi et dimanche. À l'aéroport : ☎ 793-048.

D.K. Book House – ร้านขายหนังสือดี.เค.ดวงกมล *(plan C2, **3**)* **:** 882/102 Utrakit Rd. Ouvert de 10 h à 21 h. Livres spécialisés sur la Thaïlande, cartes, mini-dictionnaires... Moins de choix qu'à Chiang Mai.

■ ***Alliance française*** *(plan A2, **4**)* **:** 1077 Soi 1 Ratchayotha. ☎ 752-114. • chiangrai@alliance-francaise.or.th • Dans un élégant pavillon moderne. Bibliothèque. Accueil sympa. Devrait à nouveau organiser des projections de films français dans le futur. Peut orienter vers de bons cours de thaï.

■ Adresses utiles

- TAT
- ✉ Poste et téléphone
- @ **1** J and J Internet
- @ **2** Internet
- ✈ Aéroport
- **1** Station de bus
- **2** Gare des *Songthaews*
- **1** Chiang Rai Telecommunication
- **2** Thai Airways
- **3** D.K. Book House
- **4** Alliance française
- **5** Thai Military Bank
- **6** Overbrooke Hospital
- **7** Boots

Où dormir ?

- **10** Chat House
- **11** Lotus Guesthouse
- **12** Jitaree Guesthouse
- **13** Chian House
- **14** Baan Bua Guesthouse
- **15** Ben Guesthouse
- **16** The Golden Triangle
- **17** Naga Hill Resort

Où manger ?

- **16** Resto du Golden Triangle
- **30** Marché de jour
- **31** Night Bazaar
- **32** Nice Kitchen
- **33** Oasis Vegetaurant
- **34** Phaiphon Restaurant
- **35** 9-9-9 (Ton Kao)
- **36** Funny House
- **37** Cabbages and condoms
- **38** Ratanakosin Restaurant

Où boire un verre ? Où sortir ?

- **50** Easy
- **51** Cheer
- **52** Sabun-Nga Pub & Restaurant

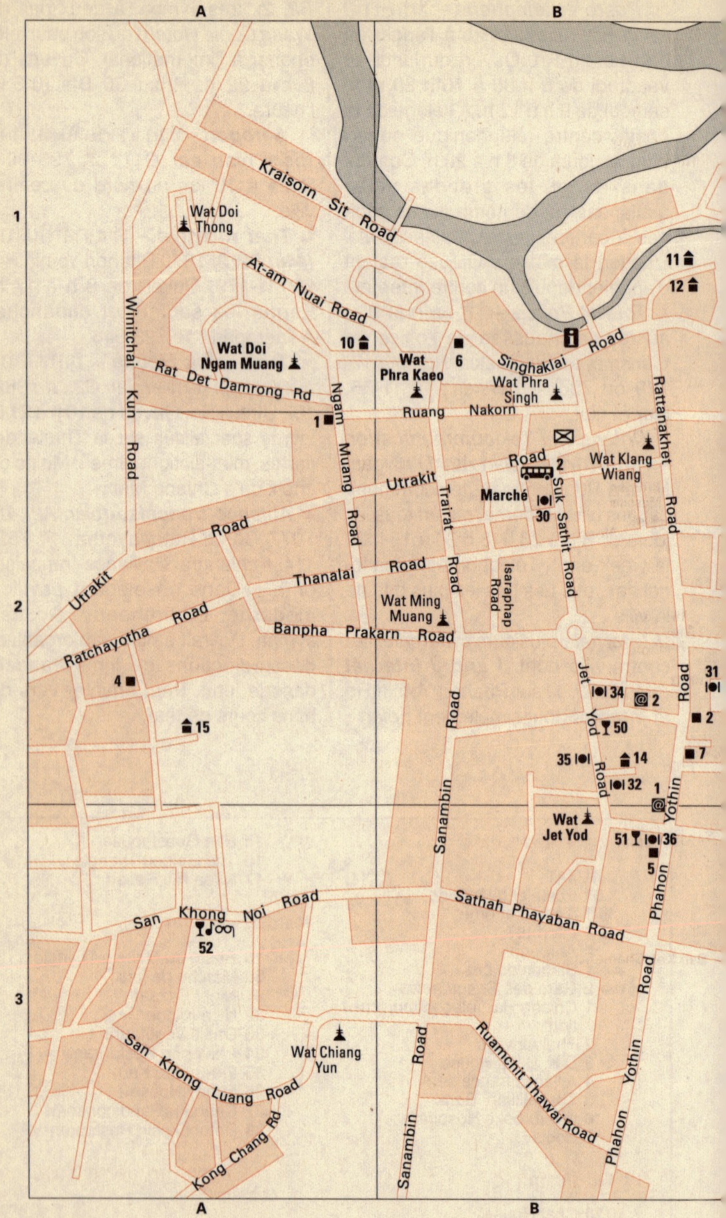
A
B
1
2
3
Kraisorn Sit Road
Wat Doi Thong
At-am Nuai Road
Wat Doi Ngam Muang
10
Wat Phra Kaeo
6
Singhaklai Road
Wat Phra Singh
11
12
Winitchai Kun Road
Rat Det Damrong Rd
Ngam Muang Road
1
Ruang Nakorn
Rattanakhet Road
Utrakit Road
2
Wat Klang Wiang
Marché
30
Suk Sathit Road
Trairat Road
Isaraphap Road
Thanalai Road
Utrakit
Ratchayotha Road
Wat Ming Muang
Banpha Prakarn Road
4
15
Jet Yod Road
34
2
31
2
50
35
14
7
32
1
Yothin
Wat Jet Yod
51
36
5
Phahon
Sanambin Road
Sathah Phayaban Road
San Khong Noi Road
52
Road
Wat Chiang Yun
San Khong Luang Road
Kong Chang Rd
Sanambin Road
Ruamchit Thawai Road
Phahon Yothin Road
A
B

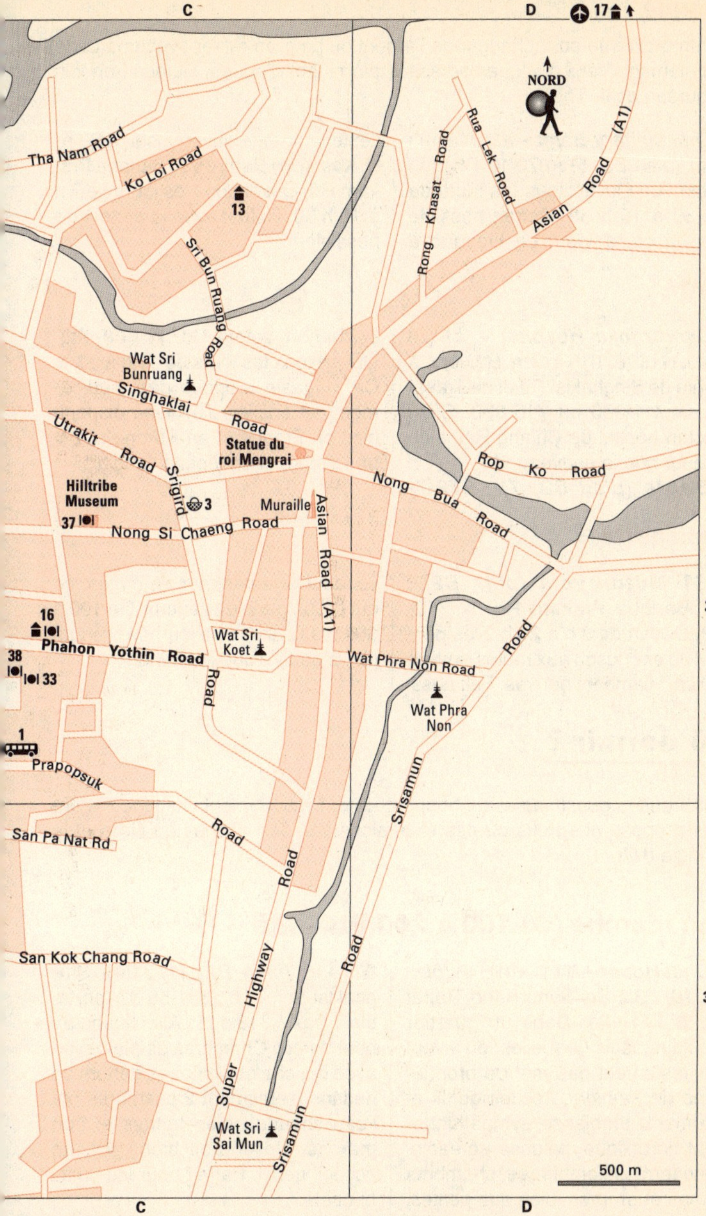

C
D
17
NORD
1
2
3
Tha Nam Road
Ko Loi Road
13
Sri Bun Ruang Road
Rong Khasat Road
Rua Lek Road
Asian Road (A1)
Wat Sri Bunruang
Singhaklai Road
Utrakit Road
Statue du roi Mengrai
Srigird
Hilltribe Museum
3
37
Muraille
Nong Bua Road
Rop Ko Road
Nong Si Chaeng Road
Asian Road (A1)
16
Phahon Yothin Road
38
33
Wat Sri Koet
Road
Wat Phra Non Road
Wat Phra Non
Road
1
Prapopsuk Road
Srisamun Road
San Pa Nat Rd
Road
San Kok Chang Road
Super Highway
Wat Sri Sai Mun
Srisamun
500 m
C
D

CHIANG RAI

Change

Aucun problème pour changer de l'argent ou pour en retirer avec une carte de paiement. Voici quelques adresses parmi tant d'autres, situées non loin du bureau de la *Thai.*

■ ***Thai Military Bank*** **–** ธนาคารทหารไทย *(plan B3,* ***5****)* **:** 870/12 Phahon Yothin Rd. Ouvert tous les jours de 8 h 30 à 15 h 30. Retrait possible avec la carte *Visa.* Le kiosque à l'extérieur reste ouvert jusqu'à 22 h.

■ ***Kasikorn Bank*** **:** 537 Banpha Prakarn Rd. Ouvert tous les jours de 7 h à 15 h 30. Retrait avec la carte *Visa* possible.

Santé

■ ***Overbrooke Hospital*** **–** โรงพยาบาลโอเวอร์บรู๊ค *(plan B1,* ***6****)* **:** à l'angle de Singhaklai Rd et de Trairat Rd. ☎ 711-366 ou 715-830. C'est l'ancien hôpital de Chiang Rai, bien meilleur que le nouveau.

■ ***Boots*** *(plan B2,* ***7****)* **:** 873/7-8 Phahon Yothin Rd. ☎ 600-983. Ouvert tous les jours de 11 h à 23 h. Ce magasin propose des médicaments et articles d'hygiène disponibles en France et en Europe. C'est très propre et on y parle l'anglais.

Transports

■ ***ST Motorcycle*** *(plan B2)* **:** 527 Banpha Prakarn Rd. ☎ 713-652. Ouvert de 8 h à 20 h. Des petites 100 cm^3 jusqu'aux motos enduro 250 cm^3 flambant neuves. Fait aussi vendeur et réparateur de motos, ce qui est un gage de sérieux. De 100 à 800 Bts (2 à 16 €) la journée ; réduction à partir d'une semaine.

Où dormir ?

Nombreuses *guesthouses* de bonne qualité. Pratiquement chacune d'entre elles propose des treks ou des excursions vers les villages du Nord et le Triangle d'Or.

Bon marché (de 100 à 200 Bts – 2 à 4 €)

⌂ ***Chat House*** **–** ชาติเกสท์เฮ้าส์ *(plan A1,* ***10****)* **:** 3/2 Soi Sang Kaeo Trairat Rd. ☎ 711-481. Dans un quartier populaire, lacis de ruelles, où vivent manifestement pas mal de propriétaires de *samlors.* Accueil gentil et charmant, ambiance sympathiquement bordélique, pelouse agréable, petite terrasse ombragée, chambres calmes et propres, bien que petites, avec ventilo et douche chaude pour certaines. Dortoir de 4 lits. Location de vélos et service de restauration.

⌂ ***Lotus Guesthouse*** **–** โลตัสเกสท์เฮ้าส์ *(plan B1,* ***11****)* **:** 247 Singhaklai Soi. ☎ 01-681-59-87 (portable). Fax : 715-115. Aller jusqu'au bout du *soi.* Chambres de plain-pied avec douche et sanitaires dehors ou dedans (seulement 2 chambres ont l'eau chaude), bien tenues et bon marché. Un endroit bien cool, un accueil gentil. Parfait pour les petits budgets.

⌂ ***Jitaree Guesthouse*** **–** จิตรีเกสท์เฮ้าส์ *(plan B1,* ***12****)* **:** 246 Soi Santirat, Singhaklai Rd. ☎ 719-348. Jouxte la *Lotus Guesthouse.* Un peu moins agréable peut-être mais, là encore, vu le prix (200 Bts, soit 4 €, la double)... On loge à l'arrière de la maison des proprios dans un bâtiment d'un étage. Chambres carrelées, nickel avec leur salle de bains (eau chaude). Un ou deux lits.

Prix moyens (de 200 à 500 Bts – 4 à 10 €)

🏠 ***Chian House*** – เชียนเกสท์เฮ้าส์ *(plan C1, **13**) :* 172 Sri Bun Ruang Rd. ☎ et fax : 713-388. Pour y aller la première fois, prendre un *tuk-tuk* ou un *samlor,* c'est plus simple. Chambres simples, sans éclat mais avec douche chaude et toilettes. Quelques bungalows. Chouette atmosphère générale. Piscine (une vraie, avec de l'eau !). Bonne cuisine familiale. Accès Internet. Organisation de treks appréciés.

🏠 ***Baan Bua Guesthouse*** – บ้านบัวเกสท์เฮ้าส์ *(plan B2, **14**) :* 879/2 Jet Yod Rd. ☎ 718-880. Fax : 705-357. • baanbua@yahoo.com • Par une petite allée (panneau indicateur) qui débouche sur une cour-jardin intérieure. Chambres de plain-pied avec salle de bains (eau chaude), réparties dans deux pavillons construits autour de cet oasis de calme. Ventilo ou AC. Proprio british sympa, établi ici de longue date. Bons petits déjeuners.

🏠 ***Ben Guesthouse*** – เบญเกสท์เฮ้าส์ *(plan A2, **15**) :* 351/10 Ratchayotha Rd, Soi 1 ou San Khong Noi Rd, Soi 4. ☎ 716-775. Superbe maison en bois, dans le style du nord de la Thaïlande. Chambres avec douche chaude et toilettes, certaines bien mignonnes, avec murs de briquette et mobilier en rotin. Endroit charmant : pilier de teck sculpté, balcon-terrasse où il fait bon prendre un verre. Un des meilleurs rapports qualité-prix qu'on ait vus. À l'arrivée du bateau, normalement une camionnette est là pour vous prendre, et on en profite pour racoler le client. Organisent de bons treks.

Un peu plus chic (à partir de 600 Bts – 12 €)

🏠 ***The Golden Triangle*** – เดอะโกลเด้นไทรแองเกิล *(plan C2, **16**) :* 590 Phahon Yothin Rd. ☎ 711-339. Fax : 713-963. • gotour@loxinfo.co.th • Près du terminal des bus. Bel hôtel de charme, aménagé avec un goût sûr. Chambres tout confort (avec baignoire), de style traditionnel, au sol recouvert de belles tomettes. Absolument impeccable. Dommage que l'accueil ne soit pas au rendez-vous. La meilleure adresse de la ville dans cette catégorie. Ne pas s'en priver si le baht est bas... ou si vos moyens vous le permettent. Bon restaurant chic, dont on parle plus loin.

Où dormir dans les environs ?

🏠 ***Naga Hill Resort*** – นาการ์ฮิลล์รีสอร์ท *(hors plan par D1, **17**) :* ☎ 702-120. • reservation@nagahill.com • À 8 km au nord de la ville. Prendre la Super Highway en direction de Mae Sai, tourner à gauche (feu rouge) au niveau de la bifurcation pour le *Rachabat Institute,* puis suivre les pancartes. Sinon, téléphonez, on viendra vous chercher. De 600 à 1 200 Bts (12 à 24 €). Au sommet d'une colline et au milieu d'un grand jardin tropical, *Naga Hill* jouit d'une situation exceptionnelle. Sept bungalows traditionnels (bois et bambou) conçus et meublés avec soin. Tous ont une salle de bains (eau chaude), parfois avec baignoire. Restaurant construit sur le style d'un temple. Vraie piscine, d'où l'on contemple les couchers de soleil sur les collines birmanes au loin... Le paradis ? En tout cas, celui de Pat (thaïe) et Vincent (un caméraman français). Comme dit ce dernier : « Pour ceux qui aiment le calme, la nature, et l'intimité. » Réserver impérativement.

Où manger ?

Bon marché (moins de 100 Bts – 2 €)

La plupart des *guesthouses* préparent une bonne petite cuisine familiale. Sinon, assez peu de bonnes tables.

Le marché de jour – ตลาด *(plan B2, **30**) :* vers 11 h ou midi, les stands de nourriture en plein centre du marché servent une cuisine typique et authentique, pour trois fois rien. Notre adresse préférée. Derrière le marché, un bouddha chinois garde l'entrée d'un curieux temple.

Night Bazaar – ไนท์บาซ่าร์ *(plan B2, **31**) :* à partir de 19 h et jusqu'à minuit ou plus tard. Formidable cantine nocturne en plein air. Les stands entourent les terrasses, et l'on prend ici une brochette de poulet, des grosses crevettes au curry, là un poisson grillé, un *tom yam* ou... une pelletée d'insectes, ici proprement disposés et légendés en anglais. Cherchez le stand ! Pour arroser le tout, une *Singha Beer,* en regardant le spectacle gratuit (2 scènes où alternent danses traditionnelles et chanson thaïe actuelle, entre 20 h et 22 h). Très agréable.

Nice Kitchen – ไนซ์คิทเช่น *(plan B2, **32**) :* Jet Yod Rd. Guinguette ouverte sur la rue. Populaire à juste titre auprès des *farangs.* D'honnêtes plats thaïs « petit budget ».

Oasis Vegetaurant – โอเอซิส เว็ทเจ็ททัวร็องท์ *(plan C2, **33**) :* à l'arrière du Night Bazaar, dans un immeuble récent faisant le coin. ☎ 740-791. Resto végétarien pas cher du tout, dans une grande salle sans charme particulier mais claire. Choisir son plat au comptoir. En plus des diverses salades, nouilles et riz, de nombreuses préparations au tofu dont des saucisses et de succulents pâtés. Les carnivores devraient essayer. Large choix. En boisson, goûter au *Jelly Soya Milk,* très sucré.

Prix moyens (de 100 à 300 Bts – 2 à 6 €)

Phaiphon Restaurant – ไพพรร้านอาหาร *(plan B2, **34**) :* 528/12 Jet Yod Rd. ☎ 711-042. Une adresse prisée des *farangs.* En retrait, flanquée de faux éléphants dès l'entrée et d'une cour pavée. Peut-être pour le billard ? Pour les tables en bois et les nappes à carreaux ? Cuisine thaïe (pas trop chère) et japonaise (un peu plus onéreuse). Bonne ambiance, un peu touristique mais sympathique.

9-9-9 (Ton Kao) – ร้านอาหารต้นข้าว *(plan B2, **35**) :* 1013/3 Jet Yod Rd. ☎ 752-261. L'enseigne verte indique seulement les trois 9 (*Ton Kao* signifie « triple neuf »). Ouvert de 11 h à 1 h. Au centre du quartier le plus animé de Chiang Rai (hors Night Bazaar), où pullulent aussi les gargotes (certaines très bonnes). Disposé tout en long. La salle du milieu est animée par un orchestre tous les soirs. C'est plus calme devant ou, encore mieux, à l'arrière, dans le jardin délicatement éclairé par des lanternes et bercé par le glouglou d'une fontaine. Cuisine thaïe du Nord, classique et correctement exécutée.

|●| ***Funny House*** **–** ฟันนี่เฮ้าส์ *(plan B3, **36**) :* Phahon Yothin Rd. Une petite *Bierstub* (brasserie) à la patine tropicalisée, tout en bambou. Quatre tables et un bar. *Wienerschnitzel* et autres viandes. Bonnes frites. Le tout servi avec de la baguette. Pour guérir le mal du pays sans se faire mal au porte-monnaie.

|●| ***Cabbages and condoms*** **–** ร้านอาหารแคบแบจแอนด์คอนดอม *(plan C2, **37**) :* 620/1 Thanalai Rd. ☎ 740-784. Au rez-de-chaussée du *Hilltribe Museum.* Ouvert de 9 h à minuit. Un resto, comme à Bangkok, lié à l'association PDCA *(Population and Community Development Association)* à laquelle sont reversés tous les bénéfices de cet établissement. Histoire de faire une B.A. en mangeant une cuisine thaïe pleine de saveurs (riz aux crevettes, curry de poulet, etc.) sous une verrière ou en salle, sur des tables en bois. Prix un peu élevés.

|●| ***Ratanakosin Restaurant*** **–** ร้านอาหารรัตนโกสินทร์ *(plan C2, **38**) :* sur le Night Bazaar. ☎ 740-012. Restaurant qui se la joue un peu chic. Stratégiquement situé face à la scène du Night Bazaar. Choisir une table à la terrasse du 1er étage : meilleure vue sur l'animation et les spectacles. Cuisine toujours bonne mais moins qu'avant. Pas si cher pourtant. Dommage cependant que l'ensemble soit pris d'assaut par les cars de touristes : dans ces cas-là, la qualité s'en ressent... À vous de voir.

Plus chic (plus de 400 Bts – 8 €)

|●| ***Resto du Golden Triangle*** **–** ร้านอาหารโรงแรมโกลเด้นไทรเองเกิล *(plan C2, **16**) :* voir « Où dormir ? ». Ouvert de 7 h à 22 h. Cadre agréable, typique et original (un arbre dans une vitrine), lumière tamisée, cuisine thaïe avec des incursions européennes. L'adresse chic pour une soirée en amoureux sans grosse entorse au budget. Pour la déco : brique, bambou, appliques et nappes blanches. La classe. Cartes de paiement acceptées.

Où boire un verre ?

Avertissement : on trouve pas mal de ***bars chauds*** autour de Pramawipat, une ruelle qui relie Jet Yod Road à Phahon Yothin Road. Ça va du bar à bière avec forte sono, où les touristes commencent la soirée, au bar à *go-go girls* numérotées, dévoilant tristement leurs charmes à vendre (spectacle navrant). Pour info, sachez que les jeunes filles de Chiang Rai qui travaillent dans les bars ont la triste réputation d'être celles dont on ne veut plus à Bangkok ou à Pattaya parce qu'elles sont séropositives. Sympa !

🍸 ***Easy*** **–** อีซี่ *(plan B2, **50**) :* Jet Yod Rd. Au coin de la rue du *Wang Come Hotel.* Salle et bar ouverts à tous vents. Musique rock. Service sympa dans cet établissement décontracté.

🍸 ***Cheer*** **–** บาร์เชีย *(plan B3, **51**) :* rue du *Wat Jet Yod* – ถนนวัดเจ็ดยอด. Juste en face du temple. Dans cette petite rue, un bar (qui fait aussi resto) tout entier voué au dieu Football. Retransmission de matchs en différé (surtout de la *Premier League* anglaise... sans commentaires !) avec programme sur l'ardoise devant l'entrée. Autant d'action sur la terrasse que sur l'écran !

🍸 ♪ ∞ ***Sabun-Nga Pub & Restaurant*** **–** สบันงาผับแอนด์เรสโตรองท์

(plan A3, 52) **:** 226/50 San Khong Noi Rd. ☎ 712-190. Petite scène où se produisent des groupes, ambiance variétés. La clientèle tourne autour de la quarantaine. Bon restaurant. Tous les soirs à 19 h, dans une autre salle, a lieu un spectacle *kantoke* (dîner-spectacle de danses locales).

À voir

Pas grand-chose, à vrai dire.

Le marché **–** ตลาด *(plan B2)* **:** pittoresque, grand, couvert et animé. On y trouve de tout et la balade est sympa. De nombreux paysans de la région et habitants des tribus viennent y faire leurs emplettes. Épices, vêtements, bassines, tongs, équipement en tout genre. Bref, Madame, tout pour aménager votre intérieur. On y mange bien.

Le Night Bazaar **–** ไนท์บาซ่าร์ *(plan B-C2)* **:** tous les soirs, à partir de 19 h, des montagnards déballent leurs objets d'artisanat de pacotille. Bien sûr, c'est du déjà-vu. Cependant, ici, on trouvera le cadeau à rapporter à la famille et aux amis (écharpe, chemisette, statuette quelconque, mini-gong...), moins cher qu'à Chiang Mai, en n'oubliant pas de discuter les prix.

La muraille et la statue du roi Mengrai **–** กำแพงเมืองและอนุสาวรีย์พ่อขุนเม็งรายมหาราช *(plan C2)* **:** au bord de la Super Highway. On vous les signale pour qu'ils vous servent de points de repère. Ni les quelques mètres d'ancienne muraille reconstituée, ni l'effigie du roi, pourtant abondamment fleurie, ne méritent vraiment un détour.

Hilltribe Museum **–** พิพิธภัณฑ์ชาวเขา *(plan C2)* **:** 620/35 Thanalai Rd. ☎ 740-088. • crpda@hotmail.com • Ouvert tous les jours de 9 h (10 h le week-end) à 20 h. Au 2e étage d'un immeuble occupé, au rez-de-chaussée, par le resto *Cabbages & Condoms* et, au 1er étage, par un service d'aide sociale. Entrée payante (mais pas chère). Ce relais d'un organisme chargé d'aider, d'instruire et d'informer les tribus, présente un diaporama (français disponible) sur les différentes ethnies moyennant un supplément de 50 Bts (1 €). Un peu soporifique mais instructif. Boutique. Plus intéressant, ils organisent des treks de quelques jours (chers mais certainement plus respectueux des populations que les autres) et même des séjours humanitaires. Bonne documentation, surtout en anglais.

Wat Phra Kaeo **–** วัดพระแก้ว *(plan B1)* **:** en face de l'Overbrooke Hospital. Temple du XVe siècle qui donna un temps l'hospitalité au bouddha d'Émeraude (celui de Bangkok). C'est la foudre qui fendit le *stûpa* qui le cachait. Le bouddha apparut et fut ensuite apporté à Bangkok. Le temple prit le nom de Wat Phra Kaeo, comme celui de la capitale. Belle porte sculptée. À l'intérieur, intéressants piliers de bois à motifs floraux. Dans le chœur, on a replacé depuis 1991 un nouveau bouddha, toujours en jade. Sa pose n'est pas tout à fait la même que celle du « vrai » bouddha d'Émeraude. Bien sûr, la statue est moins sacrée que celle de Bangkok. Mignonne tout de même. Derrière le temple principal, vieux *chedî* restauré datant du XIVe siècle.

Wat Jet Yod **–** วัดเจ็ดยอด *(plan B3)* **:** il possède une élégante façade assez surchargée. Également un bouddha énorme et d'effrayants dragons, à l'entrée du temple. Pour chasser les mauvais esprits, certainement. Oussst !

Wat Doi Ngam Muang – วัดดอยงามเมือง *(plan A1)* : sur une colline qui domine la ville, à laquelle on accède par un escalier. Son *chedî* contiendrait les restes du roi Mengrai.

Quelques organisateurs d'excursions ou de treks

Pratiquement toutes les *guesthouses* en proposent : à pied, à moto, en raft, en radeau ou à dos d'éléphant. Tiens, on n'a rien vu à dos de chameau ! Par ailleurs, la petite rue Pramawipat, coincée entre Jet Yod Rd et Phahon Yothin Rd, abrite une bonne dizaine d'agences proposant toutes sortes de treks : descente de rivière en radeau de bambou, balade à dos d'éléphant, visite du Triangle d'Or en minibus.
On rappelle que l'exploration de la région de Chiang Rai peut parfaitement se réaliser tout seul, en respectant un certain nombre de règles élémentaires de prudence. En effet, contrairement à Chiang Mai, ici de nombreux villages ethniques se trouvent au bord de la route ou pas loin. Bien sûr, pour le radeau et l'éléphant, il faudra passer par une agence. En revanche, pour se balader sur les routes balisées du Triangle d'Or, on fait ça tout seul sans problème. Certains se font embobiner par des agences, pensant que c'est compliqué.De manière générale, comparer les prix dans plusieurs *guesthouses* car ils varient du simple au double. Pensez aussi à vous renseigner auprès du *Hill-tribe Museum* (voir plus haut), qui organise des treks plus « humanitaires » que les agences.

■ ***Golden Triangle Tour*** – โกลเด้นไทรแองเกลทัวร์ *:* 590/2 Phahon Yothin Rd. ☎ 711-339. Leurs circuits, organisés sérieusement, ont bonne réputation.

■ ***Chat House*** – ชาคิเฮ้าส์ *:* voir l'adresse dans « Où dormir ? ». Organise de bons treks, sur mesure, entre Thaïlande et Myanmar. Pour l'instant, aucun lecteur n'en est revenu mécontent.

Balades à moto

Lisez nos recommandations de treks à moto dans le chapitre « Treks chez les ethnies montagnardes » et munissez-vous d'une bonne carte (celle du TAT est acceptable). Les experts se muniront de cartes d'état-major en vente chez *D.K. Book House* (voir les « Adresses et infos utiles » plus haut).

➢ ***Chiang Rai - Mae Chan*** – เชียงรายแม่จัน *:* 29 km, compter 30 à 45 mn. Commençons par un crochet pour aller voir des chutes d'eau. Départ du deuxième pont de la ville, non loin du débarcadère. Suivre cette route jusqu'au village de *Ban Tuan* (indiqué seulement en thaï : บ้านทวน). Dans le village, tourner à gauche en direction de la *cascade de Hue Mae Sai* – น้ำตกห้วยแม่สาย (panneau indicatif en anglais donnant 4 km). Début d'une piste sur 8 km en fait, pour arriver à un village *akha*, juste après un village *yao* (moderne). Dans le village *akha*, prendre (à pied) le chemin qui monte le long de la maison sur pilotis, puis bifurquer vers la droite. Après un gros quart d'heure de marche, on parvient aux petites mais belles chutes d'eau qui constituent le point de départ d'autres randonnées pédestres dans le coin.
Retourner au pont principal de la rivière Kok, s'engager sur la route 110

(Super Highway). Après 29 km, bifurquer à gauche en direction de *Mae Chan* – แม่จัน, qui se trouve à 150 m environ.
À *Mae Chan,* départ du poste de police. Aller tout droit et traverser l'autoroute. Continuer tout droit pendant environ 4,5 km, jusqu'au carrefour, et tourner à gauche. Au bout de 6 km, village *yao* de *Thummajaric ;* 500 m plus loin, à droite, se trouve le village *akha* de *Cho Pa Kha* – ช่อผกา. Retour ensuite à Mae Chan.

Laan Tong Village **– ลานทองวิลเลจ :** 10 km à l'ouest de Mae Chan, à gauche de la route de Thaton (n° 1089). Ouvert de 8 h à 18 h. Entrée : 300 Bts (6 €). Reconstitution d'un village *akha,* gong géant (le plus grand du monde, oh là là !), vaste amphithéâtre. Spectacle à 11 h, mais c'est plutôt pipeau. À éviter.

➢ ***Mae Chan-Mae Sai*** **–** แม่จันทรี่แม่สาย via ***Mae Salong*** **–** แม่สลอง et ***Doi Tung*** **–** ดอยตุง (103 km, compter 1 journée ; voir un peu plus loin les informations sur ces sites) ***:***
De Mae Chan, 2 routes, toutes les deux bien bitumées, qui rejoignent *Doi Mae Salong* – ดอยแม่สลอง.
– La première route (n° 1130) démarre au village de *Pang Sa* – ปางสา, situé sur la Highway, 7 km au nord de Mae Chan. C'est la plus sinueuse. Continuer toujours tout droit, jusqu'à ce que la route devienne la n° 1234. Le premier kilomètre est très abrupt et souvent glissant. Prendre ensuite à gauche la direction de Mae Salong (44 km).
– La seconde, plus facile pour les novices, emprunte sur 24 km la voie n° 1089 qui rejoint Thaton et Fang. Tourner ensuite à droite au carrefour (c'est indiqué) pour attaquer 36 km de grimpette en passant par de nombreux villages de minorités ethniques.
De Mae Salong, vous pourrez redescendre par la route que vous n'avez pas empruntée à l'aller. Ceux qui opteront pour la route n° 1234 et qui n'ont pas froid aux yeux pourront se balader dans le coin, et même pousser jusqu'au village militarisé de *Toed Thai* – เทอดไทย, ancien fief du seigneur de l'opium, Khun Sa. Comme ça, vous pourrez dire : « J'y suis allé », même s'il n'y a pas grand-chose à voir. Une partie du village est d'ailleurs barrée au niveau du poste de police. Il faut alors faire demi-tour, revenir sur 3 km et prendre à gauche, juste après la sortie du village, puis longer la rivière et le grand temple chinois. Là, 10 km de piste facile et de paysages magnifiques s'offrent à vous.
Une fois arrivé sur la route n° 1234, prendre à gauche et rouler 6 km. À l'intersection, prendre la direction de *Ban Pha Bur* – บ้านฟ้าบูรณ์ (vers la route n° 1149) sur 8 km. Au total, 14 km de routes de campagne où les paysages sont très verts, même en saison sèche. En arrivant sur la grande route, prendre à gauche pour *Doi Tung-Mae Sai,* afin de négocier 24 km de route goudronnée, à travers des paysages grandioses entourés de montagnes aux parois quasi verticales.
Depuis le *Doi Tung* – โครงการพัฒนาดอยตุง, ceux qui ont encore la frite et les épaules pas trop fatiguées rejoindront Mae Sai par la branche au nord de la route n° 1149 (prendre la direction de *Mae Fah Luang Arboretum* – สวนรุกขชาติแม่ฟ้าหลว ง ดอยช้างมูบ เชียงราย) qui longe la frontière birmane. Les autres descendront en contrebas de la villa royale (accès principal, route plus large, 35 km). Voir plus loin le chapitre « Doi Tung » pour plus de détails.

LA RÉGION DU TRIANGLE D'OR – สามเหลี่ยมทองคำ

Environ la moitié de l'opium illicite consommé dans le monde vient de ce fameux Triangle d'Or, également appelé « région des trois frontières », car c'est là que se rejoignent celles du Laos, de la Thaïlande et du Myanmar (ex-Birmanie). Le Triangle s'étend en gros de Kentung (Myanmar) à Chiang Rai (Mae Hong Son, Mae Sariang...) et Ban Houay Sai (Laos). La partie thaïlandaise de cette région est composée de villages richement boisés. On comprend pourquoi « Triangle », mais pourquoi « Or » ? Tout simplement parce que déjà, à l'époque, l'opium valait de l'or. Et il était payé avec de l'or. Ce sont des tribus d'origine chinoise ou sino-birmane qui se livrent à cette activité dans les montagnes couvertes de jungle, souvent difficilement accessibles.

Il est peu recommandé pour un Européen de s'aventurer trop loin dans la montagne sans guide, à cause du banditisme. En revanche, on emmène des cars de touristes photographier la rivière, à *Sop Ruak*, au point de rencontre des trois pays, histoire de leur donner un peu de frisson, bien calés dans leur siège. Mais ce site n'est pas le plus beau, on préfère les villages voisins ou la région au nord-ouest de Chiang Rai.

Les caravanes d'opium descendent des confins birmans, laotiens et thaïs entre mars et juin ; les plus importantes peuvent transporter jusqu'à 20 t d'opium. Ce commerce lucratif est, pour l'essentiel, entre les mains du KMT. Formées des débris de l'armée nationaliste chinoise de Tchang Kaï-chek, ces troupes furent chassées de Chine communiste après la victoire de la révolution de 1949. Utilisées dans les années 1950 par la CIA pour boucler la frontière sino-birmane, les forces du KMT sont aujourd'hui au service des opérations de contre-guérilla menées dans les régions montagneuses du Nord.

Il est bon aussi de préciser qu'au lieu-dit le Triangle d'Or, au bord du Mékong, là où l'on peut voir effectivement les trois pays d'un coup, il n'y a plus de champs d'opium depuis 1965. Les autorités les ont remplacés par des cultures de substitution : café et tabac (attention, là aussi, abus dangereux). D'une façon générale d'ailleurs, les plantations de pavot ont une petite tendance à déserter la Thaïlande – même s'il en reste d'importantes – depuis que la politique antidrogue du gouvernement s'est progressivement durcie.

Pour s'y rendre, voir la rubrique « Transports » à Chiang Rai.

EXPLORER LA RÉGION PAR SOI-MÊME

Cette région est passionnante avant tout parce qu'elle permet de nombreuses balades. Tous les moyens de transport sont envisageables.

Si vous disposez de quelques jours et que vous voulez simplement vous balader dans les villages du Nord, dans la région du Triangle d'Or, il est absolument inutile de vous inscrire dans une agence. Les bus locaux vous conduisent aux mêmes endroits pour bien moins cher. Dans les coins les plus reculés, des camionnettes prennent le relais des bus locaux. Louer une moto (une 125 cm^3 est parfaitement adaptée) est une solution idéale à condition d'être prudent.

MAE SALONG – แม่สลอง

IND. TÉL. : 053

Les deux routes (goudronnées) qui y mènent sont tout simplement sublimes (voir, plus haut, les itinéraires à moto autour de Chiang Rai). Elles gravissent et dévalent les collines verdoyantes, plongent dans les vallées pour mieux resurgir aux sommets, ondulent autour des plantations et composent une balade sereine et bucolique. Le village lui-même, totalement créé pour et par les réfugiés du Kuomintang (KMT), ne présente pas un intérêt majeur au-delà de quelques heures de flânerie. C'est cependant une bonne et originale base pour explorer la région.

Où dormir ? Où manger ?

De pas cher à prix moyens (de 100 à 300 Bts – 2 à 6 €)

Shin Sane Guesthouse – ชินแสนเกสท์เฮ้าส์ : à la sortie du village (par la route n° 1234). ☎ 765-026. Dans une maison chinoise avec une cour intérieure. Chambres ou bungalows, avec ou sans douche. Les plus modestes (avec matelas au sol) sont très bon marché ; les bungalows, plus chers, sont corrects (douche chaude et w.-c.). Simple et propre dans l'ensemble. Resto proposant des plats chinois de la province du Yunnan. Ambiance familiale, avec les gamins jouant dans la cour. Sur un mur, une carte dessinée indique la position de tous les villages de la région *(akha, lisu, lahu...)*. Propose des treks à cheval. Location de motos.

Akha Guesthouse – อาก้าเกสท์เฮ้าส์ : juste à côté de *Shin Sane*. ☎ 765-103. Grandes chambres avec parquet, plutôt claires et mignonnes. Toilettes sur le palier, douche chaude au rez-de-chaussée. Propre et bon marché. Accueil sympa. De nouvelles chambres en construction. Tenu par une famille *akha* venue autrefois de Chine. Organise des promenades à pied ou à cheval.

Aussi, dans le village : plusieurs maisons de thé, petits cafés et restaurants dont le croquignolet ***Mini Restaurant*** (entre *Shin Sane* et le marché), proposant de délicieux riz et nouilles sautées ainsi qu'un petit remontant maison plus ou moins médicinal.

Un peu plus chic (de 500 à 1 000 Bts – 10 à 20 €)

Mae Salong Villa – แม่สลองวิลล่า : à l'entrée du village sur la gauche quand on vient de la route de Chiang Rai (route n° 1234). ☎ 765-114. Fax : 765-039. Passé la réception, style salle des fêtes froide et sans charme, on découvre de grands bungalows accolés les uns aux autres, avec terrasse offrant un superbe panorama sur la vallée. Chambres confortables, avec sanitaires complets. Propreté rigoureuse. Prix un brin élevés pour les prestations ; on paie la vue ! Resto agréable. De temps en temps, soirée-dîner avec danses *akha* et *lahu*.

À voir

Dans le haut du village, une sorte de ***rue-marché.*** Certains stands ou boutiques proposent des objets en jade et en rubis (plusieurs fabriques dans le secteur), des pots d'herbes chinois, du thé et des décoctions bizarres avec des animaux à l'intérieur (beurk !). La spécialité de la région est un alcool de maïs, la version locale du *Baijiu* chinois. Distillé frauduleusement et donc théoriquement interdit, mais souvent délicieux et sans danger si l'on s'en tient à un petit verre. Quelques stands de *noodles* pour déjeuner.

➤ DANS LES ENVIRONS DE MAE SALONG

DOI TUNG – วัดน้อยดอยตุง

Le Doi Tung (alt. 1 800 m) s'élève en plein sur la frontière birmane, dans une région plus boisée que les environs de Mae Salong. Plusieurs sites touristiques se trouvent près du sommet et de nombreux villages garnissent les pentes. Situé à peu près à mi-chemin entre Mae Salong et Mae Sai, plusieurs routes splendides mènent au sommet. Tout ce secteur fait l'objet, de temps à autre, de combats entre l'armée et les contrebandiers mais pas d'inquiétude, vous serez averti en temps utiles au niveau des *checkpoints.* Pour rejoindre Doi Tung depuis Mae Salong, voir ci-dessus « Balades à moto » à Chiang Rai. En venant de Mae Sai, deux options sont possibles. La première consiste à emprunter la Super Highway jusqu'au village de ***Huay Krai*** – ห้วยไคร้, où il faut bifurquer à gauche sur la route n° 1149. Pour ceux qui y vont par les transports en commun, descendre à ce croisement, puis monter dans les *songthaews* mauves qui desservent Doi Tung. Le second itinéraire démarre directement de Mae Sai. En venant de la frontière, tourner à droite dans la rue après celle qui monte au temple ***Wat Doi Wao*** – วัดดอยว่าว. La direction du Doi Tung est rapidement indiquée. Il s'agit de la section nord de la route n° 1149, voie faisant une boucle entre Mae Sai, Doi Tung et la plaine. Rapidement, on rencontre un *checkpoint* militaire (avoir son passeport ou une photocopie). À partir de là, la route devient très pittoresque et étroite (on croirait parfois être sur une piste cyclable) et joue aux montagnes russes tout le long de la frontière birmane jusqu'au Doi Tung. Bitumée et peu fréquentée, elle n'est pas dangereuse à proprement parler. Évidemment, les débutants ne devraient pas se lancer avant d'avoir un peu d'entraînement.

Doi Tung Royal Villa & Mae Fah Luang Garden – พระตำหนักดอยตุงและสวนแม่ฟ้าหลวง ***:*** les 2 sites sont accessibles par la même esplanade. Entrée : *Villa,* 70 Bts (1,4 €) ; *Garden,* 80 Bts (1,6 €). L'ensemble est ouvert de 6 h 30 à 17 h 30. La villa, superbe chalet en pin et en teck, est située à 1 000 m d'altitude, en contrebas du temple et du sommet du Doi Tung. Construite à l'initiative de la reine mère (décédée en 1995) dans le courant des années 1980. Le but de son édification était de pacifier la région, qui était le théâtre d'affrontements liés à l'opium, et de donner du travail aux montagnards du coin. Le bois utilisé est exclusivement du bois de réemploi, la reine mère ayant appliqué la consigne royale de ne plus abattre de tecks thaïlandais (il n'y en a d'ailleurs quasiment plus, sauf des jeunes, récemment plantés). Le respect porté à la reine confine à la dévotion. Bien des Thaïlandais se rendent ici en pèlerinage, comme les catholiques à Lourdes. Lunettes de soleil, casquette et short sont interdits ! Photos absolument prohibées à

l'intérieur (les réserver pour les jardins et la terrasse). On ne voit les véritables pièces à vivre (chambres, cuisine, etc.) qu'à travers les fenêtres et de la terrasse, où la vue est splendide. Balade possible tout de même à l'intérieur, dans un vaste salon à décors sculptés. Gare à ne pas pointer un pied vers l'image de la reine ! En tout cas, la maison est bien belle, épurée. Notez les nombreuses références à l'astrologie, avec les signes astraux représentés (sur la terrasse, dans un couloir...) : c'était le hobby de la reine mère.
Le jardin (*Mae Fah Luang Garden* – สวนแม่ฟ้าหลวง) se trouve tout de suite à droite avant de monter à la villa. Certes magnifique mais très touristique (essayer d'éviter le gros des foules, en venant tôt le matin ou en fin d'après-midi) et très aménagé. À vous de juger.

Face à l'entrée du jardin, un *self-service* propose des petits plats de cantine corrects et un magasin présente les produits de la fondation Doi Tung (● www.doitung.org/indexeng.htm ●) : du café et des friandises à base de noix de macadamia (hmm !), deux cultures qui furent choisies en substitution à celle de l'opium.

Wat Noi Doi Tung et la montagne Doi Tung – วัดน้อยดอยตุง **:** suivre les panneaux indicateurs. Coin très boisé, beaux panoramas. Le temple lui-même, situé à 1 500 m d'altitude, ne présente que peu d'attrait. Offert par le roi à sa mère, c'est toutefois un lieu de culte très important puisqu'un *chedî* renfermerait une clavicule de Bouddha. De plus, l'empreinte de son pied (que l'on peut voir) symbolise son passage ici même. Une cinquantaine de mètres avant l'entrée du temple, un petit sentier (30 mn de grimpette) mène au sommet d'où l'on jouit d'une vue formidable et imprenable sur le Mékong et le lac Chiang Saen.

Mae Fah Luang Arboretum – สวนรุกขชาติแม่ฟ้าหลวง **:** sur le Doi Chang Mub – ดอยช้างมูบ. Par la branche nord de la route n° 1149 (voir ci-dessus). Un jardin compact et sauvage. Azalées, rhododendrons, parterres de fleurs multicolores et sapins. Au sommet, par un petit tunnel qui passe sous la route, monter jusqu'à la plate-forme des trois capitales, d'où l'on peut apercevoir le Laos et poser un pied au Myanmar pour la photo.

À voir le long de la route n° 1 (Super Highway)

Retour sur la route principale, la n° 1, dite aussi « Super Highway », autoroute donc, bien que mobylettes et vélos y circulent, vers Mae Sai. À 5 km environ au nord de Huay Krai, pancarte sur la gauche – un peu avant le village de Ban Thun – pour ***Saohim Cave and Lake*** – ถ้ำเสาหินและบึง (attention, pas de panneau en anglais ; ouvrir l'œil).
À 2 km de là, jolie pièce d'eau. À 500 m du lac, sur la droite, le ***Wat Tham Pla*** – วัดถ้ำปลา est un temple bâti à côté d'un bassin où nagent des poissons sacrés. Vous n'avez rien à craindre des carpes et des poissons-chats, mais on vous invite à vous méfier de la colonie de singes qui vit ici.

En reprenant la route n° 110, quelques kilomètres plus loin encore (6 ou 8 km), toujours sur la gauche, pancarte pour ***Tham Luang Caves*** – ถ้ำหลวง, une autre série de grottes, situées à 3 km de l'autoroute. C'est un étroit boyau, long de 7 km. Attention, à faire avec un guide.

Par ailleurs, sur le même site, chemins menant en quelques minutes de marche à des « cavernes », de petites excavations naturelles plutôt, dont une abrite un bouddha, comme au *Wat Tham Pla*.

Quelques kilomètres avant Mae Sai, on longe la montagne dite ***The Sleeping Lady,*** parce qu'elle aurait la forme d'une femme qui dort. Avant l'arrivée dans cette ville part l'embranchement pour Chian Saen.

MAE SAI – แม่สาย

IND. TÉL. : 053

La ville la plus septentrionale de la Thaïlande. La Highway venant de Chiang Rai vient s'y transformer en une interminable rue principale, bordée d'édifices sans charme et d'une invraisemblable quantité d'échoppes. Tout au bout, un marché (sur la gauche, en retrait de la route) puis un pont, frontière avec le Myanmar. Comme une avenue sur un cul-de-sac... Séparant les deux pays, la rivière Mae Sai coule perpendiculairement à cet axe. Un peu petite, la rivière... Sur la gauche en regardant le pont, une rue parallèle à la rivière mène au coin le plus sympa. Ici, les locaux font la navette entre les deux pays dans l'indifférence générale. Cela dit, ne vous amusez pas à la traverser, c'est le moyen le plus sûr pour s'attirer des ennuis. L'indifférence n'est qu'apparente et, sur chaque rive, les douaniers veillent.

Arriver – Quitter

➢ ***Pour Mae Chan et Chiang Rai :*** départ toutes les 20 mn de 5 h 30 à 18 h depuis le terminal des bus. 1 h 30 de trajet ; 25 Bts (0,5 €). Pour Mae Chan, on peut aussi prendre des *songthaews*.

➢ ***Pour Chiang Mai :*** 8 bus de 8 h à 16 h 15. Compter 4 à 5 h de route, 170 Bts (3,4 €) en bus AC.

➢ ***Pour Sop Ruak et Chiang Saen :*** les *songthaews* attendent le long de Phahon Yothin Rd (la rue principale), à hauteur de la fabrique de jade, donc sur la droite quand on se dirige vers le pont. Départ toutes les heures en moyenne de 9 h à 13 h environ.

Adresses utiles

✉ ***Poste et téléphone :*** sur le côté gauche, à 800 m environ du terminal des bus, un peu en retrait de cette même route (Phahon Yothin Rd), vous trouverez un centre téléphonique, et la poste à côté.

■ ***Immigration Office*** – *สำนักงานตรวจคนเข้าเมือง* **:** sur la route principale, à gauche à l'entrée de la ville, juste après la passerelle pour piétons. Attention ! Il est obligatoire de passer par ici avant d'aller au Myanmar afin de faire tamponner son passeport. Rien ne sert d'aller directement au poste-frontière du pont, comme les locaux. L'administration elle-même est ouverte du lundi au vendredi de 8 h à 12 h et de 13 h à 16 h 30, mais la formalité de *Passport Control* est possible tous les jours de 8 h à 17 h. Une fois ceci effectué, rejoindre la frontière et montrer son passeport côté thaï. De l'autre côté, les Birmans vous demanderont la somme de 5 US$ pour les frais de visa. Depuis quelque temps, on ne peut rester qu'un jour au Myanmar (règle stricte) et uniquement dans la ville frontière (Tachilek). Si vous devez retirer de l'argent, faites-le à Mae Sai (pas de distributeur au Myanmar).

Kasikorn Bank : 122/1 Phahon Yothin Rd, sur la route principale, quelques centaines de mètres à droite avant le pont. Ouvert de 8 h 30 à 15 h 30 (17 h le week-end). Possibilité de retrait avec les cartes *MasterCard* et *Visa* au comptoir ou au distributeur.

Terminal des bus : sur la route principale mais assez loin, à environ 2 km de la frontière. ☎ 646-403.

Internet Service : à 50 m de la frontière. Au 1er étage du *Mae Sai Plaza,* situé à l'entrée de la rue qui mène au *Wang Thong Hotel.* Ouvert de 8 h à 21 h.

Où dormir ?

Il y a plusieurs pensions pas chères le long de la rue qui longe la rivière (en partant sur la gauche quand on regarde la frontière). Cependant, à part *Mae Sai Guesthouse,* propreté et confort ne sont vraiment pas au rendez-vous. C'est parfois carrément délabré. Peut-être parce que le business n'est pas terrible depuis que les longues excursions au Myanmar sont interdites.

Bon marché (de 100 à 200 Bts – 2 à 4 €)

Chad Guesthouse **– ชัชเกสท์เฮ้าส์ :** 52/1 Soi Wiengpan. ☎ 732-054. Fax : 642-496. Depuis la route principale (1 km environ avant la frontière), tourner à gauche au niveau d'un concessionnaire Honda ; c'est fléché. Chambres (sanitaires communs, eau chaude) ou bungalows bon marché avec salle de bains. Un coup de pinceau serait bienvenu et la vue n'est pas terrible. Mais le calme et l'accueil sympathique en font une bonne adresse. Resto pour les hôtes.

De prix moyens à un peu plus chic (de 300 à 500 Bts – 6 à 10 €)

Mae Sai Guesthouse **– แม่สายเกสท์เฮ้าส์ซอยเวียงพานคำ :** tout au bout de la ruelle qui longe la rivière. ☎ 732-021. La plus ancienne *guesthouse* de Mae Sai. L'endroit idéal ! Bungalows en bambou, avec ou sans salle de bains (eau chaude dans les communs). Les plus chers, aux lits confortables, dominent la rivière et possèdent chacun une terrasse. Resto un peu décevant et pavillon sur la rivière.

Où manger ?

Le marché **– ตลาด :** un peu en retrait de Phahon Yothin Rd, sur le côté gauche, à 300 m du pont. On ne le voit pas de la rue. Des petits plats de bonne femme pour trois fois rien. Le soir venu, de nombreux stands viennent s'installer directement sur Phahon Yothin : crêpes, soupes et diverses brochettes.

Rabieng Khew **– ร้านอาหารระเบียงแก้ว :** dans la rue principale. Sur la gauche, après le marché, en regardant la frontière. Grande maison de style thaï. Salle rustique et toit-terrasse. Tous les classiques thaïs à la carte, ainsi que des poissons au barbecue et quelques plats occidentaux. Succulents *tao chiaw* (à base de coco) et *nam phrik* (vraiment épicé !). Service efficace et souriant des dames en sarong rose. Très bien et pas cher.

Rimnam Restaurant – ร้านอาหาริมน้ำ **:** exactement en bas du pont, face à la frontière du Myanmar. Ouvert de 7 h 30 à 20 h. Deux longues terrasses au bord de la rivière. On y déguste d'excellentes soupes de poisson pimentées, du poisson frit et de bonnes grosses grenouilles servies entières (hmm, la tête, craquante, est délicieuse !). Bon *fried-beef with oyster sauce* également. Service un peu négligé.

À voir

Thong Tavee Factory – โรงงานทองทวี **:** 17 Phahon Yothin Rd (c'est la rue principale). ☎ 731-013. Une petite usine de taille de jade et d'albâtre importés du Myanmar. Visite (gratuite) de 8 h à 12 h et de 13 h à 17 h. Les ateliers sont bruyants et poussiéreux, mais quel travail !

Le marché couvert : juste en face de la fabrique. Confection vraiment *cheap,* invraisemblables chaussures en plastique moulé, monceaux de victuailles, piments à la tonne, groins de cochon, mulets vivants... Quel spectacle !

Wat Doi Wao – วัดดอยว่าว **:** un peu avant le pont, tourner à gauche depuis la rue principale. La ruelle mène directement à l'entrée du temple qui se trouve au sommet d'une colline d'où l'on découvre un superbe panorama sur le Myanmar et la ville, toute de béton bâtie. Escalier de 207 marches pour y accéder... ou route menant jusqu'en haut et que l'on emprunte à pied ou en moto-taxi pour 20 Bts (0,4 €). En haut, sculpture moderne de deux affreux scorpions géants (*doi* en thaï). S'ils se mettaient à bouger, vous partiriez en courant.

LA ROUTE DE MAE SAI AU TRIANGLE D'OR

La route n° 1290 part vers l'est, juste après Mae Sai. Promenade agréable sur une bonne route refaite à neuf, bordée d'habitations coquettes (belles maisons modernes en teck) ou typiques (cabanes sur pilotis), et traversant des paysages plats, doux et paisibles, mais ne longeant pas la rivière. On croise parfois quelques paysans *lahu* et *lisu* dans leurs costumes traditionnels, utilisant encore d'antiques outils agricoles ou moyens de transport.

SOP RUAK – สบรวก

IND. TÉL. : 053

Nous y voilà ! C'est ce coin-là, précisément, qui a « usurpé » le nom de Triangle d'Or. Ici s'opère la jonction de la rivière Mae Nam Ruak et du Mékong. On a une perspective sur les trois pays : Thaïlande, Myanmar (la bande de terre entre les deux cours d'eau, le gros bâtiment est un casino) et Laos (rive gauche du Mékong).
Le village de Sop Ruak ne présente en lui-même aucun intérêt. C'est une série de stands d'artisanat et de T-shirts. Point trop n'en faut et, là, c'est trop.

Flopée de cars de touristes évidemment. En haut du « village », plusieurs temples et belvédère avec portique « Golden Triangle », histoire que les touristes aient quelque chose à photographier. Belle vue tout de même, et l'un des temples, datant du VIIIe siècle, est assez pittoresque. On y accède par un bel escalier décoré de *nâga.*
Redescendez à pied de ce temple, en direction de la *House of Opium.* Vous croiserez au passage un autre temple, le ***Wat Pra Phat Pukhao* – วัดพระธาตุภูเขา**. On y aperçoit de prime abord Bouddha de dos, puis, en le contournant, on tombe sur un escalier monumental, d'où l'on a également une vue assez chouette avec d'impressionnants *nâga* au bas de l'escalier. Après être redescendu, vous voici à nouveau au niveau de la *House of Opium.*
Bon, question trafic d'opium, il ne s'est jamais passé grand-chose par ici. L'endroit est beaucoup trop à découvert. Tout l'opium transite par les montagnes, beaucoup moins accessibles. Bref, le Triangle d'Or, c'est de la flambe. On fait une photo pour frimer à la soirée diapos devant les copains.

Pour manger, quelques cantines en bas du village, sur une place le long du Mékong.

À voir. À faire

Hall of Opium* – พิพิธภัณฑ์ฝิ่นตรงข้ามกับโรงแรมอนันตรารีสอร์ทและสปา *: face à l'hôtel *Anantara Resort and Spa,* à la sortie du village, un nouveau musée de l'Opium. ☎ 784-444. • www.goldentrianglepark.org • Entrée : 300 Bts (6 €). Fermé le lundi. La famille royale est à l'origine du projet. Tout ce que vous avez toujours voulu savoir sur cette triste substance.

Opium Museum* – พิพิธภัณฑ์ดอกฝิ่น *: dans le centre. Ouvert tous les jours de 7 h à 19 h. Entrée : 20 Bts (0,4 €). Ultratouristique mais à visiter pour ses intéressantes collections de pipes à opium, couteaux, balances, poids sculptés, paillasses des fumeurs, etc. Légendes en anglais. Panneaux éducatifs un peu rétro, explications en anglais. Le *Paver somniferium* est une plante d'origine méditerranéenne dont Alexandre le Grand assura la promotion. Curieusement, une impasse pudique est faite sur le rôle du gouvernement dans l'industrie de l'opium et dans son essor. Un oubli sans doute...

Balade en bateau de Sop Ruak à Chiang Saen : plusieurs bateliers privés proposent une heure de balade sur la rivière. On se rapproche du *Golden Triangle Paradise Resort* (établissement trouble, mais véritable casino aux mains des Thaïs, sur le territoire birman) et l'on débarque sur une île laotienne. Prix habituel : 300 Bts (6 €) par bateau. Balade agréable par beau temps, tôt le matin ou en fin d'après-midi.

CHIANG SAEN – เชียงแสน

IND. TÉL. : 053

À 35 km de Mae Sai. Certainement le village le plus authentique de toute cette région. Un vrai bout du monde où les touristes ne se bousculent pas. Chiang Saen, autrefois entourée de remparts, fut la capitale d'un royaume bien plus ancien que Chiang Mai. Bien que la ville fut rasée au XVIIIe siècle, il reste de nombreuses ruines datant du Xe au XIIIe siècle. Avec son marché coloré, modeste, et ses habitants gentils, on apprécie cette halte, au bord du fleuve, par lequel arrivent de Chine des barges chargées de marchandises.

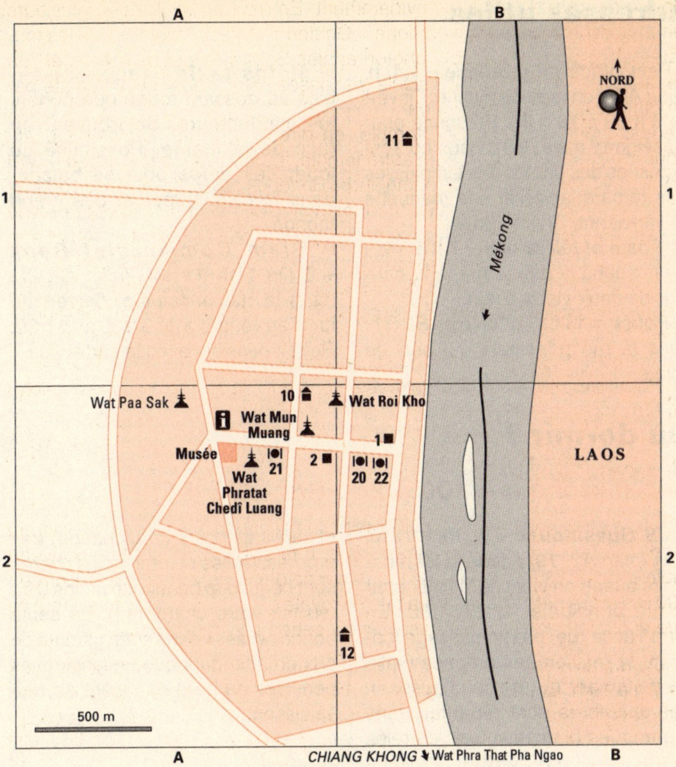

CHIANG SAEN

Adresses utiles

- Office de tourisme
- 1 Police
- 2 Siam Commercial Bank

Où dormir ?

- 10 JS Guesthouse
- 11 Gin's Guesthouse
- 12 Chiang Saen River Hill Hotel

Où manger ?

- 20 Marchés de jour et de nuit
- 21 Sam Ying
- 22 Keawvaree

Une poignée de *guesthouses* incitent à y passer la nuit, ne serait-ce que pour regarder couler le Mékong, dont les 4 200 km racontent une bonne partie de l'Asie.

Arriver – Quitter

➢ ***En bus :*** de Chiang Saen, on peut soit replonger directement vers Mae Chan puis Chiang Rai (dernier bus à 16 h 45), soit faire le détour par Chiang Khong et repiquer sur Chiang Rai. Les bus se prennent dans la rue principale, celle qui est perpendiculaire au fleuve. Départs réguliers toute la journée.

Adresses utiles

Petit ***office de tourisme*** – ท.ท.ท. *(plan A2)* **:** en face du musée. Ouvert de 8 h 30 à 16 h 30. Personne pour renseigner, mais des locaux où sont exposées des photos des temples les plus remarquables et une maquette de l'ancienne Chiang Saen.

Poste et téléphone – ไปรษณียสื่อสาร **:** dans la même rue, à la hauteur de deux vieux *chedî*.

Police – สถานีตำรวจ *(plan B2, **1**)* **:** dans la rue principale qui part du fleuve.

Motos-taxis **:** reconnaissables au dossard rouge que portent les conducteurs. Se trouvent en face de la mairie. Possibilité de louer des ***vélos*** pour se balader dans le coin. Super et pas grand monde.

Siam Commercial Bank – ธนาคารไทยพาณิชย์ *(plan A2, **2**)* **:** dans la rue principale. Ouvert du lundi au vendredi de 8 h 30 à 15 h 30. Retrait possible avec la carte *Visa*.

Où dormir ?

Bon marché (de 100 à 200 Bts – 2 à 4 €)

JS Guesthouse – เจ, เอส. เกสท์เฮ้าส์ *(plan A2, **10**)* **:** dans la 2e rue à droite quand on vient de la rivière par la rue principale. ☎ 770-060. En retrait de la rue, par un passage longeant la maison des proprios (salle de restaurant au rez-de-chaussée). Les chambres sont réparties dans 2 baraques blanches. Sols carrelés et salles de bains (eau chaude) très propres. Celles un peu moins chères sont beaucoup beaucoup moins bien (visitez votre chambre !). La seule bonne adresse dans cette gamme de prix en attendant que les anciennes pensions du bord de rivière se ressaisissent.

Prix moyens (de 200 à 450 Bts – 4 à 9 €)

Gin's Guesthouse – ยินเกสท์เฮ้าส์ *(plan B1, **11**)* **:** 71 Rimkhong, Mu 8. ☎ 650-847. Fax : 651-053. À 1 km sur la droite, avant d'arriver à Chiang Saen en venant de Sop Ruak. Chouette cadre verdoyant. Pelouse entretenue, roues de charrettes un peu partout pour le côté ranch. Au fond du jardin, trois huttes en A, faites de bambou et de feuillage. Matelas au sol, ventilo, moustiquaire et douches (eau froide). Mais à éviter en période de pluie : l'eau s'infiltre allégrement par le toit. Pour les frileux, chambres à l'intérieur et des pavillons dans le jardin. On peut louer ici vélos, motos ou voitures et organiser des randonnées.

Un peu plus chic (de 800 à 1 000 Bts – 16 à 20 €)

Chiang Saen River Hill Hotel – เชียงแสนริเวอร์ฮิลล์โฮเต็ล *(plan B2, **12**)* **:** 714 Moo 3, Tambol Viang. ☎ 650-826. Fax : 650-830. Fléché depuis la rue principale. Dans sa catégorie, cet hôtel est sans doute le meilleur de la ville. Dans un bâtiment d'un rose étrange, les chambres sont spacieuses et très bien tenues. Climatisées, elles possèdent également un petit coin salon thaïlandais. Petit déjeuner inclus. Accueil aux petits soins.

Où manger ?

Autant vous le dire tout de suite : ce n'est pas à Chiang Saen que vous découvrirez toutes les subtilités de la cuisine thaïlandaise...

Marchés de jour et de nuit : pour se remplir la panse et se rafraîchir le gosier au milieu des autochtones, pour quelques dizaines de bahts seulement. Le jour, se diriger vers le marché de la rue principale *(plan B2, **20**)*. Nombreux petits stands, dont certains tenus par des immigrants chinois (raviolis, succulentes soupes de nouilles). Le soir, rendez-vous le long de la rivière (côté nord, *plan B1*). La promenade le long de la berge est investie par une litanie de gargotes où, assis sur une chaise ou des coussins, on ingurgite salade de papaye, poulet grillé et autres plats simples mais essentiels.

Sam Ying – ร้านอาหารสามหญิง *(plan A2, **21**) :* dans la rue principale, à côté de la *Krung Thai Bank*. Ouvert tous les jours de 8 h à 20 h. Pas de nom en alphabet latin, mais un auvent rouge et blanc. La carte plastifiée a, elle, le bon goût d'être bilingue, ce qui vous facilitera la commande. Les prix ne sont pas indiqués, mais tous les plats sont abordables. Excellente cuisine du Nord, notamment les soupes *Northern style*.

Keawvaree – ร้านอาหารแก้ววารี *(plan B2, **22**) :* Phahonyothin Rd. Petits plats à partir de 30 Bts (0,6 €). Salle intérieure climatisée ou terrasse bienvenue sur la rue. Carte en anglais. Famille sympa.

À voir. À faire

Wat Phratat Chedî Luang – วัดพระธาตุเจดีย์หลวง *(plan A2) :* il date du XIIIe siècle, ça se voit, et cela lui confère un charme indéniable. De ce temple, il ne subsiste en fait que le pourtour de brique, abrité par un toit de tôle. Pourtant, l'endroit est toujours vénéré. À côté, grand *chedî* d'une quarantaine de mètres, mangé par les herbes. Bien ruiné mais émouvant malgré sa taille.

D'assez nombreux temples ruinés subsistent çà et là en ville, créant une atmosphère assez romantique. Parmi ceux-ci, le ***Wat Mun Muang*** – วัดมุ้นเมือง *(plan A2)*, avec son teck géant et son alcôve à bouddha debout, et le ***Wat Roi Kho*** – วัดร้อยเกาะ *(plan A-B2)* possèdent un vrai charme.

Le musée – พิพิธภัณฑ์ *(plan A2) :* juste à côté du *Wat Phratat Chedî Luang* et face à l'office de tourisme. Ouvert du mercredi au dimanche de 9 h à 16 h. Entrée : 20 Bts (0,4 €).
On y a regroupé toutes les trouvailles archéologiques du secteur. Statues et têtes de Bouddha de style du Lan Na, s'étalant du XIVe au XVIIIe siècle, superbes et d'expressions variées. Plusieurs exemples de mains de Bouddha. Belles céramiques. Et puis étoffes, monnaie, armes, poisson-chat géant, pipes à opium, instruments de musique, costumes de tous les Thaïs...

Dans les environs du village, plusieurs autres *wat*. Parmi ceux-ci, ne pas manquer le ***Wat Phra That Pha Ngao*** – วัดพระธาตุพระเงา, à environ 6 km sur la droite de la route de Chiang Khong. Dans le style birman, le temple principal ressemble à une pagode. L'intérieur est orné de magnifiques panneaux de bois doré relatant la vie de Bouddha (légendes en anglais). Au fond, la base du temple originel et un très ancien et très vénéré bouddha de pierre. Un des plus beaux temples de la Thaïlande septentrionale, malgré la présence d'un distributeur automatique d'horoscopes du plus mauvais goût, côtoyant sans vergogne l'Éveillé, décidément imperturbable. À l'extérieur, d'impressionnants *nâga* enserrent l'escalier en haut duquel on profite d'une vue imprenable sur le Mékong et le Laos.

Aller en Chine en remontant le Mékong : une fascinante croisière. Pas encore de services réguliers, il faut embarquer sur un cargo chinois. Prévoir de 2 000 à 2 500 Bts (40 à 50 €) par personne (nuits et repas à bord compris) et de 15 h à 20 h de navigation. Il faut s'être muni au préalable du visa chinois (c'est possible à Chiang Mai). Trouver son bateau n'est pas facile pour ceux qui ne parlent pas chinois... On peut essayer de se renseigner au poste d'immigration le long de la rivière. Sinon, *Gin's Guesthouse* (voir « Où dormir ? ») peut tout vous arranger moyennant une commission d'environ 500 Bts (10 €).

CHIANG KHONG – เชียงของ

IND. TÉL. : 053

La route (n° 1129) allant de Chiang Saen à Chiang Khong est champêtre et vallonnée. De novembre à janvier, le tabac est mis à sécher sur le bord de la chaussée. Pour les accros du Mékong, des bifurcations permettent de rejoindre une petite route suivant le fleuve au plus près.
Outre le *Wat Phra That Pha Ngao* où l'on pourra faire une halte (voir plus haut), on trouve plus loin un beau point de vue sur le Mékong *(Sala View)*, avec aire de repos et petite restauration.
Chiang Khong est un village frontière entre la Thaïlande et le Laos, au bord du Mékong, juste en face de Houeisay. Mais ici, c'est plutôt calme. Rien à voir avec l'activité commerciale foisonnante de Mae Sai à la frontière birmane, par exemple. Pourtant, depuis le développement du tourisme au Laos, l'apparence du bourg a changé. Commerces, pensions et restaurants destinés aux *farangs* se multiplient. Contemplé depuis l'une des chouettes *guesthouses* posées sur sa berge, le Mékong, maître des lieux, reste cependant imperturbable. Ici, on ne se perd pas ! La station des bus est à l'extrémité sud de l'agglomération, le poste-frontière à l'autre bout. Entre les deux, il y a un gros kilomètre et toutes les adresses mentionnées.

Arriver – Quitter

➢ ***Pour Houeisay (Laos) :*** traversée du Mékong à bord de pirogues à moteur qui font la navette. Prix : 20 Bts (0,4 €).
– *De Houeisay à* ***Luang Prabang (Laos) :*** service public de bateaux lents qui mettent 2 jours (une nuit à Pak Beng) ou de bateaux rapides *(speed-boats)*, seulement 6 h de navigation ! Les bateaux publics étant particulièrement bondés (ne serait-ce que de touristes en saison), il peut être judicieux d'embarquer sur des bateaux privés (plus confortables, bonne vision depuis son siège). La réservation est possible dans les pensions et agences de Chiang Khong.
– *De Houeisay à* ***Luang Nam Tha (Laos) :*** piste de terre parcourue par des pick-ups ou des camions bâchés. Compter environ 7 à 8 h pour 173 km.
➢ ***Pour Chiang Rai :*** 2 bus quotidiens, à 5 h et 17 h. Durée du trajet : 2 h. Prix : 50 Bts (1 €). En moto, on repique vers Chiang Rai via la route n° 1174, puis à droite sur la n° 1098 au niveau de Kaen Nua, puis on rejoint la n° 1173, plus rapide pour gagner Chiang Rai (via Wiang Chai). Compter 1 h 30 en tout.

➢ ***Pour Chiang Mai :*** il y a des bus directs à 8 h et 11 h du matin, mais autant aller d'abord à Chiang Rai, puis prendre une correspondance. C'est souvent plus rapide et... moins cher. Prévoir 6 h de voyage. Prix : environ 200 Bts (4 €).
➢ ***Pour Bangkok :*** 2 bus quotidiens, 1 le matin, 1 le soir. Durée : 13 h. Prix : environ 500 Bts (10 €).

Adresses utiles

■ ***Poste frontière – ด่านศุลกากร :*** dans la descente vers le quai d'embarquement, sur la gauche. Ouvert tous les jours de 8 h à 18 h. Attention : on ne peut plus obtenir son visa à ce poste comme autrefois. Toutefois, cela pourrait changer (selon les riverains). Les *guesthouses* et agences alentour sauront vous aider dans vos démarches, mais il faudra attendre 2 ou 3 jours (sauf formule express) et payer une commission pour obtenir votre visa. Alors, autant s'occuper de ces formalités avant d'atterrir, ici à Bangkok ou dans votre pays de départ... La traversée de la rivière est payante (20 Bts, soit 0,4 €).
@ ***Eye Com – อายคอม :*** à 300 m du poste-frontière, à côté de l'entrée de *Bamboo Riverside Guesthouse* (voir « Où dormir ? »). Prévoir 40 Bts (0,8 €) l'heure.
■ ***Ann Tour – แอนทัวร์*** : environ 400 m avant la frontière, côté « terre ». ☎ 655-198. Fax : 791-218. Une agence de voyages fiable qui peut vous procurer des visas « 15 jours » dans la journée pour 1 600 Bts (32 €). Si vous avez le temps (3 jours ouvrables), cela vous coûtera alors 1 250 Bts (25 €) pour un visa « 15 jours » et 1 900 Bts (38 €) pour un visa d'un mois. Peut aussi se charger de l'obtention de permis spéciaux pour ceux qui auraient l'idée de rentrer au Laos avec leur véhicule.

Où dormir ? Où manger ?

Bon marché (de 150 à 250 Bts – 3 à 5 €)

🏠 |●| ***Bamboo Riverside Guesthouse – แบมบูริเวอร์ไซด์เกสท์เฮ้าส์ :*** 71/1 Huaviang Rd. ☎ 791-621. ● sweepatts@hotmail.com ● Environnement « junglesque » très attrayant, sur un terrain en pente jusqu'à la rivière. Petits bungalows en bois, typiques et bien tenus, bon marché, avec douche chaude (d'autres, moins chers, avec douche à l'extérieur). Atmosphère vraiment relax, tout comme l'accueil. Au bord de l'eau, resto en terrasse couverte. Très bonne cuisine : petits déjeuners, plats simples, mais aussi des spécialités mexicaines le soir ! La bonne adresse pour attendre l'obtention de son visa pour le Laos en contemplant la rivière qui vous en sépare.
🏠 ***Baan Fai Guest House – บ้านไฟเกสท์เฮ้าส์ :*** à 100 m environ de *Bamboo Riverside Guesthouse* en s'éloignant de la frontière. ☎ 791-394. Une maison familiale typique derrière un *minimart* (épicerie) qui vend également des tissages. Chambres sans salle de bains, basiques mais sympathiques (celles du 1er étage en tout cas). Ne donne pas directement sur le fleuve, mais il y a une petite terrasse avec vue. Propriétaires adorables.

LE NORD-EST

La région du Nord-Est, connue sous le nom d'*Isan,* bordée par le Laos au nord et à l'est, et par le Cambodge au sud, couvre un tiers de la superficie du pays et rassemble la même proportion de ses habitants.
La région n'est pas à court d'arguments touristiques : nombreux parcs nationaux, 600 km de rives bordant le Mékong, les plus beaux chefs-d'œuvre de l'architecture khmère (en dehors du Cambodge) et de nombreux sites préhistoriques, qui prouvent que l'Isan fut habité bien avant la naissance du peuple thaï.
À ces atouts géographiques et historiques s'ajoutent une culture et des traditions spécifiques. Fortement influencées par leurs voisins laotiens et khmers, celles-ci ont aujourd'hui largement débordé de leur région d'origine, disséminées aux quatre coins du pays par des millions d'émigrants partis chercher une meilleure vie, sinon la fortune.
Cette musique entraînante, le *Mor-lam,* jouée dans le taxi pris à l'aéroport, accompagnée de danses endiablées à la télé pendant que vous ouvrez vos bagages, la « salade de papaye - poulet grillé - riz gluant » servie à la gargote d'une première faim, ce chaland qui vous propose de superbes soieries... À votre insu, vous avez peut-être rencontré l'Isan dès votre arrivée en Thaïlande et inauguré une complicité avec ses habitants qui donne l'envie d'en savoir plus.
Compter une bonne semaine de visite, si possible davantage pour les amateurs d'art khmer, de nature, de photos, de cuisine (voir « Généralités) et de sourires.

Passages de frontières

Quatre postes frontières permettent aux étrangers de passer au Laos : *Nong Khai, Nakhon Phanom, Mukdahan* et *Chong Mek.* Dans la région de Surin, à *Chong Chom,* un tout nouveau poste frontière permet d'entrer au Cambodge. Voir les chapitres consacrés ci-après pour plus d'infos.

Petit point au sujet des visas laotiens

À l'heure actuelle, il est possible d'obtenir directement un visa 15 jours (« on arrival ») aux frontières. Prix : 30 US$ ou 1 500 Bts (30 €), plus 1 US$ ou 50 Bts (1 €) le week-end. Plus aucun intérêt à passer par les agences de voyages frontalières côté thaï, elles ne peuvent pas proposer mieux en terme de prix ou de durée de séjour.
Les voyageurs désirant obtenir un visa 30 jours peuvent s'adresser :
– au consulat de Bangkok ;
– aux agences de voyages de la capitale (pratique, économise de longs trajets). Compter environ 1 600 Bts (32 €) en service normal (4 jours) et 1 900 Bts (38 €) en service express (2 jours) ;
– au consulat de Khon Kaen, pour seulement 1 300 Bts (26 €) et 1 h de délai. Si vous passez par là...

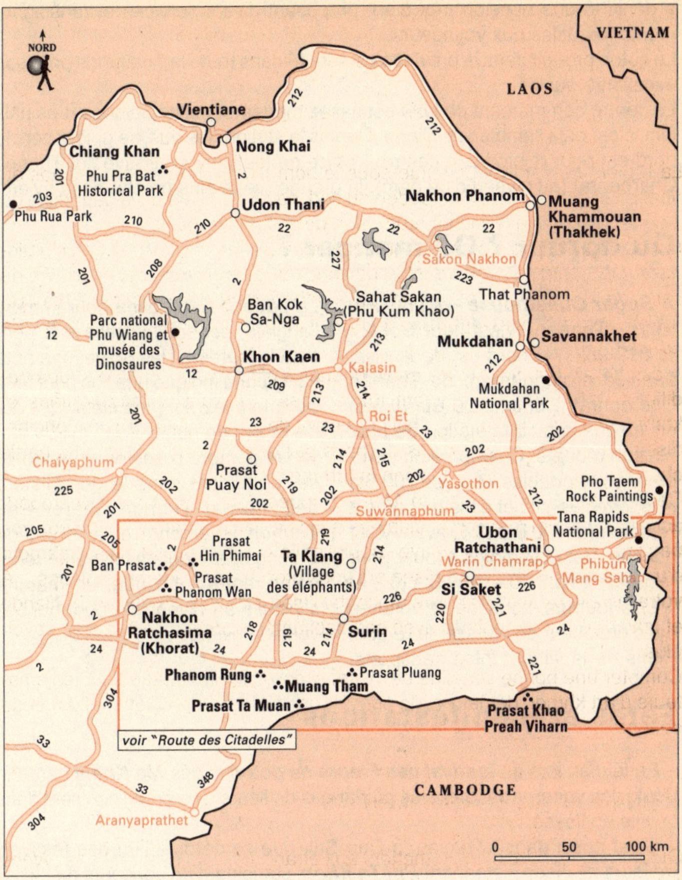

L'ISAN

LES PARCS DE LA PROVINCE DE LOEI

Cette région préservée, isolée par une petite chaîne de montagnes, plaira aux amateurs de calme et autres randonneurs. Le célèbre parc de Phu Kradung vaut à lui seul le voyage. Après les efforts, il est doux et facile de rejoindre le Mékong à Chiang Khan.

LOEI – เลย

23 000 hab. IND. TÉL. : 042

Passage obligé sur la route de Chiang Khan, Loei, petite ville pas désagréable, voit peu de visiteurs s'y arrêter. Pourtant, c'est une bonne base pour aller explorer les parcs du Phu Kradung, Phu Luang et Phu Rua, d'autant qu'on y

a déniché une pension très bien, proposant divers services et renseignements fort utiles aux voyageurs.
Le coton produit dans la province est réputé dans toute la Thaïlande pour son excellente qualité.
Le centre commerçant de Loei est assez moderne, mais quelques rues plus loin, c'est déjà l'ambiance village. Depuis la station des bus, se diriger vers le nord-est pour rejoindre le centre. L'office de tourisme se trouve sur Thanon Charoenrat (au niveau d'un parc), la grande rue la plus proche de la rivière.

Où dormir ? Où manger ?

Sugar Guesthouse **–** ชูการ์ เกสท์เฮ้าส์ *:* Thanon Wisuttitep, Soi 2 *:* ☎ 812-982. Au nord-est de la ville, dans le prolongement de Thanon Charoenrat. Compter 30 Bts (0,6 €) en *tuk-tuk* depuis la station de bus. Maison récente. Chambres ultrapropres et confortables. Prix : de 200 Bts (4 €) avec ventilo et salle de bains à l'extérieur à 400 Bts (8 €) avec AC et douche. Vélos et motos à louer pour respectivement 30 et 200 Bts (0,6 et 4 €) la journée. Location de voitures avec chauffeur pour visiter la région. Plans de la ville et infos transports. La patronne, qui parle couramment l'anglais, est souvent absente pendant la journée. Pas grave, une note sur la porte indique que l'on peut faire comme chez soi ; les clefs sont sur les tables de nuit !

De nombreux restos et gargotes se regroupent dans le quadrilatère délimité par Thanon Charoenrat, Thanon Ruamchai et la route de Chiang Khan (qui passe par le rond-point central). La nuit, un marché s'installe au niveau du pont qui traverse la rivière.

Fêtes et manifestations

– En février, lors du ***festival des Fleurs de coton*** et des ***Ma Kham*** (tamarin doux), les voitures décorées de guirlandes de fleurs... de coton circulent dans la ville en liesse.
– C'est aussi dans la région, à Dan Sai, que se déroule l'un des festivals majeurs de l'Isan, l'étonnant ***Phi Ta Khon,*** combinant un concours de lancer de fusées artisanales, des parades bouddhiques et d'autres pour le moins païennes – masques effrayants, bâtons en forme de phallus, etc. A lieu en général au mois de juin – contacter l'office de tourisme local au ☎ 812-812.

LE PARC NATIONAL DE PHU RUA – อุทยานแห่งชาติภูเรือ

IND. TÉL. : 042

Phu Rua, le « mont Bateau », tire son nom de la forme de sa cime rappelant une jonque chinoise qui flotterait à 1 365 m d'altitude. Assez petit (120 km^2), le parc offre au visiteur un large panorama sur les chaînes et vallées du Laos (à quelques kilomètres), atteint par de faciles balades à travers une lande parsemée de pins et d'affleurements rocheux. De juin à novembre, les cascades et la floraison par tapis d'une vingtaine de variétés florales rares renforcent l'intérêt de la visite. Phu Rua n'est certes pas le parc le plus spectaculaire de Thaïlande, mais il se révèle l'occasion d'une agréable étape.

Arriver – Quitter

➢ ***De Loei (ou Phitsanulok) :*** s'arrêter au village de Phu Rua, à 48 km de Loei, sur la route n° 203 rejoignant Phitsanulok via Lom Sak. Bus fréquents dans les deux sens. Une petite route mène au parc depuis le milieu du village.

Info utile

– Voir les « Généralités » en début de guide pour plus d'informations concernant les hébergements dans les parcs nationaux. Ou téléphoner au ☎ 884-144.

Où dormir ? Où manger ?

À l'intérieur du parc

Camping : une centaine de tentes de 2 à 6 places sont à louer au niveau des *Visitors' Center n° 1* (peu après avoir payé le droit d'entrée, coin verdoyant toute l'année) et *n° 2* (1,5 km en contrebas du sommet). Prévoir 135 Bts (2,7 €) par personne. Possible de planter sa propre tente moyennant 30 Bts (0,6 €) par personne.

Bungalows : existent en version 4, 6 ou 9 personnes. Prévoir 500 Bts (10 €) par personne, mais il faut payer l'intégralité des lits quoi qu'il arrive.

À l'extérieur du parc

Phu Rua Chalet – ภูเรือชาเล่ต์ : sur la route de Loei, à 4 km de Phu Rua ; piste (cahute au coin) sur la droite. ☎ 899-012. Fax : 899-201. Charmant, niché sur une colline verdoyante. Grands bungalows pour 1 000 Bts (20 €) ou chambres en rangs d'oignons dans une construction en brique pour 700 Bts (14 €). Bien meublé mais plus tout neuf et pas d'AC (même si les nuits sont suffisamment fraîches). Essayer de négocier les prix. Délicieuse cuisine thaïe et européenne pour tous les budgets. Accueil chaleureux.

La visite

La route bitumée, longue de 10 km, tortueuse et assez raide (dernier tronçon à plus de 15 %), mène quasiment au sommet. Stop assez facile le week-end. Ouvert de 5 h du mat' à 20 h. Tarif : 200 Bts (4 €). L'entrée *(checkpoint 1)* est à 2 km de l'embranchement. Au *Visitors' Center n° 1,* 2 km plus loin, se munir d'un plan du parc, toujours utile même si le balisage des sentiers est assez bon. D'ici partent les sentiers qui permettent de compléter en une journée la boucle d'une vingtaine de kilomètres passant par les principales cascades et le sommet (1 365 m). Faisable aussi en VTT ; de bons engins se louent sur place pour 50 Bts (1 €) l'heure ou 200 Bts (4 €) la journée. Le *checkpoint 2* n'est qu'à 700 m de *Phurua Peak.* Attention, prévoir des vêtements chauds même en saison chaude (Phu Rua détient le record de fraîcheur en Thaïlande, avec - 4 °C).

➤ DANS LES ENVIRONS DU PARC

Le vignoble de Phu Rua « Château de Loei » : à quelques kilomètres du village, en direction de Dan Sai, sur la gauche de la route. • www.chateaudeloei.com • Après la promenade, le réconfort ! Venir plutôt motorisé, le chemin menant aux cuves et à la « cave » de dégustation chemine sur 2 km à travers les vignes. Ce domaine, à 650 m d'altitude, produit les meilleurs vins du pays. Consultants australiens et français se disputent l'expertise, mais c'est bien notre coq national qui figure sur le logo. Chenin blanc et syrah composent une gamme allant du rouge au blanc extra-sec en passant par une méthode d'addition traditionnelle récemment adoptée. Le blanc normal, facturé 300 Bts (6 €), honnête breuvage, plaira aux disciples de Bacchus, dans ce pays où le jus de grappe d'importation est si lourdement taxé.

LE PARC NATIONAL DE PHU KRADUNG – อุทยานแห่งชาติภูกระดึง

IND. TÉL. : 042

Phu Kradung, l'un des plus beaux parcs naturels thaïlandais, tire son nom d'un large plateau gréseux, « la montagne-cloche », s'élevant à plus de 1 200 m d'altitude. Les panoramas sur les basses-terres et collines alentour sont époustouflants. Selon la légende, le lieu aurait été découvert il y a seulement deux siècles par un chasseur *lao* parti sur les traces d'un *gaur* (biche). Voilà peut-être pourquoi la biodiversité y est encore assez bien préservée : flore tropicale, méditerranéenne et océanique abritant des chacals d'Asie, des écureuils noirs géants, des gibbons aux mains blanches... ainsi qu'une vingtaine d'éléphants et quelques tigres.

Infos pratiques

– Entrée : 200 Bts (4 €). Du 1er octobre au 31 mai, ouvert quotidiennement de 6 h 30 à 18 h 30 (mais plus de vente de billets après 14 h) ; le reste du temps, pendant la mousson, fermé pour des raisons de sécurité et de régénération de la flore.
– Voir les « Généralités » en début de guide pour plus d'informations concernant les hébergements dans les parcs nationaux ou téléphoner au ☎ 871-333.

Quand y aller ?

Ici, pas vraiment de période privilégiée pour la visite, tout dépend de vos centres d'intérêt.
– D'octobre à décembre, les eaux accumulées pendant la saison des pluies ruissellent paresseusement à travers le plateau avant de dévaler en cascades les flancs de la montagne (le reste du temps, elles sont à sec).
– De janvier à février, pendant la saison froide, les sportifs savoureront sans trop suer l'ivresse des grandes randonnées à travers plus de 50 km de pistes balisées. Prévoir des vêtements chauds, les températures nocturnes pouvant frôler 0 °C.
– En mars et avril, les tapis multicolores d'azalées et de rhododendrons réjouiront les amoureux de la nature.

Privilégier les visites en semaine, notamment d'octobre à janvier. Pendant les grandes vacances scolaires de mars-avril, beaucoup d'adolescents envahissent le lieu, rêvant parfois d'un premier flirt. À l'ombre d'un coucher de soleil sur *Lomsak Cliff,* on les comprend...

Arriver – Quitter

➢ ***De Bangkok :*** prendre en début de soirée un bus à destination de Loei et descendre, au petit matin, au village de Phu Kradung, 77 km avant Loei. De là, prendre un taxi collectif (7 km, 20 Bts, soit 0,4 €) jusqu'au *Visitors' Center* au pied de la falaise.

➢ ***De Phitsanulok :*** bus AC ou non AC en direction de Khon Kaen. S'arrêter à Chum Phae. Ensuite, bus local toutes les 30 mn à partir de 6 h, direction Loei. Arrêt au village de Phu Kradung comme ci-dessus pour Bangkok.

➢ ***De et pour Khon Kaen (ou Loei) :*** dans les deux sens, départ toutes les 30 mn à partir de 6 h.

➢ ***De Chiang Khan :*** par le bus AC à destination de Nakhon Ratchasima (voir sous Chiang Khan). Compter environ 60 Bts (1,2 €) pour 2 h de trajet.

Où dormir ?

Il est conseillé de réserver lors des week-ends.

À l'intérieur du parc

Camping : nombreuses tentes ou micro-bungalows avec sacs de couchage et matelas. Compter 100 Bts (2 €) par personne. En vérifier l'état avant de faire son choix. Droit de 30 Bts (0,6 €) par personne pour planter sa tente.

Bungalows : une vingtaine de chalets d'une capacité de 4 à 12 personnes. Prix du lit : de 200 à 400 Bts (4 à 8 €), selon l'équipement et la situation. Comme d'hab' dans les parcs thaïlandais, il faut toujours louer l'ensemble du bâtiment.

À l'extérieur du parc

Prix moyens (de 350 à 900 Bts – 7 à 18 €)

Phu Kradung Resort – ภูกระดึงรีสอร์ท *(plan, 1) :* à 3 km avant l'entrée du parc, sur la gauche. ☎ 871-076. En bordure d'étang, petit village de bungalows doté d'une agréable terrasse ombragée où l'on sert une bonne cuisine thaïe. Ventilo + eau froide ou AC + eau chaude. Confort cependant moyen pour les prix.

Où se ravitailler ?

Gargotes ouvertes toute la journée à l'entrée du parc derrière l'accueil *(Visitors' Center)* ainsi qu'à proximité du quartier général du sommet *(General Headquarters).* Plats à consommer sur place ou à emporter. Vendent aussi torches, piles et allumettes.

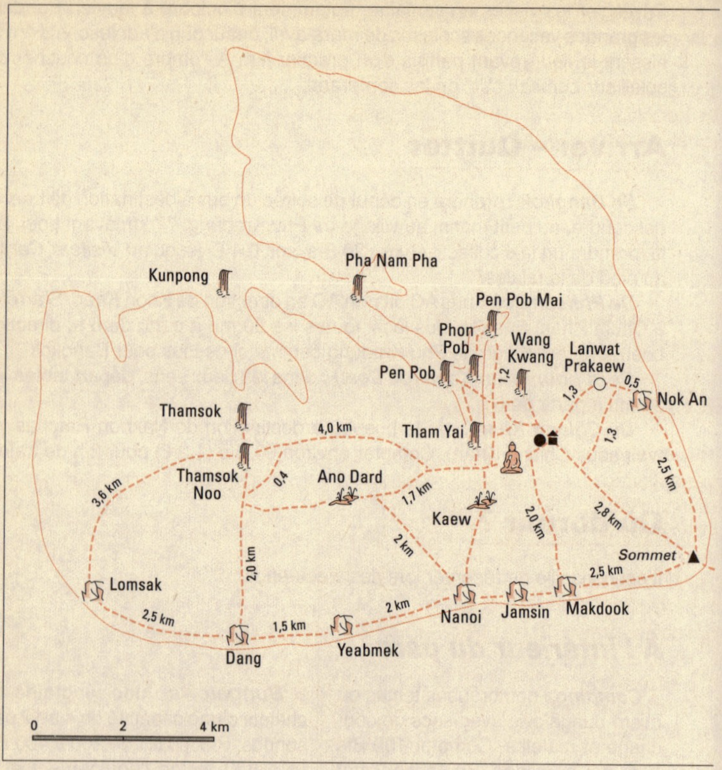

Une bonne grimpette avant les balades...

Seul accès au plateau, un sentier long de 5,5 km traverse la forêt pour atteindre le sommet. Avec une pente très rude (20 % en moyenne) et un dénivelé de 1 100 m, il constitue un certain « challenge » qui vous coûtera, selon votre condition physique, 3 h d'efforts intenses, plus 4 h si vous rejoignez le quartier général. Louer les services de porteurs (20 Bts, soit 0,4 € par kilo) permet de concentrer tous ses efforts pour s'accrocher aux lianes et rochers et escalader les parois les plus abruptes sur des échelles de bambou. Le sentier est jalonné de quantité de buvettes, autant de pauses salvatrices.

Au sommet, la végétation particulièrement dense laisse soudain place à une pinède clairsemée. Vient alors le temps de la promenade sur ce plateau plat comme un terrain de football. Il est conseillé de ne pas quitter les sentiers (balisages excellents). Dans les zones nord et nord-ouest du parc, interdites au public, les animaux sont encore totalement protégés des activités humaines. Quelques suggestions de balades, en démarrant du quartier général :

➢ ***Le chemin des Cascades :*** 30 mn à 2 h de marche. À l'ouest du quartier général, visiter au choix les cascades *Wang Kwang, Pen Pob Mai, Phon Pob, Tham Yai* et *Pen Pob.* Au fur et à mesure que l'on s'éloigne, le plateau s'abaisse en pente douce et la végétation redevient luxuriante.

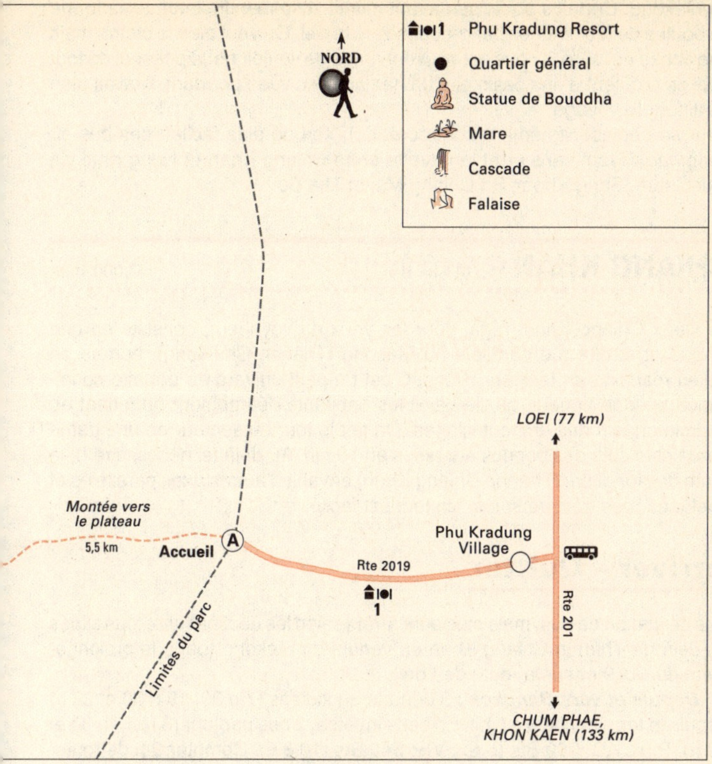

PHU KRADUNG

➢ ***Le chemin des Azalées :*** 12 km aller-retour. Prendre vers l'ouest en direction de la cascade *Thamsok Noo* en passant par la statue de Bouddha et la mare *Ano Dard.*

➢ ***Le tour des Précipices :*** 21 km. Prévoir la journée, pas de ravitaillement en chemin. Démarrer si possible très tôt en direction de *Nok An Cliff* (2 km) pour y admirer le superbe lever de soleil. En chemin, quantité de fleurs sauvages dans les environs de *Lanwat Prakaew.* Puis, suivre la falaise tout du long d'est en ouest pendant 13 km pour rejoindre *Lomsak Cliff* (point de vue exceptionnel). Retour par *Thamsok Noo.* Autre possibilité si vous avez une tente : bivouaquer à *Lomsak Cliff* pour profiter du coucher de soleil.

DE CHIANG KHAN À NONG KHAI, LE LONG DU MÉKONG

Voici des kilomètres bénis à partager avec le fleuve mythique, dans une atmosphère toujours paisible, entouré d'une nature souvent sauvage.
Trait d'union de deux univers si contrastés, le Laos et la Thaïlande, le fleuve nourricier vous laissera peut-être rencontrer *Phrayanak,* le dragon-serpent

du Mékong. Certains soirs, peu avant minuit, il se manifesterait sous forme de boules de feu dirigées par grappes vers le ciel. On veut bien le croire, mais une chose est sûre, il nous est souvent arrivé de vouloir nous poser et de tout oublier, profitant d'une paillote, d'un hamac avec vue ; pourtant, il fallait bien continuer le voyage.
Pour se déplacer (même à contrecœur...), rien de plus facile : des bus ou *songthaews* font sans arrêt la navette entre Chiang Khan et Nong Khai via Pak Chom, Sang Khom, Sri Chiang Mai et Tha Bo.

CHIANG KHAN – เชียงคาน

7 000 hab.

Le vieux Chiang Khan, régal pour les yeux du voyageur, consiste en une longue et étroite rue parallèle au Mékong (Thanon Chaikong), bordée de belles maisons en teck sur pilotis. C'est un petit univers en parfaite connivence avec le flâneur, où de paisibles habitants déambulent ou jouent au badminton loin des embouteillages. On fait le tour du secteur en une demi-heure et le coin des bonnes adresses en 10 mn. Au-delà (si nécessaire !), la route de Nongkhai (Thanon Chiang Khan) envahit d'autres axes parallèles et quelques rues transversales. Ici, tout est facile.

Arriver – Quitter

Pas de station de bus, mais plusieurs arrêts selon les destinations, tous situés au-delà de Thanon Chiang Khan en venant du Mékong (dans le prolongement du *Soi* 9 et sur la route de Loei).

➢ ***Depuis et vers Bangkok :*** 3 départs quotidiens (7 h 30, 19 h 30 et 22 h) depuis le terminal de Mo Chit. En sens inverse, 3 bus par jour (8 h, 18 h 30 et 19 h). Prix : AC, 250 Bts (5 €) ; VIP, 540 Bts (10,8 €). Compter 9 h de route.

➢ ***Depuis et vers Loei :*** des taxis collectifs partent toutes les 30 mn. Au retour, de 6 h à 17 h environ. Une heure de trajet. Compter 20 Bts (0,4 €).

➢ ***Depuis et vers Nong Khai, en longeant le Mékong :*** bus et taxis collectifs toutes les heures de Nong Khai jusqu'à Pak Chom, dès le lever du jour. De là, *songthaews* toutes les 30 mn jusqu'à 11 h 30 puis, en général, 2 départs dans l'après-midi quand le plein de passagers est fait. En sens inverse, rejoindre d'abord Pak Chom en *songthaew.* Départ toutes les 45 mn de 6 h à 10 h 30, plus un l'après-midi vers 13 h 30 ; prévoir 25 Bts (0,5 €) pour 1 h de route. Depuis Pak Chom, 6 bus de 8 h à 15 h 30 via Sangkhom. Prévoir 60 Bts (1,2 €), 4 h de trajet.

➢ ***Vers Nakhon Ratchasima*** (ex-Korat) ***:*** 8 bus de 6 h à 15 h 30. 165 Bts (3,3 €), 7 h de route. Arrêt en route à Phu Kradung.

Adresses utiles

@ ***Internet Service :*** Soi 10, sur la gauche en venant de Thanon Chai Khong. Maison moderne de 2 étages. Internet au rez-de-chaussée. Ouvert de 11 h à 22 h. Prévoir 30 Bts (0,6 €) l'heure.

■ ***Location de bicyclettes et de motos :*** la plupart des pensions assurent ce service. Par jour, compter 60 Bts (1,2 €) pour un vélo et 200 Bts (4 €) pour une moto.

– Pas de banque, ni de change, la

plus proche est à Loei.

– ***Renseignements touristiques et balades dans la région :*** Pascal (*Rimkhong Pub & Guesthouse,* voir « Où dormir ? ») documente inlassablement la région depuis qu'il s'y est installé. Son site internet et ses classeurs à consulter sur place sont une vraie mine d'infos pour le visiteur. Il organise aussi des balades en bateau et des tours à la carte en moto ou minibus (de 1 à 3 jours).

– ***Immigration :*** sur Chai Khong Rd. Mais pour prolonger son visa, autant faire un tour au Laos (voir les « Généralités » en début de guide).

Où dormir ?

Profitant de l'authenticité des demeures, les chambres ont du caractère, et même du teck ! Et tout le monde semble mettre un point d'honneur sur la propreté. Si jamais toutes nos adresses étaient complètes, pas de souci, il y a d'autres pensions pas si mal sur Chai Khong Road.

De très bon marché à prix moyens (de 100 à 500 Bts – 2 à 10 €)

Rimkhong Pub & Guesthouse *– ริมโขงผับ และเกสท์เฮ้าส์ :* 294 Thanon Chai Khong, Soi 8. ☎ 821-125 ou 07-951-31-72 (portable). • http://rimkhong.free.fr • Deux grandes bâtisses en teck abritent 7 chambres avec salle de bains commune (eau chaude). Prix pour tous les budgets. Effort d'ameublement tourné vers le confort. La n° 6, très spacieuse et donnant sur le Mékong, est un must. Tenu par Bunliang et son mari, Pascal, qui connaît la région sur le bout des doigts et même le Mékong, perché sur son radeau-pédalo. L'engin n'est cependant pas à louer ! Petit dej' « à la française ». Fait aussi pub, comme son nom l'indique (voir « Où manger ? Où boire un verre ? »). Location de VTT et de motos avec assurance. Organisation de balades (voir « Adresses utiles »). Massages traditionnels.

Tika Guesthouse – ติก้า เกสท์เฮ้าส์ *:* 297/2 Thanon Chai Khong, Soi 9. ☎ 822-348. Depuis *Rimkong Guesthouse,* marcher vers l'aval sur 150 m. Dernière-née et sous de bons auspices. Assez élégante : déco thaïe épurée, murs blancs et parquet. Au rez-de-chaussée, chambres avec salle de bains (eau chaude). Terrasse donnant sur le Mékong. Accueil souriant, dans un anglais impeccable.

Ton Khong Guesthouse – ต้นโขงเกสท์เฮ้าส์ *:* 299/3 Thanon Chai Khong, Soi 10. ☎ 821-547. • tonkhong@hotmail.com • À deux pas de *Tika Guesthouse.* De la terrasse, superbe vue sur le Mékong. Chambres propres mais assez petites, certaines avec vue sur le fleuve et AC. Deux douches communes sur le palier. Tenu par un couple thaï serviable et chaleureux. Anglais parlé. Location de vélos et de motos. Balades sur le Mékong et dans la forêt. Massages aux herbes. (Voir aussi « Où manger ? Où boire un verre ? »)

Uro Friendship Guesthouse – ยูโร่ เฟรนด์ชิป เกสท์เฮ้าส์ *:* Thanon Chai Khong, entre les *soi* 6 et 5. ☎ 263-90-68. Cinq chambres à petit prix, basiques mais propres. Ventilos et moustiquaires. L'une, donnant sur l'arrière, profite d'une petite terrasse. Douche sur le palier. Rez-de-chaussée accueillant et familial. Bon accueil, une tradition à Chiang Khan. Sert aussi des repas.

D'un peu plus chic à très chic (de 800 à 2 800 Bts – 16 à 56 €)

Chiang Khan Hill Resort – เชียงคานฮิลล์รีสอร์ท ***:*** ☎ 821-285. Fax : 821-415. • admin@chiangkhanhill.com • À 5 km de Chiang Khan vers l'est (en aval), face aux rapides de Kaeng Khut Khu. Belle résidence hôtelière de style thaï. Chambres et bungalows disséminés dans un jardin fleuri, bien entretenu. Gamme de prix étendue ; visiter avant de faire son choix, car le rapport qualité-prix n'est pas linéaire et l'ensemble date un peu. Resto sur une grande terrasse (savoureuses spécialités thaïes et chinoises), dominant le spectaculaire coude du grand fleuve. Piscine. Beaucoup de Thaïs le week-end.

Où manger ? Où boire un verre ?

Tout comme les *guesthouses,* les adresses pour manger sont regroupées sur une centaine de mètres.
Marcher vers l'aval depuis *Rimkhong Guesthouse* et vous verrez défiler nos adresses l'une après l'autre.

Rimkhong Pub & Guesthouse – ริมโขงผับและเกสท์เฮ้าส์ ***:*** ☎ 821-125. Ouvert de 8 h à minuit d'octobre à mars (sinon, uniquement pension et petit dej'). Pour un snack en écoutant de la musique.

Rimnam – ร้านอาหาริมน้ำ ***:*** Thanon Chai Khong. Jouxte la *Tika Guesthouse.* Y aller pour sa petite terrasse avec vue sur le fleuve. La patronne parle le français. Petite carte (curry, *fried chicken*) ou spécialité de barbecues coréens. Bon et pas cher.

Rabieng – ร้านอาหารระเบียง ***:*** Thanon Chai Khong. Jouxte *Rimnam.* Estampillé meilleur resto thaï du coin. Grande salle ouverte se prolongeant par une terrasse. Dans un décor de cantine impersonnelle, mais le seul à disposer quelques tables à même la promenade de la berge. Bonne cuisine, c'est vrai.

Ton Khong Restaurant – ร้านอาหารต้นกง ***:*** 299/3 Thanon Chai Khong, Soi 10. Sert de bons repas thaïlandais, pas mal de plats végétariens et de délicieux petits déjeuners.

À voir. À faire

Le marché : entre les *soi* 9 et 10, sous une halle au-delà de Thanon Chiang Khan en venant de Chai Khong. Ouvert de 3 h (si si !) à 8 h du mat', puis de 16 h à 18 h. Y aller si possible avant le lever du jour, comme ça vous verrez aussi les moines faire leur quête traditionnelle. Uniquement des denrées alimentaires.

Les tisserandes : dans de nombreuses demeures, ainsi qu'à l'usine située sur le *soi* 10 (avant le marché), on peut encore observer le travail artisanal du coton (notamment couvertures et couettes).

Balades en bateau sur le Mékong : à faire plutôt en fin d'après-midi, afin de revenir à Chiang Khan au coucher du soleil. Le matin, il y a souvent de la brume sur le fleuve. Deux options au choix : vers l'amont (4 h), jusqu'au point où le fleuve pénètre au Laos (embouchure de la rivière Heung), ou vers l'aval et les rapides de Kaeng Khut Khu (2 h). À titre indicatif, pour un minimum de 3 participants, prix à partir de 250 Bts (5 €) pour les 4 h. Les bateaux sont de longues barques, effilées mais robustes. Munies de puissants moteurs, elles peuvent contenir 10 passagers.

Bains de vapeur (1 h) ***et massages traditionnels*** (1 h 30) ***:*** 126/1 Thanon Chai Khong, Soi 12. ☎ 821-119. Compter 160 Bts (3,2 €) pour un massage et 200 Bts (4 €) pour un bain de vapeur. Expérience à ne pas manquer. Les secrets du bain de vapeur et la connaissance des plantes médicinales de la gentille grand-mère qui vous recevra remontent à son arrière-grand-père, un célèbre guérisseur qui s'installa à Chiang Khan au milieu du XIXe siècle. Au total, pas moins d'une quarantaine de plantes (basilic, gingembre, citron vert, feuilles de citronnier, tamarin, bambou...) entrent dans la préparation du bain et des lotions à base de miel.

➤ DANS LES ENVIRONS DE CHIANG KHAN

Les rapides de Kaeng Khut Khu – แก่งคุดคู้ ***:*** à 4 km de la ville. Suivre la route en direction de Pak Chom, puis bifurquer sur la gauche au panneau indicateur ; il reste alors 1,5 km à parcourir. Facile à bicyclette. Ici, le Mékong, rétréci dans un coude, forme une plage à la saison sèche.
Selon la légende, une divinité serait intervenue pour déplacer un énorme rocher bloquant jadis le cours du fleuve et redonner ainsi vie au bas Mékong. À l'entrée de la promenade, une espèce de gros caillou planté commémore l'exploit. Baignades déconseillées (fort courant). Stands et restos (voir aussi plus haut « Où dormir ? D'un peu plus chic à très chic »).

La grotte de Paben : à environ 16 km de Chiang Khan. Superbe itinéraire à travers champs de coton, rizières, plantations maraîchères et fruitières (bananiers, manguiers, papayers, grenadiers, tamariniers, longaniers, ananas, mangoustaniers...). Au fil des saisons, le paysage change, mais la chaleur des villageois demeure immuable. L'accès est un peu compliqué, refaire éventuellement le point chez *Rimkhong Guesthouse* (merci Pascal !) avant de se lancer. Grosso modo : prendre la route de Pak Chom pendant 8 km jusqu'au village de Paben. Après le pont, prendre la 1re piste sur la droite (pancarte bleue), puis, environ 5 km plus loin, tourner au 3e chemin à gauche. Continuer pendant 1,5 km pour trouver sur la gauche les grandes marches menant à l'entrée de la grotte. La visiter ne serait-ce que pour ses envolées de chauves-souris (ne pas oublier une lampe torche). Prévoir la demi-journée (voire la journée) à vélo.

Le village de Tadimi, le Big Buddha : Tadimi, à l'embouchure de la rivière Huang, est le dernier village thaï sur le bord du Mékong. Pour y accéder, y aller en bateau ou louer une moto : prendre la route de Tha Li et tourner à droite au niveau du km 21. Le *Big Buddha* (20 m de haut) domine le village et offre une vue superbe sur la vallée du Mékong, la rivière Heuang et le Laos. Pour y aller, prendre le chemin raide (panneau indicateur) partant sur la droite, à 1 km du village.

Les rapides de Kaeng Ton : environ 50 km à l'ouest de Chiang Khan, dans le village de Pak Huay, district de Thali. À faire à moto. Ces rapides animent la rivière Heuang, qui forme la frontière avec le Laos avant de venir mêler ses eaux au grand Mékong. Un grand moment d'évasion, au milieu d'une nature exubérante et de collines entièrement plantées de bananiers et de papayers. Arrivé à Pak Huay (attention, 2 km avant, sur la route n° 2195, prendre à gauche en direction de Ban Ahi), continuer tout droit jusqu'au carrefour de Thali puis faire un droite-gauche (les rapides sont juste après un temple). Restaurant sur les berges ou, mieux, sur des radeaux. De l'autre côté, le Laos est à moins de 50 m. Des flopées d'enfants des deux pays s'en donnent à cœur joie dans les flots. Attention, traversée interdite !

SANG KHOM – อำเภอสังคม

IND. TÉL. : 042

Les 100 km séparant Chiang Khan de Sang Khom forment probablement un des plus beaux tronçons de route suivant le haut Mékong. La voie, sinueuse et tourmentée, se bagarre contre des poches de reliefs karstiques, qui l'enserrent parfois jusqu'à l'étranglement, découvrant de-ci de-là de petits vals verdoyants en toute saison. Le fleuve n'est pas en reste, les roches le combattent jusque dans son lit, créant une mosaïque ininterrompue de bas-fonds, d'îles et de récifs. Mais soudain, surprise ! Les reliefs s'estompent, s'écrasent vers un horizon plus lointain. Voici Sang Khom, la presque maritime. Ici, peut-être pas de rues étroites ni d'anciennes maisons, la route allant à Nong Khai traverse des pavillons épars. Mais en se dirigeant vers le fleuve, on pénètre dans un autre monde, sableux à souhait, avec des petits endroits ombragés, et au large une grande île appartenant, comme toutes ses consœurs, au Laos.

Arriver – Quitter

➢ ***Vers Nong Khai :*** bus et *songthaews* assez fréquents de 7 h du matin à 18 h environ. Compter 30 Bts (0,6 €) et 2 h 30 de trajet.

➢ ***Vers Chiang Khan :*** desserte régulière jusqu'à Pak Chom. Au-delà, plus beaucoup de trafic dans l'après-midi. Partir tôt. Compter environ 50 Bts (1 €) et 3 h de trajet, plus l'attente éventuelle à Pak Chom.

➢ ***Vers Loei :*** un bus toutes les heures (via Pak Chom), prévoir 60 Bts (1,2 €) pour 3 h 30 de voyage.

Où dormir ? Où manger ?

🏠 |●| ***Bouy Guesthouse*** – บุย เกสท์เฮ้าส์ ***:*** 60/4 Sangkhom. ☎ 441-065. Indiqué depuis la route. Prévoir 150 Bts (3 €) et 30 Bts (0,6 €) de plus pour la douche privée (eau froide). Chez Mme Toy, on traverse d'abord l'espace restaurant, déjà bien agréable, juché sur pilotis au-dessus d'une petite rivière aux berges potagères. Puis une passerelle rejoint la langue de sable où se répartissent une dizaine de bungalows-paillotes. L'essentiel est assuré : grands lits, petite terrasse avec 2 chaises et hamac obligatoire. Destination *siesta* !

🏠 |●| ***River Huts Guesthouse*** – ริเวอร์ฮัทส์เกสท์เฮ้าส์ ***:*** ☎ 441-012. Par un chemin rejoignant le fleuve, 100 m à l'est de *Bouy Guesthouse.* Managé par un Hawaiien. Là aussi, des huttes, un jardin ombragé et un restaurant. Un seul hic, c'est souvent fermé.

– D'autres pensions existent, mais elles ne sont pour l'instant pas à la hauteur des adresses précédentes. Toutefois, les choses ont des chances d'évoluer assez vite à Sang Khom.

À voir. À faire

Plutôt rien, et c'est bien comme ça. Guère besoin de grand-chose sinon de palmiers... Pour ceux qui voudraient tout de même se remuer, récupérer un plan de la région chez *Bouy Guesthouse*.

Parmi les ***chutes d'eau*** de la région, seule ***Nam Yung Nam Som*** (dans le district de Nam Som) est spectaculaire toute l'année, les autres se tarissent pendant la saison sèche. Compter 30 km de trajet par la route n° 2376 qui permet aussi de rejoindre Phu Phrabat.

Wat Pha Thak Sau – วัดผาตากเสื้อ **:** ce temple sur une colline, sans intérêt par lui-même, permet de jouir d'un coucher de soleil spectaculaire sur le Mékong. Rejoindre d'abord le village de Ban Paksong, à quelques kilomètres à l'est de Sang Khom, puis grimper un sentier escarpé long de 2 km. Alternativement, les motocyclistes trouveront une piste partant des chutes de *Than Tong* – น้ำตกธารทอง, située à 12 km à l'est de Sang Khom.

NONG KHAI – หนองคาย

IND. TÉL. : 042

Nong Khai a beaucoup changé depuis l'ouverture en 1994 du *pont de l'Amitié, « Friendship Bridge »*, qui relie la Thaïlande et le Laos. Tourisme et commerce ont explosé, ce qui a accru le niveau de vie des habitants. Cette croissance économique n'a cependant pas balayé tout le charme provincial de cette cité autrefois alanguie au bord du Mékong. Le long du fleuve, il reste encore pas mal de maisons de bois sur pilotis. Et puis, témoignages de l'aventure coloniale française du siècle dernier au Laos voisin, quelques demeures du centre-ville, la célèbre baguette et une forte présence d'anciens réfugiés vietnamiens et chinois viennent insuffler assez de caractère pour justifier l'étape. On y passe facilement 2 à 3 jours sans s'ennuyer, profitant de belles *guesthouses*, de bons restaurants et de suffisamment de choses à faire et à voir.

Adresses utiles

- Office de tourisme (TAT)
- Poste centrale
- 2 Bangkok Bank
- 3 Krung Thai Bank
- Mekhong Internet Service
- 4 Bureau de l'Immigration
- 5 Location de vélos et motos
- 6 Kulpawee Kulthanyawat
- 8 Terminal des bus
- 9 Arrêt des navettes pour le Laos
- Gare ferroviaire
- 10 Mutmee Guesthouse
- 15 Association of Thai Massage of Nongkhai

Où dormir ?

- 10 Mutmee Guesthouse
- 11 Rimkhong Guesthouse
- 12 Ruan Thai Guesthouse
- 13 Sawasdee Guesthouse
- 14 Esan Guesthouse
- 15 Pantawee Hotel

Où manger ?

- 10 Mutmee Guesthouse
- 20 Gargotes du marché
- 21 Nam Tok Rimkhong
- 22 Daeng Naem Neuang
- 23 Di Di Pochana et Thai Thai

À voir. À faire

- 30 Sala Keoku (Wat Khaek)
- 31 Village Weaver Handicrafts

A
B
NORD
LAOS
1
2
3
VIENTIANE
Mékong
PONT DE L'AMITIÉ
Wat
Meechai
9
4
0
200
400 m
A
B

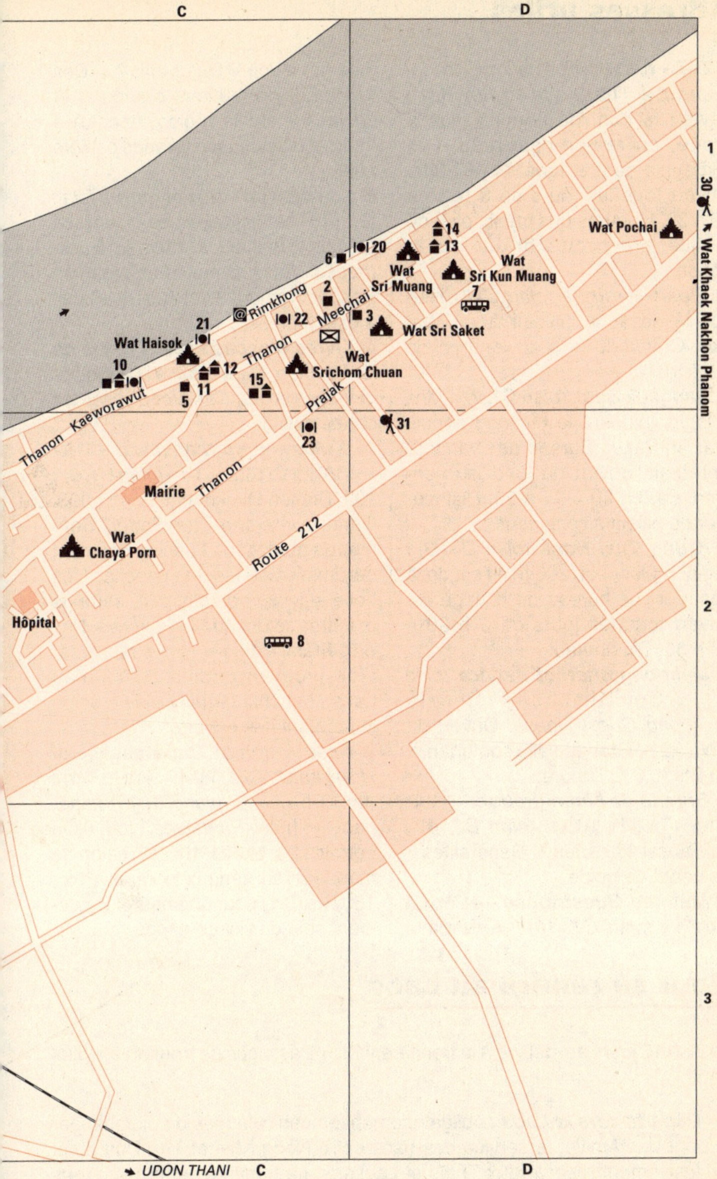
C
D
1
30
Wat Khaek Nakhon Phanom
Wat Pochai
14
13
20
6
Wat
Sri Muang
Wat
Sri Kun Muang
7
2
Rimkhong
22
Meechai
3
Wat Sri Saket
21
Wat Haisok
Thanon
12
Wat
Srichom Chuan
10
11
15
5
Prajak
31
23
Thanon Kaeworawut
Mairie
Thanon
Wat
Chaya Porn
Route 212
2
Hôpital
8
3
UDON THANI
C
D

NONG KHAI

Adresses utiles

TAT – ท.ท.ท. *(office national de tourisme de Thaïlande ; plan B3)* **:** devant le pont de l'Amitié, sur la droite, au rez-de-chaussée d'un immeuble de 3 étages. ☎ 467-844. Ouvert tous les jours de 8 h 30 à 16 h 30. Horaires des trains, plan de la ville, prospectus et doc sur la région.

Poste centrale *(plan C1)* **:** Thanon Meechai, au niveau du *soi* Wat Nak. Ouvert du lundi au vendredi de 8 h à 16 h.

Bangkok Bank *(plan C1, **2**)* **:** dans le *soi* rejoignant le Mékong depuis Wat Sri Saket. Bureau de change à l'intérieur, ouvert du lundi au vendredi de 8 h 30 à 15 h 30. Distributeur de billets à l'extérieur.

Krung Thai Bank *(plan D1, **3**)* **:** Thanon Meechai, 200 m à l'est de la poste. Ici, le bureau de change est ouvert tous les jours de 8 h 30 à 16 h 30. Distributeur.

Mekhong Internet Service *(plan C1)* **:** Soi Rimkhong ; jouxte *Mekhong Guest House.* Ouvert de 8 h à 22 h. Grande salle confortable. 30 Bts (0,6 €) l'heure.

Bureau de l'Immigration – สำนักงานตรวจคนเข้าเมือง *(plan B3, **4**)* **:** voir aussi dans les « Généralités » en début de guide.

Mutmee Guesthouse – มัดหมี่เกสท์เฮ้าส์ *(plan C1, **10**)* **:** ● www.mutmee.net ● Voir « Où dormir ? ». Des tonnes d'informations pratiques et culturelles sur la région. Accès via Internet ou sur place (grands cahiers reliés).

Location de vélos et motos *(plan C1, **5**)* **:** Thanon Kaeworawut, en face de l'allée menant à *Mutmee Guesthouse.* Vélos et motos en location. Respectivement 30 et 200 Bts (0,6 et 4 €) la journée.

Livres d'occase **:** dans l'allée de la *Mutmee Guesthouse.* Quelques ouvrages en français. Vend aussi des cartes postales.

Kulpawee Kulthanyawat – แพรไหมกุลปวีณ์กุลธัญวัฒน์ *(plan C1, **6**)* **:** 294 Thanon Rimkhong. ☎ 412-095. Dans le marché *Taa Sadej.* Cent mètres au-delà de l'ancien batiment de l'immigration, sur la gauche. Très belle sélection d'écharpes, sarongs et autres cotonnades et soieries. Prix en général indiqués et très raisonnables (souvent moins cher qu'au Laos). Marchandage possible, selon le montant des achats.

Association of Thai Massage of Nongkhai – สมาคมนวดแผนไทยจังหวัดหนองคาย *(plan C1, **15**)* **:** attenant à l'hôtel *Pantawee* (voir « Où dormir ? »). ☎ 421-106. Un salon de massage au sérieux garanti. Prix : 150 Bts (3 €) pour une heure. Également soin du visage et spa.

Pour se rendre au Laos

Le visa 15 jours est délivré à la frontière. Voir « Passages de frontières » plus haut.

➢ ***Départs vers le Laos*** **:** obligatoirement en véhicule (pas de piétons) par le pont de l'Amitié, le service des bacs entre Nong Khai et Tha Dua étant exclusivement réservé aux Thaïs et Laotiens. La frontière est ouverte tous les jours entre 6 h et 22 h (se le faire confirmer, évolutif). Souvent congestionné à l'ouverture, à midi et en fin d'après-midi.
Depuis Nong Khai, compter d'abord 30 Bts (0,6 €) en *tuk-tuk* jusqu'à ***l'arrêt des navettes pour le Laos*** *(plan B3, **9**)*, situé dans le prolongement du pont, côté sud de la route n° 212. Compter 10 Bts, soit 0,2 €. Sur l'autre berge, un

service de bus et de *tuk-tuk* permet de rejoindre Vientiane (à 19 km en amont). Depuis peu, un service de bus international direct entre Nong Khai (départ depuis la gare routière) et Vientiane a été mis en service. Quatre départs journaliers de 7 h 30 à 18 h. Pratique et économique (30 Bts, soit 0,6 €). Mais pour l'instant, seuls les voyageurs déjà titulaires d'un visa lao sont autorisés à embarquer. Cela devrait évoluer, se renseigner.

Où dormir ?

De bon marché à prix moyens (de 90 à 600 Bts – 1,8 à 12 €)

Selon la taille et l'aménagement, compter de 150 à 300 Bts (3 à 6 €) pour une double ventilée sans salle de bains.

Mutmee Guesthouse – มัดหมี่เกสท์เฮ้าส์ *(plan C1,* ***10****) :* 1111/4 Thanon Kaeworawut. ☎ 460-717. Fax : 412-182. • www.mutmee.net • Par une allée qui rejoint le fleuve (panneau). Un endroit assez exceptionnel, à l'ambiance communautaire un poil « branchouillle ». Dans plusieurs maisons de 2, 3 ou 4 chambres, une multitude d'options d'hébergement pour tous budgets, allant du lit en dortoir à la double AC avec salle de bains. Propre et bien aménagé. Très agréable café-restaurant dans le jardin, sur les berges du Mékong. Tout est prévu pour les routards, qui, grégaires et pas ingrats, en ont fait leur rendez-vous préféré. Infos culturelles et pratiques (voir « Adresses utiles »). Nombreux services et activités : librairie, cours de thaï, circuits à vélo, taï-chi, yoga... Accueil excellent.

Rimkhong Guesthouse – ริมโขงเกสท์เฮ้าส์ *(plan C1,* ***11****) :* 815/1-3 Thanon Rimkhong. ☎ 460-625. Près du temple Haisok *(Wat Haisok)*, face au fleuve. Chambres bon marché dans une bâtisse donnant sur une cour ombragée. Simples ou doubles spartiates (béton au sol, ventilo et un lit) mais propres. Salle de bains commune (pas d'eau chaude). Accueil très gentil. Servent des petit déjeuner.

Ruan Thai Guesthouse – เรือนไทเกสท์เฮ้าส์ *(plan C1,* ***12****) :* 1126 Thanon Rimkhong. ☎ 412-519. À deux pas (vers l'est) de *Rimkhong Guesthouse*, un peu en retrait de la rue. Coquette maison tout en bois. Petites chambres bien tenues donnant sur une cour-jardin. Doubles ventilées avec ou sans salle de bains, ou chambres climatisées avec douche et TV (dont TV5). Accueillant.

Sawasdee Guesthouse – สวัสดีเกสท์เฮ้าส์ *(plan D1,* ***13****) :* 402 Thanon Meechai Rd. ☎ 412-502. Fax : 420-259. En face du Wat Srikunmuang. Dans une maison coloniale – les dernières survivantes se concentrent d'ailleurs dans le coin. Prix sympas, de la double ventilée sans salle de bains jusqu'au petit luxe d'une douche privée, de la TV et du frigo. Chambres réparties à l'étage, accessibles par un escalier donnant sur une galerie. Donnent sur la cour intérieure ou sur la rue (du trafic, plus bruyant). La salle de restaurant-réception tire bien parti de l'héritage historique. Une bonne adresse.

Esan Guesthouse – อีสานเกสท์เฮ้าส์ *(plan D1,* ***14****) :* 538 Soi Srikunmuang. ☎ 079-62-98-20-58 (portable). • guyfernback@hotmail.com • À 50 m sur la gauche en allant vers le Mékong, par le *soi* à l'angle de *Sawasdee Guesthouse*. Belle maison isan traditionnelle, en bois et sur pilotis, offrant 7 chambres doubles dans le ton. Ventilos, douches communes (eau chaude). Guy, le jeune patron anglais, est très cool. Bar dans la petite cour-jardin.

Un peu plus chic (plus de 600 Bts – 12 €)

Pantawee Hotel – โรงแรมพรรณทวี *(plan C1, 15)* **:** 1049 Thanon Haisoke. ☎ 411-568. Fax : 460-850. • www.pantawee.com • Façade et réception un peu tape-à-l'œil. Bâtiments de 2 étages au calme accessibles par une cour au calme. Chambres nickel, carrelées et claires. Partout, AC, douche et TV. Certaines, moyennant supplément, sont équipées d'un ordi avec accès illimité ! Intéressant, quelques simples à prix bon marché. Un bon plan dans sa catégorie, malgré l'accueil transparent et le peu d'anglais parlé.

Où manger ?

De bon marché à prix moyens

Gargotes du marché *(plan D1, 20)* **:** depuis Thanon Banterngjit, pénétrer dans le marché *Taa Sadej* sur 500 m environ (suivre Thanon Rimkhong vers l'est). Sur la gauche, des stands barbecues donnent sur la rue. Ils précèdent des terrasses surplombant le Mékong, que se partagent plusieurs établissements. Ouvert de tôt le matin à environ 17 h. Délicieux poisson *pla chawn,* saucisses de porc *sai krog* ou vietnamiennes, brochettes de crevettes. S'accompagnent de *lap, som tam, khao niaw* ou *pat mi* (nouilles froides). Rustique, typiquement lao ; le dépaysement est assuré sur un fond de musique *molam.*

Nam Tok Rimkhong – ร้านน้ำตกริมโขง *(plan C1, 21)* **:** Thanon Rimkhong, extrémité ouest, tout de suite après le rétrécissement du *soi,* côté fleuve. ☎ 460-324. Pas de nom anglais. Grande bâtisse de bois traversée par une terrasse donnant sur le Mékong. 100 % isan. Plus propret qu'au marché sans toutefois sacrifier au rituel des chaises en plastique et tables de cantine. Menu simplifié en anglais. À essayer : les filets de poisson marinés *Kang Luog* à tremper dans une sauce pimentée, et la spécialité locale *Neua Nam Tok,* une salade de bœuf aigre et pimentée.

Mutmee Guesthouse – มัดหมี่เกสท์เฮ้าส์ *(plan C1, 10)* **:** voir « Où dormir ? ». L'opposé des établissements précédents. Idéal quand il est l'heure de réamadouer son estomac grâce à des mets plus familiers (quiches, sandwichs, pâtes) ou des versions savamment édulcorées de classiques thaïs. Un incontournable de Nong Khai, à apprécier confortablement assis autour de grandes tables de bois sous paillotes, ou consciencieusement affalé en contrebas sur une chaise longue. Option « socialisation » disponible. *Shakes* et cocktails. Plus de commande après 21 h 30.

Daeng Naem Neuang – แดงแหนมเนือง *(plan C1, 22)* **:** 1062 Thanon Banterngjit. ☎ 411-961. Restaurant vietnamien élégant, parangon d'une spécialité de cette communauté, les *Nam Nueng,* des rouleaux de printemps livrés en « kit ». Absolument délicieux de finesse et de fraîcheur. Ludique aussi : placer une feuille de riz dans la main avant de la garnir de vermicelle, de saucisse de porc et d'un assaisonnement composé de menthe, d'herbes et de fruits tropicaux coupés menu. Demander la démo si nécessaire. *Daeng Naem Neuang* est célèbre bien au-delà de Nong Khai puisqu'il gère un service d'expédition couvrant toute la Thaïlande. D'autres plats, dont des nems, frits ou pas, travers de porc en sauce rouge, etc. Pour ne rien gâcher, c'est incroyablement propre, mignon (style colonial ravivé et climatisé), pas cher du tout, et le service est attentif. Carte en anglais avec photos.

Di Di Pochana et Thai Thai – ร้านดีดีโภชนาและไทยไทย *(plan C2, 23)* : 1155 Thanon Prajak. Deux véritables frères siamois, grands classiques du resto sino-thaï populo : béton au sol, toitures blanches de hangar et lanternes rouges au-dessus de l'entrée ; floraison de légumes en devanture, cuisines ouvertes, menus sans fin et pour toutes les faims : légumes sautés (succulents et multicolores), canards laqués, gambas frites au sel (recommandé), simples riz sautés, etc. Très populaire. Carte en anglais, service rapide.

À voir. À faire

Sala Keoku (Wat Khaek) – ศาลาแก้วกู่ (วัดแขก) *(hors plan par D1, 30)* : à 5 km à l'est de la ville par la *highway* 212 (direction Phon Phisai). Ouvert tous les jours de 7 h à 18 h. Entrée : 10 Bts (0,2 €). Il était une fois un artiste mystique laotien, Boun Leua Sourirat. Lors d'une excursion en montagne, il tomba (au propre comme au figuré) sur un ermite, Keoku, qui l'initia aux mystères de la foi et du panthéon hindo-bouddhique. Dès lors, Boun Leua ressentit le besoin d'une étrange mission : celle de construire des jardins de sculpture passablement hallucinés, en utilisant des matériaux peu onéreux (âme de brique et ferraille recouverte de béton). Rapidement, des paysans séduits par le charisme et la moralité de ce gourou vinrent l'aider dans sa tâche. Ainsi naquit d'abord *Xiang Khouan,* situé à 25 km de Vientiane, au bord du Mékong. Après une vingtaine d'années de travail, Boun Leua fut expulsé du Laos en 1970 par les communistes. Divinement têtu, il se remit à l'ouvrage à Nong Khai, créant ce nouveau jardin, le *Sala Keoku,* avant de mourir en 1996 à l'âge de 72 ans. Sa momie se trouve au premier étage du grand bâtiment blanc (pas de visite).
Si l'origine des visions de Boun Leua est embuée de mystères, son œuvre est bien tangible et sacrément impressionnante. Au milieu de parterres de fleurs (dont de superbes bougainvillées) s'élèvent dieux et déesses, animaux et simples humains. Sculptés dans un style syncrétique fortement baroque, ils interpellent, voire font divaguer le visiteur... Pièces maîtresses : un bouddha assis sur les circonvolutions d'un *nâga,* surmonté de ses 7 têtes culminant à 20 m de haut et la roue de la vie *(Samsara).* Cette dernière, horizontale, a des allures de manège où l'on pénètre par un tunnel-matrice. Flic, mafieux, couple d'amoureux, vieux sur un banc y évoquent les multiples choix et périodes de la vie. Tournant autour d'un bouddha tricéphal, elle rappelle que seul son enseignement permet d'échapper aux tourments des renaissances. Si vous êtes passé par *Mutmee Guesthouse,* emportez le diagramme situé sur le verso de leur plan de Nong Khai. Beaucoup d'autres sculptures. Sur chaque socle, un proverbe thaï (malheureusement pas traduit).

Village Weaver Handicrafts – หมู่บ้านทอผ้า *(plan D2, 31)* : 1151 Soi Chitapanya. ☎ 411-236. • www.thaivillageweaver.com • Allée transversale partant vers le sud depuis Thanon Prajak (pancarte jaune marquée VWH). Ouvert tous les jours de 8 h à 17 h. Exposition et commercialisation de tissus (notamment les célèbres *mutmee,* des *ikats* sur fond indigo), de vêtements, tentures et accessoires ainsi que de poteries. À l'arrière, un petit atelier de couture pour se faire réaliser des vêtements sur mesure en soie ou coton et 2 métiers à tisser. L'ensemble de la production provient de villageoises adhérant à une association à but non lucratif, créée en 1982 par les sœurs de la congrégation du Berger.

Le pont de l'Amitié – สะพานมิตรภาพไทย่ลาว *(plan A2)* **:** financé par les Australiens, long de plus de 1 km. Il porte bien son nom, puisqu'il parachève la route de l'Amitié construite par les Américains lors de leur « villégiature » au Vietnam. Il fut pendant longtemps le seul ouvrage franchissant le Haut Mékong hors territoire chinois. Bientôt, près de Mukdahan (en face de Savannakhet), un autre pont reliera la Thaïlande au Laos.

Balade en bateau sur le Mékong *(plan C1)* **:** chaque jour à 17 h 30, en contrebas du Wat Hai Sok (à l'extrémité ouest de la rue Rimkhong), un bateau part de l'embarcadère pour décrire une boucle d'une heure. Prix : 30 Bts (0,6 €). Possible de manger (commander à l'embarquement). Pas transcendant, autant se contenter d'une assiette de fruits et de boissons. Rien de spécial à voir, sinon la pointe du *chedî* englouti et un beau coucher de soleil. Pas grave, la magie du fleuve se suffit à elle-même.

Balade à vélo ou à moto : vers l'est (marais reliés au Mékong, centre de recherche sur la soie) ou vers l'ouest (cultures de fleurs). Par de petites routes campagnardes reliant de charmants villages. Récupérer les plans détaillés grâce à *Mutmee Guesthouse* (site ou brochure).

Marché Taa Sadej *(plan C1)* **:** central, sur une longue section de Thanon Rimkhong filant vers l'est depuis l'angle de Thanon Banterngjit et aussi quelques allées perpendiculaires. On y trouve un peu tout ce que les pays du Mékong produisent : du couteau chinois qui rechigne à couper quoi que ce soit, des articles électriques à durée de vie limitée, de l'artisanat vietnamien et laotien dont d'exquis *sarongs,* de la vannerie, des bijoux, et puis des étals de friandises sucrées ou salées, dont ces délicieuses saucisses cuites dans des feuilles de bananier. Ferme à 18 h. Y aller plutôt le matin, puis y manger.

➤ DANS LES ENVIRONS DE NONG KHAI

Comment y aller ?

➢ Deux sites à environ 80 km au sud-ouest de Nong Khai. De nombreux panneaux indicateurs jalonnent l'itinéraire. Via *Tha Bo,* rejoindre le village de *Ban Phu* d'où il reste encore à parcourir 12 km à destination du petit village de *Bantiu* où se trouve l'embranchement menant au *Phu Phra Bat* et au *Wat Praphutabat Buabok.* Trois kilomètres plus loin, s'engager à droite pour le parc (payer le droit d'entrée, puis 3 km de trajet) ou continuer tout droit vers le Wat (3 km).
L'idéal, c'est d'y aller à moto. Environ 1 h 30 de trajet sur de bonnes routes sans beaucoup de circulation. Sinon, un bus matinal (vers 7 h) quitte Nong Khai pour Ban Phu, d'où on peut assez facilement atteindre Ban Tiu en *songthaew* avant de rechercher une moto-taxi. Compter au total de 2 à 3 h de voyage. Depuis Ban Phu, dernier retour vers 15 h, ne pas se louper !

Le parc national historique de Phu Phra Bat – ฤทยานประวัติศาสร์แห่งชาติภูพระบาท ***:*** ☎ 910-107. Ouvert tous les jours de 8 h à 16 h 30. Entrée : 30 Bts (0,6 €).

Au sommet de la colline de Phupan, de nombreuses et étranges formations rocheuses, sortes de cheminées de fées en plus modestes, qui servirent d'abri dès l'époque préhistorique (entre 1 500 et 3 000 ans av. J.-C.) à l'une des toutes premières communautés humaines installées dans la région. En témoignent encore aujourd'hui quelques peintures géométriques et figuratives de couleur ocre-rouge, probablement liées à des rituels religieux. Plus tard, pendant l'ère Dvâravatî (du IIe siècle av. J.-C. jusqu'au IXe siècle), tables et menhirs naturels furent convertis en lieux de culte. Dans les croyances populaires de part et d'autre du Mékong, cette colline est aussi associée à la légende Usa-Baros (d'où le nom des différents sites).

La visite

Parking au niveau de l'« Information Center ». Y récupérer la brochure comportant un plan du site montrant les distances et faire un tour au petit « musée » attenant (planches explicatives en anglais). La promenade commence par le *Ha Nang Ou Sa (plan local, n° 1),* un pilier vertical surmonté d'une dalle. Ressemblant à un champignon géant, il est entouré de *semas* (pierres caractéristiques de l'époque Dvâravatî) marquant les 8 points cardinaux de l'espace. Non loin, le *Wat Poh Ta (n° 6),* ou temple du beau-père, et le *Tham Phra (n° 7),* meilleur exemple de conversion d'un abri préhistorique en sanctuaire hindo-bouddhique (les Khmers sont aussi passés par là). Continuer par les secteurs ouest et sud pour découvrir d'autres formations rocheuses et les peintures rupestres *(Tham Wua).* Compter 2 h de visite pour une boucle complète. Jolis sentiers sablonneux ou à même la roche, atmosphère un rien mystérieuse. Bon fléchage et pancartes en anglais sur le site.

***Wat Praphutabat Buabok* – วัดพระพุทธบาทบัวบก :** il s'agit d'une réplique moderne du fameux *stûpa* de That Phanom. Censé reposer sur une empreinte de Bouddha et contenir des reliques de ce dernier à l'intérieur de sa flèche, il est fréquenté par de nombreux pèlerins venant célébrer l'Éveillé. Atmosphère de fête, pop-corn, maïs et poulet grillé. La preuve que recueillement ne veut pas dire morosité...

QUITTER NONG KHAI

En bus

Terminal légèrement à l'est du centre-ville sur Thanon Praserm *(plan C2, **8**),* entre Thanon Prajak Rd et la route n° 212.

➢ ***Pour Bangkok :*** une quinzaine de bus par jour, entre 6 h du mat' et 17 h 30. Prix : ordinaire, 195 Bts (3,9 €) ; 1re classe, 350 Bts (7 €) ; VIP 24 places, autour de 500 Bts (10 €), navette depuis votre hôtel et taxi jusqu'à Khaosan Rd inclus. 10 h de trajet minimum.
➢ ***Pour Udon Thani :*** un départ toutes les 30 mn entre 5 h 45 et 18 h. Prix : 30 Bts (0,6 €).
➢ ***Pour Nakhon Phanom :*** 5 bus de 6 h 30 au milieu d'après-midi. Prévoir de 80 à 150 Bts (AC), soit de 1,6 à 3 €. Compter 6 h de trajet.
➢ ***Pour Loei :*** un bus (n° 507) toutes les 30 mn entre 6 h et 16 h. Compter 80 Bts (1,6 €) et 6 h à 7 h de voyage. Dessert aussi Tha Bo, Sri Chiang Mai, Sang Khom, Pak Chom.

En train

Gare *(plan B3)* **:** 2 km à l'ouest de la ville. Tourner à gauche en arrivant au pont de l'Amitié. Informations et horaires : ☎ 411-592. Comptoir des réservations ouvert de 7 h à 19 h.

➢ Quatre trains quotidiens en direction de ***Bangkok*** s'arrêtent notamment à ***Udon Thani, Khon Kaen, Nakhon Ratchasima*** et ***Ayutthaya.*** L'express de jour (départ à 7 h 30) rejoint la capitale en 10 h 30 ; les autres (départ à 9 h, 18 h 20 et 19 h) mettent un peu moins de 13 h. Prix en 2e classe : siège ou couchette, respectivement à partir de 298 et 418 Bts (6 et 8,4 €).

En avion

✈ Par l'aéroport d'***Udon Thani.***

➢ Huit liaisons quotidiennes pour ***Bangkok.*** Prix : compagnies *low-cost* (*Air Asia* ou *Nok Air*, voir les « Généralités » rubrique « Transports » en début de guide pour plus d'infos), à partir de 900 Bts (18 €) ; *Thai Airways*, 1 850 Bts (37 €).

DE NONG KHAI À KHON KAEN

UDON THANI – อุดรธานี

240 000 hab. IND. TÉL. : 042

À 52 km au sud de Nong Khai et 109 km au nord de Khon Kaen, Udon Thani, l'une des 3 anciennes bases américaines de la guerre du Vietnam, offre peu d'intérêt pour le voyageur. Rien n'oblige d'ailleurs à s'y arrêter si l'on voyage en train ou en bus. Ceux qui le feront cependant pourront en profiter pour faire une visite amusante.

➢ ***Udon Sunshine Orchid Garden*** **– อุดร ซันไฌน์ :** village de Nong Sam Rong. ☎ 242-475. En périphérie de la ville, à 1 km environ au nord-ouest du centre. Bien indiqué. Le pittoresque Docteur Pradit Kampermpool devint célèbre en 1977 quand il créa la première orchidée parfumée. Récemment, ce découvreur rebondit avec quelque chose d'un peu dingo, des orchidées qui dansent ! Et c'est vrai, ça marche, même si elles préfèrent s'activer par des journées fraîches que sous une écrasante chaleur qui ramollit un peu leur entrain. Au son d'un magnéto-jouet aux piles épuisées, manié par une employée toujours enthousiaste (donner un petit pourboire, c'est d'usage), de petits appendices entament des translations indéniables. Le docteur un peu Mabuse s'est découvert un nouveau dada : il construit des maisons calquées sur le signe zodiacal de leurs futurs propriétaires, et se consacre au développement d'un engrais humain purifié. Pour l'instant, pas de flacon-test sur les présentoirs mais, plus sagement, ce parfum d'orchidée qui sent très bon !

KHON KAEN – ขอนแก่น

680 000 hab. IND. TÉL. : 043

Quatrième ville du pays, traditionnellement renommée pour son agriculture et son artisanat textile, Khon Kaen est aujourd'hui tournée vers l'avenir,

comme en témoigne le dynamisme de son université (la première de l'Isan). Pas vraiment séduisante, la ville est toutefois intéressante pour son superbe musée et ses boutiques d'artisanat. Centrale et bien desservie par les transports, c'est aussi une escale pratique pour rayonner dans la région et audelà, grâce à ses consulats (Laos, Vietnam).
Il est assez facile de s'orienter depuis « l'hyper-centre » de la ville, à l'intersection de Thanon Na Muang et Thanon Srichan, là où pousse en retrait des axes (passer par le *soi* Kosa) un petit Bangkok dominé par les tours des hôtels *Charoen Thani, Kosa* et, plus loin, *Sofitel.*

Adresses utiles

TAT – ท.ท.ท. *(office de tourisme) :* 15/5 Thanon Prachasamoson. ☎ 244-498 ou 499. Fax : 244-497. À 1,5 km au nord-est du centre. Ouvert tous les jours de 8 h 30 à 16 h 30. Bon accueil et bon anglais. Plan de la ville clair et très pratique, avec les lignes de bus. Infos sur les transports et même vente de billets.

Consulat du Laos – สถานกงศุลลาว *:* 171 Thanon Prachamoson. ☎ 242-856. À l'est du TAT. Ouvert du lundi au vendredi de 8 h à 12 h et de 13 h à 16 h. Très intéressant si vous passez par là.

Consulat du Vietnam – สถานกงศุลเวียดนาม *:* 65 Thanon Chaiaphadung. ☎ 242-190. Depuis le centre, parcourir environ 1,5 km vers l'est sur Thanon Sri Chan, puis tourner à gauche. Ouvert du lundi au vendredi de 8 h à 12 h et de 13 h à 16 h. Délivre des visas 30 jours en 3 jours, moyennant 1 800 Bts (36 €).

Bangkok Bank : Thanon Sri Chan ; proche d'une des entrées de l'hôtel *Charoen Thani Princess.* Guichet de change ouvert tous les jours de 9 h à 17 h. Distributeur automatique 24 h/24. D'autres banques dans la même rue.

Piscine municipale – สระว่ายน้ำ *:* Thanon Sri Chan, à environ 3 km du centre. Prendre un *songthaew* jaune (avec les portes orange) à l'angle de Thanon Klang Muang. La piscine est sur la droite. Petit panneau avec nageur bleu. Fréquentée par la jeunesse dorée du coin.

Narujee Car Rent (NRJ) – นรุจีคาร์เร้นท์ *:* 178 Soi Kosa, Thanon Sri Chan. ☎ et fax : 224-220. Motos et voitures à louer. Respectivement à partir de 200 et 1 500 Bts (4 et 30 €) la journée.

Supaporn Car Rent – สุภาภรณ์คาร์เร้นท์ *:* 239 Thanon Sri Chan. ☎ 239-663. Autre loueur du centre-ville (à 300 m du carrefour central). Prix similaires.

Internet : à 50 m sur la gauche du *Roma Hotel* (voir « Où dormir ? »). Grande salle. Ouvert 24 h/24. Prix : 15 Bts (0,3 €) l'heure.

Internet : Thanon Sri Chan. En face de la disco *Zolid* et du *7/Eleven.* Ouvert de 10 h à minuit. Prix : 20 Bts (0,4 €) l'heure.

Où dormir ?

De bon marché à prix moyens (de 200 à 500 Bts – 4 à 10 €)

Sansumran Hotel – โรงแรมแสนสำราญ *:* 55-59 Thanon Klang Muang. ☎ 239-611. Vieille et grande maison (47 chambres) en bois tropical *(madeng),* donnant sur un parking. Le patron, anglophone cultivé et communicatif, connaît bien la région. Il milite en faveur d'un tourisme intelligent. Malheureusement, l'hôtel nécessiterait à la fois un bon coup de neuf (dont les literies) et un coup de serpillière magique. Chambres ventilées avec douche, 1 ou 2 grands lits. Celles donnant sur la rue sont bruyantes. Cité pour l'accueil et ses prix, les plus bas.

Sawasdee Hotel – สวัสดีโฮเตล *:* 177-179 Thanon Namuang. ☎ 221-600. Près du marché (à 100 m environ). Petit hôtel de bon rapport qualité-prix, bien situé et propre.

Roma Hotel – โรงแรมโรมา *:* 50/2 Thanon Klang Muang. ☎ 334-444. Grand hall spacieux de style soviétique. Y aller plutôt pour les économiques chambres AC style Grand Hôtel (moquette, bureau, frigo, baignoire) que les chambres les moins chères (ventilo), pas terribles. Décoration standard, à l'image de l'accueil. Laverie et cafétéria au rez-de-chaussée.

Un peu plus chic (de 500 à 1 000 Bts – 10 à 20 €)

Khon Kaen Hotel – โรงแรมขอนแก่น *:* 43/2 Thanon Phimpasut. ☎ 333-222. Fax : 242-458. Hôtel de bon confort, très calme, avec des chambres équipées (AC, douche et frigo). Petit balcon et vue dégagée côté nord.

Où manger ? Où boire un verre ?

De bon marché à prix moyens

Nombreuses ***gargotes*** proposant cuisines thaïe ou chinoise le long de Thanon Klang Muang (première parallèle à Thanon Na Muang en allant vers l'est) ainsi qu'à 500 m au sud de l'intersection centrale, au marché de nuit *(Night bazaar)* à l'angle de Na Muang et Thanon Ruem Rom. Mini-prix bien sûr.

First Choice Restaurant – ร้านอาหารเฟิร์สช้อยส์ *:* 18/8 Thanon Phimpasut. ☎ 333-352. En face de l'hôtel *Khon Kaen.* Ferme à 23 h. Cuisine asiatique et occidentale. Bons petits plats et viandes, respectivement à partir de 40 et 150 Bts (0,8 et 3 €). À midi, intéressant menu traditionnel. Salle climatisée plaisante et service irréprochable.

Huaan Laaw – ร้านอาหารฮ้วนล้อ *:* 39 Thanon Phimpasut. 200 m à l'est du *First Choice,* côté opposé de la rue. Nom uniquement en thaï. Amusant resto-antiquaire. À l'intérieur, tables entourées d'un bric-à-brac de meubles, tissages, paniers et boîtes diverses. Pour les dîners, terrasse rustique en bois de récupération, voisinant avec le stock « gros volume ». Ceux qui ont vraiment de la place chez eux pourront acquérir un superbe et antique char à bœuf à la carosserie finement sculptée. Menu en anglais sans les prix. Pas grave, c'est pas cher.

LE NORD-EST

De prix moyens à plus chic

L'esplanade cernée de grands hôtels (depuis Thanon Sichan, entrer par Soi Kosa) constitue un petit îlot agréable car isolé du trafic des grandes avenues. S'y concentrent de nombreux restaurants, terrasses, bars et boîtes.

Kosa Beer Garden – ร้านโคสา เบียร์การ์เด้น *:* en contrebas de l'hôtel *Kosa.* En plein air, grand choix de boissons et bière pression. Orchestre et écrans vidéo. Côté restauration, 2 catégories de prix coexistent ; ceux de la carte *Kosa Hotel* sont forcément les plus chers.

33 Steak House – ร้าน 33 สเต๊กเฮ้าท์ **:** en face de *Kosa Beer Garden*. Petit resto moderne. Grandes baies vitrées et terrasse. On y grille et sauce toutes sortes de viandes et poissons, au goût américain plutôt qu'européen. Les prix tournent autour de 100 Bts (2 €). Correct. Anglais parlé.

Zolid disco – โซลิด ดิสโก้ **:** sur plusieurs niveaux, dans les entrailles de l'hôtel *Charoen Thani*. C'est la boîte qui tourne. Consos à prix « provinciaux », soit très abordables. Pas d'entrée à payer.

À voir

Le Musée national – พิพิธภัณฑสถานแห่ง ชาติขอนแก่น **:** Thanon Lung Soon Rachakarn, à 1,5 km au nord de la ville. Ouvert tous les jours de 9 h à 16 h. Entrée : 30 Bts (0,6 €). Une des collections les plus riches du pays, exposée de manière très pédagogique (panneaux et légendes en anglais) sur 2 étages, autour d'un adorable patio fleuri. Attention, les dates indiquées correspondent au calendrier bouddhique. Retrancher 5 siècles (voir « Décalage horaire » dans les « Généralités ») !

– *Au rez-de-chaussée :* tout de suite à droite, commencement logique avec la géologie, la paléontologie et la préhistoire de la région : squelettes de dinosaures, remarquables assortiments d'outils, poteries et bronzes provenant de Ban Chiang, maquettes et reconstitution d'une tombe. Dans la salle en face, consacrée aux périodes dvâravatî et khmère, de nombreux *sema.* Ces bornes de pierre marquant les limites des sites religieux furent sans doute utilisées pour le culte des ancêtres avant d'être « récupérées » par le bouddhisme. Leurs sculptures évoquent souvent la vie de Bouddha, telle celle (le clou de l'expo) qui voit la princesse Bhimba essuyer les pieds de l'Éveillé.

– *À l'arrière :* donnant sur le patio, les 2 salles suivantes retracent l'histoire de la ville et présentent la culture et les traditions de l'Isan : costumes, instruments de musique comme le *kaen* – une sorte d'orgue à bouche auquel la cité doit son nom, objets utilisés pour le tissage, la pêche ou la chasse. Le premier étage est dédié à l'art bouddhique : statuettes de toutes les grandes périodes et écoles, tablettes votives, fragments sculptés de *stûpa,* etc.

Les bords du lac Kaen Nakhon – ริมบึงแก่นนคร **:** au sud de la ville. Sympa d'y flâner en fin d'après-midi, entouré de familles de Thaïs venus s'y restaurer de poulets grillés et autres spécialités « made in Isan ». Rive ouest, visiter en passant le *Wat Tat,* le *Wat Klang Muang Kao* et jeter un coup d'œil au *Wat Nongwang Muang Kao,* impresionnant et récent *stûpa* de 9 étages.

Les marchés : très animés, de part et d'autre de Thanon Klang Muang. Y aller de préférence à la tombée de la nuit, l'affluence y est alors importante, notamment à proximité de la poste.

Achats

Spécialités culinaires de l'Isan : tout au long de Thanon Klang Muang, concentration incroyable de boutiques spécialisées principalement dans la charcuterie et la confiserie locales : saucisse fumée et andouille, biscuits, fruits confits... Une idée de cadeau originale et pas ruineuse.

Soieries et cotonnades de l'Isan : au sud de la ville, ***Prathamakant Local Goods Center*** (81 Thanon Ruen Rom) mérite vraiment le détour, autant pour le choix de ses tissus provenant de toutes les provinces du Nord-Est que pour leur présentation.

Magasin Otop : Soi Kosa. Permet de se faire une idée des prix (ici pas forcément les moins chers) et des produits de la région, malgré l'excès de standardisation que véhicule cette initiative gouvernementale.

Fête

– ***Foire de la Soie :*** fin novembre - début décembre. Elle dure 2 semaines : expositions, défilés, musique, danses traditionnelles et, bien sûr, l'élection de Miss Soie !

DANS LES ENVIRONS DE KHON KAEN

Ban Kok Sa-nga – บ้านโคกสง่า, ***le village des Cobras :*** à 50 km au nord de Khon Kaen. Ouvert de 8 h à 17 h.

Pour s'y rendre : en voiture ou à moto, remonter la route n° 2 pendant 33 km, bifurquer à droite sur la route n° 2039 (direction Nam Pong-Kranuan) ; panneau sur la droite après 14 km. Alternative plus bucolique : route n° 209 en direction de Kalasin pendant 12 km, puis n° 2183 et n° 2008. En bus : embarquer dans le bus vert n° 501 (départs toutes les 90 mn à partir de 6 h du matin), descendre à Nam Pong (dernier retour à 18 h) puis prendre une moto-taxi. Prévoir 2 h de trajet et environ 50 Bts (1 €).

Il s'agit d'un petit village pas comme les autres, où tous les habitants ou presque élèvent des cobras. Chaque année, lors du *Songkran* (du 13 au 15 avril), les reptiles sont particulièrement à la vedette, et une reine (humaine, elle) des Cobras est élue. Le reste du temps, deux « King Cobra Club », respectivement à proximité des *Wat Sakaew* et *Sritanma,* permettent de les observer (gratuit, mais faire une donation) dans des cages et d'assister éventuellement à des spectacles. Pas d'horaire fixe (mais plutôt le matin), en fonction de la demande et du budget. Si vous êtes seul, discutez le coup, 200 à 300 Bts (4 à 6 €) représentent la mise de départ. La visite se justifie surtout si vous n'avez pas encore assisté à un show similaire, à Bangkok ou vers Chiang Mai.

Les dinosaures de l'Isan : le plateau central (province de Khon Kaen et Kalasin) constitue la région la plus riche de Thaïlande pour le nombre de ses sites paléontologiques. Tellement qu'en février 2005, la police a démantelé un véritable trafic de fossiles de dinos provenant de la région. Attention à ce que vous ramassez ! Découvert en 1996, le *Siamotyrannus Isanensis* serait l'ancêtre du fameux *Tyrannosaurus rex* qui vécut sur le continent américain une cinquantaine de millions d'années après son cousin d'Asie. Y aurait-il eu des migrations entre les 2 continents via le détroit de Béring ? Tandis que de gros dinos en béton envahissent les ronds-points et de plus petits, dorés, garnissent les réverbères, 2 sites ont fait l'objet d'un aménagement touristique :

– ***le parc national du Phu Wiang et le musée des Dinosaures –*** อุทยานแห่งชาติภูเวียงและพิพิธภัณฑ์ไดโนเสา ***:*** ☎ 249-052. À 80 km à l'ouest de Khon Kaen. Pour y aller, prendre la route n° 12 sur 48 km puis tourner à droite sur la n° 2038 rejoignant Phuwiang (indiqué). En bus, rejoindre Phuwiang puis transports locaux. Ouvert de 8 h 30 à 16 h 30. Entrée : 10 Bts (0,2 €) par personne, plus le droit d'accès pour les véhicules.

Possibilité d'y camper ou de réserver un bungalow.

LE NORD-EST

Les sites de fouilles sont tous accessibles depuis le parking à côté du *Visitor Center.* Le n° 9 abrite la star locale, le *Siamotyrannus.* Le n° 1, le *Phuwiangosaurus sirindhornae,* est un sauropode d'une vingtaine de mètres de long, baptisé ainsi en l'honneur de la princesse royale qui parraina et finança une partie des fouilles. Les n°s 2 et 3 contiennent d'autres sauropodes non encore identifiés.
Le *musée* se trouve 4 km avant l'entrée du parc. Ouvert tous les jours sauf le mercredi. ☎ 438-205. Panneaux retraçant l'histoire des dinos en Thaïlande, et squelettes complets de quelques bêtes.
– ***Sahat Sakan – Phu Kum Khao*** – สาหัส สากัณฑ์ *:* appelé aussi ***Isan Jurassic Park.*** À environ 120 km de Khon Kaen, dans le district de Sahat Sakan. Rejoindre Kalasin (coquette petite ville à 80 km de Khon Kaen, où l'on peut faire une pause) par la route n° 209, puis obliquer vers le nord via la route n° 227. Accès par une petite route au niveau de l'école de Sahat Sakan. En bus, rejoindre Kalasin puis Sahat Sakan (assez long).
Au pied d'un tertre, le Phu Kum Khao, les scientifiques ont retrouvé de nombreux os et squelettes (2 sont exposés) dans ce grand cimetière de dinosaures datant d'il y a 120 millions d'années. Également un petit musée (entrée gratuite) où sont exposés des morceaux de squelette ainsi que des photos et des dessins. Peu de commentaires en anglais.

Prasat Puay Noi – ปราสาทเปือยน้อย *:* 79 km au sud de Khon Kaen, sur la droite à l'entrée du bourg assoupi de Puay Noi. Quitter la route n° 2 après 44 km, au niveau de Ban Phai, pour prendre la n° 23 sur 10 km, la n° 2301 et enfin la n° 2297. Panneaux indicateurs. En bus, descendre à Ban Phai puis *songthaew* jusqu'à Puay Noi. Attention aux retours vers la grande route (dernier véhicule vers 15 h).
Le plus grand temple khmer du centre de l'Isan. Élégamment posé sur sa grande pelouse portant les marques d'anciens bassins, ce *prasat,* construit d'un beau grès rose sur une base de latérite, comporte quelques beaux linteaux, piliers et frontons finement sculptés, ainsi que des fenêtres à colonnes.

QUITTER KHON KAEN

En bus

Deux stations distinctes desservent les mêmes destinations :
– *Bus AC :* à 50 m en retrait de Thanon Klang Muang, avant l'intersection avec Thanon Ammat (à 5 mn à pied en venant du centre, ☎ 239-910).
– *Bus ordinaires :* sur Thanon Prachasamosorn (à 10 mn à pied vers le nord, ☎ 237-300).

➢ ***Pour Bangkok :*** AC, toutes les 30 mn de 7 h à 23 h, 260 Bts (5,2 €) ; bus ordinaire, 3 le matin et 1 à 20 h, 144 Bts (2,8 €). 7 à 8 h de trajet.
➢ ***Pour Nakhon Ratchasima :*** un départ au moins par heure de 5 h à 15 h. AC, 170 Bts (3,4 €) ; ventilo, 108 Bts (2,2 €). 4 à 5 h 30 de trajet.
➢ ***Pour Chiang Mai :*** AC, un bus à 20 h, 394 Bts (7,8 €) ; sans clim', 4 départs de 5 h à 9 h puis 3 dans l'après-midi, 243 Bts (4,8 €). 12 h de route.
➢ ***Pour Loei :*** AC, un bus à 11 h 30, 140 Bts (2,8 €) ; sans clim', toutes les 30 mn de 6 h 30 à 17 h 30, 64 Bts (1,3 €). 4 h de trajet.
➢ ***Pour Udon Thani et Nong Khai :*** AC (Nong Khai, 3 h de route), départs à 12 h 30, 15 h et 17 h, 110 Bts (2,2 €) ; sans clim' (Udon Thani, 2 h de trajet), toutes les 30 mn de 6 h 30 à 17 h 30, 44 Bts (0,9 €).

➢ ***Pour Phitsanulok et Sukhothai :*** AC (Sukhotai, 6 h de voyage), un bus à 20 h, 236 Bts (4,7 €) ; sans clim' (Phitsanulok), 5 bus de 6 h à 18 h, 113 Bts (2,3 €). Jolie route après Lom Sak, le long de la rivière Kek.

En train

Gare : à un bon kilomètre au sud-ouest du centre, à l'extrémité ouest de Thanon Ruen Rom. ☎ 221-112.

➢ ***Pour Bangkok :*** 5 départs. Dessert notamment Nakhon Ratchasima et Ayutthaya. De 7 h 30 à 10 h 20 de trajet. Compter 240 Bts (4,8 €) en couchette 2e classe.
➢ ***Pour Nong Khai :*** 3 trains par jour.

En avion

➢ 4 vols quotidiens pour ***Bangkok.*** Prix : 1 600 Bts (32 €).

DE MUKDAHAN À KHONG CHIAM

Cet itinéraire permet de retrouver le Mékong, dessinant ici la frontière orientale de l'Isan, et de découvrir la rivière Moon, d'Ubon Ratchatani jusqu'à son confluent avec le grand fleuve qui marque « l'Extrême-Orient » de la Thaïlande.

THAT PHANOM – พระธาตุพนม

IND. TÉL. : 042

Cette petite ville est célèbre dans tout le pays pour son *stûpa,* le That Phanom, monument le plus sacré de l'Isan et considéré comme l'un des 4 sanctuaires les plus importants du pays. En forme de pied de chaise renversé, comme le That Luang de Vientiane, l'enceinte entourant le *stûpa* et les bâtiments sont constamment envahis de pèlerins. Dans l'axe du monument, une voie « royale » franchit la route n° 212, passe par une arche, puis traverse la vieille ville pour venir buter sur le Mékong.
De vieilles maisons de bois se concentrent dans les 2 rues parallèles au fleuve, composant une jolie petite bourgade passablement assoupie où il fait bon faire étape.
Pendant une semaine, entre récoltes et nouvelles semailles, et conformément au calendrier bouddhique (vers la mi-février), la ville s'embrase spirituellement et festivement lors du festival du *Wat Phra That Phanom.*

Arriver – Quitter

La ***station de bus*** se trouve au sud du Wat, au niveau du grand virage.
➢ ***Pour Nong Khai :*** environ 8 bus de 6 h du mat' à 11 h, dont 2 bus AC à 7 h 30 et 9 h 30. Compter de 130 à 200 Bts (2,6 à 4 €).
➢ ***Pour Ubon Ratchathani :*** de 70 à 150 Bts (1,4 à 3 €).

➢ ***Pour Mukdahan :*** emprunter un bus allant à Ubon. Un départ toutes les heures de l'aube à la fin d'après-midi. Prévoir de 20 à 50 Bts (AC), soit de 0,4 à 1 €.
➢ ***Pour Nakhon Phanom :*** arrêt directement sur la route n° 212, 200 m au nord du Wat, en face d'une station essence. Départ toutes les 30 mn de 6 h à 19 h environ. Prévoir 20 Bts (0,4 €).

Où dormir ? Où manger ?

Niyana Guesthouse – นัยนาเกสท์เฮ้าส์ **:** Thanon Rimkhong, 110 Moo 14. ☎ 541-450. En regardant le quai (dans l'axe du porche et du Wat), tourner à gauche, marcher puis rentrer dans la deuxième allée. Cinq chambres très bon marché dans une maison de bois familiale, peinte en vert ; salle de bains à partager. Plan du village, infos pratiques, vélos à louer, repas et boissons... *Niyana* est un modèle de pension. Tenue par une prof d'anglais adorable qui désespère d'acquérir un peu de français, aidez-la !

Gargotes au bord du Mékong : jolie promenade le long du Mékong, par une petite rue, contrairement à d'autres villes qui s'enflent d'allées surdimensionnées. L'essentiel des établissements occupe le côté route, mais certains se sont réapproprié les berges. Alors, un escalier précaire enjambe le parapet de béton pour rejoindre des plates-formes de bambou qui surplombent des maraîchages saisonniers. Une soirée sympa d'assurée.

À voir. À faire

That Phanom – พระธาตุพนม **:** selon la légende, le premier That Phanom aurait été construit peu après la mort de Bouddha. L'actuel ne date cependant que de 1975, une énième reconstruction ayant succombé cette année-là à des pluies torrentielles. Avec ses motifs floraux récemment redorés, sa nouvelle couche de blanc éclatant et son ombrelle d'or massif pesant 16 kilos, le fameux *stûpa* de brique et de plâtre attire tous les regards. En tournant autour dans le sens des aiguilles d'une montre, déchaussé comme il se doit, essayer quand même de prêter attention à la face intérieure du muret qui délimite l'enceinte. Des fresques désarmantes de naïveté illustrent de manière populaire la vie et les enseignements de Bouddha. Remarquer aussi les très belles portes de bois sculptées et observer la forte piété des visiteurs.
Un petit musée ouvert tous les jours regroupe les reliques trouvées dans les entrailles du *stûpa* après son effondrement. Pas mal de commentaires en anglais. Au 1er étage, une intéressante collection d'images bouddhiques.

Le marché lao – ตลาดลาว **:** depuis le quai, suivre la rue-promenade vers le nord pendant environ 500 m. Tous les lundis et jeudis. Pour le pittoresque des produits et des marchands venus de l'autre rive.

➢ *DANS LES ENVIRONS DE THAT PHANOM*

Nakhon Phanom – จังห วัดนครพนม **:** à 57 km au nord de That Phanom, par une route « tropicale » où le grand fleuve apparaît par intermittence entre des bosquets de végétation. Capitale provinciale riquiqui (37 000 habitants), Nakhon Phanom semble avoir abandonné définitivement ses ambitions régionales à sa rivale Mukdahan (satané pont !). C'est pourtant l'un des points de passage autorisés au Laos pour les étrangers. Débarquement juste en face dans la ville de *Thakhek*. Pas grand-chose à faire et à voir, si ce n'est le fleuve. Tôt le matin, panorama spectaculaire sur le Mékong avec ses bancs de sable en premier plan et, à l'arrière, une des chaînes calcaires les plus spectaculaires du Laos. En ville, il reste de nombreuses vieilles demeures chinoises ou coloniales (dont le bâtiment municipal). Beaucoup d'habitants sont d'origine chinoise ou vietnamienne. Dans les années 1920, Hô Chí Minh passa ici 7 années de vie fugitive. Si votre itinéraire vous amène à faire étape dans la ville, vous trouverez un hôtel correct et pas cher, le *Grand Hotel* (Thanon Sithep) et l'*Ohio* – โอไฮโอ, un sympathique resto-bar-boîte (Thanon Tamrongprasit, ☎ 541-450) avec une grande terrasse. Tout ça situé en plein centre et pas loin du fleuve, à proximité de l'ancienne horloge.

MUKDAHAN – มุกดาหาร 50 000 hab. IND. TÉL. : 042

Cette grosse bourgade, située sur la rive droite du Mékong, profite pleinement de sa position stratégique face à Savannakhet, ville sud-laotienne en pleine expansion et premier relais commercial entre la Thaïlande et le Vietnam. En construction à 2 km au nord de la ville, un pont sur le Mékong devrait être achevé en 2006. La ville, qui attire déjà les investisseurs, entrera alors en concurrence avec Nong Khai.
En prévision de cette nouvelle ère, Mukdahan fait peau neuve. Pas toujours de manière réussie, telle cette nouvelle promenade bétonnée le long du fleuve... Reste le pittoresque et le foisonnement du « marché indochinois » et des berges qui retrouvent leur naturel à deux pas de là.

Arriver – Quitter

***Gare routière** (hors plan par A1) :* à 3 km au nord de la ville, le long de la route n° 212 (direction Nakhon Phanom). S'y rendre en *tuk-tuk.*

➢ ***Pour Bangkok :*** plusieurs départs quotidiens tôt le matin ou en soirée. Compter de 200 à 350 Bts (bus VIP), soit de 4 à 7 €. 11 h de voyage.
➢ ***Pour Ubon Ratchathani :*** départs toutes les 30 mn environ. 50 Bts (1 €). 3 h de voyage.
➢ ***Pour That Phanom :*** toutes les 30 mn environ, 17 Bts (0,3 €), 1 h 30 de trajet.

Passer au Laos

Faire tamponner son passeport au bureau de l'Immigration avant de rejoindre la salle d'attente des ferries. La traversée coûte 50 Bts (1 €). En semaine, départ grosso modo toutes les 30 mn de 9 h à 16 h 30 ; le week-end, un bateau environ toutes les heures de 9 h 30 à 15 h. Le visa laotien 15 jours peut s'obtenir à la frontière. Voir aussi l'introduction de l'Isan.
➢ De Savannakhet, liaisons quotidiennes avec Vientiane (12 h) et Pakse (6 h).

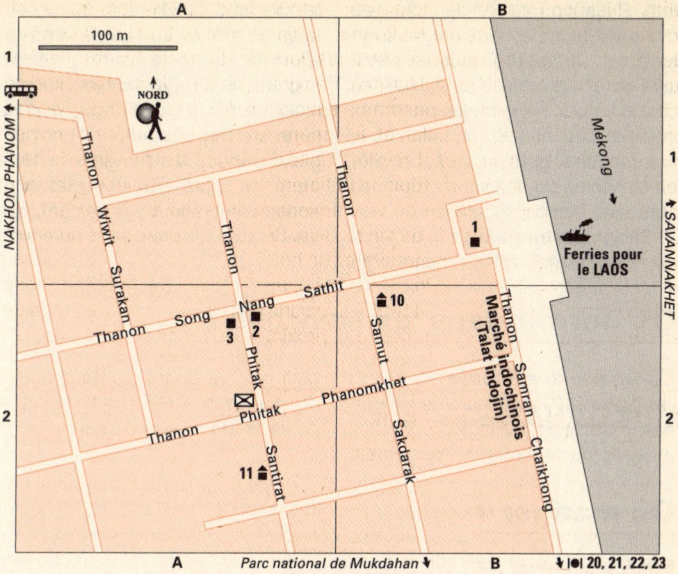

MUKDAHAN

Adresses utiles

- Poste centrale
- Gare routière
- 1 Bureau de l'Immigration
- 2 Bangkok Bank
- 3 Kasikorn Bank

Où dormir ?

- 10 Bantom Kasame Hotel
- 11 Saensuk Bungalows

Où manger ?

- 20 Resto Som Tam
- 21 Wine World Why
- 22 Riverview Restaurant
- 23 Resto Lao

Adresses utiles

■ ***Bureau de l'Immigration*** – สำนักงานตรวจคนเข้าเมือง *(plan B1,* ***1****)* **:** en face du quai, au rez-de-chaussée d'un immeuble. Ouvert tous les jours de 8 h 30 à 16 h 30. Possible d'y prolonger son visa.

■ ***Bangkok Bank*** *(plan A2,* ***2****)* **:** à l'angle de Thanon Song Nang Sathit et Phitak Santirat. Service de change ouvert du lundi au vendredi de 8 h 30 à 15 h 30. Distributeur automatique.

■ ***Kasikorn Bank*** *(plan A2,* ***3****)* **:** en face de la *Bangkok Bank.* Mêmes horaires et services.

Où dormir ?

Les hôtels sont plutôt quelconques, mais en voici deux qui tiennent la route dans leurs catégories.

■ ***Bantom Kasame Hotel*** – บรรทมเกษมโฮเต็ล *(plan B2,* ***10****)* **:** 25/25-2 Thanon Samut Sakdarak. ☎ 611-235. Central. Nom uniquement en thaï. Réception au rez-de-chaussée d'une vieille maison à 2 étages avec balcons. Chambres doubles ventilées ou AC avec salle de bains (eau chaude) pour respectivement 140 et 200 Bts (2,8 et 4 €). Moustiquaires aux fenêtres, parquet au sol et propreté honorable. Décor et ambiance surannés. Accueil indolent.

Saensuk Bungalows – แสนสุขบังกาโล *(plan A2, 11)* : 2 Thanon Phitak Santirat. ☎ 611-214. À une centaine de mètres au sud de la poste, au-delà du rond-point. Prévoir 300 Bts (0,6 €) la double ; supplément de 50 Bts (1 €) pour des lits jumeaux. Répartis autour d'une cour gravillonnée, les bungalows (AC, douches avec eau chaude) sont entièrement recouverts de carrelage bleu et blanc ! Une bonne adresse.

Où dormir dans les environs ?

Pirom's Guesthouse – ภิรมย์เกสท์เฮ้าส์ : à 12 km au nord de Mukdahan, dans le petit village de Wan Yai au bord du Mékong. Hébergement petit prix, en dortoir ou en chambre double. Propre et familial. Location de vélos et tours en bateau.

Où manger ?

Bon marché (80 et 200 Bts - 1,6 à 4 €)

Quantité de petits stands sur le marché d'Indochine et, le soir, le long de Thanon Song Nang Sathit.

Resto Som Tam – ร้านอาหารส้มตำ *(hors plan par B2, 20)* : Thanon Samran Chaikhong. Première gargote sur la droite, après la fin de la promenade bétonnée, là où la rue se rétrécit. « Inloupable », tout le monde consomme ici de la salade de papaye pendant que les cuisiniers en épluchent d'autres monceaux.

Prix moyens (de 200 à 400 Bts - 4 à 8 €)

Wine World Why – ร้านอาหารไวท์เวิลด์วายน์ *(hors plan par B2, 21)* : Thanon Samran Chaikhong, à 200 m au sud de l'extrêmité de la promenade. Côté fleuve. Bar-resto coquet dans une maison de bois avec terrasse sur le Mékong. Bonnes spécialités thaïes.

♫ **Riverview Restaurant** – ร้านอาหารริเวอร์วิว *(hors plan par B2, 22)* : Thanon Samran Chaikhong. Continuer au-delà de *Wine World Why* pendant environ 500 m. Grosse bâtisse et superbe terrasse sur pilotis en équilibre sur le Mékong. Réputé être le meilleur restaurant de la ville. Pas pour autant le coup de massue au moment de l'addition. Des dizaines de plats à prix doux permettent de profiter du cadre un rien chicos. Héberge aussi une disco, le *Mono club*.

Resto Lao – ร้าน บ่าวประดิษฐ์ *(hors plan par B2, 23)* : Thanon Samran Chaikhong. Depuis *Riverview*, prolonger à nouveau vers le sud (dépasser le *Mae Khong River*) jusqu'à apercevoir une petite terrasse parallèle au Mékong. De là, petit chemin qui débouche sur une belle maison et un jardin d'où proviennent les multiples herbes qui parfument les plats, ici typiquement laos. Pas d'anglais parlé, ni au menu. C'est le moment de commander un *Laap Pla* (ils sont renommés à Mukdahan), du *Khao pat*, du *Somtam*, ce qui vous branche en cuisine ou... dans l'assiette du voisin. Sérénité des berges où sont amarrées des barques de pêcheur. Précisez *mai pet* si vous vous méfiez des épices !

À voir

Le marché indochinois *(Talat Indojin ; plan B1-2)* **:** dévore Thanon Samran Chaikhong sur un bon demi-kilomètre à partir du bureau de l'Immigration. On y trouve tout et n'importe quoi... du kitsch en veux-tu, en voilà, des outils et machines importés de Chine via le Vietnam et le Laos, des cotonnades rustiques et quelques belles soieries. Vaut surtout pour l'ambiance. En profiter pour visiter le *Wat Sri Mongkol Thaï* construit dans les années 1950, peu après l'immigration, par des réfugiés vietnamiens, et, 200 m au sud, le *Wat Sri Sumong.* Noter le contraste important entre, d'un côté, ce *viharn* flambant neuf et, de l'autre, cet ancien *bot* d'influence architecturale française dans un état de délabrement avancé.

DANS LES ENVIRONS DE MUKDAHAN

Le parc national de Mukdahan – อุทยานแห่ง ชาติมุกดาหาร *(Phu Pha Thoep)* **:** à 16 km de Mukdahan en direction de Khemarat par la route nº 2034. ☎ 601-753. Ouvert tous les jours de 6 h à 18 h. Entrée : 200 Bts (4 €).
Pour s'y rendre : prendre un taxi collectif pour Don Tan (départ toutes les 30 mn à partir de 8 h). Se faire déposer au niveau de la route d'accès, puis marcher (2 km) ou faire du stop jusqu'à l'entrée.
Il est possible de se restaurer et de dormir dans le parc, en tente ou dans un bungalow pour 6 personnes.
Couvre une surface de 50 km^2. Plan du site disponible au *Visitors' Center.* La meilleure période de visite court de juin à décembre, afin de profiter des cascades et, à la veille de l'hiver, quand les fleurs recouvrent le plateau *Lan Mutchalin.* L'essentiel du parc consiste en une table de grès aux bords formant des falaises modestes mais étonnamment abruptes, recouverte d'arbustes, de broussailles et de diptérocarpées nains et tortueux, plantes abritant des résineux. De ce curieux paysage émerge (immédiatement après le parking) le *Hin Thoep Group,* des rochers à figures humaines ou animales (requin, sphinx égyptien, hippopotame, crocodile et bien d'autres...). Bip Bip ! On s'attend à voir émerger « Roadrunner » d'un instant à l'autre ! Au-delà (à 2 km en tout du parking), *Camel Cliff (Pha Ngop),* une « bosse de chameau » sur laquelle on monte par des échelles de bois, offre un beau panorama sur le Mékong et la plaine laotienne. Pas loin, la plus belle cascade, Phu Tam Phra, et une cavité remplie de centaines d'effigies de Bouddha.

UBON RATCHATHANI – อุบลราชธานี

110 000 hab. IND. TÉL. : 045

À quelque 560 km à l'est de Bangkok, la capitale du Triangle d'Émeraude joue un rôle de carrefour à proximité des frontières du Laos et du Cambodge. Très étendue et dynamique, Ubon n'est pas désagréable, loin de là, mais n'offre pas pour autant d'attraits touristiques particuliers. C'est surtout une étape sur la route de Khong Chiam, de la frontière laotienne ou du fabuleux

Prasat Khao Preah Viharn. Chaque année, en juillet, dans le parc *Toong Si Muang* (en plein centre), tous les temples de la ville marquent le début des 3 mois de retraite bouddhique en construisant autour de gigantesques bougies d'énormes structures décorées de cire d'abeille gravée. Cette parade religieuse et populaire, le *Candle Festival,* est la plus célèbre de Thaïlande.

Passer au Laos

Le poste-frontière Chong Mek-Vang Tao, permettant de rejoindre la ville laotienne de Pakse, est situé à 85 km à l'est d'Ubon, via Phibun. Ouvert tous les jours de 8 h à 18 h. Un visa de 15 jours est délivré côté lao. Voir l'Introduction de l'Isan. Depuis Ubon (gare principale ou gare du sud « Warin Market »), prendre d'abord un bus à destination de Phibun (départ toutes les 30 mn à partir de 8 h), puis un *songthaew* (toutes les 30 mn de 7 h à 16 h environ). Prévoir en tout 45 Bts (0,9 €) et 2 h 30 de trajet.
– ***Chong Mek*** – ช่องเม็ก a la particularité d'être l'unique voie de passage terrestre entre les 2 pays. Une véritable frénésie immobilière a envahi le village. Atmosphère fébrile autour du marché, approvisionné exclusivement de produits venus du Laos : quantité de fruits et légumes mais aussi pharmacopée chinoise, bouddhas en tout genre, jeans *Levi's* rapiécés, cargaisons de teck en partance pour Bangkok...

S'orienter. Se déplacer

La ville est traversée du nord au sud par la route n° 212 qui prend le nom de Thanon Chayangkul puis Upparat au-delà de Thanon Sappasit. Une série de transversales presque parfaitement parallèles viennent couper cet axe. Dans l'ordre, du nord au sud : Thanon Upalisan, Suriyat, Sappasit, Pichitrungsan, Phaloorungrit (passe au nord du grand parc), Sri Narong et Khuan Thani. Plus loin, un pont franchit la rivière Moon qui marque la limite méridionale du centre.
Pour se déplacer, plusieurs lignes de bus peints de différentes couleurs selon leurs destinations.
Le TAT distribue un plan de la ville très bien fait (en thaï et en caractères latins, avec les lignes de bus).

Adresses utiles

TAT – *ท.ท.ท. (office de tourisme) :* 264/1 Thanon Khuan Thani. ☎ 250-714. Ouvert tous les jours de 8 h 30 à 16 h 30. Super-plan de la ville et de la région, brochures touristiques couvrant plusieurs provinces et infos transports. Location de voitures avec chauffeur pour explorer la région. Le meilleur accueil et service du Nord-Est. Bon anglais.
Poste & Télécommunications internationales : Thanon Sri Narong. Depuis le TAT, marcher 100 m vers l'est avant de tourner à gauche.
Thai Airways – สายการบินไทย *:* 364 Thanon Chayangkul. ☎ 313-340/2. À environ 300 m au nord de Thanon Uppalisan, côté droit de l'avenue. Ouvert du lundi au vendredi de 8 h à 17 h.
Internet Service : très nombreux dans la ville mais, attention, ils ferment dès 21 h 30. Quelques adres-

ses : sur Thanon Chayangkul, ***Asia net*** au niveau de Thanon Sappasit ; sur Thanon Kuanthan, à 2 pas du TAT, vers l'est, ***Asia net*** encore, ***Md net,*** puis ***Mind.com*** (ferme plus tard). Compter 15 Bts (0,3 €) l'heure.

■ ***Chow Watana*** – ช. วัฒนา **:** 269, Thanon Suriyat (section ouest). ☎ 242-202. Un magasin de soie qui fait aussi de la location de voitures (dès 1 300 Bts, soit 26 € la journée) et de motos (200 Bts, soit 4 €).

Où dormir ?

De bon marché à prix moyens (autour de 200 Bts – 4 €)

Sri Issan 2 Hotel – ศรีอีสานโฮเทล 2 **:** Thanon Ratchabut. ☎ 254-544. Depuis Thanon Upparat, tourner à gauche dans Thanon Phromthep (dernière rue avant la rivière Moon). Au niveau du marché du même nom, par l'allée longeant l'hôtel *Sri Issan 1*. Hôtel chinois en fin de vie mais encore logeable. Chambres ventilées (eau froide). Mobilier qui a fait son temps et draps élimés. Vaut pour son pittoresque et l'accueil complice fait aux petits budgets.

River Moon Guesthouse – ริเวอร์มูลเกสท์เฮ้าส์ **:** 21 Thanon Si Saket 2 Varinchamrab ☎ 286-093. • Phanth_Boonjob@yahoo.com • Excentré, à 2 bons kilomètres du centre, au sud de la rivière mais proche de la gare ferroviaire. Prendre le bus n° 2 depuis le terminal routier nord. Panneau rouge : « Traditional Guesthouse ». Bungalows sommaires mais propres, dans une sorte de grande cour intérieure, très calme. Chambres spartiates à l'étage, salle de bains collective en dessous. Réduc' pour les voyageurs en solo. Pas très loin non plus de la gare routière du sud. Accès Internet, petit resto et infos.

Prix moyens (de 280 à 480 Bts – 5,6 à 9,6 €)

Tokyo Hotel – โตเกียวโฮเต็ล **:** 360 Thanon Upparat. ☎ 241-739. Fax : 241-262. À 25 m en retrait de la rue, côté est. Premiers prix (chambres ventilées ou AC, douches eau froide) dans le vieux bâtiment sur la droite. Propreté et confort moyens. Si possible, mettre maxi 2 € de plus pour loger dans le nouveau bâtiment qui abrite la réception : doubles standard (lino, téléphone, TV satellite, eau chaude) en version ventilo ou AC. Accueil un poil mollasson. Cafétéria pas chère au rez-de-chaussée.

Racha Hotel – โรงแรมราชา **:** 19 Thanon Chayangkul. ☎ 254-155. Au nord de la ville, en retrait de l'avenue, par un *soi* partant vers l'ouest après Thanon Uppalisan. Bâtiment en L avec coursives extérieures. Grandes chambres toutes identiques et propres, déclinées en grand lit ou lits jumeaux, ventilées ou AC + eau chaude. Mobilier rétro d'origine, le *Racha* date mais ne veut pas mourir. Très calme. Pas un mot d'anglais, mais le sourire communicatif de la maîtresse des lieux y remédie.

Plus chic (de 650 Bts à 1 400 Bts – 13 à 28 €)

Sri Issan 1 Hotel – ศรีอีสานโฮเทล 1 **:** 62 Thanon Ratchabut. ☎ 261-011. Fax : 261-015. • www.sriisanhotel.com • Donne directement sur le marché, à l'entrée de l'allée qui mène au *Sri Issan 2* (voir ci-dessus). Cependant, là s'arrêtent les ressemblances. Un ancien immeuble, tout pimpant après restauration, où les chambres s'enroulent sur 4 étages par des galeries qui font le tour d'un étroit patio. Doubles de confort standard (AC, TV, eau chaude) un peu minus mais coquettes. Également des suites familiales (jusqu'à 4 personnes). Petit dej' en sus, 50 Bts (1 €). Bon resto, dans le ton du reste.

Où manger ?

Bon marché (moins de 100 Bts, soit 2 €)

I●I *Marché de nuit (Night Market)* – ไนท์มาร์เก็ต : le long de Thanon Ratchabut, à côté du Musée national. Tous les soirs, le trottoir se transforme en une formidable terrasse squattée par des dizaines de roulottes-restaurants. Soupes, poulet grillé, brochettes, crêpes farcies, jus de fruits pressés et plein d'autres choses.

I●I *Kai Yang Wat Jaem* – อาหารพรทิพย์ไก่ย่างส้มตำวัดแจ้ง : Thanon Suriyat. ☎ 263-596. À l'angle de Suriyat *soi* 16, quasi en face du Wat Jaem. Enseigne uniquement en thaï. Tous les fans de cuisine isan devraient venir déjeuner ici ou remplir leur panier pique-nique. On ne plaisante pas ! Produit phare évidemment, le *kai yang* (poulet grillé) et ses deux compères *som tam* et *khao niaw.* Tout aussi goûteux, les saucisses et poissons. Cuisine sous hangar, plusieurs terrasses, sous et derrière la maison des proprios. Ferme à 18 h.

I●I *Krapao* – กะเพรา : 213 Thanon Upparat. ☎ 254-512. Côté ouest, au sud de l'intersection avec Thanon Phichitrungsan. Ouvert jusqu'à 23 h. *Krapao,* c'est le fameux basilic « sacré » cher à la gastronomie thaïe ; d'où la couleur verte et l'enseigne de cette cafet' tenue par des jeunes sympas. Pas que du *krapao,* mais une sélection de petits plats thaïs modernisés et même d'honnêtes spaghettis. Menu en anglais avec photos.

Prix moyens (de 100 à 300 Bts, soit de 2 à 6 €)

I●I *Him Hem Restaurant* – ร้านอาหาริอ้มเอม : 29 Thanon Pha Daeng. ☎ 263-025. Depuis Upparat, emprunter la section est de Thanon Phichitrungsan, et prendre à gauche. Maison thaïe avec des lucarnes à l'européenne. Plats de 60 à 150 Bts (1,2 à 3 €). Assez chic : AC, plancher en bois, fontaine glougloutant, baies vitrées et serveuses élégamment vêtues. Carte très variée, dont une grosse sélection de spécialités isan finement cuisinées et bien présentées. Bien pour le midi avec les employés du quartier ou, mieux encore, pour un dîner entre amoureux.

I●I *Sincere Restaurant* – ร้านอาหาร จริงใจ : 126 Thanon Sappasit section est. ☎ 245-061. À l'angle de Thanon Luang. Ouvert de 11 h à 23 h. Fermé le dimanche. Bisque de homard, cordons bleus et autres viandes (à partir de 200 Bts, soit 4 €), crêpe suzette, c'est possible ici, miracle... Vins de cépage importés à partir de 700 Bts (14 €). Évidemment, ça a un prix, mais le résultat est à la hauteur. D'ailleurs, un plat principal suffira en quantité et délectations. Climatisé, tons saumon et bruns, belles nappes et serviettes, horloges, rideaux et musique douce. Les patrons sont des anciens de l'hôtellerie de luxe. Parfait pour un petit extra, quand l'estomac a le blues du pays !

À voir

Le Musée national* – พิพิธภัณฑสถานแห่ง ชาติอุบลราชธานี *: Thanon Khuan Thani section est, à deux pas de Thanon Upparat. Ouvert du mercredi au dimanche de 9 h à 16 h.
Joliment installé dans un ancien palais de style colonial du roi Râma VI, aux murs ocre, volets verts et tuiles roses. La géographie, l'histoire et les traditions populaires de la région sont présentées dans 9 salles réparties autour de 2 patios lumineux et fleuris. Pour respecter la chronologie, débuter la visite par la gauche. Temps forts de cette intéressante visite : la reproduction des peintures rupestres de Pha Taem, ainsi qu'une statue khmère du VIIIe siècle représentant Ardhanarisvara (union symbolique de Shiva et Uma).

Wat Supattanaram – วัดสุปัฏนาราม *:* à l'extrémité ouest de Thanon Promthep, le long de la rivière Moon. Temple intéressant pour son architecture composite : soubassements de style khmer, murs en pierre d'influence germanique et toit dans la pure tradition thaïe. On y découvrira aussi la plus grande cloche de bois de Thaïlande.

Wat Nongbua – วัดหนอง บัว *:* au nord de la ville en direction de Mukdahan, une réplique du célèbre *chedî Mahabodhi* (« de la grande Illumination ») de Bodhgaya en Inde. Détail insolite, la présence d'une cabine téléphonique sous le dôme... Face au *chedî,* un nouveau temple ultramoderne décoré de marbre, de dorures à quat'sous et (levez la tête) de peintures représentant les différents épisodes de la vie de Bouddha.

River Moon Market – ตลาดแม่น้ำมูล *:* gros marché en contrebas du pont, sur la rive gauche de la rivière Moon. Odeurs envahissantes, on se bouscule... À visiter tôt le matin.

➤ DANS LES ENVIRONS D'UBON RATCHATHANI

Prasat Khao Preah Viharn – ปราสาทเขาพระวิหาร *:* voir plus loin, dans le chapitre « Sur la route des citadelles khmères, de Phimai au Preah Viharn ».

Wat Pananachat – วัดปานานาชาต *:* à 15 km d'Ubon, le long de la route n° 226, en direction de Sri Saket. Bien indiqué (pancarte en anglais). Visite de 6 h à 12 h ; après, c'est le règne du silence. Situé en pleine forêt, ce temple est dirigé, une fois n'est pas coutume, par des moines occidentaux en lutte (toute pacifique) pour la préservation de l'héritage naturel et culturel des Thaïs. Dans ce but, ils ont fondé le groupe « Nature sacrée » et se réunissent de temps à autre avec les villageois des alentours pour les sensibiliser à leur approche.

Les rapides de Kaeng Saphue – แก่งสะพือ *:* à 43 km d'Ubon par la route n° 217. Dans la ville de Phibun, 300 m en aval du pont sur la rivière Moon, après la station de bus. Pendant la saison sèche, les rochers émergent à la surface. Les jeunes du cru sont alors nombreux à se risquer dans les rapides lestés de chambres à air de camion. Promenade aménagée sur la rive droite de la rivière avec stands et buvettes. Nattes à louer pour le repas et la sieste.

QUITTER UBON RATCHATHANI

En bus

Il y a une infinité de stations de bus à Ubon. Dans le doute, se diriger vers la gare principale – สถานีขนส่ง, sur Thanon Chayangkul à 2 km au nord du centre. Prévoir 15 mn de trajet par les bus n° 2 (en face de l'office de tourisme) ou n° 3. Dessert toutes les destinations et tous les véhicules ou presque y font étape.

➢ ***Pour Bangkok :*** 6 bus gouvernementaux par jour de 6 h 30 à 19 h. De 193 à 319 Bts (bus AC, 1re classe), soit de 3,8 à 6,3 €. Plein d'autres départs affrétés par des compagnies privées. 6 à 7 h de route.

➢ ***Pour Udon Thani :*** environ 10 bus par jour, entre 5 h 45 et 13 h 45. Compter de 120 à 220 Bts (bus AC), soit de 2,4 à 4,4 €. 6 h de voyage.

➢ ***Pour Mukdahan :*** une dizaine de départs jusqu'à 13 h 45. Prix : 51 Bts (1,2 €). 2 h 30 de route.

➢ ***Pour Surin :*** des dizaines d'options. Départs entre 6 h et 21 h environ. De 50 à 90 Bts (bus AC), soit de 1 à 1,8 €. 2 h 30 de trajet.

➢ ***Pour Khong Chiam :*** départ toutes les 30 mn à partir de 8 h pour Phibun Mangsahan. Puis *songthaew* jusqu'à Khong Chiam (toutes les 30 mn, dernier à 16 h 30). Prévoir en tout 50 Bts (1 €) et au moins 2 h de voyage. Possible de partir depuis la ***gare routière sud,*** à 3 km du centre, près de Warin Market.

En train

Gare ferroviaire : au sud de la ville, au-delà de la rivière. ☎ 321-004. Desservie par le bus blanc n° 2 depuis les stations de bus *Thanon Upparat* et *Khuanthani.*

➢ ***Pour Bangkok via Surin, Nakhon Ratchasima, Ayutthaya :***
– *Special Express :* départ à 14 h 30. Compter autour de 450 Bts (9 €) et 8 h 30 de trajet.
– *Express et Rapid Train :* départ à 6 h 35 et 18 h 15 (*Express,* 11 h de trajet), 17 h et 19 h 40 (*Rapid,* 12 h de trajet). Prix : à partir de 360 Bts (7,2 €) en couchette-2e classe-ventilo et 260 Bts (5,2 €) en place assise.

En avion

✈ L'aéroport se trouve à 2 km du centre-ville.

➢ ***Pour Bangkok :*** 2 vols quotidiens, matin (8 h 30) et soir (19 h 40). Compter environ 1 650 Bts (33 €).

KHONG CHIAM – โขงเจียม

IND. TÉL. : 045

C'est dans cette région isolée parmi les collines boisées et sauvages que la rivière Moon a choisi de s'unir au « géant d'Asie », le Mékong. Khong Chiam, village niché dans le confluent dit du « Fleuve aux deux couleurs », reste un joyau paisible et langoureux, malgré le nombre grandissant de touristes qui le choisissent comme lieu de villégiature. Il est doux de s'y reposer, les yeux

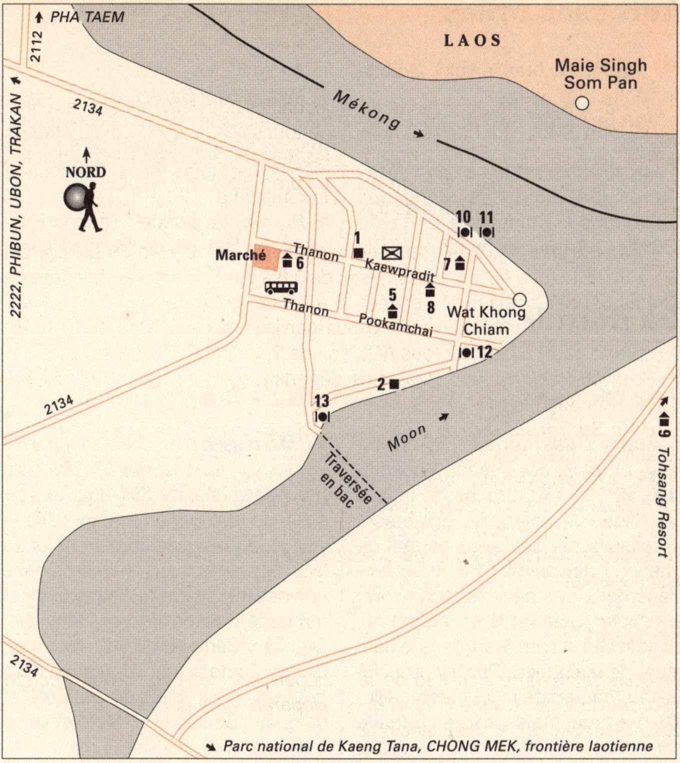

KHONG CHIAM

Adresses utiles

- Station de bus
- Poste
- 1 Krung Thai Bank
- 2 Embarcadère

Où dormir ?

- 5 Apple Guesthouse
- 6 Mongkhon Guesthouse
- 7 Rimkhong Resort
- 8 Bankiangnam
- 9 Tohsang Khong Chiam Resort

Où manger ?

- 10 Ban Rimkhong
- 11 Araya et Nampoon Restaurant
- 12 Pakmoon Restaurant
- 13 Hat Mae Moon Restaurant

tournés vers les flots, au retour d'excursions intéressantes comme celle de *Pha Taem,* falaise célèbre pour ses peintures rupestres et son panorama, qui a récemment séduit Oliver Stone pour son film *Alexandre le Grand* !

Arriver – Quitter

➢ Bus de tôt le matin jusqu'en milieu d'après-midi pour ***Phibun,*** d'où on rejoint ***Ubon Ratchathani.*** Quelques directs aussi et même un départ journalier pour ***Bangkok.***

Adresses utiles

Station de bus : un bloc à droite de l'entrée du village.
Poste : près de l'*Apple Guesthouse.*
Location de motos et de vélos : auprès d'*Apple* ou de *Mongkhon Guesthouse.* Compter à partir de 150 Bts (3 €) pour les motos et 70 Bts (1,4 €) pour les vélos.
Krung Thai Bank *(plan, 1)* **:** sur la rue principale, dans une coquette maison de bois. Ouvert de 8 h 30 à 16 h 30 sauf jours fériés. Distributeur automatique.
Bureau de police : Thanon Pookamchai, non loin de l'*Araya Resort.*

Où dormir ?

Prix moyens (de 150 à 350 Bts – 3 à 7 €)

Apple Guesthouse – แอ๊ปเปิ้ลเกสท์เฮ้าส์ *(plan, 5)* **:** Thanon Pookamchai. ☎ 351-160. Proche de la tour métallique des télécoms. Également accessible par une allée partant de Thanon Kaewpradit. Chambres ventilées dans une série de bungalows sur pilotis (préférer le 1er étage) ou, climatisées et carrelées, dans le bâtiment de plain-pied. Partout, douche privée (eau froide uniquement). Plutôt rustique mais propre. Famille conviviale parlant un peu l'anglais. Location de motos.

Mongkhon Guesthouse – มงคลเกสท์เฮ้าส์ *(plan, 6)* **:** 595 Thanon Kaewpradit. ☎ 351-352. Tout de suite sur la droite en entrant dans le village. À deux pas du marché et de la station de bus. 10 chambres dans une bâtisse à l'arrière de la grande et fringante maison de bois familiale. Deux ventilées et huit AC avec frigo et TV. Toutes avec douches. Pas grandes, mais effort de propreté et de décor. Bon accueil. Moto et vélos à louer. Accès Internet.

Un peu plus chic (de 500 à 1 000 Bts – 10 à 20 €)

Réduc' possibles selon l'affluence et la durée du séjour.

Rimkhong Resort – ริมโขงรีสอร์ท *(plan, 7)* **:** 37 Thanon Kaewpradit. ☎ 351-101. Sur un terrain rejoignant la rue qui longe le Mékong, 8 chalets spacieux avec terrasses pour 1 000 Bts (20 €), alignés en deux rangées face à face. Et... le must, 2 autres chalets de l'autre côté de la voie, avec vue sur les flots. Pas plus cher ! Bien équipés (AC, salle de bains et frigo), mais un coup de neuf au niveau de la déco et de l'ameublement se fait attendre. Pas de petit dej'. Cadre fleuri, verdoyant et aéré. Essayer de réserver ou venir tôt le matin.

Bankiangnam – บ้านเคียงน้ำ *(plan, 8)* **:** Thanon Kaewpradit. ☎ 351-374/5. Sur la droite de la rue, au-delà de la banque. Plusieurs options. Le long d'une allée où pousse un petit jardin. Premiers prix pour les rangées de chambres contiguës : 600 Bts (12 €). Bungalows à partir de 900 Bts (18 €) avec baignoire. AC et TV satellite partout. Récent, assez confortable et mignon malgré le côté mini dû à l'exiguïté du terrain. Mini... bar sous une paillote. Demander un prix.

Où dormir dans les environs ?

Plus chic (à partir de 2 000 Bts - 40 €)

Tohsang Khong Chiam Resort – โรงแรมทอแสง โขงเจียมรีสอร์ท *(hors plan, **9**) :* 68 Mu 7 Baan Huay-Mak-Tai. ☎ 351-174/6. Fax : 351-162. • www.tohsang.com • À 8 km au sud de Khong Chiam, en aval du confluent. Par la petite route qui part sur la gauche tout de suite après le pont. Panneaux indicateurs. Lieu de villégiature classieux aménagé autour d'un grand jardin sur les rives du fleuve. Idéal pour couples en lune de miel. Chambres dans des bâtiments en dur, ou, plus charmants, bungalows avec vue sur le jardin ou le fleuve. Déco mélangeant les styles thaïs, cambodgiens et balinais. Piscine, resto, magasin de souvenirs. Divers forfaits incluant repas, spa ou massages. Ne pas hésiter à solliciter des promotions au moment de la réservation. Superbe mais isolé : venir avec son propre véhicule, sinon il faudra organiser ses balades via l'hôtel.

Où manger ?

Bon marché (moins de 100 Bts - 2 €)

Ban Rimkhong – บ้านริมคลอง *(plan, **10**) :* dans le prolongement de *Rimkhong Resort.* Plus sympa et modeste que ses voisins. Prix étonnamment doux au vu de la situation et sans pour autant sacrifier à la qualité. Riz sautés, *tom yam,* délicieux poisson. Tables sous la grande terrasse couverte ou le long de la promenade qui longe les berges. Le bonheur !

Gargotes de Thanon Kaewpradit *:* petites épiceries-restaurants et marché (le matin). Pour un plat sur le pouce, pour une poignée de bahts...

Prix moyens (de 100 à 300 Bts - 2 à 6 €)

Araya et **_Nampoon Restaurant_** – ร้านอาหารอารยา และน้ำพูน *(plan, **11**) :* 2 restaurants flottants bord à bord sur le Mékong, un poil à l'est du *Ban Rimkhong.* Cuisine thaïe et chinoise un peu chère pour la qualité fournie. Souvent bondés le week-end, quand les groupes de touristes thaïs débarquent à midi après avoir visité le Laos. Le reste du temps, au calme, on peut très bien se contenter d'une boisson et de snacks, pour un apéro dans la fraîcheur du fleuve.

Pakmoon Restaurant – ร้านอาหารปากมูล *(plan, **12**) :* au bord de la rivière Moon, après le *wat.* Le seul resto à offrir une vue simultanée sur les 2 cours d'eau.

Hat Mae Moon Restaurant – ร้านอาหารหาดแม่มูล *(plan, **13**) :* sur les berges de la rivière Moon, un peu en dehors du village. Deux salles, l'une accrochée à flanc de colline, l'autre sur une embarcation flottante. Renommé pour ses spécialités de *yam* (salades épicées à la mode thaïe) et ses poissons d'eau douce. Carte en thaï.

À voir. À faire

Wat Khong Chiam – วัดโขงเจียม *:* le plus charmant temple du village. À l'extrémité de la pointe, on jouit d'une vue grandiose et dégagée sur le confluent.

Balade en long-tail boat – ล่องเรือหางยาว **:** embarcation à louer au niveau du resto *Araya* ou à l'opposé de la pointe, côté rivière Moon *(plan, 2)*. Deux possibilités :
– aller explorer les îlots et bancs de sable du Mékong. Ils appartiennent au Laos, mais personne ne dit rien. Cependant, il vaut mieux ne pas aller sur l'autre rive, même si on vous le proposera. Interdit aux *farangs* ! Prévoir à partir de 100 Bts (2 €) par personne après négociation.
– Voguer jusqu'au **parc de Kaeng Tana.** Compter à partir de 200 Bts (4 €) par personne pour environ 1 h de balade. Démarrer après 16 h pour apprécier au maximum la vue sur le fleuve et les rives.

DANS LES ENVIRONS DE KHONG CHIAM

Il est possible de visiter les deux sites ci-dessous dans la même journée et en payant un seul droit d'entrée.

Où dormir ?

Camping : 150 Bts (3 €) pour une tente 2 places équipée, ou 30 Bts (0,6 €) par personne si l'on a son propre matos.

Bungalows : obligation de payer l'ensemble du chalet. Très chouettes à *Kaeng Thana* (vue sur Don Tana), à partir de 1 600 Bts (32 €) ; capacité jusqu'à 8 personnes. Moins bien à *Pha Taem,* et assez excentré. Y préférer le camping, plus proche du célèbre lever de soleil.

À voir

Le parc national de Pha Taem (peintures préhistoriques) – อุทยานแห่งชาติผาแต้ม **:** à 20 km au nord de Khong Chiam. ☎ 249-780. Ouvert de 8 h 30 à 16 h. Entrée : 200 Bts (4 €).
Pha Taem est célèbre pour ses superbes peintures rupestres vieilles de 2 000 à 3 000 ans. Elles s'abritent sous des strates en corniche les ayant protégées des dégradations du temps, sur le flanc d'une impressionnante falaise de grès bordée d'une végétation luxuriante et filant parallèlement au cours du Mékong. Au-dessus, un plateau aride d'où la vue sur le Mékong et le Laos est tellement belle qu'elle fut choisie pour des scènes du film *Alexandre le Grand* lors de l'hiver 2003.

Comment y aller ?

Assez galère en bus car il y a très peu de *songthaews* desservant le coin (direction Nam Thaeng). Faites le point auprès de votre *guesthouse.* Ne pas hésiter à louer une moto à partir de Khong Chiam. Route facile, peu de circulation. Plusieurs bifurcations, faire gaffe aux panneaux.

La visite

Après la caisse, continuer sur 2 km pour rejoindre le plateau. Parking, restaurant et très bon centre d'information (photos et documents avec commentaires en anglais). À proximité immédiate – *Pha Taem* étant le lieu le plus oriental du pays – , deux points de vues permettent de jouir, l'un du 1er lever

(à 200 m du centre d'accueil en marchant vers l'est), l'autre du 1er coucher de soleil de la Thaïlande (juste derrière le centre).
Pour aller découvrir les peintures, marcher 200 m à main droite depuis le centre d'information. Un sentier agréablement ombragé descend le long de la falaise, puis suit son flanc en passant successivement par tous les sites rupestres. Le deuxième est le plus spectaculaire. Pas besoin d'être un spécialiste pour l'apprécier et reconnaître, aidé par une planche explicative, la nature des figurations : mains d'hommes, éléphants, tortues, le fameux *pla buk* ou poisson-chat géant, etc. Au-delà, le sentier contourne la falaise avant de redéboucher sur le plateau (4-5 km en tout). Chemins bien balisés sans difficulté particulière.
Plus au nord, on pourra, si l'on a le temps (se renseigner au centre d'information), explorer une forêt luxuriante et découvrir des cascades (de juin à novembre), dont la curieuse *Sangjan* (ou Saeng Chan) qui émerge d'une faille dans les rochers.

Le parc national de Kaeng Tana **– อุทยานแห่ง ชาติแก่งตะนะ :** à 12 km de Khong Chiam. Situé en amont, de part et d'autre de la rivière Moon. ☎ 442-002. Points d'attraction essentiels : les rapides *(Kaeng Tana)*, plus spectaculaires à la saison sèche, quand le lit de la rivière est partiellement découvert, et l'îlot *(Don Tana)* au centre de la rivière, couvert de forêts de tecks et relié aux deux rives par des ponts suspendus assez photogéniques. Également des cascades pendant la saison des pluies. Visite rafraîchissante et justifiée en toute saison, surtout si l'on couple avec *Pha Taem* (voir ci-dessus). L'entrée du parc se trouve sur la rive droite de la rivière Moon. La traverser par le nouveau pont situé à la sortie de Khong Chiam et continuer jusqu'à un embranchement menant d'un côté au barrage de Pak Moon plus en amont, de l'autre au parc (panneaux).

SUR LA ROUTE DES CITADELLES KHMÈRES, DE PHIMAI AU PREAH VIHARN

Ce voyage dans l'Isan méridional qui borde le Cambodge fera découvrir aux amoureux de l'art extrême-oriental quelques temples qui comptent parmi les plus délicats témoignages que la civilisation khmère nous a laissés. Ce sera aussi l'occasion de résider dans de petites villes charmantes comme Phimai ou Surin et de traverser plein de villages authentiques.
– ***Conseil pratique pour s'y rendre :*** certains sites de cet itinéraire se situent à l'écart des grands axes. Les distances à parcourir depuis les villes de la région peuvent être assez importantes. Alors, une fois n'est pas coutume, on conseille d'étudier la location d'un véhicule sur certaines sections (comme le Phanom Rung ou Preah Viharn). Pas si cher en définitive, notamment comparé aux coûts (parfois excessifs) des motos-taxis et autres *songthaews* « chartérisés » quand il n'y a plus ou si peu de transport public. Cela dit... moyennant un minimum de temps et de patience, l'ensemble du circuit est tout à fait réalisable en transports en commun, en panachant éventuellement avec un peu de stop ou de marche.

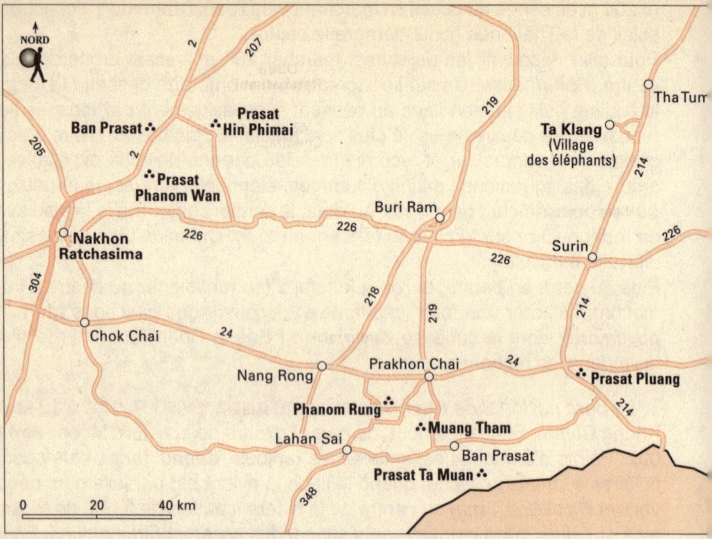

NAKHON RATCHASIMA (OU KHORAT) – นครราชสีมาหรือโคราช

200 000 hab. IND. TÉL. : 044

Nakhon Ratchasima est un nœud ferroviaire et routier idéalement situé à l'intersection des axes nord-sud et est-ouest. Pourtant, rien n'oblige à s'y arrêter, que l'on aille vers Phimai ou le Phanom Rung. En tout cas, pas plus de temps qu'il n'en faut pour sauter d'un bus ou d'un train à l'autre. D'ailleurs, rien ne le justifie vraiment car l'ancienne base américaine de la guerre du Vietnam est devenue une cité moderne assez étendue, où, plus que partout ailleurs dans le Nord-Est, immeubles et bureaux se multiplient. Alors qu'y faire ? Eh bien, découvrir que manquer de charme ne veut pas dire manquer de caractère. Pour cela, il suffit de se promener dans le centre historique entouré de murailles et aux alentours de l'esplanade du mémorial de Thao Suranari. Le flâneur y remarquera quelques vieilles maisons de bois et beaucoup d'immeubles datant des années 1950-1960, comme dans ces poches du Bangkok urbain qui n'ont pas encore succombé aux gratte-ciel, soit une modernité déjà surannée et donc attachante. Activité urbaine typique, marché de nuit, restaurants étonnants, vie nocturne, passer une nuit ici ce n'est pas perdre son temps.

Adresses utiles

✉ ***Poste centrale et téléphone*** **– ไปรษณีย์** *(plan B1-2)* **:** Thanon Jomsurang. Horaires : du lundi au vendredi de 8 h 30 à 16 h 30 et le samedi matin pour la poste ; tous les jours de 8 h du matin à 22 h pour les télécoms.

ℹ ***TAT*** **– ท.ท.ท.** *(office de tourisme ;*

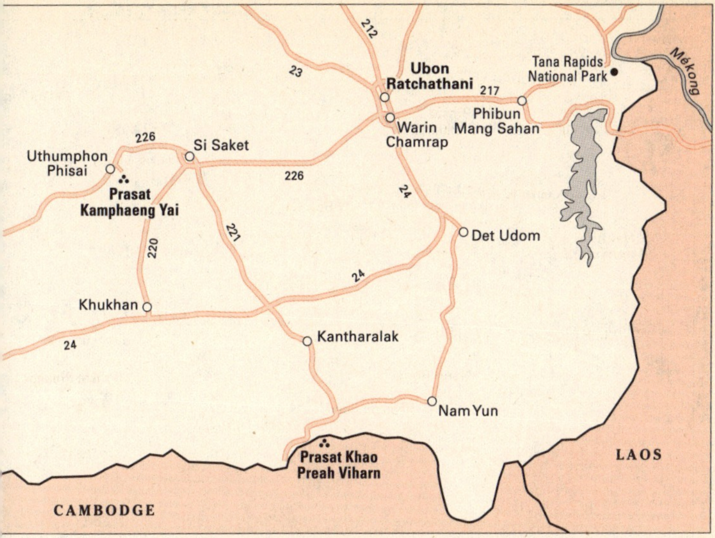

LA ROUTE DES CITADELLES KHMÈRES

*hors plan par A1-2, **3**) :* 2104 Thanon Mittraphap (route n° 2). ☎ 213-666. Fax : 213-667. Malheureusement assez excentré, 3 km à l'ouest du centre, à côté de l'hôtel *Sima Thani*. Prendre les bus n°s 2 ou 3. Ouvert tous les jours de 8 h 30 à 16 h 30. Infos sur les transports et les sites de la région. Bonne carte de la ville.

@ ***Internet Service :*** Thanon Ratchadamnoen, 250 m avant l'entrée du Musée national *(plan C1, **4**)* ; près de la poste, au 130/3 Thanon Jomsurang *(plan B1-2, **5**)*. Ouverts de 10 h à 22 h environ. Compter 15 Bts (0,3 €) l'heure.

■ ***Asia Bank*** *(plan C1-2, **6**) :* 15 Thanon Chompol. Service de change et distributeur automatique de billets.

■ ***Bangkok Bank*** *(plan C1, **7**) :* Thanon Chompol. Tout près du Night Bazaar.

Où dormir ?

De bon marché à prix moyens (de 150 à 350 Bts – 3 à 7€)

Doctor's House – ด็อกเตอร์เฮ้าส์ *(hors plan par A1, **10**) :* Thanon Suep Siri, Soi 4. ☎ 255-846. À 600 m environ du TAT (juste au nord de la voie ferrée). Petite pension excentrée (mais desservie par la ligne de bus n° 1). Un couple de retraités parlant quelques mots d'anglais s'occupe de la maison. Cinq chambres très simples mais propres, avec ventilo et salle d'eau sur le palier. Calme.

Sakol Hotel – หจก.โรงแรมสากลโคราช *(plan C1, **11**) :* 46 Thanon Asadang. ☎ 241-260. Lobby-parking au rez-de-chaussée. Chambres toutes identiques avec salle de bains, déclinées en ventilo ou AC + TV et eau chaude. Literie et ménage nickel. Déclassé de par son âge, c'est maintenant le meilleur des

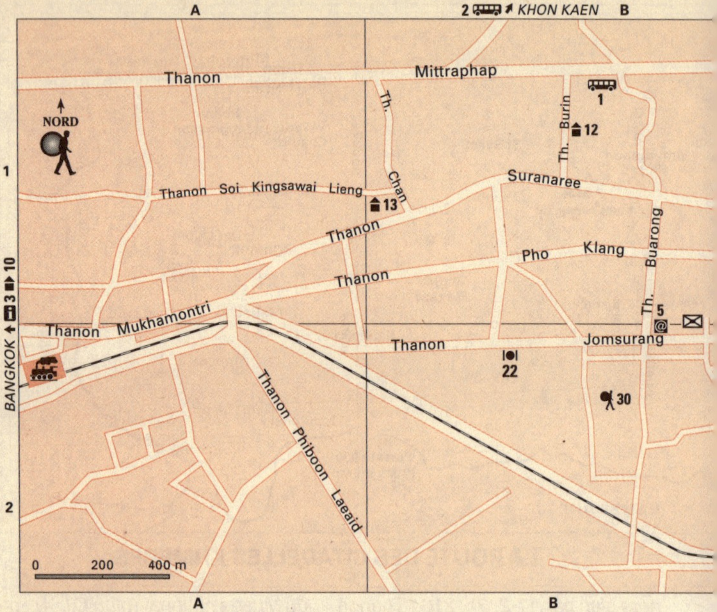

Adresses utiles

- 1 Gare routière n° 1
- 2 Gare routière n° 2
- Poste
- 3 TAT
- 4 Internet Service
- 5 Internet Service
- 6 Asia Bank
- 7 Bangkok Bank

Où dormir ?

- 10 Doctor's House
- 11 Sakol Hotel
- 12 First Hotel 1

hôtels petit budget de la ville. Bien situé. Accueil sympa.

First Hotel 1 – โรงแรม เฟิสท์ โคราช1 *(plan B1, 12)* **:** 136 Thanon Burin. ☎ 255-117. À 500 m de l'esplanade. Longue barre blanche carrelée, jouxtant la gare routière n° 1. Réception sous l'immeuble. Chambres étonnamment grandes et propres, avec lavabo et douche chaude. Ventilo ou AC. Préférer le côté opposé à la gare routière.

Un peu plus chic (de 500 à 1 000 Bts – 10 à 20 €)

Sri Patana Hotel – โรงแรมศรีพัฒนา *(plan B1, 13)* **:** 346 Suranaree Boulevard. ☎ 251-652. Fax : 251-655. Près du *Korat Memorial Hospital.* Hôtel central plus tout neuf mais de bon rapport qualité-prix. Chambres propres et confortables avec AC, frigo et TV. Déco banale. Vue sur la ville. Petit dej' inclus. Piscine.

Chomsurang Hotel – โรงแรม ชมสุรางค์ *(plan C2, 14)* **:** 270-1/2 Thanon Mahathai. ☎ 257-080. Assez central, à côté du marché de nuit. Grand immeuble de 9 étages. Le moins cher des hôtels de luxe de la ville. Impeccable. Excellent resto et piscine. Quelques « discounts », demander.

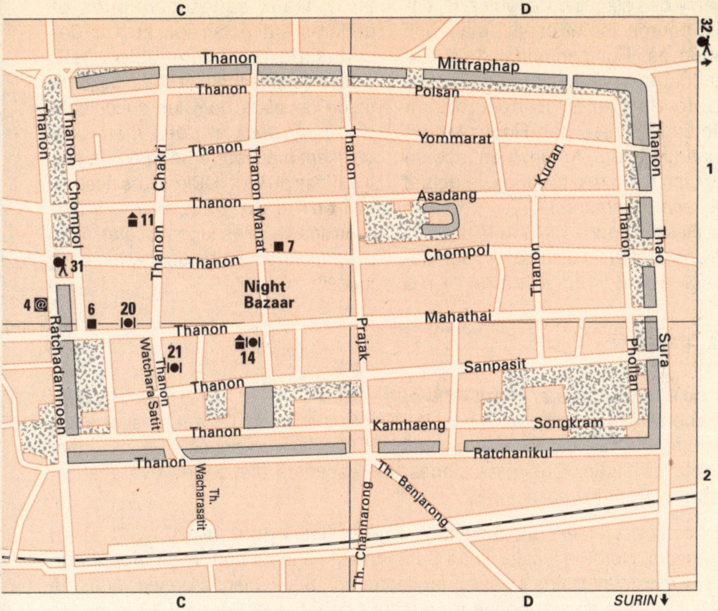

NAKHON RATCHASIMA

13 Sri Patana Hotel
14 Chomsurang Hotel

Où manger ?

20 Wan Varn Restaurant
21 Ton Som
22 Baan Kaew

À voir

30 Musée national Maha Viravong
31 mémorial de Thao Suranari
32 Wat Sala Loi

Où manger ?

De très bon marché à prix moyens (100 à 300 Bts – 2 à 6 €)

Le marché de nuit (Night Bazaar) – ตลาดกลาง คืน *(plan C1-2)* **:** le long de Thanon Manat, entre Thanon Chompol et Mahathai. Tout petits prix, comme d'hab'.

Wan Varn Restaurant – ร้านอาหารวันวาน *(plan C1-2,* ***20****)* **:** 101-103 Thanon Mahathai. ☎ 244-509. Au niveau du croisement avec Thanon Chakri. Ouvert jusqu'à 22 h. « Ah, les bons vieux jours » *(Wan Varn)*, tel est le style asiatico-européen de ce resto qui regorge d'antiquités et d'objets de brocante. Les tables sont importées du Vietnam, les abat-jour de France, les pendules d'Allemagne, le piano d'Amérique, le 78-tours d'Inde... Côté cuisine, c'est plus classique (exclusivement thaï) mais fort bon.

Ton Som – ร้านอาหารต้นส้ม *(plan C2,* ***21****)* **:** 125 Thanon Watchara Satit. À deux pas du *Wan Varn*. Tout dans les tons verts. Climatisé et confortable. Plats thaïs et isan assez fins voisinent avec des pizzas, viandes et même des glaces honorables. Clientèle bourgeoise et expat', mais prix modérés. Fond musical de vieux standards américains ou thaïs. La photo de James Bond (version Pierce Brosnan, pas Roger Moore quand même...) fut prise en face de l'ancien resto des proprios, le défunt *Doksom Restaurant*.

Baan Kaew – ร้านอาหาร บ้านแก้ว *(plan B2, 22)* : 105 Thanon Jomsurang. ☎ 246-512. Ouvert de 11 h à 22 h. Deux salles contiguës et brillamment éclairées au rez-de-chaussée d'un immeuble. Délicieuse cuisine thaïe et chinoise. Multitude de plats dont les succulents *red curry duck* et *deep fried salty chicken,* mais on regrette de ne pas avoir pas pu tout goûter ! Les accompagner d'un *pad mee khorat* (nouilles sautées façon locale). Très propre, service attentionné.

À voir

Le Musée national Maha Viravong – พิพิธภัณฑ์ โบราณคดี *(plan B2, 30)* : Thanon Ratchadamnoen. À côté du *Wat Suthachinda*. Ouvert tous les jours de 9 h à 17 h. Petit musée rassemblant la collection privée d'un important moine de l'Isan. Quelques pièces intéressantes d'époques dvâravatî et khmère. Pour les passionnés.

Le mémorial de Thao Suranari – อนุสาวรีย์ ท้าวสุรนารี *(plan C1, 31)* : Pratu Chompol. Héroïne locale, Thao Suranari est vénérée pour avoir organisé la résistance contre une invasion laotienne en 1826. Chaque année, une fête est organisée en son honneur fin mars - début avril. Pendant 10 jours, les rues Chumphon et Mahathai se transforment chaque soir en une immense kermesse commerciale.

Wat Sala Loi – วัดศาลาลอย *(hors plan par D1, 32)* : 500 m à l'extérieur du coin nord-est des douves. Prendre le bus n° 2 depuis Thanon Asadang ou y aller en *tuk-tuk*. Pour les amateurs de temples, en voici un moderne au style étonnant. La chapelle principale est bâtie en forme de jonque chinoise flottant sur l'eau. Observer, sur la façade avant, la peinture retraçant la lutte de Bouddha contre les démons et, sur le pignon arrière, une belle mosaïque en céramique sur le thème du retour parmi les hommes.

***Le marché de nuit (Night Bazaar** – plan C1-2)* : Thanon Manat. Crépuscule à 22 h. Une ville thaïe ne le serait pas vraiment sans son marché de nuit. Toute la population de 7 à 77 ans s'y retrouve de 18 h à 22 h. Pas ou peu d'artisanat, surtout des fringues et des accessoires, et puis des choses à grignoter.

DANS LES ENVIRONS DE NAKHON RATCHASIMA

Le temple de Prasat Phanom Wan – วัดปราสาท หินพนมวัน : à 20 km au nord de la ville. Emprunter la route n° 2 en direction de Khon Kaen. Après 15 km, une petite transversale sur la droite s'engage dans la campagne (indiqué). Au moins un bus par heure de 7 h à 17 h 30 permet de se faire déposer à l'embranchement ; faire les 5 derniers kilomètres en moto-taxi (50 Bts, soit 1 €) par personne. Compter une bonne matinée aller-retour ou, mieux, y faire étape entre Nakhon et Phimai.

Restauré par l'École française d'Extrême-Orient, ce temple dédié initialement à Shiva fut construit du IXe au XIe siècle selon le plan classique du sanctuaire khmer : chœur, couloir et antichambre, entourés d'une enceinte carrée percée de 4 portes *(gopuras)* identiques. Il ne reste plus qu'un linteau sculpté, au-dessus de l'entrée nord du sanctuaire, représentant un dieu assis sur la tête d'un *kala*. Les autres ont rejoint les musées de Phimai et Bangkok. Il s'est malheureusement avéré impossible de reconstruire le *Prang (tour principale)*. Au final, *Phanom Wan* donne une bonne idée de ce que furent les temples avant restauration, sachant qu'il comporte très peu de pièces contemporaines.

***Boutiques de soierie** (Thai Silk Shops) :* à Pakthong-Chai. À 3 km au sud de Nakhon Ratchasima. Le bus qui vient de Bangkok y passe. Soieries à prix d'usine. Choix formidable. Plusieurs magasins. L'un de nos préférés s'appelle *Chatthong Thai Silk*.

QUITTER NAKHON RATCHASIMA

En bus

***Gare routière n° 2** (hors plan par B1, 2) :* à 1 km au nord du centre, sur la route n° 2. Bus n° 15 depuis Thanon Manat ou *tuk-tuk* (compter 50 Bts, soit 1 €, depuis le centre). Tous les bus longues distances (et ceux pour Phimai) passent par ici.

***Gare routière n° 1** (plan B1, 1) :* Thanon Burin. Ne concerne normalement que les trajets intra-provinciaux. Mais certains bus s'arrêtent aux 2 terminaux (se renseigner).

➢ ***Pour Bangkok** (via **Sara Buri**) :* départ 24 h/24, toutes les 20 mn pour les bus ordinaires et toutes les 40 mn pour les climatisés. Prévoir de 100 à 160 Bts environ (de 2 à 3,2 €). 4 à 5 h de route.

➢ ***Pour Phimai :*** départ toutes les 30 mn de 5 h 30 à 22 h. Prix : 26 Bts (0,5 €). Une bonne heure de trajet.

➢ ***Pour Nong Khai :*** départ en bus AC toutes les heures de 12 h à 3 h du matin. Compter de 120 à 220 Bts (bus AC), soit de 2,4 à 4,4 €. 6 à 8 h de voyage.

➢ ***Pour Ubon Ratchathani :*** 2 départs quotidiens en bus AC. Compter de 150 à 270 Bts (bus AC), soit de 3 à 5,4 €. 5 à 7 h de route.

➢ ***Pour Phitsanulok et Chiang Mai :*** 5 départs en bus AC, 3 en bus ordinaire. 8 h (Phitsanulok) et 13 h (Chiang Mai) de trajet. Compter 400 Bts (8 €) pour Chiang Mai.

En train

➢ ***Pour Bangkok (via Ayutthaya** ; plan A2) :* 9 départs quotidiens. Durée : de 4 h 30 *(sprinters)* à 6 h de trajet. Selon les types de trains, compter de 120 à 200 Bts (de 2,4 à 4 €) pour un siège en 2e classe.

➢ ***Pour Surin :*** 7 trains par jour. 2 à 3 h de voyage.

➢ ***Pour Ubon Ratchathani :*** 7 départs. 5 à 7 h de trajet.

En avion

Aéroport : à 20 km à l'est de la ville, sur la route n° 226. Deux vols quotidiens pour ***Bangkok,*** un le matin, un l'après-midi.

PHIMAI – พิมาย

IND. TÉL. : 044

À une soixantaine de kilomètres au nord-est de Nakhon Ratchasima, Phimai, plantée au confluent des rivières Moon et Lamjakarat, vous reposera des grandes cités modernes et bruyantes. Célèbre pour son merveilleux temple khmer, le *Prasat Hin Phimai*, elle a su garder son caractère de petite bourgade tranquille habitée par des gens sympas et naturels. La 2e semaine de novembre, la ville s'embrase lors du ***Festival de Phimai.*** Au programme des festivités : régates sur le fleuve, processions de barges royales, processions bouddhiques, et *Wimaya Nathakarn* – un son et lumière accompagné de danses thaïes classiques. Ce dernier est aussi organisé à plus petite échelle tous les derniers samedis du mois.

UN PEU D'HISTOIRE

Il y a huit siècles, le puissant royaume khmer s'étendait à l'ouest jusqu'à Sukhothai et aux confins de la Birmanie et, au sud, jusqu'en Malaisie. Des inscriptions ont révélé que le temple de Phimai aurait servi de modèle à Angkor, auquel le reliait autrefois une route pavée !
Phimai fut abandonnée au XIIIe siècle et tomba en ruine par la suite.

S'orienter. Se déplacer

D'une simplicité extrême ! Le Prasat occupe le centre nord de la ville. Il est bordé au sud par Thanon Anantajinda, d'où file vers le sud, dans l'axe de l'entrée du temple, la perpendiculaire principale, Thanon Chomsudasapet (pensions, restaurants), jusqu'à Pratu Chai, la porte sud. À l'est de Chomsudasapet, une « avenue » parallèle (arrêt des bus, autres restos).

Adresses utiles

Informations touristiques : pas de bureau officiel TAT. Aller à l'*Old Phimai Gueshouse* ou au *Bai-Teiy Restaurant* – ร้านอาหารใบเตย pour trouver des plans de la ville (sommaires mais suffisants) ainsi que les horaires des bus et des trains.

■ ***Thai Military Bank :*** Thanon Anantajinda, quasi en face de l'entrée du Prasat. Service de change ouvert du lundi au vendredi de 8 h 30 à 15 h 30. Distributeur automatique de billets. La *Kasikorn Bank*, au sud du restaurant *Bai-Teiy* (Thanon Chomsudasapet), offre les mêmes services.

@ ***Internet Service :*** Thanon Chomsudasapet. Angle du *soi* menant à *Old Phimai Guesthouse.* Dans une boutique à l'enseigne d'*Agfa*. Compter 20 Bts (0,4 €) l'heure.

■ ***Location de voitures et de motos :*** pour les voitures, aller au *Phimai Hotel* (voir « Où dormir ? »), à partir de 1 200 Bts (24 €) par jour ; pour les 2-roues, un magasin de motos (☎ 471-694 ; fermé le dimanche) sur Thanon Anantajinda, au niveau de l'angle sud-ouest du temple, propose des 125 cm^3 bien entretenues pour 250 Bts (5 €) la journée.

■ ***Location de vélos :*** auprès de *Old Phimai Guesthouse.* 50 Bts (1 €) par jour.

Où dormir ?

De bon marché à prix moyens (de 80 à 550 Bts – 1,6 à 11 €)

Old Phimai Guesthouse – โอลด์พิมายเกสท์เฮ้าส์ : 214 Thanon Chomsudasapet. ☎ 471-918. Dans la 1re impasse partant sur la gauche en venant du temple. Grande maison familiale en bois, calme, conviviale et aérée. Rusticité charmante, bibelots, trophées et photos comprises. Petits prix pour tout le monde, qu'on soit seul (dortoirs ou occupation simple), à 2 ou en groupe (une grande chambre peut accueillir jusqu'à 5 personnes). Supplément si on veut l'AC. Dépend du réseau international *Youth Hostel* – remise pour les titulaires de carte d'AJ. Salles de bains sur les paliers (eau chaude au premier). Petit dej' et boissons en self-service. Terrasses sur le toit ou côté jardin (ombragé). Plein d'infos disponibles. Accès Internet et location de vélos. Organisation d'excursions dans la ville et ses environs. En un mot, super !

Boonsiri Guesthouse – บุญศิริ เกสท์เฮ้าส์ : 228 Thanon Chomsudasapet. ☎ 471-159. Presque en face d'*Old Phimai Guesthouse.* Ne pas se fier à l'entrée peu avenante, donnant sur un long couloir partagé avec un restaurant. En haut, c'est coquet et d'une remarquable propreté. Salle de bains (eau chaude) dans toutes les chambres. Lits en dortoir (casiers individuels). Chambres doubles avec parquet au sol, ventilo ou AC. Parfait pour ceux qui recherchent un confort standard à prix éco. Terrasse au premier. Gentil accueil.

Phimai Hotel – พิมายโฮเต็ล : 305 Thanon Haruethairome. ☎ 471-306. Fax : 471-940. En allant vers Pratu Chai, tourner dans la dernière rue partant sur la droite. Au choix : petites chambres ventilées et carrelées, standard (AC), ou VIP avec moquette, frigo et TV. Douche partout. Hôtel autrefois de standing, mais la vétusté (papiers peints fanés, couvertures un peu râpeuses) explique la modestie des tarifs. Reste propre et confortable.

Où manger ?

Très bon marché

Marché de nuit (Night Bazaar) : dans le prolongement est de Thanon Anantajinda. Plein de stands proposant des petits plats minute, salés ou sucrés. Animé et bien populo mais ferme dès 21 h, c'est la campagne ici !

Pic bouis bouis – ปิ๊ก บุ๊ย บุ๊ย : au n° 197 de la rue de l'arrêt de bus (voir « Quitter Phimai » plus bas). 100 m après le carrefour en venant de Thanon Anantajinda. Un local tout simple, peint en vert pâle et ouvert sur la rue. Pointer du doigt poulet, canard ou cochonnailles, les voici sur votre table, garnissant un riz blanc *(khao suay)* ou frit *(khao pat).* Fait aussi des soupes de nouilles.

Pic cosy – ปิ๊ก โค ซี่ : à l'angle de Thanon Anantajinda et de la rue des bus. Façade de style chalet. L'habituel resto-bar « country-thaï », un peu sombre et tout de bois vêtu. Chanteur en soirée. Boissons alcoolisées ou pas et petite carte (en anglais) de plats à prix modiques : *phimai noodle,* soupes *tom yam* et... frites. Attire jeunes et noctambules.

De bon marché à prix moyens

Bai-Teiy Restaurant – ร้านอาหารใบเตย ถนนกลางเมือง : Thanon Chomsudasapet. À l'angle de la 1re intersection au sud d'*Old Phimai Guesthouse.* Ouvert de 8 h à 21 h 30. Terrasse à l'extérieur ou salle climatisée. Menu en anglais. Cuisine soignée et vrai petit dej'. Un peu la star du centre-ville, mais l'accueil ne déroge en rien à la gentillesse et la simplicité, ces qualités toutes « phimaiennes ».

À voir

***Prasat Hin Phimai** (le Temple)* – ปราสาทหินพิมาย : ouvert de 6 h à 18 h. Entrée : 40 Bts (0,8 €). Construit de la fin du XIe à la fin du XIIe siècle, le Prasat Hin Phimai est orienté nord-ouest/sud-est, dans l'axe d'Angkor.
« Château de pierre » édifié suivant le principe hindouiste du *mandala* (centre cosmique de l'univers). L'eau entourant Phimai figurait les océans, ses murailles, les montagnes la protégeant, le temple, la montagne magique et le sanctuaire principal, le légendaire mont Méru. Pourtant, ce dernier ne semble pas avoir servi au culte hindou mais au bouddhisme mahayana. En témoignent les multiples statues de Bouddha ainsi que les 2 linteaux de part et d'autre du couloir central du sanctuaire (représentations de Bouddha face à l'assaut de Mara puis en méditation sous un serpent-*nâga*).
Après avoir franchi l'enceinte extérieure par une première *gopura* précédée d'un escalier orné de *nâgas,* une plate-forme surélevée, gardée par deux *singhas* (lions) mène à l'enceinte intérieure.
La restauration du *prang* central et de son antichambre *(mondop)* de grès blanc dura 20 ans. Le résultat est assez fabuleux, même si l'assemblage des sculptures du fronton présente quelques bizarreries. Le *prang* principal atteint 28 m de haut. S'y abrite un Bouddha à l'ombre d'un *nâga* à sept têtes reposant en lieu et place du *lingam* de Shiva. Peu avant le coucher de soleil, dirigez-vous vers la *gopura* est de l'enceinte intérieure. Avec un peu de chance, l'auréole rouge viendra se caler en contre-jour de la silhouette auguste, émergeant à travers un enchaînement de portes. Parmi les thèmes illustrés par les nombreuses sculptures extérieures de l'édifice principal, on retiendra surtout les allusions à la célèbre épopée indienne du *Ramayana.* Ainsi, ce curieux linteau ouest représentant Rama, septième avatar de Vishnou, et son frère Lakshmana, enserrés par un serpent, ou encore ce fronton est décrivant la mort de Râvana. Le sanctuaire est précédé au sud par 3 autres édifices qui semblent n'avoir jamais été achevés : le *prang Brahmadat,* en latérite, où se niche une reproduction de la statue de Jayavarman (l'original est au musée) ; le *prang Hin Daeng,* construit en grès rouge et, derrière celui-ci, *Ho Brahma,* un petit temple hindou en latérite.

Le Musée national de Phimai – พิพิธภัณฑสถานแห่งชาติพิมาย : à 300 m du coin nord-est du temple, par la route 206. Sur la droite, avant la rivière Moon. Ouvert tous les jours de 8 h 30 à 16 h. Prix : 30 Bts (0,6 €). Voici la meilleure vitrine culturelle et historique de l'Isan. Sur 2 étages, de riches collections de poteries et céramiques retrouvées à Ban Prasat, de *semas* d'époque dvâravatî, de linteaux, frontons et statues d'époque khmère voisinent avec des panneaux et reconstitutions illustrant les coutumes et l'artisanat du pays (maison des esprits, festivals, tissages). Bien agencé, clair et aéré.

LE NORD-EST

Parmi les œuvres essentielles, de splendides sculptures provenant de Phimai bien sûr, mais aussi de tous les temples khmers de la région (Phanom Rung, Phanom Wan, etc.). Le joyau du musée est sans aucun doute la statue en pierre de Jayavarman VII, le dernier grand roi khmer, qui gouverna l'empire à son apogée, de 1181 à 1219. Remarquer aussi les *singhas* et, à l'étage, le Brahmi (Brahma dans sa forme féminine) à 4 têtes provenant de Phanom Rung ainsi qu'un fragment de stuc, rare témoignage des finesses artistiques qui ornaient autrefois les temples.

DANS LES ENVIRONS DE PHIMAI

Le banian géant (Sai Ngam) –* ต้นไม้ยักษ์ *: situé à 2 km au nord-est de Phimai. Emprunter Thanon Anantajinda jusqu'à son extrémité, puis suivre les panneaux. Sur votre gauche, cet incroyable bosquet n'est rien d'autre qu'un gigantesque banian *(Ficus religiosa)*. Ainsi, il y a quelque 350 printemps, une plante parasite étouffa un arbre tuteur, projeta des racines aériennes qui, rejoignant le sol, formèrent les premiers troncs ! Les banians sont tous sacrés car la légende assure que Bouddha reçut l'Illumination sous l'un d'entre eux. Vous aussi, rien ne vous empêche de venir méditer, comater sous ce géant, parmi les autochtones qui viennent ici se promener ou se faire dire la bonne aventure.

Ban Prasat –* บ้านปราสาท *: à 17 km au sud-ouest de Phimai. Prendre la route n° 2 puis obliquer vers l'ouest (indiqué). Ban Prasat vient tout de suite après Ban Chiang pour la quantité de vestiges archéologiques retrouvés dans ses sépultures. Le village surplombe religieusement un coude de la rivière *Tarn Prasat*. Les eaux de cet affluent de la rivière Moon, une des 9 rivières sacrées du pays, sont utilisées pour les cérémonies royales. Dès l'époque préhistorique, le site fut habité par une importante communauté qui prospéra jusqu'aux Khmers. Le village actuel, assez charmant, a fait l'objet d'un développement éco-archéologique modèle, orchestré conjointement par le département des Beaux-Arts et l'office de tourisme national. Un petit musée et 3 fosses de fouilles ont été aménagés. La n° 1 *(pit)* est la plus spectaculaire. Nombreux squelettes et fragments de poteries. Intéressant de voir que l'orientation des corps a fortement évolué au cours des âges : une seule certitude, si l'on dort la tête au nord dans nos contrées, ici, personne ne repose de la sorte ! Pas loin, un petit musée exhibe certaines des trouvailles, des reconstitutions de l'habitat ainsi que d'intéressantes traditions locales qui ont survécu jusqu'à aujourd'hui. De nombreuses maisons villageoises proposent des chambres chez l'habitant *(home stay)*. Pour arranger un séjour sur place, téléphoner préalablement au ☎ 367-075 ou toquer à une porte une fois sur place...

QUITTER PHIMAI

La gare routière de Phimai se situe à un gros kilomètre à l'ouest du centre dans le prolongement de Thanon Anantajinda. Lieux d'embarquement les plus pratiques (les véhicules y viennent à la recherche de passagers) : sur la rue parallèle à Thanon Chomsudasapet ou au niveau du *Phimai Hotel*.

➢ ***Pour Nakhon Ratchasima :*** départ toutes les 30 mn. Prix : 26 Bts (0,5 €). Une bonne heure de trajet.

➢ ***Pour Bangkok*** (direct) ***:*** un bus environ toutes les heures de 8 h 30 à 12 h et de 20 h 30 à 22 h. Prix : 130 ou 170 Bts (bus AC), soit 2,6 ou 3,4 €. Trajet de 317 km, 7 h de route. Autre option, transiter par la gare routière n° 2 de Khorat.

PRASAT PHANOM RUNG – ปราสาทหินพนมรุ้ง ET MUANG THAM – เมืองต่ำ

IND. TÉL. : 044

Dans l'extrême-sud de la province de Buriram, très proche du Cambodge, voici deux temples cousins que séparent seulement 8 km. Avec Phimai et Preah Viharn, ils forment sans aucun doute les quatre joyaux khmers de l'Isan. Dans les environs, d'autres vestiges à découvrir dont l'isolé *Prasat Ta Muan*.

Arriver – Quitter

Commençons par le « pré-acheminement »

➢ ***De Bangkok :*** plusieurs possibilités depuis la gare du Nord-Est (Mo Chit) :
– se rendre directement à Nang Rong (voir ci-dessous). Acheter son billet au guichet n° 24.
– Rejoindre Nakhon Ratchasima, puis continuer en direction de Surin.
– Se rendre à Buriram en bus (6 départs quotidiens en bus AC, 10 en bus ordinaire) ou en train (7 départs quotidiens dont 3 seulement permettent d'arriver en journée). De la station de bus (Thanon Thani, à 3 km environ de la gare ferroviaire), départs toutes les heures pour Prakhon Chai.

➢ ***De Nakhon Ratchasima :*** embarquer dans un bus empruntant la route n° 24 en direction de Surin, via Nang Rong, Prakhon Chai et Prasat (départs à toute heure de la journée ; fréquence moyenne : 30 mn). Signaler l'arrêt souhaité au chauffeur.

➢ ***De Surin :*** on recommande chaudement les excursions proposées par *Pirom Guesthouse* (voir la rubrique « Où dormir ? » à Surin). Sinon, procéder comme depuis Nakhon mais en sens inverse.

Rejoindre les temples

➢ ***De Nang Rong :*** prendre le bus n° 522. Départ toutes les heures de 6 h à 16 h. Prix : 20 Bts (0,4 €), 40 mn de trajet. Descendre à Ban Tha Paek. Faire les derniers 6 km jusqu'à l'entrée du Phanom Rung en moto-taxi (compter 70 Bts, soit 1,4 €), en stop ou... à pied.

➢ ***De Prakhon Chai :*** prendre un *songthaew* de la station des taxis collectifs, 500 m au nord de l'intersection entre les 2 grands axes routiers (routes n°s 219 et 24). Départs à peu près toutes les 2 h, de 10 h à 17 h 30. Dépose au pied de la colline, dernier kilomètre à faire à pied.

Où dormir ? Où manger ?

Pendant son séjour dans le coin, on peut dormir soit à ***Prakhon Chai*** – ประโคนชัย, plus pittoresque (beaucoup de maisons de bois), soit à ***Nang Rong*** – นางรอง. Dans ce dernier bourg, une sympathique *guesthouse* est devenue le lieu de rencontre des routards en vadrouille dans le coin, notamment pour la gamme de ses services (voir ci-dessous).

Honey Inn – ฮันนีอินน์ **:** 8/1 Soi Srikoon, Nang Rong. ☎ 622-825. • www.honeyinn.com • Depuis la station des bus, rejoindre et traverser la *highway,* puis marcher vers la droite sur 300 m (dépasser la station-service PTT) et tourner à gauche sur un chemin (panneau indicateur blanc). Une moto-taxi se négocie à partir de 20 Bts (0,4 €). Grande maison moderne tenue par Mme Phanna, enseignante d'anglais à la retraite. Onze chambres propres et confortables avec salle de bains : ventilo et eau froide (200 Bts, soit 4 €) ou AC et eau chaude (350 Bts, soit 7 €). Madame, qui cuisine bien, propose d'intéressant repas thaïs (plusieurs plats à partager entre les hôtes) et des petits dej'. Nombreux services : location de motos ou de voitures avec chauffeur, respectivement 250 et 600 Bts (5 et 12 €) la journée et, pour les indépendants, toutes les infos nécessaires pour réussir ses excursions.

À voir

Prasat Phanom Rung – ปราสาทหินพนมรุ้ง **:** ouvert de 6 h à 18 h. Entrée : 40 Bts (0,8 €). Édifié sur un ancien volcan entouré de plaines fertiles, dominant l'axe historique d'Angkor, Phanom Rung jouit d'un site stratégique exceptionnel. Dédié au dieu Shiva (même si Vishnou n'en est pas totalement absent), sa construction débuta au Xe siècle pour s'achever probablement vers la fin du XIIe. Une fois par an, le matin du 15e jour du 5e mois du calendrier lunaire (en avril normalement), le soleil darde ses rayons à travers les 15 portes du temple. C'est l'occasion d'un grand festival de processions qui serait vieux de plus de 8 siècles.

La visite

Il faut absolument démarrer la visite par la porte est (grand parking, restos et échoppes), pas depuis le sommet de la colline, question de jouissance ! Celle de passer de la terre au paradis naturellement, du profane au divin en respectant la symbolique du lieu qui s'accorde parfaitement avec la topographie. Après 3 premières volées de marches de latérite, une première terrasse en croix d'où toute la pespective dominée par le mont Méru (que représente la tour principale) se dévoile. Sur la droite, la *salle de l'Éléphant blanc* où le roi venait se changer et prendre ses habits de prière. La majestueuse allée de 160 m de long, bordée de part et d'autre par 67 piliers représentant les boutons du lotus sacré, se termine par la « porte » du paradis, une plate-forme-pont cruciforme, aux balustrades formées par des *nâgas* à cinq têtes. Au milieu, un châssis de bois protège une fleur de lotus gravée des pas des visiteurs. Un raide escalier en 5 sections mène à une plate-forme de latérite occupée par 4 bassins lustraux et le second pont cruciforme aux *nâgas.* On passe alors successivement les vestiges du mur d'enceinte extérieur – les rangées de colonnes auraient

autrefois supporté une charpente de bois et des tuiles, puis, la *gopura* de l'enceinte intérieure – en bon état, formée de galeries étroites aux murs percés de fausses fenêtres *Luk Malnut.* Levez les yeux, le fronton sculpté représente l'ermite Narendratiya, qui serait le créateur du *Prasat.*
Le dernier pont aux *nagâs* mène à l'antichambre *(mandapa)* du *prang* central, absolument magnifique. Sa porte d'accès est décorée du ***plus célèbre linteau de Thaïlande.*** Représentant Vishnou couché sur un serpent dans la mythique mer de lait, une anecdote vaut d'être racontée à son sujet. Il fut d'abord dérobé en 1966, puis le collectionneur new-yorkais qui l'acheta dans une rue de Bangkok le revendit par la suite à l'*Art Institute of Chicago.* Le mystère du vol, découvert 10 ans plus tard, ne tarda pas à déclencher un véritable tollé. Finalement, grâce à un échange opéré en 1988, le linteau rejoignit son pays d'origine. Depuis, une malédiction semble avoir frappé les voleurs du trésor : à l'exception de l'un d'entre eux, ils auraient tous trouvé la mort dans des conditions accidentelles...
En faisant le tour du sanctuaire dans le sens des aiguilles d'une montre, on découvre les deux *Bannalas* (bibliothèques), le *Prang Noi* (petite tour) et, revenu vers la porte est, les vestiges de 2 bâtiments de brique, constructions les plus anciennes du *prasat.*
Pour ne rien gâcher, la vue depuis le sommet de la colline est très belle, notamment de juin à novembre, quand les champs de riz coupés au cordeau forment un patchwork avec les îlots de forêt.

Le Centre d'information touristique du Phanom Rung **–** ศูนย์ข้อมูลข่าวสารท่องเที่ยวพนมรุ้ง ***:*** sur la gauche de la voie menant à l'entrée. Ouvert de 9 h à 16 h 30 ; entrée gratuite. Une fois n'est pas coutume, cette série de bâtiments modernes évoquant l'architecture des sanctuaires khmers mériterait allègrement le nom de musée. Visite recommandée. Brochures disponibles en français. Pièces archéologiques, plan du Prasat et une série de planches en anglais fort bien conçues, expliquant la construction, l'iconographie, le panthéon des dieux hindous et la restauration du temple. D'autres temples sont également abordés.

Muang Tham **–** เมืองต่ำ ***:*** à 8 km au sud-est du Prasat Phanom Rung, par la route n° 2221 en direction de Prakhon Chai, puis, après 3 km, une bifurcation sur la droite (panneau). Ouvert de 7 h à 18 h. Prix : 30 Bts (0,6 €). Bordé d'un grand *barai* (réservoir) sur son flanc ouest, restauré avec élégance sous le parrainage d'une fille du roi passionnée d'archéologie, délice d'équilibre entre les pierres, l'eau et la verdure, c'est assurément l'un des plus beaux temples khmers. Visite paisible, beaucoup moins de touristes qu'à Phanom Rung. C'est au pied de la colline où s'élève Phanom Rung que cette « cité basse », de forme presque carrée (120 x 127 m), fut construite suivant l'orientation classique est-ouest, un siècle avant le célèbre *prasat.* En traversant la première enceinte par la *gopura* est, on découvre 2 des 4 bassins lustraux en L, aux margelles garnies de *nâgas.* Après la deuxième enceinte, le sanctuaire, précédé de 2 bibliothèques, qui comptait originellement 5 *prangs*, placés en quinquonce (3 devant et 2 derrière). Mais la tour centrale représentant le mont Méru s'est écroulée. Le *lingam* retrouvé au cœur du sanctuaire, de même que l'important linteau de la tour nord-est figurant Shiva et Uma sur le taureau Nandin, ont établi que Muang Tham était dédié à Shiva.
– Face au côté est du temple, un *Visitors' Center* marque l'entrée d'une esplanade bordée de magasins de souvenirs. Au fond, de petits restos préparent de bons petits plats.

– Si vous voulez vous diriger vers *Ban Kruat* et *Prasat Ta Muan*, prenez la petite route garnie de nids-de-poule qui quitte le site par son coin sud-ouest.

➤ AUTRES TEMPLES DANS LES ENVIRONS

Prasat Ta Muan – ปราสาทตาเมือน : cet ensemble de ruines à la lisière du Cambodge constitue une excursion excitante. Malgré les aménagements récents – une bonne route a remplacé la piste et les vestiges ont été dégagés de leur fouillis végétal – le cadre sauvage et le faible nombre de visiteurs distillent encore un parfum de découverte... Pas d'entrée à payer. La région fut l'un des derniers bastions des Khmers rouges. Aucun danger, à condition de ne pas s'aventurer en forêt (mines non désamorcées).
La visite : on pense que les ruines datent du règne du dernier grand roi de l'empire khmer, Jayavarman VII (fin du XIIe au début du XIIIe siècle). Il édifia Angkor Thom et imposa le bouddhisme Mahayana (Grand Véhicule) comme religion d'État, dont l'idéal de compassion peut expliquer la construction de ces hôpitaux et auberges destinés aux pèlerins.
– ***Prasat Bai Khlim*** – ปราสาทใบคลิม *:* 3 km après le barrage de sécurité, dans une petite clairière sur la gauche. Ancienne chapelle en latérite pour les voyageurs et pèlerins de l'auberge voisine depuis longtemps disparue. Architecture intéressante, mais peu d'intérêt figuratif hormis un linteau et une série de colonnes ajourées sur la façade est.
– ***Prasat Ta Muan Thot*** – ปราสาทตาเมือนทศ *:* 200 m plus loin, sur la droite. À nouveau une ancienne chapelle, celle d'un hôpital lui aussi évanoui. Il ne reste aucune décoration, sinon 2 ou 3 volutes, mais les vestiges entourés de végétation sont fort jolis.
– ***Prasat Ta Muan Thom*** – ปราสาทตาเมือนธม *:* de loin le plus impressionnant des 3 édifices. Orienté nord-sud, il devait jalonner la voie reliant Phimai à Angkor. Composé d'un sanctuaire central, de 2 tours au nord et de 2 bâtiments en aile. Le *prang,* bâti autour d'un *lingam* taillé à même la roche – remarquer la rigole de pierre par laquelle s'écoulait l'eau de ses « ablutions » rituelles – présente encore de belles décorations (volutes de fleurs, serpents-*nâgas,* motifs géométriques). Malheureusement, tous les linteaux et frontons sculptés ont disparu, arrachés de force (parfois à la dynamite) par les Khmers rouges.

Comment y aller ?

➢ Rejoindre d'abord le village de Ban Ta Miang, situé 20 km à l'est de Ban Kruat sur la route allant à Kap Choeng. Service de *songthaews* depuis Prasat ou Prakhon Chai (peu nombreux, départs irréguliers). Au-delà, il faut affréter une moto-taxi pour parcourir les 12 km de la petite route bitumée menant au Prasat. Après 8 km, un contrôle policier puis d'autres chicanes et campements militaires, en général désertés. Plus simple en louant une moto (depuis Nang Rong par exemple). Possible de coupler la visite avec celle de Phanom Rung (environ 60 km entre les sites). Routes plutôt bonnes et peu fréquentées.

Prasat Pluang – ปราสาทหินบ้านพลว ง : ouvert officiellement de 7 h 30 à 18 h. À Prasat, embarquer dans un *songthaew* desservant Kap Choeng (vers le sud, route n° 214). Après 3 km, descendre au village de Ban Pluang. Le monument est à 500 m en retrait de la route, sur la gauche, par une route bétonnée traversant le village.

Orienté est-ouest, un unique *prang* en grès s'élève sur un socle de latérite en forme de croix. Construit à la fin du XIe siècle, l'édifice semble avoir été dédié à Indra, le roi des dieux du panthéon védique. Montant son habituel véhicule Airavata (l'éléphant blanc aux 4 défenses), il trône d'ailleurs au centre des linteaux est et sud. La qualité des sculptures est remarquable. On reconnaît d'ailleurs de nombreuses représentations animalières (vaches, singes, écureuils...). Krishna (soulevant un taureau par les cornes) est aussi dans les parages, sur le fronton est. À l'arrière-plan, la traditionnelle maison des esprits, sans doute pour protéger Indra des foudres de l'enfer...

SURIN – สุรินทร์

40 000 hab. IND. TÉL. : 044

Cette modeste capitale provinciale est célèbre pour son rassemblement annuel d'éléphants. Pas loin de 200 pachydermes participent à cette fête, exécutant parades, exercices de force, etc., sous le regard amusé de milliers de spectateurs. Le spectacle est aussi et surtout dans la rue. Les éléphants s'arrêtent aux feux rouges au milieu des cyclo-pousses et s'aspergent dans les embouteillages. Les 363 autres jours de l'année, Surin, agréablement calme et reposante, est une excellente base de départ pour aller visiter les ruines khmères de la région. Depuis peu, c'est aussi une étape sur la route du Cambodge.

LES SUAY, CES MYSTÉRIEUX CORNACS

Cette ethnie également appelée *Kui* exerce un monopole sur le dressage des éléphants, avec lesquels elle semble avoir établi une véritable symbiose. L'origine de ce peuple reste mystérieuse. Leur langage est à la fois très différent du thaï et du khmer. Probablement venus d'Inde, ils fondèrent un royaume au Cambodge avant que les Khmers ne les forcent à migrer au Laos où on les trouve encore aujourd'hui, notamment dans la province d'Attopeu et la région de Champassak. Au début du XVIIIe siècle, les premiers Suay entrent en Thaïlande par la région de Khong Chiam. Ils finiront par gouverner Surin jusqu'au début du XXe siècle. Leur religion est un intéressant mélange de bouddhisme et d'animisme – dont des rituels liés à leurs imposants compagnons.

Comment y aller ?

➢ ***Depuis Bangkok :*** 11 trains quotidiens, dont 4 en soirée. Durée du voyage : de 7 h (train *Express*) à 10 h. Compter 300 Bts (6 €) en 2e classe. Par la route, 6 bus AC (1 le matin et 5 en soirée) depuis la gare routière de Mo Chit.

➢ ***Depuis Nakhon Ratchasima :*** 5 trains journaliers et tout plein de bus.

Adresses utiles

■ ***Bangkok Bank*** *(plan A1, 2)* **:** en face de *Surin Sangthong Hotel.* Guichet de change ouvert du lundi au vendredi de 8 h 30 à 15 h 30. Distributeur automatique.

@ ***Microsys*** *(plan B1, 1)* **:** en face de l'esplanade du *Thong Tharin Hotel.* Bons ordis confortablement espacés. Ouvert 24 h/24. Compter 30 Bts (0,6 €) l'heure.

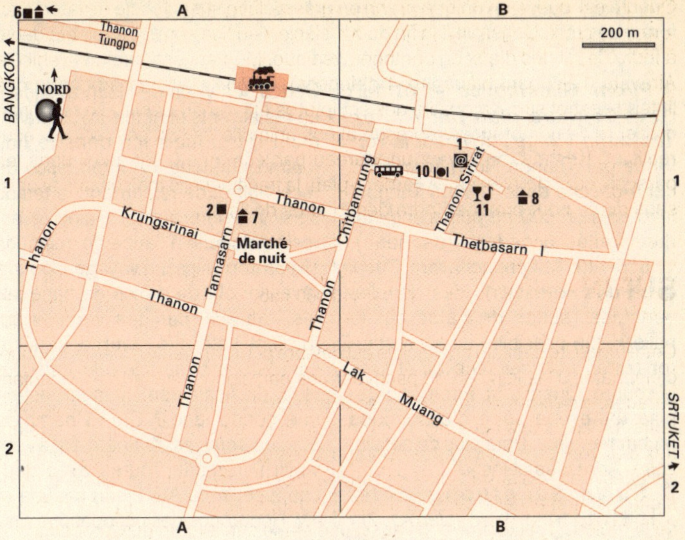

SURIN

■ **Adresses utiles**

- Gare routière
- Gare ferroviaire
- @ **1** « Microsys »
- **2** Bangkok Bank
- **5** Pirom Guesthouse

Où dormir ?

- **6** Pirom Guesthouse (Tasawang Village)
- **7** Surin Sangthong Hotel
- **8** Thong Tarin Hotel

Où manger ? Où boire un verre ?

- **10** Sumrub Tornkruang Restaurant
- **11** Beer Garden

■ ***Pirom Guesthouse*** *(hors plan par A1, 6)* **:** voir « Où dormir ? ». M. Pirom, ancien travailleur social et guide touristique parlant bien l'anglais, est un personnage très intéressant et cultivé. Son discours et son micro-catogan laissent deviner une âme rebelle. Connaissant la région et ses habitants comme sa poche, il peut organiser tous les jours des excursions en 4×4 pour 1 à 5 personnes, en direction des ruines khmères ou des villages alentour. Difficile de trouver meilleure façon d'appréhender le patrimoine de la région. Documentation et commentaires particulièrement riches. À partir de 900 Bts (18 €) tout compris par jour et par personne sur une base de 4 participants.

Magasins de soieries et cotonnades : plusieurs enseignes en face de la gare routière *(plan B1)*, sur Thanon Chitbamrung. Des ambulants aussi. *Nong Yin* nous a été recommandé pour la qualité et les prix. Voir aussi « Dans les environs de Surin ».

Où dormir ?

Attention ! Il est très difficile de trouver une chambre à l'occasion du festival. Réservation impérative.

De bon marché à prix moyens (de 80 à 400 Bts – 1,6 à 8 €)

Pirom Guesthouse – ภิรมย์เกสท์เฮ้าส์ *(hors plan par A1, 6), Tasawang Village :* traverser la voie ferrée par Thanon Nong Tom, tourner à gauche dans Thanon Tungpo, faire environ 600 m, puis s'engager dans l'allée à gauche (panneau). ☎ 515-140. Téléphoner avant. Choix entre des dortoirs ou des doubles ventilées (salles de bains sur le palier) et la possibilté de s'y restaurer. Mme Pirom sait recevoir et avec le sourire. Quant à M. Pirom, il organise toute une série d'excursions recommandées. Pour plus de détails, voir « Adresses utiles ».

Surin Sangthong Hotel – โรงแรมแสงทองสุรินทร์ *(plan A1, 7) :* 279 Thanon Tannasarn. ☎ 512-009. Certes, les villes de l'Isan abondent en restaurants et hôtels involontairement rétro, mais ici, dans le hall « atmosphérique » qui fait office de réception et de restaurant, le temps s'est vraiment arrêté. L'aiguille est restée bloquée à l'aube de quelques sixties tropicales. Le voyageur pourra rêvasser sur de drôles de banquettes, rafraîchi par des ventilos qui tutoient l'éternité, tourné vers un spectaculaire meuble-télé antédiluvien. Et, finalement, y loger, est-ce une bonne idée ? Oui ! Chambres aux carrelages millésimés ayant vieilli fièrement. Toutes avec douche, ventilo ou AC + eau chaude et TV. Réduc' pour les occupations simples.

Plus chic (de 1 000 à 1 500 Bts – 20 à 30 €)

Thong Tarin Hotel – โรงแรมทองธารินทร์ *(plan B1, 8) :* 60 Thanon Sirirat. ☎ 514-281/8. Fax : 511-580. Grand hôtel central de Surin ; la blancheur de ses 12 étages domine sans difficulté la ville. 220 chambres. L'âge mûr des bâtiments et de certains des équipements explique les tarifs très raisonnables. Petit dej' compris. Piscine, restos. Assez sympa.

Où manger ? Où boire un verre ?

Marché de nuit – ตลาดกลางคืน *(plan A1) :* Thanon Krungsrinai. Le marché traditionnel, qui bat son plein le matin de 5 h à 7 h, prend un nouveau visage à la nuit tombée. Nombreux étals appétissants et pittoresques où l'on mange pour trois fois rien. Et puis des fringues, des babioles. Plie bagage vers 22 h.

De prix moyens à plus chic (de 100 à 300 Bts, soit de 2 à 6 €)

Sumrub Tornkruang Restaurant – ร้านอาหารสำรับต้นเครื่อง *(plan B1, 10) :* 201/44-46 Thanon Jitbumruny. ☎ 515-015. Entre le terminal des bus et Thanon Sirirat. Décor cosy-vieillot : pendules européennes à l'ancienne, lampes de mineurs arrangées en lustres et téléphones première génération. Nourriture thaïe très parfumée et agréablement présentée. Le soir, chanteuses à partir de 20 h. Une excellente adresse.

Les bars et discos à proximité du Thong Tarin Hotel *(plan B1) :* sur l'esplanade-parking de l'hôtel et la rue qui la précède (Thanon Sirirat). Plusieurs restos-bars et aussi des boîtes à la thaï. Agréable ***Beer Garden*** *(plan B1, **11**)* donnant concert tous les soirs. Dans le style de la ville, bon enfant et souvent gai *(sanuk !)*.

Le festival annuel des Éléphants

Les festivités se déroulent le 3e week-end de novembre. Première étape, l'arrivée des éléphants dans la ville après 2 jours de marche. À cette occasion, une petite cérémonie de présentation est organisée face à la gare routière. Ferveur populaire au rendez-vous. Ensuite ont lieu les démonstrations officielles dans le stade. Plus spectaculaires mais aussi moins spontanées, c'est le temps fort du festival. Entrée payante : compter de 200 Bts (4 €) à 500 Bts (10 €), place à l'ombre (meilleur pour les photos). Au programme : un exercice de travail de billes de bois en forêt, une parodie de la célèbre bataille d'Ayutthaya où les éléphants servirent de chars d'assaut contre les Birmans, et le très attendu match de football.
Évidemment, c'est l'occasion de faire une promenade à dos d'éléphant. Préférer celles en villes, plus palpitantes, aux 5 petites minutes dans le stade.

➤ *DANS LES ENVIRONS DE SURIN*

Ta Klang, le village des Éléphants – หมู่บ้านช้างท่ากลาง ***:*** à 58 km au nord de Surin. Suivre la route n° 214 pendant 15 km jusqu'à Nong Tat, d'où un embranchement part en direction du village. Attention, si les villageois possèdent un nombre important d'éléphants (le chef en a 7), les pachydermes ne sont là en nombre qu'après les récoltes, de novembre à décembre. Le reste du temps, leurs cornacs les emmènent dans de grandes vadrouilles foraines qui leur attirent à la fois les foudres des municipalités, de la police routière (malgré le catadioptre installé sur la queue !) et celles des amis des bêtes.
Parfois cependant, le week-end, des réunions et petits shows sont organisés à Ta Klang. Se renseigner auprès de M. Pirom.

Les villages de tisserands : plusieurs villages spécialisés tels que Ban Tasawang, Kwaosinarin ou encore Ban Janrom. Tout l'Isan est réputé pour sa production de soie, qui tire à la fois profit des sols propices à la culture des mûriers et de la minutie d'excellentes tisserandes. La province de Surin se distingue par la variété et la spécificité des motifs, souvent d'origine cambodgienne. Y aller avec un guide pour avoir un aperçu de tout le processus.

Prasat Sikhoraphum – ปราสาทศีขรภูมิ ***:*** ouvert de 7 h 30 à 18 h. Entrée 30 Bts (0,6 €). Situé dans la ville du même nom, environ 20 km à l'est de Surin, par la route n° 226. Visite facile, même en transports en commun, puisque les bus (préciser votre destination au guichet) ainsi que 3 trains de jour (dont 2 en début de matinée) font étapes dans ce bourg. À l'arrivée, en regardant la gare ferroviaire, partir vers la droite, passer un carrefour et continuer tout droit en direction d'une tour métallique rouge et blanc. Pas de panneau, mais on ne peut pas se perdre. Entouré d'un étang en forme de U (ancien bassin sacré), le *prasat* est composé de 5 tours comme à Angkor, une disposition très rare, réservée aux temples d'État. Sa construction, commencée au XIIe siècle par les Khmers, ne fut achevée qu'au XVIe siècle par les Laotiens. La qualité de la pierre (grès rose aux tons chauds) et des sculptures décoratives font de ce temple une petite merveille.

***Prasat Kamphaeng Yai* – ปราสาทกำแพงใหญ่ :** 40 km à l'est de Sikhoraphum, en suivant la route n° 226. Prendre un bus pour Si Saket ou Ubon et demander à descendre à Utum Phonphisai, 27 km avant Si Saket. L'embranchement pour Kamphaeng Yai, indiqué, se situe sur la droite juste après avoir traversé la voie ferrée (panneaux).
Construit au XIe siècle en l'honneur du dieu Shiva, ce temple khmer de style *papuan* fut converti au culte bouddhique dès le XIIIe siècle. Aujourd'hui, les vestiges sont « emprisonnés » à l'intérieur de l'enceinte du temple moderne. Le contraste entre le *prasat* et le nouveau *wat,* clinquant de moulages modernes et vaniteusement élevés, incite à la réflexion... D'est en ouest, 2 bibliothèques précèdent les 3 *prangs* centraux faits de grès rose et de brique. Alignés perpendiculairement à l'axe et partageant la même base, ils sont décapités mais portent encore nombre de belles sculptures. À l'arrière, côté sud, un bâtiment esseulé. L'ensemble est entouré d'une galerie massive percée des habituelles *gopuras.* Petit stand où l'on peut se désaltérer et manger une soupe.

QUITTER SURIN

Pour le Cambodge

À 70 km au sud de Surin par la route n° 214, le nouveau poste-frontière de *Chong Chom* – ด่านช่องชม (district de Kap Choeng – ตำบลคาบเชิง) présente l'intérêt d'être le plus proche de Siem Reap. Les merveilles d'Angkor ne sont que 150 km plus loin ! Le visa cambodgien s'obtient sans encombre à la frontière contre 1 000 Bts (20 €) ou seulement 20 US$ si vous avez du billet vert.
➢ Depuis la gare routière de Surin, emprunter un bus (30 Bts, soit 0,6 €) ou un minivan (40 Bts, soit 0,8 €) à destination de Chong Chom. Départ environ toutes les heures, entre 6 h du mat' et 16 h 30 ; 1 h 30 de trajet.
Le poste-frontière est ouvert de 7 h au milieu d'après-midi, mais il est recommandé de partir le plus tôt possible de Surin si l'on veut arriver le même jour à Siem Reap. En effet, de l'autre côté, c'est... le Cambodge. Si une réfection complète des routes dans ce secteur est en progression, leur état varie énormément selon la saison (boue, ponts malmenés). Dans l'état actuel, prévoir 5 bonnes heures de piste à travers de beaux paysages et encore pas mal de jungle malgré la déforestation rampante. Compter à partir de 1 500 Bts (30 €) après négociation pour payer un taxi jusqu'à Siem Reap. Certains voyageurs solo le font à l'arrière d'une moto, avec les risques inhérents et la garantie absolue d'avoir mal aux fesses ! Pour les derniers témoignages en la matière, ceux qui lisent l'anglais pourront consulter la page « Cambodia Overland » sur le site • www.talesofasia.com •

En bus

***Gare routière* (plan B1) :** près de l'hôtel *Thong Tarin,* dans le centre. Tous départs.

➢ ***Pour Bangkok :*** jusqu'à 20 bus quotidiens ; compter de 150 à 300 Bts (bus AC), soit de 3 à 6 €. Prévoir 8 à 9 h de trajet.
➢ ***Pour Nakhon Ratchasima :*** toutes les 30 mn, prévoir de 60 à 100 Bts (de 1,2 à 2 €) ; 4 h de trajet, selon les types de bus.

➢ ***Pour Ubon Ratchathani :*** plus de 10 bus par jour ; compter de 70 à 120 Bts (AC), soit de 1,4 à 2,4 €. Compter 3 h de route.

En train

Gare ferroviaire *(plan A1)* **:** les 7 trains journaliers parcourant dans chaque sens la ligne *Bangkok - Ubon Ratchathani* s'arrêtent tous à Surin. Certains permettent aussi de visiter les sites situés non loin de la voie (voir « Dans les environs de Surin »). Les *rapid* vont aussi vite que les bus pour un prix inférieur aux bus AC (en 2e classe).

PRASAT KHAO PREAH VIHARN – ปราสาทเขาพระวิหาร

Situé dans la chaîne frontalière des Dangkrek, en territoire cambodgien, à 100 km au sud d'Ubon via Kantaralak. Les allures de forteresse de ce sanctuaire de grès jaune noirci par le temps, grimpant à l'assaut d'une colline sacrée depuis des temps immémoriaux, pour culminer à 640 m d'altitude comme une nef tournée vers Angkor, font de cette visite un moment i-noubli-able. Ce joyau mystérieux de l'art khmer fut construit sur une période d'environ 200 ans, entre le Xe et le XIe siècles. Des inscriptions indiquent qu'il fut consacré à Shiva. Certaines parties se sont complètement écroulées, mais, malgré les pillages contemporains, de nombreux linteaux et frontons subsistent alors que des travaux de restauration ont sauvé l'essentiel. Ce mélange ne fait qu'ajouter à la violence évocatrice du lieu.
Par le passé, le site fut régulièrement fermé aux visiteurs. D'une part, parce que la question de la souveraineté du *prasat* n'a été tant bien que mal réglée qu'en 1962 par un jugement de la Cour internationale de justice à l'avantage du Cambodge – ce que les Thaïs ont mal accepté (voir les diverses brochures touristiques) –, et d'autre part, à cause de la présence des Khmers rouges. Aujourd'hui, après une dernière rechute frontalière de 2001 à 2003, le *Preah Viharn* se visite assez facilement et sans aucun danger depuis la Thaïlande. Précisons que le temple reste difficile à atteindre depuis le reste du Cambodge. Siem Reap et Angkor sont à 250 km de piste de là, soit au moins 7 h de route en véhicule 4x4, malgré de récentes améliorations.

Arriver – Quitter

➢ ***D'Ubon :*** aller-retour possible dans la journée. Prendre un bus pour Kantaralak : départ toutes les 20 mn de 6 h à 18 h ; 20 Bts (0,4 €) ; 1 h de trajet (64 km). Dernier retour à 17 h 30.
➢ ***De Kantaralak :*** un service irrégulier de *songthaews* publics dessert le village de Phum Sarom, d'où il reste encore 11 km jusqu'à l'entrée. Pas d'autres options que les motos-taxis ou *tuk-tuk,* à pas moins de 100 Bts (2 €) l'aller simple à plusieurs.
➢ ***De Si Saket ou les villes de l'ouest (Surin, Nakhon Ratchasima) :*** même principe, rejoindre d'abord Kantaralak.
Évidemment plus simple avec son véhicule et pas plus cher si c'est à moto... Routes tranquilles.

Si on se retrouve coincé, quelques hôtels ordinaires mais propres à Kantaralak, comme le *Kwanyuen Hotel.*

Visite

Ouvert de 8 h à 17 h, mais l'accès est fermé dès 15 h. Pas besoin de visa cambodgien pour visiter le temple dans la journée. Présenter son passeport au poste de contrôle frontalier thaï, qui le photocopie puis délivre un ticket à montrer ensuite aux Cambodgiens. Toutefois, l'économie d'environ 1 000 Bts (20 €) sur le prix du visa est en partie compensée par le double droit d'entrée : 200 Bts (4 €) pour le parc national thaï, puis la même somme aux Cambodgiens. On oubliait les 5 Bts (0,1 €) pour faire photocopier le passeport... Essayer d'arriver le plus tôt possible sur le site afin d'éviter la foule, notamment le week-end.
Attention, ne pas trop s'éloigner des sentiers en raison des mines encore enfouies sous terre !
Similaire par sa structure et son style au *Prasat Phanom Rung, Khao Preah Viharn* s'étage sur un plateau incliné qui se termine par une falaise abrupte d'où l'on domine superbement la plaine cambodgienne. Par beau temps, la vue porte jusqu'à Angkor ! L'architecture transcende le relief qui, en retour, en tire parti en définissant l'orientation nord-sud du sanctuaire.
C'est une petite ascension au parfum initiatique qui attend le visiteur. Un long escalier (assez raide) de plus de 150 marches mène à la 1re *gopura* (porte-pavillon), de taille modeste et d'aspect cruciforme. Le drapeau cambodgien flotte au-dessus des poutres écroulées. Puis vient une chaussée en pente douce, longue de 320 m. Bordée de *lingam,* elle se termine par la volée de marches raides (noter le réservoir sur la gauche) de la 2e *gopura.* À la sortie, retournez-vous pour contempler le remarquable fronton représentant le mythe hindou de la création. Une nouvelle voie longue de 220 m conduit à *Mahamandira,* la 3e *gopura,* qui, avec ses 2 ailes, forme un vaste périmètre rectangulaire d'axe transversal. Nombreux frontons sculptés dont un, exquis, représentant Uma et Shiva. Reste alors 50 m magiques à parcourir et la 4e *gopura* à traverser pour pénétrer dans le sanctuaire central, le *Bhavalai.* Ce Saint des Saints est entouré d'une enceinte rectangulaire de 90 m de long qui, côté sud, à une dizaine de mètres seulement de la falaise, est entièrement close (intention délibérée afin d'éviter aux moines d'être distraits par le panorama, dit-on...). À l'intérieur, face à vous en entrant, un fronton très rare représente Shiva chevauchant un éléphant. Dans le *prang* abritant autrefois le *lingam* de Shiva, de jeunes moines gardent une effigie de Bouddha. Tout autour, un impressionnant éboulis de colonnes, de pierres et de frontons parfois à demi fichés dans le sol.
– *Le Visitors' Center :* à côté du parking thaï. Maquette du *prasat* et panneaux explicatifs. Rien de semblable côté cambodgien. D'autres plans et photos, comme ceux des bas-reliefs et vestiges alentour, prouvent que Preah Viharn avait autrefois essaimé dans les environs. Encore à voir, des forêts et des cascades, au mieux de juin à novembre.

LE SUD : ITINÉRAIRE BANGKOK – HAT YAI

Dans cette partie de la Thaïlande, frontalière avec le Myanmar et la Malaisie, on vient surtout pour le sable blanc, le soleil et la mer turquoise. Ici, pas ou peu de vieilles pierres, mais des milliers de plages ourlées de cocotiers, réparties sur le continent et les centaines d'îles du golfe du Siam et de la mer d'Andaman. Les parcs nationaux, terrestres ou maritimes, sont nombreux. Malheureusement, leur réglementation est souvent appliquée de façon très laxiste... De nombreux chapelets d'îles en font partie, comme *Ko Phi Phi, Ko Lanta* et *Ko Tarutao* ; idem pour beaucoup de coins où l'on trouve des cascades (certaines sont superbes, comme celles de *Hat Yai*) ou des poches de forêt équatoriales miraculeusement préservées telle que Khao Sok.
Ceux qui aiment la plongée sous-marine, tout comme les adeptes du *snorkelling* (nage avec palmes et tuba), découvriront de nombreux spots peuplés de coraux magnifiques, de poissons multicolores, et d'autres superbes « bestiaux » à dentition de taille très respectable !
Le sud de la Thaïlande concentre certains hauts lieux du tourisme sexuel, on pense à *Pattaya* bien sûr mais aussi à *Patong* (île de Phuket) ou encore à *Lamai* (Ko Samui). Le mal semble endémique et est probablement en progression. Il est cependant très facile d'éviter les zones « infectées » qui sont groupées comme de véritables ghettos.

DE HUA HIN À SURAT THANI

HUA HIN – หัวหิน

IND. TÉL. : 032

Située à 230 km de Bangkok, Hua Hin est la plus ancienne station balnéaire de Thaïlande. Sa grande plage de sable blanc où l'on se baigne sans danger est autant fréquentée par les Thaïs que par les *farangs.* Le charme de Hua Hin est dû à quelques antiques baraques de pêcheurs, notamment celles qui se prolongent sur la mer par des pontons à rallonge. Servant autrefois à sécher les *pla muk* (calmars), transformées depuis en pittoresque restaurants ou pensions, tous leurs empiètements devraient bientôt être démolis malgré une longue bataille juridique. Cela permettra de dégager une véritable plage face à la ville, même si celle-ci existait déjà à quelques centaines de mètres de là !
À l'exception d'une adorable vieille gare tout en bois, le reste de Hua Hin est composé de buildings modernes et de restos et marchés très touristiques. L'ambiance, restée relativement familiale et bon enfant, explique pourquoi ce village de pêcheurs devenu station balnéaire demeure une étape populaire pour les routards en partance vers le sud, ou pour d'autres voyageurs, l'occasion d'un rapide saut à la mer pas loin de la capitale.

Arriver – Quitter

Les horaires ci-dessous, donnés à titre indicatif, s'entendent dans les deux sens, quotidiennement et selon les mêmes fourchettes horaires, sauf mention contraire.

En train

***La gare ferroviaire** (plan A2) :* ancienne et pittoresque, équipée d'une réservation électronique, vaut vraiment le coup d'œil... Consigne ouverte 24 h/24.

➢ ***Bangkok :*** depuis la gare de Hua Lamphong, 2 départs le matin (vers 7 h 45 et 9 h 20), puis 10 départs de 13 h à 22 h 50. Dans le sens inverse, 12 trains dont 10 de nuit entre minuit et demi et 5 h 45, puis deux à 14 h 15 et 15 h 45. Compter de 3 h 15 à 5 h de trajet selon les types de trains.
➢ ***Vers le sud : Prachuab Khiri Khan,*** 9 départs (1 h 30 de trajet), dont 6 environ s'arrêtent à ***Bang Saphan*** (durée : 2 h 40) ; ***Chumphon*** et ***Surat Thani,*** 11 trains (durée respective : 4 h et 6 à 8 h) ; ***Trang,*** 2 trains en soirée (durée : 11 à 12 h) ; ***Hat Yai,*** 5 départs (durée : 13 h). La grande majorité des trains circulent de nuit.

En bus

***Terminal des bus AC pour Bangkok** (plan A2, **1**) :* Sra Song Rd, entre Dechanuchit et Amnyaysin Rd.
***Terminal des bus AC pour le sud** (plan A2, **3**) :* Sra Song Rd, en face et un poil au sud du terminal des bus AC pour Bangkok.
***Terminal des bus ordinaires** (plan A1, **2**) :* Liabtang Rodfai Rd. Desserte de toutes les autres destinations, souvent de manière « omnibus ».

➢ ***Bangkok :*** entre le Southern Bus Terminal de Bangkok et le terminal des bus AC de la ville, une trentaine de départs (toutes les 40 mn) entre 4 h du mat' et 22 h environ. Compter 3 h 30 de trajet. En haute saison, mieux vaut acheter son billet à l'avance.
➢ ***Vers le sud :*** pour choisir lieu et horaire de départ, judicieux de se renseigner auprès de sa *guesthouse* ou, pour les bus privés VIP et minibus, auprès d'une agence comme *Western Tour* (☎ 533-303, Damnoenkasem Rd).
– Bus toutes les 40 mn, dès tôt le matin, à destination de ***Prachuab Khiri Khan*** et ***Chumphon.*** Compter respectivement 1 h 30 et et 4 h de trajet.
– Départs principalement entre 9 h et 23 h pour ***Surat Thani*** (durée : 7 h), ***Ko Samui*** (durée : 11 h), ***Phang Nga*** et ***Krabi*** (durée : 9 h), ***Trang*** (durée : 10 h), ***Phuket*** (durée : 11 h) et ***Hat Yai*** (durée : 11 h).

Adresses utiles

***TAT** – ท.ท.ท. (office de tourisme ; plan A2) :* au croisement des rues Damnoemkasem et Phetkasem. ☎ 511-047. Au rez-de-chaussée de bâtiments municipaux (pas d'enseigne dehors). Ouvert tous les jours de 8 h 30 à 16 h 30. Plan de la ville gratuit, liste des hébergements, horai-

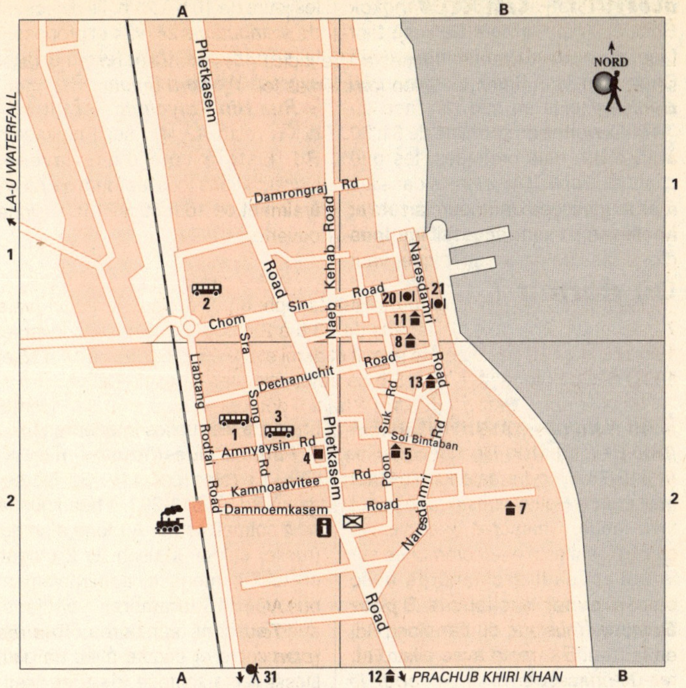

HUA HIN

Adresses utiles

- TAT
- Poste
- 1 Terminal des bus AC pour Bangkok
- 2 Terminal des bus ordinaires
- 3 Terminal des bus AC pour le sud
- Gare ferroviaire
- 4 Hua Hin Polyclinic

Où dormir ?

- 5 Ban Boosarin Hotel
- 7 Sofitel Central Hotel
- 8 All Nations
- 11 Pattana Guesthouse
- 12 Thipurai Guesthouse
- 13 Fulay Guesthouse et Hotel

Où manger ?

- 20 Sang-Thai King Seafood Restaurant
- 21 Moonsoon

À voir

- 31 Combats de coqs

res détaillés des bus en partance et découvertes des environs. Accueil dynamique et compétent.

Poste – ไปรษณีย์ *(plan B2)* **:** Damnoemkasem Rd. Ouvert du lundi au vendredi de 8 h 30 à 16 h 30 et le week-end de 9 h à 12 h.

Central téléphonique – ชุมสายโทรศัพท์ **:** juste à côté de la poste. Ouvert tous les jours de 8 h 30 à 16 h 30.

Internet et appels internationaux à prix réduits : boutiques spécialisées ou pas (agences, GH) un peu partout en ville.

Police – สถานีตำรวจ **:** en face de la poste.

Banques & ATM (distriban-

ques) : Phetkasem Rd. *Bangkok Bank* et *Thai Farmers Bank* se font face au nord du croisement avec Chom Sin Rd, ***Siam Commercial Bank*** est plus au sud (en face du *TAT*). Ouvertes en semaine de 8 h 30 à 15 h 30. Plus pratiques, les guichets de *Bank of Ayudhaya,* dans les rues touristiques Damnoemkasem et Naresdamri, sont accessibles tous les jours de 10 h à 21 h. Ils disposent de *distributeurs* 24 h/24 et proposent le service de transfert d'argent express *Western Union.*

■ ***Hua Hin Polyclinic*** – หัวหินโพลีคลีนิค *(plan A2, 4)* **:** sur Phetkasem Rd, juste à côté d'une laverie. Consultations tous les jours de 7 h 30 à 12 h et de 16 h 30 à 21 h.

Où dormir ?

De bon marché à prix moyens (de 250 à 600 Bts – 5 à 12 €)

■ ***All Nations*** – ออลเนชั่นเกสท์เฮ้าส์ *(plan B1-2, **8**)* **:** 10/1 Dechanuchit Rd. ☎ 512-747. • cybercafehuahin@hotmail.com • Petite *guesthouse* plutôt bien tenue. Chambres avec ventilo ou clim', salles d'eau communes sur le palier (sauf 2 chambres avec bains). Éviter la chambre B, très bruyante (musique du bar plus bruit de la rue). Bar-resto avec billard au rez-de-chaussée.

■ Autres ***guesthouses*** bon marché – มีเกสท์เฮ้าส์ราคาถูกมากมายทีบริเวณถนนนเรศดำริ. **:** dans le quartier de la rue Naresdamri. Bientôt plus sur la mer (voir intro) mais toujours en nombre dans les ruelles intérieures.

■ ***Pattana Guesthouse*** – พัฒนาเกสท์เฮ้าส์ *(plan B1, **11**)* **:** 52 Naresdamri Rd. ☎ 513-393. • huahinpattana@hotmail.com • Au fond d'un *soi* (ruelle) calme. Maison de 2 étages en teck centenaire, admirablement rénovée. 13 chambres ventilées, avec ou sans sanitaires. Tout est impeccable et décoré avec un goût sûr. Cuisine soignée (déjeuner seulement) et management parfait des proprios hollandais. Excellent rapport qualité-prix, c'est notre meilleure adresse. Essayer de réserver par e-mail.

De prix moyens à un peu plus chic (de 800 à 1 350 Bts – 16 à 27 €)

■ ***Fulay Guesthouse et Hotel*** *(plan B2, **13**)* – โรงแรมฟูเลย์ เกสท์เฮ้าส์ **:** 110 Naresdamri Rd. ☎ 513-145 (GH) et 513-670 (hôtel). • www.fulay-huahin.com • Repeinte à neuf d'un bleu et blanc méditerranéen, voici d'abord la jolie *guesthouse,* tout en long sur son mignon ponton agrémenté d'un kiosque et de tables et chaises longues. C'est confortable et bien équipé (clim', télé et eau chaude) et les prix grimpent selon l'avancée. Survivra t-elle tout ou partie au ravalement général ? En face, même proprio, un hôtel à la façade de bois proposant une poignée de chambres climatisées au-dessus d'un resto propret. Tout l'assortiment est net, décoré sobrement ou, à l'opposé, débordant vers le kitsch.

■ ***Ban Boosarin Hotel*** – โรงแรมบ้านบุษรินทร์ *(plan B2, **5**)* **:** 8/8 Poon Suk Rd. ☎ 512-076. Vastes chambres équipées de tous les gadgets habituels (clim', TV, réfrigérateur). Déco soignée, propre. Certaines disposent d'un agréable balcon. Calme garanti.

■ ***Thipurai Guesthouse*** – ทิพย์อุไรเกสท์เฮ้าส์ *(hors plan par B2, **12**)* **:**

LE SUD

113/27-28 Phetkasem Rd. ☎ 532-731. Fax : 512-210. • www.thipurai.com • Un peu excentré, dans un véritable petit quartier de pensions (tout proche du *Royal Garden* et de l'hôtel *Mariott*), à seulement 100 m de la meilleure portion de plage (bar, chaises longues et parasols). Chambres impeccables, spacieuses et bien équipées (clim', frigo et TV satellite). Petit dej' inclus. Service stylé. Piscine commune avec les autres hôtels. Si celui-ci est complet, tenter votre chance chez les voisins (prix et services grandement alignés).

Beaucoup, beaucoup plus chic (à partir de 6 000 Bts – 120 €)

Sofitel Central Hotel – โรงแรมโซฟิเทล เซ็นทรัล *(plan B2, 7)* **:** Damnoemkasem Rd. ☎ 512-021. Fax : 511-014. Réservation en France : ☎ 01-46-62-44-40. • www.sofitel.com • Construit en 1923, l'architecture reflète l'élégance rétro de l'époque. Il servit de décor pour l'ambassade de France à Phnom Penh dans le film *La Déchirure*. Confort impeccable, service attentionné et restauration sans faute. Piscine. Grand jardin donnant directement sur la plage, abritant un véritable zoo végétal ! Même si vous n'y dormez pas, il vaut un petit coup d'œil.

Où manger ?

Hua Hin, malgré son développement à l'occidentale, reste comme toute cette côte (affaires à suivre !) un très bon coin pour les poissons et autres fruits de mer. Moins cher et meilleur que sur les îles...

Pas cher (moins et autour de 200 Bts – 4 €)

Le marché de nuit – ตลาดกลางคืน (ตลาดฉัตรไชย ; *Chatchai Market ; plan A2*) **:** Dechanuchit Rd, à l'ouest de l'intersection avec Phetkasem Rd. Un grand marché avec toujours autant de sourires que d'étalages ; l'occase d'un bain de foule bien sympa. Poissons frais grillés, brochettes diverses, fruits... Une foule de petits stands de restauration rapide à prix très doux. Aussi, au-delà de Sasong Rd, des restos en dur dont les terrasses et stands mangent la rue, comme les renommés (et conseillés) *Hua Hin Sea Food* et *Bird Chilli* (un peu plus chers).

Prix moyens (autour de 300 Bts – 6 €)

Sang-Thai King Seafood Restaurant – ร้านอาหารแสงไทยคิงซีฟู้ด *(plan B1, 20)* **:** ☎ 512-144. Ouvert de 10 h à 23 h. Resto-cantoche ressemblant à un hangar, posé sur un ponton où accostent les bateaux de pêche. Poisson d'une fraîcheur absolue. Les plats, présentés en photo sur le menu, sont bien alléchants. À l'entrée, quelques crustacés barbotent dans un vivier, feront-ils le grand saut jusqu'à votre assiette ? Attention, la langouste fait exploser le budget ! Service sympa.

Les Restos pontons de Naresdamri Rd *(plan B1-2)* **:** alignés côte à côte, **_Ketsari, Fish, Chao Lay_** (un peu usine celui-là) et consort voient

LE SUD

donc l'existence de leurs pontons-terrasses menacée (voir intro). Espérons que ce qui est posé sur la terre ferme survivra. Y aller au feeling, car tous se valent à peu près. Ambiance touristique mais sympa. Cuisine marine et accompagnements toujours honorables, tout comme les prix.

Moonsoon *(plan B1, 21) :* 62 Naresdamri Rd. ☎ 06-877-78-08 (portable). Sur la gauche en remontant la rue vers le nord. Déco coloniale, élégante, musique *ambient,* serait-ce les prémices du nouveau Hua Hin ? Salle ouverte sur la rue avec mezzanine, se terminant par une petite cour terrasse bien agréable. Cuisine vietnamo-thaïe assez raffinée. Suggestion : le plateau de dégustation *Moonsoon.*

À voir

Les combats de coqs – ชนไก่ *(hors plan par A2, 31) :* descendre vers le sud la route qui passe devant la gare. Traverser la voie de chemin de fer à la 1re intersection. Les combats ont lieu généralement le samedi.

Ne pas manquer le retour des pêcheurs dans la nuit...

DANS LES ENVIRONS DE HUA HIN

Balade sympa jusqu'au temple **Wat Kao Kai Lad** – วัดเขาไกรราช, édifié au bord de l'eau. Prendre un bus en face du TAT.

Plus au nord, on peut visiter le **Klai Kung Wol Palace** – พระราชวังไกลกังวล, palais d'été du roi Prachadipok (Râma VII), construit dans les années 1920 au bord de l'eau.

Phetchaburi : ceux qui descendent de Bangkok par saut de puce pourront s'arrêter dans la petite ville de *Phetchaburi* à 130 km au sud de Bangkok et 66 km au nord de Hua Hin. Très beaux et majestueux, le *sala* de bois et le *bot* aux murs aveugles et aveuglant de blancheur du **Wat Yai Suwannaram** (date du XVIIe siècle) réjouiront les fans du genre.
Moins spirituelle mais divertissante et exhalant un parfum nostalgique, la colline **Khao Wang** fut transformée en résidence d'été par le roi Rama IV en 1860. Un funiculaire débouche sur son sommet garni de pavillons et coiffé par son ancien palais d'été, le **Phra Nakhon Khiri,** parfaitement représentatif d'un style occidento-thaï qu'aimaient tant les souverains du Siam. Petit musée (meubles et déco d'époque), sentes pavées cheminant dans la verdure vers de curieux *chedi* en belvédères.

Les cascades de **Pa La-u** – น้ำตกปาละอูในอุทยานแห่ง ชาติแก่งกระจาน **:** à 63 km, dans le parc national de Kang Krajarn (entrée 200 Bts, soit 4 €) qui borde la frontière birmane. Pour y faire trempette, pique-nique et éventuellement son petit Tarzan dans la jungle (13 niveaux de bassins, mais au-delà du 3e, ça devient sportif...). L'idéal, c'est d'y aller à moto : jolie route sans difficulté, peu de trafic. Mieux vaut se grouper pour y aller avec une agence, sinon c'est assez cher.

ENTRE HUA HIN ET SURAT THANI

L'accès est particulièrement facile : une autoroute et une ligne de chemin de fer unique, largement fréquentées par tous les routards qui gagnent le Sud.

Vous utiliserez donc sans problème les nombreux bus et trains qui roulent nuit et jour sur ce « grand boulevard du Sud »...

KHAO SAM ROI YOT NATIONAL PARK

Parc naturel côtier à 60 km au sud de Hua Hin. Accès en *songthaews* depuis Pranburi (entrée nord) ou par le sud, à 36 km au nord de *Prachuab Khiri Khan.* Entrée : 200 Bts (4 €).
Ceux qui disposent d'un véhicule (tout à fait faisable à moto), devraient suivre la côte via *Pak Nam Pran.* Alternance de plages sauvages et d'excitations immobilières, villas un peu loufoques, anses pleines de bateaux de pêcheurs, guinguettes où goûter leurs prises. Soudain, à l'horizon, tourmentée comme l'échine de quelque dinosaure échoué dans ce vaste marais côtier, s'élève *Khao Sam Roi Yot,* « la montagne aux 300 pics ». Culminant à 600 m d'altitude, ce massif de karst recouvert de buissons, d'arbres nains et de gros cactus n'est toutefois qu'une des attractions du parc. Belles plages de sables, randos vers des points de vue ou des grottes, sentiers éducatifs à travers la mangrove, îlots au large, villages de pêcheurs, voilà les promesses très variées de la plus belle excursion de la région. Par le nord, rejoindre d'abord le village de *Ban Bang Pu,* d'où un sentier rocailleux escalade un cap rocheux (panorama magnifique) avant de redescendre vers *Laem Sala Beach* (possible aussi en bateau). Camping ou logement dans des bungalows (réserver avant, voir la rubrique « Hébergement » dans les « Généralités » en début de guide) sur cette plage ravissante, à l'ombre d'une forêt de pins maritimes. Au prix d'une nouvelle grimpette démarrant dans le dos de la plage, raide mais sans difficulté particulière (marches taillées), entrée saisissante dans *Phraya Nakhon Cave.* Ces deux impressionnantes grottes jumelles, dont les plafonds sont en partie effondrés, abritent un pavillon doré que viennent heurter les rayons du soleil. Atmosphère magique, c'est la photo la plus célèbre de la province. Au sud, le QG principal du parc : panneaux explicatifs et réseau de sentiers sur pilotis dans la mangrove. On peut y arranger un tour en bateau (environ 2 h) à travers une lagune ou, à quelques mètres des bâtiments, attaquer la grimpette sportive (30 mn) menant au point de vue de *Khao Deng.* Le sentier, sauvagement tracé sur les dures arêtes calcaires, débouche sur un « crâne » de roches (vue à 360°). À noter encore, des bungalows privés sur la plage sympa de *Hat Phu Noi,* à l'extérieur du parc proche de l'entrée nord. Gardez votre ticket si vous voulez retourner dans le parc après y avoir dormi.

PRACHUAB KHIRI KHAN – ประจวบคีรีขันธ์ *Ind. tél. : 032*

À 80 km au sud de Hua Hin, cette petite ville endormie sur son bord de mer a le charme des coins authentiques et sans apprêt. Une promenade un peu austère suit le long front de mer incurvé tout comme, à l'arrière, la rue principale encore assez étroite et pittoresque. La gare et les stations de bus sont proches du centre-ville. Face à la mer (pas loin du *Wat Thammikaram*), l'office de tourisme (bon accueil, ouvert tous les jours de 8 h 30 à 16 h 30), dispose de plans et d'infos très utiles.
Entre Prachuab et Bangkok *(South Terminal),* bus toutes les 1 h 30 de 6 h à minuit environ. Voir sous Hua Hin pour les trains et les bus vers le sud.

Où dormir ?

Prix moyens (de 300 à 900 Bts – 6 à 18 €)

***Had Thong Hotel* – โรงแร มหาคทอง :** en ville, pile au milieu de la baie, devant la mer. ☎ 601-050. Fax : 601-057. • www.hadthong.com • Le meilleur hôtel de la ville. Dans un immeuble de huit étages, un peu fané d'extérieur comme de l'intérieur. Grande chambres classiques, moquettées. Préférer celles avec vue sur la mer et balcon (2 à 3 € de plus).

***Bungalows* :** entre *Khao Chong Krajok* – เขาช่องกระจก et la fourche qui conduit, à droite, au *Khao Ta Mong Lai* – เขาตาม่องล่าย. Plusieurs petites pensions entre mer et lagune. Bungalows de confort et constructions variables : en bambou ou en dur, ventilé et eau froide ou clim' + eau chaude. Ne pas hésiter à en visiter plusieurs avant de se poser.

Où manger ?

Prachuab est réputée dans toute la Thaïlande pour ses poissons et fruits de mer. Goûter absolument au *plaa samli* (Cottonfish), surtout préparé à la mode locale *daet diao.* Le poisson, rapidement séché au soleil, puis tout aussi vite grillé au wok, est servi ouvert en deux avec une salade de mangue verte épicée. Mi-croustillant mi-onctueux, miam ! On trouve ce mets sur toute la côte (et donc aussi à Hua Hin), mais rien ne vaut les spécialistes de la ville.

***Phloen Samut* – เพลินสมุทร :** sur le front de mer, à deux pas de l'hôtel *Had Thong.* ☎ 611-115. Pavillon de bois vert pâle, rafraîchi par la brise marine et de vieux ventilos. Salle ou terrasse. Calmars, crevettes, crabe, légumes, riz sautés et *plaa samli,* bien sûr. Prévoir autour de 200 Bts (4 €) pour son petit festin. Pas loin, le *Pan Phochana* est un autre favori des locaux.

À voir. À faire

En suivant la promenade vers le nord, rencontre inévitable avec le beau temple *Wat Thammikaram,* perché sur la colline *Khao Chong Krajok* d'où l'on voit les singes sauter et s'égailler dans la rivière. Plus loin, passer des restos et des pensions ainsi qu'une plage très photogénique colonisée par des bateaux de pêcheurs, un parc, le *Khao Ta Mong Lai.*
Toujours le long de la côte, mais cette fois-ci vers le sud (à environ 5 km), la plage déserte d'*Ao Manao* est aussi l'occasion d'une petite excursion. Située dans une base de l'armée de l'air thaïe, il faut franchir les barrières de sécurité (et parfois échanger son passeport contre un carton numéroté), puis la piste d'atterrissage, avant de s'étendre sur le sable chaud, les yeux dans le bleu ! Dépaysant, il n'y a que des Thaïs, toujours très sympas dans ce genre d'environnement où ils adorent papoter et paresser en grignotant.

BANG SAPHAN YAI – บางสะพานใหญ่ *Ind. tél. : 032*

À 85 km au sud de Prachuab Khiri Khan. La région très verte étire son front de mer en de jolies plages de sable clair, bordées de cocotiers, souvent désertes en dehors de petits hameaux côtiers. Bang Saphan Yai, proche de l'océan, se situe à l'est de l'autoroute n° 4. On peut y aller en train et il y a des bus directs à destination de Bangkok ou de Chumphon (pas la peine de rejoindre l'autoroute). Attention, ne pas confondre avec Bang Saphan Noi, une dizaine de kilomètres plus loin au sud ! Rentré dans la (bonne) petite ville, tourner à droite après avoir traversé la voie ferrée, au niveau d'une épicerie *7/Eleven*. Il reste alors environ 7 km jusqu'à la plage de *Suan Luang* (via une bifurcation indiquée sur la gauche). Alternativement, continuer tout droit puis à droite à l'intersection qui conduit à Hat Mae Ramphueng, une autre plage juste au nord du bourg. Moins belle, mais on y trouve des hébergements pas chers et de charmants restos de plage. Pour rejoindre ces plages, service de *pick-up* depuis la ville. Pour se perdre un peu plus dans ce « bout du monde », rejoindre *Ko Thalu* – เกาะทะลุ en bateau, un îlot paradisiaque avec quelques bungalows seulement ; très routard dans l'âme...

Où dormir ?

Bon marché (de 400 à 600 Bts – 8 à 12 €)

🏠 🍽 ***Suanluang Resort*** – สวนหลวงรีสอร์ท *:* en allant vers la plage de Suan Luang. ☎ 691-663. Fax : 691-664. • www.suanluangresort.com • Une dizaine de bungalows avec salle des bains et terrasses, situés à environ 1 km de la plage, sur un vaste terrain. Au choix : bois et bambou, ventilo et eau froide ou du dur avec plus de confort (AC, eau chaude, frigo et télé). Propreté exemplaire. Location de vélos et motos, résa de billets de bus ou minivans. Resto préparant une bonne cuisine thaïe et occidentale à prix très raisonnables. Français parlé. Téléphonez, on viendra vous chercher gratuitement.

🏠 ***Nipa Beach Bungalow*** – นิภา บีช บังกาโล *:* Hat Mae Ramphueng. ☎ 548-140. En arrivant sur la mer, tout de suite à droite, à 50 m de l'intersection en T. La meilleure option sur cette plage, idéale pour ceux qui recherchent à s'isoler de leurs congénères, mais pas des autochtones. Autour d'une esplanade gravillonnée, rangs perpendiculaires de bungalows en dur, carrelés à l'intérieur. Très bien équipé pour le prix : AC, eau chaude, TV, frigo. Accueil adorable.

Plus chic (de 1 500 à 3 300 Bts – 30 à 66 €)

🏠 🍽 ***Coral Hotel*** – โรงแรมคอรัล *:* plage de *Suanluang*. ☎ 691-667. Fax : 691-668. • www.coral-hotel.com • Grand hôtel-résidence à l'aise dans une cocoteraie donnant quasi directement sur une plage de sable fin. Tenu de main de maître depuis 10 ans par un Français, professionnel du métier. Chambres standard, cottage familial (2 adultes plus 1 à 2 enfants selon l'âge, ou *deluxe* – nouvelles additions, plus grand, parfait pour 4 personnes). Très confortables, ameublement et déco classiques mélangeant joliesse thaïe et sérieux occidental. Belle et gigantesque piscine. Cuisine française au resto, mais aussi une belle sélection de plats thaïs. Repas servis au choix sur terrasse avec vue panoramique sur la mer ou dans une salle de resto. Formule demi ou pension complète possible. Plein de choses pour occuper votre temps libre : billards, bibliothèque, salon de massage, ping-pong, canoë, masques et tubas, VTT, initiation à la boxe thaïe, excursions...

Où manger ?

Petits restos de plage : Hat Mae Ramphueng – หาดแม่รำพึง. Arrivé face à l'océan à l'intersection en T, tourner à gauche et poursuivre jusqu'au niveau de *Benjawan Bungalow* – เบญจวรรณ บังกะโล. En face de ce dernier, au bord de la mer, ici toute proche, un amusant regroupement de paillotes individuelles ou communautaires. Balancelles, tables en bambou ou carrelées. Poissons et fruits de mer à des prix défiant toute concurrence. Pour disons, allez, 300 Bts (6 €), attendez-vous à un banquet marin et rabelaisien. Un verre de ces fameux rhums ou whiskys thaïs là-dessus, et l'on refait le monde.

CHUMPHON – ชุมพร *Ind. tél. : 077*

À 80 km au sud de Bang Saphan. Rien à y faire de particulier, sinon lézarder sur les plages des environs et explorer gentiment les quelques îlots du large... Pourtant, pas mal de routards en ville ? C'est que ceux venus du nord pour aller à ***Ko Tao*** ont tout intérêt à embarquer ici. Ils économisent ainsi le voyage jusqu'à Surat Thani, et les traversées successives vers Ko Samui, puis Ko Pha Ngan.

Arriver – Quitter

Depuis Bangkok, on se rend à Chumphon en train, en bus, ou éventuellement par les airs avec la compagnie *Air Andaman.* Mais l'aéroport est excentré et les heures de vol (3 liaisons hebdomadaires seulement) ne coïncident pas forcément avec les horaires des bateaux...

En bateau

Les liaisons sont données à titre indicatif pour la haute saison. Elles s'entendent quotidiennement dans les deux sens et selon les mêmes fourchettes horaires, sauf mention contraire. Attention, la météo peut vous jouer des tours !

➢ ***Port de Pak Nam Chumphon*** – ท่าปากน้ำชุมพร *:* situé à une dizaine de kilomètres au sud-est du centre-ville. Facilement accessible depuis la gare en motos-taxis ou *songthaews.*

➢ ***Ko Tao et au-delà :*** un express-boat *Songserm* (☎ 506-205) quitte Chumphon à 7 h et Ko Tao à 14 h 30. Prévoir 3 h de traversée. Entre-temps, il fait une boucle aller-retour vers Ko Pha Ngan et Ko Samui. Plus rapides, les compagnies *Lomprayah* (☎ 558-212) et *Seatran* (☎ 238-129) affrètent chacune deux départs (un tôt le matin, l'autre vers midi). Ces bateaux font la navette sur la ligne Chumphon - Ko Tao - Ko Pha Ngan - Ko Samui. Depuis le continent, compter respectivement 1 h 30, 3 h et 3 h 45 de trajet, escales comprises. Enfin, autres options plus « exotiques » entre Chumphon et Ko Tao, le ferry lent Ko Jaroen (sauf le dimanche) et un bateau de nuit, minuscule, d'état un peu inquiétant ! Départs entre 22 h et minuit (5 à 6 h de traversée). Prévoir de 200 à 600 Bts (4 à 12 €) la traversée, selon l'embarcation choisie.

Où dormir ?

On préfère vous emmener à la mer que de rester en ville où, si nécessaire, il y a plusieurs pensions décentes et centrales.

Prix moyens (autour de 800 Bts – 16 €)

Clean Wave – คลีนเวฟรีสอร์ท : Thung Wua Laen (voir « Les plages des environs de Chumphon »). ☎ 560-151. Au milieu de la plage. Le resto est sur la plage, mais la colonie de bungalows, des « mini-villas » en dur aux toits de tuile rouge, s'est posée sur une grande propriété de l'autre côté de la petite route. Sans grand charme mais proprement carrelés et confortables (clim' et baignoire !). Accueil très gentil.

View Resort – วิวย์รีสอร์ท : Thung Wua Laen, légèrement au sud de *Clean Wave*. ☎ 560-214. L'un des rares établissements à profiter d'un peu d'espace au bord de la mer. Malheureusement, le parking gravillonné ruine un peu cet avantage. Choix entre d'anciens chalets en A et en dur (eau froide) ou un assemblage de petits pavillons contigus (eau chaude en sus). Tous climatisés. Resto face à la mer, paillotes privatives ou tables carrelées. Bon accueil ici aussi.

Où manger ?

Bon marché (moins de 150 Bts – 3 €)

Le marché de nuit – ตลาดกลางคืน : au cœur de la ville, pas très loin de la gare, un assez grand Night Bazaar où l'on trouve de tout : brochettes, *pad thaï*, soupes de nouilles... Également de nombreux *food corners* qui servent de bons petits plats. Ambiance très plaisante dans ce marché bien vivant.

Resto de plage : Thung Wua Laen. Extrémité sud de la plage (vers le *Chumphon Cabana*). Au niveau de l'intersection avec la route qui vient des terres (panneau « welcome to... »). Un grand chalet ouvert sur la mer, plus chaleureux et décoré que les autres (plaques publicitaires, peintures de couleur). Patronne super-sympa et, ce qui ne gâche rien, super cuistot. Prix attrayants.

➤ LES PLAGES DES ENVIRONS DE CHUMPHON

Thung Wua Laen – หาดทุ่งวัวแล่น : à 12 km au nord de la ville. La plus belle plage de la province, parfois appelée Cabana Beach, du nom du plus grand établissement hôtelier du coin (un peu vieillot maintenant). Assez large et longue de 6 km, on s'y baigne avec plaisir et confort, ce qui n'est pas toujours le cas le long de cette côte. Fréquentée aussi bien par les Thaïs que les *farangs*. *Thung Wua Laen* s'est gentiment développée jusqu'à offrir tout ce qu'il faut pour les estivants à la recherche de ces mélanges délicats de calme et d'animation : restos, quelques bars, Internet, location de motos, etc. Voir « Où dormir ? » pour s'y loger. Pour s'y rendre, des *songthaews jaunes* circulent d'environ 6 h à 18 h. Prévoir 25 Bts (0,5 €) la course. Plus tard, c'est plus cher : compter 300 Bts (6 €) pour un taxi, la moitié pour une moto-taxis.

Hat Sai Ree – หาดทรายรี : à 15 km au sud-est de la ville. Ici, on semble vouer un culte aux bateaux. Un torpilleur est posé sur le béton à l'entrée de la plage, à côté d'un mémorial dédié à un prince local, doté d'un petit musée très marin lui aussi. Certains hôtels s'obstinent à ressembler à une proue de navire. L'extrémité sud de la plage est de loin la plus agréable. Baignade sans problème et quelques hébergements corrects. D'ici, franchir les rochers et se découvre une autre plage un peu secrète, en contrebas de l'entrée du ***Chumphon National Park*** **–** อุทยานแห่งชาติชุมพร. Pour manger, une tripatouillée de restos le long de la rue, au centre de la baie, servent les tables disposées de l'autre côté. Comme d'hab', paillotes privées ou *salas* plus grands. L'ambiance est extrêmement thaïe et familiale. On vous hèlera peut-être pour partager un pique-nique et une boisson. À faire idéalement à moto louée (à *Chumphon* ou *Thung Wua Laen*), mais la balade est aussi possible en *songthaews* (même horaires que ci-dessus).

SURAT THANI – สุราษฎร์ธานี

IND. TÉL. : 076

Ville ne présentant aucun attrait ; il faut s'arranger pour ne pas avoir à y dormir. Son seul intérêt est d'être le port d'embarquement principal pour Ko Samui et Ko Pha Ngan. Rappel : pour Ko Tao, on conseille vivement de prendre un bateau à Chumphon (voir ci-dessus).

Arriver – Quitter

En bus

➢ ***Bangkok :*** depuis la capitale, plusieurs départs du *Southern Bus Terminal* entre 19 h 30 et 20 h 30 en bus AC (10 h de trajet) et, le matin ainsi que plus tard le soir, des bus non AC (11 h de trajet). Dans un sens comme dans l'autre (fréquences et horaires comparables), arriver à l'avance. Également une multitude d'offres combinées bus + bateau, émanant de compagnies privées routières ou maritimes.
➢ ***Sud et côte ouest (Andaman) :*** abondants dans les deux sens, Surat Thani étant un nœud routier très important.

En train

➢ ***Bangkok :*** la gare de Surat Thani se trouve en fait à Phun Phin, à 14 km de la ville. Si vous avez une correspondance avec un bateau, vous trouverez toujours un bus ou un taxi pour vous conduire entre la gare et les quais ou les guichets des compagnies maritimes. Depuis Hua Lamphong, 10 départs entre 13 h 30 et 22 h 35, le dernier permettant d'arriver vers 8 h du matin à la gare. Dans le sens inverse, 9 trains de 17 h 22 à 23 h 44. Compter de 9 à 11 h de trajet.

En bateau

➢ ***Les quais d'embarquement :*** *Ban Don,* au centre de Surat Thani, pour les bateaux lents ; *Ta Tong* (5 km de la ville), bateaux express de la compagnie *Songserm* (☎ 285-124) et *Donsak* (73 km à l'est, 1 h de route) d'où partent les ferry *Raja* (☎ 471-151), *Seatran* (☎ 471-173) et le « super express » *Seatran Discovery.* Pour les fréquences et durées, voir les rubriques adéquates sous Ko Samui, Ko Phan Ngan et Ko Tao.

En avion

➢ ***Bangkok :*** 2 vols par jour dans les deux sens avec *Thai Airways.* Si votre destination finale est Ko Samui, pensez à *Bangkok Airways* (voir même rubrique sous cette île).

À L'EST : LES ÎLES ENTRE KO SAMUI ET KO TAO

KO SAMUI – เกาะสมุย

IND. TÉL. : 077

Ko Samui est la troisième plus grande île du pays (21 x 25 km) après Phuket et Ko Chang. Ses habitants sont connus pour leur indépendance de caractère. Comme toutes les îles de la région, elle fut d'abord peuplée de pêcheurs malais, mais ce sont les plusieurs vagues d'immigrants chinois venus de l'île de Hainan qui lui donneront sa couleur particulière qui perdure encore aujourd'hui. Développant les plantations (d'où ces millions de noix de coco) ainsi que la pêche, ils fondèrent tous les villages importants de l'île.
Aujourd'hui, aller du port de Nathon jusqu'à Chaweng revient à traverser une sorte de village-rue ininterrompu où les agences immobilières, les foires aux meubles et les baraques aux airs de préfabriqués, vendant divers services, sont plus nombreuses que les cocotiers ! Samui est entré de plain-pied sur le marché de la résidence secondaire. Et dieu sait qu'il y en a du monde de Singapour à Munich ! Bétonnée, tranchée en tout sens par des projets immobiliers et hôteliers qui s'étalent toits sur toits, murs à murs, souvent en dépit du bon sens... le futur de Samui se fait inquiétant.
Assimilons la nouvelle Samui pour apprécier au mieux les exceptions, aller à la pêche au petit *resort* bien cool, à la gargote qui fait de la résistance et au bord de mer qui lambine. N'oublions surtout pas la beauté intrinsèque de cette île dont les plages, aussi fréquentées qu'elles soient, offrent le plus grand nombre de kilomètres de splendeur du golfe. Très variées, les plages respirent toutes les atmosphères : bruyante et noctambule à *Chaweng Beach,* à *Lamai Beach,* zen et élégante à *Bo Phut,* toujours calme mais plutôt budget à *Mae Nam Beach,* à l'écart sans être trop loin pour *Choeng Mon Beach,* etc.
Point positif : si Ko Samui, en compétition avec Phuket, est devenue l'une des destinations les plus chères de Thaïlande, surprise, il y reste encore des bungalows abordables, les pieds dans l'eau, et ce sur toutes les plages !
Climat idéal, des tonnes de sable, et pourquoi pas de chouettes balades dans les collines généreusement boisées du centre, allons-y pour un tour de l'île !

CLIMAT

En général, il pleut d'octobre à janvier, puis le beau fixe s'installe jusqu'à mi-avril. Les mois d'été (juillet-août) jouissent aussi d'un ensoleillement remarquable, mais le temps y est moins stable. Vents et orages nocturnes sont fréquents, mais rien à voir avec la saison des pluies qui se déchaîne sur Phuket à la même période...

Arriver – Quitter

En bus ou train (+ bateau)

➢ ***Bangkok :*** transit par la gare routière ou ferroviaire de Surat Thani (voir ci-dessus). Dans les quartiers touristiques de Bangkok, directement au *Southern Bus Terminal* et auprès des agences de Ko Samui pour le retour, offre très abondante de billets combinés bus ou train + bateau. Savoir que les horaires d'arrivée annoncés ne sont pas toujours fiables. Vu la fréquence des traversées, rien n'empêche de se débrouiller tout seul. De nombreux taxis et bus font la navette entre les gares et les quais.

En bateau

Billets en vente dans toutes les agences des îles et du continent, ainsi qu'aux guichets installés aux gares et sur les quais. Étant donné la multiplicité des compagnies et des quais, autant ne prendre qu'un aller simple. Cela permet de revenir au meilleur horaire et via le port le plus pratique.
Les liaisons ci-dessous sont données à titre indicatif et pour la haute saison. Ça change souvent ! Elles s'entendent dans les deux sens, quotidiennement, et selon les mêmes fourchettes horaires sauf mention contraire.
➢ ***Les embarcadères de Ko Samui :*** Na Thon (*Seatran Ferry, express-boat Songserm* et occasionnels bateaux lents) ; Mae Nam (catamaran *Lomprayah*) ; Bo Phut (*express-boat Butsapakmanee*), et, tout proches de l'aéroport, Bang Rak et Big Buddha (bateaux express *Phangan Cruise, Haad Rin Queen* et, le meilleur, *Seatran Discovery*).
➢ ***Surat Thani :*** pour embarquer sur le continent, voir Surat Thani, ci-dessus. Prévoir de 100 à 250 Bts (2 à 5 €) la traversée, selon le type de bateau.

■ ***Compagnie Songserm :*** ☎ 421-316. Une liaison d'*express-boat* entre Ta Tong (départ à 8 h) et Na Thon (retour à 12 h 45). Prévoir 2 h 30 de trajet. Les billets incluent les transferts en bus sur le continent.
■ ***Seatran :*** ☎ 426-000. • www.seatranferry.com • et ***Raja Ferry :*** ☎ 415-230. Affrètent chacune des départs de *ferry-boats* toutes les heures, de 6 h à 18 h, entre Donsak et Ko Samui. *Raja* accoste à Thong Yang, 10 km au sud de Na Thon, mais les bus montent à bord et poursuivent jusqu'au port. Prévoir 1 h 30 de traversée + environ 1 h de bus de Surat Thani à Donsak. Les ferries *Seatran* sont plus modernes, mieux entretenus et pratiques. Cette compagnie propose aussi deux liaisons « super express », baptisées *Discovery* (• www.seatrandiscovery.com •) entre Donsak (départ à 9 h 30 et 16 h) et Na Thon (retour à 8 h et 15 h). Moins d'1 h de trajet, climatisé.
■ Reste les bateaux de nuit, parfaits pour les voyageurs petits budgets, les romantiques, ou ceux, arrivés tard, qui ne veulent pas dormir à Surat Thani mais gagner plusieurs heures de bronzette sur l'île (on est bien d'accord !). Certes, l'aspect et l'entretien de ces embarcations nous inquiètent un peu... Départs de Ban Don à 23 h et de Na Thon à 21 h. Les passagers viennent s'installer sur des matelas étroits placés les uns à côté des autres. Arrivez tôt pour vous assurer une paillasse, sinon ce sera peut-être le pont (prévoir une couverture). Gardez un œil sur vos sacs et une main sur votre gilet de sauvetage ! La traversée dure de 5 à 6 h. Elle est annulée quand la météo n'est pas bonne.

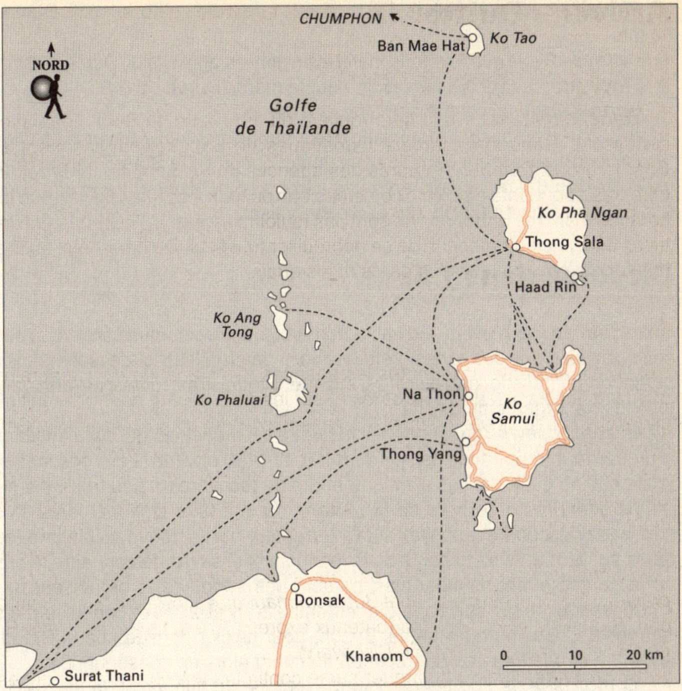

L'ARCHIPEL DE KO SAMUI

➢ ***Chumphon :*** la compagnie *Lomprayah* (☎ 427-765, ● www.lomprayah.com ●) affrète deux liaisons par jour (une tôt le matin, une vers midi), avec escales à Ko Pha Ngan et Ko Tao. Prévoir 3 h 45 à 4 h 30 de voyage. Attention, le prix d'un Samui-Chumphon n'est raisonnable que s'il est combiné avec un bus pour Bangkok.

➢ ***Ko Pha Ngan et Ko Tao :*** à part un navire de la *Songserm,* tous les *express-boats,* catamarans et *Seatran Discovery* desservant Ko Pha Ngan poursuivent leur route vers Ko Tao. Pour les fréquences et durées, voir les rubriques « Arriver – Quitter » sous ces deux îles.

En avion

✈ Propriété de *Bangkok Airways,* l'***aéroport de Ko Samui*** (☎ 245-600) compose un adorable ensemble de paillotes au milieu des palmiers. Café et petits fours gratuits pour les passagers... Oui mais, avant de s'envoler de Ko Samui, il faudra vous acquitter de la (très chère) taxe d'aéroport (400 Bts, soit 8 €) sans oublier que les vols, eux non plus, ne sont pas donnés (plus de 3 000 Bts, soit 60 €, hors offres spéciales) ! Arriver à l'aéroport une heure avant. Les changements de vols sont gratuits hors offres promotionnelles.

– Les fréquences ci-dessous, valables dans les deux sens, correspondent à la haute saison :

➢ ***Bangkok :*** jusqu'à 30 vols quotidiens (et 10 au minimum) entre 6 h et 22 h (durée : 1 h 20) !

➢ ***Phuket :*** 2 vols journaliers. Un le matin, 1 en milieu d'après-midi. Durée : 50 mn.
➢ ***Pattaya :*** 2 vols quotidiens, le matin et en début d'après-midi. Durée : 50 mn.
➢ ***Singapour :*** 1 vol tous les jours sauf le mardi. Durée : 2 h 20.
➢ ***Hong-Kong :*** 4 vols par semaine, 3 h de vol.
– Les pas trop pressés qui font gaffe à leur budget peuvent étudier la solution *Thai Airways* qui assure deux liaisons quotidiennes entre Surat Thani et Bangkok. Prévoir 6 h de voyage entre les aéroports, bateaux et transferts compris pour environ 1 000 Bts (20 €) d'économisés.

Circuler dans l'île

Notre plan de l'île n'est qu'indicatif ; pour vous déplacer, munissez-vous dès votre arrivée d'une des cartes gratuites (voir « Infos utiles » ci-dessous). Aussi pratiques qu'indispensables, elles indiquent toutes les routes et (presque) tous les hébergements de l'île.
– ***Les songthaews :*** camionnettes bâchées à banquettes, qui circulent sans arrêt sur tout le pourtour de l'île de 6 h à 17 h 30 environ. Leur destination finale est indiquée dessus. Pratique et rapide (souvent un peu trop). Il suffit de les attendre sur le bord de la route et de leur faire signe. Quand vous souhaitez descendre, appuyez sur l'interrupteur qui se trouve au plafond (ou tapez sur le toit). Ayez toujours de la monnaie et essayez de connaître le prix de la course avant d'embarquer. Le soir, des *songthaews* organisent des « ramassages » sur certaines plages entre 20 h et 21 h et conduisent les *farangs* à Chaweng ou à Lamai Beach, pour picoler dans les bars. Retour entre 3 h et 4 h. Les prix du transport flambent alors en conséquence.
– ***Les motos-taxis :*** on les reconnaît à leur T-shirt fluo violet, jaune, vert... selon les plages. Plus chers mais plus rapides que les *songthaews*. Par exemple, autour de 30 Bts (0,6 €) pour une petite course dans Chaweng. Les pilotes portent un casque, demander le sien.
– ***La moto :*** le meilleur moyen d'être complètement indépendant évidemment mais aussi, statistiquement, l'activité la plus dangereuse que vous pourrez avoir sur l'île. Lire notre rubrique « Transports » dans les « Généralités » en début de guide pour les mises en garde.
– ***La voiture :*** plus sûre que la moto, plein de loueurs dont de grandes enseignes. Pas si cher, d'autant moins si l'on est plusieurs. Un seul hic, la circulation dans certains coins (exemple Chaweng).

Adresses et infos utiles

Voir aussi sous Na Thon, capitale de l'île.

Informations touristiques

Distribuées un peu partout : plusieurs publications gratuites généralistes, pleines d'infos pratiques, telles que *Samui Guide* • www.samuiguide.com • ou *Samui Explorer* ; des spécialisées comme *Samui Dining Guide* et *Samui Health & Spa Guide* ainsi que des cartes de l'île, *Infomap* étant la plus complète. Vous trouverez aussi tout cela et bien d'autres choses à l'office de tourisme *(TAT)* de Na Thon (voir plus loin). Enfin, n'oublions pas • www.samui-info.com • un portail d'informations francophone bien fait et assez complet.

Banques, guichets automatiques et change

Sur toutes les plages, plusieurs kiosques de change, dont certains ferment à 22 h. En revanche, les banques de Na Thon sont closes à 18 h. Dans tous les lieux fréquentés, les distributeurs automatiques ne sont jamais bien loin.

Agences de voyages

À Chaweng et à Lamai surtout, mais aussi à Bo Phut et Mae Nam, des (grosses !) dizaines d'agences de voyages proposent toutes à peu près la même chose : billets de bateau, de bus ou d'avion, excursions, connexions Internet, fax, téléphone...

■ ***Bangkok Airways*** – สายการบินบางกอกแอร์เวย์ *(plan, **1**) :* au sud de Chaweng Beach, sur la route n° 4169, voisin du Bangkok Samui Hospital. ☎ 422-512. Ouvert tous les jours de 8 h à 17 h 30. Vente de billets pour Bangkok, Phuket et toutes les autres destinations de la compagnie.

Cours de cuisine thaïe

■ ***Samui Institute of Thai Culinary Arts (SITCA ; plan, 22) :*** Soi Colibri, au sud de Chaweng. ☎ 413-172. Fax : 413-434. • www.sitca.net • Une école réputée, qui enseigne les secrets de la cuisine thaïe, ainsi que l'art de la sculpture des fruits et légumes. Cours en anglais, le midi et en fin d'après-midi. On apprend à reconnaître les ingrédients et épices, et on prépare au moins 3 plats différents. Salle très bien équipée et cours ludiques. Ensuite, dégustation ! On peut inviter quelqu'un pour partager le repas, car c'est très copieux. Compter environ 1 000 Bts (20 €) le cours.

Massages et soins

Depuis quelques années, surfant sur la vague du bien être, les spas ont fleuri sur l'île et Ko Samui est devenue LA destination détente du pays. C'est dorénavant dans ces endroits plutôt chic et un brin New Age que l'on va se faire dorloter. Car les spas ne proposent pas que des massages traditionnels, à l'huile, aux herbes... mais aussi toutes sortes de soins de la peau, d'aromathérapie, de « détoxication », voire de jeûne. Voici nos deux adresses préférées, malheureusement pas très accessibles aux routards petits budgets (1 000 Bts, soit 20 €)...

■ ***Spa Ban Sabai*** – สปา บ้านสบาย *(plan, **3**) :* entre Bo Phut et Big Buddha Beach. ☎ 245-175. • www.ban-sabai.com • Cadre enchanteur : quelques *salas* installés au bout d'un jardin tropical devant la mer, et le bruit des vagues comme ambiance sonore. Les masseuses, réellement qualifiées, reçoivent régulièrement de nouvelles formations. Les tarifs, bien qu'élevés, n'atteignent pas les sommets de certains autres établissements. Tentez d'ailleurs d'obtenir une petite ristourne auprès de la charmante Suissesse qui s'occupe de l'accueil ! Les plus fanatiques pourront même s'offrir une « total Spa experience » d'une demi-journée ou d'une journée complète.

■ ***Tamarind Retreat*** – ธำมะริน รีทรีคท์ *(plan, **4**) :* en arrivant sur Lamai Beach. ☎ 230-571. • www.tamarindretreat.com • Dans une oasis de calme, à flanc de colline, au milieu des cocotiers. Un endroit parfait pour se relaxer, et tout est fait pour vous y aider. Serviettes, sarongs et tongs fournis, il vous est suggéré de profiter du hammam et de la piscine avant d'aller recevoir vos soins, aux noms évocateurs : *traditionnel* (un massage thaï de 3 h), *véritable indulgence, extase du dos, décadence divine* (massage de relaxation, puis des pieds, puis soin du visage)... Tout un programme ! Également possibles, des massages à l'unité, moins chers que les *packages*. Pas donné bien sûr, mais un grand souvenir.

Adresses utiles

1 Bangkok Airways
3 Spa Ban Sabai
4 Tamarind Retreat
5 Bo Phut Diving
6 Samui International Hospital
7 Samui Hospital
8 Tesco-Lotus
22 Samui Institute of Thai Culinary Arts

Où dormir ?

4 Tamarind Retreat
5 The Lodge, Eden Bungalows, The Red House
12 Mae Nam Village Bungalow
13 Cleopatra Palace
14 S.R. Bungalow, Friendly Bungalow, Rainbow Bungalow
15 Palm Point Village, Maenam Resort
16 Free House Bungalows, Cactus
17 L'Hacienda
18 Zazen Bungalows
19 Lucky Mother Bungalows, O.P. Bungalows, The Chaweng Gardens Beach, Chaweng Villa Beach Resort
20 Coral Bay Resort
21 Charlie's Hut, Long Beach Lodge, Princess Village
22 Samui Resotel
23 Silver Beach Resort
24 Whitesands Bungalow, Bill Resort
25 Rose Garden Bungalow
26 Lamai Coconut Resort
27 Wanna Samui Resort
28 Coconut Villa
36 Le Mas de Provence – Chez Ban-Ban
37 O Soleil Bungalow, P.S. Villa

Où manger ?

5 Tid Restaurant, Eden Issan Restaurant, Starfish and Coffee Restaurant, La Sirène, Coffee Junction, 56
12 About Café
17 Boulangerie
19 Samui Seafood
21 Nakorn Restaurant, Ninja Restaurant, Sojeng Kitchen
22 The Dining Room, Poppies, Zico's
26 Lamai Food Center
28 Coconut Villa
30 Rimbang Seafood
31 Resto du Royal Meridien
32 Angela's Bakery and Café
33 Le BBC Restaurant
34 Marché de Laem Din
35 Captain Kirk,Via Vai
36 Le Mas de Provence – Chez Ban-Ban
37 Mango Tree, O Soleil Bungalow, P. S. Villa
38 Ninja Crepes Restaurant, Buddy Beach
39 Gingpagarang Restaurant, La Java

Où boire un verre ? Où danser ?

5 The Frog & Gecko Pub, Billabong Surf Club Bar & Grill
19 The Islander, Soi Green Mango
22 Guapa
33 BBC Restaurant
34 Reggae Pub
38 Buddy Beach

À voir

27 Samui Aquarium
34 Boxe thaïe
40 Big Buddha
41 Thong Son Bay
42 Hin Ta & Hin Yai
43 Butterfly Garden
44 Magic Alambic
45 Moine momifié du Wat Khunaram
46 Hin Lad Waterfall
47 Na Muang Waterfall 1 et 2

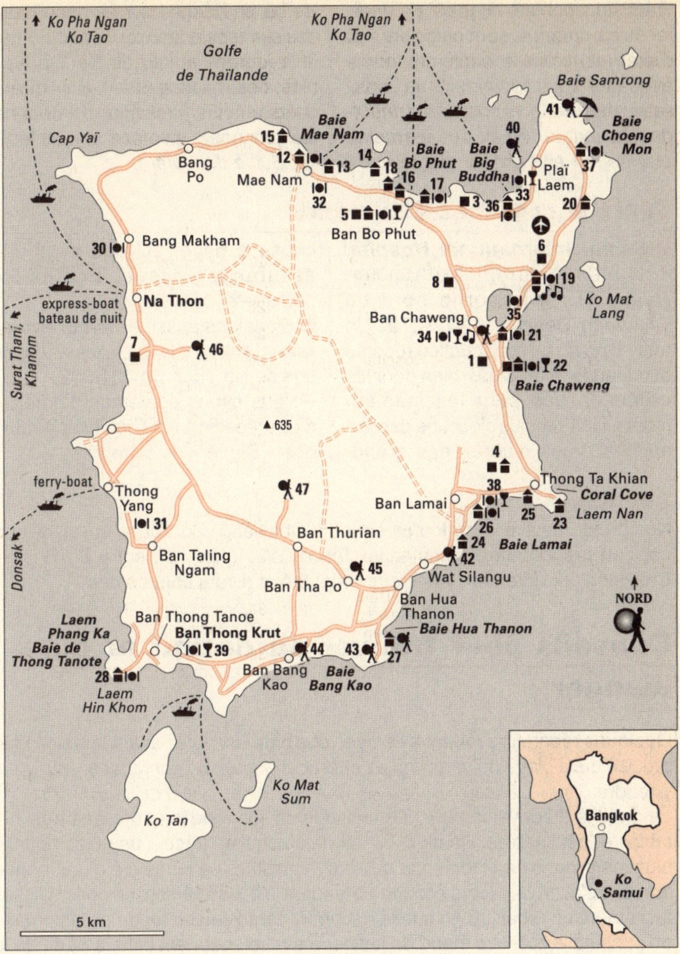

KO SAMUI

Plongée à Ko Samui

Juste quelques mots pour informer les plongeurs que Ko Samui n'est pas une île où l'on plonge, car les fonds ne s'y prêtent pas et il n'y a pas grand-chose à voir. Il y a bien sûr des clubs de plongée un peu partout, mais ceux-ci emmènent leurs clients autour de Ko Tao, c'est-à-dire en moyenne à 2 h de bateau de Samui. Ceux qui ont prévu de se rendre dans cette île préféreront plonger depuis là-bas, ça leur coûtera moins cher. Sinon, voici l'adresse d'un club francophone sérieux et bien sympa :

■ ***Bo Phut Diving*** – โรงเรียนดำน้ำสมุยบ่อผุด *(plan, 5)* **:** dans le village de Bo Phut, face à la pension *The Lodge*. Succursale à Lamai. ☎ 425-496 ou 01-956-78-34 (portable). ● www.bophutdiving.com ● Un centre

PADI francophone (Patrice et Serge, les deux proprios, sont originaires du Gers), qui propose baptême, formations (sur 4 jours minimum) et exploration des meilleurs spots de la région. Ils évaluent le niveau des élèves en piscine, ou en bord de plage, avant de les embarquer sur un beau *cabin cruiser* appelé le *Sao Samui*. Sorties à la journée autour de Ko Tao (voir « Nos meilleurs spots »). Boutique et salle de cours. Réduction de 10 % sur les plongées accordée aux lecteurs du *Guide du routard.*

Santé et urgences à Ko Samui

■ ***Samui International Hospital*** – โรงพยาบาลสมุยอินเตอร์เนชั่นแนล *(plan, **6**) :* à la sortie nord de Chaweng Beach. ☎ 422-272. Un hôpital privé, de construction récente et ouvert 24 h/24, aussi bien pour les urgences que pour les médicaments. Un Français s'occupe des formalités. Vous n'aurez pas grand-chose à payer si vous avez une assurance voyage. Également pédiatre et dentiste.

■ Signalons aussi le ***Samui Hospital*** – โรงพยาบาลสมุย *(plan, **7**) :* au sud de Na Thon. ☎ 421-399.

– Nous citons également l'adresse d'un médecin à Na Thon (voir la rubrique « Santé » de cette ville).

Shopping

Nombreux magasins de toutes sortes à Chaweng. On trouve aussi, depuis peu, un grand centre commercial *Tesco-Lotus* (*plan, **8*** ; entre Bo Phut et Chaweng). À l'intérieur, vaste supermarché et divers commerces.

Conseils pour trouver où dormir et où manger

Quelques rabatteurs rôdent à l'arrivée des bateaux. Ayez avant tout une idée précise de la plage où vous voulez atterrir et prenez un *songthaew* pour vous y rendre.

La rapidité du développement touristique de l'île rend les adresses très instables et périssables. De plus, la notoriété acquise grâce à un guide pousse plus les proprios à l'indolence qu'au dynamisme. La longévité d'une bonne adresse s'en trouve alors écourtée. Pendant la basse saison, on obtient assez facilement un rabais. Bien que la notion de haute saison tende à s'estomper, on considère qu'elle s'étend de janvier à avril et, pendant l'été, à partir de la mi-juillet. Attention, les prix que nous indiquons correspondent à celle-ci, pas à ceux de la « peak season » (fêtes de fin d'année) où les débordements sont difficilement prévisibles.

De même, nous indiquons relativement peu de restos. Bien souvent, vous ne trouverez pas forcément mieux alentour que la cuisine honnête et pas chère préparée par vos hôtes.

NA THON – หน้าทอน *Ind. tél. : 077*

Ville principale de l'île. Port d'arrivée et de départ des *express-boats* pour Surat Thani et Ko Pha Ngan, et de certains ferries. C'est aussi le terminus des bus qui débarquent sur l'île par le *ferry-boat* de Thong Yang (à environ 10 km au sud). Atmosphère agréable. Toute l'animation se concentre dans Taweratphakdee Rd. Barcasses de pêcheurs à proximité des quais.

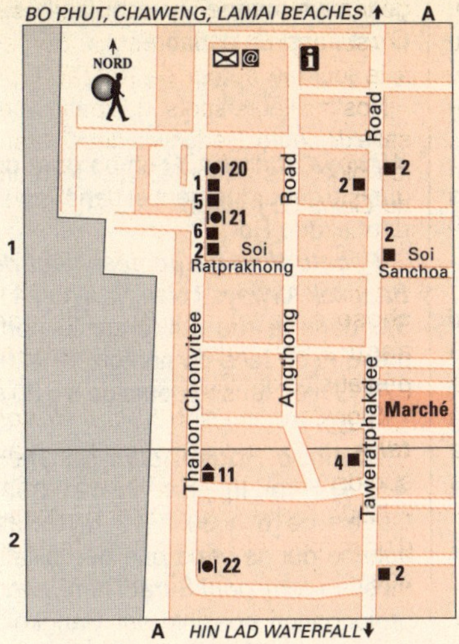

Adresses utiles

- TAT
- Poste
- 1 Agence Songsern
- 2 Banques
- 4 Dr Surasit Clinic
- 5 Pacific Voyage
- 6 Bamboo House

Où dormir ?

- 11 Jinta Hotel

Où manger ?

- 20 Jelly Roll
- 21 Ruangthong Bakery (Hot Bread Shop)
- 22 Starry Seafood

NA THON

Adresses utiles

Infos pratiques

TAT – ท.ท.ท. *(plan Na Thon A1)* **:** Chayakul Rd. En longeant la mer vers le nord, tourner avant la poste, puis dans la 1re à gauche ; aller jusqu'au bout de la ruelle (passer les grilles). ☎ 420-504. • tatsamui@tat.or.th • Ouvert tous les jours de 8 h 30 à 16 h 30. Plans de l'île, liste des hébergements, infos sur toutes les liaisons maritimes avec le continent et les autres îles, brochures publicitaires en tout genre (hôtel, restos, loisirs...). Accueil très aimable.

Tourist Police : ☎ 421-281.

Poste – ไปรษณีย์ *(plan Na Thon A1)* **:** sur le front de mer, à gauche en descendant du bateau, à 300 m. Ouvert du lundi au vendredi de 8 h 30 à 16 h 30 et les samedi et dimanche de 9 h à 12 h. Au 1er étage, centre téléphonique ouvert tous les jours de 7 h à 22 h.

Bureau d'Immigration – สำนักงานตรวจคนเข้าเมือง *(hors plan Na Thon par A2)* **:** au sud du village, juste au croisement de la route qui mène au *Samui Hospital.* ☎ 421-069. Pour prolonger votre visa.

Banques *(plan Na Thon A1 et A2, 2)* **:** nombreuses sur Taweratphakdee Rd et munies de distrib'. Ouvertes d'environ 8 h 30 à 16 h 30.

Internet : plusieurs boutiques sur Taweratphakdee Rd et face au port.

Santé

Voir aussi, plus haut, « Santé et urgences à Ko Samui ».

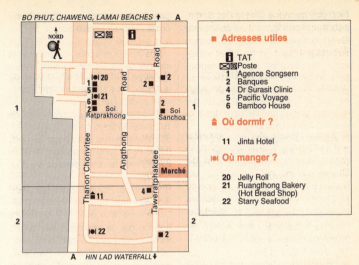

Dr Surasit Clinic – คลีนิคหมอสุรสิทธิ์ *(plan Na Thon A2, 4)* **:** 167 Taweratphakdee Rd (dans le centre du village, juste en face du marché). ☎ 421-011. Consulte de 8 h à 16 h 30 en semaine, de 8 h à 12 h les samedi et dimanche. Sympa, le Dr Surasit parle l'anglais et connaît bien son métier. Il délivre des certificats autorisant la pratique de la plongée sous-marine avec bouteilles... C'est aussi un pédiatre.

Transports

***Taxis collectifs* – รถสองแถว :** départs fréquents depuis les parkings en face du débarcadère pour les différentes plages de l'île. Leur destination est inscrite sur le pare-brise.

■ ***Agence Songsern*** *(plan Na Thon A1, 1)* **:** dans la rue du port, entre le petit ponton et le grand ponton. ☎ 420-157. Ouvert tous les jours de 8 h à 17 h. Compagnie régulière qui possède nombre des bateaux express naviguant vers Surat Thani, Ko Pha Ngan et Ko Tao. Achat des billets de bateaux, dont les combinés avec trains et bus.

■ ***Lomprayah Catamaran* :** ☎ 427-765. ● www.lomprayah.com ● Cata pour Ko Phan Ngan, Ko Tao ou Chumphon.

■ ***Agences de voyages, Thai Airways, marché...* :** en bordure du quai de débarquement et dans Taweratphakdee Rd.

■ ***Pacific Voyage*** *(représentant de Bangkok Airways ; plan Na Thon A1, 5)* **:** dans la rue qui longe le port, presque en face du ponton. ☎ 420-370. Ouvert tous les jours de 8 h 30 à 17 h 30.

■ ***Bamboo House*** *(plan Na Thon A1, 6)* **:** sur le port. ☎ 421-092. Ouvert de 6 h 30 à 17 h. Petite agence qui ne vend que des billets de bus + ferry pour Surat Thani, avec prolongation possible sur Bangkok, mais aussi le Sud (Phuket, Hat Yai et même Kuala Lumpur et Singapour), en train ou en bus public AC. Également des billets combinés jusqu'à l'aéroport de Surat Thani.

Où dormir ?

Pour parler sans ambages, évitez de dormir à Na Thon. Aucun intérêt. Obligé pour une raison X ? Voici une adresse très correcte.

Prix moyens (de 400 à 650 Bts – 8 à 13 €)

***Jinta Hotel* – โรงแรมจินดา** *(plan Na Thon A2, 11)* **:** sur le front de mer, à 700 m du débarcadère. ☎ 236-369. Chambres dans plusieurs bâtiments dispersés dans un jardin plutôt agréable. Vieillot mais propre et tranquille. Prix selon la température de l'eau et de l'air (dans les chambres !). Internet dans le lobby. Manager sympa.

Où manger ?

Bon marché (moins de 100 Bts – 2 €)

***Jelly Roll* – ร้านอาหารเยลลี่ โรล** *(plan Na Thon A1, 20)* **:** face aux pontons. Attention, le panneau est très peu visible. Ouvert tous les jours de 7 h à 17 h. Grande salle anonyme, genre cantoche. Bons petits plats thaïs, chouettes soupes, ainsi que des plats d'inspiration franchouillarde, telles les crevettes au beurre d'escargot (en français dans le texte !). On peut aussi y prendre le petit dej'.

***Ruangthong Bakery (Hot Bread Shop)* – เรืองทองเบเกอรี่ (ฮ็อทเบรดช็อป)** *(plan Na Thon A1, 21)* **:** Taweratphakdee Rd. ☎ 421-295.

KO SAMUI

Ouvert tous les jours de 7 h à 18 h 30. Une façade de vieil entrepôt commercial pour un vaste intérieur un peu rococo de salon de thé-boulange-resto à la siamoise. Mélange d'autochtones habitués et de touristes ; idem sur la table où petits plats thaïs voisinent avec de bonnes pâtisseries et cafés.

Prix moyens (de 100 à 300 Bts – 2 à 6 €)

🍽 ***Starry Seafood*** – สตาร์รีซีฟู้ด *(plan Na Thon A2,* ***22****) :* ☎ 420-227. Cantine sino-thaïe, face à la mer, dans la partie sud de la ville, à environ 1 km du débarcadère. Plats pas chers et bien faits. Populaire. Toujours plein de familles chinoises qui se partagent un nombre incroyable de plats. Souvent des animations karaoké. Deux restos dans le même genre juste à côté.

Où manger dans les environs ?

Bon marché (moins de 150 Bts – 3 €)

Plusieurs petits restos sur la route au nord de la ville.

🍽 ***Rimbang Seafood*** – ริมบางซีฟู้ด *(plan,* ***30****) :* à 1 km au nord de Na Thon, sur la gauche de la route au niveau de Bang Makham. ☎ 236-047. Ouvert tous les jours midi et soir. En bord de mer, cet authentique resto de pêcheur propose un bon assortiment de fruits de mer frais, mijotés selon les recettes du cru. Ainsi crevettes, calamars et poissons exotiques viendront délicieusement chatouiller vos papilles. Dommage cependant que l'on pousse un peu à la consommation. Simple et copieux.

Très chic (autour de 1 500 Bts – 30 €)

🍽 ***Resto du Royal Meridien*** – ภัตตาคารโรงแรมรอยัล เมอริเดียน *(plan,* ***31****) :* à environ 15 km au sud de Na Thon, en haut du promontoire de Baan Taling Ngam (accès final en voiture électrique !). ☎ 423-019. Le nec plus ultra des restos chic de l'île. À la fin des vacances, après avoir couru les cantoches routardes, vous aurez peut-être envie de casser le petit cochon (!) et de vous installer à la jolie terrasse couverte et ventilée avec vue sur la mer, la belle piscine et le jardin tropical. En fait, il y a quatre restos dans cet hôtel. Le plus réputé est le *Baan Chantra* où sont préparées d'anciennes recettes royales. C'est excellent, cher et vraiment raffiné. Service stylé. Atmosphère romantique, idéale pour un dîner en amoureux.

À voir au large

Le parc national marin d'Ang Tong – ฤทยานแห่ง ชาติหมู่เกาะอ่างทอง *:* il s'agit d'un chapelet d'îles, à l'ouest de Ko Samui (environ 2 h 30 de traversée). *Attention* : comparer les prix des compagnies maritimes qui organisent l'excursion et ceux pratiqués par les bungalows ; les différences sont notables. Excursion au départ de Na Thon le matin, retour le soir. Repas compris.

Franchement, le seul intérêt de cette balade, c'est le paysage totalement vierge et paradisiaque de l'archipel. Car les eaux sont vraiment troubles, et les possibilités de *snorkelling,* de fait, assez réduites. Hyper-touristique. Ne pas oublier sa crème solaire.

➤ LES PLAGES DE L'ÎLE Ind. tél. : 077

Nous parcourons les différentes plages de Ko Samui en tournant dans le sens des aiguilles d'une montre, à partir de Na Thon.

MAE NAM BEACH – หาดแม่น้ำ

La première vraie plage rencontrée en venant de Na Thon par le nord. Les abords de la route sont plutôt laids, comme d'hab'. Cependant, tourner vers la mer à l'intersection centrale (au niveau du *7/Eleven*) amène aux menus mais charmants restes du village chinois d'antan (grandes maisons commerçantes de bois, un temple), sorte de Bo Phut « du pauvre ». C'est aux extrémités de la baie (surtout à l'ouest) que l'estivant trouvera les plus beaux coins de plage. La plupart des adresses sont éloignées de la route et desservies par des pistes.
Mae Nam conviendra à ceux qui recherchent le calme et une plage « budget ». Loger ici permet aussi d'apprécier Bo Phut, proche voisine plus coquette et... chère.

Où dormir ?

De bon marché à prix moyens (de 250 à 1 000 Bts – 5 à 20 €)

🏠 ***Mae Nam Village Bungalow*** – แม่น้ำวิลเลจบังกะโล *(plan, 12)* : au milieu du village. ☎ 425-151. Tourner au niveau du *7/Eleven.* À deux pas de la plage, bungalows et chambres dans des petites maisons en dur. Ventilo et douche froide dans la plupart des chambres, mais certaines offrent la clim' et l'eau chaude. Prix selon les prestations.

🏠 ***Cleopatra Palace*** – เคลโอภัตราพาเลซ *(plan, 13)* : 500 m à l'est du carrefour central (après le pont) ☎ 425-486. • orasa75@hotmail.com • Bungalows en dur avec salle de bains, ventilés ou avec la clim'. Les tarifs varient aussi selon emplacement tout en restant toujours très corrects. Sans charme particulier et un peu entassé mais propre et sympa. Resto à l'arrière (cuisine honorable) et joli bar face à la mer.

🏠 ***S.R. Bungalow*** – เอส.อาร์.บังกะโล *(plan, 14)* : à l'extrémité est de Mae Nam par un chemin quittant la route un poil à l'est de la poste (puis rester à main droite). ☎ 427-529. Fax : 427-531. • sr_bungalow@hotmail.com • Deux rangées face à face (perpendiculaire à la mer) de bungalows en dur avec salle de bains. Démarre par de petits individuels (les moins chers), passe par des chalets bi-chambres ventilés et enfin débouche sur les climatisés (+ eau chaude) donnant sur la mer. Confort honnête, propre et bien maintenu. Charmant espace jardiné. Un seul regret, le bord de mer n'est pas ici très « plage ». Enfin, toujours l'occase d'une petite promenade le long des flots. Accueil très aimable.

🏠 ***Friendly Bungalow*** – เฟรนรี บังกาโล *(plan, 14)* **:** même piste que *S.R. Bungalow,* le premier « village » en arrivant de la mer. ☎ 245-124. Une dizaine de bungalows avec salle de bains et ventilo, dont des petits en bois et de plus grands en dur, posés face à la mer. La gentille patronne demande à ses hôtes de rester au minimum 3 nuits et plus si affinités, critère d'accession à des tarifs très bas, à l'ancienne. Bord de mer plus accueillant que chez les voisins. Un bon plan si l'on veut se poser un peu et sans façon. Souvent plein, le mieux est d'y passer pour réserver.

De prix moyens à un peu plus chic (de 400 à 1 500 Bts – 8 à 30 €)

🏠 ***Rainbow Bungalow*** – เรนโบว์ บังกะโล *(plan, 14)* **:** prendre le chemin qui dessert *S.R. Bungalow,* mais ne pas tourner à droite. ☎ 425-425. À l'arrière, des constructions modernes de plain-pied hébergeant 4 grandes chambres (ventilo, eau froide ou chaude). Devant, jusqu'à face à la mer, une poignée de bungalows en dur, climatisés et plus chic. Très propre et bien tenu, l'ensemble s'est embourgeoisé en restant mignon. De même pour le resto et ses bons plats. Un peu de promiscuité (les chambres), mais accueil toujours aussi charmant, loin de la foule et du bruit... Une bonne adresse.

🏠 ***Palm Point Village*** – ปาล์มพอยท์ วิลเลจ *(plan, 15)* **:** en arrivant à Mae Nam par la route de Na Thon (même chemin que Maenam Resort). ☎ 247-372. Fax : 425-095. • www.palmpointsamui.com • Ne pas se fier à l'entrée peu engageante, tout s'arrange en allant vers la mer. Deux rangées de bungalows pour l'essentiel en dur, dans un chouette jardin et sous les cocotiers. Propre et confortable, ventilo ou clim' et eau chaude. Certains (nos préférés, bien sûr) donnent sur la mer et la belle plage de Maenam ouest.

Un peu plus chic (de 1 200 à 2 000 Bts – 24 à 40 €)

🏠 ***Maenam Resort*** – แม่นารีสอร์ท *(plan, 15)* **:** Maenam ouest, bien indiqué. ☎ 247-286. Fax : 425-116. • www.maenamresort.com • Beaux et grands chalets habillés de lattes bien vernies et de terrasses spacieuses, nichés dans une végétation « isolante ». Plusieurs catégories : vue sur le jardin, la mer, standard, supérieur et familiaux (environ moitié plus chers pour ces derniers). Ameublement classique mais chaleureux, clim' sauf pour les moins chers, situés au deuxième rang. Tenue nickel. Donne sur une section de plage large de 250 m, bien entretenue et replantée de cocotiers, toujours plus sympa qu'une digue de béton ! Management efficace et souriant.

Où manger ?

Bon marché (moins de 150 Bts – 3 €)

🍴 ***Angela's Bakery and Café*** – อันเจล่าเบเกอรีแอนด์กาเฟ *(plan, 32)* **:** sur la grande route principale ; après le pont et à gauche de la route en venant de Bo Phut. ☎ 427-396. Évidemment, le site n'a rien d'extra, en bord de route, mais bons gâteaux, variés et pas chers, bravo ! *Bagels,* *lemon cake, strudel, cheese cake...*

🍴 ***About Café*** – อเบ้าท์กาแฟ *(plan, 12) :* tourner vers la mer au niveau du *7/Eleven.* ☎ 427-376. Ouvert de 7 h à 18 h. Une mini-salle et une mini-terrasse, bordées de plantes, pleines de couleur et d'accessoires rigolos. Belles cartes postales. Pour boire un thé, un café, prendre le petit déjeuner ou manger un plat tout simple (tel le poulet au basilic, servi avec du riz) mais bon et à tout petits prix.

BO PHUT BEACH – หาดบ่อผุด *Ind. tél. : 077*

Une jolie plage, même si ce n'est pas la plus belle (fond un peu vaseux...) et qu'il faut s'éloigner du village vers l'ouest pour la retrouver plus baignable, intime et calme. Surtout, un coin qui profite à fond du village de loin le plus sympathique et charmant de l'île. Chouette ambiance, très zen, un peu bobo, pas mal de Français. La voie d'accès principale au village débouche de la route n° 4169, perpendiculairement à l'unique rue de Bo Phut qui court parallèlement à la mer. Nous nous repérerons depuis cette intersection (où se situe Coffee Junction), tournant soit à droite (est), soit à gauche (ouest) vers le « centre ».

Où dormir ?

De prix moyens à un peu plus chic (de 700 à 2 000 Bts – 14 à 40 €)

🏠 ***Free House Bungalows*** – ฟรีเฮ้าส์บังกะโล *(plan, 16) :* à l'ouest du village, accessible depuis la route de l'île (direction Mae Nam) ou en continuant le long de la plage là où la rue de Bophut fait un angle droit. ☎ et fax : 427-516. • www.freehousesamui.com • Tenu par une famille modeste et gentille comme tout. Attachants bungalows en maçonnerie blanche et au toit de paille, de bon rapport qualité-prix, quel que soit leur type : petits ou grands, tous avec salles de bains (eau chaude), ventilo ou clim' (deux fois plus cher). Quelques survivants en bois. Déco nette et épurée au maximum. Plage et petit resto soigné.

🏠 ***Cactus*** *(plan, 16) :* voisin du *Free House.* ☎ 245-565. • cactusbung@hotmail.com • Deux rangées de bungalows de couleur ocre-orangé, perpendiculaires à la mer. Style « arty » et « pampa », les cactus sont bien là, dans un charmant jardin protégeant l'intimité des hôtes. Cailloux intégrés dans la chape, lits sur plate-forme maçonnée, grande salle de bains. Eau froide et ventilo, eau chaude, clim' et même la TV, faites votre choix ! Plaisant resto-bar devant la plage. Il sera bientôt temps de repeindre, mais c'est un très bon plan, dans un registre plus original que le *Free House.*

D'un peu plus chic à bien plus chic (de 1 700 à 4 500 Bts – 34 à 90 €)

Dans cette catégorie, on trouve des gammes de tarifs très larges.

🏠 ***The Lodge*** – เดอะลอดจ์ *(plan, 5) :* au cœur du village, juste devant *Bo Phut Diving.* ☎ 425-337. Fax : 427-565. • lodge@apartmentsamui.com • Cette charmante demeure de style compte une dizaine de chambres confortables (AC, moustiquaire, minibar...) et décorées avec un goût sûr. Partout, le bois exotique est de rigueur, créant une atmosphère vraiment chaleureuse. Les chambres donnent sur la mer ; mais notre préférée, au 1er étage, surplombe un joli cocotier.

Zazen Bungalows – ซาเซนบังกะโล *(plan, 18)* : l'une des premières adresses sur Bo Phut Beach ; panneau sur la route en arrivant de Na Thon. ☎ 425-085. Fax : 425-177. • www.samuizazen.com • Facile à reconnaître, l'entrée et les bungalows sont patinés en orange. Une quinzaine de bungalows de tailles différentes, clairs et bien tenus avec goût, que ce soit en *standard* ou *deluxe*. Les plus chers sont évidemment ceux qui donnent sur la plage ; pourtant, notre coup de cœur va à ceux du jardin. Petit dej' inclus dans le prix. Fait également resto. Tables joliment dressées et grand choix : plats internationaux et cuisine thaïlandaise. Accueil charmant. Billard surplombant la mer et même un vieux baby-foot. Attention cependant, les prix grimpent de manière vertigineuse lors de la *peak season*. Judicieux de réserver via Internet (rabais)... En bref, charmant mais cher !

Eden Bungalows – เอเดนบังกะโล *(plan, 5)* : au milieu du village de Bo Phut. ☎ 427-645. Fax : 427-644. • www.edenbungalows.com • Tenu par un couple de Français sympas, serviables et grands professionnels. Les bungalows, personnalisés d'une déco particulièrement raffinée, donnent sur un beau jardin, avec une petite piscine. Partout : AC + ventilo, eau chaude et minibar. Télé-câble en sus. Voici une belle affaire, familiale et cosy. Bar avec pastis et... ti-punch ! Fait aussi resto.

L'Hacienda – ลาเ ซียนดา *(plan, 17)* : tourner à droite à l'intersection. ☎ 245-943. • hacienda@samui-hacienda.com • Toute neuve, cette hacienda bien pensée par un Français héberge 8 chambres, à dominante blanche immaculée, toutes faces à la mer, avec télé, minibar, clim'. Cerise sur le gâteau, une petite piscine sur le toit. Une chambre familiale au rez-de-chaussée, avec accès direct à la plage.

The Red House – เดอะเรดเฮ้าส์ *(plan, 5)* : encore une adresse en plein milieu du village. ☎ 425-686. Fax : 245-647. • www.design-visio.com • Bo Phut était chinois autrefois, alors un architecte a décidé de célébrer cet héritage en concevant ce petit hôtel-café-boutique de 4 chambres. Assez contemporain, très mignon, avec lit à baldaquin, meubles « antiques », douche paysagée. Réservation plus que conseillée.

Où manger ?

Bon marché (moins de 150 Bts – 3 €)

Boulangerie *(plan, 17)* : à 100 m sur la droite depuis l'intersection. ☎ 430-408. Un vrai boulanger français pour d'authentiques et goûteux petits pains, croissants et pâtisseries.

Tid Restaurant – ร้านอาหารทิด *(plan, 5)* : à côté du débarcadère, face à l'intersection. ☎ 425-129. Ouvert de 8 h 30 à 22 h 30. Un resto très « couleur locale », simple, où l'on mange le poisson pêché par le patron. Spécialités de crabe, gambas, calamars et requin. Les fauchés trouveront aussi d'excellentes nouilles sautées. Juste une poignée de tables, dont certaines sont installées sur une petite terrasse qui donne sur la mer. Bon accueil.

De bon marché à prix moyens (de 150 à 350 Bts – 3 à 7 €)

Eden Issan Restaurant – ร้านอาหารอีเดน อีสาน *(plan,* ***5****)* **:** au milieu du village de Bo Phut. ☎ 427-645. Ouvre à 18 h. Fermé le dimanche. On aimait déjà beaucoup les bungalows (voir *Eden Bungalows* ci-dessus), on craque maintenant sur le resto ! Cuisine du nord-est du pays. Yabon !

Starfish and Coffee Restaurant – ร้านอาหารสตาร์ฟิชแอนด์คอฟฟี *(plan,* ***5****)* **:** au cœur du village. ☎ 427-201. Si Aladin devait inviter Jasmine, c'est ici qu'il le ferait ! Joli décor de palais andalou. Le bon goût se poursuit jusqu'aux cuisines où sont mitonnés d'excellents plats thaïs à prix malins. On a bien aimé le curry aux fruits de mer, la belle panoplie de salades et, bien sûr, les poissons. Agréable terrasse sur le front de mer, et serveurs un tantinet déconneurs. Un grand bravo !

La Sirène – ร้านอาหารลาซิแรน *(plan,* ***5****)* **:** toujours dans la rue principale. ☎ 425-301. Ce resto tout rose avec son agréable terrasse (vue directe sur Ko Pha Ngan) propose différents menus bien ficelés... Des photos vous aideront à faire votre choix entre rillettes de canard et beignets de crevettes. Pastis offert à nos lecteurs.

Coffee Junction – ร้านอาหารค๊อฟฟี จังชั่น *(plan,* ***5****)* **:** en face du débarcadère de Bo Phut. ☎ 09-86-61-085 (portable). Quelques tables rondes entourées de confortables fauteuils en rotin. Un endroit plaisant pour prendre le petit déjeuner ou manger un sandwich, que l'on compose soi-même. Quelques plats chauds également. Un tout petit peu cher pour sa catégorie.

Plus chic (autour de 500 Bts – 10 €)

56 *(plan,* ***5****)* **:** dans la rue principale. ☎ 01-677-82-43 (portable). Ouvert de 19 h à 23 h. Fermé le dimanche. Cuisine fusion à l'image de Bo Phut. Préparée par un ancien élève du *Martinez*. Formule entrée + plat ou dessert très intéressante. Au menu, saumon et barracuda à l'aïoli ou magret de canard au four, présentés et épicés de manières superbes. Cadre et mobilier arrangé très simplement mais élégamment.

Où boire un verre ?

The Frog & Gecko Pub – ผับเดอะฟรอก แอนเกกโค *(plan,* ***5****)* **:** au cœur du village, dans une ancienne maison de pêcheur, tout en bois. ☎ 425-248. Un bar vraiment agréable, tenu par un couple anglo-américano-allemand, Graham et Raphaella. Ambiance musicale essentiellement *sixties, seventies, eighties*. Il paraît que Mick Jagger y aurait fait un tour en avril 2003. Une info qui peut être utile pour répondre au fameux *quiz* de la maison, organisé le mercredi soir.

Billabong Surf Club Bar & Grill– บิลล่าบองเซิร์ฟคลับบาร์แอนกริ *(plan,* ***5****)* **:** dans le centre de Bo Phut. Impossible de le manquer, car le soir, c'est un des endroits les plus animés du village. Pub australien, qui débite pas mal de bières. Plein de choses à grignoter pour aller avec.

BIG BUDDHA BEACH – หาดพระใหญ่ *Ind. tél. : 077*

Une plage mignonne exposée au soleil couchant, avec ses quelques barcasses de pêcheurs et très peu de touristes (les photographes seront ravis). Toutefois, on a du mal à s'y sentir isolé, car la route passe à proximité et l'aéroport est à moins de 2 km à vol de mouette (et c'est assez insupportable !).

Où dormir ? Où manger ? Où boire un verre ?

Vous l'avez compris, pas beaucoup d'intérêt à dormir par ici.

Prix moyens (de 500 à 1 000 Bts – 10 à 20 €)

Le Mas de Provence – Chez Ban-Ban – เลอมาสเดอร์โปรวองซ์ เชย์บันบัน *(plan, 36)* **:** au milieu de la plage. ☎ 245-135. Fax : 425-515. • ban-ban@samui-info.com • Ambiance détendue dans ce resto à la mine coquette (nappes et mobilier colorés), tenu par un Suisse débonnaire. Fait aussi pension : petits bungalows avec ventilo à 500 Bts (10 €) ; compter le double si vous voulez l'AC. Côté cuisine, quelques beaux morceaux de viande (plus chers) et une jolie sélection de salades et omelettes à prix doux. Également une fondue suisse, des crêpes salées et sucrées, sans compter les excellents plats thaïs simples et copieux. Salle de billard et baby-foot, ainsi que pétanque et *Ricard* ! Bien se faire reconfirmer sa réservation : certains routards ont connu quelques mésaventures.

Le BBC Restaurant – ร้านอาหารบีบี ซี *(plan, 33)* **:** entre l'embranchement qui mène à l'aéroport et le Big Buddha. ☎ 425-089. • www.bbcrestaurant.com • *Happy hours* tous les jours de 17 h à 20 h sur les bières et cocktails. Buffet barbecue à volonté les jeudi et dimanche. Grande structure moderne, demi-couverte, avec terrasse en bois donnant sur les flots. Beau coucher de soleil. Grand écran pour les événements sportifs. Très british, comme son nom l'indique.

À voir

Big Buddha – พระใหญ่ *(plan, 40)* **:** à droite de la plage du même nom, un gigantesque bouddha doré très kitsch, bâti en 1971 sur un promontoire rocheux. Entrée gratuite. Parking et boutiques. Des moines vivent dans le monastère à proximité. Pour la visite, shorts et épaules nues interdits. Pour les étourdis, location de petits hauts et de pantalons. Assez étonnant : dans la cour qui précède le temple, un curieux distributeur de riz pour offrandes. Cocasse. Vue assez chouette.

CHOENG MON BEACH – หาดเชิงมน *Ind. tél. : 077*

Au nord-est de l'île, une petite plage paradisiaque, en forme de croissant de lune, bordée de sable blanc et de cocotiers. Ces dernières années, une petite agglomération s'est développée et les touristes deviennent presque aussi nombreux qu'ailleurs. Presque seulement, et Choeng Mon reste à notre avis un bon choix de résidence.

Où dormir ? Où manger ?

De prix moyens à un peu plus chic (de 400 à 1 500 Bts – 8 à 30 €)

🏠 🍽 ***O Soleil Bungalow*** – โอ่โซเล' ล์บังกะโล *(plan, **37**) :* à l'extrémité nord de la plage. ☎ et fax : 425-232. • osoleil@loxinfo.co.th • Dans une charmante cocoteraie ombragée, vous débusquerez des chambres dans des baraques de plain-pied ainsi qu'une vingtaine de bungalows en bambou ou en dur. Large éventail de prix selon l'équipement (douche, ventilo ou AC...) et la situation. Tenue générale et cadre irréprochable, récemment embelli. Resto agréable au fond devant la plage. La réservation s'impose.

🏠 🍽 ***P.S. Villa*** – พีเอสวิล ล่า *(plan, **37**) :* à côté de *O Soleil*. Au bord de la plage. ☎ 425-160. Fax : 425-403. Deux rangées de bungalows traversées par un jardinet et de hauts palmiers. Prix allant du simple (chalet en bois, ventilés) au triple, représenté par les bungalows en dur, plus grands, situés en bordure de plage, avec la clim' et une baignoire ! Resto et accueil familial. Bon rapport qualité-prix quelle que soit la catégorie.

🍽 ***Mango Tree*** – แมงโกทรี *(plan, **37**) :* sur la route qui passe devant la plage. Quand on veut quitter le front de mer et le resto de son hébergement, voici le coin parfait. Un simple stand-cuisine tout vert donnant sur la rue isolant une terrasse à l'ombre d'un grand manguier. Cuisine thaïe délicieuse et à prix modiques, petit dej'. Fréquenté par des autochtones et des visiteurs éclairés.

À voir

La petite plage de cailloux de ***Thong Son Bay*** *(plan, **41**)*, un peu au nord de Choeng Mon Beach, est plus isolée et moins fréquentée. Vue superbe. Quelques groupes de bungalows y ont été construits.

CHAWENG BEACH – หาดเฉวง *Ind. tél. : 077*

La plus célèbre plage de l'île étale ses 3 km de fin sable blanc en un arc de cercle très ouvert. Profonde, apparemment pas concernée par l'érosion littorale, elle descend en pente douce vers des flots d'un bel azur et d'une grande limpidité. Incontestablement la plage la plus photogénique, elle est simultanément devenue le ghetto des touristes de l'île mais aussi le grand classique balnéaire de toute une région. Le soir, c'est là qu'il y a le plus d'animation. Il y en a pour tous les âges, tous les goûts et tous les porte-monnaie. Remarquons que l'essentiel des bars à filles est relégué à l'écart de la rue principale, preuve de la différence de clientèle, ici plus variée (pas mal de familles et de couples) et plus aisée qu'à Lamai.

Topographie des lieux

Chaweng Beach est traversée du nord au sud par une rue centrale occupée par des dizaines de boutiques, autant de restos de tous les pays et d'échoppes en tous genres. Des ruelles perpendiculaires mènent aux hôtels, aux *guesthouses* qui sont parvenues à subsister et à la plage qui, de fait et c'est tant mieux, se trouve éloignée de la route. Éviter en tout cas le centre de Chaweng, beaucoup trop bruyant.

Où dormir ?

Bon, on ne peut pas dire que la qualité des établissements nous ait ébahis et on est au regret de vous annoncer que les bungalows bon marché se font rares. Voici donc quelques adresses correctes, aux prix souvent « limite raisonnables » au regard de la qualité et, bien sûr, de la tranquillité.

Au nord de la plage

De bon marché à prix moyens (de 250 à 700 Bts – 5 à 14 €)

Lucky Mother Bungalows – ลักกี้ มาเธอร์ บังกาโล *(plan, 19)* : environ 250 m au nord du *soi* Green Mango. ☎ 230-931. Fax : 413-047. Une vieille adresse de Chaweng qui tient encore la route. Rangée de petits bungalows en bois ou en dur, à tous les prix, petits, simples et soignés, de chaque côté d'une allée plantée d'arbustes où chantent les oiseaux. Dans un secteur très urbanisé et, curieusement, plutôt au calme. Un peu sombre tout de même. Resto face à la plage. Bon accueil, prix dégressifs.

Prix moyens (de 600 à 1 500 Bts – 12 à 30 €)

O.P. Bungalows – โอ.พี.บังกะโล *(plan, 19)* : à peu près 250 m au nord de *Lucky Mother* au nord du *soi* « Green Mango » ; entrée par une ruelle. ☎ 422-424. Fax : 422-425. • www.op-bungalow.com • Ça commence par les chambres les moins chères, dans des baraques pas très réjouissantes, avec ventilo au plafond, murs « blancs » et pas de déco. La suite s'améliore avec deux rangées de bungalows en épis et en enfilade jusqu'à la mer. Assez spacieux, certains avec AC, réfrigérateur et eau chaude. Le tout reste quand même un peu vieillot. Le véritable plus ici, c'est l'espace devant la mer, ombragé par une miniforêt de grands arbres maritimes. Pavé et garni de chaises et de tables en plastique, étonnamment relax pour le coin ! Vue sur de jolis îlots depuis un coin de la plage qui vient se refermer sur un petit cap.

The Chaweng Gardens Beach – เฉวง การ์เด้นบีช *(plan, 19)* : 162/8 Chaweng Beach. ☎ 230-993. Fax : 422-265. Grands bungalows de bois et sur pilotis, dispersés dans un beau jardin ombragé. Bien aménagés, sans déco particulière, les prix s'étagent du simple au double, selon plusieurs intermédiaires (avec ou sans AC, eau chaude ou pas...). Agréable car devant la plage, mais ce secteur est assez fréquenté (transats, jet-ski, massages tous les 10 m...). Pas le coin le plus tranquille donc.

De plus chic à beaucoup plus chic (de 1 500 à 6 500 Bts – 30 à 130 €)

Chaweng Villa Beach Resort – เฉวงวิลล่าบีชรีสอร์ท *(plan, 19)* : entre *O.P* et *Lucky Mother.* ☎ 231-123. Fax : 231-124. • www.chawengvilla.com • Une quarantaine de bungalows confortables avec AC. Petit dej' inclus. Déco un peu vieillotte dans certains. Ceux situés près de la plage sont nettement plus jolis que les autres, mais évitez tout de même d'être trop proche du bar et de sa musique techno. Piscine en bord de plage. Bon resto avec buffet sur la plage, le soir. Vue superbe sur les îles en face. Prix négociables si l'on reste quelques jours. Très gentil accueil.

Coral Bay Resort – โครอลเบย์รีสอร์ท *(plan, 20)* : ☎ 422-223. Fax : 422-392. • www.coralbay.net • Tout à fait au nord de la plage. Un splendide et très chic village d'une cinquantaine de bungalows, isolé de la ville et protégé par un îlot. Vastes bungalows en bois sis au milieu d'un luxuriant jardin tropical comptant 300 cocotiers et beaucoup plus d'orchidées et autres fleurs raffinées. Superbe vue sur la mer depuis les terrasses et la très belle plage en bas du village. La déco des chambres est magnifique : beau mobilier (lit *king size* notamment), mosaïque au mur, etc. Très jolies salles de bains. Piscines, resto, massage, librairie et vidéos. Un très bel endroit !

Vers le milieu de la plage

De bon marché à prix moyens (de 250 à 700 Bts – 5 à 14 €)

Charlie's Hut – ชาลี ฮัท *(plan, 21)* : au nord de Princess Village. ☎ 422-343. Fax : 414-194. Grand espace pelousé, planté de plusieurs rangées de mignonnes cabanes en bois et en bambou. Certes, plus tout neuf et autant éviter les bungalows très *roots* de l'arrière (les tout premiers prix). Mais enfin, reconnaissons la disposition intelligente préservant l'intimité autant que possible, les salles de bains pour tout le monde (toujours de l'eau froide, ça suffit) et les ventilos, voire la clim' (chambres en bord de plage), pour des prix restant toujours bon enfant. Café-resto très sympa sur la plage.

Plus chic (de 1 500 à 2 500 Bts – 30 à 50 €)

Long Beach Lodge – ลองบีชลอดจ์บังกะโล *(plan, 21)* : prendre la rue pavée face au *MacDo*. ☎ 422-162. Fax : 422-372. Grande cocoteraie qui débouche sur la plage, avec de chaque côté d'un espace sablonneux sans grand intérêt, une rangée de bâtisses de plain-pied ou de bungalows. Grosse différence de prix selon l'équipement (douche froide et ventilo, ou plus spacieux et clim') et la proximité de la mer. Resto en bord de plage. Ensemble assez impersonnel mais qui vaut par sa bonne tenue, ses prix et son calme.

Beaucoup plus chic (de 3 500 à 5 000 Bts – 70 à 100 €)

Princess Village – พรินซ์เซสวิลเลจ *(plan, 21)* : au beau milieu de Chaweng Beach. ☎ 422-216. Fax : 422-382. • www.samuidreamholiday.com • Un petit village d'authentiques maisons thaïes du nord du pays, en bois et sur pilotis, démontées pièce par pièce pour être reconstruites ici, dans un magnifique jardin luxuriant. Un escalier permet d'accéder à la terrasse couverte et privée, puis on entre dans la demeure par une minuscule porte en bois (attention la tête !). Intérieur confortable (AC, eau chaude) et décoré avec un goût exquis. Calme garanti et, au bout, la plage, vraiment superbe dans ce coin-là. Une adresse de charme vraiment délicieuse, idéale pour une lune de miel.

Vers le sud de la plage

De prix moyens à beaucoup plus chic (de 900 à 3 500 Bts – 18 à 70 €)

Samui Resotel (Munchies Resort) – สมุยรีโซเทล (มุนชีรีสอร์ท) *(plan, 22) :* ☎ 422-451. Fax : 422-450. • www.samuiresotel.cpm • Non loin du *Poppies*, en allant vers le sud. Des chambres à prix moyens dans un bâtiment en dur le long de la rue (bonne insonorisation, mais vue pas terrible) et des bungalows répartis dans le jardin (nos préférés) et en bord de mer. Les prix varient considérablement en fonction des prestations, et nous conseillons cette adresse surtout pour ses bungalows *standard,* en bois, dans la verdure. Chouette piscine devant les vagues et bar à cocktails-resto au même endroit. Cuisine réputée, mélangeant les savoir-faire thaï et belge.

Où manger ?

Tout au long de la plage de Chaweng, ainsi que le long de la rue principale, des dizaines de restaurants. La plupart ne sont ouverts que le soir, à partir de 18 h. La qualité changeant aussi vite que les cuisiniers, il est difficile de donner un avis fiable.

De très bon marché à prix moyens (moins de 200 Bts – 4 €)

Marché de Laem Din – ตลาดแหลมดิน *(plan, 34) :* au sud immédiat du lac ; un peu en retrait. Du centre de la plage, prendre plein ouest vers la route principale de l'île. Le soir uniquement. Si la cuisine des restos – chère et ordinaire – vous insupporte, rendez-vous sur ce marché aux innombrables stands colorés et parfumés, où l'on peut se remplir la panse en échange de quelques bahts. Vous y débusquerez aussi quelques scènes authentiques de la vie locale, une véritable aubaine dans ce quartier touristique.

Nakorn Restaurant – นครโต้รุ่ง *(plan, 21) :* rue principale, en face de *Silver Sand GH* et de *The Three Monkeys.* ☎ 422-500. Ouvert tous les jours 24 h/24. Ce genre de cantine authentique, c'est peut-être ce qu'on préfère sur la bonne centaine de restos de Chaweng. Cuisine thaïe pas chère, plats de *rice* ou de *noodles* à toutes les sauces. Et puis fruits de mer bien frais.

Ninja Restaurant – ร้านอาหารนินจา *(plan, 21) :* non loin du *Nakorn,* un poil au sud. ☎ 413-447. Ouvert en général 24 h/24. Un autre petit resto de quartier, fier de son mobilier plastique et de son toit de tôle ondulée. Menu de spécialités sino-thaïes à rallonge, véritable cours de cuisine populaire, détaillant nombre de pâtes dans toutes les sauces. Font aussi des sandwichs et des petit dej'. Clientèle d'habitués et de touristes qui ont su le dénicher.

Sojeng Kitchen – ร้านอาหารโสเจง *(plan, 21) :* encore un chouia plus au sud que les précédents, de l'autre côté de la rue (presque en face de *Mama Roma*). Simple mais mignon, une petite cantine améliorée pour des classiques thaïs (sautés, poissons) et quelques plats occidentaux (spaghettis, steaks). Prix minis.

Plus chic (à partir de 300 Bts – 6 €)

|●| ***Captain Kirk*** **–** ร้านอาหารกัปตันเคิก *(plan,* ***35****)* **:** face au *Top Charoen Optical,* en plein centre de Chaweng mais judicieusement établi en hauteur. ☎ 01-270-53-76 (portable). On se place soit en poste d'observation, soit au calme, au fond de la salle. Cuisine thaïe (à prix modérés) et européenne (un peu plus chère). Menu en français. De l'entrée au dessert, tout ce que nous y avons mangé s'est révélé excellent : tartare de thon et sa purée d'herbes fraîches, brochette de crevettes « tigre » au beurre blanc, etc. Également des viandes et des plats végétariens. Très bon rapport qualité-prix.

|●| ***The Dining Room*** **–** ร้านอาหารคอะไดนิ่ง รูม *(plan,* ***22****)* **:** Soi Colibri, une ruelle bien calme, un peu au sud de *Zico's.* ☎ 413-172. Ouvert à partir de 19 h. Réservation conseillée. Le restaurant de l'école de cuisine *SITCA,* dans une jolie salle blanche, au-dessus de la « salle de cours ». L'endroit idéal pour faire le tour des délices de la cuisine thaïe : *fish cakes* à la sauce sucrée-pimentée, soupe épicée aux crevettes, canard mariné et grillé au curry rouge, salade de papaye et riz gluant, poisson à la sauce tamarin... Une cuisine thaïe parmi les plus raffinées qu'il nous ait été donné de savourer en Thaïlande. Un conseil cependant : pensez à demander votre cuisine peu épicée *(phèt nit noï)* ! Accueil et service très gentil.

|●| ***Poppies*** **–** ร้านอาหารป๊อปปี้ *(plan,* ***22****)* **:** au sud de Chaweng Beach ; resto au fond de l'hôtel de luxe du même nom. ☎ 422-419. Deux chefs au piano : un Californien et un Thaï. Il en résulte une fusion food de bon aloi comme la ballottine de poulet au crabe. En dessert, n'oubliez pas la crème brûlée à la noix de coco. Salle face à la mer, au bord d'une superbe piscine. On l'atteint après avoir traversé le jardin du *resort,* superbement entretenu. Un vrai plaisir pour les yeux, comme pour les papilles. Moins cher à midi. Réservation conseillée.

|●| ***Zico's*** **–** ร้านอาหารซิโก้ *(plan,* ***22****)* **:** sud de Chaweng, en face du *Central Samui Beach Resort.* ☎ 231-560. La preuve, imposante, que Samui est entrée dans le concert international tropical (on vous laisse découvrir). Formule à volonté recommandée. Déco contempo-coloniale. Salle de resto tout en en fauteuils, fortement illuminée. Un bar pour patienter et, au-dessus, des concerts de salsa (de 18 h à 19 h et de 22 h à 23 h).

|●| ***Samui Seafood*** **–** ร้านอาหารสมุย ซีฟู้ด *(plan,* ***19****)* **:** au nord de Chaweng Beach, sur la rue principale. ☎ 413-221. Un gigantesque resto spécialisé dans le poisson et les fruits de mer. Déco assez hétéroclite rappelant à la fois les maisons thaïes de grande classe et les cabanes genre Robinson Crusoé. Éclairage splendide le soir et service prévenant. Pour ceux qui ont décidé de faire bombance, c'est ici qu'il faut déguster la langouste (si possible, grillée). Ou essayer la cigale de mer *(rock lobster),* devenue introuvable en Europe.

|●| ***Via Vai*** **–** ร้านอาหารเวียไหว้ *(plan,* ***35****)* **:** voisin de *Captain Kirk.* ☎ 413-431. Dans l'éternelle bagarre que se livrent les pizzaïolos et leurs tifosi, laissons les Italiens décider. Or, nombre de leurs suffrages vont à cette grande salle ouverte à tout vent sur la rue. Four au feu de bois délivrant à vitesse éclair de fines pâtes croustillantes. Pâtes sèches ou fraîches, antipasti. Authenticité des produits, souvent importés. Un peu cher peut-être.

Où boire un verre ? Où danser ?

🍸 ***Guapa*** – บาร์กัวปา *(plan, 22)* **:** Soi Colibri (comme *The Dining Room*). ☎ 09-28-91-309 (portable). Un tout petit bar à tapas qui mérite le détour. Choix de cocktails aussi raffinés que nombreux, dont le fameux *Lychee Martini,* spécialité de la maison. Et aussi, pour aller avec, plein de tapas originaux : bouchées de requin pimentées, crevettes épicées, etc. Le tout dans un cadre très méditerranéen. Ambiance musicale *jazzy* et *world,* et lumière tamisée. Plutôt chic.

🍸 ***The Islander*** – บาร์ดิไอร์แลนด์เดอร์ *(plan, 19)* **:** Chaweng nord, en face de *Pizza Hut,* légèrement au nord de Soi Green Mango. ☎ 230-836. Bar avec terrasse sur la rue mais, entre les discussions et la musique à donf', on n'entend presque pas les voitures ! Joyeuses tablées de jeunes (plutôt moins de 30 ans) qui vident des carafes de margharita, piña colada et autres bières... On peut aussi manger une cuisine réputée pour ses portions généreuses.

🍸 ♫ ***Reggae Pub*** *(plan, 34)* – เรกเก้ผับ **:** au sud du « lac ». ☎ 422-331. Attention légende ! Plus fier que jamais, voici le sanctuaire de Bob Marley. Pour les collectionneurs, une boutique attenante vend des T-shirts et autres souvenirs maison. Grande piste de danse avec podium où aiment s'exhiber les *Travolta* ou *Musclor* d'un soir, sous le *beat* de bons DJs. Soirées spéciales. Au premier, vidéos et billards. Ambiance à la fois chaude et relax.

🍸 ♩ ♫ ***Soi Green Mango*** *(plan, **19**)* et autres bars alentour **:** Chaweng ultracentre ! Grand concurrent du *Reggae Pub, Green Mango* (☎ 422-148) est une autre grande boîte du même style mais en moins réussi et aéré. Qu'importe, il a depuis longtemps attiré une ribambelle de bars et clubs. Certains sont très stylés comme le *Mint* ou la *Pharmacy* – personnel féminin en uniforme, une petite fièvre ? Le *Sound* est parfait pour ses concerts de music live sous un hangar relooké. Bar presque anodin, le *Sweet Soul* fait pourtant le plein tous les soirs à se retrouver collé-serré.

À voir

– ***Boxe thaïe*** *(plan, 34)* **:** au *Chaweng Boxing Stadium,* non loin du centre, un peu sur l'arrière par rapport à la plage et à la route principale. Prix d'entrée élevé (500 Bts, soit 10 €, pour les premières places). C'est dans le coin des bars à filles faciles. On est informé des matchs par de grandes affiches en ville. En général, combats vers 21 h-21 h 30 et ça ne se termine pas avant 23 h 30. Et ça ne rigole pas !

CORAL COVE ET THONG TA KHIAN – หาดโครอล โคฟและทองตะเคียน *Ind. tél. : 077*

Coral Cove et Thong Ta Khian sont deux petites criques sablonneuses et séduisantes, situées au sud de Chaweng. La première, ourlée de rochers façon Maldives, est pas mal pour faire un peu de *snorkelling* ou de la bronzette La crique suivante, *Thong Ta Khian,* plus ample et soulignée de verdure, est propice à la baignade et abrite une poignée de *resorts.*

Où dormir ?

De prix moyens à un peu plus chic (de 600 à 1 500 Bts – 12 à 30 €)

Silver Beach Resort – ซิลเวอร์บีชรีสอร์ท *(plan, 23)* : plage de Thong Ta Khian. ☎ et fax : 422-478. • silver beach_@hotmail.com • Chalets aux murs crépis. Prix selon la situation et l'équipement (ventilo ou clim'). Sans grand charme et de mobilier standard. Assez spacieux. Éviter les nouveaux bungalows qui sont situés au-dessus de la route. Des efforts de jardinage seraient les bienvenus, mais ce *resort* est un bon choix si l'on veut se poser sur cette plage relax.

LAMAI BEACH – หาดละไม *Ind. tél. : 077*

Deuxième plus belle plage de l'île après Chaweng, et donc, logiquement, deuxième plage la plus développée et fréquentée. Mais si Chaweng assure à sa façon, dans son style, on reste plus dubitatif concernant Lamai qui s'est transformée en une sorte de petit Pattaya, en encore moins régulé de l'avis même des autochtones... Rangées de bars clapiers, etc. Le pire étant concentré dans le centre, s'éloigner pour retrouver un brin de tranquillité et même de bonnes surprises...

– Piscine publique au *Buddy Beach* (voir ci-dessous). Entrée : 50 Bts (1 €).

Où dormir ?

Bon marché (de 120 à 400 Bts – 2,4 à 8 €)

Whitesands Bungalow – ไวท์แซนด์บังกาโล *(plan, 24)* : tout au sud de la plage, après la poste. ☎ 424-298. Fax : 424-556. Survivant d'une époque où eau chaude et AC étaient encore de la science fiction et la hutte sans salle de bains et le matelas à même le sol étaient des standards. Oui, mais devant la plage ! Ne pas être exigeant. D'autres huttes, plus grandes, disposent de sanitaires et il y a même des bungalows en dur. Un petit resto bien sympa accueille des routards plutôt souriants, à qui l'on sourit en retour.

Prix moyens (de 400 à 1 300 Bts – 8 à 26 €)

Rose Garden Bungalow – โรสการ์เด้นบังกะโล *(plan, 25)* : une des premières adresses au nord de la plage ; presque en face de *Tamarind Retreat.* ☎ 424-115. Fax : 424-410. • info@rosegarden-samui.com • Dans un jardin agrémenté de bougainvillées en fleur, superbement entretenu, plusieurs catégories de bungalows à prix très sympas, tous tenus de façon exemplaire, quel que soit le confort (ventilo ou AC). Choisissez les plus proches de la plage (très belle à cet endroit), car la route est assez bruyante. Bon resto.

Lamai Coconut Resort – ละไมโกโก้นัทรีสอร์ท *(plan, 26)* : centre de Lamai. ☎ et fax : 232-169. À l'écart de la rue principale, en bord de plage. Bungalows en bois verni et brique, autour d'une allée centrale jardinée. Refaits récemment, assez spacieux, tous avec terrasses, ils sont bien tenus. Serrés les uns contre les autres, le contraire serait étonnant dans ce coin. Choix classique : ventilo et eau froide ou AC et eau chaude (les plus proches de la plage). Éviter ceux trop proches du parking. Resto un peu froid et accueil itou.

De prix moyens à plus chic (de 1 000 à 3 000 Bts – 20 à 60 €)

Bill Resort – บิลรีสอร์ท *(plan, **24**)* **:** au sud de la plage. ☎ 424-403. Fax : 424-286. • www.thebillresort.com • Ensemble très disparate de chambres et de bungalows noyés dans un jardin très fleuri. Plein de catégories de prix, selon le confort et la situation, depuis le flanc de colline (assez reculé, chambres les moins chères) jusqu'au bord de piscine, face à la mer. Tout est impeccable, peut-être un peu surchargé, comme la déco du resto, correct au demeurant. Ambiance et accueil agréables, les familles s'y sentent bien. Forcent un chouia sur les prix des bungalows grand confort, mais c'est un mal qu'on oubliera les yeux dans le bleu de la mer.

Coup de folie (de 3 500 à 8 000 Bts – de 70 à 160 €)

Tamarind Retreat – โรงแรมธำมะรินทร์ รีทรีค *(plan, **4**)* **:** à l'entrée de Lamai en venant de Chaweng, après *Jungle Park*. • www.tamarindretreat.com • ☎ 424-221. De superbes villas disséminées dans un fabuleux jardin tropical, à louer pour quelques jours (*package* pour 5 jours) ou quelques semaines (si votre bourse vous y autorise) ! Chaque villa est unique, et donc complètement personnalisée, tant dans l'architecture que dans la déco. Toutes sont dotées d'un confort impeccable : eau chaude, lecteur de CD, ventilateur et cuisine équipée à disposition. Lorsqu'on loge ici, l'accès au sauna et à la piscine sont gratuits et on bénéficie d'une réduction de 20 % sur tous les soins au Spa (voir « Massages et soins » dans nos « Adresses et infos utiles » de Ko Samui). Calme, intimité et relaxation garantis. Petit déjeuner servi à la villa. Un véritable havre de paix, dans un cadre splendide.

Où manger ? Où boire un verre ?

Lamai traîne comme Chaweng son lot de restos allemands, italiens et thaïs... Dur de trouver de bonnes adresses au cœur de Lamai, et pourtant...

Bon marché (autour de 100 Bts – 2 €)

Lamai Food Centre – ศูนย์อาหารละมัย *(plan, **26**)* **:** dans une ruelle perpendiculaire à la rue principale, sur la droite quand on va vers le sud. On mange plutôt bien et pour trois fois rien dans cet ensemble de petits restos (thaïs, chinois et même indien) de plein air, juste à l'écart du tumulte. Sans doute le coin le plus sympa de tout le quartier.

Ninja Crepes Restaurant – ร้านอาหารนินจา แครบส์ *(plan, **38**)* **:** un peu avant le complexe *Buddy Beach* (voir ci-dessous) en venant de Chaweng. Ouvert 24 h/24. Resto cantine, cuisine thaïe et quelques plats occidentaux (dont des crêpes). Bon marché et sans chiqué. Branche de la célèbre adresse de Chaweng.

Prix moyens (autour de 300 Bts – 6 €)

Buddy Beach (Haad Buddy) *(plan, 38)* **:** au nord de Lamai. Avant le pont et l'embranchement « Lamai Beach ». ☎ 458-080. Ouvert de 12 h à 2 h du mat. Pionnier de la transformation du célèbre ghetto pour routard en un quartier branché de Bangkok (Khao San Road), Buddy va-t-il réussir la migration de ses *success stories* au sud du golfe de Thaïlande ? Le malin a traîné ici un de ses comparses, le resto *Tom Yam Kung*, qui propose ses plats thaïs authentiques (dont pas mal de fruits de mer) ainsi que ses bons cocktails. Les pavillons, de look colonial maison, s'habillent de mobilier baroque, vieilles revues et affiches. Pas loin les *Suzy Bar, Shark Bar* et puis du rab', sous forme d'une jolie piscine, d'accès public (moyennant 50 Bts, soit 1 €, pour les adultes) et d'un chouette bar-kiosque ovale entre eau douce et salée.

À voir

Hin Ta & Hin Yai – หินตา หินยาย *(plan, 42)* **:** indiqué sur la gauche quand on vient du nord, mais attention, on voit assez mal le panneau. Parking payant à 100 m du site. Avant d'arriver, une litanie de boutiques un peu oppressante. Dans un site vraiment superbe, une avancée de rochers plats avec, sur la droite, une formation éloquente. Là se dresse un rocher cylindrique long, dont la forme et les proportions ne laissent aucun doute sur ce que le Créateur a voulu figurer. Et comble des hasards de la nature, à côté, une faille étroite entre deux rochers constitue un complément naturel au rocher précité. À voir, car un tel réalisme est rare. Belle vue sur la plage de Lamai, sur la gauche. Certains Thaïs y viennent le soir gratter la guitare.

HUA THANON – บ้านหัวถนน *Ind. tél. : 077*

Au sud de Lamai, une belle plage de carte postale, tranquille et bordée de cocotiers. La mer y est peu profonde et très peu propice à la baignade. Au nord de la plage, on trouve Ban Hua Thanon, un petit village atypique car habité par des pêcheurs musulmans. Ce sont des passionnés de tourterelles et ils organisent des concours de chant... Là où la route fait un angle, se garer et explorer l'unique ruelle du petit village : maisons en bois et vie de village extra. Marché aux poissons tous les matins, vraiment populaire et très bien achalandé. Dépaysant après Chaweng et Lamai !

Où dormir ?

De prix moyens à un peu plus chic (de 400 à 1 200 Bts – 8 à 24 €)

Wanna Samui Resort – วันนา สมุย รีสอร์ท *(plan, 27)* **:** Tambon Maret, au sud de Hua Thanon. ☎ et fax : 232-130. • wanna@sawadee.com • Dans une grande cocoteraie égayée d'une jolie végétation, un alignement de bungalows jusqu'à la mer. Les chambres les plus simples ont ventilo, eau froide et mini-terrasse. Les plus luxueuses coûtent le triple mais sont équipées de la clim' et de l'eau chaude. Piscine. Grand calme (on aurait même tendance à s'ennuyer un peu !).

À voir

Samui Aquarium – สมุยอะค วอเรียม *(plan, **27**)* **:** au bord de Ban Harn Beach, juste au sud de Hua Thanon ; bien indiqué. ☎ 424-017. Ouvert tous les jours de 9 h à 18 h. Entrée : 350 Bts (7 €), ce qui est bien cher, convenons-en. Beaucoup de poissons du golfe de Thaïlande, de toutes les tailles, formes et couleurs (*cat fish,* Napoléon, *lion fish,* murène géante...). Mais ce n'est pas seulement un aquarium, c'est aussi une sorte de zoo spécialisé dans les tigres (notamment du Bengale : il en subsiste quelques-uns en Thaïlande). De l'autre côté de la grande pelouse, de grandes cages à oiseaux dont de nombreux rapaces (superbes aigles, faucons, perroquets, cacatoès... et même des pigeons !).

BANG KAO – บาง เก่า *Ind. tél. : 077*

Plage superbe et presque déserte car peu propice à la baignade. Il faut aller très loin pour trouver de la profondeur... On l'aime bien quand même pour son intimité et ses possibilités de bronzette paisible...

À voir

Butterfly Garden – สวนผีเสือสมุย *(plan, **43**)* **:** sur la route n° 4170 entre Ban Hua Thanon et Ban Bang Kao. ☎ 424-020. Ouvert tous les jours de 8 h 30 à 17 h 30. Entrée : 170 Bts (3,4 €). Un immense filet tendu sur un grand jardin tropical avec plus de 25 espèces différentes de papillons provenant du monde entier. Présentation de l'évolution des cocons en haut, sur une terrasse de bois. Étonnants papillons. Un peu plus haut dans le parc, la maison des abeilles, où l'on voit des essaims en plein travail.

BAN THONG KRUT – บ้านท้องกรุด *Ind. tél. : 077*

À l'extrémité sud de l'île, petit village de quelques baraques de pêcheurs, qui s'anime un peu à l'heure des jolis couchers. Attention, pas vraiment de baignades possibles dans le coin. On peut venir y manger de délicieux poissons, ou prendre la mer pour une agréable excursion vers l'île de Ko Tan. À 2 km au nord, une étonnante pagode magnifiquement située en bord de mer. Le détail qui tue : elle est complètement recouverte de carreaux de salle de bains !

Où manger ?

Bon marché (autour de 150 Bts – 3 €)

Gingpagarang Restaurant – ร้านอาหารกิงปะการัง *(plan, **39**)* **:** sur la plage. ☎ 423-215. Ouvert de 11 h à 19 h. Un resto très pittoresque avec sa terrasse en bois sur pilotis, ouverte sur la petite plage étroite et ses bateaux de pêcheurs. Bon choix de fruits de mer ultrafrais, cuisinés le plus simplement du monde pour un goût exquis. On a bien aimé la salade de fruits de mer et les crevettes à la citronnelle.

La Java – ร้านอาหารลาจา วา *(plan, **39**)* **:** à l'est de la plage. ☎ 07-271-55-33 (portable). Ouvert de 11 h à 21 h. Bâtisse ouverte aux vents, de couleur saumon orangé. Déco mi-californienne, mi-locale (bambou, osier, petit bassin au centre). Là, Philippe le Strasbourgeois a posé sa vie après avoir abandonné les 4×4. Plats thaïs, sandwichs mais aussi des viandes dont du tartare.

À voir. À faire

➢ ***Excursion à Ko Tan*** – ไปเที่ยวเกาะตาน **:** une grande île vierge au sud immédiat de Ban Thong Krut. On y vient pour jouer les Robinson le temps d'une bronzette ou d'une séance de *snorkelling* dans les rochers alentour. Vraiment tranquille. Pour vous y conduire, pas de ferry ni d'*express-boat,* mais une modeste barcasse de pêcheurs qui part de la plage tous les jours vers 9 h 30 et revient aux environs de 13 h. Pour un petit bateau privé, compter à partir de 400 Bts (8 €) par personne. S'arranger auprès des restaurants et commerces de la plage, comme par exemple *Mr. Sid Tour* (petit resto-terrasse au bord de la grève). Ni location de motos, ni de voitures. Le bout de la route.

Magic Alambic – มาจิก อลามบิก *(plan, 44)* **:** village de Ban Thale. En allant de Thong Krut à Hua Thanon, sur la droite (indiqué). ☎ et fax : 419-023. • m_alcool@samart.co.th • Si vous passez dans le coin, profitez de l'occasion pour faire une petite visite ici. Pour vous faire raconter par Michel, le « distillateur », ou sa charmante épouse, Elisa, comment on peut bien passer de la taille de pierre aux pruneaux d'Agen puis à la distillerie de rhum (depuis 2003) selon la méthode « agricole », la seule digne de ce nom. L'alambic venu spécialement du Gers y est aussi pour quelque chose. Un bon souvenir (jolie bouteille), décliné sous plusieurs parfums. Sur place, dégustation possible (paillote sympa).

LAEM PHANG KA – แหลมพังกา *Ind. tél. : 077*

Très précisément au cap sud-ouest de l'île. En venant de Na Thon, quitter la *highway* n° 4170 au carrefour pratiquement en face de *Snake Farm* (attrape-touristes) pour emprunter l'une des deux extrémités de la petite route qui décrit une boucle vers le promontoire. Si vous vous déplacez en transport en commun, sachez que la mer se trouve à environ 2 km de la route principale. ***Ao Phangka,*** tournée vers l'ouest, est bordée d'une végétation luxuriante. Malheureusement, le coin est transformé en chantier. En poursuivant la balade, on débouche sur ***Thong Thanote,*** au sud-est du cap, plus nue mais dotée d'une belle plage. Seul hic au moment de la baignade : la pente est si douce qu'il faut aller chercher la mer assez loin, voire vraiment trop loin d'avril à juillet.

➢ ***Excursion à Ko Tan*** – ไปเที่ยวเกาะตาน **:** on peut aussi se rendre à Ko Tan depuis Tong Thanote Bay, en seulement 20 mn de bateau. Départs possibles de 7 h à 15 h au *Simple Life Bungalow & Pier* (☎ 423-111). *Pick-up* toutes les 2 h au marché de Na Thon.

Où dormir ? Où manger ?

Prix moyens (de 600 à 1 200 Bts – 12 à 24 €)

Coconut Villa – โคโคนัท วิลล่า *(plan, 28)* **:** Thong Thanote. ☎ 334-069. • coconutvilla@sawadee.com • Indiqué depuis la route. Joli village de bungalows, parfait pour ceux qui cherchent le calme. Beau panorama sur un chapelet d'îles au large. On est triste, car les croquignolettes huttes disparaissent l'une après l'autre pour laisser place à des chalets plus grands et maçonnés, dispo avec ventilo ou clim'. Jolie piscine et bon restaurant. Balades en bateau. Accueil attentif.

➤ L'INTÉRIEUR DE L'ÎLE

➤ ***Belles virées dans les collines*** **– เดินเล่นบนโขดหิน :** l'intérieur de l'île et son réseau de pistes escaladant les collines recouvertes de jungle offrent une bonne alternative à la bronzette. Atmosphère démente ; quelques points de vue aériens splendides et des rencontres de bestiaux pas toujours fréquentables (serpents...). Bref, un visage inédit de Ko Samui s'offre à tous ceux qui tentent cette gentille aventure. Pour jouer aux explorateurs, mieux vaut se faire accompagner (*Island Safari,* ☎ 230-709). Seuls les plus aguerris pourront louer véhicules ou motos tout-terrain.

➤ ***Excursion dans un camp de dressage d'éléphants*** **– การท่องเที่ยว ในศูนย์ฝึกช้าง :** ceux qui viennent du Nord (et les autres!) pourront assister au spectacle assez sympa. Renseignements auprès des agences de voyages locales.

Le moine momifié **– ร่าง พระทีมรณะภาพแล้ วศพไม่เน่าเปือย *(plan, 45)* :** dans le temple *Wat Khunaram,* au sud-est de l'île. Un moine vénéré qui entra dans les ordres à 50 ans et fut très connu pour la qualité de ses méditations. Mort à 79 ans, on s'aperçut que son corps ne se décomposait pas. On décida alors de le momifier dans la position d'un scribe, dans une attitude de méditation profonde. Aujourd'hui, sous une cloche, il a gardé la même posture et s'offre une vraie vie de star (visez les lunettes noires !).

Les combats de buffles **– ชนควาย :** ces combats font partie intégrante de la vie des Thaïs et sont particulièrement répandus dans les îles du Sud. Pratiquement chaque village possède son « arène », certaines se résumant à un simple espace clos par une haie de bambous. On en compte 7, réparties un peu partout sur Ko Samui. Les combats font l'objet de paris importants. Plus que le duel lui-même, c'est l'animation qui règne autour de l'arène qui fait l'intérêt du spectacle. Demandez conseil aux propriétaires de *guesthouses* ; eux seuls connaissent les bons combats. Évitez ceux pour touristes. Pour votre culture personnelle, sachez qu'un buffle commence vers 6 ou 7 ans et peut combattre une fois par mois, jusqu'à l'âge de 25 ans ! Il prend ensuite une retraite méritée jusqu'à sa mort (autour de 40 ans). Les Thaïs vous expliqueront que la force d'un buffle se trouve dans son cou. Le perdant est l'animal qui se détourne de son adversaire et refuse le combat.

Hin Lad Waterfall **– น้ำตกหินล าด *(plan, 46)* :** à 3 km au sud de Na Thon, prendre à gauche (pancarte) ; c'est un peu plus loin. Pour l'atteindre, on doit emprunter un chemin de 2 km qui grimpe dans la jungle. Balade sympa, à effectuer un jour pluvieux, quand les chutes sont abondantes. Parfois (mais rarement), on peut rencontrer un varan en train de rôtir au soleil. Ceux-là sont inoffensifs. Buvette au départ de la promenade.

Na Muang Waterfall 1 **– น้ำตกหน้าเมือง ฟ *(plan, 47)* :** à 10 km au sud de Na Thon. Petite cascade sympathique, accessible à moto. Pour les paresseux. À 200 m à pied du parking.

Na Muang Waterfall 2 **– น้ำตกหน้าเมือง *(plan, 47)* :** belles chutes d'eau de 18 m de haut, situées au-dessus de Na Muang Waterfall 1. Fléchage à partir du parking. Compter une bonne demi-heure de marche à travers les cocoteraies. Plus impressionnantes à la saison des pluies. Pendant la saison sèche, vous trouverez de nombreuses piscines naturelles pour piquer une tête.

KO PHA NGAN – เกาะพะงัน

IND. TÉL. : 077

Petite île de 170 km² de superficie à quelques milles au nord de Ko Samui, Ko Pha Ngan est bien plus sauvage que sa célèbre cousine. 70 % de sa surface est montagneuse et encore largement recouverte de jungle. Ici, pas de problème d'eau même en pleine saison sèche ! Pour vous, grandes plages superbes et un littoral qui réserve tout plein de criques tourmentées. Le centre offre des possibilités de randonnées qui feront le bonheur de tout visiteur un peu aventureux. On adore l'essentiel de la moitié nord de l'île, où les paysages sont souvent admirables. Évidemment, les plages les plus exploitables font l'objet d'un développement énorme. Pendant ce temps, les baies les plus reculées restent bien calmes et assez sauvages. Les bungalows qui les ont colonisées ressemblent parfois à des bancs de coquillages fixés aux rochers, ou, version sablonneuse, à des huttes de naufragés.
Ko Pha Ngan est une île très contrastée. Seule constante, accueil et sourire y sont toujours de mise.

Arriver – Quitter

La majorité des embarcations (bateaux express, ferry, catamarans, etc.) font la navette aller-retour entre le continent (Surat Thani voire Chumphon) et l'île de Ko Tao, et desservent ainsi Ko Pha Ngan au passage.
Les liaisons ci-dessous sont données à titre indicatif pour la haute saison. Elles s'entendent dans les deux sens, quotidiennement et selon les mêmes fourchettes horaires sauf mention contraire.
– ***Les embarcadères :*** les principaux sont à Thong Sala, mais certains bateaux accostent à Haad Rin, dont un qui poursuit jusqu'à Ao Thong Nai Pan.
➢ ***Surat Thani :*** 1 *express-boat Songserm* (☎ 377-046) appareille de Ta Tong à 8 h et revient de Thong Sala à 12 h. Escale à Ko Samui, 4 h de traversée environ. Entre Thong Sala et Donsak (à 1 h de route de Surat Thani), *Raja Ferries* (☎ 377-452) affrète 4 ferries directs (entre 6 h et 17 h, grosso modo) et *Seatran* (☎ 238-679) un seul, avec escale à Ko Samui (départ de Donsak à 17 h, de Thong Sala à 6 h du mat'). Prévoir 2 h 30 de trajet. *Seatran* propose aussi son séduisant *Discovery* (1 h 30 de trajet) à 9 h 30 et 16 h depuis le continent et 7 h 30 et 14 h pour le retour. N'oublions pas les *night-boats,* toujours aussi « folklo » (voir « Ko Samui »), qui quittent les ports entre 22 h et 23 h (6 à 7 h de navigation). Prix : 200 à 350 Bts (4 à 7 €) selon le type de bateau.
➢ ***Ko Samui :*** entre Thong Sala et Samui, 4 dessertes d'*express-boats* avec *Songserm, Phangan Cruise* (☎ 377-274), *Butsapakmanee* (☎ 238-877) et 2 de ferries *(Seatran).* Escompter quatre départs dans la matinée et deux dans l'après-midi ; 1 h de navigation. Deux fois plus rapides, les catamarans *Lomprayah* (☎ 238-412) et *Seatran Discovery* lèvent l'ancre chacun deux fois et aux mêmes horaires : de Samui à 8 h et 12 h, de Pha Ngan à 10 h 30 et 16 h. Entre Haad Rin et Samui *(Big Buddha),* 4 *express-boats Haad Rin Queen* (2 le matin, 2 l'aprèm') : ☎ 375-113. 1 h de traversée. Prix : 100 à 250 Bts (2 à 5 €) environ, selon les embarcations.

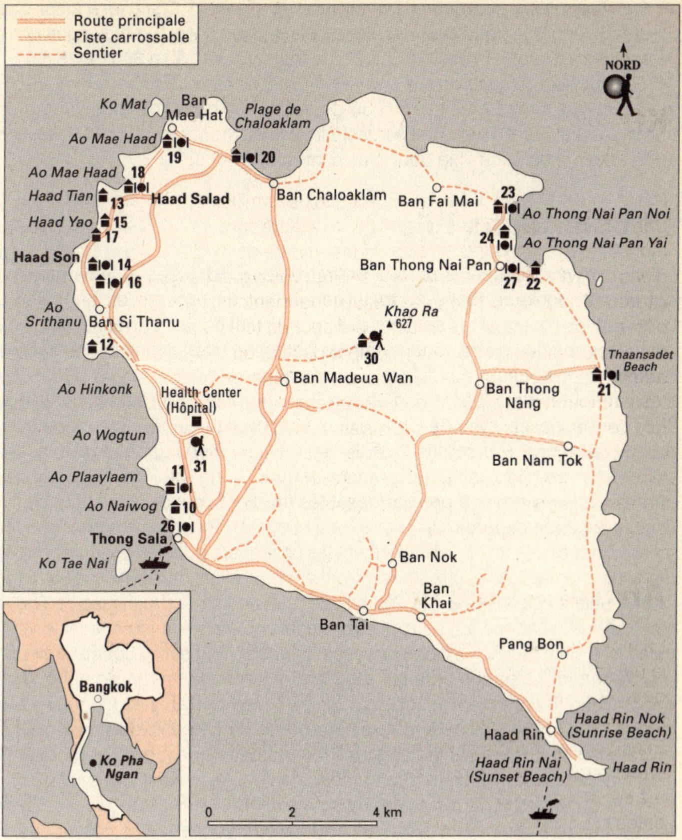

KO PHA NGAN

Où dormir ?

- **10** Siripun Bungalows, Tranquil
- **11** Cookies Bungalows, Sea Scene Resort
- **12** Chai Country
- **13** Haad Tian Bungalows
- **14** Over The Bay Bungalows
- **15** Blue Coral Beach
- **16** Tantawan Bungalows
- **17** Haad Yao Bungalows
- **18** Salad Hut, Haadlad Resort
- **19** Island View Cabana, Wang Sai
- **20** Wattana Resort
- **21** Mai Pen Rai Bungalows, Silver Cliff Bungalows
- **22** Dolphin Bar & Bungalows
- **23** Baan Tapan Noi, Thongtapan
- **24** Panviman Resort
- **30** Khao Raa Retreat

Où manger ?

- **11** Cookies Bungalows
- **14** Over The Bay Bungalows
- **16** Tantawan Bungalows
- **18** Haadlad Resort
- **19** Island View Cabana, Wang Sai
- **20** Wattana Resort
- **21** Mai Pen Rai Bungalows, Silver Cliff Bungalows
- **23** Krua Tapan
- **26** Marché du village, Yellow Cafe
- **27** Gargote du village

À voir

- **30** Khao Ra et Phaeng Waterfall (Parc national)
- **31** Moine solitaire du Wat Khao Noy

➢ ***Ko Tao :*** les catamarans *Lomprayah* et *Seatran Discovery* ainsi que 3 bateaux express poursuivent leurs navettes jusqu'à Ko Tao (voir sous cette île pour plus d'infos). Prévoir de 1 à 2 h de traversée et 150 à 300 Bts (3 à 6 €).

➢ ***Chumphon :*** 2 catamarans *Lomprayah* et 2 *Seatran Discovery* avec escales à Ko Tao. Compter 3 h à 3 h 30 de trajet, soit deux fois plus vite qu'en transitant par Surat Thani, mais aussi 2 fois plus cher (autour de 800 Bts soit 16 €) ! Voir sous cette ville pour plus d'infos.

Circuler dans l'île

– Dès l'arrivée, récupérer un des *gratuits* (voir « Adresses et infos utiles ») qui offrent plusieurs plans corrects permettant de repérer les bungalows, ainsi que les routes et les sentiers de l'île. Au sujet de la « carrossabilité » de ces dernières, les plans sont parfois un peu optimistes. Nous avons essayé de faire le point quant aux routes « principales » !
Passant toutes deux par le port Thong Sala, la route côtière ouest ainsi que l'axe central descendant de Chaloaklam sont presque entièrement goudronnés ou bétonnés. Par contre, l'est de l'île reste desservi par une piste assez défoncée mais négociable qui remonte jusqu'à Thong Nai Pan. En route, des chemins difficilement ou pas carrossables irradient vers diverses criques.
Depuis les débarcadères (de Thong Sala et d'Haad Rin, des *songthaews,* des motos-taxis et des taxi-boats attendent les passagers pour les conduire vers la plage de leur choix. Des prix standard ont été fixés allant de 20 Bts soit 0,4 € (de Thong Sala à Haad Rin) à 100 Bts, soit 2 €, par personne (trajet jusqu'à Thong Nai Pan). Mais attention : ceux-ci sont valables pendant la journée, si le véhicule fait le plein (au moins 8 personnes) et si le chauffeur est de bonne humeur...
– Côté marin, noter ces bateaux réguliers en provenance de Samui et desservant quotidiennement la côte est jusqu'à Tong Nai Pan. Les *long-tail boats* se louent à Haad Rin ainsi qu'au nord-ouest de l'île afin de desservir les criques isolées. Prix pour le bateau et non par personne (soyez nombreux !).
– Si indépendance et exploration riment avec location de moto, sachez que nombre de routes et de pistes de l'île sont vraiment très casse-gueule. Mieux vaut louer une moto « neuve », et en tout cas vérifier l'état des pneus et l'efficacité du freinage sans oublier de TOUJOURS mettre son casque ! Bien lire le contrat d'assurance, s'il existe... (voir rubrique « Transports » dans les « Généralités » en début de guide).
– On peut aussi louer des 4×4, assez rentables si l'on est quatre. Là aussi, attention aux contrats de location sans assurance et se rappeler qu'il faut être un pilote averti, si ce n'est Peterhansel, pour négocier certaines pistes ! Ne pas se lancer aveuglément, consulter les plans et infos. Penser éventuellement à « chartériser » un taxi à la journée (avec chauffeur, donc) ; ça revient plus cher, mais ça évite de prendre des risques inutiles.

Adresses et infos utiles

■ ***Gratuits d'informations touristiques :*** disponibles un peu partout (bars, pensions, agences, quais des bateaux), ***Phangan Info,*** • www.phanganexplorer.com • très bien fait et assez complet (plusieurs plans précis, horaires des transports) et ***Phangan Explorer*** • www.phanganexplorer.com • la même chose en légèrement moins bien. Toutes les adresses qui suivent se trouvent à ***Thong Sala,*** sauf mention contraire.

✉ ***Poste*** **–** ไปรษณีย์ ***:*** dans la rue qui longe la mer. Environ 500 m sur la droite du débarcadère quand on arrive. Ouvert du lundi au vendredi de 8 h 30 à 12 h et de 13 h à 16 h 30, et le samedi de 9 h à 12 h.

@ ***Internet et téléphone :*** plusieurs boutiques spécialisées, de nombreuses pensions proposent ces services à Thong Sala ainsi que sur les autres plages. Environ 2 Bts (0,4 €) la minute pour l'Internet et autour de 30 Bts (0,6 €) pour les appels internationaux.

■ ***Banques & ATM :*** toutes les banques de l'île se concentrent dans la rue qui prolonge les quais des compagnies *Raja* et *Songserm*, au-delà du rond point. Leurs guichets de change sont ouverts tous les jours. Disposent également de distributeurs automatiques. Ces derniers se multiplient (Chaloaklam, Haad Rin, Ban Tai, etc.), parfois accouplés à des supérettes ouvertes 24 h/24.

■ ***Hôpital de Ko Pha Ngan*** **–** โรงพยาบาลเกาะพงัน ***:*** un peu au nord du Wat Khao Noy qui abrite un *moine solitaire (plan,* ***31****)* ; au croisement de la 1re route.

■ ***Police*** **–** สถานีตำรวจ ***:*** à 2 km sur la route du nord. Ouvert 24 h/24. Urgences : ☎ 377-114.

■ ***Location de motos et voitures :*** plusieurs loueurs dans la rue en face du débarcadère. Motos également disponibles sur toutes les plages, en passant éventuellement par son hébergement.

THONG SALA – ทองศาลา

Capitale de l'île et port principal des bateaux, Thong Sala concentre l'essentiel des boutiques et services. Le village se bétonne et semble s'étendre de jour en jour, mais il conserve encore de nombreuses maisons en bois typiques.

Où manger ?

Bon marché (moins de 150 Bts – 3 €)

|●| ***Marché du village*** *(plan,* ***26****)* – ตลาดของหมู่บ้านอยู่ที่ถนนที่มีทางเดินเท้าด้านฝั่งซ้าย ***:*** en remontant la rue qui prolonge le quai, sur la gauche, un peu après le *7/Eleven*. L'occasion de se remplir la panse pour quelques bahts seulement. Le soir, un peu plus loin, au carrefour, quelques stands restent ouverts pratiquement toute la nuit.

|●| ***Yellow Cafe*** *(plan,* ***26****)* ***:*** parmi les restos occidentalisés du port, faisant face au quai, ce petit estaminet avec terrasse, face au quai, mérite une mention. Cafés, shakes, patates farcies, sandwich baguettes...

➤ *DE THONG SALA VERS LE NORD, EN SUIVANT LA CÔTE OUEST*

Bordée d'innombrables cocoteraies, cette côte est ponctuée de nombreuses criques et plages de sable séparées par de petits caps rocheux. Dommage, la faible profondeur de la mer rend la baignade souvent difficile, selon les secteurs (surtout au sud) et les périodes.

LES PLAGES D'AO NAIWOG, AO PLAAYLAEM ET AO HINKONK

C'est le coin le plus calme de l'île, mais attention, peu de fond, voire pas du tout en mai et juin !

Où dormir ? Où manger ?

De bon marché à prix moyens (de 250 à 1 200 Bts – 5 à 24 €)

Pour toutes les adresses citées ci-dessous, le choix de la clim' propulse ce qui est bon marché en catégorie « Prix moyens ».

Siripun Bungalows – ศิริพรรณบังกะโล *(plan, 10)* : Ao Naiwog, à environ 2 km de Thong Sala, premier de notre sélection en venant du quai. ☎ 377-140. Fax : 377-242. Bungalows de différentes générations, tous avec sanitaires, encore vaillants. Cocotiers, un peu de verdure et morceau de plage sympa. Bon marché, sauf pour les chalets climatisés. Cet établissement sans charme particulier héberge cependant un centre UCPA organisant des randos à VTT, des sorties en canoë, hoby-cat et du kitesurf. Possibilité de se joindre aux stagiaires encadrés ou de glaner quelques conseils.

Tranquil – ทรองกิล *(plan, 10)* : voisin de *Siripun*. ☎ 377-433. • meestermickford@hotmail.com • Pas de sport ici, « tranquille » hé ! 5 bungalows ventilés avec salle de bains (supplément pour l'eau chaude) sur une petite tranche de terrain jardinée menant à la plage. Deux plus grands avec la clim'. Bar. Tenu par Mick, un pittoresque Anglo-Saxon. Un classique fiable du coin.

Cookies Bungalows – คุ๊กกี้บังกะโล *(plan, 11)* : Ao Plaaylaem, 1 km environ au-delà de *Tranquil*. ☎ 377-499. • cookies_bungalow@hotmail.com • Des gros cailloux à gauche, à droite, derrière, et devant... le sable et la mer. Bungalows de bois et bambou vernis, dispersés entre la colline et la plage (ventilo, hamac et moustiquaire), dont un familial avec deux grands lits restant bon marché. Accueil souriant et typiquement nonchalant, à l'origine d'une bonne ambiance. Resto charmant.

Sea Scene Resort – ซีซีนรีสอร์ท *(plan, 11)* : peu après le *Cookies*. ☎ 377-516. • www.seascene.com • Bungalows récents, impeccables et confortables quelle que soit leur catégorie : petits *standard* ventilés, *sea view* avec ou sans clim' et eau chaude, ou enfin *family* pour 3 personnes. Palmeraie, pelouse, tranquillité et plage étroite devant, agrémentée de petits rochers.

LES PLAGES D'AO SRITHANU, HAAD SON, HAAD YAO ET HAAD TIAN *Ind. tél. : 077*

Après une certaine platitude, voici le retour des reliefs découpant nombre de panoramas superbes. Malgré le grignotage immobilier, ces plages restent bien agréables et propices à la baignade.

Où dormir ? Où manger ?

Bon marché (de 250 à 350 Bts – 5 à 7 €)

Chai Country – ชัย คันทร *(plan, 12)* : Laem Srithanu, petit cap rocheux annonçant la plage et le village du même nom. ☎ 349-024. • chai_country@hotmail.com • Huit bungalows budget arrangés à flanc de colline, parfois sur de hauts pilotis et tous avec vue sur la mer et ce coin de rocaille bien calme. Salle de bains (eau froide), ventilo, carrelage au sol, bon lit et hamac. Propre. Tenu par de jeunes autochtones très cool qui peuvent organiser des balades personnalisées en bateau. Trempette possible, mais pas de vraie plage. Avoir un véhicule.

Haad Tian Bungalows **–** หาดเทียนบังกะโล ***(plan, 13) :*** mignonne crique au nord de Had Yao. ☎ 349-009. • haadtian@hotmail.com • Bungalows rustiques en bambou, tous avec douche, w.-c., ventilo et moustiquaires. Prix variant légèrement en fonction de la taille et du nombre de lits. Petit resto, table de ping-pong. Bien et chaleureusement dirigé. Dommage, le bord de mer est enlaidi par une diguette de ciment. Heureusement, il reste un petit croissant naturel juste à côté...

Over The Bay Bungalows **–** โอเวอร์เบย์บังกะโล ***(plan, 14) :*** Haad Yao, sur la droite de la route en venant du sud. ☎ 349-163. Jar et Nut tiennent une poignée de bungalows étagés sur la (raide !) colline. Plus tout neufs mais absolument impeccables et vraiment pas chers. La plage est certes à 5 mn à pied en contrebas, mais la qualité de l'accueil, les tarifs et les délicieux petits plats mitonnés par Nut compensent largement. Belle vue depuis le resto, surtout le soir.

Blue Coral Beach **–** บลูคอรัลบีชบังกะโล ***(plan, 15) :*** pointe nord de Haad Yao. Pas de téléphone. Accès par une piste (attention après la saison des pluies). Groupe de bungalows blottis en hauteur contre les rochers de l'extrémité de la plage. Ventilo et hamac, certains n'ont pas de salle de bains. Suffisamment propre et confortable, vu le prix plancher.

Prix moyens (de 500 à 1 000 Bts – 10 à 20 €)

Tantawan Bungalows **–** ทานตะวันบังกะโล ***(plan, 16) :*** Haad Son. Sur la droite de la route en venant de Thong Sala (après les antennes télé). ☎ et fax : 349-108. • yup_pat@hotmail.com • À flanc de colline (attention, ça grimpe !). Une dizaine de bungalows (ventilo, terrasse et eau chaude), une chouette salle de resto à la thaïe et une belle piscine, le tout surplombant la baie. Vue exceptionnelle. Au menu, large choix de spécialités thaïes et, surprise, de petits plats bien de chez nous à prix moyens, l'endroit étant tenu par Yupa et Patrick, un couple franco-thaï. Dispose de chalets familiaux (doubles du prix des *standard*).

Haad Yao Bungalows **–** หาดยาวบังกะโล ***(plan, 17) :*** Haad Yao, au centre de la plage. ☎ 349-152. Chalets vert pâle, ventilés sur l'avant de la plage ou avec clim' à l'arrière. Pas exceptionnelle par son charme ni son accueil, cette ancienne adresse reste un bon plan pour sa situation et ses prestations correctes, à un prix plutôt raisonnable. Pour ceux qui veulent être au coeur de l'animation balnéaire.

LA PLAGE DE HAAD SALAD *Ind. tél. : 077*

Une jolie anse bien pour la baignade, rejointe par une piste quittant la route 2 km avant Mae Haad. Son centre a malheureusement été squatté par des *resorts* sans charme ou un peu prétentieux tandis qu'en amont, ça scie et bétonne dans une mini-agglomération en plein boom. Insensible à tous ces efforts, on est allé voir sur les côtés...

Où dormir ? Où manger ?

De bon marché à prix moyens (300 à 1 000 Bts – 6 à 20 €)

Salad Hut – สลัด ฮัท *(plan, 18) :* par une piste latérale, glissant vers la lisère gauche de la baie. ☎ 349-246. • salad_hut@hotmail.com • Bungalows ventilés rudimentaires, en bois et bambou, disposés en demi-cercle autour d'une pelouse. Addition récente de chalets familiaux avec la clim'. Fleurs et cocotiers. Chaises longues, billard, resto évidemment et bonne ambiance.

Haadlad Resort – หาดลัดดี รีสอร์ท *(plan, 18) :* à l'opposé du *Salad Hut*, par une piste contournant le *Salad Beach Resort* ou en marchant le long de la plage jusqu'au cocotier à l'horizontale, comme s'il venait boire dans la mer. ☎ 374-220. • www.haadladresort.com • Bungalows à prix moyens de toutes les tailles, en bois, en brique ou en dur. Largement espacés autour d'une zone sablonneuse plantée de cocotiers. Équipés de salle de bains, avec eau chaude et clim' pour les chalets les plus chers. Un petit regret, du béton solidifie la berge. Propre et calme. Grand resto en bois vernissé donnant sur la plage.

MAE HAAD – หาดแม่ *Ind. tél. : 077*

En venant de Haad Salad, préférer le deuxième accès à la première piste indiquée, assez mauvaise. Une adorable plage en S, où du gazon et une frange de cocotiers viennent se mélanger au sable blanc. L'eau bien claire est propice à la baignade. Site de *snorkelling* le long du banc de sable et autour de l'île de Ko Ma, juste en face. Un petit goût de bout du monde ; le paradis, c'est là ?

Où dormir ? Où manger ?

De bon marché à prix moyens (de 300 à 1 200 Bts – 6 à 24 €)

Island View Cabana – ไอร์แลนด์วิวย์คาบาน่า *(plan, 19) :* ☎ 374-172. Bungalows basiques avec salle de bains, moustiquaire et ventilo. Alignés le long de la plage, leurs lattes de bois peintes d'un bleu clair délavé sied (trop !) bien à l'endroit. Délicieux resto-terrasse en demi-cercle, doté d'une vue panoramique vraiment bath, sur la plage et la magnifique baie sur la droite. Accueil avec le *yimyaem* (sourire), une de nos adresses bon marché coup de cœur !

Wang Sai – วังทราย *(plan, 19) :* voisin du *Island View Cabana*, séparé de la plage par une lagune. ☎ 374-238. Assortiment plus ou moins récent de huttes budget et de bungalows plus spacieux, les plus chers disposant de la clim' et de l'eau chaude. Quelques-uns sont posés sur le sol, les autres sont drôlement accrochés dans un relief de gros rochers. Beaucoup de verdure. Resto de l'autre côté de la passerelle, sur la plage.

CHALOAKLAM PLAGE ET VILLAGE – โฉลกหลามบีช

Ind. tél. : 077

Sur la côte nord de l'île, un village de pêcheurs animé, posé au milieu d'une baie de carte postale. Sable clair, cocotiers, bateaux au loin, pontons, petit sentier qui suit une grève rongée par le ressac. Épiceries-bazars et artisans liés aux métiers de la mer sont rejoints par des restos, bars (dont un « branché », le *Sheesha*) et activités (tours en bateaux) destinés à capter la manne du tourisme. D'où une ambiance différente et attachante. Randos possibles vers le sommet de l'île et une chute d'eau (lire plus loin « À voir. À faire sur l'île de Ko Pha Ngan »).

Où dormir ? Où manger ?

Bon marché (de 300 à 500 Bts – 6 à 10 €)

Wattana Resort – วัฒนารีสอร์ท *(plan, 20)* : à l'extrémité gauche de la baie, avant le village en venant de l'ouest. ☎ 374-022. Bungalows assez espacés, avec moustiquaire, douche froide, ventilo, terrasse privée et hamac. Les plus anciens, face à la mer, sont en bois ; les nouveaux, plus vastes, en brique. Propres et bien entretenus, dans un cadre fleuri. Resto-terrasse dans la maison principale devant la mer. Calme, accueil pittoresque et familial.

➤ *DE THONG SALA VERS L'EST*

CÔTE SUD ET HAAD RIN BEACH – ฝั่งใต้และหาดริน

Rocailleuse, possédant peu de plages, la côte méridionale n'est pas jojo, à l'exception d'Haad Rin, avec les limitations de rigueur qu'impose le célébrissime cirque des *Full Moon Parties.*

C'est par un ruban de béton à donner à la fois le vertige et le mal de mer (prudence !) qu'on débarque soudain sur Haad Rin. Mince et plat, brandi comme un leurre à la pointe sud-est de l'île, ce promontoire est garni de deux plages s'étirant dos à dos. La plus belle, orientée nord-est, *Haad Rin Nok* ou *Sunset Beach,* ne remporte pas nos suffrages parce qu'elle est vraiment trop fréquentée (voir ci-dessous). La seconde, *Haad Rin Nai* ou *Sunrise Beach,* regardant vers le sud-ouest, est certes plus calme mais... bof, et puis la baignade y est difficile. Ceux désirant loger dans ce secteur de l'île gagneront à explorer les criques au nord de *Sunset Beach,* accessibles par un sentier ou par *taxi-boat.*

Au final, on ne conseille pas de séjourner dans ce secteur.

Les nuits de la pleine lune

Lors des fameuses *Full Moon Parties* (fêtes de la pleine lune – voir les dates et infos sur • www.fullmoon.phangan.info •), des milliers de jeunes débarquent du monde entier pour participer à cette folle nuit. Alcool, psychotropes et musiques répétitives forment un cocktail détonant. Attention, la police rôde, en uniforme ou pas... Certains imprudents finissent ici leurs vacances plus tôt que prévu...

THAANSADET BEACH *Ind. tél. : 077*

Fichée au milieu du littoral est, une plage vraiment top dans un secteur encore peu exploité, on ne s'en plaindra pas ! Bungalows pas chers, ambiance bohème. Pour y aller, un bateau régulier tous les matins (celui qui remonte jusqu'à Thong Nai Pan), *taxi-boat* ou 3 km de chemin difficile mais carrossable par un embranchement situé sur la piste traversant l'est de l'île. En chemin, plusieurs accès indiqués vers différents degrés de la cascade ***Thaansadet*** (lire plus loin « À voir. À faire sur l'île de Ko Pha Ngan »). Un coin bien pour les amoureux de robinsonnades, qui ne s'attarderont pas sur la forêt excessive de constructions couvrant le petit cap nord.

Tout au bout de la plage, sur la droite, un bout de passerelle mène à une autre petite plage extra.

Où dormir ? Où manger ?

De bon marché à prix moyens (de 200 à 600 Bts – 4 à 12 €)

🏠 |●| ***Mai Pen Rai Bungalows*** – ไม่เป็นไรบังกะโล *(plan, **21**) :* à droite en arrivant sur la crique. ☎ 377-414. Bungalows sur la plage (les plus chers) ou dans un espace chaotique (les super budgets) en direction de la crique suivante. Rudimentaires au niveau du confort et de la tenue (visiter avant d'emménager) mais pas du concept ! Plate-forme surélevée « plein air » avec tables, chaises ou hamac et salle de bains à l'air libre. Comme dit le panneau, le resto donne dans la « *Fucking good food* ».

🏠 |●| ***Silver Cliff Bungalows*** – ซิลเวอร์คลิ ฟบังกะโล *(plan, **21**) :* sur le cap rocheux. ☎ 445-087. Bungalow à étages (une spécialité locale !), juchés sur d'impressionnantes échasses de béton. Celles-ci ne cadrent pas très bien avec la sauvagerie des rochers mais, égoïstement, pimentent le séjour des résidents, leur offrant la paix d'un phare et une vue sensas' sur la baie. Refaits récemment, propres. Resto sur la plage. Ventilo, salle de bains et terrasse.

LES PLAGES D'AO THONG NAI PAN – หาคของอ่า วทองนา ยปาน *Ind. tél. : 077*

À l'extrême nord-est de l'île, la large baie de Thong Nai Pan, coupée en deux par un promontoire, abrite deux plages plus sympas pour la baignade que celles de la côte ouest. L'endroit va rester encore relativement isolé tant que la piste est ne sera pas complètement bitumée. Accès en taxi *pick-up* depuis Thong Sala ou Haad Rin. Prévoir 100 Bts (2 €) par personne et 700 Bts (14 €) pour le véhicule ; 45 mn de trajet. Départs habituels aux alentours de 12 h ; 10 h dans le sens retour.

Alternativement, liaisons maritimes saisonnières tous les matins via Haad Rin et les plages de la côte est, par le bateau qui vient de Ko Samui (Big Buddha).

Thong Nai Pan se développe un peu plus d'année en année tout en restant plus relax et raisonnable que nombre de ses consœurs. Voilà pourquoi on aime bien ce coin tranquille.

La plage de *Thong Nai Pan Noi,* à gauche en regardant la mer, plus petite comme « noi » l'indique, et plus mimi, est bordée d'une piste en sable où s'agglutinent de petits commerces et restaurants très estivaux. *Thong Nai Pan Yai,* plus « yai » (grande), s'adosse au vrai village où se termine la route. Sur chacune des plages, il y a dorénavant des dizaines de bungalows et, bien sûr, les paillotes-restos-bars qui vont avec.

Où dormir ?

De bon marché à prix moyens (de 250 à 500 Bts – 5 à 10 €)

■ ***Dolphin Bar & Bungalows*** – โดลฟินบาร์และบังกะโล *(plan, 22) :* Thong Nai Pan Yai. Pas de téléphone. Au nord de la plage, noyé dans un jardin luxuriant et très bien entretenu. Beaux bungalows en bois, avec salles de bains (eau froide) et ventilos. Bon marché, assez spacieux et très propres. Déco d'inspiration balinaise jusqu'aux statues de pierre de divinités hindoues. Bar superbe donnant sur la plage, entouré de *sala* garnis de coussins et tables basses. Beau et paisible, accueil à l'avenant. Si vous cherchez à connaître l'origine du nom, observez donc le biceps droit de l'adorable propriétaire des lieux !

■ |●| ***Baan Tapan Noi*** – บ้านท่าปาน้อย *(plan, 23) :* Thong Nai Pan Noi, à l'extrémité nord de la plage. ☎ 445-145. Chalets basiques mais coquets, avec ou sans salle de bains, installés à flanc de colline, entre arbres et rochers. Resto-bar au look méditerranéen. Barbecue-parties très populaires. Bon accueil.

De prix moyens à un peu plus chic (de 500 à 1 600 Bts – 10 à 32 €)

■ ***Thongtapan*** – ทองท่าปาน *(plan, 23) :* Thong Nai Pan Noi, partie nord. ☎ 455-067. ● www.thongtapan.com ● Les prix varient selon la distance à la plage et la taille (familiaux dispo). De grands et sobres chalets de bois élégants sur une colline envahie d'affleurements rocheux. Parfait équilibre entre le sauvage et le jardiné. Également quelques bungalows en dur et plus luxueux sur la plage, dont un avec la clim'. Intérieurs confortables.

Beaucoup plus chic (de 3 000 à 6 600 Bts – 60 à 132 €)

■ |●| ***Panviman Resort*** – พัน วิมา นรีสอร์ท *(plan, 24) :* Thong Nai Pan Noi. ☎ et fax : 445-100. ● www.panviman.com ● « Panwiman » signifie « Comme le paradis », ce qui n'est pas si présomptueux pour ce *resort* grand luxe exceptionnellement perché sur le promontoire qui sépare les deux plages. Les chambres et les cottages sont superbement équipés, dans ce style « naturel », ici parfaitement abouti. Le tout est dispersé à flanc de colline, dans un espace tropical généreux. Grande piscine à débordement qui surplombe les flots. Le restaurant *Pan Sea,* majestueuse rotonde en bois, offre aux convives une vue majestueuse à 180°. En contrebas, le *Stone Beach* (grillades le soir) sera parfait pour une soirée romantique. Cuisine copieuse et de bonne qualité. Accueil à la hauteur.

Réaménagé récemment, le *Panviman* reste l'hôtel « de luxe » très chouette de Ko Pha Ngan.

Où manger ?

De bon marché à prix moyens (100 à 300 Bts – 2 à 6 €)

Gargote du village *(plan, 27)* **:** Thong Nai Pan Yai, là où un panneau indique *Ban Thong Nai Pan school.* Ferme à 22 h. C'est la cantine typique et sympa du coin. Six tables sous un auvent attaché à une maison. Menu en anglais rassemblant quelques grands classiques (soupes, riz et nouilles sautées).

Krua Tapan – ครัวท่าปาน *(plan, 23)* **:** Thong Nai Pan Noi ; avant-dernier établissement en allant vers l'extrémité nord. Bon marché, à part les plats occidentaux, les poissons et fruits de mer. Terrasse couverte toute simple mais parfaite dans ce cadre, tout comme la cuisine. Accueil très gentil.

À voir. À faire sur l'île de Ko Pha Ngan

Khao Ra et Phaeng Waterfall *(Parc national ; plan,* ***30****)* **:** deux séduisantes randos, accessibles depuis la route qui traverse l'île entre Chaloaklam et Thong Sala. Le Khao Ra, culminant à 627 m, est le sommet le plus élevé de l'île. Être attentif, seul un petit panneau de bois indique la piste. Celle-ci est praticable à moto jusqu'à un endroit assez magique, ***Khao Raa Retreat*** *(plan,* ***30****)* : ☎ 09-675-03-22 (portable). Ici, on revendique un « no party », plutôt des retraites ou des cours de yoga (parfois organisés). Cinq chalets assez grands mais rustiques : ventilo, terrasse pas de salle de bains ni d'ailleurs de mobilier, à part les lits ! Vue sur un îlot de palmiers au milieu de la jungle. Resto. Au-delà, le sentier passe par une petite cascade où des « adeptes » ont amassé des cailloux et poursuit vers le sommet 2 km plus loin. Retourner sur la route, poursuivre 2 petits kilomètres plus au sud jusqu'à l'embranchement suivant (panneaux) qui mène au QG du Parc national. Un sentier rejoint la cascade ***Phaeng Waterfall,*** puis grimpe (à angle droit !) en direction d'un très joli point de vue 600 m plus loin.

Le moine solitaire du Wat Khao Noy – พระเดียวที่วัดเขาน้อย *(plan,* ***31****)* **:** de Thong Sala, prendre la route de l'hôpital et tourner juste en face, dans un petit chemin qui monte sur la gauche. Ce petit temple est veillé par un moine solitaire, *Pra Somchai,* qui vous recevra à bras ouverts. Traditionnel déchaussage, avant de s'asseoir en tailleur au pied d'un bouddha assis, dans la salle de prières. Après un brin de causette, quelques baguettes d'encens grillées et des incantations rituelles, le valeureux moine vous asperge d'eau bénite et prononce la formule porte-bonheur si chère à nos cœurs de voyageurs : « Good luck ! » Puis, vous repartez – majestueux et serein – vers d'autres aventures... N'oubliez pas de glisser un pourliche dans le tronc : notre moine, bien qu'attiré par les choses célestes, n'en reste pas moins un bon terrien qui ne néglige pas, loin de là, les petits billets. Pas mal de lecteurs déçus à ce sujet, d'ailleurs. Dans la cour, une empreinte du pied de Bouddha.

➢ ***Balade (périlleuse) à l'intérieur de l'île :*** à faire à moto (si vous êtes deux, on vous conseille d'en louer deux). Mais *attention,* piste défoncée, pentue et dangereuse. On conseille alors de partir tôt le matin, pour rentrer avant la nuit, ou de dormir au point d'arrivée. Compter une bonne trentaine de kilomètres au départ de Thong Sala.
Dans le sud-est de l'île, peu après Ban Tai, la piste d'abord goudronnée s'élève rapidement dans la montagne. La grimpette n'est pas facile, notamment quand les dernières pluies torrentielles ont creusé ornières et ravines. Quelques plantations d'hévéas et, peu à peu, une jungle très dense et une atmosphère très humide. Au sommet – ouf ! –, panorama exceptionnel sur une partie de l'île et la mer. Puis on redescend doucement vers Ban Thong Nai Pan.

***Thaansadet Waterfall* – น้ำตกธารเสด็จ :** cette cascade, qui descend jusqu'à la plage, tient plus du cours d'eau. Elle n'est pas du tout impressionnante mais dessine un lieu agréable entouré de rochers et de jungle. Les sentiers sont fléchés. Possibilité de faire trempette. Pour l'anecdote historique, sur environ 2 km, à certains endroits, on peut voir sur les rochers qui bordent l'eau des inscriptions en thaï gravées dans la pierre. Ce sont les hommages rendus aux différents rois qui, depuis 1888, se succèdent ici pour prendre un bain (Râma 4, 7, 9, n° complémentaire : le 12). On n'est pas parvenu à savoir pourquoi les têtes couronnées ont pris l'habitude de se baigner ici. Si vous trouvez, écrivez-nous.

➢ ***Excursions et sports marins :*** d'Haad Rin à Chaloaklam, toutes les pensions ou presque proposent divers tours de l'île en bateau. Compter à partir de 400 Bts (8 €) pour une demi-journée divertissante à base de baignade, de *snorkelling* (Haad Khom et Ko Ma), de glande ou même de pêche. Sur Ao Naiwog et Plaaylaem, abritée par une barre, planches à voile à louer, voire hoby-cat et cours de kite-surf.

KO TAO – เกาะเต่า

IND. TÉL. : 077

Au nord de Ko Pha Ngan et à l'est de la ville de Chumphon, Ko Tao, île minuscule de 21 km^2 de superficie, est mondialement réputée pour ses coraux multicolores et sa faune aquatique exubérante. Il n'en fallait pas plus pour qu'elle devienne l'« île de la Plongée » et se couvre de centaines de bungalows, aujourd'hui de tout standing. Manque d'eau douce, gestion de la pollution et de la fréquentation des spots de plongée, le succès s'accompagne toujours de soucis...
La grande majorité des plages et des hébergements de l'« île de la Tortue » (tao) se rassemblent le long de son ventre « blanc » (côte ouest). *Ban Mae Hat,* village où accostent les bateaux, est naturellement devenu la capitale de l'île. Un chemin côtier ponctué d'une succession ininterrompue de bungalows, bien plus agréable que la route, relie *Mae Hat* à *Hat Sairee (Sairee Beach),* également doté d'un village en plein développement. Les jointures des extrémités ainsi que la carapace de notre adorable reptile marin dévoilent plusieurs criques encombrées de gros cailloux spectaculaires. Là, partout où c'est possible, s'accrochent des bungalows dont certains distillent toujours cette ambiance « bout du monde » qu'on aime tant.

Arriver – Quitter

Attention : la météo peut retarder ou annuler la traversée.

➢ ***Chumphon :*** une solution maligne qui permet d'économiser le voyage jusqu'à Surat Thani. Depuis Chumphon, à 7 h et 13 h, cinq départs en tout de ferrys, catamarans et bateaux classiques. Au retour, idem, à 10 h et 14 h 30. Prévoir de 1 h 45 à 3 h de voyage. Également quotidiens dans les deux directions (sauf le dimanche pour le ferry), départ d'un bateau et d'un ferry de nuit entre 22 h et minuit. Compter 5 à 6 h de voyage, déconseillé quand la mer est grosse ! Prévoir de 200 à 600 Bts (4 à 12 €) la traversée, selon l'embarcation choisie.

➢ ***Ko Pha Ngan (Thong Sala) et Ko Samui :*** tous les bateaux font la navette aller-retour entre ces trois îles. Depuis Ko Samui, 6 à 7 départs quotidiens de ferrys et catamarans de 8 h à 8 h 30, puis de 12 h à 12 h 30. De Ko Tao, idem, départs de 9 h 30 à 10 h, puis de 15 h à 15 h 30. Compter 1 h à 1 h 30 et de 200 à 350 Bts (4 à 7 €) pour Pha Ngan ; 1 h 45 à 2 h 45 et de 300 à 550 Bts (6 à 11 €) pour Samui. Aussi, dans les deux directions, départs occasionnels (se renseigner) de bateaux lents aux alentours de 9 h 30. Prévoir le double de temps.

➢ ***Surat Thani (Ta Tong Pier) :*** direction Ko Tao, départ d'un *express-boat Songserm* à 8 h avec escale à Ko Samui et Ko Pha Ngan. Vers le continent, embarquement à 10 h. 6 h 30 de trajet. Prévoir 500 Bts (10 €). Aussi, quotidien dans les deux sens, un bateau de nuit bien pittoresque. 9 h de trajet, environ 350 Bts (7 €). En cas de mauvaise météo, les bateaux s'arrêtent généralement à Ko Pha Ngan.

Adresses et infos utiles

■ ***Ko Tao Info :*** gratuit trimestriel disponible dans la région et sur les îles (*guesthouse,* restos, agences). Plein d'infos et de plans utiles. En glisser une copie dans sa poche ou son sac à dos ! Le site associé, • www.kohtaoonline.com •, est tout aussi bien fait et permet de réserver son bungalow, voire son forfait plongée.

– Toutes les adresses qui suivent se trouvent à Ban Mae Hat, le village principal de Ko Tao.

■ ***Banques & ATM :*** dans la rue principale sud, Krung Thai et Siam City Bank sont ouvertes tous les jours d'environ 8 h 30 à 16 h 30. Disposent également de distributeurs automatiques.

✉ ***Poste – ไปรษณีย์ :*** à l'intersection de la route et de la rue principale nord. Ouvert du lundi au samedi de 8 h 30 à 17 h. Fait aussi agence de voyages, supermarché et centre de communication (téléphone, fax et Internet) : cette partie-là ferme à 22 h. Tout en un !

■ ***Pharmacies et clinique – คลินิก :*** plusieurs officines sur la route de l'île, au niveau du village. En cas de pépin, rejoindre Samui ou Chumphon.

■ ***Police – สถานีตำรวจ :*** prendre la route qui longe la plage vers le nord sur environ 500 m. En face de l'école.

@ ***Internet et téléphone :*** une flopée de boutiques proposent ces deux services dans les rues principales et celles qui longent le port. Idem au village et le long de la plage de Sairee. Prix modiques.

■ ***Location de motos :*** plusieurs loueurs dans la rue principale. Voir nos recommandations dans la rubrique « Transports » des « Généralités » en début de guide.

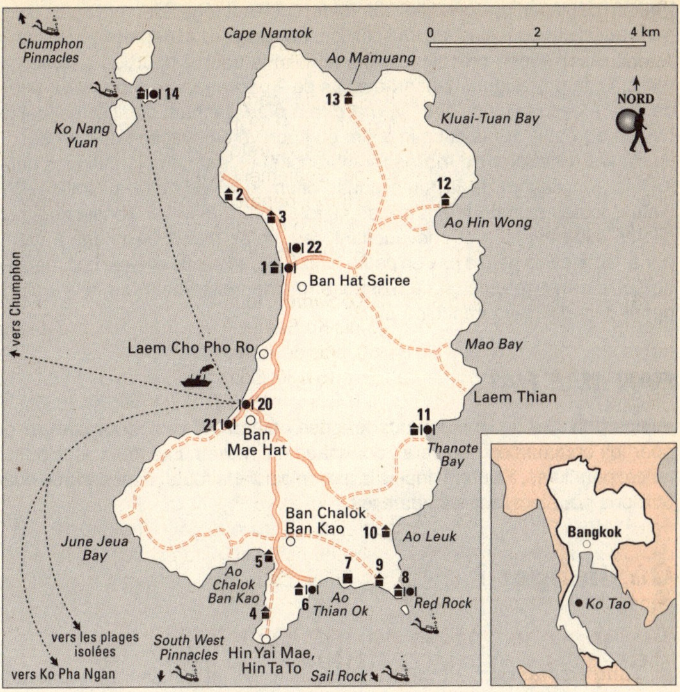

KO TAO

Où dormir ?

1 Simple Life, Sea Shell Resort
2 Sunlord Bungalows
3 Ko Tao Cabana
4 Freedom Beach
5 Ko Tao Resort
6 New Heaven Resort
8 New Heaven Nature Huts
9 Coral View Resort
10 Aow Leuk Bungalows
11 Mountain Reef Resort
12 View Rock Resort
13 Mango Bay Grand Resort
14 Ko Nangyuan Dive Resort

Où manger ?

1 Simple Life
6 New Heaven Resort
8 New Heaven Nature Huts
11 Mountain Reef Resort
14 Ko Nangyuan Dive Resort
20 Yang Restaurant, Cappuccino, Café del Sol
21 Tukta Thai Food
22 Thong's Thai Food

Massages et Spa

7 Jamakhiri Spa and Resort

Circuler dans l'île

Ko Tao est passée en dix ans du stade de la piste et des chars à bœufs à celui de la route et des véhicules à moteurs. L'axe principal parcourt le flanc ouest de l'île. Il est bitumé, tout comme certaines portions des pistes desservant toutes les criques de l'île.
Avant de bouger, procurez-vous un plan détaillé de Ko Tao (comme ceux de « Ko Tao info ») où figurent les sentiers, commerces et autres repères.

Pour se déplacer, on conseille : les ***taxis,*** circulant régulièrement sur la route mais aussi sur les pistes, en tout cas lors des arrivées et départs des bateaux ou sur réservation ; prévoir 100 Bts (2 €) et le double pour les criques par véhicule, le prix augmentant au-dessus de 2 passagers ; les ***bateaux-taxis,*** de coût à peu près similaire ; la ***marche à pied,*** sachant que l'île est petite, balade agréable sur le chemin côtier ou sportive en direction des criques. Reste les ***locations de motos*** (nombreuses) et leurs problématiques habituelles : en dehors de la route ouest, bitumée (mais gaffe au trafic !), les pistes, toutes plus ou moins casse-gueule sont à réserver absolument aux pilotes expérimentés et chevauchant des motos munis de pneus à crampons. Non, ça ne passe pas en petite mob à deux dessus et c'est pas marrant de se retrouver coincé (si ce n'est pire, malheureusement) au milieu d'une pente déjà difficile à franchir à pied !

BAN MAE HAT

Village principal de l'île, débarcadère des bateaux. Y venir pour manger ou pour les commerces ; ce serait dommage d'y résider. Les deux rues principales, parallèles, montent depuis la mer rejoindre la route, direction que nous utilisons pour localiser les adresses.

Où manger ?

Bon marché (moins de 150 Bts – 3 €)

Yang Restaurant – ร้านอาหารยาง *(plan, 20)* **:** rue principale sud, sur la droite, à mi-chemin de la route. ☎ 456-226. Le boui-boui thaï par excellence : ouvert sur la rue, tables et plafond de bambou, vieux ventilos et menu à rallonge. Plats servis avec du riz à moins d'1 €. Et le plus fort, c'est que c'est bon. Paraît toujours plein, mais le personnel saura vous trouver un coin de table.

Cappuccino – คาปูชิโน่ *(plan, 20)* **:** sur la gauche dans la rue principale sud. ☎ 07-263-78-10 (portable). Demi-tarif entre 17 h et 18 h sur le pain et les gâteaux ! LA boulangerie française du village, tenue d'une main de maître par Paul, 20 ans de métier derrière lui. Excellentes viennoiseries et pâtisseries (tarte aux pommes, mille-feuille). Bon pain et choix de sandwichs alléchant (brie, thon, poulet, etc.) avec différents assaisonnements, ainsi que quelques jolies salades. Le choix de cafés, thés et jus de fruits n'est pas en reste. Une halte qui fait du bien.

Tukta Thai Food – ร้านอาหารตุ๊กตา *(plan, 21)* **:** dans la rue qui longe la mer, au sud du village. Proche de l'embarcadère de la *Songserm* et de *Master Divers.* ☎ 456-109. Ouvert le soir à partir de 18 h. Un modeste resto thaï, proposant d'authentiques et très bons petits plats. En bord de mer, sous une terrasse couverte. Très calme.

Prix moyens (de 150 à 300 Bts – 3 à 6 €)

Café del Sol – กาเฟ่เดลโ ซล *(plan, 20)* **:** dans la rue principale nord, proche de la mer. ☎ 456-578. Un redoutable quatuor qualité-quantité-prix-tenue : pizzas, pâtes, viandes et tout le reste reflètent le meilleur et l'essentiel des traditions hexagonales.

LA PLAGE D'HAT SAIREE – หาดทรายรี

Même si l'on préfère nettement les criques, *Sairee Beach,* seule grande plage de l'île, centrée 1 km environ au nord du port de Ban Mae Hat, est restée mignonne et sympa, malgré le nombre très élevé de bungalows. Bon point, l'aménagement d'un plaisant chemin côtier pavé, entre le village de Sairee et la plage. Il se poursuit sous forme de piste jusqu'à Mae Hat.
La plage n'est pas toujours nickel, vu le nombre de bateaux de pêche et d'excursion amarrés, mais l'eau est restée transparente. Manque de fond pour la baignade d'avril à juillet. Plusieurs bars de plage, comme le ***In Touch,*** recueillent les suffrages des noctambules.

Où dormir ? Où manger ?

Voici quelques adresses agréables, en dépit de l'entassement et du manque d'intimité. La plongée, ça creuse ! Comme à Mae Hat, une brassée de restos d'influences cosmopolites, de l'Inde au Mexique, sont là pour colmater.

De bon marché à prix moyens (de 200 à 600 Bts – 4 à 12 €)

Simple Life – ซิมเปิลไลฟ์ *(plan, 1)* **:** à la hauteur du village de Sairee. ☎ 456-142. Bungalows ou chambres. Vieillot mais correct ; c'est une institution qu'on choisira pour son ambiance routarde. Grand et très populaire resto-terrasse sur la plage. Menu de spécialités thaïes et occidentales. Fait aussi bar et barbecue le soir.

Sunlord Bungalows – ซันลอร์ดบังกาโล *(plan, 2)* **:** au nord, au-delà de la plage. ☎ 456-139. Comme ses voisins mais en mieux, série de chalets rustiques à flanc de rochers. Prix selon la présence de douches ou pas à l'intérieur et la situation face à la mer. Réception et restaurant au rez-de-chaussée de la maison familiale. Accueil chaleureux de la maisonnée mais, assez demandée, elle donne préférence à ceux qui résident plus d'une journée.

Thong's Thai Food – ทองไทยฟู้ด *(plan, 22)* **:** sur la droite de la route, en sortant de *Sairee* vers le nord. ☎ 456-458. Tables au rez-de-chaussée, coussins à la thaïe au premier. Ne pas se laisser abuser par les velléités décoratives, la cuisine thaïe reste celle d'une vraie cantine, bon marché comme il se doit. Nouilles, riz sautés et autres plats non édulcorés nourrissent bien.

De prix moyens à plus chic (de 450 à 1 850 Bts – 9 à 37 €)

Sea Shell Resort – ซีเชลรีสอร์ท *(plan, 1)* **:** sur la promenade pavée, tout près du village de Hat Sairee. • www.kohtaoseashell.com • ☎ 456-299. Fax : 456-271. Une trentaine de bungalows en bois, de confort modeste (mais correct) à plutôt bon en catégorie supérieure. Terrasse, salle de bains. Jardin bien vert et cocotiers. Également quelques bungalows en dur près de la plage, équipés de la clim'. Bon centre de plongée attenant (voir plus bas).

De plus chic à beaucoup plus chic (de 2 000 à 3 800 Bts – 40 à 76 €)

🏠 ***Ko Tao Cabana*** – เกาะเต่าคาบาน่า *(plan,* ***3****)* **:** pointe nord de la plage. ☎ et fax : 456-505. • www.kohtaocabana.com • Dans le jardin, des maisonnettes circulaires en dur, spacieuses et confortables. À flanc de colline, de très beaux chalets en bois, avec terrasse et vue sur la mer, décorés à la robinson-chic : rideaux de coquillages, meubles en bois et bambou, coussins thaïs triangulaires, etc. Salles de bains à ciel ouvert. Prix dépendant de l'emplacement et du confort, (ventilateur ou climatisation, eau froide ou chaude).

LA PLAGE D'AO CHALOK BAN KAO – หาดโฉลก บ้านเก่า

Planquée au fond d'une large échancrure de la côte, cette plage, bien protégée de la mousson est accessible par la route. Du coup, les bâtiments y ont poussé comme des champignons.

Où dormir ?

Prix moyens (de 400 à 800 Bts – 8 à 16 €)

🏠 ***Freedom Beach*** – หาดฟรีดอร์ม *(plan,* ***4****)* **:** en surplomb de la plage du même nom *(Freedom Beach)*, séparée d'Ao Chalok par un promontoire. ☎ 456-045. Du sable, des cocotiers, des barques au loin... Pas encore le paradis mais tranquille et dépaysant. Bungalows avec salle de bains, construits à flanc de pente entre les gros rochers. Les prix varient selon l'ancienneté et la matière (bois ou brique). Quelques chalets climatisés, trop chers : rien ne vaut la brise marine hachée par les pales d'un ventilo. Grand resto-réception. Accueil indolent.

D'un peu plus chic à plus chic (de 1 200 à 2 800 Bts – 24 à 56 €)

🏠 ***Ko Tao Resort*** – เกาะเต่าคอทเทชรีสอร์ท *(plan,* ***5****)* **:** à l'extrême gauche de la plage quand on regarde la mer. ☎ 456-133. • www.kotaocottage.com • Grosse transformation pour ce *resort* incluant l'adjonction d'un bâtiment de style assez étrange. Choix varié de chambres ou bungalows bien équipés (frigo, télé), confortables, au niveau de la mer ou perchés haut sur la colline (vue superbe). Chouette terrasse de resto en surplomb, assez fraîche. Reçoit fréquemment des groupes de plongeurs. Accueil très cordial.

LA PLAGE D'AO THIAN OK – หาดอ่าว เทียนนอก *Ind. tél. : 077*

Croissant de sable photogénique ponctué d'arbustes maritimes et bordé de cocotiers posés au milieu d'une pelouse naturelle. Le top pour se relaxer ou faire du *snorkelling*. Pas terrible pour la pure baignade, les coraux sont pratiquement à fleur d'eau à marée basse. Depuis la plage, on voit déjà les poissons patrouillant dans ce véritable aquarium naturel (on y a même vu des requins, un peu plus au large). Ceux qui souhaitent se baigner peuvent facilement faire la navette ou se loger à Sai Daeng Beach que l'on peut rejoindre en bateau ou à pied (attention, ça monte !).

Où dormir ? Où manger ?

Voir aussi Jamakhiri Spa and Resort dans la rubrique « Massages et spas » plus loin ; catégorie « Beaucoup plus chic » !

De prix moyens à un peu plus chic (de 800 à 1 700 Bts – 16 à 34 €)

🏠 🍽 ***New Heaven Resort*** – นิว แฮฟเว่นน์รีสอร์ท *(plan, 6)* **:** à mi-chemin entre les plages de Chalok Ban Kao et de Thian Ok, sur les hauteurs. ☎ 456-462. Fax : 456-588. • www.newheavenresort.com • Élégants bungalows en bois, avec balcons, construits à flanc de colline et enfouis dans la végétation. Vue magnifique sur Ao Thian Ok. Mini-plage privée en contrebas. Le resto situé à l'entrée du *resort* est réputé autant pour sa délicieuse cuisine thaïe et métissée, dégustée assis en tailleur devant des tables basses, que pour le panorama. Bons poissons et large choix de cocktails. Si ça vous tente, ils proposent aussi plongée, yoga et massages !

LA PLAGE DE HAT SAI DAENG – หาดทรายแดง *Ind.tél. : 077*

Une jolie crique bien sablonneuse (pas si courant !). Accès difficile (mais pas impossible !) par la piste (bifurcation vers l'est avant Ao Chalok) ou, mieux, en *taxi-boat*. On aime bien cette plage tranquille, nichée entre les rochers et la végétation, où l'on a un peu l'impression d'être seul à Ko Tao !

Où dormir ? Où manger ?

Prix moyens (autour de 500 Bts – 10 €)

🏠 🍽 ***New Heaven Nature Huts*** – นิว แฮฟเว่นท์เนเชอร์ ฮัท *(plan, 8)* **:** tapi dans la verdure, à l'extrémité est de la plage. ☎ 07-933-13-29 (portable). Accessible en bateau-taxi depuis Rocky Beach ou par la piste débouchant sur le *Coral View Resort*. Quinze bungalows traditionnels en bois, simples mais équipés de sanitaires et de hamac sur leurs petites terrasses. Situation au choix : face à la mer ou perchés sur les rocs, avec une mention spéciale au n° 8 pour sa double vue imprenable sur la plage et la baie de Leuk. Adorable paillote-resto en bord de mer. Coin lecture, tables basses et coussins. Tenu par une sympathique famille thaïe. La bonne adresse pour le farniente.

De prix moyens à un peu plus chic (de 700 à 1 400 Bts – 14 à 28 €)

🏠 ***Coral View Resort*** – คอรัล วิ วท์ รีสอร์ท *(plan, 9)* **:** à l'ouest de la plage, entre cocotiers et sable doré. ☎ 456-482. • www.coralview.net • Si vous avez réservé, la patronne viendra vous chercher avec sa jeep. Huttes en bois, bungalows en dur ou chambres réparties dans une bâtisse d'un étage. Salle de bains partout. Plusieurs degrés de confort et d'équipement (jusqu'à clim', frigo, télé). Ensemble très propre et bien jardiné, même si ça date un peu. Belle vue du resto. Peu fiable sur les autres prestations.

LES PLAGES D'AO LEUK ET D'AO THANOTE – อ่าวลึกและอ่าวโตนด *Ind. tél. : 077*

Deux calanques jolies et sauvages de la côte est, approchées par une piste difficile dont l'embranchement est indiqué au sud du village de Ban Mae Hat. En chemin, bifurcation vers Ao Leuk, toute petite, pour ceux qui veulent la paix. Au bout (5 km en tout), la crique de *Thanote Bay,* extra pour la baignade et le *snorkelling* au-dessus des coraux. Plus ample et développée, elle abrite déjà 5 pensions et deux clubs de plongée. Malgré la mégalomanie et « l'inesthétisme » chronique dont souffrent certains propriétaires, l'endroit conserve à la fois son charme et son calme.

Où dormir ? Où manger ?

Bon marché (autour de 400 Bts – 8 €)

Aow Leuk Bungalows – อ่าวลึก บังกาโล *(plan, 10)* **:** pile au milieu de la crique. ☎ 456-792. Chalets de toits avec salle de bains, dans un espace gazonné, planté de cocotiers. Deux tailles ; autant choisir la plus grande. Rustique, plancher de bois brut. Accueil « sauvageon, » mais ça cadre bien avec le lieu.

Mountain Reef Resort – เม้าเท่นน์รีฟรีสอร์ท *(plan, 11)* **:** à l'extrême gauche d'Ao Thanote en regardant la mer ☎ 456-697. Bungalows en dur avec sanitaires, dont deux justes devant les flots. Bien tenus par une charmante famille d'origine chinoise. Resto surélevé jouissant d'une belle vue. Nourriture excellente, quelque peu accommodée à l'européenne ; fameux yaourts maison et bananes au lait de coco (un must !).

LES PLAGES D'AO MAMUANG (Mango Bay) ET D'AO HIN WONG *Ind. tél. : 077*

Deux criques où s'empilent d'impressionnants et « primitifs » amas de gros rochers, typiques de Ko Tao. Desservies par une piste ardue démarrant de l'intersection principale du village de Ban Sairee. Y aller plutôt en bateau ou en pick-up qu'en moto (délicat) – les *resorts* organisent une à deux navettes aller-retour par jour, les appeler.

Où dormir ?

De bon marché à prix moyens (de 300 à 800 Bts – 6 à 16 €)

View Rock Resort – วิวย์ร็อครีสอร์ท *(plan, 12)* **:** Ao Hin Wong, derrière le promontoire qui ferme le nord de la baie. ☎ 456-548. Drôle d'établissement, déco un peu kitsch. Tout en descente, c'est bon pour les mollets.

Plonge vers la mer, « bordée » par une amusante terrasse carrelée faisant resto-bar. Multiples choix, du riquiqui aux murs en tresses de bambou jusqu'au spacieux en brique. Partout ventilo, salle de bains et vue. Toujours propre mais plus ou moins ancien (visiter). Pour le *snorkelling,* rejoindre le centre de la crique où se trouve ***Hin Wong Bungalow*** – หินวงบังกาโล, ☎ 456-006. Prix similaires, accueil familial.

Chic (de 1 200 à 2 500 Bts – 24 à 50 €)

🏠 ***Mango Bay Grand Resort*** – แมงโกเบย์แกรนด์รีสอร์ท *(plan, **13**) :* à la pointe nord. Piste vraiment raide sur la fin. ☎ 456-097 (bureau sur Mae Hat). • mangobaytao@yahoo.com • *Resort* arrangé en cascades successives jusqu'aux flots. Pas vraiment de plage, mais le coin est top pour le *snorkelling.* Choix entre des chalets ventilés ou des climatisés, encore plus spacieux et équipés (télé, DVD, frigo). Tous disposent de terrasse et de vue sur la mer. Tout est nickel, bien verni, et équipé de chouettes salles de bains (parfois un morceau de rocher au milieu !). Petit dej' inclus. Le resto, bien relax, surplombe la mer. Très bon accueil.

KO NANG YUAN – เกาะนางยวน

Trois îlots paradisiaques reliés entre eux par des bancs de sable. Éminemment photogéniques, on les retrouve sur toutes les cartes postales vendues dans le coin. Entre sable blanc, mer turquoise et végétation luxuriante, pas grand-chose à faire, sinon bronzer, plonger (fonds magnifiques), *snorkeller* et roucouler avec votre routard(e). Entrée payante : 100 Bts (2 €) par personne, en espérant que les sommes récoltées vont à la protection de l'endroit, effectivement menacé par la surfréquentation (bouteilles plastiques interdites). De nombreux *taxi-boats* font la navette depuis le port de Mae Hat et la plage de Sairee. Compter à partir de 200 Bts (4 €) aller-retour par embarcation.

Où dormir ? Où manger ?

D'un peu plus chic à beaucoup plus chic (de 1 200 à 4 000 Bts – 24 à 80 €)

🏠 🍽 ***Ko Nangyuan Dive Resort*** – เกาะนางยวน ไดฟ์รีสอร์ท *(plan, 14) :* réception dans l'îlot central. ☎ 456-088 ou ☎ 01-958-17-66 (portable). • www.nangyuan.com • Village de bungalows répartis sur les 3 îlots. Niveaux de confort variés – avec ventilo ou AC, frigo et TV. Fait aussi resto. Centre de plongée sur place et accès immédiat aux spots depuis la plage. Reçoit fréquemment des groupes de plongeurs. Trois navettes journalières entre les îlots et Ko Tao.

Plongée sous-marine à Ko Tao

« L'île de la Tortue » est entourée des plus beaux jardins de coraux du golfe de Thaïlande, où batifolent avec allégresse une grande variété de poissons. À quelques encablures seulement du rivage, nos routards palmipèdes apprécieront la bonne vingtaine de sites baignés d'eaux limpides et mondialement réputés. Les nombreux clubs de l'île les explorent tous les jours, tout comme ceux de Ko Samui et Pha Ngan. La fréquentation excessive – style usine – compromet la survie de la faune et de la flore marine, même si certaines mesures de gestion ont été prises. Toutefois, on le dit tout net, il serait dommage de venir dans le coin sans jeter un petit coup d'œil sous la mer. Mais attention où vous palmez...

Où plonger ?

Beaucoup, beaucoup, beaucoup de clubs de plongée à Ko Tao. Certains sont de véritables usines, d'autres ont su rester à taille humaine. La politique d'alignement des prix permet d'orienter son choix non plus en fonction des tarifs mais sur la base du matériel et des prestations. Plonger à Ko Tao demeure moins cher que dans le reste du royaume. Prévoir autour de 10 000 Bts (200 €) pour un Open Water Diver (autrement appelé *PADI*).

■ ***Sea Shell Dive Center*** – ซีเชล ไดฟ์เซ็นเตอร์ *:* village de Sairee. Fait partie du *Sea Shell Resort* (voir « Où dormir ? »). ● www.kothaoseashell.com ● ☎ 456-299. Un petit club, qui aime les petits groupes. Bon matériel, changé régulièrement. On y parle l'anglais avec Justin qui gère la maison (mais bouquins d'instruction en français).

■ ***Apnea :*** un poil au sud du *Sea Shell Dive Center.* ☎ 07-813-23-21 (portable). Serait la première école de plongée en apnée de Thaïlande. Cours de 2 ou 3 jours, 15 ou 40 m. Le grand bleu...

■ ***Cartoon Divers :*** plage de Mae Hat, au sud du ponton de la Songserm. ☎ 456-367. ● www.cartoondiver.com ● Petit club monté par un Thaï, un ancien ingénieur amoureux des fonds marins.

■ ***Coral Grand Divers :*** au nord de Hat Sairee. Dépend de *Coral Grand Resort,* ☎ 456-431. ● www.coralgranddivers.com ● Grosse école qui nous a été conseillée pour la qualité et la spécificité de ses prestations, telles les croisières plongées.

Nos meilleurs spots

Ko Nang Yuan – เกาะนางยวน *:* quelques plongées « fastoches » dans des paysages sous-marins à l'image de ce petit archipel : pa-ra-di-sia-ques ! Entre 3 et 20 m, vous êtes fasciné par les rochers enrobés de coraux multicolores. À *Twins Pinnacles,* un bon gros mérou débonnaire. Restez immobile, il approchera gentiment... Quelques poissons-perroquets jouent à cache-cache avec des langoustes farouches dans les jolies cavernes de *Green Rock.* À *White Rock,* une tortue évolue avec grâce au-dessus d'un nid de poissons-clowns, sous l'œil imperturbable d'un barracuda solitaire à la recherche de sa « gamelle » quotidienne. Également des diodons rigolos... Nos plongées préférées. Pour baptêmes et plongeurs de tous niveaux.

Red Rock – เร็ค ร๊อค *:* encore une plongée sans difficulté, au sud-est de l'île (entre 0 et 30 m). Jardin corallien magnifique et survolé par des escadrilles de poissons-papillons, anges et perroquets. Avec un peu de chance, une tortue croisera votre regard ému par tant d'harmonie. Pour plongeurs de tous niveaux.

Sail Rock – เชล ร๊อค *:* un rocher en forme de champignon qui émerge, entre Ko Tao et Ko Pha Ngan. Entre 0 et 40 m, des bancs de poissons-chauves-souris se faufilent entre les failles, pendant que des barracudas costauds tournoient inlassablement ; la chasse est ouverte ! D'août à octobre, on y aperçoit régulièrement des requins-baleines particulièrement gloutons... en plancton. Également quelques raies mantas majestueuses. Pour plongeurs de tous niveaux. Site exposé ; météo excellente nécessaire.

South West Pinnacles – เซ้าท์ เวสท์ พินาคเคิล **:** au sud-ouest de l'île. Grand brassage de couleurs vives dans ce somptueux jardin de coraux. C'est du « Ripolin Grand Art », ma bonne dame ! Entre 10 et 30 m, on contemple avec plaisir les parures chatoyantes des poissons-papillons, anges, clowns, trompettes et perroquets, qui tournicotent sans vergogne au nez des mérous tachetés, pagres et autres barracudas « maousses ». Également des gorgones *sea stars* flamboyantes. N'oubliez pas de remonter ! Pour plongeurs confirmés. Site exposé ; météo excellente requise.

Chumphon Pinnacles – ชุมพร พินาคเคิล **:** au nord-ouest de l'île. Seuls les plongeurs expérimentés se jetteront à la baille pour « la plongée-star de Ko Tao ». C'est un caillou (de 16 à 40 m) très sauvage, qu'affectionnent particulièrement les gros « bestiaux » du large. En toute tranquillité, vous palmez parmi les barracudas, carrangues, raies pastenagues que votre présence ne semble pas troubler outre mesure. Selon la saison, vous aurez peut-être la chance de croiser un géant des mers : sa majesté le requin-baleine accompagnée de poissons-pilotes. Assez exposé ; météo excellente requise.

Balade en bateau autour de l'île, *snorkelling*, kayak etc.

Plusieurs petites agences proposent des excursions incluant des arrêts baignade et *snorkelling* autour de l'île. Résa par téléphone ou via votre pension. Prévoir autour de 500 Bts (10 €), matériel fourni et repas compris. Auprès de chaque *resort*, location possible de matériel de *snorkelling* (autour de 100 Bts, soit 2 €, la journée) et souvent de kayaks (300 à 400 Bts (6 à 7 €) la journée.

Massages et spas

Véritable déferlante, la mode des spas et massages n'a pas épargné Ko Tao après avoir complètement submergé Ko Samui. Pour ceux qui veulent s'initier à l'art du massage traditionnel thaï, des cours sont dispensés au *Sea Shell Resort* (voir « Où dormir ? » sur la plage de Sairee).

■ ***Jamakhiri Spa and Resort*** – จามาคีรีสปาและรีสอร์ท *(plan, 7)* **:** au sommet d'un promontoire à l'est d'Ao Thian Ok. ☎ 456-400. ● www.jamahkiri.com ● Ouvert de 10 h à 22 h. Service de *pick-up*. Site paradisiaque en belvédère, commandant un panorama à la « James Bond ». La déco n'est pas en reste, cocktail glamour de palais des Mille et Une Nuits et d'influences balinaises. Proposés sous forme de package, le prix des soins (sauna, massages, *bodywrap*, etc.), dispensés par des thérapeutes professionnels, reste plutôt correct. Fait aussi bar-restaurant (cette plongée vers la salle !) et, depuis peu, résidence de charme. Les pavillons « grand-luxe » avec vue à 180° bénéficient des dernières tendances en matière d'aménagement. Plage privée tout en bas. Rien sous 7 000 Bts (140 €) quand même.

À L'OUEST : DE PHUKET À HAT YAI

Sur la côte ouest, le prix des hébergements varie considérablement selon la période de l'année. La haute saison court du 1er novembre au 1er mai et connaît son apogée lors de la « Peak Season », du 15 décembre au 15 janvier, théâtre des débordements tarifaires les plus fous... Nous indiquons les tarifs de la haute saison. En basse saison, escompter jusqu'à 50 % de réduction.

TSUNAMI

Le souvenir d'images et de chiffres effroyables sera toujours dans la mémoire de ceux qui viendront visiter la côte d'Andaman, seule partie de la Thaïlande touchée par le raz-de-marée. Les îles de Phuket ou de Ko Phi Phi ont particulièrement dégusté, tant en pertes humaines qu'en dégâts matériels.
Mais le dynamisme thaïlandais a permis à ces zones de rebondir avec une rapidité déconcertante, puisque moins de 6 mois après la catastrophe, presque toutes les infrastructures avaient déjà été reconstruites. Le tourisme, principale activité économique du coin, est reparti comme si de rien n'était. Aujourd'hui, la plaie du tsunami, sans s'être totalement refermée, a largement cicatrisé.

PHUKET (PRONONCER « POUKETT ») – ภูเก็ต

292 000 hab. IND. TÉL. : 076

On n'aimait plus beaucoup Phuket depuis quelques années, avec ses bars à filles et ses plages bétonnées. Mais on a assisté à un revirement de situation avec une clientèle familiale y revenant peu à peu, à la recherche de coins plus authentiques. Il faut quand même reconnaître que les promoteurs et le vice n'ont pas complètement ruiné le gros potentiel de la « Perle du Sud ».
Car Phuket, c'est ce que vous en faites. L'île recèle de nombreux coins merveilleux et à peu près épargnés par le tourisme. Bien sûr, la majorité des vacanciers préfèrent s'entasser sur les plages de la côte ouest, une longue coulée de béton qui court de Patong à Kata en passant par Karon. Des lieux sacrifiés au tourisme de masse à forte connotation sexuelle... C'est tant mieux pour le routard avide de découverte et de calme, qui pourra en toute quiétude mettre le cap sur les coins encore un peu sauvages de l'île. Le sud : cap de Panwa, baie de Chalong et crique de Nai Harn ; le nord-ouest, avec les jolies baies de Surin, Bang Tao ou encore Nai Yang. Ou bien Phuket Town, vivante « capitale » de l'île, qui conserve quelques bâtisses et monuments témoignant d'un riche passé.
Quant à nos amis plongeurs, ils ne tarderont pas à prendre le large pour une merveilleuse croisière-plongée dans les îles sauvages de la mer d'Andaman, mondialement réputées.
L'île de Phuket fut projetée sous les feux de l'actualité par le tsunami du 26 décembre 2004. Lieu le plus célèbre de la mer d'Andaman, elle fut aussi l'un des plus touchés. Les reconstructions y ont été menées à un train si

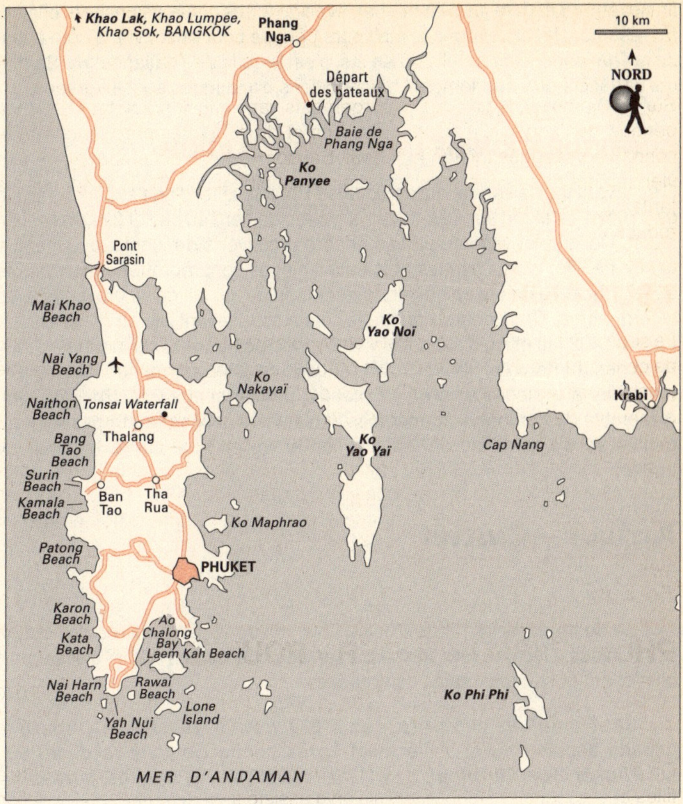

LA RÉGION DE PHUKET

rapide que le voyageur aura bien du mal à repérer de quelconques traces de cataclysme. Côté budget, attention, peu d'adresses à prix routard. Celles qui ont disparu dans les mâchoires du tsunami ont été remplacées par des hôtels plus chic, plus modernes et plus chers. Il ne faut donc pas s'attendre à de grosses remises, sauf hors saison bien sûr.

BAIGNADE

Certains ***courants,*** venus de l'océan Indien, peuvent se révéler ***extrêmement dangereux,*** notamment pendant la basse saison (mousson) et parfois pendant la haute. Chaque année, de nombreuses personnes sont victimes de noyade. Rawai, Kata et Patong sont considérées comme les plages les moins dangereuses ; Karon, Surin et d'autres plus au nord sont celles qui le sont le plus. Il faut donc privilégier les plages surveillées et respecter les panneaux. Pour plus d'infos, se rendre aux paragraphes concernés.

CLIMAT

En gros, de fin mai à mi-novembre, c'est la mousson, avec son cortège de pluies, surtout en septembre et octobre. La saison dite sèche démarre vers la fin novembre et dure jusqu'à mi-mai, avec de fortes chaleurs en mars et avril. En résumé, l'hiver est donc la meilleure période pour découvrir la côte ouest de la Thaïlande. On rappelle qu'en été, c'est le golfe de Thaïlande (Ko Samui) qui bénéficie du beau temps. Les conditions climatiques sont inversées.

CONFIGURATION DE L'ÎLE ET POPULATION

C'est avant tout la variété qui caractérise Phuket. L'île, d'une superficie totale de 570 km^2, s'étend sur 49 km à vol d'oiseau du nord au sud et 22 km d'est en ouest. Collines et vallons, parfois encore recouverts de jungle, occupent le centre de l'île, tandis que les plus belles plages sont regroupées sur la côte ouest. Phuket a connu un développement rapide, du fait de sa proximité avec la terre ferme. Deux ponts, construits côte à côte, relient l'île au continent. La route n° 402 fait office d'axe central et 2 ronds-points, celui du monument aux Héroïnes au nord de Phuket Town, et celui de Chalong au sud, permettent d'accéder aux plages ainsi qu'à l'intérieur des terres. La ville, Phuket Town, rassemble de nombreux commerces. Il n'est pas obligatoire d'y passer pour gagner sa plage d'élection (sauf si l'on arrive en bus, car le terminal s'y trouve).

Arriver – Quitter

En bus

L'office de tourisme (TAT) de Phuket Town distribue les horaires des bus et des minibus. Ces derniers sont aussi rapides que les bus AC 1re classe mais plus chers et souvent moins confortables.

Sauf mention contraire, les départs depuis Phuket s'effectuent du ***Phuket Bus Terminal,*** ☎ 211-977 *(plan II, B2, 1)*. On y trouve la très bonne *Compagnie d'État 999* (☎ 211-480) et d'autres, privées.

➢ ***Connexions avec Bangkok :*** depuis la capitale, départs du *Southern Bus Terminal (Sai Tai Mai)*. ☎ 02-435-1199 ou 1200. En plus des bus gouvernementaux, des tas de compagnies privées assurent la liaison. Notamment : *Phuket Central Tour* (☎ 02-435-50-19 ou ☎ 02-434-32-33) et *Phuket Travel Service* (☎ 02-435-50-18 ou 50-34), toutes deux à Bangkok sur Thanon Charan Sanit Wong. Dans l'autre sens, une bonne vingtaine de bus AC entre 6 h et 19 h. Les prix vont de 300 à 1 000 Bts (6 à 20 €) selon le confort, pour un trajet qui dure entre 12 et 14 h.

➢ ***Pour Ko Samui :*** 1 bus climatisé direct ; 8 h de route, traversée en ferry comprise. S'adresser à la compagnie *Phantip* (☎ 219-546), présente à la gare routière.

➢ ***Direction Phang Nga :*** 5 bus ordinaires par jour, 2 h 30 de route. Autre option, embarquer dans un bus à destination de Krabi et descendre en route.

➢ ***Liaisons vers Krabi :*** 3 bus non AC (4 h de route) et une vingtaine de bus AC de 7 h à 18 h 30 (3 h 30 de trajet).

➢ ***Ranong (pour la « visa run ») :*** 4 départs journaliers entre 8 h et 15 h, avec ventilo ou AC ; 5 à 6 h de voyage selon la catégorie.

➢ ***Rejoindre Khao Sok via Takua Pa :*** pour Takua Pa, 1 départ environ toutes les heures de 6 h 20 à 18 h ; 3 h de route. Puis correspondance pour Khao Sok (attention, dernier départ vers 17 h).

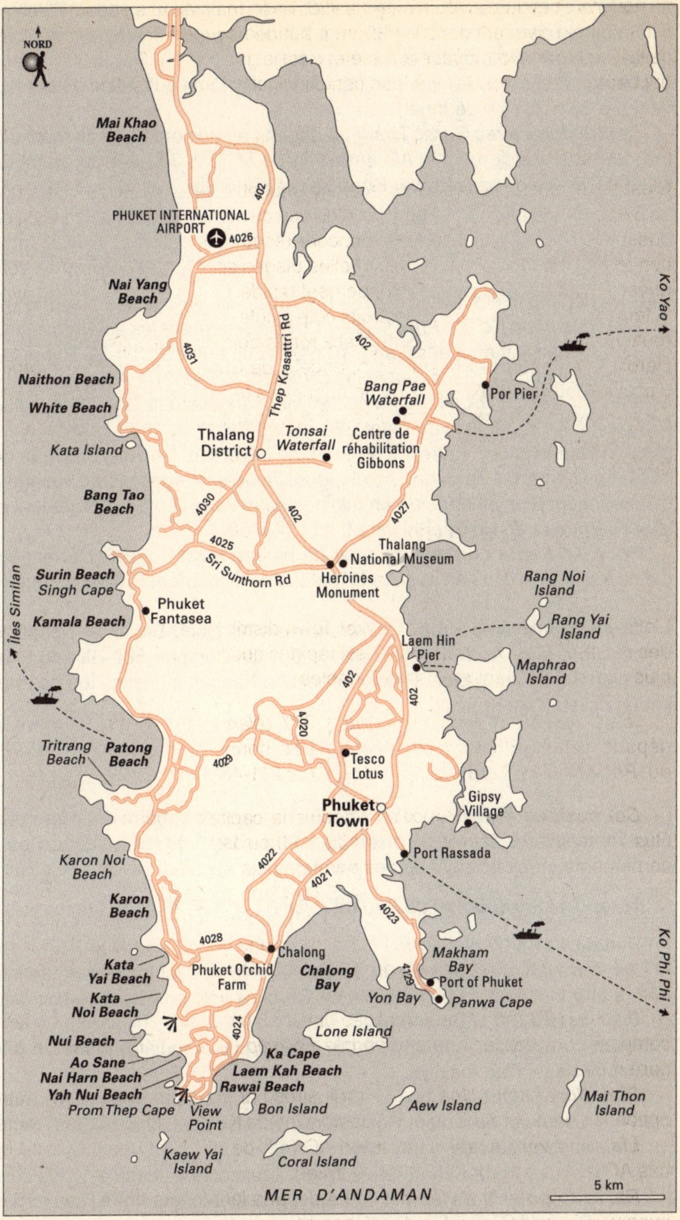
NORD
Mai Khao Beach
PHUKET INTERNATIONAL AIRPORT
4026
402
Nai Yang Beach
Thep Krasattri Rd
4031
402
Naithon Beach
White Beach
Kata Island
Thalang District
Tonsai Waterfall
Bang Pae Waterfall
Centre de réhabilitation Gibbons
Por Pier
Ko Yao
Bang Tao Beach
4030
402
4027
4025
Sri Sunthorn Rd
Thalang National Museum
Heroines Monument
Surin Beach
Singh Cape
Kamala Beach
Phuket Fantasea
Îles Similan
Rang Noi Island
Rang Yai Island
Laem Hin Pier
Maphrao Island
402
402
4020
Tritrang Beach
Patong Beach
4029
Tesco Lotus
Phuket Town
Gipsy Village
Port Rassada
Karon Noi Beach
4022
4021
Karon Beach
4023
4028
Chalong
Kata Yai Beach
Phuket Orchid Farm
Chalong Bay
Makham Bay
4129
Port of Phuket
Panwa Cape
Yon Bay
Ko Phi Phi
Kata Noi Beach
Nui Beach
4024
Lone Island
Ka Cape
Ao Sane
Nai Harn Beach
Laem Kah Beach
Yah Nui Beach
Rawai Beach
Prom Thep Cape
View Point
Bon Island
Aew Island
Mai Thon Island
Kaew Yai Island
Coral Island
MER D'ANDAMAN
5 km

L'ÎLE DE PHUKET – PLAN I

➢ ***Hat Yai :*** bus AC environ toutes les 30 mn en matinée et en début d'après-midi, puis un dernier vers 21 h 30 ; 6 à 7 h de voyage ; également des bus non AC qui partent le matin et mettent 8 h.
➢ ***Trang :*** 6 bus non AC le matin (6 h de route) et une quinzaine de bus AC de 6 h à 18 h 30 (5 h de trajet).
➢ ***Connexions avec Surat Thani :*** 8 départs en bus ordinaire en matinée, 6 h de route. Plusieurs bus AC entre 7 h 30 et 15 h 30 ; 4 h 30 de trajet. Certains véhicules passent par Khao Lak et Khao Sok.

En bateau

Tous les départs et arrivées se font de Port Rassada, proche de Phuket Town.
➢ ***Liaisons avec Ko Phi Phi :*** plusieurs bateaux larguent les amarres autour de 8 h 30, mais il y en a aussi un à 10 h 30 et un autre à 13 h 30. Parmi les bonnes compagnies, citons *Sea Angel Cruise* (☎ 220-862) et *Andaman Wave Masters* (☎ 232-561). Le ferry *Pichanom,* dernier bateau de la journée, quitte Rassada à 14 h 30. Prévoir entre 350 et 500 Bts (7 et 10 €) l'aller simple, selon le bateau choisi. Entre 1 h 30 et 2 h de traversée. On vous conseille de passer par l'intermédiaire des hôtels, *guesthouses* et agences de voyages, qui proposent tous un transfert en minibus entre votre lieu d'hébergement et le port. Retours de Ko Phi Phi vers 9 h et 14 h 30.
➢ ***Pour Ko Lanta :*** on doit changer de bateau à Ko Phi Phi. Correspondance assurée si l'on part avec le 1er bateau de la journée. Prévoir autour de 750 Bts (15 €).
➢ ***Connexions avec Krabi :*** traversée vers Ao Nang Beach et Nopparat Thara sur le ferry *Ao Nang Princess* de 8 h 30. Compter 500 Bts (10 €) et moins de 2 h de navigation. Retour depuis Ao Nang et à destination de Phuket en milieu d'après-midi.

En avion

Phuket, destination phare, voit se dérouler une grosse bagarre entre les compagnies régulières et celles à prix réduits *(low-cost).* Voir les « Généralités » en début de guide au sujet de ces dernières.

✈ ***Aéroport International de Phuket*** *(plan I) :* ☎ 327-230 à 237 (infos vols).

➢ ***Bangkok*** (1 h 20 de vol) *:*
– *Thai Airways :* ☎ 02-628-20-00. Entre 10 et 15 vols journaliers. Prix plein tarif (à titre indicatif) : 3 200 Bts (64 €). Certains vols en basse saison descendent jusqu'à 2 000 Bts (40 €).
– *Bangkok Airways :* ☎ 02-254-29-03. 4 fois par jour, tous les jours. Un peu moins cher que *Thai Airways.*
– *Orient Thai* (« One two go ») *:* Call center, ☎ 11-26. • www.onetwo-go.com • Un seul vol quotidien. Possibilité d'acheter des allers-retours, dates modifiables. Bon service et prix bas.
– *Thai Air Asia :* ☎ 02-515-99-99. • www.airasia.com • Jusqu'à 4 vols quotidiens. Propose les tarifs les moins chers si réservés longtemps à l'avance via Internet. Pas le cas pour les dernières minutes.
– *Nok Air :* ☎ 13-18. • www.nokair.co.th • Jusqu'à 3 vols par jour. Parmi les meilleurs tarifs : compter 1 200 à 1 700 Bts (24 à 34 €) l'aller simple selon la saison.

➢ ***Ko Samui*** (en 50 mn) ***:*** 2 vols quotidiens avec *Bangkok Airways*.
➢ ***Pattaya :*** 1 vol par jour avec *Bangkok Airways* (1 h 40 de trajet).
➢ ***Chang Mai :*** 1 vol direct par jour avec *Thai Airways* (2 h d'avion).
➢ Liaisons directes avec **Kuala Lumpur** (Malaisie), ***Singapour*** et ***Hong-Kong*** (vols quotidiens) ; ***Shanghai,*** 2 fois par semaine (le mardi et le samedi), avec *China Eastern Airlines*. Et évidemment, avec le monde entier avec escale à Bangkok.

Arrivée à l'aéroport

✈ ***L'aéroport*** *(plan I)* est situé à environ 30 km au nord de Phuket Town. Si vous venez de Bangkok ou d'ailleurs en Thaïlande, suivez la direction « Domestic Arrivals ».
– ***Phuket Tourist Association :*** pour les résas d'hôtels chic.
– ***Banques :*** plusieurs dans le hall d'arrivée de l'aéroport et ATM.
– ***Consigne*** *(left luggage)* ***:*** tous les jours de 6 h à 22 h. Prévoir 40 Bts (0,8 €) par bagage et par jour.
@ ***Service Internet :*** à l'étage des départs. Cher.

Quitter ou rejoindre l'aéroport

– ***Les minibus collectifs :*** moyen le plus économique pour gagner sa destination. Compter entre 100 et 180 Bts (2 et 3,6 €), selon son point de chute. Un inconvénient quand même, la lenteur due aux multiples arrêts, dont ceux dans des offices de tourisme fantômes où l'on essaiera de vous proposer des excursions, de l'hébergement, voire un circuit shopping. L'approche se fait à la mode locale, avec grande gentillesse et un joli sourire... Inutile de s'énerver, se cantonner à sa résa (réelle ou pas), jouer à l'habitué.
– ***Les limousines :*** deux kiosques spécialisés dans l'aérogare d'arrivée. Prix en fonction de la distance, entre 450 et 800 Bts (9 et 16 €). Départs à chaque arrivée d'avion. Ces dernières ne devraient pas marquer d'arrêts en route, pourtant cela arrive... Soyez ferme et souriant.
– ***Les taxi-meters*** avec compteur. Postés à l'extérieur de l'aéroport, environ 250 m à gauche. Le prix inclut la prise en charge et le parking de l'aéroport.
➢ Transferts possibles pour Krabi (compter environ 2 h de route) en voiture avec chauffeur.
➢ *Pour rejoindre l'aéroport :* ceux qui séjournent dans les grands hôtels (et même dans certaines *guesthouses*) bénéficient normalement d'un transfert pour l'aéroport compris dans leur séjour. Sinon, service de minibus depuis Phuket Town, sur Songkhram Rd, ou possibilité de se faire chercher à son hôtel à heures fixes selon son lieu de séjour.

Transports dans l'île

Un conseil : munissez-vous rapidement d'une des nombreuses cartes publicitaires de l'île. Gratuites (à l'aéroport, dans les agences de voyages ou chez certains commerçants), elles comprennent les plans des stations balnéaires.

Pour tous vos transports dans l'île et à l'exception des *taxi-meters* qui possèdent un compteur (vérifiez qu'ils le mettent en marche), il est impératif de fixer sa destination sans ambiguïté ainsi que de négocier le prix de la course avant d'embarquer.

➢ ***Dans Phuket Town :***

– *les bus publics :* deux lignes (verts et jaunes, avec AC) à un prix imbattable relient entre autres le marché de Thanon Ranong, la gare routière et les centres commerciaux. La plupart des panneaux indiquant les arrêts sont bilingues (anglais).

– Également des *motos-taxis* et *tuk-tuk* à petit prix, ainsi que des *taxi-meters.*

➢ ***Vers les plages :***

– *en songthaews* grand modèle (carrosserie de bois sur un châssis de camionnette), qui partent du marché de Thanon Ranong *(plan II, A2,* ***2****)* toutes les 30 mn entre 7 h et 17 h environ. Desservent absolument toutes les plages (noms inscrits en anglais sur les côtés). Très pratique et pas cher. Les tarifs officiels sont donnés au TAT.

– *Motos-taxis ou tuk-tuk* se trouvent surtout à Phuket Town et à Patong. Leurs pilotes portent un blouson ou un plastron de couleur agrémenté d'un numéro. En journée, les prix restent raisonnables, même si, là encore, l'inflation commence à nous les gonfler (les prix). En soirée, l'affaire se complique pour les longues distances, même après négociation (beaucoup plus cher qu'en journée).

– *Les taxi-meters :* en passe de damer le pion au lobby des *tuk-tuk* pas vraiment ravis, qui du coup cherche à les interdire. De 8 h à 18 h, service compétent et surtout à prix fixes (voir plus haut « Quitter ou rejoindre l'aéroport »). Ils peuvent être hélés ou appelés par téléphone au ☎ 232-192 (anglophones). Leur compteur est alors enclenché depuis le lieu de leur départ.

– ***La location de véhicules :*** l'ensemble du réseau routier de l'île est de bonne qualité et entièrement bitumé. Faire quand même attention au trafic sur les quatre voies du centre de l'île et sur les routes côtières sinueuses et vallonnées. Prudence, vitesse raisonnable et sobriété seront les clefs de belles balades sans incidents. Attention : lire notre rubrique « Moto » dans la rubrique « Transports » des « Généralités » en début de guide au sujet des assurances.

– ***Motos :*** économique. Les petites 110 à 125 cm^3 sont largement suffisantes. Les prix en haute saison atteignent 300 Bts (6 €) les 24 h. Compter 50 % de réduc' sinon.

– ***Voitures :*** premiers prix dès 1 000 Bts (20 €) par jour pour des mini-jeeps et 1 200 Bts (24 €) pour de petites japonaises. Cela suffit pour se promener dans le coin, mais bien vérifier l'état du véhicule. Pour un trajet plus long et de véritables assurances, passez par une agence de type *Avis* ou *Budget* (à l'aéroport ou à Patong-plage), qui disposent d'antennes dans les autres villes et d'un bon service d'assistance.

PHUKET TOWN – เมืองภูเก็ต *(75 000 hab.) Ind. tél. : 076*

La capitale de la province se situe dans le sud-est de l'île. Hormis quelques manifestations spectaculaires comme le *Vegetarian Festival* qui s'étale sur 10 jours en octobre (spectacle d'automutilation dans un climat d'hystérie religieuse), le Nouvel An chinois *(Chinese Pimai)* ou le Nouvel An thaï *(Songkram),* il n'y a pas énormément de choses à voir ou à faire à Phuket Town.

Cela dit, cette bourgade a su conserver nombre de ses anciennes et belles maisons de style colonial sino-portugais. Elles abritent des boutiques d'artisanat, des herboristes chinois mais aussi des cafés, des restaurants, dont de très bons, et quelques pensions. Le week-end, un marché envahit Thalang Road, la plus belle des rues « protégées », qui pourrait bientôt devenir piétonne. Les aficionados se fendront d'une visite à l'hôtel *On On,* décati et moisi, où furent tournées certaines scènes de *La Plage.*
Finalement, une visite de Phuket Town, c'est une activité qui en vaut bien une autre quand il s'agit d'espacer les séances « tournedos » sur le sable blanc, pour le plus grand bien de son épiderme.

Adresses et infos utiles

Services

■ ***TAT*** *– ท.ท.ท. (office de tourisme ; plan II, B2) :* 191 Thalang Rd, Thalad Yai Muang, entre les rues Montri et Ther Perasattri. Sur Montri Rd, 1re rue à gauche après la Poste. ☎ 212-213 ou ☎ 211-036. Fax : 213-582. • www.tat.or.th • Ouvert tous les jours de 8 h 30 à 16 h 30. Liste complète des hôtels, bonne carte de l'île avec un plan de la ville (mentionnant les noms en thaï, toujours utile), tarifs des *tuk-tuk* et des *songthaews,* horaires exacts des bus et des bateaux, brochures diverses, etc. Personnel anglophone, compétent et souriant. Pour toutes les adresses possibles et imaginables, acheter *Gazette Guide* ou *Phuket Directory,* en librairie.

✉ ***Poste*** *– ไปรษณีย์โทรเลข (plan II, B2) :* à l'angle de Thanon Thalang et Montri. Ouvert du lundi au vendredi de 8 h 30 à 16 h 30 et les samedi et dimanche de 8 h 30 à 12 h. Collection de vieux timbres dans l'ancienne poste, juste à côté.

■ ***Télécommunications :*** profiter des nombreux centres ISD pour appeler à l'international. Également des cabines à carte dans la rue principale (on peut acheter les cartes à la librairie *The Books* ou au *centre des télécoms (plan II, B2,* ***3****).* Pour Internet, plusieurs boutiques de télécoms à tout faire.

■ ***Change :*** beaucoup de banques à Phuket Town. On en a compté au moins 7 sur Thanon Phang Nga et Ratsada *(plan II, A-B2).* D'autres au carrefour de Chalong. Généralement ouvertes en semaine de 8 h 30 à 15 h 30 ; certaines disposent d'un guichet sur la rue qui reste ouvert en début de soirée et le week-end. Pratique aussi, les agences des centres commerciaux (*Tesco Lotus, Big C* et *Central Festival*) sont ouvertes tous les jours jusqu'au moins 20 h 30. Les adeptes de la carte de paiement trouveront de très nombreux distributeurs automatiques.

■ ***Immigration Office*** *– สำนักงานตรวจคนเข้าเมือง (hors plan II par B3) :* Thanon Phuket, au sud de la ville, en direction du quartier de Saphan Hin. ☎ 212-108. Ouvert du lundi au vendredi de 8 h 30 à 16 h 30 et le samedi de 8 h 30 à 12 h. Un autre bureau à Patong. Pour prolonger son visa de 10 ou 30 jours (selon le type, transit ou pas), moyennant 1 900 Bts (38 €). Formalité rapide (10 mn) et sans embrouilles. Toutefois, il y a souvent mieux à faire que de payer ce tarif prohibitif (voir ci-dessous « Où faire prolonger son visa ? »).
Rappelons qu'un dépassement de visa *(overstay)* coûte 200 Bts (4 €) par jour.

■ ***Consul honoraire de France :*** 38/4 Moo 1, Thanon Rawai Wiset, Rawai Muang. ☎ et fax : 288-828 et 01-535-66-37 (portable).

■ ***Alliance française*** – สมาคมฝรั่งเศส *(plan II, A2, 4) :* 3 Thanon Pattana, Soi 1. ☎ 222-988. ● phuket@alliance-francaise.or.th ● Dans un coin tranquille. Ouvert du mardi au vendredi de 9 h 30 à 12 h 30 et de 14 h 30 à 18 h, ainsi que le lundi après-midi et le samedi matin. Livres et films en français.

Santé et sécurité

■ ***Bangkok Phuket Hospital*** – โรงพยาบาลกรุงเทพภูเก็ต *:* 2/1 Hongyok Utis Rd. ☎ 254-421 ou 429. Urgences : ☎ 10-60. Deux antennes médicales : à Laguna Phuket, *Canal Village* de 9 h à 21 h, et au *Patong Beach Hotel* de 10 h à 22 h. Permanence 24 h/24 au ☎ 254-425. Dispose d'un interprète parlant le français, bravo pour l'initiative !

■ ***Phuket International Hospital*** – โรงพยาบาลภูเก็ต อินเตอร์เนชั่นแนล *(hors plan II par A1) :* 44 Chalermprakiat Ror 9 Rd. Entre les centres commerciaux *Big C* et *Tesco Lotus.* ☎ 249-400. Urgences : ☎ 210-935. Là aussi, interprète francophone.

■ ***Accidents de plongée*** *(Hyperbaric Chamber) :* chambre de recompression hyperbare à Patong Beach. ☎ 342-518 ou 01-895-93-90 (portable). Une équipe très compétente avec Dan, un Néo-Zélandais très pro.

■ ***Tourist Police*** – ตำรวจท่องเที่ยว *:* Sur Thanon Chalerm Prakiat (Bypass Road), au nord-est de la ville et pas loin de l'hypermarché *Lotus.* ☎ 225-361. Mais en cas de besoin, faire plutôt le ☎ 11-55, c'est plus efficace.

Compagnies aériennes

■ ***Thai Airways*** – สายการบินไทย *(plan II, A2, 5) :* 78 Thanon Ranong. ☎ 258-236. Billetterie : ☎ 258-237. Bureau ouvert tous les jours de 8 h à 16 h.

■ ***Bangkok Airways*** – สายการบินบางกอกแอร์เวย์ *(plan II, A1, 6) :* 158/2-3 Thanon Yaowarat. ☎ 225-033 ou 035. Fax : 212-341. ● www.bangkokair.com ● En face du *Phuket Merlin Hotel.* Ouvert tous les jours de 8 h à 17 h. À l'aéroport, pour les réservations : ☎ 205-400.

■ ***Malaysia Airlines*** – สายการบินมาเลเซีย *(plan II, A1) :* 1/8-9 Thanon Thung Kha. ☎ 213-749. À côté de *Bangkok Airways.*

■ ***Silk Air*** – สายการบินซิลค์แอร์ *(plan II, A-B2) :* 183/103 Thanon Phang Nga. ☎ 213-891 ou 895. ● www.silkair.com ● À 100 m de la station des bus. Une filiale de *Singapore Airlines.*

Divers

■ ***Bowling*** – โบว์ลิ่ง *(plan II, B2) :* à côté du *Pearl Hotel,* sur Thanon Montri, ainsi qu'au dernier étage du centre commercial *Big C,* sur Bypass Road. Ce dernier possède 30 pistes et reste ouvert de 10 h à 2 h du mat'.

■ ***Librairie The Books*** – ร้านขายหนังสือถนนภูเก็ต *:* Thanon Phuket, à droite en sortant de l'office de tourisme *(TAT).* Pour de l'occase (dont des ouvrages en français), aller sur Phang Nga Road, pas loin de la *Kasikorn Bank.*

■ ***Journaux français :*** au 1er étage du centre commercial *Tesco Lotus* ; dans les grandes épiceries du centre et du bord de plage de Patong ; à Karon, au supermarché de la rue principale, et à Kata, dans le centre.

■ ***Lee Travel Agent :*** 133/4, Moo 7, Soi Bang Wat Dam. Wichit Songkram Rd. Kathu. ☎ 01-477-47-30 ou 01-606-90-95 (portables). Fax :

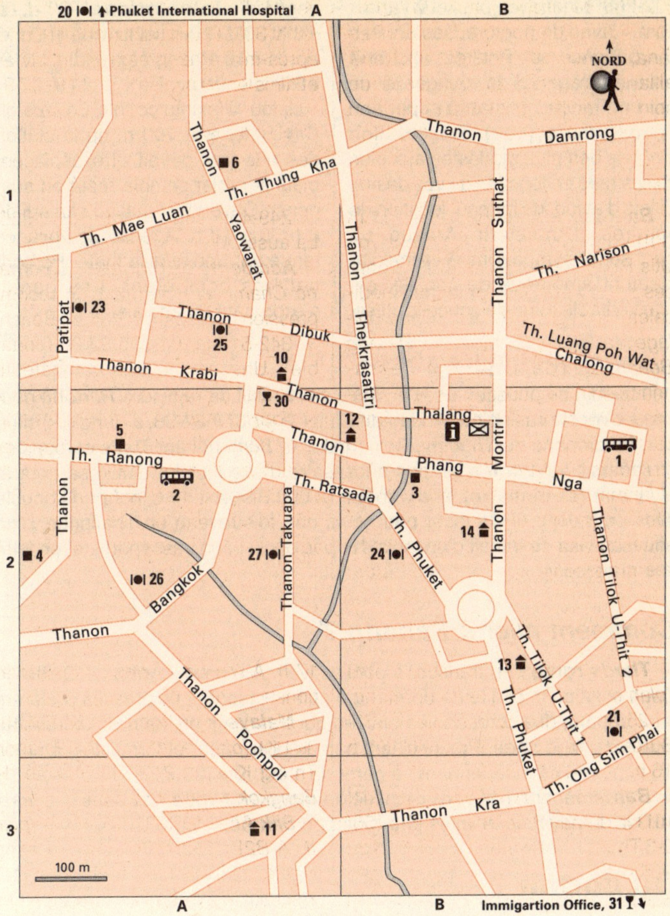

PHUKET TOWN – PLAN II

Adresses utiles

- TAT (office de tourisme)
- Poste
- 1 Phuket Bus Terminal
- 2 *Songthaews* vers les plages
- 3 Centre des télécoms
- 4 Alliance française
- 5 Thai Airways
- 6 Bangkok Airways

Où dormir ?

- 10 Talang Guesthouse
- 11 Twin Inn
- 12 Sinthavee Hotel
- 13 Phuket Crystal Inn
- 14 Pearl Hotel

Où manger ?

- 20 Food Court du Tesco Lotus
- 21 Marché de nuit
- 23 Ko Tee
- 24 Mae Boonma
- 25 Dibuk
- 26 Natural Restaurant
- 27 Kajoksee

Où boire un verre ?

- 30 China Inn Cafe
- 31 Gargotes au bord de l'eau

202-768. • leetravel_phuket@yahoo.com • Avec de nombreuses années d'expérience sur Phuket, voici une excellente agence de voyages tenue par un Français (Arnaud) et par son épouse thaïe (Lee). Réservation d'hôtels des plus modestes aux plus chic, situés en fonction de vos désirs. Billets d'avion, de bateau, location de voitures et transferts. Arnaud, un gars super-sympa tombé irrémédiablement amoureux de son île, est une véritable mine de conseils utiles.

■ ***C.L.S. International Cie LTD*** –บริษัทซีแอลเอสอินเตอร์เนชั่นแนลจำกัด *:* 183/10 Phang Nga Rd. ☎ 219-980 ou 982. Fax : 219-979. • clstour@loxinfo.co.th • En face du *City Hotel* et à 100 m de la station des bus (qui devait être déplacée, mais le projet semble resté en suspens). Ouvert du lundi au samedi de 8 h 30 à 18 h. Agence de voyages tenue par une famille thaïe. Personnel très compétent, très gentil, s'exprimant en anglais.

Où faire prolonger son visa ?

Pas besoin de pousser jusqu'en Malaisie, il suffit de rejoindre ***Ranong*** pour voguer vers le casino de l'Andaman Club (☎ 02-679-82-38, à Bangkok) situé sur l'île birmane de *Thahtay Kyun* (thaï : *Ko Son*), attirant Thaïs et touristes étrangers 24 h/24. Il n'est pas nécessaire d'être titulaire d'un visa pour le Myanmar (ex-Birmanie), ni d'y dormir (2 000 Bts, soit 40 €, pour une double avec petit dej'), ni d'y jouer pour jouir, une fois revenu en Thaïlande, d'un nouveau visa de transit d'un mois. Ne pas oublier son passeport... et en faire une photocopie.

Comment aller à Ranong ?

➢ ***Par la route :*** en transports publics, voir plus haut « Arriver – Quitter ». Cette solution implique de dormir une nuit à Ranong. Les pressés préfèrent faire appel à des compagnies privées qui arrangent un *visa-run* (course au visa !) d'une journée. Prix (incluant bateau aller-retour et formalités) à peine plus cher qu'en indépendant : à partir de 1 000 Bts (20 €).
Avertissement : si l'on vous propose de renouveler votre visa sans que vous sortiez du pays, ne le faites pas. C'est trop risqué.

Où dormir ?

Séjourner près de la plage est évidemment plus plaisant. Seuls une arrivée tardive ou un départ matinal vous obligeront à dormir ici. Restent de bons rapports qualité-prix et le charme particulier de cette paisible bourgade, nettement plus authentique que les plages. De plus, les hôtels affichent un rapport qualité-prix imbattable par rapport aux établissements de la côte !

Bon marché (moins de 500 Bts – 10 €)

Talang Guesthouse – ถลางเกสท์เฮ้าส์ *(plan II, A1, **10**) :* 37 Thanon Thalang. ☎ 214-225. Fax : 215-892. • www.talangguesthouse.com • Demeure sino-portugaise comme toutes ses voisines de la rue. Un établissement de caractère sinon de charme, très recherché par les routards. Chambres à 1, 2 ou 3 lits. Petit dej' inclus. Certaines ont pris un coup de vieux. Mais ça reste très bien, donc souvent plein. Internet, blanchisserie, résa de transports.

Twin Inn – ทวิน อินน์ *(plan II, A3,*

11) : dans un quartier un peu excentré, riche en bars-karaokés, petits restos et salons de massage. ☎ 246-541. Fax : 246-102. • www.twininn.com • Un hôtel tout neuf, offrant des chambres d'excellent confort (eau chaude, TV, frigo, clim') à prix d'ami. Évidemment, ce n'est pas le charme qui l'étouffe et le quartier ne plaira pas à tout le monde. Mais pour une nuit, c'est nickel, d'autant qu'il y a une petite piscine à l'arrière et que l'accueil jeune et souriant est un plaisir. Espérons que ce petit hôtel ne tournera pas à la maison de passe, comme tant d'autres...

Prix moyens (de 500 à 1 000 Bts – 10 à 20 €)

Sinthavee Hotel – โรงแรมสินทวี *(plan II, B2, 12)* : 89 Thanon Phang Nga. ☎ 211-186. Fax : 211-400. Grand hôtel moderne. Beau hall de marbre noir avec colonnes et jardinières. Un escalier central vous mène de la réception au restaurant puis aux chambres avec AC, douche (chaude) et TV. Tout est propre, même si la moquette tachée n'est pas du plus bel effet. Accueil de qualité. En demandant une ristourne (discount), la chambre *deluxe* tombe au prix de la *standard.* Billard.

Phuket Crystal Inn – โรงแรม คริสตัล อินน์ *(plan II, B2, 13)* : 2/1-10 Soi Surin, Montri Rd. ☎ 256-789. Fax : 256-666. • www.phuketcrystalinn.com • Pas loin du centre commercial *Robinson.* Service et confort vraiment de bon niveau pour le prix (clim', coffre, frigo, TV satellite). Chambres nickel et lumineuses, avec une déco contemporaine de bon goût (rarissime). Lobby agréable, accueil aimable, marbre au sol et courette sur l'arrière. Petit resto. Accès Internet en bas.

Un peu plus chic (de 1 000 à 1 500 Bts – 20 à 30 €)

Pearl Hotel – โรงแรมเพิร์ล *(plan II, B2, 14)* : 42 Thanon Montri. ☎ 211-044. Fax : 212-911. • www.phuket.com/pearlhotel • Accueil pro mais convenu dans ce grand hôtel impeccable, ancienne gloire de la ville, où les couloirs ressemblent à des coursives de bateau. Chambres très confortables avec de grandes fenêtres en guise de hublots ! Réductions consenties sans problème. Piscine extérieure avec cascade artificielle. Bowling juste à côté.

Où manger ?

En plus des restos et gargotes, Phuket Town compte un grand nombre de pâtisseries-boulangeries qui se livrent une concurrence féroce.

Bon marché (moins de 100 Bts – 2 €)

Marché de nuit *(Night market – plan II, B2, 21)* : extrémité sud de Thanon Tilok-U-Thit. Ouvert du crépuscule à l'aube. Un max de cantines, un max de choix. Comme toujours, du pas cher et savoureux à la sauce locale. Ambiance animée, évidemment !

Ko Tee – โกตี้ *(plan II, A1, 23)* : Thanon Patipat ; entre Thanon Krabi et Mae Luan. Ouvert tous les jours de 16 h à 4 h du mat'. Un grand chapiteau vert et blanc sans pancarte en anglais. Se cantonne avec succès à la fondue coréenne (en thaï : *mukata*), consommée à volonté pour

89 Bts (1,8 €) par personne, sans les boissons ! Buffet de salades en entrée, puis viandes et fruits de mer à faire cuire soi-même dans une marmite. Large choix d'ingrédients renouvelés en permanence. N'oubliez pas de remplir d'eau les bords de la marmite, cela vous servira pour la soupe aux légumes et vermicelles. Fruits frais en dessert. Très fréquenté par les locaux et pour cause, c'est bon et très copieux. Mais attention au gaspillage, la maison vous taxera de 100 Bts (2 €) d'amende si vous ne finissez pas votre assiette ! Service super-efficace.

Mae Boonma – แม่บุญมา *(plan II, B2, 24) :* 1/2a Thanon Phuket. ☎ 220-088. En face du TAT. Ferme à 18 h. Restaurant « routard ». M. New, l'accueillant patron thaï, propose de bons petits déjeuners ainsi que des plats thaïs et occidentaux pas chers et sans mauvaise surprise.

Plus chic (à partir de 300 Bts – 6 €)

Dibuk – ดีบุก *(plan II, A1, 25) :* 69 Dibuk Rd. ☎ 258-148. Ouvert de 11 h à 23 h. Fermé le dimanche. Très beau resto tenu par Jean-Pierre et Nok, à l'abri de cette rue très passante. Décor plaisant et relaxant. Menu en français, ce qui rime avec steak au roquefort, carré d'agneau provençal et bien d'autres gourmandises. Rendez-vous des expats de Phuket. Ne pas confondre avec le Dibuk chez Papa, à 50 m de là...

Natural Restaurant – ครัวธรรมชาติ *(plan II, A2, 26) :* 62/5 Soi Phutorn, près de Thanon Bangkok. ☎ 224-287 et 214-037. Ouvert tous les jours de 10 h 30 à 23 h 30. Sorte de cabane dans les arbres avec une véranda couverte d'orchidées. Déco hyper-originale : tables sur des vieilles machines à coudre, écrans de télé et d'ordinateur servant d'aquarium, petite cascade au centre avec un train miniature qui en fait le tour ! L'enchantement se poursuit dans les assiettes. Superbe cuisine traditionnelle très variée. *Satays,* nouilles accommodées de 1 001 façons, plats de fruits de mer et poissons (comme le *mixed seafood plate*), salades épicées *yam nua* (bœuf) ou *yam pet* (canard). Ajoutons la grande gentillesse de Sirijit, maîtresse des fourneaux, pour faire de ce lieu une adresse exceptionnelle.

Kajoksee – กระจกสี *(plan II, A2, 27) :* 26 Takuapa Road. ☎ 217-903. Sur la droite en venant de Thanon Ratsada ; pas d'enseigne, juste un panneau marron marqué « Antique ». Ouvert uniquement le soir, de 19 h à 22 h 30. Fermé le lundi. Des plantes grimpant jusqu'au 1er étage isolent la salle de la rue. Autre institution de la ville, attirant beaucoup d'habitués. Cadre très soigné, à la fois original et intimiste. Journaux en guise de nappes, posés sur de vieilles machines à coudre (une habitude !) servant de tables. Un peu chic mais sans chichis. Deux formules de menu à prix très correct ; sinon, choix à la carte. Service parfait. Réservation impérative.

Où manger dans les environs ?

Food Court du Tesco Lotus – ศูนย์อาหารเทสโก้ โลตัส *(hors plan II par A1, 20) :* dans la périphérie de Phuket Town, au carrefour de la *Bypass Expressway* (route n° 402) et de Sam Kong. Ouvert tous les jours de 10 h à 22 h. Les *Food Court,* où l'on paie avec des coupons, une carte à recharger (attention à bien se faire rembourser le montant restant le jour même) ou en liquide, sont l'une des grandes régalades asiatiques. Faire son choix (ses choix...) parmi une vingtaine d'échoppes cuisinant sur le pouce tous types de nourritures asiatiques. Succulent, pas cher et frais. Fontaine d'eau filtrée gratuite.

Où boire un verre ?

China Inn Cafe – ไชน่า อินน์ *(plan II, A2, **30**)* **:** 20 Thanon Thalang. ☎ 356-239. Presque en face de *Talang Guesthouse*. Ouvert de 9 h à 18 h. Ne pas hésiter à entrer, même si la première salle ressemble plus à une galerie d'art qu'à un café. En profiter pour contempler les superbes clichés centenaires réalisés par Auguste François, qui fut consul à Kunming (Yunnan, Chine). Succession de maisons sino-portugaises se terminant par un patio. Restauré avec goût et délicatement meublé d'antiquités et de brocantes chinoises. Cafés, boissons, jus de fruits et petits plats, à un prix un poil gonflé, mais s'il s'agit de rentabiliser cette belle initiative... Pour un break séduisant dans cette rue si attachante.

Gargotes au bord de l'eau *(hors plan par B3, **31**)* **:** au sud-est du centre, proche de la baie. D'anciennes mines d'étain inondées et transformées en plans d'eau. Celui le plus à l'est, proche des temples *Wat Sean Suk* et *Wat Thawan Kunaram*, est bordé de nombreuses gargotes-karaoké sur pilotis. Faites votre choix au feeling. Dépaysant, parfois bruyant, mais c'est ça l'esprit *sanuk*. Bières, whisky thaïs et des petits plats très bon marché pour éponger le tout.

À voir dans les environs de Phuket Town

Gipsy Village – หมู่บ้านยิปซี *(plan I)* **:** à 5 km de Phuket Town, sur l'île de Ko Sirey (reliée à Phuket par un pont). Depuis la ville, prendre Thanon Sri Sutat Rd et faire environ 3 km. Après un pont, sur la droite, dans la mangrove, quelques singes en liberté qui viennent souvent au bord de la route en fin d'après-midi, attirés par les badauds qui les nourrissent. Poursuivre tout droit sur un petit kilomètre, tourner à droite et suivre la route jusqu'à ce village (cul-de-sac) de gitans de la mer, animistes et originaires des îles Andaman, qui tentent de se préserver. Ils constituent une petite communauté bien typée, avec ses propres traditions. Certains hommes portent encore parfois une étoffe nouée autour de la taille, comme au Myanmar. Mais civilisation faisant loi, le jean et le T-shirt les ont remplacés dans le cœur des jeunes. La plupart sont pêcheurs, d'autres plongeurs en apnée (ils peuvent rester plus de 3 mn sous l'eau !). Ils vivent dans des cabanes de béton et de tôle ondulée, dans des conditions plutôt misérables.

Peu de touristes dans ce secteur, c'est pourquoi il convient d'avoir un comportement respectueux et discret. Devant les maisons, l'espace autour des vastes jarres recueillant l'eau de pluie sert de salle de bains. Le matin, la famille s'y lave. Pas de photos évidemment. Un petit bout de resto (plutôt pour boire un verre que pour manger).

Phuket Orchid Farm – ภูเก็ตออร์คิดฟาร์ม *(plan I)* **:** 67 Soi Suksam 1, Thanon Viset, Rawai. ☎ 280-226. Prendre une petite route quittant la n° 4024 vers la droite en sortant de Chalong. Ouvert tous les jours de 9 h à 17 h. Entrée : 100 Bts (2 €). Anglais parlé à l'accueil. Grande ferme d'orchidées, où elles poussent à perte de vue sous des serres. Des spécimens assez incroyables. On peut en acheter. Plus cher que chez les pépiniéristes installés en bord de route.

Phuket Butterfly Garden & Insect World – สวนผีเสื้อและแมลงจังหวัดภูเก็ต *:* Sam Kong. ☎ 215-616 et 210-861 ou 862. • www.phuketbutterfly.com • En partant du centre commercial *Lotus* sur Bypass Rd, prendre la direction centre-ville et tourner à gauche dans la 2e rue, Paniang Lane ; suivre les panneaux avec des dessins de papillons. Ouvert tous les jours de 9 h à 17 h. Entrée chère : 200 Bts (4 €) ; réductions. Le royaume des papillons, qui évoluent sous la tête des visiteurs à l'intérieur d'un superbe jardin couvert. Panneaux explicatifs sur la (courte) vie de ces merveilles ainsi que sur celle d'autres insectes. Cafétéria et boutique dans le hall d'entrée. C'est bien gentil mais franchement cher pour ce que c'est : un bel attrape-touristes !

Panorama de Khao Rang : au nord-ouest de la ville. Depuis Thanon Patipat, suivre les panneaux *Khao Rang Hill* amenant par une route en corniche d'environ 2 km au sommet d'une colline qui domine la baie de Phuket. Belle promenade dans un parc ombragé, et un sympathique resto, le ***Tung Ka Cafe*** (☎ 211-500), noyé dans la verdure, avec vue plongeante sur la *city.* Ouvert de 11 h à 23 h. Prix moyens.

➤ LES PLAGES DE L'ÎLE DE PHUKET

Nous répertorions ici les plages de la côte ouest et de la pointe sud, en partant du nord dans le sens inverse des aiguilles d'une montre. Qui dit plage dit baignade. Soyez très prudent à cause des vagues et des courants horizontaux et verticaux (eh oui, ça existe). Voir aussi la rubrique « Baignade » plus haut.
Pour le logement, outre la classique formule en hôtel ou *guesthouse,* il se développe un véritable marché des appartements à louer. À la semaine ou au mois, les prix sont très avantageux et l'on dispose d'une cuisine, d'un parking, etc. Suivre les panneaux *« For rent »* ou *« House for rent »,* qui fleurissent çà et là devant les maisons.

MAI KHAO BEACH – หาดไม้ขาว

Au nord de l'aéroport. C'est la plage de l'hôtel *Marriott,* le seul à avoir résisté à la vague quand les resto-paillotes, le camping et les bungalows furent balayés par le tsunami. Beaucoup de coquillages et tranquillité garantie. Attention pour la baignade, dangereuse toute l'année.

NAI YANG BEACH – หาดในยาง

À 6 km au sud de l'aéroport. Pas d'inquiétude, seuls quelques avions survolent ce superbe bout de côte. Côté nord de la plage, le *parc national Sirinat* (entrée : 20 Bts, soit 0,4 €) a protégé une partie du site de la gloutonnerie des promoteurs, lui assurant calme et ombrage, à l'abri sous une jolie forêt de pins. Suite au tsunami, le sable a recouvert la verdure et l'eau a renversé les installations du parc, aujourd'hui nettoyé. Après la saison des pluies, vendeurs ambulants et tables de pique-nique font leur apparition. Beaucoup de faune marine grâce à la barrière de corail. Baignade possible à l'extrémité sud de la plage, où se concentrent boutiques et petits restos. Tables les pieds dans le sable. Très sympa, pas trop pollué et fréquenté surtout par des Thaïs.

Où dormir ?

Un peu plus chic (de 1 000 à 1 500 Bts – 20 à 30 €)

🏠 🍽 ***Nai Yang Beach Resort*** – ในยาง บีชรีสอร์ท *:* en allant vers la mer, prendre à gauche à l'intersection en T (direction opposée à celle de l'entrée du parc national). ☎ 328-300. Fax : 328-333. • www.naiyangbeachresort.com • Séparé de la mer par la route. Bungalows climatisés ou chambres ventilées dans un long bâtiment, le tout dans un cadre ombragé. Ameublement faisant la part belle aux matériaux traditionnels. Resto-bar accueillant. Accueil souriant.

NAITHON BEACH – หาดในทอน

Miraculeusement épargnée par le tsunami, cette plage, peu connue des touristes et peu fréquentée, est l'une des plus belles de l'île. Deux kilomètres de sable superbe avec, en bordure, une petite route qui passe devant quelques restos et hébergements. Baignade géniale en haute saison mais dangereuse en basse saison.

Où dormir ? Où manger ?

D'un peu plus chic à plus chic (de 1 000 à 3 000 Bts – 20 à 60 €)

🏠 🍽 ***Naithon Beach Resort*** – หน้าทอนบีชรีสอร์ท *:* séparé de la plage par une petite route. ☎ 205-379. Fax : 205-381. • naithonbeachresort@yahoo.com • Fermé de mai à octobre. Une quinzaine de coquets bungalows en bois et toit de tuiles vernissées, entourés de petits palmiers, avec un bout de terrasse. Intérieur simple, avec ventilo ou clim'. Malheureusement un peu les uns sur les autres. Prix du simple au double en fonction de la taille. Agréable resto face à la plage.

🏠 🍽 ***Phuket Naithon Resort*** – ภูเก็ตในทอนรีสอร์ท *:* ☎ 205-030. Fax : 213-233. • www.phuketdir.com/naithon • Un peu plus loin que *Naithon Beach Resort*. Rien à redire. C'est propre et il y en a pour tous les goûts, du bungalow à la chambre d'hôtel avec vue sur la mer ou sur la montagne. Restaurant ouvert de 7 h 30 à 22 h, préparant une cuisine maison impeccable. Service excursion.

WHITE BEACH – หาดทรายขาว

Après la colline qui la sépare de Naithon. Le raz-de-marée a épargné cette plage isolée, propriété d'une vieille famille exploitant l'hévéa. La fille du clan y a construit un complexe hôtelier de qualité.

Très chic (à partir de 5 000 Bts – 100 €)

🏠 ***Andaman White Beach Resort*** – อันดามันไวท์ บีสรีสอร์ท *:* ☎ 316-300. Fax : 316-399. • www.andamanwhitebeach.com • Toutes les chambres ont vue sur mer et, en quelques pas, on est dans l'eau. Déco raffinée, superbe plage privée, piscine, sauna, spa et salle de gym, mais tout cela a un prix !...

➢ Après White Beach, la route dépasse un cap puis longe ***Layan Beach*** – หาดระยัน. Encore vierge de développement, cet endroit magnifique a souffert du tsunami, mais il a déjà retrouvé sa quiétude. Avant de rejoindre Bang Tao, les dernières rizières de l'île et les grands prés, où quelques buffles se délectent dans leur trou d'eau, témoignent d'un temps bientôt révolu.

Layan Beach Resort & Spa Village – ระยันบีชรีสอร์ทและสปาวิลเลจ **:** le seul établissement de la plage. ☎ 313-461. Fax : 313-415. • www.layanphuket.com • Une cinquantaine de chambres au confort princier. Pas très esthétiques, mais tout le charme du lieu réside dans sa situation. Joli panorama, vraiment. Et quel calme olympien ! En revanche, plage moyenne pour la baignade (peu de fond) : les hôtes ont donc recours soit à la piscine, soit à des navettes qui les mènent faire trempette sur la plage du *Phuket Laguna*. À marée basse, on peut entreprendre une traversée à gué jusqu'à l'île d'en face, Kata Island.

BANG TAO BEACH – หาดบางเทา

La jolie plage de Bang Tao se bétonnait et se polluait à tout-va quand la vague vint la heurter violemment. Bungalows éventrés ou disparus, arbres arrachés, plages crevassées... Aujourd'hui, chalutiers, *long-tails, speedboats* et yachts sont revenus se balancer à leurs ancres dans ce qui est devenu l'une des baies les plus chics de Phuket. Reste le village animé et authentique, en bord de route : gargotes, échoppes, marché sympa le mercredi et le dimanche.

Où dormir ?

De prix moyens à plus chic (de 500 à 3 000 Bts – 10 à 60 €)

Bang Tao Lagoon Bungalow – บางเทาลากูนบังกาโล **:** 72/3 Moo 3, au sud de la plage. ☎ 324-260. Fax : 324-168. • www.phuket-bangtaolagoon.com • L'une des rares adresses un peu routardes dans le coin. Une soixantaine de bungalows ombragés par les pins et les cocotiers d'un parc fleuri. De nouveaux devraient se construire. Propre mais sans charme et accueil un peu à la chaîne. Multiples services. La proximité de la mer et différents niveaux de confort (ventilo ou AC, eau froide ou chaude) définissent les prix, qui pour la plupart restent dans la zone des 1 000 à 2 000 Bts (20 à 40 €), ce qui n'est tout de même pas rien. Mais c'est Bang Tao...

Plus chic (de 1 500 à 3 000 Bts – 30 à 60 €)

Andaman Bangtao Bay Resort – อันดามันบางเทาเบย์รีสอร์ท **:** en bord de plage. ☎ 325-230. Fax : 325-188. • www.andamanresort.com • Adresse familiale, littéralement les pieds dans l'eau. Coin calme avec moult cocotiers. Une vingtaine de chambres font face à la baie, ainsi qu'un restaurant agréable et pas cher. Confort optimal (clim' et ventilo, belle salle de bains, terrasse avec vue sur mer) mais dans une structure plus modeste et tranquille que les mastodontes de luxe qui recouvrent le littoral phuketien. Prix élevés, certes, mais réductions négociables.

Beaucoup plus chic (plus de 3 000 Bts – 60 €)

Bang Tao Beach Chalet – บางเทาบิชชาเลย์ **:** 73/3 Moo 3, à côté du *Bang Tao Lagoon Bungalow.* ☎ 325-837. Fax : 325-839. • www.bangtaochalet-phuket.com • L'un de nos préférés dans la catégorie dite « de charme ». Romantique en diable, il offre un grand confort avec un zest de raffinement. Seulement 10 chambres, donc intimité assurée. Resto, petite piscine. La plage se trouve juste de l'autre côté de la route. Prix réduit si l'on réserve par Internet.

Spécial folie

The Chedi – เดอะเจดีย์ **:** à l'extrême sud de Bang Tao, à Pansea Beach. ☎ 088-76-31-00 (numéro gratuit) ou 324-017. Fax : 324-252. • www.ghmhotels.com • L'un des hôtels les plus luxueux de Phuket : à partir de 7 000 Bts (140 €) en basse saison et pas moins de 14 000 Bts (280 €) en haute saison (novembre à avril). Bungalows évidemment tout confort, étagés à flanc de colline. C'est beau, c'est bien conçu. Presque rien à redire, sauf une chose : il faut s'enfiler une sacrée tripotée d'escaliers pour rejoindre sa chambre. Inaccessible donc aux personnes à mobilité réduite et fatigant pour les autres. Piscine hexagonale, et surtout une merveilleuse portion de plage. Resto délicieux et pas trop cher, avec vue imprenable sur la grande bleue. Excellent accueil et service haut de gamme, tout en restant naturel.

SURIN BEACH – หาดสุรินทร์

Mystère des fonds sous-marins, cette belle plage profitant d'un arrière-plan encore assez campagnard n'a absolument pas souffert du tsunami alors qu'elle n'est qu'à 500 m de Bang Tao ! Un seul hic ici, **la baignade, non surveillée, est dangereuse en toute saison.** Se contenter d'y rôtir, de s'assoupir ou d'y grignoter un morceau (plein de restos de plage assez typiques).

Où dormir ? Où manger ?

Aucun logement sur la plage, ils se trouvent un peu en retrait, le long de la route côtière.

D'un peu plus chic à plus chic (de 1 000 à 3 000 Bts – 20 à 60 €)

The Capri Beach Resort – เดอะคปปรีบิชรีสอร์ท **:** 106/17 Moo 3. ☎ 270-597. Fax : 270-599. • www.phuketdir.com/pensionecapri • Au-dessus d'un resto italien. Des chambres avant tout fonctionnelles et propres. Déco au ras des pâquerettes, avec toutefois une colonne en plâtre de-ci de-là. De plus, les chambres varient beaucoup en confort. Certaines ont un lit de 3 m de large mais n'ont pas de fenêtre ! Quant aux *seaview,* on ne voit guère la mer depuis leur balcon ! En conclusion : visiter plusieurs chambres. Accueil souriant, pas très pro, mais à choisir, on prend le sourire...

Surin Bay Inn – สุรินทร์เบย์อินน์ **:** 106/11 Moo 3. ☎ 271-601. Fax : 271-599. • www.surinbayinn.com • Dans un petit immeuble de 3 étages, une douzaine de chambres avec vue sur mer ou montagne. Confort et propreté irréprochables : TV, minibar, eau chaude, téléphone et coffres-forts. Très accueillant. Resto en bas et joli bar boisé.

LAEM SINGH – แหลมสิงห์

Depuis Surin, la route côtière rejoignant *Kamala* gravit une colline de plus. On croise le **Cap Singh** – แหลมสิงห์ où se niche l'anse de Laem Singh, rejointe par 2 sentiers assez raides avec des escaliers. Bordée de rochers bien pour le *snorkelling* (partie nord) elle est hyperfréquentée en haute saison.

KAMALA BEACH – หาดกมลา

Au-delà de Cap Singh, on découvre une plage que les promoteurs n'ont pas encore trop massacrée. Le tsunami s'en est chargé. Aujourd'hui, Kamala reste partiellement en chantier et les travaux avancent lentement. Il s'agirait d'un problème politique, cette petite municipalité étant à 99 % musulmane. Toujours est-il que cette ville offre un visage extrêmement décousu et un plan urbain anarchique. Les commerces marchent visiblement très mal et l'animation ne vient que le soir, quand les filles écument les bars de la rue principale à la recherche de clients. Attention aux vagues et aux courants, **baignade très dangereuse en basse saison.** Pendant la bonne période, se diriger vers le nord de la plage, là où l'eau est la plus claire et la plus calme.

Où dormir ?

Outre ces adresses, il existe de nombreuses maisons et appartements à louer (à court, moyen... ou long terme !) sur Kamala.

De prix moyens à un peu plus chic (de 500 à 1 500 Bts – 10 à 30 €)

Benjamin Resort – เบนจะมินรีสอร์ท **:** 83 Moo 3, Rimhad Rd. ☎ 385-145. Fax : 385-739. • www.phuketdir.com/benjaminresort • Au sud de Kamala, à deux pas de la plage. Construite en dur, cette très populaire *guesthouse* de 3 étages propose une trentaine de chambres spacieuses, modestes mais avec salle de bains, frigo, TV et la clim' pour ceux qui veulent. Les plus chères ont vue sur mer. *Laundry service* et motos à louer. Excellent rapport qualité-prix et accueil touchant de naturel et de gentillesse.

Grace Resort – เกรซรีสอร์ท **:** 85/21 Moo 3. ☎ 385-839 ou 09-874-13-15 (portable). Fax : 385-476. Le 1er complexe à l'entrée de la petite route, côté mer, face au cimetière musulman. Une dizaine de chambres et 3 bungalows (ventilo ou clim') avec vue sur mer. Confort simple par rapport à d'autres mais amplement suffisant. Accès direct à la plage par un court chemin bétonné. Pas de restauration. Transfert aéroport possible sur demande avec le *pick-up* maison. Accueil très familial, gentil comme tout.

Où manger ?

Nombreuses tables sur la plage. Brochettes à déguster sous les parasols, dans ce cadre sympatoche.

Petits restos assez similaires sur la rue qui longe la plage. On retiendra le ***Pavilion Beach Restaurant*** – ร้านอาหาร พา วิลเลียนบีช, à côté du *Benjamin Resort,* face à la mer. Terrasse agréable où l'on prodigue une bonne cuisine locale à prix doux. Service attentionné.

À voir

Phuket Fantasea – ภูเก็ต แฟนตาซี *(plan I) :* au nord de la plage de Kamala. ☎ 385-111. Fax : 385-222. • www.phuket-fantasea.com • Spectacle tous les soirs sauf le jeudi, à 21 h. Durée : 1 h 15 environ. Le complexe immense englobe le théâtre (3 000 places), le resto (4 000 places) et un parc à thème ouvert de 17 h 30 à 23 h 30. Deux formules : uniquement le spectacle, à partir de 1 100 Bts (22 €) ou, dès 1 600 Bts (32 €) avec le repas (moyen), de 18 h à 20 h 30. Prévoir 200 Bts (4 €) de plus pour un transfert aller-retour de son hôtel au cabaret. Plusieurs tableaux illustrant la culture thaïe à la façon... d'Hollywood : reconstitution de la grande bataille de Phuket contre les Birmans, danses orientales, ballets aériens, effets pyrotechniques et quelques éléphants...

PATONG BEACH – หาดป่าตอง

Le 26 décembre 2004, le tsunami a démantelé la plus célèbre des plages de Phuket. Le front de mer, une magistrale coulée de béton, la Grande-Motte plus un zeste de Palavas, fut transformé en un tas de gravas. Grâce à une débauche d'énergie et de courage, tout a été nettoyé et reconstruit – en pire ! – à une allure record.

Autant le dire, Patong est le royaume du pèlerin lubrique, la preuve par l'image que le sexe est un business indestructible. Quelques semaines après le tsunami, la clientèle « à filles » était déjà revenue à la chasse, et personne ici ne s'en plaindra. Eh oui, le fric et la prostitution ont depuis longtemps remplacé la douceur de vivre et la tranquillité de ce qui fut un simple village. C'est ça Patong, le sexe et l'alcool y coulent à un flot qui prétend combattre les lois de la nature. Peu de sourires ici. Il suffit d'être prévenu. Maintenant, à vous de voir.

Attention : comme sur plusieurs autres plages, **la baignade hors saison peut se révéler dangereuse.** On signale par ailleurs un nombre inacceptable d'accidents dûs à la navigation de jet-skis tout près du bord. Et comme la mer est polluée, allez plutôt nager ailleurs.

Adresses utiles

■ ***Poste et fax :*** au coin de Soi Bangla (Soi Post Office). Ouvert tous les jours jusqu'à 23 h.

■ ***Immigration Office*** – สำนักงานตรวจคนเข้าเมือง *:* Thawiwong Rd (la rue qui longe la plage). Au nord de Soi Bangla, en face de l'*Impiana Phuket Cabana Hotel.*

■ ***Patong Hospital*** – โรงพยาบาลป่าตอง *:* Sai Nam Rd. ☎ 340-444. Refait à neuf, compétent pour les petits soins.

Arrêt des bus locaux pour Phuket Town : au sud de la plage, en face de l'hôtel *Merlin.* Départ toutes les 30 mn environ. Billet à payer à l'arrivée, au marché de Ranong Road. Arrêt possible en route au carrefour des routes n°s 4022 et 402 (centres commerciaux *Central Festival*).

Où dormir ?

Comme il faut bien faire notre boulot, on s'exécute en traînant les pieds. Plusieurs adresses pas chères, mais il faut supporter l'ambiance... À force d'investigations, on a tout de même trouvé des points de chute pas mal. Les prix varient grandement en fonction du confort : demandez l'éventail des tarifs. En basse saison, on peut les faire baisser jusqu'à 50 %.

De bon marché à prix moyens (de 300 à 1 000 Bts – 6 à 20 €)

- ***Baantonsai Garden Resort* – บ้านต้นไทร การ์เด้นรีสอร์ท *:*** 186 Nanai Rd. ☎ 292-829. Fax : 292-831. • phuketbaantonsai@hotmail.com • À l'entrée de Patong, côté sud. À l'écart des feux de la ville. Une centaine de chambres de plain-pied réparties dans 4 bâtiments moches : on dirait une caserne ! Confort basique mais suffisant. Choisissez les chambres au fond, en bordure du pré. Piscine et bar-resto. Accueil courtois.
- ***Siam House* – สยามเฮ้าส์แอนกาฟ *:*** 169/22 Soi Sansabai (Patong centre). ☎ 341-874. • siamguesthouse@hotmail.com • Petite *guesthouse* de seulement 6 chambres, gérée par un jeune couple thaï très aimable. Bon confort à des prix très honnêtes. Eau chaude, TV, AC et frigo dans toutes les chambres. Petit bar avec deux tables et un comptoir pour voir passer le monde. Petit dej' au café d'en face. Réserver à l'avance.
- ***Concentration de Guesthouses :*** Rat-U-Thit Rd, section sud, dans le coin du *Montana Hotel.* Le *Lamai In,* l'*Orient Thai, W House,* le *Seasons Inn, Lek Pong GH* et l'*Andaman,* etc. Coin assez nul : en dépannage, si l'on se retrouve coincé. Visiter plusieurs adresses avant de se fixer.

Plus chic (de 1 500 à 3 000 Bts – 20 à 30 €)

- ***Eden Bungalow Resort* – อีเดนบังกาโลรีสอร์ท *:*** 1 Chalerm Phrakiat. ☎ 340-944. Fax : 344-100. • www.eden29.com • Tout au nord de la plage. Bungalows individuels tout confort (clim', télé, minibar) plantés dans un superbe jardin. Et au moins, la clientèle est correcte, plutôt familiale et visiblement pas attirée par la bagatelle. Piscine très jolie, et on est à quelques pas de la plage.

Où manger ?

Parmi des centaines de restos moches et chers, proposant diverses cuisines indigentes, dans cet univers impitoyable créé de toutes pièces pour vider notre porte-monnaie, on finit quand même par débusquer quelques petits restos gentillets et à prix doux.

Bon marché (jusqu'à 200 Bts – 4 €)

Song Pee Nong Restaurant – ร้านอาหารสองพี่น้อง **:** Soi Kepsub, 200 m à gauche en remontant vers Rat-U-Thit Road depuis Patong Beach (passer par une petite galerie au sud du *KFC*). Ouvert de 9 h 30 à 23 h. Cantoche familiale relativement authentique. Plats thaïs et européens corrects et assez copieux, servis avec le sourire. Certes, les prix ont grimpé tandis que la qualité baisse, mais ne soyons pas trop difficiles à Patong. Également de bons petits déjeuners.

Cantines de rue : Rat-U-Thit Rd, section nord. Au nord de Hat Patong Road. À partir de la tombée de la nuit et jusqu'à 2 h du mat', une succession d'ambulants installent tables et chaises sur le trottoir et la contre-allée. Bien plus pittoresque que nombre de restos en dur, moins cher et souvent meilleur.

Dubai Restaurant – ดูไบแรสโตรอง **:** 206/13 Thanon Rat-U-Thit. ☎ 01-486-98-66 (portable). Ouvert de 11 h à 1 h. À l'angle du *soi* Kepsub. Patong et ses paradoxes... Voici un petit resto très propre et 100 % halal, tenu par des musulmans du sous-continent indien. Très bons *biryani, tandoori, naan* et *samosa*. On peut aussi y prendre un thé à la menthe en fumant la *chicha*, tout en suivant les nouvelles du monde diffusées sur l'écran en terrasse.

Prix moyens (de 200 à 300 Bts – 4 à 6 €)

Le Cattleya – เลอแคททารียา **:** 111 Sainamyen Rd. ☎ 340-382. À l'entrée de la rue (côté droit). Agréable petit resto climatisé et très propre, avec une poignée de tables habillées de nappes vichy. Tenu par un couple thaï et japonais très courtois. Nourriture excellente. Pas mal de fruits de mer à prix raisonnables : langoustes, crabes bleus et huîtres au menu. Salade de fruits offerte en dessert.

Alla Capannina – อัลลาคาปานิน่า **:** 33 Moo 4, Soi Nanai 2 (un peu avant le *Peter Pan Resort*). ☎ 292-228 ou 04-840-60-70 (portable). Un resto italien comme on les aime, avec four à bois. Déco qui rappelle le pays d'origine de son propriétaire, Bruno, et de son chef. Spécialités de pâtes fraîches, lasagnes, gnocchis et pizzas géantes. Vins italiens importés. Minipiscine !

Plus chic (plus de 300 Bts – 6 €)

Baan Rim Pa : 223 Kalim Beach Road, Kathu District. ☎ 340-789. Au nord de Patong. Resto sur pilotis, dominant la mer. Cuisine thaïe excellente. Goûter notamment au poulet dans des feuilles de bananier.

Où sortir ? Où boire un verre ?

Ici, les soiffards n'ont que l'embarras du choix entre des centaines de bars, avec une concentration particulière autour de Soi Bangla. Souvent, pour ne pas dire tout le temps, des filles sont là, prêtes à susurrer à l'oreille d'innocents messieurs les dialectes des vieilles tribus de l'ouest de la Thaïlande : allemand, italien, anglais, français... Tout cela se monnaye, évidemment. Mais rien n'oblige à fréquenter les bars trop lourdingues et glauques.

Margarita Bar – มาการิต้า บาร์ **:** à l'angle de Rat-U-Thit Rd et Soi Bangla. Ouvert sur la rue. Grand bar-comptoir et espace confortable garni de fauteuils et de tables en osier. Écran géant et groupes de qualités variables. Pas trop cher.

Tiger Entertainement – ไทเกอร์เอ็นเทอร์เธนเม้นท์ **:** sur la gauche de Soi Bangla en venant de la plage, à 50 m de Rat-U-Thit Rd. ☎ 345-112. Gros complexe hyper-kitsch placé sous le signe du Tigre. Au rez-de-chaussée, des bars à filles en plein air.

Tai Pan disco – ไท ปัน ดิสโก้ **:** 165 Rat-U-Thit Rd ; là où débouche Soi Bangla. ☎ 292-587. Boîte très populaire, peut-être pour son côté vieillot (plafond bas), noir dominant, éclairage disco daté et relativement typique donc dépaysant. Plusieurs bars sur le pourtour de la salle et, un plus : une scène fréquentée par de bons groupes. Staff sympa.

Phuket Simon Cabaret – ภูเก็ตไซมอนคาบาเร่ **:** 8 Sirirat Rd (au sud de Patong). ☎ 342-011. Spectacles à 19 h 30 et 21 h 30. Entrée assez chère : compter autour de 600 Bts (12 €) la place numérotée. Prévoir 50 Bts (1 €) de plus pour le transfert depuis votre hôtel à Patong, plus cher si vous résidez ailleurs. Cabaret de travestis proposant un gentil spectacle en 12 tableaux, sorte de pastiche du *Lido* et du *Moulin-Rouge*. Préférez la première séance, les *beauties* sont plus fraîches et le public plus enthousiaste. Clientèle asiatique en majorité.

KARON BEACH – หาดกะรน

La profondeur et la topographie de Karon l'ont protégée d'une catastrophe similaire à celle de Patong. Cela ne signifie pas qu'il n'y ait pas eu de dégâts : tout ce qui était pieds dans l'eau a été balayé. Finalement beaucoup plus destructrice que la nature, l'œuvre des promoteurs a défiguré cette plage de presque 2,5 km de long. Son sort est scellé, c'est le terrain de jeux des hôtels-clapiers, du pseudo-luxe moche et pompeux, des chambres « vue sur mer » où il faudra se décrocher le cou sur la terrasse pour apercevoir la grande bleue. Peu ombragée, bordée par la route, la station semble essentiellement fréquentée par les Scandinaves, allez savoir pourquoi. L'un des attraits de Karon est sa vie nocturne animée. Pour le reste, l'endroit n'est guère enthousiasmant ! **Attention : baignade particulièrement dangereuse en toute saison.** En effet, ici, la haute saison est loin d'être sans danger. Courants puissants même quand il n'y a pas de vagues. Bien observer les drapeaux.

Où dormir ?

Il y a deux pôles à Karon : c'est dans la partie sud de la plage et sur les hauteurs de la station balnéaire que l'on trouve encore quelques hébergements pas trop chers. La partie nord de Karon (en fait, un prolongement de Patong) est une zone touristique qu'on pourrait qualifier de zone tout court. Condominiums affreux, bars à filles planqués dans les *soi* et restos de tous pays... la déprime, quoi.

Bon marché (moins de 500 Bts – 10 €)

Bazoom Hostel – บาซูมโฮสเทล **:** Luang Poh Chuan Rd. ☎ 396-914. À la 3e rue à gauche depuis le rond-point de Karon nord, s'engager dans l'allée surmontée du porche « Karon Plaza ». Déco psychédélique un peu fanée. Ici, il faudra aimer l'animation. Hébergement typiquement routard en grand dortoir relativement propre à bas prix avec douches communes, ou chambres minus sans grand confort avec ventilo. Tenu par de jeunes Coréens instructeurs de plongée.

Prix moyens (de 500 à 1 000 Bts – 10 à 20 €)

Deux excellents rapports qualité-prix, mais souvent complets en haute saison. Réservation conseillée.

Happy Inn Guest House – แฮ๊ปปี้อินน์เกสท์เฮ้าส์ *:* suivre le même chemin que pour *Bazoom Hostel,* mais tourner dans la 2e rue à droite. ☎ 396-260. Au fond d'un *soi* tranquille. Une quinzaine de bungalows impecs et confortables, ventilo et eau froide ou clim', frigo et eau chaude. Pas mal de verdure et de calme. Accueil familial zen dispensé par le patriarche.

Prayoon Bungalows – ประยูรบังกาโล *:* à 100 m de la plage (partie sud). Monter par l'allée desservant l'*Andaman Seaview Resort.* ☎ 396-196. Sept bungalows avec ventilo et salle de bains (eau froide), répartis sur une butte gazonnée, à l'ombre d'une belle pinède. Pas de petit dej'. Cadre naturel et accueil charmant de Mme Prayoon.

Plus chic (de 1 500 à 3 000 Bts – 30 à 60 €)

Kata Garden Resort – กะตะการ์เด้นรีสอร์ท *:* 32 Karon Rd. ☎ 330-627. Fax : 330-446. • www.katagardenphuket.com • Entre Karon et Kata Beach. Une soixantaine de bungalows de brique noyés dans la verdure et reliés entre eux par des passerelles de bois. Petit dej' américain (buffet) inclus dans le prix. 4 catégories de confort ; déco agréable, même si elle date un peu. Préférez les bungalows du fond, rapport au bruit de la route. Piscine.

Très chic (plus de 5 000 Bts – 100 €)

Marina Phuket Resort – มารีน่าภูเก็ตรีสอร์ท *:* 47 Karon Rd. ☎ 330-625. Fax : 330-512. • www.marinaphuket.com • Au sud de la plage. Un sans-faute. Chalets de bois très classes, avec tout le confort qu'on peut attendre d'un hôtel qui pratique de tels tarifs... Jardin d'une délicate luxuriance, à la végétation soigneusement canalisée. Un chemin descend direct à la plage. Accueil pro et aimable. Resto à l'architecture pittoresque, piscine de rêve, n'en jetez plus ! Une bonne adresse pour ceux qui peuvent se le permettre.

Où manger ?

Bon marché (moins de 100 Bts – 2 €)

À l'extrémité nord de la plage, toute la journée, des ***food stalls*** ambulants préparent *fried rice, noodle soup...* Pas cher et populaire. Vraiment sympa. Et puis, au sud de la plage (vers l'*Andaman Sea View*), plusieurs cabanes côte à côte proposent de petits plats thaïs, poisson et fruits de mer, à prix doux. Service et clientèle relax. Parmi celles-ci, on a apprécié le *Bounty.*

Elephant Restaurant – ร้านอาหารช้าง : Patak Rd. Resto local amélioré : cuisine thaïe à petits prix et quelques plats occidentaux au menu. La salle d'en bas baigne dans une lumière rose un peu *space,* mais la terrasse à l'étage est plus sympa.

Prix moyens (de 100 à 300 Bts – 2 à 6 €)

Sunset Restaurant – ร้านอาหารซันเซ็ท : 102/6 Moo 3, Luangh Poh Chuan Rd. ☎ 396-465. En venant de la mer, fait l'angle avec la 2e transversale. Ouvert tous les jours de 8 h à 23 h. Un resto tout en bambou verni (comme on n'en fait plus !) qui régale ses hôtes depuis 1978 d'une excellente cuisine thaïe. On a bien aimé le bœuf *sweet & sour* ; sinon, beaux plateaux de fruits de mer et, dans le registre occidental, pizzas, grillades, etc. Service agréable. Pas donné tout de même.

Karon Cafe – ร้านอาหารกะรนกาแฟ : Patak Tawanok Rd. ☎ 396-217. Depuis le rond-point, tourner à gauche dans la ruelle animée, surmontée d'un portique. Resto tenu par un Américain. Spécialité de grillades. Délicieux *spare ribs* et excellent poulet *Santa Fe.* D'autres viandes et quelques plats japonais et thaïs. Formules buffet à volonté toute la journée.

KATA YAI – กะตะใหญ่ *ET KATA NOI* – กะตะน้อย

Ici, le raz-de-marée a emporté tout ce qui était sur la plage et dévasté les hôtels du front de mer. Mais 3 mois plus tard, plus grand-chose ne le laissait deviner. Encore moins maintenant... Certes embourgeoisée et bitumée, Kata Beach n'en demeure pas moins une grande et belle anse. Au-delà d'un promontoire (au carrefour, prendre la route qui monte sur la droite), un cul-de-sac mène à *Kata Noi,* plus petite, comme son nom thaï l'indique. Atout indéniable, la baignade sur ces deux plages est facile, agréable et surveillée.

Où dormir ?

Notez que les hébergements cités sont tous séparés de la plage par une route assez large, très fréquentée. Ils n'offrent donc guère de vue sur la mer.

La plage nord (Kata Yai)

Le seul coin de Kata où l'on peut encore se loger à des prix raisonnables.

De bon marché à prix moyens (de 300 à 1 000 Bts – 6 à 20 €)

Little Mermaid – ลิตเติลเมอร์เมด : 94 Taina Rd. ☎ 330-730. Fax : 330-733. • www.littlemermaidphuket.com • À 100 m du carrefour de Kata, près de la poste. Une véritable enclave danoise (boulangerie, restaurant du pays). Cité pour les chambres pas chères, propres et amusantes du bâtiment peinturluré de 3 étages. La section bungalows, un univers presque carcéral dessiné autour d'une petite piscine, est plutôt « claustro ». Il faut aimer la promiscuité.

Lucky Guesthouse – ลักกี้เกสท์เฮ้าส์ : Taina Rd. ☎ 330-572.

Fax : 330-334. • luckyguesthousekata@hotmail.com • Plutôt une adresse de dépannage, au cas où tout serait complet ailleurs. Chambres dans des maisonnettes blanches alignées comme à la parade ou dans un long bâtiment genre dispensaire. On ne peut plus dépouillé, sans déco aucune, propre en tout cas. Salle de bains (eau froide), ventilo ou clim'. Ambiance locale pas déplaisante, assez calme.

Un peu plus chic (de 1 000 à 1 500 Bts – 20 à 30 €)

Boomerang Village – บูมเมอแลง คลับ วิลเลซ **:** 110/59 Soi 7, Patak Rd. ☎ et fax : 330-571. • www.phuketboomerang.com • Juste derrière la *Lucky Guest House.* Ensemble de logements au fond d'un *soi* tranquille à souhait. Disposées en rang d'oignons, les chambres (ventilo ou clim') sont d'une extrême sobriété mais parfaitement tenues. Calme absolu et jardin assez sauvage. Accueil sympa assuré par des copains italiens. Il existe une annexe au prix « plus chic », sur la colline d'à côté.

Friendship Bungalow – เฟรนด์ชิพ บังกะโล **:** 177/7 Khok Tanod Rd. ☎ 330-499. Fax : 330-166. • www.friendshipbungalow.com • À 300 m de la plage. Des bungalows en dur installés un peu en retrait de la rue. Bien équipés (ventilo ou AC, eau chaude, frigo, TV), à choisir plutôt loin de la route. Meublés sans charme mais correctement tenus. Visiter, car certaines chambres sont plus récentes que d'autres. Accueil et service nonchalants, mais comme l'ambiance est cool et familiale, ça passe.

Dome Resort – โดมรีสอร์ท **:** 98 Moo 4, Kata Rd. ☎ 330-620. Fax : 330-269. • www.domebungalows.thcity.com • Derrière le *Club Med.* Chalets en dur avec de petites terrasses, proposés avec ventilo ou clim' – ces derniers étant mieux équipés (frigo et TV satellite) et disposés autour d'une rafraîchissante lagune. Dommage qu'une route passe à côté ! Sympathiques proprios thaïs. Bon restaurant (voir « Où manger ? »).

La plage sud *(Kata Noi)*

D'un peu plus chic à plus chic (de 1 000 à 2 000 Bts – 20 à 40 €)

Kata Country House – กะตะคันทรีเฮ้าส์ **:** 7/23 Kata Rd. ☎ 333-210. Fax : 284-221. • www.katacountryhouse.com • Une excellente adresse de charme qui a su conserver des prix abordables. Si les chambres les plus basiques n'ont pas grand-chose pour faire parler d'elles, en revanche les bungalows de bois genre « western » nous ont bien tapé dans l'œil. Également 5 « cottages » de grand confort. Belle piscine, ambiance agréable, service pro. Restaurant.

Katanoi Club Hotel – โรงแรม กะตะน้อย คลับ **:** 73 Moo 2. ☎ 284-025. Fax : 330-194. • katanoi_club@yahoo.com • À l'extrémité sud de la plage, à l'écart de l'agitation. Des chambres et des bungalows, ventilo ou clim' et TV. Eau chaude partout. Petit déjeuner inclus. Propres mais sans aucun charme et meublés un peu au rabais. Tenus par une famille thaïe souriante, parlant correctement l'anglais.

Où manger ?

Bon marché (autour de 100 Bts – 2 €)

|●| *Dome Restaurant* – ร้านอาหารโดม *:* voir « Où dormir ? ». Restaurant en plein air jouxtant la réception. Un menu mais, surtout, de grandes casseroles où pointer ses choix. Ce genre de self à la mode locale et aux tout petits prix est extrêmement répandu dans le pays. Mais rarissime sur l'axe Kata-Patong ! En profiter d'autant que c'est très bon, histoire de faire l'habitué, entouré d'employés thaïs du coin et de la brochette habituelle de *farangs* au « parfum ». Essayer aussi les desserts.

|●| *Larb Classic* – ร้านอาหารลาบคลาสสิค *:* surplombe Patak Road, direction Chalong. Assez loin à pied. ☎ 330-751. Trois pavillons de style thaï en enfilade. C'est le rendez-vous des immigrés de l'Isan, très nombreux à Phuket, et de ceux qui ont une petite faim nocturne car l'endroit ne semble jamais fermé. On n'a pas vu un seul prix au-dessus de 60 Bts (1,2 €). Au menu, du *larb* bien sûr, *somtam, khao niaw,* les composants essentiels de leur diète régionale, mais aussi plein d'autres choses.

Prix moyens (de 100 à 300 Bts – 2 à 6 €)

|●| *Le Grand Prix* – เลอกรอง พรี ซ์ *:* 114/58 Kata Center (Taina Rd). ☎ 330-568. À droite en venant des plages. Ouvert de 16 h à 22 h. Petite salle propre et coquette que Lionel, ancien cuisinier d'équipes de F1, a décorée d'affiches et de souvenirs évoquant l'univers des bolides. Il pratique avec sûreté et convivialité une cuisine appréciée de tous, en proposant des prix très raisonnables en regard de la qualité. Terrines, salades, viandes et poissons alléchants, vin au verre ou à la bouteille, etc. Bravo Lionel, ici ta petite écurie fait toujours la pole !

|●| *Kata Mama Seafood* – กะตะมามาซีฟู้ด *:* 186/12 Kata Beach. ☎ 01-797-05-59 (portable). À l'extrême sud de la plage, après le 3 600ᵉ parasol violet... Carte très complète convenant bien aux familles (snacks, petite restauration thaïe, etc.). Problème : en saison, il y a 100 fois trop de monde pour pouvoir y manger peinard. Toute la clientèle du *Club Med* s'y retrouve ! Tenu par le même clan qui, chanceux, possède pas mal de terres sur Kata. Possible d'accompagner les pêcheurs ou de faire des balades en bateau vers Karon.

⛱ Entre Kata et Nai Harn Beach, peu après le point de vue, une petite piste de 2 km bien raide descend vers ***Nui Beach*** (prononcer « nouille »). Descente plutôt folklo, praticable à moto (mais pas avec un gros cube routier, s'il vous plaît !) ou en véhicule 4×4. Cette crique d'accessibilité limitée est soumise à un droit d'entrée (250 Bts, soit 5 €, avec une conso), comme à Saint-Trop' ! En bas, plage aménagée et petit resto avec terrasse et parasols en surplomb.

NAI HARN BEACH ET AO SANE (OU SEN BAY) – หาดในหานและอ่าวเสน

Nai Harn est une superbe plage, un des petits secrets de l'île. L'anse sablonneuse où mouillent quelques bateaux de plaisance n'est pas trop abîmée par le tourisme, même si transats et parasols en envahissent une partie pendant

la haute saison. Clientèle plus décontractée et souriante que sur la côte ouest. C'est peu dire que l'atmosphère de ce site paradisiaque, classé parc national, n'a rien à voir avec Patong.
La baie d'Ao Sane se trouve sur la droite en regardant la mer.
➢ Nai Harn est desservie par les *songthaews* de 6 h à 17 h 30.
Attention : il arrive que les ***courants*** soient dangereux l'hiver, mais pas plus qu'ailleurs. Se renseigner.

Où dormir ?

Prix moyens (de 500 à 1 000 Bts – 10 à 20 €)

Ao Sane Bungalow et Restaurant – อ่าวเสนบังกาโลและร้านอาหาร *:* traverser le parking de l'hôtel *Meridien Yacht Club.* ☎ 288-306 ou 01-124-46-87 (portable). Fax : 288-306. Série de bungalows rudimentaires avec salle de bains (eau froide). Certains sont tout neufs et nettement moins spartiates que les vieux. Une adresse petit budget et les pieds dans l'eau, comme il n'en existe presque plus sur l'île. Accueil un peu nonchalant mais amical. Resto super au bord de l'eau, qui sert une nourriture délicieuse et fort bon marché. À côté, petit centre nautique : plongée, location de planches à voile, etc.

Très chic (plus de 3 000 Bts – 60 €)

Baan Krating Jungle Beach – โรงแรมบ้านกระทิง จังเกิ้ล บีช *:* poursuivre au-delà d'*Ao Sane Bungalow,* jusqu'au cul-de-sac. ☎ 288-264 ou 02-314-54-64 (à Bangkok). Fax : 388-108. • www.baankrating.com • Établissement luxueux, superbement intégré sur les flancs d'un cap pentu couvert de jungle et surplombant une petite plage privée. Bungalows en bois d'architecture et d'aménagement classieux et traditionnels. Les plus chers (autour de 4 500 Bts, soit 90 € !) donnent sur la mer. Piscine, beau resto avec terrasse sur pilotis. Service et accueil à la hauteur, et de surcroît très gentils.

YAH NUI BEACH – หาดย่านุ้ย

Entre Nai Harn et Rawai. Le raz-de-marée a anéanti cette petite plage sympa et très peu fréquentée, bordée par des rochers. L'armée a vaguement nettoyé, mais peu de bungalows ont été reconstruits. Le coin n'est peut-être pas assez porteur ! En revanche, resto ouvert de 8 h à 21 h et quelques tables devant la mer pour déguster en connaisseur les petits plats locaux.

À voir. À faire

View Point – จุดชมวิว *(plan I)* au ***Prom Thep Cape*** – แหลมพรหมเทพ, autrement dit « cap de la Pureté divine ». Entre Yah Nui et Rawai, c'est l'extrême pointe sud de l'île. Visite du « phare » sans intérêt. Par contre, le coucher du soleil depuis Prom Thep est vendu comme l'excursion romantique par excellence. Conséquence : on se retrouve par paquets de 200 à la sortie des bus climatisés, pour aller bisouiller son (sa) promis(e) en attendant que le soleil, rouge de honte, finisse par succomber à cette mise en scène tartignolle.

PHUKET

RAWAI BEACH – หาดราไวย์

À 17 km au sud de Phuket Town, sur la côte est. De ce côté de l'île, la mer est peu profonde. Vaseuse et rocailleuse, elle se retire de presque 300 m à marée basse. Rawai, seulement touchée par quelques reflux, a peu pâti du raz-de-marée, d'autant qu'on venait de demander aux restos mobiles de la plage d'aller s'installer de l'autre côté de la route. C'est un endroit de choix pour venir déguster du poisson grillé sans se faire matraquer.

Où manger ? Où boire un verre ?

Tout le long de la rue qui borde la plage, des ***cantines ambulantes*** s'installent dans la journée et font des grillades jusqu'à la tombée de la nuit. Ambiance extra et prix défiant toute concurrence. Cuisses de poulet, fruits de mer ou poisson entier et frais. Un régal !

Nikita – นิกีต้า **:** vers l'extrémité gauche de la plage, en regardant la mer. ☎ 288-703. Mignon et accueillant, même si l'on est coincé entre la route et la mer. Paillote ou terrasse pour boire un coup et goûter à une sélection classique de plats thaïs, dont du poisson. Pas cher, pas mal d'habitués. Ferme vers minuit, mais à notre avis plus sympa en journée.

Baan Had Rawai – บ้านหาดราไว **:** à Prom Thep Cape, 57/5 Moo 6, Viset Rd. ☎ 383-838. Ouvert de 10 h à 23 h. Resto de poisson en bord de mer, avec grande terrasse en plein air. Nourriture servie avec délicatesse, harmonie, saveurs et senteurs. Pourtant, prix très sages. Fréquenté par les touristes comme par les Thaïs. Une excellente adresse.

À voir. À faire

Gipsy Village – หมู่บ้านยิปซี **:** à l'extrémité nord-est de la plage, là où la route de Chalong fait un angle droit avec celle de Rawai. Contrairement à celui de Ko Sirey (voir « Phuket Town »), il ne reste plus grand-chose à voir ici, sauf quelques étals de poisson et des enfants qui barbotent entre les barques. Le soir, les maisons très rustiques aux toits de tôle ondulée disparaissent, complètement noyées par de nouveaux restos aux néons plus ou moins agressifs.

Balades en bateau vers les îles aux alentours : concentrés plutôt du centre jusqu'au sud de la plage, des barques « longue-queue » et des *speedboats* (plus chers) attendent les quelques touristes venus se perdre ici pour faire le tour des îles environnantes. Négocier ferme, les clients sont rares ! Le prix par embarcation tourne autour de 1 600 Bts (32 €) pour une journée et de 400 Bts (8 €) pour une heure, et ce pour un maximum de 6 passagers. Au menu de l'excursion, Ko Bon (très touristique), Ko Hai (*Coral Island,* luxuriante, 15 mn de bateau), Ko Racha Yai (bon *snorkelling,* 1 h 30 de navigation, voir aussi « Plongée ») ; Ko Racha Noi, etc.

LAEM KAH BEACH ET KA CAPE – แหลมกาและหาดแหลมกา

Ravissante crique de sable et rochers. Bien ombragée. De plus, c'est pratiquement le seul coin « baignable » de la côte est. Pour y accéder : parcourir environ 300 m en direction de Chalong depuis la sortie nord de Rawai Beach avant de s'engager pendant 1 km sur la petite route à droite après la station-service, en face du porche coloré qui marque l'entrée du temple. Très fréquenté le week-end par les familles thaïes qui viennent pique-niquer. Au large, quatre petites îles, dont Coral Island. Les amateurs de coquillages qui ont de l'argent en trop en profiteront pour faire un tour au *Phuket Seashell Museum,* situé sur la route côtière n° 4 024, face à un temple. Ouvert tous les jours de 8 h à 17 h 30. À 200 Bts (4 €) l'entrée, on s'étonne qu'il y ait des visiteurs ! D'autant qu'il s'agit plus d'un magasin que d'un musée. Mieux vaut acheter au *Gipsy village* ou ailleurs.

Où dormir entre Rawai – หาดราไว et le rond-point de Chalong Bay – อ่าวฉลอง ?

Plus chic (de 1 500 à 3 000 Bts – 30 à 60 €)

Vighit Bungalow Resort – วิจิตบังกาโลรีสอร์ท : 16 Moo 2, Viset Rd. ☎ 381-342. Fax : 383-440. • www.vighitresort.com • C'est l'endroit rêvé pour se relaxer quelques jours. Magnifique complexe en bord de mer d'une quarantaine de bungalows en bois. Joliment meublés, spacieux et confortables, avec des terrasses ombragées. Beau et bon resto avec vue sur la baie de Chalong. Personnel particulièrement gentil et accueillant. Pas de baignade ici (pas de fond), il faudra se contenter de la piscine. Pour la grande bleue, rejoindre Laem Ka ou traverser la pointe de l'île jusqu'à Naihan.

CHALONG BAY – อ่าวฉลอง

Grande anse où viennent mouiller les voiliers qui naviguent sur les mers du Sud (Australie, Philippines...). Les routards de la mer, quoi ! Le coin se développe mais conserve son âme maritime. C'est aussi l'un des points de départ des bateaux privés, type *speed-boat,* pour des excursions vers les îles de la baie, Ko Phi Phi (hors de prix), le point d'ancrage des bateaux de plongée et aussi – beaucoup moins enthousiasmant – des bateaux « charters » de 800 personnes pour les dîners-spectacles. Pour rejoindre la baie, s'engager dans la petite rue (panneaux) depuis le rond-point d'Ao Chalong.

Où dormir ?

C'est à Chalong, tout comme à Phuket Town, que l'on trouve les hébergements les moins chers de Phuket.

De bon marché à prix moyens (de 200 à 1 000 Bts – 4 à 16 €)

Shanti Lodge – บ้านพัก สันติ : Soi Bang Rae, Chaofa Nok Rd. ☎ 280-233. • www.shantilodge.com/phuket • En venant du rond-point, faire 1,5 km sur la route n° 4 022, puis tourner à la grande enseigne bleue. Large gamme de prix allant des lits en dortoir aux chambres avec ou sans salle de bains. Ces dernières, au rez-de-chaussée, sont vraiment cool avec leur petit espace privé extérieur. On peut se contenter du ventilo ou enclencher la clim' moyennant un supplément. Coloré, confortable, étonnant et séduisant mélange de traditionnel et de moderne, ce *lodge* typiquement routard est une filiale d'une célèbre adresse de Bangkok. Petite piscine, jardin où sont parfois organisés les barbecues. Restauration thaïe et occidentale. Très bon accueil. Endroit excentré, il est judicieux de louer une moto (dispo sur place).

Ao Chalong Inn – อ่าวฉลองอินน์ : 43 Vises Rd. ☎ 281-369 ou 06-940-49-20 (portable). Sur la rue qui mène à la baie, à droite. Petit hôtel d'apparence modeste, mais ses huit chambres sont coquettes et tout à fait confortables (eau chaude, TV...). Restauration jusqu'à 21 h et petit dej' dans une salle intérieure ou en terrasse. Accueil vraiment adorable.

De plus chic à très chic (de 1 500 à 3 000 Bts et plus – 30 à 60 €)

Ao Chalong Villa – อ่าวฉลองวิลล่า : Soi Porn Chalong, East Chaofa Rd (branche est de la route n° 4021). ☎ 381-691. Fax : 282-565. • www.aochalongvilla.com • En bord de mer, au nord du port. À seulement 800 m du rond-point. Pas de baignade ici, mais une dizaine de beaux bungalows disposés de part et d'autre de la piscine, dans un jardin idyllique. Également 5 chambres moins chères dans un bâtiment sur l'arrière. L'accueil tout sourire fera un peu digérer les tarifs en pleine saison, car ce n'est tout de même pas donné. Location de motos et voitures – bien utiles dans ce coin !

Où manger et boire un verre à Chalong Bay et dans les environs ?

De bon marché à plus chic (de 100 à 300 Bts – 2 à 6 €)

Danang Seafood – ร้านอาหารดานังซีฟู้ด : au nord de la baie de Chalong, sous une vaste paillote au bord de la mer. ☎ 283-124. Ouvert dès le matin et jusqu'à 23 h. Cuisine essentiellement thaïe, surtout tournée vers la *seafood*. On s'en tire à moins de 100 Bts (2 €) en optant pour un plat local classique. Les bébêtes du vivier sont en revanche plus onéreuses (crevettes, gambas géantes, langoustes...). Excellent service.

Parlai Seafood : à Parlai Bay, au nord d'Ao Chalong. ☎ 283-038. Depuis Phuket Town, prendre vers le sud la route n° 4 021, puis tourner à gauche vers le zoo (nul) ; poursuivre jusqu'à la mer, vaseuse à marée basse. Le moins cher et le plus authentique des restos-terrasses du coin. Détruit par le tsunami, il fut reconstruit à une vitesse record. Les Thaïs y viennent en masse le soir (réservation alors conseillée), mais nous, on préfère la journée, pour la vue. Fruits de mer et poisson (à choisir en vivier) sont les grandes spécialités de la maison. Une adresse précieuse.

Tamarind Bar – ธัมมะรินด์บาร์ : Soi Suki-Ao, Chalong Bay. Bar et tables à l'abri sous une grande paillote, plus quelques chaises jetées sur le quai. Large choix d'alcools et petite cuisine délivrant d'honnêtes et copieux plats thaïs et européens à prix débonnaires. Fréquenté entre autres par les navigateurs.

À voir. À faire encore dans le coin

Panwa Cape – แหลมพัน วา : le cap Panwa, en forme de talon, ferme l'extrémité est de la baie de Chalong. C'est le véritable Phuket, vivant encore à son rythme, dans un paysage encore pas mal préservé. N'hésitez pas à louer une moto pour en faire le tour. Sur son flanc est s'ouvre la baie de Makham, flanquée du port de Rassada et de celui en eau profonde. Depuis Chalong, en allant vers Phuket Town, une très jolie route en corniche mène au cap – prendre à droite (au carrefour avec les panneaux) pour ne pas se retrouver sur la nationale. En chemin, une belle zone de mangroves où l'on peut louer des canoës et manger un morceau dans un environnement touché par la grâce (voir plus bas). Possibilité aussi d'un massage thérapeutique à Panwa Garden (voir plus loin la rubrique « À faire (encore !) sur l'île »).

Tout au bout (pointe est du cap), l'***Aquarium de Phuket.*** Ouvert tous les jours de 9 h à 16 h. Entrée : 100 Bts (2 €). Quelques requins et raies batifolent autour d'un « tunnel » tandis que les anguilles électriques et les « Nemo » (nom désormais utilisé par les maîtres-plongeurs du coin pour désigner certains poissons-clowns !) vous font de l'œil. Une visite amusante, mais ne vous attendez pas à l'aquarium de la Rochelle...

Où manger dans le coin ?

***Chai-Yo Seafood* – ร้านอาหาร ไชโยซีฟู้ด :** sur la route de la corniche, 500 m après le village. ☎ 393-142. Beau resto local bâti juste au bord des mangroves. Des paillotes rustiques et aérées qui vont de pair avec une cuisine de la mer fraîche et saine. Les poissons et crustacés sont sortis de l'eau devant vous, avant d'être passés à la casserole. Choix en fonction de l'arrivage.

***Sawasdee Restaurant* – ร้านอาหารสวัสดี :** 100 m avant l'aquarium. Petit resto de poisson recommandable.

➤ *L'INTÉRIEUR ET LE NORD-EST DE L'ÎLE*

Si vous en avez le temps, voici quelques visites ou balades à faire au nord de Phuket Town en empruntant la n° 402 puis 4 027.

***Laem Hin* – แหลมหิน *(plan I)* :** en venant du nord, guetter le panneau (Maphrao Island, Rang Yai)) qui indique la route d'accès, en légère descente (1,5 km). Depuis Phuket Town, on est obligé de faire demi-tour. Joli coin, belle vue sur plusieurs îles.

***Laem Hin Seafood* – แหลมหิน ซีฟู้ด :** sur la gauche de l'embarcadère. ☎ 239-357. Resto typique sur pilotis qui sert poisson, fruits de mer (au poids) et plats thaïs à prix locaux. Délicieux et service efficace. Ouvert de 10 h à 22 h. Plus pittoresque mais plus coûteux, le resto flottant ***Bung ID Seafood* – บังอิท ซีฟู้ดซ :** ☎ 09-726-54-35 (portable). De 11 h à 20 h, vous trouverez sans difficulté un batelier pour vous y amener. 5 mn de traversée, prix inclus (pas énorme) à votre addition ou gratuit, selon le montant de votre commande. Allez voir les casiers flottants mais, attention, les crustacés et le poisson sont un peu chers et les prix ne figurent pas sur le menu.

➢ Niveau excursion, l'île de *Maphrao* ne présente guère d'intérêt. Y préférer *Rang Yai*, petite île au-delà et sa plage de rêve. Compter au moins 700 Bts (14 €) pour en faire le tour en *long-tail* avec un arrêt baignade. Sur l'île, le *Rang Yai Restaurant* possède une bonne réputation.

Thalang National Museum – พิพิธภัณฑสถาน แห่งชาติถลาง *(plan I)* **:** à 200 m à l'est du rond-point du Monument aux Héroïnes. ☎ 311-426. Entrée : 30 Bts (0,6 €). Ouvert tous les jours de 9 h à 16 h 30. Panneaux, reconstitution et objets retracent l'histoire, les vagues de peuplement, les coutumes et l'économie de l'île, sans oublier sa topographie et sa géologie. On apprend ainsi que Phuket s'appela longtemps *Junk Ceylan,* probablement une déformation de *Silang,* l'ancien nom des gitans de la mer, autrefois maîtres incontestés de l'île – voir la carte faite par Simon de Loubère, navigateur français qui visita le royaume d'Ayutthaya en 1687, quand Thaïs et Français vécurent une bien étrange lune de miel.

Tonsai Waterfall – น้ำตกต้นไทร ***et le Centre de réhabilitation des gibbons*** – โครงการคืนชะนีสู่ป่า *(plan I)* **:** dans le nord-est de l'île, à 22 km de Phuket Town. Deux cascades situées pas loin l'une de l'autre, avec des routes différentes pour y acceder :

– ***La cascade de Bang Pae :*** depuis l'Heroine Monument, emprunter la route n° 4027, après 9 km, prendre la route à gauche où se trouve un petit camp d'éléphants. À 20 m, jusqu'à l'embranchement, 3 km de route bordée de végétation jusqu'au cul-de-sac qui mène à la cascade. Ouvert de 6 h à 18 h. Entrée : 200 Bts (4 €) par personne (guitoune du gardien sur la gauche à l'entrée). Bien garder le ticket qui peut servir éventuellement pour la visite de l'autre cascade Tonsai à condition que ce soit dans la même journée. Véritable « forêt primaire », jamais perturbée par l'homme, les arbres y sont tellement hauts que le soleil ne pénètre jamais dans certains endroits. Tout de suite à l'entrée, sur la droite après les restos locaux, légèrement à flanc de colline, avant les chutes de Bang Pae qui elles se trouvent à 25 mn de marche par le petit chemin qui longe la rivière, ***le Centre de réhabilitation des gibbons*** héberge environ 60 singes en processus de réadaptation à la vie en forêt. Brochures gratuites explicatives en français disponibles à la réception.

– ***La cascade de Tonsai :*** depuis l'Heroine Monument, prendre la route n° 402, tout droit jusqu'au feu rouge de Thalang, prendre la route à droite, Tonsai Rd, agréable route sauvage bordée de plantations d'hévéas jusqu'à la cascade à 3 km dans le cul-de-sac, qui n'a rien d'extraordinaire c'est vrai ! Elle se tarit pendant la saison sèche, mais est accessible plus facilement que l'autre cascade *(Bang Pae)* pour les personnes qui ont du mal à se déplacer. Environ 10 mn de chemin tranquille. Plaisante balade dans la jungle possible (30 mn), accompagnée d'un guide local qui se propose à l'entrée mais réalisable soi-même. Se munir de bonnes chaussures et de crème anti-moustiques.

Yao Pier Bangrong – ท่าเรือเกาะยาว บางรอง **:** continuer sur la route n° 4 027 pendant 3 km au-delà de l'embranchement du Centre de réhabilitation avant de tourner à droite (panneau). Longer le bras de mer sur encore 4 km. Arrivée dans un coin de mangroves où des singes viennent parfois, comme vous, juger de l'animation. Sur la droite, l'embarcadère desservant les îles Yao (voir plus loin) ; sur la gauche, des passerelles de bois tutoient la forêt maritime en menant à un resto traditionnel sur pilotis. Pour un petit plat en attendant son bateau ou juste pour l'occasion. Possible de faire du canoë le long du bras de mer, à travers casiers à moules et huîtres perlières.

Plongée sous-marine à Phuket

Tous les centres de plongée de la région ont été très affectés par le tsunami. Beaucoup ont perdu leurs bateaux, et certains leurs vies... Mais le business est reparti comme avant, et la Thaïlande a de nombreux arguments pour séduire les plongeurs.
Même si les avis divergent, les fonds marins n'ont apparemment pas été abîmés par le raz-de-marée. Chose curieuse, l'eau serait plus claire qu'avant, comme après un lessivage.
Phuket est une destination très chouchoutée des plongeurs. Les spots alentour ont acquis une réputation mondiale avec, en vedette, les *îles Similan et Surin* (excursions de 2 à 10 jours), véritables sanctuaires de la vie marine... Mais attention : la « Perle de l'océan Indien » repose sur un écrin très fragile et certains sites trop fréquentés sont déjà détruits. Ne touchez à rien. Et gare aux caprices de l'océan Indien : courants fréquents.

Où plonger ?

Ici, l'exploration sous-marine est une activité bien rodée qui se pratique depuis plus de 20 ans.
En raison de l'éloignement des sites, les sorties ont généralement lieu à la journée *(one day trip)* elles comprennent 2 plongées et le « casse-croûte ». Ko Phi Phi figure aussi parmi les spots phares (un peu trop à notre goût, d'ailleurs...). Également d'inoubliables croisières-plongées de 2 à 10 jours *(liveaboard dive safari)* dans les archipels Similan et Surin, sauvages et luxuriants (un régal !).

Une idée des prix

Grosse concurrence sur Phuket, mais les tarifs sont comparables d'un centre à un autre. Si vous disposez de 4 jours et de 10 000 à 12 000 Bts (200 à 240 €), c'est peut-être le moment de passer votre brevet *PADI,* qui vous permettra par la suite de plonger partout dans le monde. Compter entre 3 500 et 4 000 Bts (70 et 80 €) pour une journée d'initiation à la plongée, ne délivrant pas de diplôme, et à partir de 2 500 Bts (50 €) pour une journée comportant 2 plongées en bateau et les casse-croûte.

■ ***Sea World Dive Team*** **–** ซี เวิร์ล ไ ดว์ทีม ***:*** Soi San Sabai, un *soi* de Patong qui donne sur Soi Bangla. ☎ et fax : 341-595. • www.seaworld-phuket.com • Centre *PADI* 5 étoiles où l'on parle le français. Les instructeurs brevetés assurent formations, explorations et initiations à la plongée. Magnifiques bateaux de luxe pour une sortie à la journée ou une croisière au long cours de 2 ou plusieurs jours (compresseurs à bord) en direction des sites locaux comme le *Mergui Archipelago,* une véritable splendeur. Ambiance amicale, sympa et super-pro.

■ ***Andaman Scuba*** **–** อันดามัน สกูบ้า ***:*** à Karon, presque à l'angle de Patak Tawanok Road et de Taina Road. ☎ et fax : 398-331. • www.andamanscuba.com • Club tenu par Dominique, un Français. Licence *PADI* et *CMAS.* Dispose d'un ba teau pour plonger à la journée et d'un bateau de croisière. Toutes prestations et tous niveaux, super-sérieux.

■ ***Marina Divers*** **–** มารีน่า ไดเวอร์ส ***:*** à l'hôtel *Marina Phuket Resort,* sur Karon Beach. ☎ 330-272. Fax : 330-998. • www.marinadivers.com • Centre 5 étoiles, donc très sérieux là encore. Excellent matériel et accueil sympa.

Nos meilleurs spots

Les îles Similan* – หมู่เกาะสิมิลัน *: parc national composé de 9 îles magnifiques (plages de sable blanc et forêt tropicale), accessibles par navire de croisière (6 à 8 h de traversée, selon l'état de la mer), à environ 100 km au nord-ouest de Phuket. Ouvert de mi-novembre à mi-avril. Droit d'entrée : 200 Bts (4 €) par personne. On ne peut dormir que sur 2 des îles, la n° 4 (Ko Miang) et la n° 9. Réservations auprès des offices des parcs nationaux : ☎ 595-045 ou ☎ 02-562-07-60 (Bangkok) • www.dmp.go.th • La plupart des bateaux partent du *Tap Lamu Pier,* à l'entrée de Khao Lak, d'où la traversée est la plus courte (1 h 30). Une compagnie de bus assure la liaison depuis Patong Beach, Chalong Bay et Khao Lak. Classé dans le top 10 mondial des meilleurs spots de plongée, cet ensemble de récifs, canyons et fabuleux jardins coralliens en eaux cristallines est particulièrement poissonneux (de 6 à 40 m de fond). Sur les spots de *Chrismas Point* et *Elephant Head,* merveilleusement colorés, on croise fréquemment des raies mantas solitaires, quelques requins « pointes-noires » et, avec un peu plus de chance, le fameux requin-baleine, aussi débonnaire qu'inoffensif. Une croisière pour plongeurs confirmés. Noter que l'on peut visiter ces îles en solo.

Ko Miang : cette île est la plus animée ; elle compte une cinquantaine de bungalows, de quoi se restaurer et boire un verre. Réservation : ☎ 595-045 ou 02-579-57-34 (portable). Prévoir 1 000 à 2 000 Bts (20 à 40 €) pour 2 personnes, selon la vue. Basique mais propre, avec salle de bains (eau froide). Également possible de camper : compter 200 Bts (4 €) par personne avec la location.

– ***Ko Miang*** est très visitée à la journée depuis Phuket, et encore plus pendant les week-ends et vacances scolaires.

Les îles Surin* – หมู่เกาะสุรินทร์ *: à quelques heures au nord des îles Similan. Départs depuis *Tap Lamu Pier* (Khao Lak) ou de *Kuraburi Pier,* entre Takuapa et Ranong. De merveilleuses richesses sous-marines, situées entre 6 et 40 m de profondeur, vous attendent dans ce parc national très sauvage et moins fréquenté. Les spots de *Ko Bon, Ko Tachai* et *Richelieu Rock* y sont réputés pour leurs rencontres avec le gentil requin-baleine, dont la taille énorme n'a d'équivalent que son appétit vorace... en plancton ! En virevoltant au-dessus des gorgones flamboyantes, les tortues seront « médusées » par votre palmage nonchalant. Pour plongeurs confirmés également !

Ko Racha Yai *(Raya Yai)* – เกาะราชาใหญ่ ***:*** à 1 h au sud de Phuket. Accessible en 1 h 20 ou en 30 mn (pour les *speed-boats*). Entre 6 et 25 m, cette plongée « fastoche » en eaux claires livre un site corallien de toute beauté (on touche avec les yeux !). Vie sous-marine très intense. Quant à l'île elle-même, elle pourra flatter votre côté Robinson, si vous prenez le temps de vous éloigner de la plage de Batok. Un hôtel de luxe y a remplacé les paillotes et le bruit des moteurs celui des oiseaux. Mais il existe aussi des bungalows à prix plus routards.

Ko Racha Noi *(Raya Noi)* – เกาะราชาน้อย ***:*** une petite île déserte entourée de falaises, à quelques kilomètres au sud-ouest du spot de *Ko Racha Yai.* Plongée entre 10 et 40 m dans une eau cristalline et brassée par de forts courants. Nombreux crustacés embusqués dans les failles de ce magnifique jardin de coraux, que survolent majestueusement daurades, barracudas et poissons-trompettes. Pour plongeurs confirmés.

Ko Phi Phi – เกาะพีพี *:* voir « Nos meilleurs spots à Ko Phi Phi ».

À faire (encore !) sur l'île

Une multitude d'activités sont proposées aux touristes. Il serait trop long d'en faire une liste exhaustive ; soyez à l'affût des brochures et des dépliants, programmes, prospectus gratuits de la ville.

Sport

➢ ***Balades à VTT :*** notamment avec *Action Holidays.* ☎ 263-575. Découverte de Phuket à vélo sur des parcours remarquables. Une bonne manière de sortir des sentiers battus. Compter environ 2 000 Bts (40 € la journée), vélo, guide, snack, eau et transport pour l'hôtel inclus.

➢ ***Équitation :*** nombreux clubs équestres sur la côte. Signalons le *Phuket Bang Tao Riding Club* (☎ 324-199 ; ● www.phuket-bangtao-horseriding.com ●), à Bang Tao. Balades à cheval de 1 h à 2 h 30, et même des virées à dos d'éléphant (même si Phuket n'est pas à proprement parler le royaume du pachyderme !).

Massages (des vrais !)

■ ***Spa, saunas et massages :*** effet de mode oblige, tous les hôtels de catégorie supérieure se sont dotés d'un spa et/ou d'un sauna. Remise en forme de 3 h incluant un bain bouillonnant et divers traitements cosmétiques. Les mêmes établissements proposent aussi des massages traditionnels – tout ce qu'il y a de plus sérieux. Mais prix beaucoup plus élevés que dans les centres suivants.

■ ***Panwa Garden*** – พันวา การ์เด้นน์ *:* 39/3 Moo 6, Sakdidej Rd, Bor-Rae District. ☎ 200-484. ● www.panwagarden-spa.com ● Sur la route côtière qui longe le cap de Panwa. Ouvert de 9 h à 22 h. Massage, spas, sauna et aromathérapie dispensés dans un vrai paradis sur terre : végétation abondante, oiseaux qui chantent, zen maximal. Accueil chaleureux et prestations de qualité à prix raisonnables.

■ ***Poo's Palm Sauna & Massage*** – โพธิ์ปาล์มซาวน่าและนวดโบราณ *:* 67/31 Soi Suksan 1, Rawai. ☎ 384-002. Ouvert de 10 h à 21 h. En face de la *ferme des Orchidées* (lire plus haut « À voir dans les environs de Phuket Town »). Établissement sérieux pratiquant massages, saunas, *herbal body* et *facial scrub* à prix juste. Cadre relaxant : jardin, paillotes et palmiers. Populaire à juste titre chez les résidents.

➢ DANS LES ENVIRONS DE PHUKET

Le parc national de Khao Lumpee (Lam Pi) – อุทยานแห่งชาติเขาลำปี ou ***Hat Thai Muang*** – หาดท้ายเหมือง *:* sur le « continent », prendre la route n° 402 qui mène à Khao Lak et Takua Pa. Il abrite une réserve de tortues de mer dont les 4 espèces principales (verte, *Olive Ridley, leatherback* et *hawksbill*) sont préservées. Leur période de ponte se situe entre novembre et mars. Après le tsunami, elles furent plus nombreuses à venir que d'habitude, le calme inhabituel des lieux expliquant peut-être cette affluence... A priori, possibilité de faire du camping sur la plage, mais il vaut mieux se renseigner avant de faire le déplacement, car la réglementation change souvent. Location de tentes et de matos sur place. Si vous venez équipé, sachez que les poêles sont interdites, à bon entendeur... ☎ 01-954-39-56 (portable). Entrée payante pour les visites : 200 Bts (4 €).

Les îles Yao **–** หมู่เกาะยา ว **,** ***Ko Yao Noi*** **–** เกาะยา วน้อย et ***Ko Yao Yai*** – เกาะยา วใหญ่ (140 km² à elles deux) émergent des flots au large de la baie de Phang Nga, à mi-chemin entre Krabi et Phuket (d'où l'accès est le plus facile).

➢ *Depuis Yao Pier Bangrong* (voir plus haut « L'intérieur et le nord-est de l'île »), entre 2 et 5 bateaux par jour selon la saison, de 9 h 30 à 15 h. Traversée bon marché (1 h de trajet). Débarqué sur la côte ouest, il faut passer de l'autre côté en *tuk-tuk* (prévoir 200 Bts, soit 4 €, le véhicule).

➢ On peut aussi s'y rendre depuis Krabi : départ de Thalen Pier (port situé à 45 mn à l'ouest de Krabi-Ville). Il y a 2 bateaux par jour, du moins entre début novembre et fin avril.

Seule *Ko Yao Noi (petite longue île),* la plus habitée, s'est ouverte au tourisme. Les plages de la côte est ont la réputation d'être très jolies et accueillent déjà beaucoup de bungalows. Que de la piste, on trouve des vélos et des motos à louer. Les amateurs d'exploration apprendront qu'il est possible de rejoindre Ko Yao Yai en *long-tail boat* (30 Bts, soit 0,6 €, par personne ; 150 Bts, soit 3 €, pour une moto) en franchissant l'étroit bras de mer qui la sépare de sa cadette. Possible ensuite de traverser cette île couverte de jungle et d'hévéas en *songthaew* (prévoir de 300 à 400 Bts, soit 6 à 8 €) avant de reprendre un bateau pour Phuket depuis *Roh Jaak Pier.*

– Pour se loger, signalons le *Lom'Lae,* sur la plage de Pasai. ☎ 01-958-05-66 (portable), un havre de paix dirigé par un couple thaï-canadien, qui propose des bungalows de bois. De « prix moyens à plus chic ».

PHANG NGA – พังงา

IND. TÉL. : 076

À environ 90 km au nord de Phuket Town. La baie de Phang Nga (prononcer « Pon Ga ») est plantée d'une multitude de pitons calcaires recouverts de végétation. La base de ces totems de la mer a été rongée par l'eau, qui a creusé des grottes naturelles impressionnantes. Ce site absolument unique au monde n'a pas souffert du raz-de-marée. Ambiance architouristique, sauf si l'on y va à des horaires décalés. Le matin très tôt (7 h) ou en fin d'après-midi.

Quand réaliser l'excursion ?

Il faut savoir que toutes les agences viennent sur le site le matin, mais vers 10 h seulement (sauf 2 agences qui proposent le tour l'après-midi). La lumière n'est pas à son mieux et la foule compacte empêche sérieusement de rêver. Le mieux, c'est d'arriver la veille pour être « sur le pont » à 6 h ou bien de se débrouiller pour être sur place trois quarts d'heure avant le coucher du soleil et d'entreprendre l'excursion à ce moment-là... Alors, c'est le pied ! Lumière rasante et atmosphère unique rien que pour vous. Pour une excursion à la journée, essayez de prendre un bus qui arrive là-bas vers 14 h, faites la balade dans l'après-midi et essayez de repartir dans la foulée (calculez bien vos horaires). Un peu speed quand même.

Comment réaliser l'excursion par soi-même ?

➢ ***Le coût :*** en général, ça tourne autour de 300 Bts (6 €) par personne, mais tout dépend de l'affluence. Possible de négocier un bateau à partir de 600 Bts (12 €) en solo et de partager avec d'autres passagers.
Rappelons que passer par une agence, c'est plus simple mais pas du tout bon marché et très ringard.
➢ ***En bus :*** de Phuket, embarquer en direction de Phang Nga ou Krabi. Vous pouvez soit descendre à la pancarte « Phang Nga Bay Resort », puis rejoindre en stop ou à pied l'un des embarcadères (voir ci-dessous), soit descendre au terminal de bus et trouver un *songthaew*. Mais attention aux rabatteurs ! Ils peuvent vous emmener sur des bateaux où vous vous retrouverez à 50 (bien vérifier le type d'embarcation). D'autres proposent une découverte de la baie en 2 jours, avec nuit dans le *Gipsy Village*. Évitez cette pseudo-nuit ethnique complètement bidon ! Au retour, bus toutes les 30 mn entre 6 h 30 et 20 h 30. Trajet en 2 h 30 environ ; bon marché.
Départ de la ***Phang Nga Bus Station,*** sur la droite en entrant dans la ville. ☎ 412-014.
Pour Krabi, plus de 12 bus (AC ou non), de 6 h 30 à 20 h. Durée : de 1 h 30 à 2 h. Prix inférieurs à 100 Bts (2 €). Et pour Surat Thani : 4 bus AC et autant en non AC. Trajet en 3 h. Service entre 6 h 30 et 17 h. Bus AC à 130 Bts (2,6 €).
➢ ***À moto ou en voiture louée :*** le meilleur moyen de faire l'excursion si vous êtes en fonds ou à plusieurs. Compter entre 1 h 30 et 2 h de route depuis Phuket Town. Attention, les petites motos sont en général interdites de sortie de l'île, et la route rapide qui relie Phuket à Phang Nga peut être dangereuse. En arrivant sur le secteur de Phang Nga, ne pas se laisser abuser par les innombrables pancartes sauvages indiquant Phang Nga Bay. Poursuivre jusqu'à la grande bifurcation où un large panneau vert (officiel) indique *Phang Nga Bay.*
Les embarcadères se situent tous dans l'enceinte du parc national. Droit d'entrée : 200 Bts (4 €).
– Le principal, à 7 km du bourg de Phang Nga, se trouve au niveau du *Phang Nga Bay Resort* – พังงาเบย์รีสอร์ท (voir « Où dormir ? » plus bas). Ambiance un peu lourdingue, beaucoup de monde et donc de rabatteurs. On y trouve quand même des *long-tails* qui proposent le même tour que les agences, avec l'avantage de n'être que quelques-uns à bord. C'est cent fois mieux qu'en espèce de bateau-mouche (bonjour l'ambiance...).
– Le quai du parc national : 500 m avant d'arriver au *Phang Nga Bay Resort.* Permet d'embarquer loin des foules. Un poil plus cher toutefois.
– Le troisième embarcadère est beaucoup moins fréquenté. 1,4 km avant d'arriver au *Resort,* repérer le grand panneau « James Bond Island ». S'engager là sur une petite route de 2 km qui débouche sur un embarcadère.

Où dormir à Phang Nga - village ?

Autant éviter de dormir à Phang Nga, village sans charme s'étirant le long de la route et n'offrant qu'une hôtellerie médiocre. Voici néanmoins la meilleure adresse.

Bon marché (moins de 500 Bts – 10 €)

- ***Thawisuk Hotel*** – โรงแรมทวีสุ ***:*** dans le centre, sur la droite en arrivant de Phuket ; à côté du supermarché *Stars Wars.* ☎ 412-100. L'entrée se trouve carrément dans un garage. Un hôtel modeste dans une demeure sino-portugaise. Une dizaine de chambres à l'étage, avec douche froide et ventilo. Plutôt propre. Tenu par une gentille petite dame chinoise. De bon rapport qualité-prix, c'est le rendez-vous des routards.

Où dormir ? Où manger sur le site même ?

Prix moyens (de 500 à 1 000 Bts – 10 à 20 €)

- ***Phang Nga Bay Resort Hotel*** – พังงาเบย์รีสอร์ท โฮเต็ล ***:*** à 100 m de l'embarcadère des bateaux. ☎ 412-067/9. Fax : 412-070. Architecture futuriste assez nulle (long bâtiment blanc un peu défraîchi en plan incliné), surtout dans un tel site. AC, salle de bains (eau chaude) et terrasse. Petit dej' inclus. Piscine. C'est propre mais sans charme. Resto avec terrasse extérieure surplombant l'eau, mais nourriture médiocre et chère.
- ***Phang Nga National Park Bungalow*** – อุทยาน แห่งชาติอ่า วพังงา บังกาโล ***:*** ☎ 412-188 ou ☎ 02-561-29-18 (central de réservation de Bangkok). 500 m avant le *resort* précédent. Répartis dans le parc (mangroves, végétation luxuriante) qui borde un bras de mer, 8 bungalows assez simples mais propres, avec salle de bains (eau froide) et ventilo. En version 2, 4 ou 8 lits. Prix intéressants si l'on voyage à plusieurs, car il est obligatoire de payer le prix global (voir la rubrique « Hébergement » dans les « Généralités » en début de guide). Dans le parc, une grande terrasse-restaurant de bois surplombe la mangrove. Bonne cuisine pas chère. En descendant depuis ce resto, embarcadère pour les excursions (voir ci-dessus).

La visite

Elle dure 3 heures.

★ La pirogue à moteur commence par longer une épaisse ***forêt de mangrove.*** Naguère, l'endroit était infesté de gavials (les plus grands crocodiles du monde). Une ambiance assez *Crocodile Dundee.* On aurait aimé y entrer, mais pas moyen de décider le chauffeur !

★★ En arrivant dans la baie, on peut voir des petites ***peintures rupestres*** (une sorte de dauphin, des personnages) qui recouvrent les parois d'une concrétion calcaire. Pas de datation précise, mais notre homme de barre a son idée !

★★★ Ensuite, on pénètre dans la ***baie de Phang Nga*** – อ่าวพังงา. Un paysage unique au monde. À perte de vue, de gigantesques formations calcaires qui n'en finissent pas de tomber à pic dans la mer. De toutes les tailles, de toutes les formes. Plus loin, la ***grotte de Tam Lod*** – ถ้ำลอด et son arche marine, sous laquelle on passe en pirogue...

★ Enfin, les ***îles de Kao Ping Gan et de Kao Tapoo*** – หมู่เกาะเขาพิงกันและเกาะตะปู. *Kao Tapoo* est surnommée « James Bond Island » depuis qu'on y a tourné certains extérieurs de *L'Homme au pistolet d'or,* avec Roger Moore, notamment devant ce haut et fin bloc monolithe couvert de verdure. Mais ne rêvez pas trop ! Sur cette île minuscule, on se marche littéralement sur les pieds... Contentez-vous d'en faire le tour en bateau sans y débarquer.

Au retour, c'est l'arrêt obligatoire au village lacustre de ***Ko Panyee*** – เกาะปันหยี ou le *Gipsy Village.* Constitué de maisons en bois sur pilotis (de plus en plus remplacées par du béton) et peuplé de musulmans, sortes de « gitans de la mer ». Les groupes du matin viennent y faire leur pause-déjeuner sur de vastes restos-pontons construits à cet effet et qui ne font aucunement partie du village proprement dit. Puis l'après-midi, quartier libre... Tu parles d'une chance ! On se croirait au Mont-Saint-Michel. D'ailleurs, les touristes n'hésitent pas à pénétrer dans l'école afin de prendre les élèves en photo... pendant la classe. Bravo ! Les villageois, eux, semblent accepter cela avec beaucoup d'indifférence puisque le tourisme leur apporte une manne financière inespérée. Si le village en lui-même est chouette, l'ambiance dans laquelle on peut le visiter nous gêne vraiment. Le mieux, là encore, est de pouvoir y faire halte tôt le matin ou en fin d'après-midi, quand il n'y a pas beaucoup de monde.

LE SUD

À voir encore aux alentours de Phang Nga

Suan Somdet Phra Sinikharin Park – *สวนสมเด็จพระศรีนครินทร์ :* à l'entrée de la ville. Montagne de calcaire recouverte de jungle, parcourue par un sentier aménagé, qui contourne sa base où s'ouvrent de nombreuses grottes. La plus grande, Tham Reusi, abrite la statue très vénérée de Reu-Sii, un sage hindou. Rivière souterraine, chauves-souris, singes.

Tham Phung Chang – *ถ้ำพุงช้าง :* pas loin du parc précédent, en continuant vers la ville. La « Belle grotte de l'Éléphant », imposante, doit son nom à la forme de la montagne qui l'abrite. À nouveau, rivière souterraine, effigies bouddhiques. Possible d'y faire une balade « spéléo » dépaysante de 1 h 30 pour 500 Bts (10 €), incluant du canoë, du radeau et de la marche.

Wat Tham Suwankhuha – *วัดถ้ำสุวรรณคูหา :* à 5 km du village de *Takua Thung,* situé à environ 10 km de Phang Nga sur la route de Phuket. Grand panneau indicateur. Entrée : 20 Bts (0,4 €). La géologie et le sacré font vraiment bon ménage dans la région. Creusant une haute falaise, une grotte impressionnante abrite un bouddha couché de 15 m de long tandis qu'une autre, atteinte par un grand escalier, recèle de belles et étranges formations.

KHAO LAK – เขาหลัก

Ici, c'est une vague de 16 m de haut qui est venue balayer la côte où aucun relief ne permettait d'échappatoire. Tout a été emporté, la végétation et la topographie ont été profondément affectées, jusqu'à 1 km à l'intérieur des terres. Le navire de la Marine nationale, qui fut projeté sur la côte, sera symboliquement transformé en mémorial.
Difficile de deviner ce que sera Khao Lak demain, à quoi ressemblera cette flopée de *resorts* qui accueillait une clientèle plutôt aisée, séduite par le calme, la nature et la proximité des îles Similan. Plusieurs hôtels ont déjà rouvert.

Khao Lak se situe à environ 55 km à l'ouest de Phang Nga et à 73 km de l'aéroport de Phuket. Depuis Phuket, prendre le bus pour Takua Pa et descendre en route. Bon marché.
L'embarcadère de Tap Lamu : point de départ pour les plongées aux îles Similan, il se trouve à l'entrée de la station balnéaire (voir « Où plonger ? », « Nos meilleurs spots à Phuket »). Compter 1 h 30 de trajet.

KHAO SOK – ฤทยานแห่ง ชาติเขาสก

IND. TÉL. : 077

Ce parc national, qui s'étire sur 740 km^2, est couvert d'une forêt tropicale primaire peuplée d'une faune pour le moins exotique : gibbons, calaos, pythons, tigres et autres léopards. Si l'on ajoute les parcs adjacents de Sri Phang Nga au nord-ouest (rien à voir avec la baie), Khlong Phanom au sud ainsi que deux zones labellisées « Sanctuaires de la vie sauvage » (Wildlife Sanctuary), voici rien moins que 4 400 km^2 de zones protégées ! Khao Sok a la particularité d'être la zone la plus humide du pays, recevant à la fois les moussons de la mer d'Andaman et du golfe de Thaïlande.

HISTOIRE ET CHALLENGES FUTURS

Que cette forêt, vieille de 160 millions d'années, ait survécu semble tenir du miracle. Elle le doit cependant à des événements bien précis.
En 1944, une terrible épidémie mit un coup d'arrêt à une première déforestation engagée par une colonie de pionniers. En 1961, quand la route allant de Takua Pa à Surat Thani fut construite, beaucoup d'ouvriers choisirent de s'établir ici tandis que de nombreuses concessions d'exploitation forestière et minière furent accordées. La nature fut cette fois-ci sauvée par la politique, ou plutôt par ses effets secondaires. En 1976, suite à de violentes répressions, un noyau dur d'étudiants de tendance communiste choisit les impénétrables jungles et montagnes de Khao Sok pour se retrancher. Leur présence obstinée empêcha toute pénétration excessive des compagnies et sauva une deuxième fois Khao Sok d'une destruction quasi certaine. Pendant ce temps, à la fois les parcs nationaux et la compagnie nationale d'électricité menèrent des études sur la région. En 1980, le parc national fut créé et toute exploitation de ses ressources naturelles dut cesser. Coup fourré à ces belles résolutions, le barrage de Rachabrapah Dam, présenté comme une nécessité économique, fut inauguré seulement deux ans plus tard. Noyant 170 km^2 de la réserve, la compagnie d'électricité prit cependant soin de financer la plus grande opération de sauvetage de faune jamais vue en Thaïlande. Aujourd'hui, bien que protégé, le parc n'est pas définitivement à l'abri des dangers. Parcourant le lac artificiel, les braconniers accèdent plus facilement à ses entrailles qu'autrefois. Plus placides mais bien plus nombreux, les touristes commencent à affluer. Et nous savons que nous allons vous inciter à en faire de même... Il est impératif de respecter avec la plus grande rigueur les règlements du parc. Mais ne nous flagellons pas, l'écotourisme bien géré, ça existe. Ceux qui lisent l'anglais devraient absolument acheter *Waterfalls & Gibbons Call.* Consacré à Khao Sok, c'est un ouvrage à la fois pratique, pédagogique et distrayant.

TREKS, CANOË OU HAMAC ?

Khao Sok est un paradis pour les randonneurs. Le parc compte une dizaine de sentiers balisés cheminant à travers les roches calcaires, rencontrant cascades et grottes. Il existe d'innombrables autres possibilités d'excursion dans les environs. Très populaire aussi, le canoë sur le fleuve Sok et les balades à dos d'éléphant. Mais n'allez pas penser que le coin ne s'adresse qu'aux fadas de la rando et autres « activistes ». Le petit village-rue qui s'est développé dégage une atmosphère particulièrement zen. Pas d'immeubles ici pour gâcher les arrière-plans de pitons et falaises karstiques précédées de riches vergers.
Les autochtones sont dans leur grande majorité restés à l'aune de leur cadre de vie. Calmes et parfois un peu lents, même du sourire. Laissez-leur le temps, pas d'urgence dans ce cadre immémorial...

Arriver – Quitter

Comment y aller ?

L'embranchement menant au parc se trouve à 58 km à l'est de la petite ville de Takua Pa, sur la route (n° 401) de Surat Thani. Précisez au chauffeur votre destination afin qu'il vous dépose au croisement, d'où il ne reste que 1,5 km jusqu'à la guérite (le village-rue démarre timidement au carrefour, puis se densifie en allant vers l'entrée du parc). Attention, de Krabi, Ko Phi Phi, Ko Lanta, vous trouverez parfois des offres de minibus directs pour Khao Sok. Des problèmes ont été signalés. Retard volontaire sur la route, arrivée tardive et plus ou moins forcée dans une *guesthouse* amie. Cuisinez les vendeurs, et soyez ferme en cas de problème.

➢ ***Depuis Phuket :*** rejoindre d'abord Takua Pa le matin (une dizaine de bus directs de 6 h 20 à 18 h, 3 h de trajet), puis embarquer dans un bus à destination de Surat Thani (le dernier vers 17 h, 45 mn de trajet).

➢ ***Depuis Krabi, Phang Nga :*** même principe que ci-dessus.

➢ ***Depuis Surat Thani :*** une dizaine de bus quotidiens. Compter 3 h de trajet.

Quitter Khao Sok

Choix entre des minibus ou les bus réguliers. Les départs des minibus (prix et horaires affichés dans les petites agences et *guesthouses*) dépendent en fait du nombre de voyageurs. Il est impératif de se renseigner la veille. Plus rapides mais aussi plus chers : compter 200 Bts (4 €) pour Krabi.
Pour les bus réguliers, marcher ou prendre un *songthaew* (on peut demander à sa *guesthouse*) jusqu'à l'arrêt des bus, pile à l'intersection avec la route n° 401. Pas vraiment d'abri, juste quelques chaises et bancs des deux côtés de la route. Choisissez le vôtre en fonction de votre destination.

➢ ***Pour Krabi, Phuket (via Takua Pa) :*** jusqu'à Takua Pa, un passage de bus toutes les heures environ de 8 h 30 à 17 h 30. Dernière correspondance pour Krabi aux alentours de 14 h 30 (3 h de trajet). Pour Phuket, bus plus nombreux jusque tard dans la journée.

➢ ***Pour Surat Thani :*** environ les mêmes fréquences que dans le sens inverse.

Pour localiser nos adresses, nous démarrons de l'embranchement entre la nationale et la petite route qui part plein sud vers l'entrée du parc national.

Khao Sok pratique

L'essentiel des services utiles au voyageur sont présents dans le village bordant la rue qui mène au parc.
Plusieurs petites agences proposent l'accès Internet et le téléphone international. Elles vendent aussi des billets pour les minivans privés. Quelques motos à louer (notamment auprès de *Bamboo House 2*). Le parc de motos n'étant pas suffisant, il est judicieux de réserver. Enfin, plusieurs salons de massage bienvenus après les crapahutes, ainsi que 3 supermarchés correctement approvisionnés.

Agences de trekking

Tous les hébergements proposent une foultitude de formules.
Certaines sous-traitent des itinéraires standard, d'autres ont mis en place des programmes originaux. En voici deux :

■ ***Khao Sok Rainforest Resort :*** Nit, cinquantenaire, est une légende vivante, pour certains le meilleur guide de la région. Ancien chasseur-braconnier d'une époque pas si lointaine, où il fallait aussi savoir tirer un tigre pour sauver ses cochons, il laissa tomber son fusil et se découvrit une passion pour la protection de la nature. Son fils You suit aujourd'hui ses traces.

■ ***Nature House :*** propose notamment un trek de 5 jours avec porteur et tentes, partant plein nord pour déboucher dans la province de Ranong. Paraît particulièrement séduisant, même si nous n'avons pu le tester ou recueillir des témoignages à ce sujet. Compter 1 000 Bts (200 €) par jour sur une base de 4 personnes ; à négocier. Pour trekkeurs confirmés.

Où dormir ?

– La grande spécialité, ici, ce sont les *tree houses,* perchées dans les arbres. Romantiques, ludiques d'accès et de séjour (observation de la nature). Plein de bungalows aussi, dont certains sont superbes, mais un peu chers.
– Quand les hébergements sont enfoncés dans la nature, ne pas oublier sa lampe de poche. Ne pas laisser traîner de nourriture à l'air libre dans sa chambre, sous peine d'attirer des visiteurs indésirables.
– À Khao Sok, la haute saison court de novembre à mars. Attention, ça peut être chaud pour loger à l'adresse de son choix, bien qu'il existe une cinquantaine de pensions autour du parc. Conseillé de réserver.
– Pour trouver nos adresses (dur de les louper de toute façon...), partir de l'embranchement avec la nationale.
– On peut aussi dormir au lac de Chiao Lan, voir ci-dessous.

Bon marché (moins de 500 Bts – 10 €)

Smiley House : resto-réception au bord de la route, 200 m avant le pont, sur la droite. Bungalows sur pilotis, tous avec salle de bains et petite terrasse avec vue sur de la verdure en contrebas. Les plus chers sont assez coquets (brique et bois), les intermédiaires ont les terrasses les plus sympas, tandis que les premiers prix sont limites en tenue (voire en rigidité !). Toujours ultrasimples, le strict nécessaire. Famille sympa et serviable.

Jungle Huts : peu après *Smiley,* emprunter le chemin qui part vers la droite. Huttes et bungalows dans un verger un peu fouillis. Accueil familial. Petit resto typique (voir « Où manger ? »). Bien aussi dans sa catégorie.

Prix moyens (de 500 à 1 000 Bts – 10 à 20 €)

Khao Sok Rainforest Resort : sur la gauche après le petit pont qui enjambe la rivière Sok, non loin de l'entrée du parc. ☎ et fax : 214-572. C'est la maison de Nit et de son fils You (voir « Agences de trekking »). Les bungalows avec terrasse et salle de bains sont construits à l'arrière de la réception-restaurant, dans la jungle proche de la rivière ou en surplomb. Quelques cabanes dans les arbres. Ambiance toujours bon enfant malgré le succès. Menu amusant évoquant l'environnement sauvage : tigre affamé, coq de jungle, etc. Plats assez simples mais bien copieux.

Our Jungle House : passer le pont, puis tourner à droite sur une piste (suivre les panneaux). ☎ 395-160. • ourjunglehouse2005@yahoo.de • Le long de la rivière Sok, en plein dans la jungle et la forêt primaire. Simples mais essentielles constructions de bois et bambou dénommées *River Cottage, Tree House* ou *Mango House* (sur pilotis). Disséminés sur un terrain très étendu, certains hébergements sont relativement isolés. Se munir d'une lampe de poche, pas tant pour éviter les rencontres indésirables que pour repérer les racines et autres inégalités de terrain. Aux dires de Gunther, le proprio allemand, les fractures d'orteil sont le plus commun des accidents !

Morning Mist Resort : sur la droite avant le pont, en retrait de la route. ☎ 09-971-87-94 (portable). • www.morningmistresort.com • Choix entre des constructions de bois et de bambou sur pilotis (les *Mountain View*) et des chalets en dur (les *River View*) au bord de la rivière, plus grands et confortables mais moins charmants. Salles de bains avec eau chaude partout. Aménagement standard, propre. Plein d'espace dans un joli et reposant jardin-verger. L'occasion de s'instruire – demander à Nid, la patronne, de vous faire l'inventaire de ses arbres à Salak, caféiers, anacardiers (cajou), fleurs et divers légumes. Super restaurant (voir « Où manger ? »).

Nature Resort : suivre la nationale sur environ 3 km en direction de Surat Thani, puis emprunter la piste qui part sur la gauche. ☎ 06-120-05-88 ou ☎ 06-276-98-05 (portables). Le rêve ! Rivière, falaises calcaires, arbres géants, jardin, rivière où l'on peut se baigner, des singes pas loin qui font de même. Profondément au calme, hébergements très espacés, il y a tout ici pour décrocher de ses routines. Choix entre 7 *tree houses* aux aménagements personnalisés comme *Backpacker, Tarzan and Jane, Jungle Family* (familiale, comme son nom l'indique, jusqu'à 4 personnes). Également un bungalow. Aménagement composant avec la nature sans sacrifier le confort (salle de bains, bonne literie). Accueil ultrasympa et humble de Tee, le jeune boss thaï. À noter qu'en plus de l'offre habituelle d'activités, il propose un trek exclusif de 5 jours (voir plus loin « Randonnées et autres activités »). Restaurant.

Où manger ?

Les adresses ci-dessous proposent une flopée de plats bon marché (moins de 100 Bts, soit 2 €). L'addition grimpe vers les prix moyens si vous commandez du poisson (recommandé, délicieux !).
Tous les *resorts* disposent d'un restaurant. Nourriture de qualité variable mais jamais chère.

De bon marché à prix moyens (100 à 300 Bts – 2 à 6 €)

|●| ***Thai Herb Restaurant :*** 200 m avant le pont, sur la droite. Juste avant *Morning Mist Supermarket.* Une passerelle mène à cette jolie terrasse couverte. Déco artisanale, des plantes partout. Large choix complet de plats thaïs : nouilles et riz sautés, currys, salades épicées (essayer la *Basil leaves spicy salad*), etc. Ingrédients très frais, dont certaines spécialités locales comme ces délicieuses fougères *(fern).* Essayer les *herb juices,* dont les vertus thérapeutiques sont expliquées sur la carte.

|●| ***Morning Mist Restaurant :*** dans l'enceinte du *resort* (voir « Où dormir ? »). Grande construction sur pilotis sous toit de paille. Aéré et confortable. La patronne, (même famille que *Thai Herb*) est un véritable cordon bleu. L'essentiel de la cuisine thaïe, dont plusieurs préparations de poisson très conseillées. Effort de déco, style « nature et tradition ». Au calme, belles vues sur les montagnes et le jardin. Accueil doux et poli. En plus, les prix sont un chouia moins chers que sur la rue.

|●| ***Jungle Huts :*** voir « Où dormir ? ». Resto familial perché sur de hauts pilotis. On y mange des petits plats très économiques mais goûteux en regardant bercer bébé, accompagné de musique locale ou distrait par un fond télévisuel.

Randonnées et autres activités

Trekking

Trek par-ci et trek par-là, mais qu'est-ce que ça vaut tout ça ? Ici, pas d'ethnies mais une quantité de forêt primaire incroyable, ainsi qu'une particularité, des reliefs karstiques fournissant leur lot habituel de pinacles et falaises-gruyères qu'on aime tant. Au niveau de l'offre, il convient de faire la distinction entre des journées mixtes incluant randonnée, éléphant, canoë, nage, et de moyennes et grosses randos dont certaines peuvent être vraiment difficiles. Le rayon d'action est très étendu, d'autant que certaines agences commencent à explorer les autres parcs de la région. S'y ajoutent les randos nocturnes riches en rencontres. À part les quelques itinéraires assez courts et balisés à l'intérieur du parc (se munir d'un plan, d'eau et de choses à grignoter), toute randonnée **doit** se faire accompagnée d'un guide. Toutes les *guesthouses* proposent des treks. Essayer de discuter avec des gars de retour et de rencontrer votre guide avant de réserver.
Quelques formules et prix (par personne) : rando de 8 h, à partir de 400 Bts (8 €) ; avec nuit dans la jungle, dès 1 200 Bts (24 €) ; « Night Safari », 3 h de marche avec lampes frontales pour augmenter ses chances de voir de la faune, à partir de 300 Bts (8 €) ; « Survival Training », à partir de 9 000 Bts (180 €) pour 3 jours d'apprentissage « survie », etc.

Autres activités

Un tour à dos d'éléphant jusqu'à une chute d'eau (2 à 3 h, environ 700 Bts, soit 14 €), du canoë sur la rivière Sok (2 à 3 h, autour de 600 Bts, soit 12 €), flotter sur une chambre à air (*tubing*, 2 h, 200 Bts, soit 4 €).

À voir

Le parc national de Khao Sok – อุทยานแห่งชาติเขาสก : entrée avec guérite à l'extrémité nord du village, après le pont. ☎ 211-480. Site officiel du parc très bien fait. • www.khaosok.com • Ouvert de 8 à 18 h. Le droit d'accès (200 Bts, soit 4 €) est valable pendant 24 h et permet de franchir à son gré les limites du parc pendant ce laps de temps. Exemple : si vous entrez le premier jour à 10 h du mat', vous pourrez y retourner le lendemain si vous vous présentez au check-point avant 10 h. Intéressant pour planifier ses randos sans grever son budget. Sur place, location de tentes pour le camping.
Tout de suite après le check-point, passer d'abord par le *Visitor's Center.* Photos et planches explicatives intéressantes. Y récupérer la brochure photocopiée qui décrit simplement mais utilement l'essentiel des sites en précisant les distances et les difficultés. Grosso modo, il faut savoir que de larges chemins aménagés mènent aux sites les plus proches (*Wing Hin* et *Bang Leap Nam Waterfall*), tandis que de véritables sentiers mènent aux plus belles cascades (*Ton Gloy* et *Sip-et Chan Waterfall*) moyennant des traversées de rivières. Tout ça peut devenir extrêmement glissant en saison des pluies. Demander conseil au *Visitor's Center.*

Le lac de Chiao Lan : à 65 km de Khao Sok. ☎ 311-522 ou ☎ 02-436-32-72 (Bangkok).
Chiao Lan (ou Chiew Larn) est le lac de retenue formé par le barrage de Ratchaprapha. Voir l'introduction pour plus de détails. L'action de l'homme a créé un paysage étonnant, une sorte de Phang Nga terrestre. Le matin, des milliers de pinacles et de cimes d'arbres engloutis émergent comme autant de fantômes dans la brume.

Comment y aller ?

La visite du lac est proposée sous forme de tour par les pensions de Khao Sok (voir plus bas). Cependant, l'excursion est tout à fait faisable en solo. En bus, embarquer dans un véhicule à destination de Surat Thani et descendre à Ta Khun. De là, poursuivre en *songthaew* sur les 12 derniers kilomètres (compter 100 Bts, soit 2 €). L'idéal reste de louer une moto. La route est très belle et relativement peu fréquentée. Quelques attractions en chemin pour les flâneurs : cascades, un village typique (Tam Phung) et une source chaude.

La visite

Passer une guérite où l'on vous remettra un ticket (rien à payer, mais conservez-le, il est demandé à la sortie). Prendre à droite sur environ 1,5 km en direction du *View Point.* Cantoches, petit office touristique, panorama sur une partie du lac et sur le barrage. Faire 1 km supplémentaire pour trouver l'embarcadère et son bureau officiel où il faudra payer les 200 Bts (4 €) de droit d'entrée. Sachez qu'un billet acheté pour le parc de Khao Sok est aussi valable ici si vous l'utilisez le même jour.

Après avoir payé l'entrée, se diriger vers le quai pour les négociations. Choix entre une excursion de 2 h (autour de 1 200 Bts, soit 24 €, l'embarcation) ou d'une journée avec un certain nombre d'arrêts (prévoir 1 500 Bts, soit 30 €, par personne et 20 % de réduction au-dessus de 4 passagers). Réservées depuis Khao Sok, les excursions tout compris coûtent autour de 1 000 Bts (20 €) la journée, 1 800 Bts (36 €) avec une nuit en tente et 2 200 Bts (44 €) pour un hébergement sur le lac. Elles incluent du canoë et de la rando (plusieurs grottes sur les berges).

Où dormir sur le lac ou à proximité ?

Ici, la fièvre des *raft houses* (maisons-radeaux) remplace celle des *tree houses* de Khao Sok. Confort très rudimentaire. Prévoir 500 Bts (10 €) la nuitée par personne, repas inclus. Il vaut mieux réserver avant. *Plern Prai* est le plus sympa (☎ 299-318). Plus loin, *Sai Choi Tour* (☎ 346-013), est assez sommaire. Rappelons que loger ici sous-entend de payer 1 200 Bts (24 €) l'embarcation pour le trajet aller-retour (leur préciser quand vous voulez revenir).
Pour ceux qui préfèrent la terre ferme, continuer tout droit après la guérite d'entrée (dépasser le golf) jusqu'à l'hôtel *Ban Dalha*. Celui-ci sert de centre d'information pour les réservations d'autres chambres situées dans des bâtiments en dur de plain-pied. À partir de 500 Bts, soit 10 €, pour une double avec petit salon, clim', TV et frigo.

KO PHI PHI (OU KO PEE PEE) – เกาะพีพี

Ko Phi Phi est le nom générique donné aux îles de *Phi Phi Don* et *Phi Phi Lee,* réputées mondialement pour leurs très belles plages de sable blanc, leurs falaises plongeant dans la mer, le magnifique bleu turquoise des eaux et la beauté des fonds marins. L'ensemble fait partie d'un parc national depuis 1983, mais seule Phi Phi Lee, inhabitée, fait l'objet d'une vraie protection. Ce genre de paradoxe est chose commune en Thaïlande, où la protection de l'environnement ne fait que peu le poids contre les intérêts du développement touristique. On dit d'ailleurs que les rangers du parc n'osent pas débarquer sur Phi Phi Don... En règle générale, les logements – sauf à Tonsai ! – sont bâtis dans un style plutôt discret, relativement intégré dans la nature, avec souvent des bungalows de bois posés sur la plage ou un peu cachés dans la jungle. Problème : à cause du manque de place, beaucoup de propriétaires ont choisi d'augmenter le confort et, bien sûr, leurs prix, ceux-ci devenant alors excessifs pour la qualité proposée.
Et puis, le 26 décembre 2004, au pire moment, alors que l'île était pleine comme un œuf, vint le tsunami... Avec Khao Lak et Phuket, Phi Phi fut le site le plus touché. La péninsule de Tonsai, un étroit isthme de sable flanqué de 2 plages dos à dos et planté de centaines de bungalows, fut littéralement anéantie, tandis que toutes les autres plages souffrirent à des degrés divers. Aujourd'hui, Phi Phi a largement cicatrisé. Tout a été reconstruit, même si le « village » de Tonsai n'en finit plus de s'étendre et de se densifier...
Suivant l'endroit où vous séjournerez, ce pourra être le paradis ou l'enfer... Pour résumer, la baie de Tonsai se rapproche pas mal des ténèbres (foule grouillante, bruit infernal, ainsi qu'une certaine culture du vice), tandis que les plages et criques de la côte est ressemblent à de petits bouts du jardin d'Éden.

UN PEU D'HISTOIRE

Ko Phi Phi, « l'île aux Esprits », fut de tout temps la citadelle imprenable des gitans de la mer, grands pirates de la mer d'Andaman. Ses hautes falaises calcaires cachent un labyrinthe de cavernes, où d'antiques dessins de voiliers et des structures de bambou attestent cette culture plusieurs fois centenaire.

PHI PHI DON – เกาะพีพีดอน

Parmi les plus belles eaux du monde !

Le grand plus de Ko Phi Phi, c'est la qualité de sa faune sous-marine (encore bien vivace !) et la limpidité de ses eaux. La présence d'un courant marin froid qui remonte vers l'île depuis l'océan Indien a favorisé l'explosion de la vie dans les eaux azur et turquoise. Sur le plan animal, la grande vedette est le requin-léopard, juste devant le requin-pointe noire, plus classique. D'un naturel pacifique, ils n'ont jamais fait de mal à personne. À Ko Phi Phi, avec un masque et un tuba, vous êtes le roi !
L'île a la forme d'un H dont la barre de gauche serait un peu tronquée. Les verticales sont couvertes de montagnes recouvertes de forêt vierge. Le trait horizontal, une bande de terre d'à peine 100 m de large en son point le plus étroit, voit s'opposer Tonsai et Loh Dalum, deux plages en croissant de lune. Un petit mais très dense village s'y développa au fil des années, avant que la vague ne le réduise quasi à néant. Les bateaux débarquent à Tonsai Bay, où des taxis « longue-queue », à peu de choses près l'unique moyen de transport sur l'île, attendent les clients. En plus des 2 plages principales, l'île possède son chapelet de langues de sable doré... Au nord-est, plusieurs hôtels de luxe, composés de beaux bungalows sous les cocotiers, ont squatté ces lieux privilégiés, tout en respectant au mieux l'environnement.

Arriver – Quitter

➢ ***Pour Phuket :*** les principaux bateaux partent entre 8 h 30 et 14 h 30 de Port Rassada (voir « Arriver – Quitter à Phuket »). Prix : 500 Bts (10 €). Compter de 1 h 30 à 2 h de traversée. Attention, n'oubliez pas de réserver à l'avance en haute saison ! Les bateaux d'*Andaman Wave Master* desservent aussi le nord de Phi Phi, pratique si vous restez dans un hôtel de la côte est.
Pour le trajet Phi Phi – Phuket, bateaux chaque jour autour de 9 h et de 14 h 30.
➢ ***Pour Krabi*** – **ท่าเรือ *:*** 2 départs par jour depuis Krabi *passenger port,* à 10 h et 15 h. Prix : 300 Bts (6 €). Durée : 1 h 30. Depuis Phi Phi, *express* vers 9 h et 13 h 30 tous les jours, toute l'année.
➢ ***Pour Ao Nang (Krabi) :*** de novembre à mai, 1 départ quotidien à 9 h (2 h de traversée). Prix : 350 Bts (7 €). Depuis Phi Phi, départ à 15 h 30. Dessert les deux plages.
➢ ***Pour Ko Lanta Yai :*** de fin octobre à fin avril. Départs de Ban Saladan chaque jour à 8 h et 13 h pour Tonsai (1 h de navigation). Prix : 300 Bts (6 €). Durée : 1 h 30. Dans le sens Phi Phi-Lanta, départs à 11 h 30 et 15 h en haute saison.
Dans tous les cas et pour toutes les destinations, **si la mer est mauvaise, la traversée est annulée.** Question de sécurité.

Transports dans l'île

Pas de routes, donc pas de voitures ! Un seul chemin escarpé et peu fréquenté permet de traverser l'île du sud au nord en passant par un extraordinaire point de vue. Par la plage, on peut aller de Tonsai à Long Beach en franchissant une butte, puis en se faufilant parmi les rochers. Quand on promène ses bagages, il faut employer les *long-tail boats,* nombreux près du débarcadère de Tonsai mais plus rares sur les autres plages (réserver via son hôtel).

En bateau

Attention, les prix sont plutôt élevés. Même pour ceux qui sont « fixés » par personne, il faut que le bateau se remplisse suffisamment aux yeux de ses pilotes. Si vous vous retrouvez seul, la négociation devient difficile. Attention aussi aux très chers retours nocturnes. Essayer de se renseigner au sujet du dernier départ prévu.
– ***Tarifs (indicatifs) des courses « aller simple » depuis Tong Sai :*** pour *Long Beach,* compter 50 Bts (1 €) par personne ; pour *Ran Tee Beach* : 300 Bts (6 €) l'embarcation ; pour la *pointe Nord de l'île* (Tong Cape) ou *Coral Beach* : 500 Bts (10 €) le bateau. Pour faire le tour des deux îles de Phi Phi et découvrir plein de recoins cachés, vous pouvez aussi louer un bateau à la journée auprès des pêcheurs : à négocier aux alentours de 1 000 à 1 500 Bts (20 à 30 €) pour 6 h de balade, la liberté en prime !

À pied

Les jours de mauvais temps, les déplacements en bateau jusqu'aux autres criques ne sont pas toujours possibles. Par contre, on peut rallier quasiment toutes les plages de l'île à la marche, en utilisant de petits sentiers de jungle parfois escarpés. N'écoutez pas les employés des hôtels quand ils prétendent que le seul moyen de sortir de l'établissement est de louer l'un de leurs bateaux. Trajets possibles à pied : entre *Tonsai* et *Ao Ran Tee* (ça grimpe !), entre *Ran Tee* et *Phak Nam* (pas facile), entre *Phak Nam* et *Loh Bakao,* puis jusqu'à *Laem Tong* ou *La Nah Bay* (chemin plat et dallé). Préférer des chaus-

■ Adresse utile

1 Police *(zoom Tonsai)*

Où dormir ?

10 Gipsy Village
12 Harmony House et P.P. Dream
14 Up Hill Cottage
15 Phi Phi Bay View / Arayaburi Resort
16 Phi Phi View Point Resort
19 Phi Phi Long Beach Bungalow
20 Phi Phi Paradise Pearl Resort
21 The Beach Resort
22 Rantee Beach et Tune In Rantee Land
23 Relax Beach Resort
24 Phi Phi Island Village
25 Phi Phi Natural Resort

Où manger ?

30 Grillades *(zoom Tonsai)*
31 Garlic 1992 *(zoom Tonsai)*
32 Don Chukit Restaurant
33 Pee Pee Bakery *(zoom Tonsai)*
34 Hippies Bar & Restaurant
35 Jasmin Restaurant et Sawasdee Restaurant

Où boire un verre ? Où danser ?

40 Reggae Bar *(zoom Tonsai)*
41 Carlito's et Apache Bar *(zoom Tonsai)*

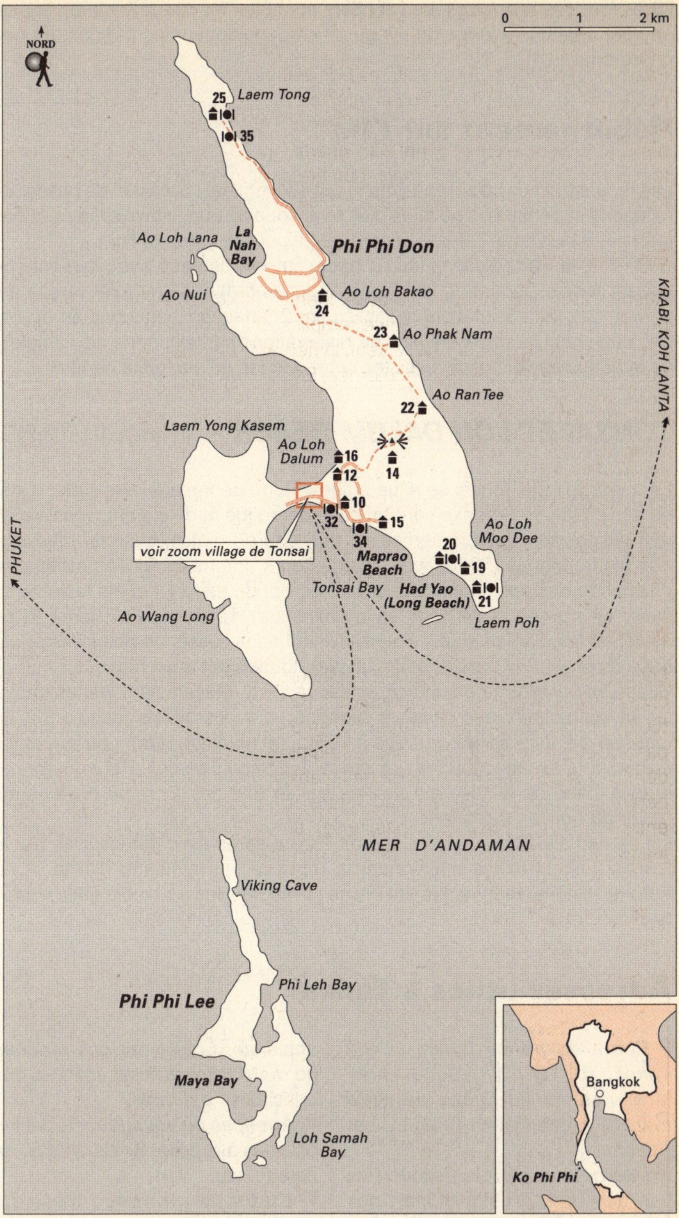

KO PHI PHI (PHI PHI DON ET PHI PHI LEE)

sures fermées aux tongs. Les sentiers sont bien marqués. À marée basse, on peut également longer le rivage en crapahutant sur les cailloux (un peu casse-cou).

Hébergement sur l'île

Les reconstructions d'après-tsunami ont souvent été l'occasion de passer en catégorie supérieure. Il ne reste plus beaucoup de bungalows simples et bon marché, à part dans Tonsai. Encore faut-il pouvoir y fermer l'œil...
À Phi Phi, la *Peak Season* (super haute saison) démarre avec la régate de voiliers *King's Cup* (entre le 1er et le 5 décembre) et se termine vers la mi-janvier. Les tarifs sont alors multipliés par 2. Attention, beaucoup de *resorts* pas trop chers ne prennent plus de réservations par téléphone, vu l'ampleur de la demande. Si possible, évitez cette période un peu prise de tête.

TONSAI ET LOH DALUM BEACH – ต้นไทรและหาดโลดาลัม

Le « village » de Tonsai se situe à l'arrivée du débarcadère et s'étend jusqu'à Loh Dalum. Son axe central, pavé de brique et de ciment, consiste en une succession de commerces en tout genre : restos, bistrots, massage des pieds, fringues, tatouages, distributeurs, Internet... Et des milliers de pèlerins torses nus. Une vraie ruche ! Le but de départ semble le suivant : caser un maximum de gens en un minimum d'espace ! Pari tenu. Et ce n'est pas fini, car les hôtels s'agrandissent sans cesse, de nouvelles boutiques émergent au hasard selon un plan totalement anarchique. La nuit, le village se transforme en une gigantesque party, rassemblant jeunes touristes et instructeurs des clubs de plongée pour des fiestas jusqu'à 3 h du mat'. La clientèle à filles a trouvé à Tonsai un nouveau terrain de jeu, et les salons de massages louches prospèrent comme il se doit. Pour couronner le tout, l'eau de la baie est polluée par le fuel des *long-tail boats,* sans parler du boucan qu'ils font.
On se demandait ce que deviendrait Tonsai après avoir été lessivée par le tsunami. Nous avons maintenant la réponse : un mélange d'Ibiza et de Patong ! Heureusement que Phi Phi ne se résume pas à sa mercantile « capitale » !

Adresses utiles à Tonsai

■ ***Poste de police*** *(zoom village Tonsai B2, 1)* **:** à gauche après la bifurcation qui mène au *View Point* et à Loh Dalum (près du bar *Apache*).
@ ***Internet :*** disponible partout. Prix pas très amicaux. La plupart des hôtels possèdent un accès. Possible de passer des *overseas calls.*
■ ***Argent :*** plusieurs bureaux de change privés le long de la voie appienne. Également des dizaines de ***distributeurs*** et les agences des principales ***banques.***
■ ***Agences de voyages :*** de petites officines à la pelle. Billets de bus, de bateau, etc.
■ ***Clubs de plongée :*** plusieurs dizaines de centres sur Tonsai et Long Beach. Les grands hôtels de la côte est disposent de leur propre club, en général plus cher.

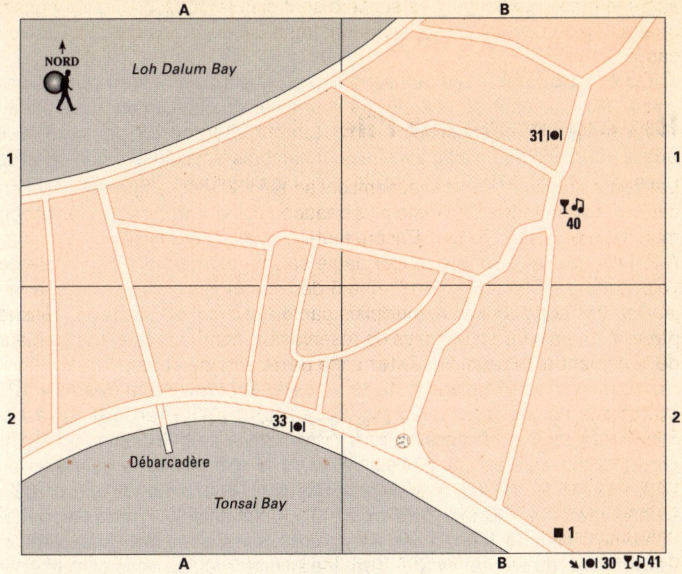

TONSAI

Où dormir ?

On se répète : à moins d'être des fêtards de première, évitez tout simplement de résider au centre de Tonsai. Très bruyant (musique, bateaux, générateurs...), moche et surpeuplé.

Prix moyens (de 500 à 1 000 Bts – 10 à 20 €)

Gipsy Village – หมู่บ้านยิปซี *(plan, 10) :* à 15 mn du débarcadère en direction de Long Beach ; bifurquer à gauche avant le *Hippie's bar.* ☎ 04-744-22-53 (portable). Série de bungalows identiques avec ventilo et douche froide, disposés en U autour d'une pelouse cramée. Offre l'avantage d'être préservé du boucan des « longues-queues ». Et l'inconvénient d'être entretenu assez moyennement.

Harmony House – ฮาโมนีเฮ้าส์เกสเฮ้าส์ *(plan, 12) :* sur le chemin du *View Point.* ☎ 075-612-406 ou 01-895-92-70 (portable). Chambres simplissimes, réparties dans plusieurs maisonnettes vert d'eau. Grand lit ou lits jumeaux avec ventilo, w.-c. et eau froide. Plutôt bien tenu et résolument familial. Une option sympa, mais le coin peut être agité. Connexion Internet et agence de voyages.

P.P. Dream – พีพี ดรีม *(plan, 12) :* à droite sur le chemin du *View Point.* ☎ 01-170-89-37 (portable). Proprio thaï sympa qui parle le français. Quelques chambres à l'étage dans un long bâtiment de style traditionnel. Salle de bains à l'intérieur, ensemble propre. Épicerie, Internet et agence de voyages en dessous.

De prix moyens à plus chic (de 1 000 à 1 500 Bts – 20 à 30 €)

🏠 ***Up Hill Cottage*** – อัปฮิลค็อตเท็ช *(plan, **14**) :* au bout du chemin qui mène au *View Point,* encore plus loin que la bifurcation à gauche avec les escaliers. ☎ 01-970-52-44 (portable). • uphill22@hotmail.com • Dans une construction en dur mais parfaitement intégrée au paysage, des chambres spacieuses, confortables et bien équipées. Terrasse.

De plus chic à très chic (de 1 500 à plus de 3 000 Bts – 30 à plus de 60 €)

🏠 ***Phi Phi Bay View / Arayaburi Resort*** – พีพีเบย์วิวย์และอารยาบุรีรีสอร์ท *(plan, **15**) :* Laem Hin, un promontoire et une petite plage à 10 mn de marche de Tonsai Bay. Accessible en *taxi-boat* si nécessaire ou à pied (10 mn environ). ☎ 076-281-360. Fax : 076-281-365. • www.phiphibayview.com • Bungalows très nombreux (plus de 100 !), mais suffisamment espacés et de bon confort, perchés sur cette colline boisée dominant l'azur. Si vous êtes tout en haut, bonjour la grimpette ! Prix (petit dej' compris) selon la vue ; les tarifs passent en catégorie « Très chic » lors de la *peak season.* Le bruit ronflant des *taxi-boats* est un peu atténué par la hauteur. Grand pavillon resto sur la plage, un peu l'usine. Piscine et bar.

🏠 ***Phi Phi View Point Resort*** – พีพีวิวย์พ้อยท์รีสอร์ท *(plan, **16**) :* à l'extrémité droite de Loh Dalum, en regardant la mer, après le mémorial au tsunami. ☎ 075-622-351 ou 01-892-31-50 (portable). • www.phiphiviewpoint.com • Vous rêviez de calme et d'intimité ? Ici, on vous offre exactement le contraire. Beaucoup de groupes. Choix entre des bungalows avec ventilo ou clim', proches de la plage ou plus dans les hauteurs. Toute petite piscine face à la mer. Superbe vue, vraiment dommage qu'on soit tant les uns sur les autres.

Où manger ?

Plusieurs restos ont très vite réapparu sur le front de mer, préparant tout et n'importe quoi. Qualité globalement assez moyenne.

Pas cher (moins de 100 Bts – 2 €)

🍴 ***Stands de rue :*** dans la rue principale. *Pancakes* aux fruits, *shakes* divers, gâteaux, sandwichs et autres petites choses à grignoter. Le soir, en continuant à marcher vers l'est, un étal *(hors zoom village Tonsai par B2, **30**)* fait un véritable tabac avec ses brochettes et grillades de légumes, viandes, charcuteries et poissons. À emporter ou à dévorer sur place, attablé directement sur la promenade.

🍴 ***Garlic 1992*** – กาลิค 1992 *(zoom village Tonsai B1, **31**) :* proche du *Reggae Bar. My god !* une gargote locale ! C'est rarissime à Tonsai. Les prix n'excèdent pas 70 Bts (1,4 €). Bonnes nouilles sautées, petits déj'.

Prix moyens (de 100 à 300 Bts – 2 à 6 €)

🍴 ***Don Chukit Restaurant*** – ร้านอาหารดอนชูกิต *(plan, **32**) :* sur le petit promontoire qui ferme à l'est la baie de Tonsai. Pas le grand charme, ni la grande cuisine, mais cette terrasse jouit d'une belle situation, un peu à l'écart de la foule. Cuisine thaïe *(currys, lap, yam, fried rice and noodle)*, à peine correcte, à prix raisonnables. On peut aussi bien s'y contenter d'un verre.

Pee Pee Bakery 1 – พีพีเบเกอรี 1 *(zoom village Tonsai A2, **33**)* : ce grand classique de Tonsai produit de bons petits pains, croissants et cookies, ainsi que des petits dej', sandwichs et quelques plats. Cadre lumineux et plaisant, sourire en prime.

Hippies Bar & Restaurant – ร้านอาหารและบาร์ฮิปปี *(plan, **34**)* : extrémité est de Tonsai Beach. ☎ 01-970-54-83 (portable). Le complexe *Hippies* (chercher *hippies laundry, hippies diving*, etc.) semble plutôt fréquenté par de jeunes bobos que par de vrais rebelles. Grande terrasse semi-couverte, miniscène et chaises longues à louer sur la plage. Plats thaïs et européens, dont quelques méditerranéens. Petit dej'. Pas trop cher, service et nourriture corrects. Musique qui se veut cool. Le complexe voisin *Carpe Diem* obéit grosso modo au même principe.

Où boire un verre ? Où danser ?

Des dizaines de bars dans les ruelles du village, fréquentés par une clientèle plutôt jeune – 18 à 25 ans – et forcément à l'aise côté porte-monnaie (vu les prix !). À vous de voir quelle ambiance vous préférez. On y vend la bière au seau (avec des pailles), ça en dit long sur la finesse du coin.

Reggae Bar – เรกเก้ บาร์ *(zoom village Tonsai B1, **40**)* : bar-disco-billard-show de boxe thaïe. Franchement, c'est tout et n'importe quoi. Construit en dur sur plusieurs étages, peint en rouge vif, cet endroit plutôt moche n'a pas bougé. Ratisse une large clientèle dont beaucoup se réveillent avec un gros mal de tête. Ouvert jusqu'à 2 h.

Carlito's – การ์ลิโต้ส์บาร์ *(hors zoom village Tonsai par B2, **41**)* : un classique de Tonsai. Baraque avec un bar sous pavillon et une petite scène attenante. De l'autre côté du chemin, chaises et tables basses à même le sable. À notre avis, l'un des rades les plus sympas du coin. Bonne musique, ambiance décontractée.

Apache Bar – อาปาเช่บาร์ *(hors zoom village Tonsai par B2, **41**)* : autre drôle de bar-disco en gradins, ouvert sur la rue. Aménagement rustique. On y célèbre notamment le culte du *Sangsom Set* (marque de « whisky » thaïe). Les initiés le préfèrent servi mélangé avec ses *mixers* et directement dans un seau, pour une bagarre de pailles entre convives. *Happy hours* larges, de 16 h à 22 h.

MAPRAO BEACH – หาดมะพร้าว

Minuscule crique à l'est de Tonsai, accessible par le chemin côtier qui longe la plage. Le problème de cette plage, située entre Tonsai et Long Beach, c'est le bruit pétaradant et incessant des *long-tail boats*. À quoi ça sert d'être sur une plage paradisiaque si on ne s'entend même plus bronzer ?

LONG BEACH – ลองบีช

Comme son nom l'indique, une longue plage, à 20 mn à pied du débarcadère (après Maprao Beach). Un peu de crapahute, aidé par des cordes, bienvenues quand il a plu. Pour ceux qui sont chargés, service régulier de bateau-taxis depuis Tonsai. Jolie vue sur Phi Phi Lee, qui s'élève au-dessus des flots comme un immense monolithe. Bon spot de *snorkelling* à l'extrémité est de la plage. Séduisante, Long Beach est un bon choix de résidence pour profiter du sable bien blanc et des eaux transparentes de l'île. En haute saison, il faudra cependant faire abstraction du ballet incessant des bateaux « longue-queue » et de tous les estivants qui ont eu la même idée que vous.

Où dormir ? Où manger ?

Toutes ces adresses disposent d'un restaurant.

De bon marché à prix moyens (de 500 à 1 000 Bts - 10 à 20 €)

Phi Phi Long Beach Bungalow – พีพีลอง บีชบังกาโล *(plan, 19)* **:** presque au bout de la plage. ☎ et fax : 075-612-217 ou 076-232-561. L'adresse la moins chère de Long Beach. Bungalows rudimentaires (matelas durs, salle de bains minable) et vraiment entassés les uns sur les autres. Mais ça reste correct, et avec moustiquaire. Atmosphère jeune et agréable.

D'un peu plus chic à plus chic (de 1 000 à 3 000 Bts - 20 à 60 €)

Phi Phi Paradise Pearl Resort – พีพีพาราไดซ์เพิร์ลรีสอร์ท *(plan, 20)* **:** sur la gauche en venant de la mer. À ne pas confondre avec le *Paradise Resort* d'à côté, plus cher et moins bien. ☎ et fax : 075-622-100. • info@phiphiislands.com • On préfère les bungalows les moins chers (ventilo et eau froide), qui peuvent à la rigueur valoir le « coût ». En revanche, les autres en dur, plus luxueux (clim', eau chaude) offrent un intérieur dépouillé et un look médiocre qu'on pardonnera plus difficilement, vu les tarifs. Propre tout de même, et ambiance plaisante. Resto pas cher étalant ses tables tout le long de la mer. Accueil un peu frisquet, apathique.

The Beach Resort – เดอะบีชรีสอร์ท *(plan, 21)* **:** à l'extrémité est de la plage. ☎ et fax : 076-221-693 (bureau à Phuket) ou 075-618-267 (à Phi Phi). • www.phiphithebeachresort.com • Des chalets tout neufs avec terrasse, entièrement en bois et bien équipés (TV, frigo, eau chaude). Répartis à flanc de colline, tous avec vue sur la mer, ils surplombent un joli bout de plage où bar et piscines sont joliment intégrés. Chouette resto où l'on mange accroupi. Élégant tout en restant très décontracté. L'accueil ne détonne pas, tout en gentillesse.

LES PLAGES DE LA CÔTE EST ET DU NORD DE L'ÎLE

Ces belles plages dorées seront appréciées par ceux qui recherchent le calme et des petits coins de nature encore préservés. C'est l'anti-Tonsai !

La plage sauvage d'***Ao Ran Tee*** – อ่าวรันตี est accessible à pied (voir « Transports dans l'île » plus haut) ou par bateau-taxi (moins fatigant mais payant). Beaux coraux à quelques mètres du rivage. Baignade géniale et deux hébergements simples et abordables.

Où dormir à Ao Ran Tee ?

Bon marché (moins de 500 Bts – 10 €)

Rantee Beach – รันตี บีช *(plan, 22)* : sur la plage d'Ao Ran Tee. ☎ 06-746-39-61 (portable). • ranteebeach@hotmail.com • Ensemble disparate d'une trentaine de bungalows. On n'a pas trouvé beaucoup plus spartiate sur « PP ». Mais toutes les cabanes ont leur salle de bains, leur moustiquaire et leur hamac. Les « sauvages » apprécieront sûrement l'éclairage à la bougie et les pirouettes des singes (attention à vos affaires !) dans les arbres alentour. Atmosphère très cool mais un peu négligée, un effort de nettoyage est attendu.

Tune In Rantee Land – ทูนอินรันตีแลนด์ *(plan, 22)* : encore plus rudimentaire que son voisin. ☎ 07-174-99-27 (portable). • www.tuneinranteeland.com • Ouvert récemment par de jeunes Européens arrivés quelques jours avant le tsunami. Resto de poisson et fruits de mer.

Ao Phak Nam – อ่าวปากน้ำช : crique isolée entre Rantee et Loh Baktao. Superbe bout de plage, où la baignade est extra.

Où dormir à Ao Phak Nam ?

De bon marché à prix moyens (de 400 à 1 000 Bts – 8 à 20 €)

Relax Beach Resort – รีแลก ซ์บีชรีสอร์ท *(plan, 23)* : ☎ 01-083-01-94 (portable). • suteejansom@yahoo.com • Une adresse totalement isolée, que l'on peut sans trop exagérer qualifier de robinsonesque, face à une plage magnifique. Cabanes rudimentaires mais propres, en bois et feuilles, équipées d'un ventilateur et d'une moustiquaire. Les plus chères ont une salle de bains (eau froide), les autres partagent les sanitaires avec leurs petits camarades. Le charmant patron, Sutee, n'est pas avare de sourires. Une adresse en or, à ne pas ébruiter pour qu'elle garde son calme intact et sa clientèle sympa.

Ao Loh Bakao – อ่าวและหาดล่อบาเกา : plage située au milieu de la côte est de l'île. Très jolie, mais, à marée basse, c'est plutôt trempette que baignade (barrière de corail). Ralliée à ***Rantee*** par un sentier accidenté et à ***Laem Tong*** et ***Nah Bay*** par une piste plus facile. Prendre le pont suspendu flambant neuf à l'extrémité de la plage, puis à gauche pour Nah Bay et à droite pour Laem Tong. La voie est partiellement dallée.

Où dormir à Ao Loh Bakao ?

Très chic (de 5 000 à plus de 10 000 Bts – de 100 à plus de 200 €)

Phi Phi Island Village – พีพีไอส์แลนด์วิลเลจ *(plan, 24)* : ☎ 076-222-784 (à Phuket) ou 02-277-00-38 (Bangkok). Fax : 076-214-918. • www.ppisland.com • Longue plage isolée et romantique. Vastes bungalows de style traditionnel, le confort en plus. Climatisés avec de grandes

KO PHI PHI

terrasses, il sont plantés dans une somptueuse cocoteraie. Spa et tennis. Très bonne cuisine thaïe et occidentale finalement pas si chère. Baignade impossible à marée basse (vase, corail et rocaille), mais la superbe piscine permettra de patienter. Au prix d'un 3 étoiles en France, voici une adresse « lune de miel ». Bon accueil, petit dej' inclus et service impeccable.

Tong Cape **– แหลมทอง** et sa longue plage ***Laem Tong*** **– หาดแหลมทอง :** juste avant l'excroissance du cap. Accessible à pied depuis Ao Loh Bakao, et depuis Tonsai pour les marcheurs invétérés. Si vous venez de Phuket, prenez plutôt la compagnie *Andaman Wave Master* (voir « Arriver – Quitter ») qui dessert le nord de l'île. Il existe encore un *Gipsy Village* très vivant au milieu de la plage. C'est d'ailleurs le gros « plus » de Laem Tong. Le soir, les gamins rentrés de l'école jouent sur la plage, les locaux font et écoutent de la musique, et là on échappe enfin à l'atmosphère figée des hôtels. Côté hébergement, rien de bon marché. C'est le point de départ pour se rendre sur les îles Mosquito et Bamboo, deux spots de plongée et de *snorkelling* situés juste en face. Bamboo Island abrite un parc national (entrée : 200 Bts, soit 4 €) et une jolie plagette idéale pour passer une journée de détente. Traversée en 20 mn. Bien négocier le prix de la traversée avec les pêcheurs propriétaires des *long-tails* et fixer l'heure du retour. C'est moins cher que les bateaux des hôtels. Compter entre 1 000 et 1 500 Bts (20 et 30 €) pour une journée (en général, de 10 h à 16 h), ce qui permet de visiter aussi Maya Bay et Phi Phi Lee.

Où dormir ? Où manger à Laem Tong ?

De plus chic à très chic (de 2 500 à plus de 5 000 Bts – de 50 à plus de 100 €)

Phi Phi Natural Resort **– พีพี เนเชอรัล รีสอร์ท** ***(plan, 25) :*** ☎ 075-613-010 ou 02-591-65-68 (à Bangkok). Fax : 075-613-002. • www.phiphinatural.com • Sur la pointe nord de la baie. Ce *resort*, le moins cher du nord de l'île, consiste en un grand complexe de bungalows assez espacés et noyés dans la verdure, ceinturant l'école du village... Les tarifs de ces beaux chalets de bois munis de grandes terrasses vont du simple au triple : dans les plus chers, face à la mer, chambre à l'étage et petit séjour au rez-de-chaussée. Propre et calme. Petite piscine surplombant la mer, resto et bar. Service attentionné.

Jasmin Restaurant **– ร้านอาหารจัสมินน์** ***(plan, 35) :*** au milieu de la plage, au cœur du village gitan. Typiquement local : *seafood* et plats thaïs. Succulentes nouilles sautées aux fruits de mer. Jus frais, noix de coco à siroter sous de petites paillotes, les petons dans le sable ou calé dans un hamac. Prix imbattables et bonne qualité. Parfait pour profiter de l'ambiance animée du village.

Sawasdee Restaurant **– ร้านอาหารส วัสดี** ***(plan, 35) :*** au centre de la plage. Ouvert de 7 h à 22 h 30. Cuisine de bonne facture tournée vers le poisson et les fruits de mer – pêchés dans la journée. Au barbecue, c'est pas vraiment donné. En revanche, nombreux plats thaïs pas chers et préparés avec soin. Intérieur un peu austère, mais terrasse plus sympa à même la plage. Musique live tous les soirs, et bonne ambiance entretenue par un personnel charmant. Accès Internet (cher).

La Nah Bay and Beach – อ่าวและหาดลาหน้า *:* au nord-ouest de l'île, entre les deux doigts formés par Tong Cape et La Nah Cape. On peut y aller directement depuis Tonsai (prévoir 500 Bts, soit 10 €, l'embarcation) ou à pied d'Ao Loh Bakao ou de Laem Tong. *La Nah* est une baie photogénique aux eaux turquoise où l'on peut mieux nager qu'à Loh Bakao.

Plongée sous-marine

C'est la destination des plongeurs par excellence. L'endroit est tellement réputé que tous les centres de plongée de Phuket, Krabi et Ko Lanta s'y rendent quotidiennement. Sur Phi Phi elle-même, nombreux centres du côté de Tonsai, un autre à Longbeach, auxquels il faut ajouter les clubs des grands hôtels de la côte est, qui ont tous le leur (souvent plus cher). La fréquentation excessive, qui compromet la survie des espèces vivant sur les spots, sera fatalement de nouveau à l'ordre du jour... Toutefois, on le dit tout net, il serait regrettable d'aller à Ko Phi Phi sans découvrir ses beautés sous-marines légendaires. Un baptême de plongée au milieu de ces eaux d'une couleur et d'une limpidité extraordinaires restera à jamais gravé dans votre mémoire. La meilleure période (clarté des eaux maximale) se situe de début février à fin mai.

Où plonger ?

Dans le minuscule village de Tonsai, une bonne vingtaine de clubs se partagent le gâteau. La plupart des instructeurs sont européens (allemands, français, italiens, nordiques) et quelques-uns américains, australiens ou thaïs. Ceux-ci viennent spontanément proposer leurs services dès votre arrivée car ils ne sont payés qu'à la commission (environ 10 % du prix) ! Leur intérêt est de vous offrir d'excellentes prestations pour que vous reveniez le lendemain. C'est généralement ce qu'ils font, car la concurrence est de plus en plus rude et il faut se démarquer. Malheureusement, on peut parfois tomber sur quelqu'un qui ne connaît pas son affaire et ferait mieux d'aller jouer aux billes plutôt qu'avec la vie de ses clients ! Mais c'est vraiment de plus en plus rare. De manière générale, le matériel est bon et les instructeurs qualifiés. Le seul petit problème est qu'ils ne restent souvent qu'une saison. Il est donc difficile de conseiller un club plutôt qu'un autre.

– ***Conseils :*** pour faire un choix, passez une soirée à faire le tour de quelques structures et marchez au feeling. Bon à savoir : les prix sont sensiblement identiques partout. Ce n'est donc qu'une question de confort, de compétence et du nombre de plongeurs sur le bateau (sorties intimes de 4 personnes ou usines à plongée). Avant de chausser les palmes, discutez gentiment (en anglais et parfois en français) avec les instructeurs. Écoutez le langage qu'ils vous tiennent quant à la vie marine (ses espèces, ses dangers) et voyez s'ils ne jouent pas les gros bras en causant des requins (un critère éliminatoire !). Choisir enfin le moniteur qui parle de son métier avec une « passion tranquille ».

– ***Le coût :*** prix pour une plongée en local (à titre indicatif) : 1 600 Bts (32 €) ; 2 plongées = 2 200 Bts (44 €) et 3 plongées = 2 600 Bts (52 €). Sortie à la journée incluant 3 plongées à *The Wreck, Shark Point Phuket* ainsi que *Anemone Reef* = 3 200 Bts (64 €). Côté initiation et formation, l'*Intro Dive* et le *PADI* (3 jours) sont respectivement proposés autour de 2 200 et 11 000 Bts (44 et 220 €). Et les prix augmentent... (hausse de l'essence et des formalités oblige !).

Nos meilleurs spots

La plupart des plongées sont praticables par tout le monde. Les plus belles sont autour de Phi Phi Lee.

Autour de Ko Phi Phi : le parc national est réputé pour ses tombants vertigineux, ses cavernes sous-marines très accessibles, ses roches et coraux étincelants. Visibilité de 8 à 30 m (en haute saison). Les traditionnels poissons-fantômes, poissons-anges, poissons-trompettes, poissons-clowns, hippocampes et bancs de lutjans sont de toutes les plongées (profondeur maxi : 26 m). Tortues peu farouches dans les eaux de *Ko Bida,* où vous ne pourrez éviter une confrontation directe avec les requins-léopards et les pointes noires (gentils comme tout !), ainsi que des calamars. *Bamboo Island* est le rendez-vous des raies pastenagues, barracudas et poissons-sergents. Extra pour la plongée sans bouteille ou le *snorkelling.*

Bida Nai et Bida Nok : au sud de Ko Phi Phi. Entre 6 et 30 m. Murs de corail mou, une des meilleures plongées pour voir de gros barracudas, requins-léopards, et naturellement le requin-baleine quand il est de passage en février-mars. Rassurez-vous à nouveau, sans aucun danger.

Coral Garden (ou Palong Bay) : sur la côte ouest de Phi Phi Lee. Entre 5 et 18 m. Une énorme roche penchée, recouverte de corail mou très coloré. On y voit des tortues (le meilleur site pour les observer), poulpes et hippocampes (éventuellement).

Caran Hang : à l'est de Phi Phi Lee. Entre 5 et 18 m. Très peu fréquenté. Un pinacle sous-marin à la base duquel on trouve des rochers où se cache une vie incroyable : *bamboo sharks,* énormes poissons-scorpions, poissons-lions et chouettes *sepia* (sorte de calamars).

À noter encore le ***Pileh Wall*** (à l'est de Phi Phi Lee), pour son fantastique mur de corail mou entre 3 et 20 m, puis ***Phi Phi Shark Point*** pour ses requins-léopards qui dorment sur le fond et ses serpents de mer (pas agressifs pour un baht). Pour finir, ***Him Dot*** autour de Phi Phi Don. Quatre pinacles de tailles différentes, entre 5 et 28 m, autour desquels on tourne sympathiquement (poissons pélagiques, corail mou...).

Voici 3 plongées Niveau 1 qu'il est possible d'effectuer en une même journée. Départ en général à 8 h et retour vers 16-17 h :

***Phuket Shark Point* – ภูเก็ตชาร์คพอยท์ :** à 20 km au nord-ouest de Ko Phi Phi. Un ensemble de trois récifs calcaires, de 0 à 22 m de profondeur, fameux repaire de requins-léopards aussi curieux qu'inoffensifs. Frénésie de poissons-lions, poissons-papillons, anémones... Très coloré. Jolis coraux.

***Anemone Reef* – อานีโมนีรีฟ :** situé à moins de 2 km au nord-ouest du spot précédent. Un magnifique récif isolé, entièrement recouvert d'anémones d'espèces différentes, entre 6 et 23 m de fond. Si le ballet délirant des poissons-clowns entre les tentacules des anémones vous inspire, évitez à tout prix de les imiter ! Ils sont les seuls à pouvoir s'y frotter sans crainte : protection contre nettoyage, tel est l'enjeu de ce contrat naturel. Beaucoup de murènes et quelques barracudas.

***Epave King Cruiser* – อีเพฟคิงส์ครูเซอร์ :** luxueux navire coulé entre 16 et 36 m de profondeur en 1997, à quelques encablures d'*Anemone Reef.* Cachette préférée des poissons de récifs, des poissons-lions (venimeux mais pas agressifs), des barracudas et des mollusques. Se munir d'une lampe.

Grandes ouvertures dans les entrailles du navire pour retrouver facilement le chemin de la surface, mais attention quand même aux rencontres inopportunes et n'entrez pas dans l'épave si vous n'êtes pas un plongeur confirmé...

À voir. À faire

ⵋⵋⵋ *Palmes, masque et tuba (snorkelling) :* hautement recommandée, cette activité s'adresse à tous (ceux qui ne nagent pas très bien pourront mettre un gilet de sauvetage). S'équiper en bouteilles d'eau et enfiler éventuellement un vieux T-shirt car, attention, tandis que le nez se tourne vers les profondeurs, le dos a tendance à rôtir grave. En vente absolument partout, le forfait tout compris (bateau, équipement, déjeuner), autour de 600 Bts (12 €) par personne, représente un choix budget intéressant mais sous-entend d'accepter la compagnie de dizaines d'autres palmipèdes à bord. Essayer de choisir une embarcation de taille modeste (moins de 50 passagers) plutôt qu'un paquebot de 150 personnes. L'excursion comporte en général la visite de Maya Bay + 3 stops *snorkelling* : Phi Phi Lee, Bamboo Island et le cap à l'est de Tonsai. Départ vers 9 h, retour à 16 h.

Pour bien plus d'intimité et de flexibilité, essayer de constituer un petit groupe afin de louer à l'heure, à la demi-journée ou à la journée un *long-tail boat* ou un *speed-boat*. Bien fixer l'itinéraire, la durée et le tarif. Finalement, le coût de l'indépendance peut s'avérer assez modeste. Pour un *long-tail boat*, compter entre 1 000 et 1 500 Bts (20 et 30 €) la journée (6 h). Pour un *speed-boat*, prévoir environ 4 500 Bts (90 €) pour 4 h.

À noter encore, la possibilité d'accompagner une sortie plongée en tant que simple nageur pour 500 Bts environ (10 €), avec repas et équipement.

ⵋⵋ *View Point :* une alternative sympa au tout farniente. Trente bonnes minutes de grimpette à faire de préférence le matin pour pouvoir prendre de bonnes photos des 2 anses de l'île, que l'on embrasse ici d'un seul coup d'œil. Le chemin bien fléché part de Loh Dalum Beach, à l'est de la plage. Être correctement chaussé et emporter de l'eau. Bar à l'arrivée. En redescendant de l'autre côté, à travers la jungle, on rejoint Ran Tee Beach, plage isolée de la côte est d'où l'on peut prolonger vers la pointe nord de l'île.

– *Escalade :* Cat's Climbing Shop au ☎ 01-787-51-01 (portable). ● www.catsclimbingshop.com ● À Tonsai, dans la rue principale. Managé par Cathy et un collectif de pros de l'escalade. Ils ont rééquipé des voies déjà tracées et en ont ouvert un paquet d'autres (cotées 4 sup à 7b+ pour les pro !), dans les falaises situées au bout de la plage de Tonsai. Suite au tsunami qui ne les a pas épargnés, ils se sont attachés à déplacer des montagnes. Le nom de leur site parle de lui-même : ● www.phiphi-releve-toi.com ●

– *Sports nautiques :* sur Loh Dalum et à Tonsai, possible de louer des planches à voile et des catas, des kayaks et *paddle-boards*.

➤ PHI PHI LEE – พีพีเล

C'est la plus petite île. Inhabitée, elle est célèbre pour ses coraux, *Maya Bay*, et pour sa gigantesque grotte, *Viking Cave*, surnommée ainsi à cause de modestes peintures rupestres. Les gitans de la mer vont y ramasser les nids d'hirondelles (de février à mai) au péril de leur vie. Les Chinois en sont très friands pour leur pouvoir prétendument aphrodisiaque. Opération délicate, sur de fragiles échasses. D'ailleurs, au milieu de la grotte, un autel est là pour

implorer la protection des dieux. Sachez que l'hirondelle construit son nid avec sa salive. Quand on lui retire ce nid, elle en construit un deuxième. Si cela arrive une troisième fois, elle n'a plus assez de salive pour se remettre à l'ouvrage et les petits meurent...
Pratiquement toutes les agences de Phuket prévoyaient cette visite dans leurs excursions à la journée sur Phi Phi Lee, avant que *Viking Cave* ne soit fermée en 2003 et jusqu'à nouvel ordre.

À voir

***Maya Bay* – อ่าวมาหยา :** admirable baie située sur la côte ouest de Phi Phi Lee. Des dizaines de tours y font halte chaque jour. Entre 10 h 30 et 14 h, c'est l'embouteillage. Ceux qui voudraient l'éviter devront louer une embarcation privée. Cela leur permettra en outre de s'arrêter où ils veulent, et pas forcément sur la plage principale, qui est d'accès payant. D'ailleurs, on trouve ça ridicule de devoir verser 200 Bts (4 €) pour accéder à ce soi-disant parc national... Comme vous, tout le monde veut voir *Maya Bay* depuis que la plupart des scènes de *La Plage,* avec Leonardo di Caprio et notre sirène nationale Virginie Ledoyen, y furent tournées. Et c'est vrai qu'elle a de la gueule, même si la baie fermée sur elle-même n'est que le fruit de l'imagination du metteur en scène. Quant au trou par où les « gens » de la plage s'engouffrent sous l'eau pour en sortir, idem. Parti prévenu de la surexploitation touristique, vous ne pourrez rien regretter.

KRABI – กระบี่

IND. TÉL. : 075

Le province de Krabi attire de plus en plus de visiteurs. Ses atouts sont multiples. La géologie karstique, aussi bien à l'intérieur des terres qu'au large, garantit d'innombrables falaises, pitons et grottes. Des centaines de plages, souvent d'accès pittoresque, bordent la côte ou le pourtour des nombreuses îles. À l'éclat et la finesse du sable blanc répond la densité des forêts tropicales et maritimes, les mangroves. Quatre parcs nationaux on été créés, englobant à la fois des parties de la péninsule et des îles. Dire qu'ils garantissent une réelle protection serait bien exagéré.
Si les plages les plus connues souffrent d'une surfréquentation en haute saison, il n'est pas si difficile de dénicher un nid plus au calme, souvent à quelques encablures des coins animés, où l'on trouvera tous les services nécessaires. La population est à peu de choses près moitié bouddhiste, moitié musulmane et comporte l'habituelle petite, mais très active, proportion d'émigrés chinois. Tout cela se mélange sans accroc.
Sachez que la région est très arrosée pendant la saison des pluies (de mai à septembre) et que tout le secteur est déserté à cette époque.

Arriver – Quitter

En bus gouvernemental (AC ou non AC)

Tous les départs et arrivées sur Krabi se font au ***terminal des bus de Talat Kao** (hors plan I par A1),* situé à 5 km au nord de Krabi-ville. Pour s'y rendre, prendre une camionnette-taxi (15 mn de trajet). Petite cantine dans la station de bus. Renseignements : ☎ 611-804 *(Transport Co.)* et 612-847 *(Lignite).*

➢ ***Connexions avec Bangkok :*** départ du *Southern Bus Terminal* de Bangkok. Environ 8 bus AC et non AC surtout entre 18 h et 20 h. Prévoir 12 à 13 h de trajet pour boucler les 870 km ; 380 à 700 Bts (7,6 à 14 €). De Krabi, bus quasiment sans arrêt de 5 h à 17 h, avec concentration des départs à partir de 16 h.
➢ ***Liaisons avec Phuket :*** plus d'une vingtaine de bus AC entre 5 h 30 et 17 h 30 et quelques non AC le matin ; entre 3 et 4 h de trajet, 185 km. Idem dans l'autre sens : départs fréquents.
➢ ***Phang Nga :*** emprunter un bus desservant Phuket ou Ranong. Prévoir 2 h de route.
➢ ***Krabi/Ko Lanta :*** une dizaine de minibus climatisés par jour au départ de Krabi-ville. Environ 80 km jusqu'à l'embarcadère de Hua Hin où l'on prend le bac. Se renseigner sur les horaires et tarifs auprès des agences.
➢ ***Surat Thani :*** départs toutes les 45 mn jusqu'à environ 16 h ; 200 km, compter 2 à 3 h de trajet.
➢ ***Trang :*** toutes les 30 mn de 6 h à 21 h 30. Durée : 2 h.
➢ ***Hat Yai :*** départ toutes les heures entre 9 h 20 et 22 h. 310 km et 4 à 5 h de trajet devant vous. Ventilo ou 1re classe AC.
➢ ***Takua Pa puis Khao Sok :*** jusqu'à Takua Pa, 8 bus (directs ou ceux poussant jusqu'à Ranong) entre 5 h 30 et 14 h 30. Puis départs environ toutes les heures jusqu'à 17 h ; 3 h de route en tout.
– ***Ranong :*** 4 bus de 8 h 30 à 12 h 30 ; 5 h de route.

LE SUD

En bus privé

– Les agences de voyages vendent des billets pour de nombreuses destinations, en bus super-luxe. Deux fois plus cher – et plus rapide – que les bus classiques. En général, on passe vous chercher à la *guesthouse*.
➢ ***Surat Thani*** (3 ou 4 fois par jour), ***Ko Samui*** (correspondance avec le ferry), ***Hat Yai*** (2 fois par jour), ***Phuket*** (2 fois par jour), ***Bangkok*** (1 fois par jour), ***Penang, Langkawi, Kota Bahru*** ou ***Kuala Lumpur*** (Malaisie).

En bateau

➢ ***Phuket :*** seul le ferry *Ao Nang Princess,* desservant les plages d'Ao Nang et Noppharat, assure la liaison maritime directe Phuket-Krabi (seulement en haute saison). Départ de Port Rassada (Phuket) à 8 h 30. Depuis Ao Nang, départ à 15 h 30. Traversée en 2 h. Tarif : 500 Bts (10 €). Les autres compagnies transitent par Ko Phi Phi. Au final, c'est beaucoup plus pratique de faire ce trajet en bus !
➢ ***Ko Phi Phi :*** 2 liaisons par jour à 10 h et 15 h entre Tonsai (Phi Phi) et *Jilad Pier* – dans l'autre sens, départs à 9 h et 13 h 30. Durée : 1 h 30. Compter 300 Bts (6 €).
➢ ***Ko Lanta :*** 2 bateaux par jour en pleine saison, à 8 h et 13 h depuis *Ban Saladan Pier* (Ko Lanta), à 11 h et 14 h depuis Krabi. Traversée en 2 h. Tarif : 350 Bts (7 €). « Escale » en cours de route près de l'île de Ko Jum (arrêt en pleine mer et transfert en *taxi-boat*).

En avion

✈ ***Krabi Airport :*** à 13 km du centre. ☎ 636-541 (infos). Compter environ 100 Bts (2 €) pour un trajet en minibus entre la ville et l'aéroport et 400 Bts (8 €) en taxi.
➢ ***Bangkok :*** pour l'instant, seule *Thai Airways* (☎ 622-439) assure la liaison. Jusqu'à 4 vols par jour en haute saison et 2 en basse (durée : 1 h 20).

Arrivée au port

➢ Le nouveau port de ***Jilad Pier*** (*passenger port :* ☎ 620-052) est situé à 5 km à l'ouest de Krabi-ville. Pour aller au centre, choix entre des *songthaews,* des minibus ou le taxi ; tarifs affichés dans le hall du port. On y trouve distributeurs, bureau de change et petits commerces.
➢ ***Pour Tonsai, Railay*** et ***Sunrise Beach*** (plages accessibles uniquement par la mer, voir plus loin) ***:*** *bateaux-taxis* au départ du débarcadère ; environ 6 départs par jour de 9 h à 18 h, traversée en 45 mn. Prix affichés là aussi. Possible également depuis l'ancien port, *Chaofa Pier,* au centre de Krabi-ville *(plan I, B2).*

KRABI-VILLE

S'étendant le long de la rivière du même nom, la ville de Krabi n'est située qu'à une cinquantaine de kilomètres de Phuket-ville à vol d'oiseau (et au-dessus des flots) mais à environ 190 km par la route. Les touristes n'y restent pas, préférant se diriger immédiatement vers les plages. Krabi City n'est même plus vraiment un lieu de transit depuis que les bateaux pour Ko Phi Phi et Ko Lanta partent du nouveau *Passenger Port.* Ce dernier ne fait pas le bonheur de tout le monde, en particulier des commerçants des alentours de l'ancien embarcadère *(Chaofa Pier),* d'où ne partent plus qu'une poignée de bateaux desservant les plages. De même, les voyageurs terrestres pourront assurer toutes leurs correspondances directement depuis la gare routière, sans entrer en ville. Résultat : Krabi City perd peu à peu son caractère et les touristes se voient débarqués au milieu de nulle part. Ah, les affres de la politique locale...
Pourtant, il fait bon de passer un moment dans cette bourgade à moitié assoupie. Le visiteur y trouvera tous les services et magasins que peut recéler un chef-lieu et, s'il le souhaite, de sympathiques *guesthouses,* bars et restaurants. La promenade le long de la rivière, avec les mangroves sur l'autre rive, vaut largement les plages des environs : à notre avis, il serait vraiment dommage de bouder Krabi City.
– Pour se déplacer, passage régulier de *songthaews* qui patrouillent dans les rues principales avant de rejoindre *Ao Nang,* le *Passenger Port* ou la station de bus. Tâchez d'en attraper un au vol. Il y a aussi des *tuk-tuk,* négocier ferme.

Adresses utiles

TAT – ท.ท.ท. *(office de tourisme ; plan I, A1) :* Thanon Uttarakit. ☎ 622-163. À l'entrée de la ville quand on vient du terminal de bus. Ouvert tous les jours de 8 h 30 à 16 h 30. Cartes gratuites de la région, liste des hébergements, horaires des bateaux et des bus. Documentation sur les provinces voisines. Accueil sympa, très compétent et en bon anglais.
Internet : nombreux accès dans de petites boutiques et dans toutes les *guesthouses.* Prix avantageux par rapport à Ao Nang. Certaines proposent en sus des appels internationaux à prix réduit.
Change *(plan I, B2, 1) : Bangkok Bank, Krungthep Bank* et *Siam Commercial Bank* se font des clins d'œil sur Thanon Uttarakit. Change et *ATM.* Autant faire ici ou à Ao Nang le plein de bahts avant d'embarquer pour les plages, où les petits guichets de change offrent un taux moins intéressant.
Police touristique – ตำรวจท่องเที่ยว *:* ☎ 11-55.

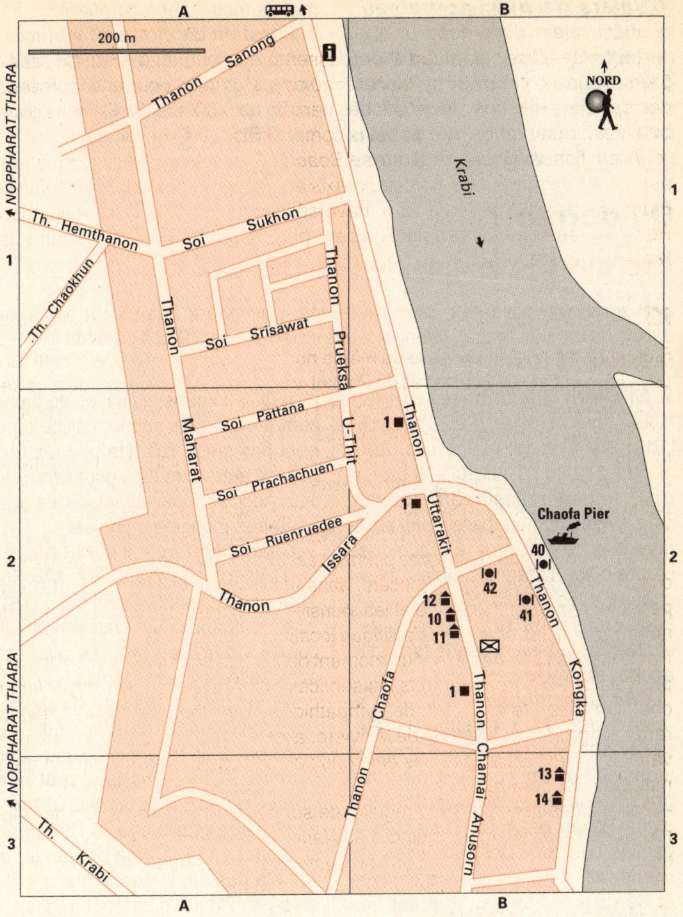

KRABI-VILLE – PLAN I

Adresses utiles

- TAT
- Terminal des bus de Talat Kao
- Poste
- 1 Banques

Où dormir ?

10 Mr Clean Guesthouse
11 Cha Guesthouse
12 Chan-Cha-Lay
13 Krabi River Hotel
14 Krabi City Seaview Hotel

Où manger ?

40 Night Market
41 Kotung
42 I-Oon Tour

■ ***Billets de bus, de bateau :*** là aussi, plein d'agences un peu partout. De plus, la plupart des *guesthouses* proposent excursions, billets de bus, location de motos et réservation de bateaux pour les îles voisines. Pratique et parfois moins cher, comparez.

■ ***Location de motos et voitures :*** nombreux loueurs à Krabi City et Ao Nang. Compter, pour une journée, à partir de 200 Bts (4 €) la moto et 1 000 Bts (20 €) la voiture.

Où dormir ?

Bon marché (moins de 600 Bts – 12 €)

Les adresses suivantes, bien routardes, possèdent agence de voyages (billets de bateau, bus...), téléphone, service d'e-mail... Prix à partir de 100 Bts (2 €) pour les chambres de base !

Mr Clean Guesthouse – มีสเตอร์คลีนเกสท์เฮ้าส์ *(plan I, B2, **10**)* **:** sur Uttarakit Rd, la rue principale. ☎ 630-272 ou 01-693-03-18 (portable). • generationkrabi@hotmail.com • Avec un nom pareil, pas étonnant que ce soit propre ! Quelques chambres à l'étage, simples, blanches et avec ventilo. Sanitaires nickel, sur le palier. Au rez-de-chaussée, la blanchisserie familiale. Accueil adorable.

Cha Guesthouse – ชาเกสท์เฮ้าส์ *(plan I, B2, **11**)* **:** 45 Uttarakit Rd. ☎ 611-141. Fax : 621-125. • chaguesthouse@hotmail.com • Une vraie *guesthouse* à l'asiatique : on entre par un joyeux bazar pour finir dans la gentille cour où sont disposées les chambres. Avec ou sans sanitaires et de diverses tailles. Tout est très propre, y compris les salles de bains communes. Très calme, car ne donnant pas sur la rue. Un peu les uns sur les autres, mais c'est l'esprit du lieu. Accueil super-aimable des propriétaires d'origine chinoise.

Chan-Cha-Lay – ชานชาลาหรือชานชาไลเกสท์เฮ้าส์ *(plan I, B2, **12**)* **:** 55, Thanon Uttarakit. ☎ et fax : 620-952. • chanchalay_krabi@hotmail.com • Chambres propres avec ou sans salle de bains, ventilo ou clim', dans un petit immeuble moderne. Éviter les chambres sans salle de bains qui donnent sur le couloir : très sombres. Chan-Cha-Lay veut dire maison de mer, d'où la déco entièrement bleue et blanche. À l'heure de la sieste, on pourra se demander si l'on n'a pas été téléporté sur une île grecque. Resto marin tout mignon.

Prix moyens (de 500 à 1 000 Bts – 10 à 20 €)

Voici deux belles adresses en bordure de rivière, au calme. Magnifique au coucher de soleil pour se promener le long des mangroves en passant par le marché de nuit et le parc de Thara.

Krabi River Hotel – โรง แรมแม่น้ำกระบี่ *(plan I, B3, **13**)* **:** 73/1 Khongka Rd. ☎ 612-321. • krabiriver@hotmail.com • Chambres spacieuses et tout confort dans cet hôtel pimpant, tout neuf, à prix sages. Douche chaude, clim', TV, minibar. Accueil tout sourire et situation idéale. Un rapport qualité-prix largement plus convaincant que dans les hôtels des plages !

Krabi City Seaview Hotel – โรงแรมกระบี่ซิตี้ซีวิวหรือโรงแรมเคียงทะเล *(plan I, B3, **14**)* **:** 77/1 Kongka Rd, voisin du *Krabi River Hotel*. ☎ 622-885. Fax : 622-884. • krabicityseaview@hotmail.com • Hôtel moderne et fonctionnel de 3 étages. Une trentaine de chambres impeccables et

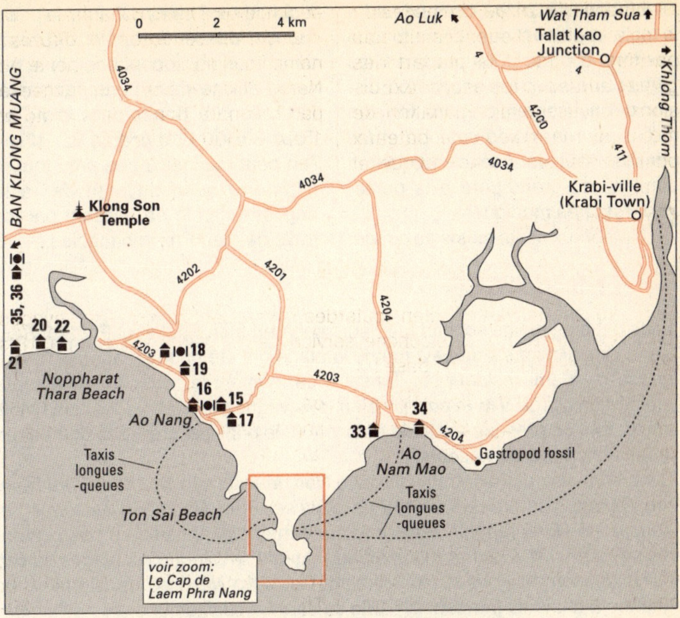

LES PLAGES DE KRABI – PLAN II

Où dormir ? Où manger ?

- **15** Green Park
- **16** Andaman Sunset Resort et Wanna's Place
- **17** Peace Laguna Resort
- **18** Laughing Gecko et Cashew Nut
- **19** Blue Bayou
- **20** P.A.N. Beach Bungalows
- **21** Long Beach
- **22** The Emerald Bungalow Resort
- **33** Holy Land Bungalows
- **34** Dawn of Happiness Beach Resort
- **35** Pine Bungalows
- **36** Tup Kaek Sunset Beach Resort

bien décorées mais un peu étriquées. Pas de vue au rez-de-chaussée, préférez celles avec balcon côté rivière (à réserver en pleine saison). Même confort qu'au *Krabi River View*, à prix comparables. Petit déjeuner servi en terrasse. Accueil prévenant.

Où manger ?

Bon marché (moins de 150 Bts – 3 €)

Night Market – ตลาดกลางคืน *(marché de nuit ; plan I, B2, 40)* **:** juste devant l'ancien débarcadère. Une profusion de petits stands, tout aussi appétissants les uns que les autres. Nourriture extra à prix mini : brochettes, nouilles sautées, soupes en tout genre et excellents gâteaux. Atmosphère authentique et bonnes rencontres, même s'il y a moins d'ambiance, faute d'activité dans le port.

Kotung – ร้านอาหารโกคุง *(plan I, B2, 41)* **:** 36 Thanon Kongka. Ouvert tous les jours sauf le dimanche, de 11 h à 21 h. Face au *Night Market*. Un des restos cultes de Krabi. Cuisine populaire servie dans un cadre simple et authentique. Carte longue comme le bras : tous les *fried*, les *sweet and sour*, les soupes... Poisson délicieusement préparé. On a un faible pour la *mixed seafood* et les nouilles sautées. Accueil souriant et familial, du grand-père à la petite-fille. Prix très modiques.

|●| Nombreux petits restos au coude-à-coude sur Thanon Chaofa, la petite rue qui descend vers le débarcadère. Tous possèdent une petite terrasse et une déco européanisante. On retiendra notamment le ***I-Oon Tour*** – ไอฉุ่น ทัวร์ *(plan I, B2,* ***42****)* où l'on peut manger à peu près tout et n'importe quoi, du petit dej' à la baguette garnie en passant par les fruits de mer. Prix imbattables.

➤ LES PLAGES

Elles ont bien moins souffert que leurs consœurs de Phuket et Phi Phi. Seules les installations situées à même la plage ont été endommagées. Témoignage d'un ami résidant sur Tonsai à ce moment-là : « L'eau est d'abord montée d'environ 5 m et puis il y a eu trois vagues de 1 m. » Quelques mois après, tout ou presque avait été reconstruit, le principal préjudice demeurant le faible nombre de visiteurs.

D'est en ouest, depuis Krabi-ville : *Ao Nam Mao*, le cap de *Laem Phra Nang* (ou *Railay*), flanqué des plages de *Sunrise, Phra Nang, Railay (ouest)* et *Tonsai, Ao Nang* (appelé Phranang sur certains panneaux, ne pas confondre), *Noppharat Thara* et *Klong Muang*. Autant savoir que les plages du cap (à l'exception de *Tonsai*, plus routarde) et d'*Ao Nang* se transforment en ghettos à touristes pendant la haute saison. La qualité générale de l'accueil et des prestations souffre alors du syndrome « phiphien ».

AO NANG BEACH

Longue plage de sable baignée d'une mer aux jolis tons verts, mais peu limpide à cause des remous. Fermée à chaque extrémité par des formations rocheuses impressionnantes où les flots ont creusé de grandes grottes. Face à la plage, au large, des pitons rocheux monolithiques dressés vers le ciel contribuent à créer une atmosphère particulière.

Une grande route longe la plage, la séparant des très nombreux commerces aménagés le long de la promenade. Assez carrée et homogène, l'ambiance un peu « Croisette » pourra plaire aux familles prévenues du caractère plus estivant que traditionnel de l'endroit. En revanche, les routards en quête d'authenticité prendront leurs jambes à leur cou. La plupart des hébergements (assez chers) ne se situent pas en face de la mer mais vers l'est, sur la rue perpendiculaire venant de Krabi City. Ce n'est pas notre coin préféré, d'autant que ça continue à bétonner sévère. Toutefois, la concentration de services et la situation d'Ao Nang (facile de se rendre sur les autres plages) restent un atout.

➤ Depuis le terminal des bus de Krabi (Talat Kao), *songthaews* toutes les 45 mn, de 6 h à 17 h. Nombreux taxis et *tuk-tuk*.

Adresses utiles

■ ***Change :*** *Siam City Bank* et *Bank of Ayudhya*, sur la route qui vient de Krabi. Ouvert tous les jours de 9 h à 20 h. Change et distributeur. Également des bureaux de change sur le bord de mer.

■ ***Pharmacies :*** plusieurs le long de la promenade.

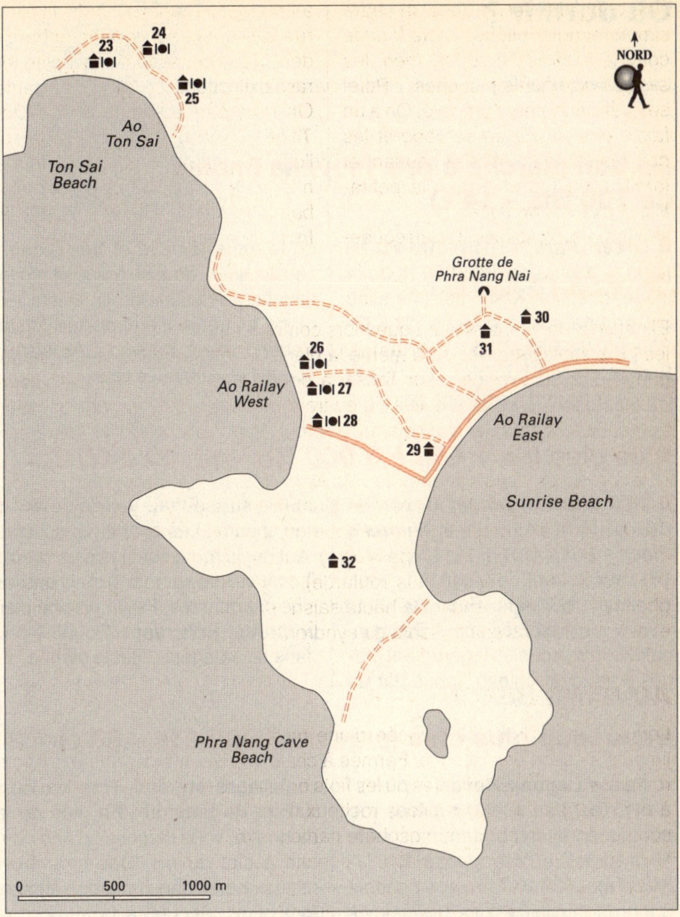

LE CAP DE LAEM PHRA NANG (ZOOM)

Où dormir ? Où manger ?

23 Viking Village 2
24 Banyan Tree Beach Resort
25 Dream Valley Resort
26 Railay Village Resort
27 Sand Sea Resort
28 Railay Bay Resort and Spa
29 Ya Ya Resort
30 Railay Cabana
31 Railay's Highland
32 Rayavadee Premier

Tourist Police : petit kiosque à chaque extrémité de la plage. ☎ 11-55.

Internet : des centres un peu partout, et avec l'ADSL s'il vous plaît ! Plus cher qu'à Krabi-ville.

For Friends Travel and Tour *(plan II)* ***:*** vers le milieu de la promenade. Local tout petit, garder l'œil ouvert, l'opticien à côté est là pour ça ! ☎ 695-526. Fax : 695-528. • for friendstrv@hotmail.com • Mme Da propose les mêmes excursions que ses voisins mais, en plus, elle parle le français.

LE SUD

Où dormir ?

Les hébergements pas chers sont en voie d'extinction.

De bon marché à prix moyens (moins de 700 Bts – 14 €)

Green Park – กรีนพาร์คบังกะโล *(plan II, 15) :* à environ 200 m de la plage, direction Krabi, par une allée qui grimpe sur la gauche. ☎ 637-300 ou 04-052-23-63 (portable). Bungalows en bambou, au calme, car dans un jardin sauvage en retrait de la route. Simple et très propre : ventilo, w.-c., douche froide et moustiquaire au-dessus du lit. Petite terrasse. Le genre d'endroit que l'on ne s'attend pas à trouver à Ao Nang ! Accueil et ambiance relax.

Plus chic (de 1 500 à 3 000 Bts – de 30 à 60 €)

Andaman Sunset Resort – อันดามัน ซันเซท รีสอร์ท et **Wanna's Place** – วรรณาเพลสบังกะโล *(plan II, 16) :* sur le front de plage, à l'ouest. ☎ et fax : 637-484. Fax : 637-222. • www.wannasplace.com • Des bungalows impeccables légèrement étagés à flanc de coteau, tenus par un couple suisso-thaï. Ventilo ou AC et eau chaude. Les chambres qui donnent sur la route sont les plus chères (because vue sur mer !) mais pas les plus charmantes. Petite piscine bien proprette. Bon rapport qualité-prix dans sa catégorie. Resto sympa.

Beaucoup plus chic (plus de 3 000 Bts – 60 €)

Peace Laguna Resort – พีชลากูน่ารีสอร์ท *(plan II, 17) :* même rue que les adresses bon marché mais 50 m au-delà et côté opposé. ☎ 637-344. Fax : 637-347. • www.peacelagunaresort.com • Les bungalows modernes, disposés autour d'un étang, rappellent vaguement des coquillages stylisés. Très luxueux, rutilant de propreté. En plus de la baignoire, vous disposez d'une douche à ciel ouvert. Des chambres moins chères dans un long bâtiment tout blanc. Accueil à la fois pro et souriant. Piscine.

Où manger ? Où boire un verre ?

– À l'extrémité droite de la plage (quand on regarde la mer), là où la route fait un angle droit. S'engager sous les tonnelles de brique pour déboucher sur une poignée de restos à touche-touche. Ouverts uniquement le soir ; leurs terrasses, les plus romantiques de la « station », surplombent directement la plage. Le poisson et les crustacés sont leur vocation première. Frais et pas trop chers (prix au poids) : compter environ 250 Bts (5 €) pour un beau poisson avec accompagnement. On n'y va pas pour de la grande cuisine mais pour le cadre. Notre préféré, le ***Salathai*** (☎ 637-176), le dernier de la rangée, est le plus rustique et typique. Mais les autres sont très corrects aussi !

– Dans un autre registre, on trouvera à Ao Nang beaucoup de restos thaïs parfaitement occidentalisés et... un nombre effarant de pizzerias ! En fouinant un peu, quelques cuisines mobiles et bouis-bouis.
– Enfin, pas mal de pubs retransmettant les matchs sportifs sous des cascades de bière.

Phra-Nang Inn – ร้านอาหารพระนางอินน์ : à l'extrémité gauche de la plage cette fois (et toujours en regardant la mer !), dans un bâtiment tout rond en bambou. Resto d'hôtel que nous avons retenu pour sa cuisine intéressante et finement exécutée. Longue carte de plats thaïs succulents. Goûter notamment aux merveilleux beignets de crevette aux œufs et aux herbes. Terrasse à l'écart de la promenade. Jolie déco et service très sympa. Prix moyens.

NOPPHARAT THARA – หาดนพรัตน์ธารา

Cette très longue plage, coupée en deux parties par l'embouchure d'une rivière, est placée sous la protection des parcs nationaux. Depuis Ao Nang, suivre la route côtière vers l'est pendant 4 km pour atteindre *East Nopparat*. Plage populaire sur laquelle les Thaïs aiment venir pique-niquer. Un peu sale parfois mais appréciable pour tous ceux qui aiment les coins relativement authentiques. De l'autre côté de l'embouchure, *West Noppharat* est accessible par bateau – 5 mn de traversée (bon marché, mais à négocier). Continuer jusqu'à l'extrémité de la route pour trouver l'embarcadère. Ceux qui recherchent la tranquillité totale, le sable clair et l'ombre des pins et cocotiers iront là. Attention, les adresses de cette plage ont tendance à fermer au plus fort de la basse saison ; appeler avant.

LE SUD

Où dormir ? Où manger ?

Pour manger, nombreuses cantines autour du parking, avant le Q.G. du parc. En outre, chaque adresse possède son petit resto.

East Noppharat

Nos deux premières adresses se trouvent à 150 m en retrait de la plage. Accès par la même route, repérer le panneau *Thai Boxing*. Elles conviendront, dans des registres différents, à ceux qui cherchent à se loger à petits prix.

De très bon marché à prix moyens (moins de 800 Bts – 16 €)

Laughing Gecko *(plan II, 18)* : ☎ 695-115 et ☎ 01-270-50-28 (portable). • laughinggecko99@hotmail.com • Architecture traditionnelle, bambou tressé et toit de paille abritent des sols de brique. Très rudimentaire, mais c'est voulu. Choix entre un grand dortoir (120 Bts, soit 2,4 €, par personne) et des chambres très bon marché, avec salles de bains communes ou privées, dont des doubles familiales. Ambiance communautaire dans le restaurant-paillote où, pratiquement chaque soir, hôtes et voyageurs se fendent d'un petit « bœuf » acoustique tandis que les bons repas sont pris en commun sous forme de buffet. Tenu par Nui, un Thaï – excellent guitariste – marié à une sympathique Canadienne d'origine italienne. Une adresse coup de cœur.

Cashew Nut – คัสชิ ว นัท *(plan II, **18**) :* voisin de *Laughing Gecko.* ☎ 637-560 et ☎ 01-081-80-95 (portable). Tenu par une famille musulmane très accueillante. Bungalows en dur équipés de ventilos ou de clim', meublés simplement, carrelés et propres. Ils sont disséminés dans un jardin où poussent des anacardiers (arbres à cajou). La proprio vous en dira plus sur cette drôle de noix qui a décidé de pousser en dehors de son fruit. Les fruits de l'espèce verte peuvent se manger accompagnés de sucre et d'épices. Quant aux noix, la maison les grille artisanalement, vous en goûterez sûrement. Restaurant tout simple.

Blue Bayou – บูล บะยู *(plan II, **19**) :* en bord de route, face à la plage. ☎ 637-558. Bungalows assez banals mais propres, avec salle de bains, ventilo ou AC, le tout dans un cadre sympa. Bon accueil. Fait agence de voyages et resto-bar.

West Noppharat

Appeler au préalable l'adresse de votre choix, ils enverront un bateau. Passé l'*Andaman Inn* (le premier de la plage, pas terrible !), on trouve plusieurs adresses modestes et sauvages.

Bon marché (moins de 500 Bts – 10 €)

P.A.N. Beach Bungalows – พี เอ เอ็นบิชบังกาโล *(plan II, **20**) :* presque au bout de la plage, après le *Long Beach.* ☎ 09-866-43-73 (portable). Petite adresse familiale comme on les adore : une dizaine de bungalows très bien tenus, modestes mais tout de même avec moustiquaire (indispensable ici !), douche froide et ventilo. Accueil adorable ; petit resto-bar. Idéal pour profiter de cette plage splendide sans être dérangé !

Long Beach – ลองบี ช บังกาโล *(plan II, **21**) :* sur la plage, 500 m après l'*Emerald.* Pas de téléphone. Les vrais routards seront aux anges, là aussi. Structure familiale. Petites huttes de bambou avec simplement un matelas et une moustiquaire. Les plus chers (pensez donc : autour de 250 Bts, soit 5 € !) ont une salle de bains, les autres se partagent de rigolos sanitaires de toutes les couleurs. Peu de monde, à part les gamins de la maisonnée, qui hurlent « hello » dans tous les sens dès qu'on arrive. Le resto n'est pas toujours bien fourni : commander à l'avance. Tant qu'il y aura des adresses de ce genre sur la côte, le voyageur pourra bourlinguer heureux...

Plus chic (de 1 000 à 1 500 Bts – 20 à 30 €)

The Emerald Bungalow Resort – เคอะเอมเอรอลด์ บังกะโลรีสอร์ท *(plan II, **22**) : West Noppharat,* un peu plus loin que l'*Andaman.* ☎ 01-956-25-66 (portable). Un ensemble de bungalows en dur avec terrasses, bien espacés autour d'une grande pelouse soignée plantée de hauts pins et de cocotiers. Jolis dans leurs robes ocre ou roses et impeccables. Ventilo et eau froide ou AC (sur demande) et eau chaude. Accueil pro à défaut d'être vraiment chaleureux.

LE CAP DE LAEM PHRA NANG (RAILAY) – TONSAI BEACH, WEST RAILAY, SUNRISE (EAST RAILAY) ET PHRA NANG BEACH

En haute saison, ces plages sont littéralement surpeuplées et troublées par les navettes incessantes des bateaux-taxis qui débarquent une foule compacte de baigneurs. Il est alors difficile de trouver un hébergement. Essayer de visiter le coin en dehors du pic d'affluence, courant du 15 décembre au 15 janvier.
Atmosphère australo-balinaise comme à Phi Phi ; la plongée en moins, l'escalade en plus. Un drôle de mix rassemblant des routards parfois déçus et des touristes classe moyenne cherchant le chic à pas trop cher.
Démarrons la visite par l'ouest. La baie de ***Tonsai,*** moins fréquentée que les autres, est le dernier refuge des petits budgets. Elle vibre au son du reggae, c'est le repaire des grimpeurs, et l'ambiance y est résolument jeune. Séparée de *Tonsai* par un petit cap, ***West Railay*** est une superbe anse en demi-lune, ourlée d'une large bande de sable blond de plus de 1 km et encadrée de très belles falaises et de pitons couverts de végétation. La baignade est vite gâchée par les envahissants *long-tails boats.* Adossée de l'autre côté de l'étroiture du cap, ***Sunrise*** (ou *Railay East,* comme la désignent les promoteurs afin d'en relever un peu le cachet) se révèle vaseuse, bordée de mangrove et donc pas « baignable » du tout. Beaucoup moins de monde, donc, ce qui peut être intéressant pour « s'isoler » un peu.
Enfin, ***Ao Phra Nang,*** posée sur le cap comme une cerise sur un gâteau, rassemble magiquement sables langoureux et palmiers poussant au pied de falaises abruptes. Pas d'hébergement ici, à part l'inabordable *Rayadevee Premier* – ระยา วดี เพอร์มิเยร์, et uniquement des restos-cafés de plage.

Comment y aller ? Comment s'y déplacer ?

– ***En bateau :*** depuis Ao Nang à l'ouest, Nam Mao à l'est ou encore du vieux port de Chaofa (Krabi City). Pas très cher. Entre les différentes plages, on aura le choix entre d'autres *taxi-boats,* des sentiers, voire un peu de « pataugeage » quand la marée le permet.
– ***La marche*** peut être facile (entre Railay, Sunrise et Ao Phra Nang, pointe de la presqu'île). Pour Tonsai, prévoir un peu de crapahute pour rejoindre Railay ou Sunrise.
– Le prix des *taxi-boats* est théoriquement fixé. Minimum de 5 personnes par bateau. Compter de 60 à 80 Bts (1,20 à 1,40 €) par personne depuis Ao Nang ; environ 50 Bts (1 €) de Ao Nam Mao à Sunrise Beach. Évidemment, s'il n'y a guère de monde – c'est le cas dès la fin d'après-midi – ou s'il y a gros temps, le marchandage devient difficile et en général perdant. Attention à ne pas vous retrouver coincé.

Où dormir ? Où manger ?

À Tonsai Beach – หาดต้นไทร

Cette petite plage adorable est relativement au calme car peu de *long-tail boats* s'y arrêtent. Vous serez un peu isolé, même si Ao Nang n'est qu'à 10 mn en bateau et Railey à 15-20 mn à pied à travers la jungle, mais vous trouverez tous les services essentiels (agence de voyages, Internet, téléphone, change). Hébergements routards assez basiques. Des générateurs fournissent l'électricité, souvent coupée après minuit. Attention : les arachnophobes éviteront soigneusement l'endroit, envahi d'énormes araignées.

Assez bon marché (moins de 700 Bts – 14 €)

🏠 🍴 ***Viking Village 2*** – ไวกิ้งวิลเลจจ์ บังกะโล 2 *(zoom, **23**)* **:** à l'extrémité ouest de la plage. ☎ 06-693-03-42 (portable). Une quinzaine de huttes assez rudimentaires, un peu de traviole, réparties sur deux rangées perpendiculaires à la mer. Avec ou sans sanitaires. Tenue moyenne mais prix acceptables. Petit resto (cuisine honnête). Location de kayaks, masques et tubas, club d'escalade.

Les deux adresses suivantes sont en retrait de la plage, dans la jungle.

🏠 🍴 ***Banyan Tree Beach Resort*** – บันยัน ทรี บีชรีสอร์ท *(zoom, **24**)* **:** ☎ et fax : 621-684. Choix entre 3 types de construction de bois et de style rustique dont la taille, le confort et l'ameublement vont en grandissant. Tous disposent de salle de bains et sont ventilés. Les moins chers demeurent acceptables tandis que les plus luxueux sont de chouettes chalets. Grand resto et paillotes de bric et de broc pour se reposer. Pas de vue sur mer. Bonne adresse toutefois.

De prix moyens à un peu plus chic (de 700 à 1 500 Bts – 14 à 30 €)

🏠 🍴 ***Dream Valley Resort*** – ดรีมวาเล่ย์รีสอร์ท *(zoom, **25**)* **:** ☎ 622-583. Fax : 621-772. • dreamvalley_resort@yahoo.com • Pour ceux qui veulent un peu plus de confort, voici 60 bungalows bien tenus faits de bois et de bambou (ventilos) ou en dur (clim'). Épicerie, centre Internet. Grand restaurant en plein air. Arbres et verdure.

À West Railay Beach – หาดไร่เลด้านตะวันตก

Pas d'hébergement bon marché. Les bungalows d'autrefois ont été « liftés » et parfois pompeusement surclassés dans la catégorie *resort*. Supermarchés, agences de voyages, distributeur et accès Internet sur l'étroite bande de terre partagée avec Sunrise Beach. Ce n'est pas ici qu'il faut venir chercher le calme.

D'un peu à beaucoup plus chic (de 1 000 à 4 000 Bts – 20 à 80 €)

🏠 🍴 ***Railay Village Resort*** – ไร่เลวิลเลจจ์รีสอร์ท *(zoom, **26**)*, ☎ 622-580, • railayvillage@hotmail.com •, ***Sand Sea Resort*** – แซนด์ซีรีสอร์ท *(zoom, **27**)*, ☎ 622-167, • sandsearesort@hotmail.com •, ***Railay Bay Resort and Spa*** – ไร่เลเบย์ รีสอร์ท แอนด์ สปา บังกะโล *(zoom, **28**)*, ☎ 622-330, • railaybayresort@hotmail.com • Situés à proximité les uns des autres dans de beaux jardins fleuris, ils proposent tous des bungalows (avec AC et eau chaude) ou des huttes (avec ventilo et douche froide) de qualité comparable et à prix voisins en fonction des catégories. Restos servant une nourriture standardisée. Le premier est le plus modeste et le dernier sans conteste le plus cossu mais le plus ramassé aussi.

À Sunrise Beach (East Railay) – หาดซันไรส์ (ไร่เลย์ด้านตะวันออก)

Ambiance beaucoup plus cool qu'à Railey, pourtant à seulement 5 mn de marche. Les hébergements se sont améliorés. La poésie de Sunrise Beach, avec ses mangroves, sa jolie baie et ses pitons rocheux constellés de varappeurs, ne pourra vous laisser de marbre.

De prix moyens à plus chic (de 500 à 1 500 Bts – 10 à 30 €)

Ya Ya Resort – ญา ญา รีสอร์ท *(zoom, 29)* **:** au centre de la plage. ☎ 622-593. Ensemble de constructions étranges de 3 étages tout en bois. Comme dans un pigeonnier, les chambres du haut ont plus d'air que celles du bas, qui sont plus sombres... Les chambres de gauche, anciennes, sont ventilées et à prix moyens. Celles de droite sont neuves, plus confortables (AC, frigo, TV) et à prix « plus chic ». Assez bruyant le soir ; resto avec film sur écran géant, accès Internet et cabine pour appels internationaux.

Les deux adresses suivantes s'atteignent en tournant vers les falaises avant « Diamond Cove Bungalow ». Le chemin grimpe le long de l'enceinte de ce dernier, dépasse l'entrée d'une grotte pour déboucher sur une zone dédiée à l'escalade. En contrebas, le *Rock Bar.* Si l'on continue vers la droite, on rejoint Tonsai.

Assez bon marché (moins de 700 Bts – 14 €)

Railay Cabana – ไร่เลย์ คาบาน่า *(zoom, 30)* **:** après *Railay's Highland,* sur le chemin de Tonsai. ☎ 621-733 et 04-057-71-67 (portable). Huttes et chalets en matériaux traditionnels, répartis sur plusieurs niveaux à flanc de pente. Plus *roots,* tu meurs ! Une cahute de tôle rattachée à chaque hutte fait office de sanitaires (eau froide). Les moins chers, à prix mini, sont perchés tout en haut. Rustique mais vivable. Plus bas, des chalets fraîchement construits et plus confortables (carrelage dans les w.-c.). Pas loin, une grotte propice à l'escalade. Accueil décontracté. Resto et bar.

Railay's Highland – ไร่เลย์ ไฮแลนด์ *(zoom, 31)* **:** réception commune avec l'école d'escalade *Melting Rock.* ☎ 621-731. • www.railayhighland.com • Idéal pour les grimpeurs, qui sont ici au pied des voies. Bungalows faits de bois, bambou et brique avec salle de bains et terrasse. Matelas par terre, ventilo et moustiquaire : c'est du basique ! Un peu entassés, mais de la verdure savamment plantée préserve l'intimité. Dommage que les tarifs soient surestimés. Prix spéciaux pour les séjours longue durée.

À Ao Phra Nang

Spécial folie

Rayavadee Premier – ระยาวดี เพรอร์มิเยร์ *(zoom, 32)* **:** au sud de la péninsule. Accès par la plage de Sunrise. ☎ 620-740. Fax : 620-630. • www.rayavadee.com • L'un des complexes les plus luxueux du pays.

On ne vous parlera pas des chambres, car la direction ne nous a même pas laissés les visiter. En revanche, on peut vous parler des prix, de 17 000 à 74 000 Bts (340 à 1 480 €) en basse saison ; de 27 000 à 115 000 Bts (540 à 2 300 €) en haute saison. Réduc' sur Internet.

À faire

– Pour ceux qui aiment, Krabi est une des mecques de l'***escalade** (rock climbing).* De nombreuses agences proposent de partir à l'assaut des très nombreux sites environnants. Le plus, ici, c'est la géologie karstique conjuguée à la grande bleue. Mais attention où vous mettez les pieds ! Toutes ces petites écoles « supercool » ne sont pas compétentes. Il est impératif de bien se renseigner auprès des autres grimpeurs. *Wee's Climbing School,* située sur Tonsai, en face de *Banyan Tree,* bénéficie d'une très bonne réputation. Cours tous niveaux, même débutant. On peut se procurer sur place un topoguide sur les voies équipées dans le coin.
À titre indicatif, prévoir 1 500 Bts (30 €) la journée. Il existe aussi des forfaits intéressants incluant l'hébergement et les repas sur plusieurs jours.

➤ LES AUTRES PLAGES

AO NAM MAO – อ่าวน้ำเมา

Baie à l'est du cap de Laem Phra Nang. Pas très fréquentée, certainement parce qu'elle ne présente qu'une étroite bande de sable bordée de cocotiers, et beaucoup de vase à marée basse. On l'a quand même bien appréciée pour sa féroce authenticité ! Rappelons que des *taxi-boats* desservent Sunrise Beach depuis Ao Nam Mao (compter 50 Bts, soit 1 €, par personne).
Pour rejoindre cette plage par la route depuis Krabi ou Ao Nang (5 km), suivez le fléchage « Shell Fossil Beach » ou « Gastropod Fossil ». Il s'agit d'un site où l'on a retrouvé de petits fossiles. Le misérable *Visitor's Center,* bâti pour l'occasion, fait peine à voir. En revanche, panorama bucolique. Une sortie pique-nique appréciée des locaux.

Où dormir ?

Bon marché (moins de 500 Bts – 10 €)

🏠 ***Holy Land Bungalows*** – โฮลีแลนด์ บังกะโล *(plan II, **33**) :* en arrivant à Nam Mao, prendre à droite et suivre la piste sur 2,5 km, le long d'une belle plantation d'hévéas. ☎ et fax : 695-559. Un étrange endroit, car si l'établissement est paumé, les jeunes filles qui s'en occupent s'attachent à mettre une sacrée ambiance. Bungalows rustiques de bois et bambou, ou en dur, plus confortables, mais dans les deux cas l'entretien laisse à désirer. Certes les prix sont très modiques. En contrebas, une petite plage dont l'un des côtés est mangé par les palétuviers. Bref, une adresse avec des pour et des contre : à voir par soi-même.

🏠 ***Dawn of Happiness Beach Resort*** – ดอว์นออฟแฮปปิเนส บีชรีสอร์ท *(plan II, **34**) :* depuis Nam Mao, continuer vers l'est (la gauche) sur 1 km. ☎ 637-966 (à Ao Nang) ou 06-278-60-88 (portable). • www.bluediamondrealestate.net • Une quinzaine de charmants bungalows avec salle de bains (eau froide) tout en bois et bambou vernissés. Dans un jardin luxuriant, multicolore et ombragé, que l'on traverse par des passerelles. Tarifs variables en fonction de la proximité de la plage et de l'équipement (ventilo ou clim'). Nickel et déco plaisante. Accueil familial et souriant des gérants thaïs. Petit resto. Une adresse royale à prix tout doux, bénéficiant d'une plage quasiment privée : vous ne regretterez pas le déplacement !

LES PLAGES AUX ALENTOURS DE BAN KLONG MUANG

À 25 km de Krabi-ville. Emprunter d'abord la route n° 4034, puis obliquer à gauche en direction de Ban Klong Muang. Depuis Ao Nang et Ao Noppharat, possible de passer par de petites routes. Dans tous les cas, suivre les panneaux indiquant *Klong Muang, Tup Kaek Beach* ou *Sheraton Krabi Resort*. Au-delà du village s'étend une longue bande côtière orientée plein ouest, tour à tour sablonneuse et rocailleuse.

Où dormir ? Où manger ?

Bon marché (moins de 500 Bts – 10 €)

Pine Bungalows – ไม่เสียวบังกะโล *(hors plan II, 35)* **:** partie sud de la plage. Avant d'arriver à Klong Muang, prendre à gauche à la fourche et poursuivre sur 1,5 km. Panneau un peu caché par la végétation. De toute façon, vous ne pourrez pas aller plus loin, la reine possède sa résidence d'été au bout du cul-de-sac et elle est bien gardée ! ☎ 09-587-53-67 (portable). C'est le seul hébergement de la plage. Une grosse trentaine de bungalows mi-bambou mi-dur aux sols et terrasses carrelées, avec salle de bains, disséminés dans un beau parc fleuri et très dense. Les plus chers donnent sur la plage. Resto délicieux et bon marché. Atmosphère vraiment reposante, hamacs, bord de mer encore bien sauvage, avec un village de pêcheurs à proximité. Le patron, Sompong, est un joyeux luron. Il peut venir vous chercher gratos à la gare routière de Krabi. Location de kayaks et vélos. Le genre d'adresse où l'on a envie de s'éterniser !

D'un peu plus chic à beaucoup plus chic (de 1 500 à 4 500 Bts – 30 à 90 €)

Tup Kaek Sunset Beach Resort–ทับแขกซันเซทบีชรีสอร์ท *(hors plan II, 36)* **:** à l'extrémité nord, peu avant l'entrée d'un parc national. ☎ 628-600. Fax : 628-666. • www.tupkaeksunset.com • Sorte de village vacances à l'atmosphère bien tranquille. Dans un immense jardin soigné, planté de pins et profitant de la jolie plage de Tup Kaek, la plus belle du coin. Prix selon la situation, bord de mer, vue sur mer ou sur jardin. Chalets tout confort (clim', eau chaude, frigo, télé) à la déco élégante, rénovés il y a peu. Le petit déjeuner est inclus, mais diantre ! que les prix sont exagérés ! Grand calme, pas trop de monde, accueil spontané et très souriant. Piscine. Diverses activités. Bref, une bonne adresse, mais qui vaut le coup plutôt en basse saison (tarifs divisés par deux).

À VOIR AUTOUR DE KRABI

Toute la côte est creusée de nombreuses **grottes** – เช่าเรือไปชมถ้ำ, qu'il est possible d'aller explorer en louant un *taxi-boat*, face à l'hôtel *Phra Nang Inn* notamment ; ou en s'adressant à n'importe quelle agence d'Ao Nang (voir « Adresses utiles »). Prix affichés à l'embarcadère : pour vous donner un ordre d'idée, compter 1 200 Bts (24 €) la demi-journée et 1 800 Bts (36 €) la journée complète.

– Au menu, expéditions en canoë et découverte de la nature. Les îlots au large sont entourés de coraux. Possibilité d'y passer une matinée extra avec masque et tuba... Poda Island et Chicken Island sont parmi les plus ravissants.

Wat Tham Sua – วัดถ้ำเสือ *(hors plan II)* : à l'intérieur des terres. Se vêtir décemment. De Krabi-ville, prendre la direction de Talat Kao (5 km), puis la direction de Trang sur 2 km. Au panneau bleu indiquant le *wat*, prendre à gauche et se laisser guider. Le *Temple de la Grotte du Tigre* est tapi au fond d'une vallée entourée de falaises karstiques, dans une forêt tropicale superbe. Plusieurs temples annexes sont en construction tout autour. Le temple principal (structure de béton devant la grotte) abrite de nombreuses statues de Bouddha et des photos de grands moines. Voir sur la droite le moine de cire dans sa vitrine, d'un exceptionnel réalisme, tout comme les nombreuses photos anatomiques et les squelettes destinés à rappeler la fragilité de la vie... À l'arrière, deux escaliers très raides gravissent la falaise. Le plus exigeant (plus de 1 000 marches) débouche sur un point de vue magnifique, tandis que l'autre décrit une boucle plus facile en passant par une combe où des dizaines de grottes naturelles, plus ou moins décorées, servent de cellules de méditation.

KO LANTA – เกาะลันตา

IND. TÉL. : 075

En France, le nom de Ko Lanta reste surtout familier à cause du jeu télévisé, qui fut en réalité tourné dans un îlot voisin, Ko Rok, à 1 h de *speedboat*. Plus sérieusement, il s'agit d'un archipel de quinze îles au sud de Krabi, dont une partie a été classée Parc national en 1990 (les plongeurs vont être ravis). L'île principale, ***Lanta Yai***, n'est pas aussi superbe que Ko Phi Phi, et ne dispose pas d'autant d'infrastructures et de services que Phuket ou Krabi. En revanche, encore assez paisible et bien nature, Ko Lanta est une destination relax convenant à tous les budgets.
Beaucoup sont déjà tombés amoureux de cette longue bande de terre d'environ 26 km de long sur 3 km de large en moyenne. Son épine dorsale, escarpée, est en partie couverte de forêt primaire.
Toutes les plages de l'île ont un peu souffert du tsunami, mais seule la pointe nord-ouest, *Kaw Kwang*, a été dévastée. Ailleurs, une vague d'une hauteur de 3 à 5 m abîma les installations les plus exposées, entraînant surtout des dégâts matériels.
Ban Saladan est devenu le centre névralgique de Lanta Yai. C'est la première étape sur l'île, que l'on vienne du continent par bac ou de ***Krabi, Phi Phi*** ou ***Phuket*** par bateau. Sur la côte est, où il n'y a pas de vraie plage, ***Lanta Town,*** modeste capitale administrative, s'est endormie.

Tous les bungalows se situent sur la côte ouest. Les adresses ouvertes en basse saison, de mai à octobre, offrent jusqu'à 50 % de remise.
Ko Lanta est peuplée à presque 99 % de musulmans. Sorti des plages (où le monokini devrait se pratiquer discrètement), penser au T-shirt et au sarong.
Celui qui ne se couche pas avec le soleil trouvera des bars-restaurants animés sur la plage et quelques boîtes le long de la route. Et même si Ko Lanta n'est pas le spot le plus chaud des nuits du Sud, les *Full Moon Parties* de Khlong Nin Beach valent le coup.
Lanta Festival se déroule une fois par an et pendant 3 jours à Lanta Town, courant mars. Artisanat, spectacles, musique (dont celle des gitans de la mer).
Pendant la journée, il y a suffisamment de possibilités d'excursions sur et autour de l'île pour entrecouper agréablement de longues tranches de farniente.

Arriver – Quitter

En bateau

Les liaisons maritimes n'opèrent que de novembre à avril.
➢ ***Krabi :*** en saison, 2 bateaux par jour. Depuis Krabi *(Jilad Pier)*, départs à 11 h et 14 h. Depuis Ban Saladan, à 8 h et 13 h. À peine 2 h de trajet, plus rapide que par la route. Compter 350 Bts, soit 7 €. Également 1 bateau quotidien le matin entre Ao Nang et Lanta (2 h 15 de trajet et 400 Bts, soit 8 €).
➢ ***Phuket :*** changement obligatoire à Phi Phi. Le bateau *Petpailin* assure une liaison Ko Lanta-Phi Phi à 8 h du matin au départ de Ban Saladan, avec correspondance assurée à Tonsai. On arrive ainsi à Port Rassada (Phuket) vers 11 h. Compter 750 Bts (15 €) pour l'ensemble du trajet.
➢ ***Ko Phi Phi :*** de fin octobre à fin avril. De Tonsai, 2 départs à 11 h 30 et 15 h. De Ban Saladan, prendre le bateau de 8 h ou celui de 13 h. Arrivée 1 h plus tard. Compter 300 Bts (6 €).

Par la route

➢ ***À moto ou en voiture depuis le continent :*** en venant de Krabi, prendre l'A 4 en direction de Trang, puis la route n° 4206 (suivre les panneaux *Lanta Marine National Park*). Toutes les 10 à 20 mn, de 6 h à 22 h, un bac rejoint *Lanta Noi* qu'il faut traverser (7 km de route goudronnée) pour embarquer dans le deuxième ferry desservant *Lanta Yai.* À la guérite, préciser « *Lanta Yai* » pour obtenir les 2 billets ensemble. Compter 100 Bts (2 €) pour la voiture + 10 Bts (0,20 €) par passager.
➢ ***Bangkok :*** nombreuses offres de billets combinés bus ou train plus bac ou bateau. Comparer les prix et bien se faire préciser les horaires de départ et d'arrivée. De 18 à 20 h de voyage au total. On peut aussi voler vers Krabi ou Trang avant de rejoindre Ko Lanta.
➢ ***Trang et Krabi :*** par minibus via les 2 bacs qui relient Ko Lanta Yai au continent. Départs le matin, renseignez-vous auprès de votre *guesthouse* ou dans une agence de voyages ; 2 h de trajet pour Trang, 2 h 30 pour Krabi. Compter 200 à 250 Bts (4 à 5 €). Réserver si possible.

En avion

➢ ***Bangkok :*** un vol quotidien relie la capitale à Trang avec *Thai Airways* ; 1 h 30 de trajet.

Comment se déplacer ?

Une route goudronnée parcourt la côte ouest de l'île jusqu'à la plage d'Ao Nui. Au-delà et jusqu'à la pointe sud, il faut se contenter d'une piste de terre très accidentée. Si vous êtes à moto, munissez-vous d'un foulard et de lunettes et soyez prudent. Une autre route asphaltée rejoint la côte est et descend jusqu'au *Gipsy Village*. Bref, le réseau routier s'est grandement amélioré. Pour profiter un maximum de l'île, la plupart des voyageurs louent une moto (à partir de 200/250 Bts, soit 4 à 5 €, la journée) ou une petite jeep.
Sinon, de nombreux *side-car-taxis* sillonnent la route principale. Parqués à la station de taxis de Ban Saladan, située juste avant la route qui mène au débarcadère. Ils desservent l'île jusqu'à l'intersection de Ban Khlong Nin. Bon marché. Fixer le montant de la course avant de partir. Également quelques voitures, mais le service est assez cher. Beaucoup de *resorts* et hôtels un peu chic offrent des transferts gratuits à horaires fixes vers Ban Saladan.

BAN SALADAN

Ce petit port pas désagréable concentre tous les services dont on peut avoir besoin, même si l'on trouve désormais des banques, des minimarchés et des agences de voyages un peu partout sur l'île. Pas de grands immeubles et encore bon nombre de maisons de bois prolongées de terrasses sur pilotis. Beaucoup d'entre elles ont été transformées en restos.

Adresses utiles

✉ ***Poste et téléphone :*** la poste principale de l'île se trouve à Lanta Town, mais de nombreux commerces de Ban Saladan proposent un service postal. Pour appeler l'international, il existe les centres Internet et quelques cabines publiques (judicieux de se munir d'une carte de téléphonie Internet, voir les « Généralités » en début de guide).

@ ***Internet :*** plein d'ordinateurs connectés à la toile, dans des cen-

■ Adresses utiles

- ✉ Poste et téléphone
- 2 Siam City Bank et Siam Commercial Bank
- 3 Ko Lanta Hospital

Où dormir ?

- 10 Time for Lime Resort
- 11 Golden Bay Cottage
- 12 Lanta Villa
- 13 Andaman Sun Flower Resort et Nautilus Bungalow
- 14 Sanctuary
- 15 Lanta Sandy Beach Bungalow
- 16 Relax Bay
- 17 Where Else
- 18 Lanta River Sand Resort
- 19 Baan Phu Lae
- 20 Dream Team Resort
- 21 Anda Lanta Resort

Où manger ?

- 10 Time for Lime Resort
- 30 Catfish et Seaview
- 31 Gong Crit Restaurant
- 32 Faim de Loup
- 33 Wee's Pizzeria et Funky Fish
- 34 Kroua Lanta Yai
- 35 Sunshine Restaurant
- 36 Restaurants panoramiques

Où boire un verre ? Où sortir ?

- 33 Wee's Pizzeria et Funky Fish
- 40 Opium
- 41 Reggae House
- 42 Bars de Khlong Nin Beach

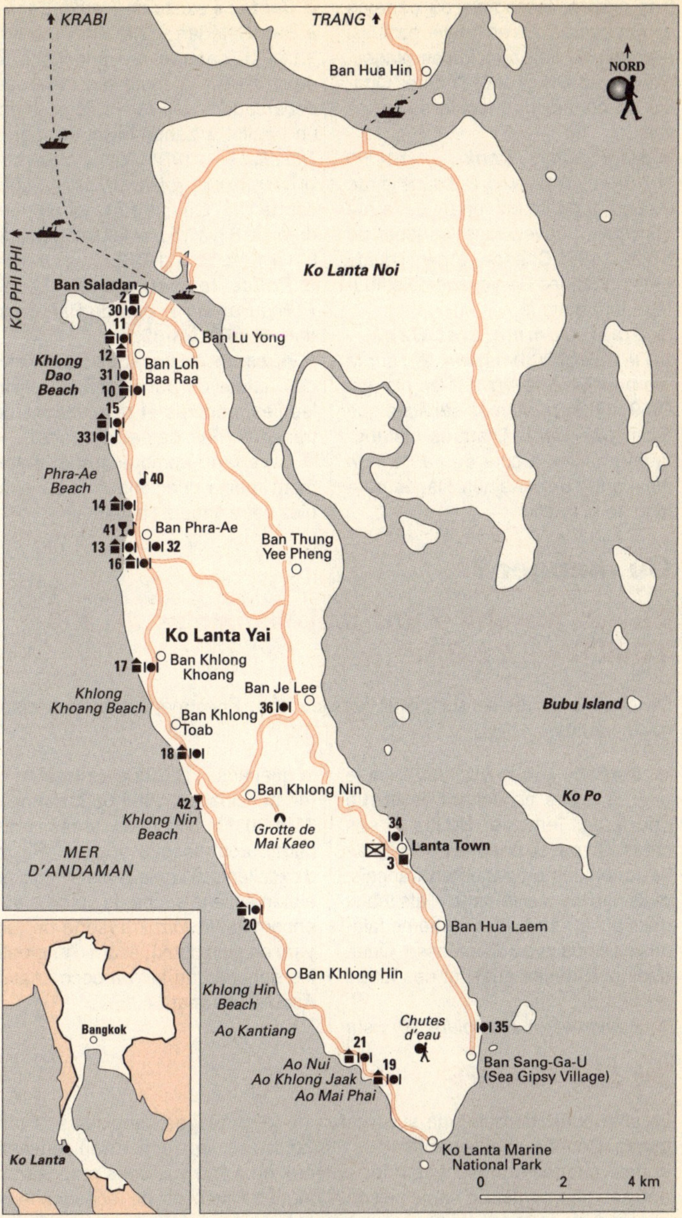
KRABI
TRANG
NORD
Ban Hua Hin
KO PHI PHI
Ko Lanta Noi
Ban Saladan
Ban Lu Yong
Ban Loh Baa Raa
Khlong Dao Beach
Phra-Ae Beach
Ban Phra-Ae
Ban Thung Yee Pheng
Ko Lanta Yai
Ban Khlong Khoang
Khlong Khoang Beach
Ban Je Lee
Ban Khlong Toab
Bubu Island
Ban Khlong Nin
Ko Po
Grotte de Mai Kaeo
Khlong Nin Beach
Lanta Town
MER D'ANDAMAN
Ban Hua Laem
Ban Khlong Hin
Khlong Hin Beach
Ao Kantiang
Chutes d'eau
Ao Nui
Ao Khlong Jaak
Ao Mai Phai
Ban Sang-Ga-U (Sea Gipsy Village)
Ko Lanta Marine National Park
Bangkok
Ko Lanta
0
2
4 km

LE SUD

KO LANTA

tres dédiés, les hôtels ou certains commerces. Vous en trouverez aussi à proximité des principales plages. Prévoir 60 Bts (1,2 €) l'heure. Qualité de connexion inégale selon les lieux.

■ ***Siam City Bank*** – ธนาคารนครหลวงไทย *(plan, **2**)* **:** dans la rue du port, à droite en venant de la rue principale. Ouvert tous les jours de 8 h 30 à 19 h. Change l'argent liquide et les chèques de voyage. Distributeur automatique.

■ ***Siam Commercial Bank*** – ธนาคารไทยพาณิชย์ *(plan, **2**)* **:** sur la rue principale rejoignant les plages. De 9 h à 20 h. Mêmes services que *Siam City Bank.* D'autres distributeurs en ville, à côté du *Lanta Mart* ainsi que sur certaines plages et le long de la route.

■ ***Santé :*** il existe un *Health Center* à Ban Saladan – ศูนย์สุขภาพบ้านศาลาด่าน, dans la rue principale, à droite avant la route qui mène au débarcadère des ferrys. Également un hôpital à Lanta Town, *Ko Lanta Hospital* – โรงพยาบาลเมืองลันตาด้านฝั่งตะวันออก *(plan, **3**)*, sur la côte est de l'île. Ouvert du lundi au vendredi de 8 h à 15 h et le dimanche de 8 h à 12 h. ☎ 611-212.

■ ***Police touristique :*** ☎ 11-55. *Police Box* sur le port de Ban Saladan. ☎ 075-684-657.

■ ***Agences de voyages :*** des dizaines autour du port. Excursions sur les îles, horaires et réservations de transport (bus, bateaux, avions).

■ ***Laveries :*** nombreuses et nettement moins cher que si vous donniez votre linge à l'hôtel.

Où manger ?

De bon marché à prix moyens (moins de 100 à 300 Bts – 2 à 6 €)

De charmants restos sur pilotis face au port. Également de nombreuses boulangeries.

|●| ***Catfish*** – แคทฟิช *(plan, **30**)* **:** sur le quai, à droite en venant de la rue principale. Tenu par Noyna et ses chats. On passe par une petite librairie (quelques ouvrages en français, mais pas les meilleurs !). Plats thaïs, mais aussi sandwichs et même falafels cuisinés avec délicatesse. Quelques pâtisseries aussi et des lassis onctueux.

|●| ***Seaview*** – ซีวิวว์ *(plan, **30**)* **:** sur le quai aussi, presque en face de la rue principale. ☎ 684-053. Ferme à 21 h 30. Un bon resto, terrasse sur pilotis comme ses voisins. Parmi d'excellents et copieux plats thaïs, on a bien aimé la soupe de nouilles aux encornets, le *tom kra* (sorte de *tom yam* en plus doux), avant d'engloutir les bananes au lait de coco chaud. Accueil charmant.

➤ LES PLAGES

La côte ouest déroule une succession de jolies plages, propices à la baignade. Comme pour les autres îles thaïlandaises, les agences du continent et des rabatteurs présents sur les bateaux ou à l'arrivée vous proposeront des hébergements. En haute saison, il peut être judicieux de recourir à leurs services, de se laisser trimbaler gratuitement dans un pick-up, puis d'aller se balader le lendemain, histoire de voir si l'on trouve mieux ailleurs. Sachez également la plupart des adresses se modernisent et augmentent leurs tarifs en conséquence.

KHLONG DAO BEACH

La plage la plus au nord est aussi la plus exploitée. Beaucoup de *resorts* et plus tellement de plans petit budget. D'ici, on peut rejoindre à pied Ban Saladan et profiter de son ambiance.

Où dormir ?

Prix moyens (de 500 à 1 000 Bts – 10 à 20 €)

Time for Lime Resort – ทามย์ฟอร์ลามย์รีสอร์ท *(plan, 10)* : à l'extrémité sud de la plage, proche de l'hôtel *Holiday Villa*. ☎ 684-590 ou 09-967-50-17 (portable). • www.timeforlime.net • Ouvert de novembre à juin. Cette école de cuisine réputée, managée par l'Américano-Norvégienne Junie, dispose de 10 bungalows dans un paisible jardin, histoire de joindre l'utile à l'agréable. Ameublement nordico-thaï, simple mais confortable. Ventilos et salles de bains (eau froide). Hamac sur la terrasse. La rangée de chalets débouche sur une grande cuisine-atelier en plein air, puis un bar. Resto ouvert à tous (voir « Où manger ? »). Le soir, lampions, transats et musique d'ambiance à même le sable.

D'un peu plus chic à plus chic (de 1 000 à 3 000 Bts – 20 à 60 €)

Golden Bay Cottage – โกลเด้นเบย์คอทเทจ *(plan, 11)* : une des premières adresses dans le nord-ouest de l'île, avant *Lanta Villa*. ☎ 684-161. Fax : 684-404. • www.krabidir.com/goldenbaycottage • Une trentaine de bungalows en dur. Petite terrasse, clim' eau chaude et TV pour toutes les chambres. Les prix varient du simple au double selon la situation. Pas de charme particulier mais bien entretenu (même si les chalets les moins chers semblent quelque peu délaissés) et relativement aéré dans un coin où les concurrents entassent leurs chalets comme des petits pains. Accueil plaisant et bon resto. Pas de piscine.

Lanta Villa – ลันตาวิลล่า *(plan, 12)* : à 2 km de Ban Saladan en direction du sud. ☎ 684-129. Fax : 684-131. • www.lantavillaresort.com • Ne pas confondre avec *Lanta Village*, qui le précède dans l'allée. Une soixantaine de confortables et spacieux chalets donnant sur la plage ou le jardin. Partout, clim' et eau chaude, TV et minibar. Les *sea-view* (vue sur mer) sont deux fois plus chères que les autres. Un peu trop l'un sur l'autre, mais déco recherchée et piscine sympa. Resto. Personnel très amical.

Où manger ?

Prix moyens (de 100 à 300 Bts – 2 à 6 €)

Gong Crit Restaurant – ก้องกฤษณ์บาร์และร้านอาหาร *(plan, 31)* : sur la plage, 100 m au nord de *Time for Lime Resort* (voir ci-dessus). ☎ 09-592-58-44 (portable). Ferme à 22 h. Carte extrêmement variée : petits plats thaïs (nouilles, riz sautés, currys), poisson. Également des plats à l'occidentale et des petits dej'. Pas le moins cher de la plage mais sans doute le plus mignon.

🍽 ***Time for Lime Resort*** – ทามย์ฟอร์ลามย์รีสอร์ท *(plan, **10**) :* voir « Où dormir ? ». Intéressants et copieux menus changeant tous les jours. Abordent l'essentiel des goûts et ingrédients du pays sous de belles présentations. Pour les cours, réserver quelques jours à l'avance.

AE BEACH (LONG BEACH)

Cette très belle plage, facilement accessible depuis Ban Saladan (à seulement 6 km), reste moins fréquentée et plus bohème que Khlong Dao Beach. De plus, les nombreux commerces et services (distributeur, Internet, etc.) qui bordent la route principale vous permettront d'éviter des allers-retours incessants vers le port. Cerise sur le gâteau : nos adresses dans ce « quartier » sont d'excellent rapport qualité-prix.

LE SUD

Où dormir ?

De bon marché à prix moyens (de 250 à 1 000 Bts – 5 à 20 €)

🏠 🍽 ***Andaman Sun Flower Resort*** – อันดามัน ซันเฟลาวเวอร์รีสอร์ท *(plan, **13**) :* le plus au sud de Long Beach. ☎ 05-222-10-27 (portable). Un village de bungalows d'architecture originale, tout en bois et bambou. Assez propres et calmes, uniquement ventilés. Conçu pour « robinsonner » à bon compte ! C'est l'un des moins chers du coin.

🏠 ***Nautilus Bungalow*** – นอติลุส บังกาโล *(plan, **13**) :* voisin de *Andaman Sun Flower.* ☎ 09-651-65-50 (portable). • nautiluslanta@hotmail.com • Moins primitifs que ceux de *Lanta Marina,* ces spacieux chalets de bois et de brique sont plus classiquement confortables, tout en gardant une touche de rusticité sympa et insulaire, ainsi que des prix doux. Larges terrasses, salles de bains « plein air » accolées, meubles et lits de bois naturel. Choix entre la clim' ou le ventilo. Entretien impeccable. Jardin et verdure. Personnel très gentil.

🏠 🍽 ***Sanctuary*** – ซังฌูรี *(plan, **14**) :* au niveau du *7/Eleven,* prendre le petit chemin en direction de la mer. ☎ 01-981-30-55 (portable). • sanctuary_93@yahoo.com • Une excellente adresse, très relax, voire un peu babos sur les bords. Bungalows de bois et bambou tressé. Plutôt minimalistes mais propres, avec salle de bains (eau froide) et w.-c. en plein air, ainsi qu'une moustiquaire et un ventilo sur pied. Terrasse avec hamac intégré. Les plus proches de la mer, 50 % plus chers, sont plus grands et des panneaux mobiles permettent d'ouvrir la chambre tout grand sur l'extérieur. Bar-resto sur la plage. Accueil bien aimable et clientèle décontractée.

🏠 🍽 ***Lanta Sandy Beach Bungalow*** – ลันตาแซนดี้บีสบังกาโล *(plan, **15**) :* au nord de la plage. ☎ 684-548/9. Ouvert toute l'année. Ici, les bungalows les plus proches de la plage (en bambou, ventilés) sont disposés en U autour d'une pelouse plantée de cocotiers. Bien mieux que les rangs d'oignons habituels ! Et puis, la construction exotique à base de cloisons de bambou tressé, toit de paille et hamac sur le balconnet est toujours aussi séduisante. Douche (eau froide), ventilo posé dans un coin. Quatre nouveaux chalets climatisés, ce qui nous amène à nous demander combien de temps nos petites cabanes tiendront devant l'obsession du confort standard. Petit resto, accueil familial. Une vraie bonne adresse.

De prix moyens à beaucoup plus chic (de 700 à plus de 3 000 Bts – 14 à plus de 60 €)

Relax Bay – รีแล กซ์เบย์ *(plan, 16)* : entre les plages de Phra-Ae et Khlong Khoang. ☎ 684-194. Fax : 684-196. • www.relaxbay.com • Fermé de juin à octobre. Charmant complexe de bungalows sur pilotis, noyés dans une végétation soignée et s'étageant sur une colline ou sur une petite plage paisible. Depuis le spartiate avec ventilo et douche froide à 700 Bts (14 €) jusqu'aux chambres VIP/AC à plus de 4 000 Bts (80 €) en *peak season*, il y a de nombreux niveaux de prix. Parfait pour se la jouer un poil chic sans perdre en atmosphère, comme sur ces belles et spacieuses terrasses privées, idéales pour l'apéro ! Management français. Cuisine de qualité servie sous une paillote. Réserver en haute saison.

LE SUD

Où manger ? Où boire un verre ? Où sortir ?

Faim de Loup – แฟ ง เคอะ ลูฟ *(plan, 32)* : sur la gauche en venant de Ban Saladan. ☎ 684-525. Ouvert de 7 h 30 à 17 h 30. Fermé en juillet et août. Maison un peu en retrait, avec une sympathique terrasse couverte. Tenu par Serge, un jeune pâtissier bordelais, et sa femme Pat. Tables nappées aux motifs écossais. Délicieuses viennoiseries, sandwichs, quiches, tartes salées ou sucrées... Idéal pour des petits déjeuners et des goûters de qualité !

Wee's Pizzeria et Funky Fish – วีพิท ซ่าเรียเอฟังกีฟิช *(plan, 33)* : par l'allée qui mène au *Lanta Sandy Beach* (voir « Où dormir ? »). Posés sur le sable, ombragés sous les pins, ces deux établissements travaillent main dans la main : à *Wee's* la nourriture, à *Funky* les boissons. Pizzas et pasta pas trop chères et « surprenamment » bonnes. Également des plats thaïs et occidentaux, comme d'habitude. Glaces, jus frais. Cocktails sympa. Bonne programmation musicale. Plates-formes où l'on mange et boit à la romaine, tables en osier ou bois posées sur la plage. Bien cool tout ça, sans compter les beaux couchers de soleil...

Opium – โอเปียม *(plan, 40)* : en plein milieu du village. Une maison blanche au-dessus de la route, à laquelle on aurait enlevé portes et fenêtres. Esthétiquement réussi, un peu branché, sans ostentation. Un rendez-vous des fêtards de l'île. House, soul et reggae.

Reggae House – เร็กเก้เฮ้าท์ *(plan, 41)* : sur la plage. On y célèbre évidemment Bob et ses acolytes, toujours très populaires dès qu'il y a du sable et des cocotiers. Organise régulièrement des festivals.

LES PLAGES DU SUD

Plus l'on va vers le sud, plus les plages sont sauvages et calmes. C'est d'ailleurs dans cette partie de l'île que se trouvent les hôtels les plus chic. Si la route est bitumée jusqu'à l'hôtel *Pimalai*, une piste rude joue les prolongations au-delà de Ao Nui, transformant les motards en Peaux-Rouges en moins de 5 mn.

Dans le village de ***Khlong Nin*** (au niveau de l'intersection avec la route menant à Lanta Town), on trouve des agences de voyages, loueurs de motos, connexions Internet, distributeurs, des petits bouis-bouis et des épiceries dont une *(7/Eleven)* est ouverte 24 h/24.

Sur la plage du même nom, plusieurs ***bars-terrasses*** *(plan, 42)*, donnant sur la mer, militent côté reggae, rap, trance ou tout en même temps. Une *Full Moon Party* vient faire vibrer cette plage une fois par mois.

Où dormir ? Où manger ?

Toutes les adresses citées disposent d'un restaurant. Pour varier les plaisirs, se mélanger aux habitants, faire un tour dans les petites agglomérations et s'attabler à une gargote. Soupes de nouilles, poulet grillé aux épices, beignets de bananes. Petits prix mais maxi-goût !

Prix moyens (de 500 à 1 000 Bts – 10 à 20 €)

Where Else – แ วร์เอ็ลส์ *(plan, **17**) :* sur Khlong Khoang Beach. ☎ 01-536-48-70 (portable). Ouvert toute l'année. Cabanes de bambou avec salles de bains à l'air libre. Les prix varient du simple au double selon la taille, la finition et la situation. Celles de l'arrière sont carrément démantibulées ! Accueil discret et gentil. Bar-resto.

Lanta River Sand Resort – ลันตาริเวอร์แ ซนด์รีสอร์ท *(plan, **18**) :* à l'extrémité sud de la plage de Khlong Khoang. ☎ 697-296 et 01-476-01-65 (portable). • lantariversand@hotmail.com • Une trentaine de huttes d'aspect primitif, mais coquettement aménagées et tournées vers la mer. Douche froide, w.-c., ventilo et moustiquaire. Resto sous la paillote avec de bonnes spécialités thaïes et un délicieux curry. Excellent accueil. Le prix des chambres semble toutefois surestimé.

Baan Phu Lae – บ้านภูเลย์ *(plan, **19**) :* Mai Phai Bay ; la dernière plage avant le cap sud. ☎ 01-201-17-04 (portable). • www.baanphulae.net • On aime bien cette adresse où, donnant directement sur la plage, une dizaine de bungalows ventilés avec salle de bains sont bien intégrés au paysage rocailleux. Parois de bambou tressé, lits en grosse section du même végétal et tresses au sol. Simple et net. Quelques chambres climatisées de l'autre côté de la piste, beaucoup moins charmantes et à prix « un peu plus chic ». Bar-resto sur la plage. Bonne cuisine, large choix. Plates-formes garnies de coussins, hamac et musique adéquate. Accueil cool des jeunes patrons.

De prix moyens à plus chic (de 700 à 1 500 Bts – 14 à 30 €)

Dream Team Resort – ดรีม ทีมรีสอร์ท *(plan, **20**) :* ☎ 618-104. • nongwind@hotmail.com • Entre Khlong Nin Beach et Kantiang Bay. Ouvert toute l'année. Certes, on préfère les bungalows d'architecture traditionnelle à ces constructions tout en dur alignées dans une nature régentée. Pourtant, propreté parfaite, murs couverts de pierre et d'ardoise, piscine, jardin, bon resto (pas cher) et accueil familial sans défaut sont les nombreux atouts de cette adresse qui conviendra, par exemple, aux familles cherchant un confort standard. Choix entre ventilation et climatisation (+ TV et frigo). Eau chaude et terrasses partout. Petit dej' inclus. Pas de baignade ici (rochers), mais une navette gratuite vers la magnifique baie d'Ao Kantiang ou la crique d'Ao Nui ainsi que vers Ban Saladan. Minimarché, accès Internet, location de véhicules figurent sur la longue liste des services disponibles.

Plus chic (de 1 500 à 3 000 Bts – 30 à 60 €)

Anda Lanta Resort – *แอนด้าลันตารีสอร์ท (plan, 21)* : Khlong Jaak Bay. ☎ 607-555. • www.andalanta.com • Bungalows de différents styles au milieu des cocotiers et des bougainvillées. De la hutte améliorée (certaines ont même une chambre sous les combles pour les enfants) au bungalow en dur luxueux avec douche chaude et AC, tout est tenu avec beaucoup de rigueur et de soin. Le patron, Mr Pornsmith, est non seulement pro mais aussi très commerçant : vous pouvez négocier les prix. Resto et bar. À 40 mn à pied des chutes d'eau... et sur une plage magnifique !

➤ LANTA TOWN ET LA CÔTE EST

Bordée de mangroves et d'une mer peu profonde, la côte orientale de Ko Lanta, quasi vierge de développement touristique, ne permet pas la baignade. Le voyageur curieux, soucieux de varier les plaisirs, y découvrira une charmante bourgade genre *far-west* et, à sa pointe sud, de très beaux panoramas.
Lanta Town, un cocktail sino-musulman bien pacifique, déroule une belle rangée de maisons de bois dans sa rue principale, qui démarre depuis le rond-point faisant face à la jetée.

Où manger ?

Kroua Lanta Yai – *ร้านอาหารครัวลันตาใหญ่ (plan, 34)* : à l'extrémité gauche de la ville quand on regarde la mer. ☎ 697-062. Au premier plan, une coquette cabane et une terrasse déjà bien sympa. Mais le patron vous dirigera sûrement vers une plate-forme sur pilotis rejointe par une passerelle. Là, à l'intérieur d'une mangrove aérée, entouré d'indigènes, le dépaysement gagne le voyageur. Cuisine simple et délicieuse à prix local.

Où manger dans les environs de Lanta Town ?

Sunshine Restaurant – *ร้านอาหาร ซันชายน์ (plan, 35)* : 1 km avant d'arriver au village des gitans de la mer. Côté mer, cette terrasse rustique offre un superbe point de vue sur les basses terres et mangroves, la mer et les îles de Ko Kluang et Ko Bubu. Petits plats et boissons.

Sur la route transversale de l'île, avant de descendre sur Lanta Town, plusieurs petits ***restos panoramiques*** *(plan, 36)* accrochés à la pente. Plats thaïs à prix veloutés, boissons fraîches, etc. Le rendez-vous des esthètes. Par contre, pas de coucher de soleil : ça se passe de l'autre côté !

À voir. À faire sur l'île

Ko Lanta Marine National Park – อุทยานแห่ง ชาติทางทะเลหมู่เกาะลันตา *:* ☎ 629-018. Entrée : 200 Bts (4 €). Le QG du parc, un sentier d'exploration et des tentes pour l'hébergement (300 Bts, soit 6 €, pour 6 personnes maximum) se situent à la pointe méridionale de l'île, proche d'un phare très photogénique et de plages rocailleuses. On vient ici pour explorer les reliquats de la forêt primaire qui recouvrait autrefois toute l'épine dorsale de Ko Lanta. De ce parc établi en 1990, 81 % des 132 km² sont en fait maritimes, protégeant les fonds autour de nombreux îlots.

La cascade de Khlong Jaak : l'une des excursions les plus courues (à pied, donc !) part de *Ao Khlong Jaak* à travers la jungle, pour rejoindre une petite chute d'eau. En tout, 2 h de trek gentil.

La grotte de Mai Kaeo – ถ้ำไหมแก้วใกล้หมู่บ้าน คลองนิน *:* suivre sur 1,5 km la route fléchée partant vers la droite quand on vient de Khlong Nin. Entrée : 200 Bts (4 €). Balade à travers une belle jungle avant d'entrer dans la grotte. Attention, pas d'habits du dimanche, vous reviendriez tout crottés ! La visite tourne rapidement à la spéléo lorsqu'il faut ramper dans des conduits de 1 m de diamètre. Possible de combiner avec un parcours à dos d'éléphant ou de faire une balade guidée dans la jungle, avec un cours de survie en milieu hostile à la clé.

Excursion vers la pointe sud (depuis Lanta Town) : un ruban de bitume s'y tord dans tous les sens en dépassant de petits hameaux. Parfois, de magiques panoramas où palmiers et cocotiers se dissolvent lentement dans les mangroves, en contrepoint d'îles tachant une mer bleu turquoise. Un peu avant le cul-de-sac, ***Ban Sang-Ga-U*** – หมู่บ้านชาวเลย์ (ชาวเลย์), village de gitans de la mer (*Chao'Le*), n'a rien de touristique ni de spectaculaire. Juste une rue étroite, parallèle à la mer et bordée de cabanes. Y aller avec réserve et respect pour les habitants, membres d'une ethnie fascinante qui n'a pas livré tous ses mystères. Suite au tsunami, le gouvernement a ordonné aux habitants de quitter les lieux. Ces déménagements forcés sous couvert de protéger les populations cachent souvent des manœuvres d'expropriation pilotées par des promoteurs immobiliers. Ici, peut-être pas mais, en tout cas, comme dans les autres villages gitans concernés par ces mesures, personne n'a bougé.

D'autres îles...

➢ ***Bubu Island*** – บูบูไอส์แลนด์ *:* à quelques encablures de la côte est de Ko Lanta. Presque un îlot, on fait le tour de Bubu Island en 15 mn ! Accessible depuis Lanta Town par bateau (200 Bts, soit 4 €, l'embarcation).

➢ ***Ko Jum*** – เกาะจำ *:* île pratiquement inhabitée, au nord de Lanta Yai. Parfois appelée Ko Pu. Les ferries voguant entre Krabi et Lanta font « escale » à Ko Jum. En fait, arrêt en pleine mer et transfert en *long-tail boat* jusqu'à l'île. Si vous avez déjà réservé votre bungalow, la traversée est gratuite.
Depuis Krabi, on peut aussi rejoindre le port de Laem Kruad via Nua Klong en *songthaew* (38 km en tout, 50 Bts, soit 1 €), puis embarquer dans un bateau longue-queue (départs à 13 h et 15 h ; 40 Bts, soit 0,8 €). Longue plage de sable blanc sur la côte ouest, où se concentrent les bungalows. À l'embarcadère de Laem Kruad, la sympathique responsable de *Laem Kruad First Tour* pourra vous renseigner et faire une résa sur l'île dont elle est originaire.

Plongée sous-marine, masques et tubas

Les moniteurs vous le diront : rien à voir autour de Ko Lanta ! Il faut donc mettre le cap sur les îles vierges du Sud – riches et peu fréquentées – ou bien cingler vers Ko Phi Phi pour se rincer l'œil.

Masques et tubas

➢ Une journée complète d'excursion s'impose pour découvrir, en bateau, petites îles et îlots environnants : ***Ko Rok, Ko Muk, Ko Cuek, Ko Hai*** – เกาะมุกเกาะรอกเกาะเชือกเกาะไห. *Snorkelling* au-dessus du corail, visite des grottes et mangroves, sans oublier une plage de rêve pour se remettre de ses émotions. Repas du midi inclus. Tous les bungalows effectuent des réservations pour ces excursions déclinées en 2 produits types : un cocktail de 4 îles à visiter en bateau « longue-queue », incluant toujours Ko Muk pour sa grotte d'émeraude et souvent Ko Hai pour la beauté de sa plage ; ou un aller-retour en *speed-boat* vers une île plus éloignée comme Ko Rok, deux fois plus cher. Enfin, il est possible de faire des excursions à la journée pour Ko Phi Phi.

Plonger

La plupart des clubs sont regroupés à Ban Saladan et proposent du matériel bien entretenu et des prestations correctes à prix justes, formations *PADI, CMAS* ou belles explorations encadrées. Les sorties ont généralement lieu à la journée (à cause de l'éloignement des sites) et comprennent 2 plongées et le « casse-croûte ». Compter dans ce cas-là entre 2 500 et 3 000 Bts (50 et 60 €). Également des croisières-plongées de 2 ou 3 jours.

■ ***Blue Planet Divers*** – ศูนย์ดำน้ำบลูพลาเน็ท **:** tourner à gauche dans la rue du port en venant de la route principale. ☎ et fax : 684-165. ☎ 01-370-13-03 (portable). • www.blueplanetdivers.net • Dirigée par Laurent, un Français. Certifié *PADI* 5 étoiles. Deux salles de classes dans des locaux immaculés, accès aux piscines des *resorts*, matériel dernier cri. Nouveauté, des cours d'apnée ; c'est une exclusivité en mer d'Andaman.

■ ***Ko Lanta Diving Center*** – ศูนย์ดำน้ำเกาะลันตา **:** sur la rue du port, avant *Blue Planet*. ☎ 684-065 ou 09-972-42-65 (portable). • www.kolantadivingcenter.com • Ce centre, là aussi nanti de 5 étoiles, est le seul de l'île à proposer la formation *CMAS* en plus du *PADI*. Super accueil. Instructeurs allemands (parlant l'anglais et pour certains le français) et organisation rigoureuse.

Nos meilleurs spots

Hin Daeng et Hin Muang – หินแดงและหินม่วง **:** deux sites très sauvages perdus au sud-ouest de Ko Lanta (4 h de traversée) et classés dans le « top 10 » des meilleures plongées au monde. Il s'agit de deux « cailloux » situés à quelques encablures l'un de l'autre et que l'on explore gentiment à une profondeur de 25 à 30 m. Attention, les courants y sont souvent forts ; aussi, seuls les routards-plongeurs confirmés pourront admirer le spectacle, et quel spectacle ! Les rochers sont littéralement recouverts de coraux mous et durs, gorgones, éponges, anémones et oursins monstrueux ; un véritable jardin de couleurs (visibilité de 10 à 30 m) où batifolent de mignons poissons-clowns sous l'œil vif d'une murène tachetée style panthère. Éblouissement total !

Ko Rok – เกาะรอก **:** deux îlots vierges au sud de Ko Lanta (2 à 3 h de trajet). Plongée délicieuse pour hommes-grenouilles de tous niveaux (20 m maxi), dans une eau souvent limpide. Dès l'immersion, on observe les couleurs flamboyantes des poissons de récif qui louvoient entre de beaux coraux durs. Parfois, une tortue inattendue survole gracieusement ce tableau idyllique !

***Ko Ha* – เกาะห้า :** un minuscule archipel de cinq îles vierges au sud-ouest de Ko Lanta (2 h de traversée). Le spot (de 10 à 30 m max.) est réputé pour ses grottes amusantes à explorer (lampe-torche obligatoire). Les plongeurs novices trouveront leur bonheur – à l'extérieur – parmi les coraux et poissons de récifs multicolores. Parfois une tortue ou un requin-léopard parachèvent l'enchantement. Pour plongeurs de tous niveaux. *Snorkelling* possible.

À Ko Phi Phi : voir « Nos meilleurs spots à Ko Phi Phi ».

TRANG – ตรัง

IND. TÉL. : 075

Hormis ses *tuk-tuk* rétros rigolos et un grand choix de cafés, la ville – très vivante – ne présente pas grand intérêt. Cette capitale de la province du même nom constitue seulement l'étape obligatoire pour ceux qui se rendent dans les petites îles plantées à l'ouest de la côte (certaines appartiennent au parc national de *Had Chao Mai*). Quasi vierges jusqu'il y a peu, ces îles sont désormais en plein essor : elles remportent un franc succès auprès des routards amateurs de calme, de beauté et d'authenticité.
Le TAT (office de tourisme) dispose d'un bureau en ville (Thanon Ruenrom, à 200 m de la tour de l'horloge, ☎ 215-867) qui ne vous sera d'aucune utilité (peu de doc, pas d'horaires, anglais ignoré...). Pour organiser un voyages vers les îles, mieux vaut s'adresser à l'une des agences de voyage groupées devant la gare ferroviaire (tout comme la poste, les banques, etc.). Ceux qui lisent l'anglais pourront consulter le site • www.trangonline.com •, qui fait le plein d'informations utiles.

Arriver – Quitter

En bus

Gare routière de Trang : ☎ 210-455 et 218-718.
➢ ***Krabi :*** toutes les heures jusqu'en fin d'après-midi. Durée : 2 h (130 km).
➢ ***Phuket :*** départ toutes les heures de 7 h à 18 h. Entre 4 et 5 h de route (310 km). Bus aussi pour Phang Nga.
➢ ***Hat Yai :*** bus ordinaires toutes les 45 mn, de 6 h à 16 h 30 environ. Compter 3 à 4 h de trajet (150 km).
➢ ***Bangkok :*** 5 liaisons par jour en bus AC et VIP. Les bus les moins chers partent à 16 h 30 et 17 h 30. Au moins 15 h de route. Entre 450 et 900 Bts (9 à 18 €).

En train

Gare ferroviaire de Trang : ☎ 218-012.
➢ ***Bangkok :*** 2 trains par jour. Depuis Bangkok, départs à 17 h 05 et 18 h 20, arrivée en matinée. Depuis Trang, il y a le rapide de 13 h 45 et l'*Express* de 17 h 30. Ils mettent environ 16 h au total et desservent notamment les gares de *Surat Thani (Ko Samui), Chumphon, Hua Hin* et *Nakhon Pathom*. Entre 400 et 1 000 Bts (8 et 20 €), avec ou sans couchette.

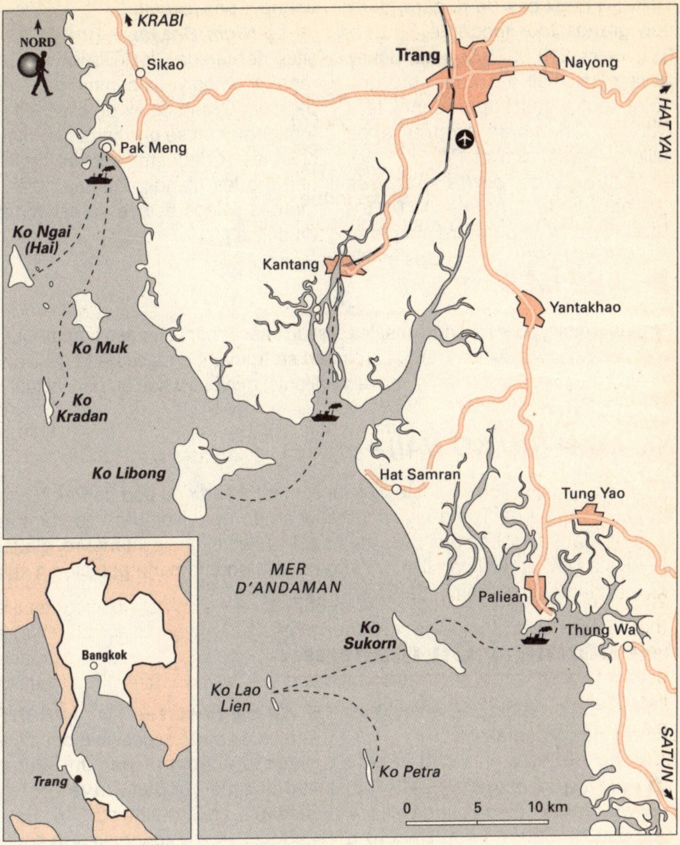

TRANG ET LES ÎLES

En avion

✈ ***Aéroport de Trang :*** ☎ 218-066 (infos).

➢ ***Bangkok :*** *Thai Airways* assure 1 vol quotidien et *Nok Air* 1 vol également (durée : 1 h 30).

Où dormir ? Où manger ?

De bon marché à prix moyens (200 à 650 Bts – 4 à 7 €)

***PJ Guesthouse* – พีเจ เกสท์เฮ้าท์ :** faire 100 m à droite en sortant de la gare ferroviaire. ☎ 217-500. Hébergement typiquement routard. Chambres étriquées et parfois sans fenêtre, avec salle de bains à partager. C'est modeste mais tenu avec soin par la patronne. Non seulement cette dernière parle bien l'anglais (c'est rare à Trang !), mais elle organise la visite des îles et le transfert vers Ko Lanta en minibus, ainsi que bien d'autres prestations.

***Thumrin Hotel* – โรงแรมธรรม**

รินทร์ : à deux pas de la gare, dans une grande tour moderne. ☎ 211-011. Fax : 218-057. Si vous devez passer une nuit à Trang, ce grand hôtel tout à fait impersonnel fera l'affaire. Chambres propres avec salle de bains, clim' et TV.

|◉| Multitude de *petits marchés* aux abords de la gare – ตลาดเล็กๆ ริมสถา นีรถไฟ : nourriture simple et bonne à prix locaux.

|◉| *Le Night Bazaar* – ไนท์บาร์ ซ่าร์, situé derrière la Clock Tower, est un régal pour les yeux comme pour les papilles. Grand choix de brochettes à grignoter en se promenant et plats cuisinés à déguster sur les tables derrière les stands. Goûtez notamment la salade épicée de calamars, un délice !

➤ LES ÎLES

Le plus simple, pour rejoindre les îles, est de passer par l'une des nombreuses agences de voyages de Trang. La plupart se trouvent en face de la gare des trains. Leurs services et tarifs sont équivalents, minibus jusqu'au port inclus.

KO NGAI (OU KO HAI) – เกาะไหง

🏃🏃 C'est l'île que l'on atteint le plus facilement à partir du port de Pak Meng, 35 km à l'ouest de Trang en *songthaew* ou en bus. Nombre important de liaisons maritimes. Le trajet dure moins d'1 h. Petite jungle intérieure, plages de rêve à l'est et récif corallien au large ; voilà pour la carte postale ! A subi les tourments du tsunami, mais tout a été réparé.

Où dormir ? Où manger ?

⛺ Camping possible : se renseigner auprès des rangers.

🏠|◉| *Ko Hai Villa* – เกาะไหงวิลล่า : au nord de la plage. ☎ 210-496. ● www.krabidir.com/kohngaivilla ● Compter de 500 à 1 000 Bts (10 à 20 €). Le moins cher de l'île. Huttes en bambou, chambres *seaview* et bungalows en dur. Tenu par une famille de pêcheurs locaux. Ambiance sympathique, mais on nous signale des problèmes d'hygiène. Bon resto.

🏠 *Ko Hai Resort* – เกาะไหงรีสอร์ท : le plus au sud ; accessible depuis la plage précédente par un sentier rocailleux ou des navettes de bateaux. ☎ 206-924 ou 518. Fax : 206-925 ● www.kohngairesort.com ● Bien plus chic que le *Ko Hai Villa*, d'autant qu'il venait d'être rénové quand la vague a frappé : de 1 800 à 5 000 Bts (36 à 100 €). Décor de carte postale en prime. Fait aussi club de plongée.

KO MUK – เกาะมุก

Embarquement à Pak Meng (traversées assez fréquentes, 40 mn de navigation) pour ce petit bout de paradis, réputé pour ses coraux intacts et somptueux (que les *snorkellers* se réjouissent !). Plages ravissantes sur la côte ouest, d'où l'on voit Ko Kradan. La principale attraction est une sorte de tunnel nommé *Tham Morakhot* – ถ้ำมรกต (grotte d'émeraude) qui s'ouvre à l'ouest et à marée basse, pour conduire à une grande piscine de couleur bleu émeraude (évidemment !). Le village et le port se trouvent à l'est de l'île, où les plages ne sont pas idéales pour la baignade.

Où dormir ?

Bon marché (moins de 500 Bts – 10 €)

Farang's Beach Resort – ฝรั่งบีชรีสอร์ท **:** surplombe la superbe plage de Had Farang, sur la côte ouest. Offre les hébergements les moins chers ; on peut même y planter sa tente au milieu des cocotiers.

Ko Muk Resort – เกาะมุกรีสอร์ท **:** ☎ 212-613. Nuitée de 250 à 400 Bts (5 à 8 €). Bien tenu et populaire mais sur la côte est, à 3 km des belles plages que l'on doit rejoindre à pied ou en taxi-moto.

KO KRADAN – เกาะกระดาน

Traversée avec escale à *Ko Muk* pour atteindre cette jolie petite île allongée. Cocotiers et hévéas sur la terre ferme et magnifiques coraux sous la mer. Une bonne occasion de chausser les palmes ou de lézarder sur les plages de sable blanc (souvent très sales, hélas). Chaque année, à la Saint-Valentin, des couples d'Asiatiques viennent s'y marier sous l'eau, en costume de plongeurs !

Pour y séjourner, un seul choix : le ***Ko Kradan Paradise Beach*** – เกาะกระดานพาราไดซ์บีช **:** ☎ 211-391. ● www.kradanisland.com ● Compter de 800 à 1 200 Bts (16 à 24 €) la nuit.

KO LIBONG – เกาะลิบง

Embarquement au port de Kantang (au sud de Trang ; accès en train, bus ou *songthaew*), pour la plus vaste des îles du coin. Elle abrite des espèces d'oiseaux spectaculaires et possède de très beaux coraux, où les gentils et respectueux amateurs de *snorkelling* s'en donneront à cœur joie. Quelques tortues vertes signalées de temps en temps et, plus rarement encore, des lamantins *(dugong)* débonnaires attirés par les champs d'algues alentour. Les légendes locales attribuent à leurs larmes le pouvoir de rendre amoureux. Venir impérativement avec son (sa) routard(e).

Nuits (très chaudes, donc !) au ***Libong Beach Resort*** – ลิบงบีชรีสอร์ท. ☎ 225-205. ● libongbeach@hotmail.com ● De 350 à 1 200 Bts environ (7 à 24 €). Ou encore au ***Libong Nature Beach Resort*** – ลิบงเนเชอร์บีชรีสอร์ท (☎ 219-585). Entre 400 et 1 800 Bts (8 et 36 €).

KO SUKORN – เกาะสุกร

Embarquement au port de Paliean (à 50 km au sud de Trang, en bus ou en *songthaew*) pour cette île aux allures de carte postale.

– Excursions quotidiennes pour les îles ***Ko Petra*** – เกาะเภตรา et ***Ko Lao Lien*** – เกาะเหลาเหลียง, à quelques encablures au sud-ouest.

Où dormir ?

Sukorn Beach Bungalow – สุกรบีชบังกาโล **:** réservation à Trang, au 22 Sathani Rd, à proximité de la gare. ☎ et fax : 211-457 ou 207-707.

• www.sukorn-island-trang.com • Plusieurs types de bungalows de 600 à 1 900 Bts environ (12 à 38 €), petit dej' compris, nichés dans une plantation de cocotiers au bord de la mer.

HAT YAI (HAD YAI) – หาดใหญ่

IND. TÉL. : 074

Ville moderne et cosmopolite, la 3e du pays par sa population, Hat Yai est une étape extrêmement vivante sur la route de Malaisie. Elle dégage une atmosphère typiquement asiatique, avec sa circulation grouillante. Pour l'anecdote, Hat Yai est pompeusement surnommée dans les revues publicitaires « Le petit Paris du sud de la Thaïlande » (faut tout de même pas exagérer !). Nous, ça nous fait plutôt penser à un immense bazar où l'on vend et achète de tout. Une ville calquée sur le modèle chinois : moderne, bien rangée, essentiellement commerçante et gagnée tout entière par la fièvre du shopping !

Très musulmane dans l'âme, elle se distingue aussi par une importante communauté de Chinois aux affaires pas toujours claires... C'est ici que les Malais et Singapouriens viennent « s'encanailler ». Pas mal de grandes surfaces à l'occidentale, de bars plus ou moins louches et des salons de massage à chaque coin de rue ! Il ne faut pas manquer de vous rendre aux superbes chutes d'eau de *Ton Nga Chang* (« défenses d'éléphant »). À l'ouest de Hat Yai, on peut aussi embarquer depuis Pakbara pour le parc maritime de Ko Tarutao : ensemble de cinq îles magiques et encore peu fréquentées (voir le chapitre suivant).

UN SUD EN ÉBULLITION

Attention : ne pas confondre ce que nous appellerons « l'extrême sud-est » (Yala, Narathiwat...) avec Hat Yai et les îles du parc de Tarutao, où vous ne courez aucun danger.
Depuis quelques années, la région de Hat Yai est frappée par de nombreux attentats directement liés aux troubles d'origines religieuse et ethnique qui affectent le sud de la Thaïlande. Toutefois, l'essentiel de ceux-ci se concentrent dans les trois provinces de l'extrême Sud : Yala, Pattani et Narathiwat. Ce Sud profond, peuplé à 90 % de musulmans sunnites, est ethniquement plus malais que thaï. Les habitants y parlent un dialecte spécifique et Pattani fut longtemps le siège d'un sultanat transfrontalier, avant que la Malaisie ne devienne anglaise au début du XXe siècle. Il conviendra donc de se renseigner avant de visiter ou de choisir l'extrême sud-est pour transiter par voie terrestre entre la Malaisie et la Thaïlande.

Où faire prolonger son visa ?

Si votre visa arrive à expiration, vous pouvez le faire prolonger au poste-frontière de *Padang Besar*. Passez dans un sens, puis dans l'autre, les douaniers ont l'habitude. Vous obtiendrez (gratuitement) un mois supplémentaire. Pour *Padang Besar*, bus fréquents du terminal des bus ordinaires ou taxis collectifs (départ des minibus près de la *Clock Tower*) ; ces derniers vous déposent juste devant le poste-frontière.

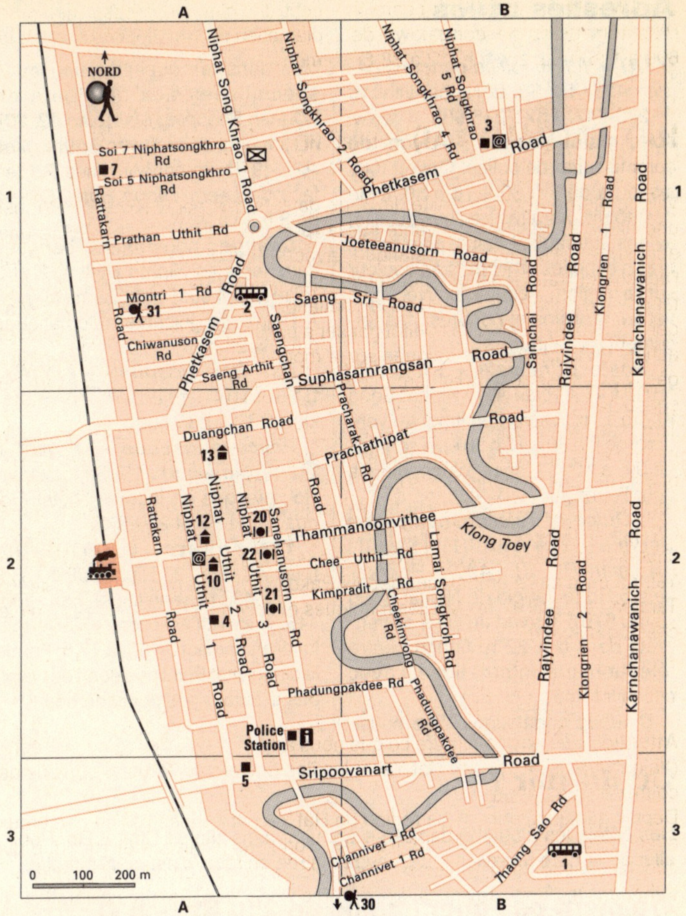

HAT YAI

Adresses utiles

- TAT
- Poste principale
- Gare ferroviaire
- 1 Terminal des bus climatisés
- 2 Terminal des bus ordinaires
- Owen Tours
- 3 Office of Telecommunication Service
- 4 Thai Airways et Minibus Aéroport
- 5 Police touristique
- 7 Hat Yai Hospital

Où dormir ?

- 10 Cathay Guesthouse
- 12 Laem Thong Hotel
- 13 Asian Hotel

Où manger ?

- 20 Échoppes de l'Odean Shopping Mall
- 21 Konam Tea Shop
- 22 Tara Seafood

À voir

- 30 Les maisons de serpents
- 31 *Songthaew* pour les chutes de Ton Nga Chang

Adresses utiles

■ ***TAT*** *– ท.ท.ท. (office de tourisme ; plan A2)* **:** 1/1 Soi 2, Niphat Uthit 3. ☎ 243-747. Fax : 245-986. ● www.songkhlatourism.org ● À côté du commissariat de police. Ouvert tous les jours de 8 h 30 à 16 h 30. Liste des hôtels, horaires des bus publics, avions, bateaux et trains, plan assez précis et belles brochures en couleur sur la région. Accueil motivé, mais vérifier les infos et horaires, pas forcément mis à jour.

✉ ***Poste principale*** – ที่ทำการไปรษณีย์กลาง *(plan A1)* **:** Niphat Song Khrao 1 Rd. Ouvert du lundi au vendredi de 8 h 30 à 16 h 30 et le samedi, de 9 h à 12 h. Lignes téléphoniques pour l'étranger.

■ @ ***Office of Telecommunication Service*** – สำนักงานบริการโทรคมนาคม *(plan B1,* ***3****)* **:** 490/1 Phetkasem 5 Rd (à l'angle de Niphat Song Khrao 5 Rd). Ouvert du lundi au vendredi de 8 h à 22 h. Grand centre téléphonique international, avec accès Internet.

@ D'autres connexions Web possibles dans les quelques boutiques spécialisées aux alentours de l'*Odean Shopping Mall (plan A2,* ***20****)*, notamment chez ***Owen Tours*** *(plan A2)*, 49 Thammanoonvithee Rd, en face du *Laem Thong Hotel*. Ouvert de 8 h 30 à 22 h.

■ ***Change :*** nombreuses banques dans les rues Niphat Uthit 1, 2 et 3 *(plan A2)* et sur Phetkasem Rd *(plan A-B1)*, avec guichets automatiques ouverts 24 h/24.

■ ***Hat Yai Hospital*** – โรงพยาบาลหาดใหญ่ *(plan A1,* ***7****)* **:** Rattakarn Rd. ☎ 230-800.

■ ***Police touristique*** – ตำรวจท่องเที่ยว *(plan A3,* ***5****)* **:** 1/8 Sripoovanart Rd ; presque en face de l'hôtel *Florida*. ☎ 11-55 et 230-972.

■ ***Thai Airways*** – สายการบินไทย *(plan A2,* ***4****)* **:** 180 Niphat Uthit 1 Rd. ☎ 233-433 (réservations). Fax : 230-445. ● www.thaiair.com ● Ouvert du lundi au samedi de 8 h à 17 h. Fermé le dimanche. Point de départ des minibus et limousines pour l'aéroport.

Où dormir ?

Nos hôtels les plus abordables se trouvent dans Niphat Uthit 2 Rd. Pour y aller de la gare ferroviaire, descendez la rue en face, c'est la 3e à droite.

Vraiment pas cher (moins de 250 Bts – 5 €)

■ ***Cathay Guesthouse*** – คาเธ่ย์เกสท์เฮ้าส์ *(plan A2,* ***10****)* **:** 93/1 Niphat Uthit 2 Rd. ☎ 243-815. Une *guesthouse* à l'ancienne ! On dirait un entrepôt désaffecté reconverti en dortoir. Chambres simples et doubles au confort rudimentaire (ventilo seulement), avec douche froide et w.-c. à la turque dans certaines. Propreté limite, aspect minable, mais cet hôtel peut encore rendre quelques services aux fauchés. Attention, souvent complet. Agence de voyages au rez-de-chaussée. Billets pour les îles ainsi que pour la Malaisie.

Bon marché (de 250 à 500 Bts – 5 à 10 €)

■ ***Laem Thong Hotel*** – โรงแรมแหลมทอง *(plan A2,* ***12****)* **:** 46 Thammanoonvithee Rd. ☎ 352-301. ● laemthonghotel@yahoo.com ● Guère plus cher que la *Cathay Guesthouse* mais nettement moins lugubre. Chambres assez spacieuses, un peu décrépites mais avec ventilo ou AC, télé et salle de bains, le tout en état de fonctionnement. Choisissez en tout cas une chambre qui ne donne pas sur la rue, très bruyante. Accueil quelconque et déco ultrakitsch, à la chinoise.

Un peu plus chic (de 1 000 à 1 500 Bts – 20 à 30 €)

Asian Hotel – โรงแรมเอเชียน *(plan A2, **13**) :* 55 Niphat Uthit 3 Rd. ☎ 353-400. Fax : 234-890. • www.asianhotel-hatyai.com • Dans un hôtel mastodonte (presque 200 chambres !), des chambres spacieuses et confortables. Frigo, AC, TV et téléphone sont de série, tout comme l'excellente tenue générale d'ailleurs. Déco chinoise pas piquée des vers. Service impeccable et stylé. Resto-karaoké.

Où manger ?

On a l'embarras du choix à Hat Yai. Beaucoup de restos chinois excellents. Les deux rues où se trouvent le plus de restos sont Thammanoonvithee Rd, qui mène à la gare, et Niphat Uthit 3 Rd.

Bon marché (moins de 100 Bts – 2 €)

Odean Shopping Mall – ศูนย์การค้าโอเดียน *(plan A2, **20**) :* 79/7 Thammanoonvithee Rd. Ouvert tous les jours de 9 h 30 à 21 h (22 h le week-end). Grand magasin genre *Galeries Lafayette*. Pas mal de bonnes affaires. Au 5e étage, immense salle remplie de petites ***échoppes*** qui proposent de bonnes spécialités thaïes et chinoises (l'occasion de goûter à la *tom yam soup* ou à la *nooddle soup with seafood*). Glaces et jus de fruits complètent le tout. Bon rapport qualité-prix.

Konam Tea Shop – ร้านคอหน่ำที *(plan A2, **21**) :* Niphat Uthit 3 Rd. Ouvert de 6 h à 11 h et de 16 h à minuit. Cantoche animée, bonne et pas chère, spécialisée dans les raviolis chinois cuits à la vapeur dans de petits paniers. Qu'ils renferment crevettes, poulet, bœuf ou légumes, les raviolis sont généreux et délicieux. Assez différents toutefois de ceux qu'on mange à Pékin. Nombreux autres restaurants à vapeur dans la ville.

Tara Seafood – ธาราซีฟู้ด *(plan A2, **22**) :* Thammanoonvithee Rd (angle Sanehanusorn Rd). Suivez l'odeur de la marée ! Dans ce resto ouvert, large choix de plats thaïs avec, en vedette, des fruits de mer bien frais et simplement mitonnés. Également de bons assortiments de riz sauté (bœuf, poulet, porc...) et nouilles à prix veloutés.

Grand marché avec restos ambulants à côté de la *Clock Tower* – ตลาดใหญ่มีรถขายอาหารที่อยู่ข้างหอนา ฬิ กา. Belle ambiance grouillante et authentique.

À voir

Les maisons de serpents – ร้านอาหารบ้านงู *(hors plan par A-B3, **30**) :* Channivet Soi 3 (ou Jannivet) et Tungso Rd (rues perpendiculaires). L'unique plat à la carte de *Vichai Store, Kieng* et *Vichai Snake Shop,* c'est... le serpent ! Au menu : sang et entrailles de vipères, cobras et cobras royaux... Les Chinois en sont très friands, car selon eux, c'est excellent pour la santé et la virilité. Bien sûr, plus l'animal est dangereux, plus il est cher et recherché... Les cobras et autres ophidiens sont attrapés avec des perches, pour être pendus dans une espèce de cuisine ouverte aux yeux extérieurs. Ils sont ensuite ouverts vivants ! Il faut le sang (froid) de trois serpents pour faire un demi-verre (mais que fait la SPA ?). Le cocktail est ensuite allongé avec de l'alcool, la chair accommodée en soupe et la peau vendue au tanneur (rien ne se perd !).

Les combats de taureaux – การชนควาย ***:*** les combats entre animaux font partie de la tradition thaïe. Les anciens considéraient que ces affrontements témoignaient de la force d'esprit du propriétaire de l'animal. Avant que l'argent n'entre en compte, le vainqueur remportait des jarres d'alcool distillé, qu'il partageait avec le perdant. Aujourd'hui, les choses ont changé et les paris sont importants... Les taureaux d'ici ont une bosse, comme s'ils avaient été croisés avec des zébus. Ils suivent des régimes de champions : à l'aube, jogging sur la plage, copieux repas à base d'herbe fraîche et d'œufs, et grasse nuit à l'abri d'une moustiquaire ! Le combat est violent. La lutte s'interrompt lorsqu'un des adversaires cède et courbe l'échine. Les Thaïs invectivent les bêtes pour les rendre plus agressives. Il y a deux arènes à Hat Yai. Les combats ont lieu le 1er samedi du mois, sauf lorsque celui-ci est un jour férié. Renseignements et programme à l'office de tourisme (TAT).

Wat Hat Yai Nai – วัดหาดใหญ่ใน *(hors plan par A2)* ***:*** à 2 km à l'ouest du centre-ville (près du pont U-Taphao), par Phetkasem Rd. Un temple qui fait la fierté de la ville. Il abrite un impressionnant bouddha couché de 35 m de long et 15 m de haut, qui serait, paraît-il, le 3e géant du genre au monde...

DANS LES ENVIRONS DE HAT YAI

Ton Nga Chang Waterfall – น้ำตกต้นงาช้าง ***:*** à 20 km de Hat Yai, dans un parc national. Pour vous y rendre, prenez un *songthaew* (taxi collectif, environ 30 Bts, soit 0,6 €, par personne), dans Montri 1 Rd (près de la *Clock Tower* ; *plan A1,* ***31***). Compter 45 mn de trajet. Entrée : 200 Bts (4 €). Attention, le parc ferme vers 17 h.
Pour prendre le bon *songthaew,* demandez « Naam Tok (chute d'eau) Ton Nga Chang » ; on vous déposera directement dans le parc (comme les touristes sont peu nombreux, il faut attendre que la voiture soit pleine...). Extraordinaires chutes d'eau sur pas moins de sept niveaux, qui font songer à des défenses d'éléphant *(chang)* parce qu'elles coulent en deux colonnes. Sur les premiers niveaux, il y a un peu de monde car les Thaïs viennent s'y baigner (surtout le week-end). Dès qu'on attaque la jungle en suivant les chutes sur la droite, les visiteurs se raréfient, et vous vous retrouvez pratiquement seul. Il faut plus d'une heure pour monter jusqu'en haut, et sur les différents niveaux, des trous d'eau, genre bassin naturel, vous attendent pour piquer une tête (c'est pas le panard ?). Prévoyez pique-nique et maillot de bain. La jungle est superbe, et une indescriptible cacophonie envahit les lieux.

QUITTER HAT YAI

En train

Gare ferroviaire – สถานีรถไฟ *(plan A2)* ***:*** ☎ 243-705 et 246-267 (infos). Très active.

➢ ***Pour Bangkok :*** 5 départs par jour, dans l'après-midi. Durée du trajet : entre 14 et 17 h selon les trains. Compter de 450 à 1 400 Bts (9 à 28 €) ; les plus chers étant avec AC et couchettes. Ces trains desservent *Surat Thani, Chumphon, Prachuap Khiri Khan, Hua Hin* et *Nakhon Pathom*.

➢ ***Pour Sungai Kolok** (vers la côte est de la Malaisie) :* 1 *express* et 1 rapide à l'aube. Durée du trajet : 4 h.

➢ ***Pour Butterworth** (côte ouest de la Malaisie ; correspondance pour Penang) :* 1 *express* par jour tôt le matin ; 5 h de trajet. Le passage de la frontière se fait sans problème.

➢ ***Pour Kuala Lumpur** (sud-ouest de la Malaisie) :* 1 *express* chaque après-midi, à 14 h 50. S'arrête à Butterworth. Compter 14 h de trajet.

En bus

Pour les mêmes destinations, les bus se prennent soit au ***terminal des bus** (City Bus Terminal ; plan B3, **1**)*, soit à la station *(plan A1, **2**)* située près du marché sur Phetkasem Rd, non loin de la *Clock Tower*. Tous les bus démarrent du terminal principal et marquent ensuite un arrêt à l'autre station. Infos : ☎ 232-404.

➢ ***Pour Bangkok :*** 9 départs par jour (bus n°s 992 et 982), de 7 h à 20 h, dont 2 bus plus confortables (VIP) dans l'après-midi. Compter 14 à 16 h de trajet. Entre 550 et 830 Bts (11 et 16,6 €).

➢ ***Pour Phuket :*** départ toutes les 30 mn environ, de 7 h 30 à 13 h, puis un dernier à 21 h 30.

➢ ***Pour Ko Samui :*** 2 bus à 8 h et 10 h 40 du matin (bus n° 729). En tout, 7 h de trajet avec passage en ferry. Également 10 départs par jour, jusqu'à 16 h 30, pour *Surat Thani* (bus n° 490).

➢ ***Pour Krabi :*** 1 bus climatisé (n° 443) en fin de matinée. Les bus pour Phuket peuvent aussi s'y arrêter ; se renseigner. Durée : 5 h.

➢ ***Pour Trang :*** bus ordinaires orange (n°s 450 et 495) toutes les 45 mn environ, de 5 h à 16 h 45. Compter 3 à 4 h de trajet.

➢ ***Pour la Malaisie :*** seules les compagnies privées assurent la liaison. Renseignez-vous sur les horaires et réservez au moins la veille auprès d'une agence de voyages.

➢ ***Pour Butterworth et Penang :*** au moins 3 départs par jour, en car ou minibus AC. Environ 3 h 30 de trajet.

➢ ***Pour Singapour :*** au moins 1 départ par jour en bus AC. Compter 13 h de trajet.

➢ ***Pour Kuala Lumpur :*** au moins 1 départ par jour en bus AC (9 h de trajet).

En avion

✈ ***Hat Yai Airport :*** ☎ 251-008. Pour s'y rendre, les *songthaews* sont lents (prévoir environ 1 h 30 à cause des arrêts) mais restent les moins chers. *Thai Airways* propose un service de minibus au départ de leurs bureaux *(plan A2, **4**)*, un peu plus cher mais plus rapide. Jusqu'à 7 transferts par jour. ☎ 238-452. Sinon, taxi.

➢ *Thai Airways* assure 3 liaisons minimum par jour pour ***Bangkok,*** plus 1 vol quotidien pour ***Singapour.***

➢ *One-Two-Go* et *Nok Air* (compagnies *low-cost*) affrètent chacune au moins 2 vols quotidiens pour Bangkok.

ET PLUS AU SUD...

LE PARC MARITIME DE KO TARUTAO – ฤทยานแห่งชาติตะรุเตา

IND. TÉL. : 074

Cet archipel de 51 îles égrenées dans la mer d'Andaman à la frontière avec la Malaisie est une destination touristique en plein développement. Les routards en quête de plénitude, de nature et d'eaux azurées commencent à investir les lieux, en particulier l'île de Ko Lipe. Comme on les comprend ! C'est l'une des étapes les plus belles et reposantes de toute la côte sud ! Patrimoine mondial de l'Unesco, l'archipel a su, jusqu'à ce jour, préserver sa beauté sauvage et les nombreuses espèces animales résidentes contre les tentatives de développement anarchique. Évidemment, ni banque, ni petits commerces à l'intérieur de l'archipel (ou si peu). Penser à prendre de l'argent liquide et éventuellement quelques provisions avant d'embarquer au port de Pakbara (140 km à l'ouest de Hat Yai), où l'on peut aussi louer et acheter du matériel de camping – idéal pour bivouaquer sur Ko Tarutao, par exemple. Un gros coup de cœur pour cet endroit qui, espérons-le, saura encore longtemps passer au travers des gouttes... de béton.

Arriver – Quitter

Rejoindre Pakbara

➢ ***À partir de Hat Yai :*** prendre les minibus privés climatisés, en face de la gare ferroviaire. Départ toutes les heures de 6 h à 16 h 30 ; durée du trajet : presque 2 h. Très pratique. Le bateau attend en principe l'arrivée du bus de 9 h. Calculer en conséquence votre arrivée à Hat Yai (train ou bus de nuit). Autre moyen : le bus ordinaire (et pittoresque !) n° 732 au départ de la *Clock Tower*, toutes les heures environ, de 7 h à 16 h (3 h de trajet, bon marché). Lors de votre retour à Pakbara, vous n'aurez aucun mal à trouver un minibus, pick-up, taxi ou autre pour retourner à Hat Yai ou ailleurs.

➢ ***À partir de Trang :*** bus et *songthaews* au départ pour Langu. De là, des *songthaews* continuent jusqu'à Pakbara. Liaison directe grâce aux minibus des agences de voyages.

Et puis larguer les amarres !

Plusieurs liaisons par jour entre novembre et mai. Tous les bateaux partent de Pakbara Pier, sauf ceux à destination de Langkawi (en Malaisie), qui larguent les amarres de Tammalang Pier. Pour rallier les îles, vous aurez le choix entre le bateau ordinaire avec *Adang Sea Tour* (☎ 783-338) et le *speed-boat* avec *Satun Travel* (☎ 730-511). Pour quelques bahts de plus, l'agence *Andrew Tour* (☎ 783-459 ou portable ☎ 01-897-84-82) organise le transfert en minibus entre les principaux hôtels de Hat Yai et l'embarcadère principal.

Attention : les bateaux sont rarement ponctuels : la faute aux aléas météo et aussi, il faut l'avouer, à de fréquents retards à l'allumage. Toujours prévoir une bonne heure de battement par rapport aux horaires que nous indiquons. Les horaires et tarifs changent souvent sans préavis : se renseigner.

➢ ***Ko Tarutao :*** compter 1 h à 1 h 30 de trajet en bateau ordinaire et 30 mn en *speed-boat*. Pour le premier, un bateau à 11 h, puis un autre à 13 h 30 qui continue sur Ko Lipe. Retours vers 11 h et 12 h 30 tous les jours. Le *speed-boat* part quant à lui à 11 h 30 ; retour vers 10 h 30 ou 11 h. Dans les deux cas, on paie autour de 250 Bts (5 €) l'aller simple et 400 Bts (8 €) l'aller-retour.

➢ ***Ko Adang et Ko Lipe*** – เกาะหลีเป๊ะ–อาดัง ***:*** environ 3 h de navigation. Des bateaux se rendent tous les jours à 10 h 30 (via Ko Bulon) et 13 h 30 (via Ko Tarutao) sur ces deux îles. Ils n'accostent ni à Lipe ni à Adang : le transfert s'effectue en *long-tail boat*. Retours depuis Lipe à 9 h (via Tarutao) et 14 h (via Bulon). À partir de 500 Bts (10 €) le trajet simple, 900 Bts (18 €) avec le retour.

➢ ***Ko Bulon Lae*** – เกาะบุหลนเลย์ ***:*** lire plus bas le chapitre consacré à cette île.

➢ ***Entre les îles :*** il est possible de profiter des liaisons avec escales pour relier Lipe à Bulon (bateau à 14 h) ou Tarutao à Lipe (bateau vers 12 h et 14 h 30). En revanche, impossible de faire Tarutao-Bulon sans repasser par Pakbara ou par Ko Lipe.

– Pour débarquer et embarquer sur ces îles, il faut utiliser les *long-tail boats* : vous aurez à vous délester de quelques billets verts. Le prix va de 20 Bts (0,4 €) pour Tarutao à 40 Bts (0,8 €) pour Lipe. Tout ça pour quelques malheureux mètres !

➢ ***Vers Langkawi** (Malaisie)* ***:*** départ du port de Tammalang à 9 h, 13 h et 16 h. Retours vers la Thaïlande à 8 h 30, 12 h 30 et 15 h 30. Environ 250 Bts (5 €) l'aller simple.

Si vous avez raté le bateau

Pas de panique ! Il existe plusieurs bungalows et *guesthouses* pas loin de l'embarcadère. On signale notamment le ***Diamond Beach Resort*** – ไดมอนด์บีชรีสอร์ท, qui loue des bungalows en bois propres et assez confortables, plutôt bon marché. Ils font aussi resto et ont installé quelques tables sur une terrasse couverte qui donne sur la mer. Accueil familial et chaleureux. Si vous êtes un peu juste pour aller prendre le bateau, le patron vous y conduira sûrement en side-car ! Plages, hélas, très polluées.

Sinon, sur la route qui mène au quai, pas mal de petites épiceries où l'on conseille de faire quelques courses avant de cingler vers Ko Tarutao ou Ko Adang, où tout est plus cher. Également plusieurs stands de nourriture locale et des restos plus touristiques. On aime bien la cantoche des marins-pêcheurs, à droite près du quai. Plats variés, pas chers et simplement bons, à choisir dans des gamelles impeccables.

Quand y aller ?

Pendant la mousson, de mi-mai à début novembre, aucune liaison régulière avec les îles. Du fait des orages fréquents, peu de pêcheurs prennent la mer. D'ailleurs, à cette même période, les restaurants sont tous fermés. Le reste de l'année, pour échapper à la foule, éviter si possible les périodes de fêtes (toutefois, rien à voir avec Phuket ou Ko Phi Phi).

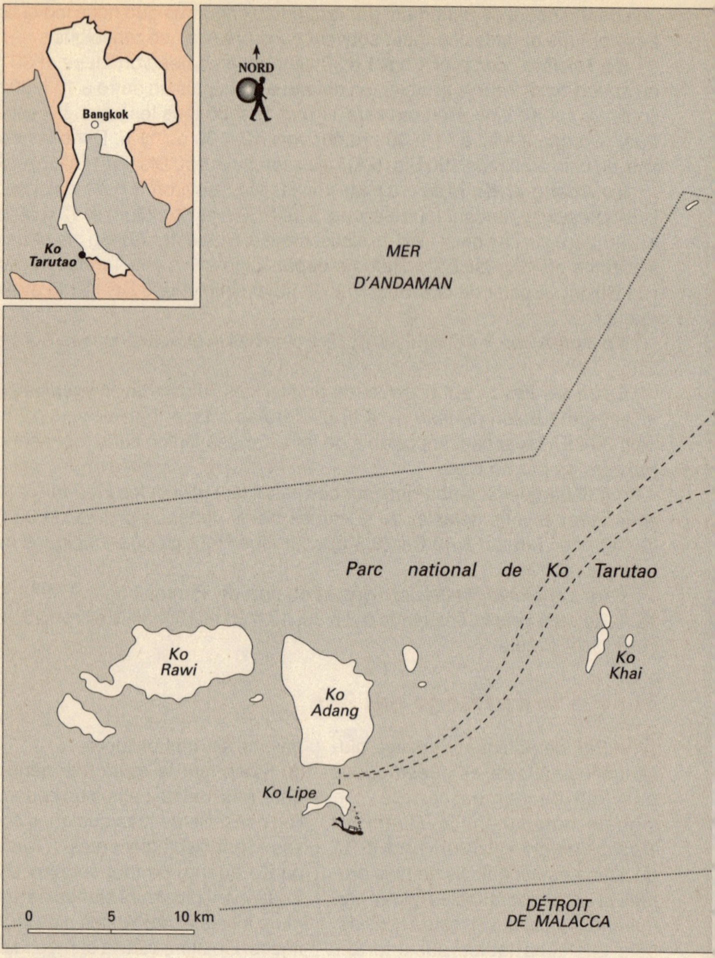

KO TARUTAO – เกาะตะรุเตา

Une mer bleu azur, du sable clair à perte de vue, une exubérante forêt vierge et ses bestioles sauvages ; et puis personne, personne sauf vous et une poignée d'autres curieux... Une illusion, nous direz-vous ! Pas tout à fait. Avec ses 26 km de long sur 11 km de large, Tarutao vous offre encore l'occasion de goûter à la grisante solitude des paradis perdus.

L'île du Diable

De tout temps refuge des pirates de la mer d'Andaman (qui sait s'il n'en reste pas un caché au détour d'un mauvais rêve ?), l'île de Tarutao servit de prison pour les grands criminels thaïlandais et de bagne pour opposants politiques

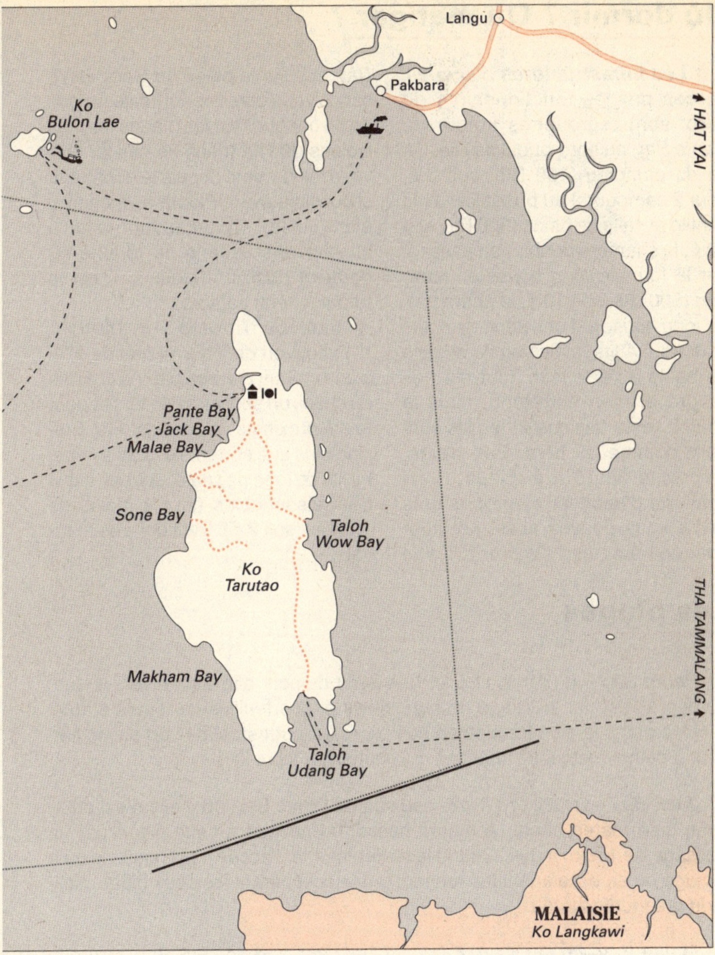

LE PARC NATIONAL DE KO TARUTAO

jusqu'en 1945. Aujourd'hui protégée de l'appétit des promoteurs, elle semble avoir l'éternité devant elle pour digérer ce lourd passé.

Adresse et info utiles

■ ***Administration Office :*** ☎ 02-562-07-60 (Bangkok) ou 783-485. Fax : 074-783-597. ● www.dnp.go.th ● Pour l'hébergement dans les parcs nationaux, voir la rubrique « Hébergement » dans les « Généralités » en début de guide. En cas d'urgence sur place, contacter la police de « sauvetage des touristes » (sic !) au ☎ 711-194.

– ***Droit d'entrée :*** 200 Bts (4 €), à payer à l'entrée du parc ; valable durant tout votre séjour sur les îles de l'archipel.

Où dormir ? Où manger ?

Les infrastructures d'accueil, gérées par les fonctionnaires du parc, sont regroupées autour de *Pante Bay,* au nord-ouest de l'île. Ça va du camping (150 Bts, soit 3 €, pour 2 campeurs) au bungalow avec ventilo et salle de bains (600 Bts, soit 12 €, la chambre double) en passant par la formule *long house* en bambou (500 Bts, soit 10 €, la chambre). La *long house* est une série de petits dortoirs à 4 lits, avec ventilo et salle de bains à l'extérieur. Tout est très propre et bien entretenu, mais le confort reste basique et les lits sont durs comme du bois. Eau froide, électricité de 18 h à minuit. Il est conseillé d'apporter sa propre tente (mais vous pouvez aussi en louer une, soit au *Head Quarter* à *Pante Bay,* soit sur la plage de *Sone Bay*), car ça vous offre l'opportunité unique de bivouaquer sur les plages les plus isolées de l'île (dans ce cas-là, prévoyez vos vivres depuis le continent, si possible avant Pakbara, le choix y étant limité). Certains vont jusqu'à bricoler une cabane de fortune ou dorment dans un hamac... C'est le retour à l'état sauvage !

Café de Tarutao – คาเฟ่เดอตะรูเตา *:* ouvert de 7 h à 14 h et de 17 h à 21 h. Vous n'aurez pas l'embarras du choix, un seul resto en tout et pour tout à proximité des bungalows. Cuisine plus que correcte et staff sympa. Fruits de mer, riz sauté, soupes à prix très raisonnables (tout à moins de 100 Bts, soit 2 €). Petit dej' pas mauvais.

Les plages

Pante Bay – อ่าวปันเต *(1,5 km) :* à partir du port, elle s'étale vers le sud, bordée à l'est par le village de bungalows et des feuillus de toutes sortes. C'est la plage la plus fréquentée de l'île, mais tout est relatif : en pleine saison, à peine quelques serviettes qui fleurissent ici et là.

Jack Bay – อ่าวแจ๊ค *(0,8 km) :* au sud de Pante Bay, dont elle n'est détachée qu'à marée haute. À marée basse, on accède à cette plage par un passage de 150 m à gué. Quand la marée monte, l'accès n'est possible qu'à la nage ou en escaladant les rochers gréseux séparant les deux baies. Solitude presque assurée.

Malae Bay – อ่าวมาเล *(0,6 km) :* à l'extrême sud de Jack Bay, suivre le ruisseau qui s'engage vers la gauche à travers la mangrove ; le traverser. À l'horizon apparaît déjà Malae Bay après quelque 200 m, avec ses plantations de cocotiers. On peut y planter sa tente.

Sone Bay – อ่าวสน *(3 km) :* suivre le chemin longeant Malae Bay sur la gauche. Rapidement, ça grimpe à travers la forêt vierge pour redescendre en fin de parcours. Le chemin est bien balisé tout du long. Au total, 4 km de marche depuis Malae ; 7,5 km depuis le départ, soit grosso modo 2 h de marche. Juste avant destination, le sentier traverse deux petits ruisseaux alimentés toute l'année, puis le chemin part sur la droite pour rejoindre le seul bungalow de Sone Bay *(Ranger Station).* C'est là que réside le garde-forestier avec sa petite famille à l'extrême nord de la plage. Ici, on peut aussi louer une tente, grignoter et se désaltérer. Vers le sud, du sable blanc à perte de vue et personne à l'horizon : dépaysement garanti. De décembre à février, c'est ici que les tortues de mer viennent pondre leurs œufs. La chance ne nous a malheureusement pas souri. Tant pis, vous nous raconterez...

➢ Il y a aussi une belle petite ***rando*** à faire vers une cascade à 3,5 km de la plage. La balade est bien balisée, mais attention, malgré la courte distance, l'aller-retour nécessite au moins 3 h de marche et de grimpette dans les rochers. Côté pratique, si vous voulez passer la nuit (c'est l'idéal, le coucher de soleil y est sublime), négociez avec le garde un riz fait maison pour le dîner et n'hésitez pas à apporter de la nourriture.

Makham Bay **–** อ่าวมะขาม *(1 km)* et ***Taloh Udang Bay*** **–** อ่าวตะโละอุดัง *(2 km)* **:** tout au sud de l'île, ces deux plages sont inaccessibles à pied. Seule solution : louer les services d'un *long-tail boat* à partir du port. Taloh Udang restera célèbre à jamais pour avoir reçu, entre 1939 et 1945, bon nombre d'opposants au régime nationaliste de Phibun. Lors de notre passage, nous y avons vu batifoler des dauphins rigolards ! À l'horizon, les gratte-ciel de Ko Langkawi ; sans commentaire...

Taloh Wow Bay **–** อ่าวตะโละวาว **:** unique plage (rocheuse) orientée sur le côté est de l'île, elle servit longtemps de geôle aux plus dangereux prisonniers thaïlandais. L'accès y est facile pour les bons marcheurs via la seule route de l'île, mais le parcours en plein soleil est assez éprouvant (10 km aller à partir de Pante Bay).

À voir. À faire

Le musée-diaporama : avant le resto, sur la gauche. Modeste expo sur la géographie et l'histoire de Tarutao, carte en relief à grande échelle, photographies, description des espèces sauvages locales... Séance-diaporama les lundi, mardi et mercredi soir vers 20 h, dans un bâtiment voisin. Assez intéressant. Quelques commentaires en anglais.

Toh-Boo : à partir des bureaux administratifs du parc, un sentier grimpe au sommet de la colline Toh-Boo, à 114 m. Environ 15 mn de marche dans la forêt. L'occasion de sympathiser avec la faune de l'île (notamment les singes et les écureuils volants). De là-haut, superbe panorama sur la côte ouest. Par temps clair, on aperçoit Ko Adang et Ko Lipe (tout à gauche) à quelque 40 km et Ko Bulon Lae (tout à droite).

La grotte des Crocodiles **–** ถ้ำจระเข้ **:** du port, on aperçoit sur la droite un canal naturel *(Malaka Canal)* qui s'engouffre à l'intérieur des terres à travers une épaisse mangrove. Celui-ci conduit, après un peu plus d'un kilomètre, à une caverne qui tenait jadis sa réputation de ses féroces crocodiles (brr !). Néanmoins, ceux-ci semblent avoir disparu de l'île depuis 1974, date à laquelle remonte leur dernière observation. Balade très intéressante ; prévoir une torche pour la grotte. Le bateau en entier revient à environ 400 Bts (8 €) ; se grouper avec d'autres. Renseignements auprès des rangers.

KO LIPE – เกาะหลีเป๊ะ

Entourée de belles plages de sable blanc et d'un récif magnifique, cette petite île plate comme une crêpe est devenue essentiellement touristique et mercantile. Mais elle nous plaît quand même, c'est dire si elle est belle ! Ko Lipe tient avant tout son originalité de sa communauté de pêcheurs, les *Moken* ou *Chao Lay* en thaï, des « gitans de la mer » dont les origines sont mal connues encore aujourd'hui. Forts, les cheveux raides légèrement rougeâtres, les yeux d'un bronze intense, ils ont leur propre langage et sont liés à la mer corps et âme, comme en témoigne leur rituel de la « Loy-Rua ». Celui-ci consiste à offrir à la mer un bateau chargé symboliquement des péchés des villageois. Si par malheur l'océan vient à le rejeter vers la côte, le pire est à craindre pour ces marins, soudain pris sous le joug de la fatalité (mauvaises récoltes, accidents en mer...).

Infos utiles

– ***Accès :*** voir « Comment y aller ? » plus haut. Pas de port. Ko Lipe est entourée de récifs de coraux, les eaux alentour sont d'ailleurs très peu profondes. Les passagers sont débarqués à l'aide de *long-tails boats* à fond plat dont les proprios sont de fieffés filous.
– ***Internet*** et le ***téléphone international*** sont disponibles sur l'île mais à des tarifs franchement prohibitifs. Pas de banque, mais les hôtels sont habitués à faire le ***change.***

Où dormir ? Où manger ?

Il y a désormais une quinzaine de *resorts* en tout genre sur tout le pourtour de l'île. Rien de très chic pour l'instant ! Sur Lipe, une chambre double n'excède pas 1 500 Bts (30 €). La longue plage de Pattaya, au sud, concentre la plupart des restos et des bars, d'où pas mal de monde et une certaine promiscuité.

De bon marché à prix moyens (de 250 à 1 000 Bts – 5 à 20 €)

Sur la côte nord et nord-est

Porn Resort – พรรีสอร์ท *:* au nord-ouest de l'île. Pas de téléphone. Bungalows bon marché en bois et bambou tressé, et également possibilité de louer une tente (avec matelas !) que l'on plantera pile poil devant l'océan ! Chambres et sanitaires assez propres. Calme, joli paysage alentour. La table est bonne, pour ne pas dire excellente ! Une bonne adresse routarde.

Andaman Resort – อันดามันรีสอร์ท *:* juste à côté du village, au nord-est de l'île. ☎ 728-017 ou 01-898-43-35 (portable). Sur la plus belle et la plus tranquille des plages possibles, entre une cocoteraie et une minipinède, voici un assez gros village de bungalows en bois. Il y en a pour tous les goûts et pour toutes les bourses, de la cabane spartiate et étriquée au chalet climatisé avec terrasse et vue sur le large. Totalement calme, avec un « plus » : la proximité du village, qui rend l'endroit vivant et authentique. Au resto, des plats thaïs plutôt bons. Bonne ambiance populaire. Seul bémol : l'accueil un brin commercial.

Mountain Resort – เม้าเทนนรีสอร์ท *:* au nord-est, à côté d'*Andaman Resort.* ☎ 728-131 ou 09-738-45-80 (portable). • www.mt-resort.com • Trois catégories de bungalows, ventilé (bambou et toit de tôle verte), climatisé ou « VIP » (ça nous fera toujours rire, comme expression ! surtout pour un chalet en bois). Le charme de cette adresse réside dans sa situation, en surplomb de la mer et les yeux dans les yeux avec l'île d'Adang. Belle vue depuis le resto. Calme, avec un joli bout de plage en contrebas. Dispose de ses propres bateaux pour les excursions.

Plage de Pattaya – côte sud

***Pattaya 2 Resort* – พัทยา 2 รีสอร์ท :** à l'extémité ouest de la plage, à flanc de roche. ☎ 728-034 ou 09-464-83-37 (portable). Bungalows de styles très variés, posés sur pilotis et s'intégrant de leur mieux dans le paysage rocailleux. Les plus chers (à prix moyens) font face à la mer ; les autres, plus rustiques mais propres néanmoins, possèdent une douche froide et des w.-c. à la turque. Calme, un peu au-dessus de la mêlée. Resto et bar. Quant à la plage, elle est bien jolie mais peu propice à la baignade : très peu de fond, nombreux bateaux à moteur et en plus, des oursins avec des piquants longs comme ça !

– Évitez les bungalows de *Lee-Pae Resort,* le plus cher et le plus en vue de Pattaya, où les *long-tails* débarquent souvent en premier. C'est vraiment très sale et cher pour pas grand-chose.

***Family restaurant* – ร้านอาหาร-แฟมิลี่ :** au milieu de Pattaya Beach. Consiste en une simple terrasse couverte posée sur la plage. On y mange à très bon compte (moins de 100 Bts – 2 €) une cuisine locale savoureuse.

– Le soir, ça vire à la ***barbecue-party*** sur toute la plage ! Presque tous les restaurants s'y mettent. Poisson, brochettes, etc. Extra.

Où boire un verre ? Où sortir ?

***Jack's Jungle Bar* – แจ๊คส์ จังเกิ้ลบาร์ :** au beau milieu de l'île, en pleine jungle ! Accès fléché depuis le *Porn Resort* ou le village Chao-Lay. Ouvert en soirée. Fermeture... à l'aube, s'il le faut ! À notre avis le meilleur endroit de l'île pour descendre une mousse, papoter avec les habitués ou jouer au billard. Tenu par des moniteurs de plongée occidentaux, il est fréquenté par tous les gens *aware* de Ko Lipe. Excellente musique et ambiance conviviale.

À voir. À faire dans les environs

➢ Balades sympas d'une plage à l'autre. Plusieurs sentiers traversent l'île de part en part. Sinon, quel bonheur de nager dans l'eau transparente ! Également quelques récifs coralliens au large de la plage de *Se Pattaya* et au large du *Porn Resort.*

Plongée en apnée : les plus beaux récifs coralliens sont situés autour de *Ko Kra* (facilement reconnaissable à son palmier solitaire), à 500 m au large de Ko Lipe, côté est, *Ko Jabang* (5 km en direction de Ko Rawi) et surtout *Ko Yang* (3 km supplémentaires vers Ko Rawi). L'idéal est de se regrouper pour louer un bateau à la journée ou à la demi-journée. Location de masques et de tubas. *Snorkelling* facile et riche en rencontres colorées. Certainement l'un des derniers sanctuaires de vie marine encore appréciable en Thaïlande et ne souffrant pas trop, pour l'instant, des affres de la fréquentation touristique.

Surtout, ne touchez à rien ; vous pourriez casser le corail, déranger la faune et le regretter douloureusement !

Pour vous lancer dans la plongée avec bouteilles, Ko Lipe est un endroit rêvé. Attention, parmi la demi-douzaine de centres de plongée de l'île, tous ne sont pas recommandables. Nous vous conseillons en particulier :

■ ***Sabye Sports* – สบาย สปอร์ต :** juste à côté du *Porn Resort.* ☎ 728-026 ou 09-464-58-84 (portable). • www.sabye-sports.com • Un centre très sérieux, fonctionnant avec des instructeurs européens. Formation *PADI* de qualité. Jetez un œil sur leurs promotions du moment.

➢ À proximité de Ko Jabang, faire un petit détour d'un kilomètre par ***Ko Hin Ngam*** – เกาะหินงาม (littéralement « l'île aux Belles Pierres ») pour observer ses plages couvertes de galets au poli incomparable. En revanche, résistez au plaisir d'en rapporter en souvenir, tout le monde vous dira que ça porte malheur.

KO ADANG – เกาะอาดัง

Jadis réputée pour la beauté de ses fonds coralliens, elle n'offre plus aujourd'hui aux plongeurs que quelques récifs dégradés. Naturellement, on pense à la pêche à la dynamite et aux traces indélébiles qu'elle sème derrière elle. Mais il semblerait que le vent soit aussi à l'origine de ces dégradations (par les transports sableux dont il est la cause). Toutefois, Ko Adang a encore beaucoup à offrir avec son relief montagneux (points de vue plongeants sur les îles voisines de l'archipel), ses épaisses forêts vierges et ses cascades, où les pirates du coin venaient se ravitailler *(Pirats Waterfall).* Également quelques villages de pêcheurs *chao lay* (la plupart ont toutefois émigré vers Ko Lipe). Réservé aux voyageurs déterminés et avides d'horizons sauvages. Enfin, si vous n'y faites qu'un rapide passage, l'excursion jusqu'au sommet vaut le détour : vue magnifique sur les îles environnantes, notamment Ko Lipe, entourée d'un halo d'eau turquoise.

Infos utiles

– ***Accès :*** voir « Comment y aller ? » au début du chapitre sur le parc maritime de Tarutao. On débarque au sud de l'île, au niveau du quartier général (Laem Son). En outre, possibilité de passer de Ko Lipe à Ko Adang à tout moment (moins de 2 km les séparent) en *long-tail boat.* Pas trop cher.
– ***Hébergement et nourriture :*** se reporter à la rubrique « Où dormir ? Où manger ? » sur Ko Tarutao, plus haut. Camping et bungalows sur le même modèle, aux mêmes prix.

KO BULON LAE – เกาะบุโหลน แล

Située au sein du parc maritime de Mu Ko Phetra, à une quinzaine de kilomètres au nord de Tarutao, la petite île de Bulon Lae vous offre la perspective de vacances paisibles dans un environnement enchanteur (sable fin, coraux et forêt luxuriante). Une île très prisée par les familles et les gens tranquilles.

Meilleur moment pour s'y rendre : de janvier à avril. Le reste de l'année, les liaisons maritimes sont beaucoup moins fréquentes.

Arriver – Quitter

➢ Au départ de ***Pakbara*** (port d'embarquement principal pour les îles, voir plus haut). De mi-novembre à mi-mai, bateau chaque jour à 10 h 30 et 15 h à destination de Ko Bulon. Compter 250 Bts (5 €) pour 1 h 30 de trajet. Retour vers Pakbara à 10 h et 16 h. Liaison avec ***Ko Lipe*** par le ferry Pakbara-Bulon-Lipe, qui dessert Bulon à la mi-journée ; 2 h de bateau, 350 Bts (7 €) le billet.

Où dormir ? Où manger ?

De bon marché à prix moyens (de 250 à 1 000 Bts – 5 à 20 €)

Koh Bulon School – โรงเรียนบ้านเกาะบุโหลน(เล) **:** c'est l'école de l'île. ☎ 09-976-45-21 (portable). Une poignée de bungalows simples, propres et très bon marché, tenus par l'institutrice du village. À l'intérieur, ventilo, douche froide, moustiquaire. Attention, le soleil tape fort sur les toits de tôle : mais vous n'êtes probablement pas venus ici pour rester enfermé toute la journée ! Excellent esprit. En plus, la maîtresse est d'une gentillesse débordante !

Marina Resort – มารีน่ารีสอร์ท **:** face au débarcadère, derrière l'école. ☎ 728-032. • www.marina-kobulon.com • Beaux chalets tout en bois, rustiques dans le bon sens du terme. C'est « Ma cabane au Canada » version tropicale ! Bon marché, avec douche froide, ventilo et moustiquaire. Vraiment un bon *deal*. Accueil sympa. Au restaurant, cuisine thaïe pas chère.

Bulon Resort – บุโหล นรีสอร์ท **:** à l'extrémité nord de Bulon Beach, après l'école. ☎ 01-897-90-84 (portable). Les bungalows les moins chers sont plus que rudimentaires, puisqu'il n'y a dedans qu'un lit surmonté d'une moustiquaire. Les plus chers (prix moyens) sont flambant neufs, spacieux, avec douche froide et ventilateur. Accueil et ambiance très positifs. Resto pas terrible, en revanche.

Panka Resort – ปันการีสอร์ท **:** plus loin vers l'ouest, après le dernier village de pêcheurs. ☎ 01-990-22-37 (portable). Quelques bungalows équipés de douches et w.-c. sommaires, loués par les habitants traditionnels de l'île, le long de Panka Yai Bay. Une saveur de bout du monde face à cette plage atypique mais ô combien belle ! Idéal pour partager la vie du village et mieux comprendre la culture *chao lay*.

Autour du village *chao lay*, plusieurs restos locaux pour manger sain et pas cher.

Un peu plus chic (de 1 000 à 2 000 Bts – 20 à 40 €)

Pansand Resort – พันแซนด์รีสอร์ท **:** 200 m à gauche du débarcadère. ☎ 075-218-035 ou 01-397-08-02 (portable). Fax : 075-211-010. Un village de bungalows très organisé, proposant un confort correct, bien que les prix soient nettement surévalués. Salle de bains (eau froide) et ventilo. Attention, les bungalows ne sont pas équipés de

LE SUD

moustiquaires ! Attitude typique des hôtels un peu chers, qui semblent croire que le prix élevé des chambres fait faire demi-tour aux moustiques. Signalons malgré tout le restaurant, bon et pas si cher que ça, et enfin l'accueil souriant et le jardin soigné en bord de plage. Réservation obligée pendant les fêtes locales.

Les plages

***Bulon Beach* – หาดบุโหลน :** la plus grande et la plus belle, à l'ouest de Ko Bulon. Eau limpide, coraux et poissons multicolores, sable jaune crème. Magnifiques couchers de soleil.

***Mango Bay* – หาดมังโก :** au sud de l'île, accès via les villages de pêcheurs près de Panka Noi Bay, par un sentier sur la gauche. Pas plus de 15 mn de marche. Petite plage de sable fin (pas toujours très propre) bordée d'un village de pêcheurs fort accueillant. Comme précédemment, eau claire et coraux à faible distance de la côte. Essayer de convaincre les pêcheurs de vous emmener jusqu'à *Bat Cave,* la « grotte aux chauves-souris », un peu à l'ouest de la plage.

***Panka Noi Bay et Panka Yai Bay* – หาดปันกาน้อยและหาดปันกาใหญ่ :** au nord de l'île, coin à visiter pour ses villages *chao lay* (ne pas manquer la pause-fumerie en milieu d'après-midi, vous verrez ces costauds s'époumoner dans une pipe de bambou) et ses deux plages de granite, grès et latérite réunis. Végétation de mangrove, socle aux découpes originales. Attention toutefois à la chute, on en a personnellement fait les frais en voulant visiter *Nose Cave* (roche glissante et très tranchante par endroits).

Où plonger ?

***Autour de Ko Bulon* :** le long de la grande plage et de Mango Bay, bancs de coraux souples, accessibles aux bons nageurs. Location de matériel au *Pansand Resort.*

***White Rock* :** pour ceux qui souhaitent plonger parmi les récifs coralliens, une excursion en bateau s'impose vers White Rock, au sud de Ko Bulon. Possibilité de passer par un des *resorts,* quoique la meilleure solution (et la moins onéreuse) consiste à aller directement au-devant des pêcheurs. Pas de prix fixe, ça dépend surtout de la pêche du matin.

SONGKHLA – สงขลา

IND. TÉL. : 074

Communauté vivant de pêche et de négoces à l'époque préhistorique, sous autorité malaisienne au XVIIe siècle, dont le nom viendrait d'un Chinois qui prétendit, en 1775, descendre de la célèbre famille des Na Songkhla.
À 30 km à l'est de Hat Yai, les deux villes sont comme deux sœurs et travaillent ensemble. Installée sur une presqu'île, Songkhla est une tranquille station balnéaire, où l'on trouve également un golf. Le charme désuet de ses vieilles maisons en bois et les tranches de vie des forçats de la mer sur les quais du port ne manqueront pas d'éveiller votre curiosité. Très fréquentée par les Asiatiques.

Songkhla est très étendue, il faut s'y déplacer en *tuk-tuk* ou en moto-taxi. Elle est construite entre la mer, à l'est (Samila Beach), et le Songkhla Lake, immense lagune à l'ouest. Enfin, sachez que les *guesthouses* et les hôtels sont moins chers qu'à Hat Yai (à qualité égale), plus calmes et ont souvent plus de charme.

Arriver – Quitter

➢ ***Hat Yai :*** le bus n° 1871 part du terminal du marché *(plan Hat Yai, A1, **2**)*, devant la *Clock Tower* sur Phetkasem Rd. Il y en a toutes les 10 mn de 5 h 30 à 19 h 15. Durée du trajet : 1 h, parfois moins. Depuis Songkhla, prendre le bus sur Ramwithi Rd (face à Petkiri Rd), juste en dessous de la passerelle. Toutes les 10 mn aussi. Dernier bus pour les retardataires vers 20 h.
– La voie ferrée de Hat Yai à Songkhla est désaffectée.

Où dormir ?

Bon marché (moins de 500 Bts – 10 €)

Amsterdam Guesthouse – อัมส์เตอร์ดัมเกสท์เฮ้าส์ ***:*** 15/3 Rong Muang Rd (juste derrière le *Songkhla National Museum*). ☎ 314-890. Paula, la charmante propriétaire hollandaise, a ouvert une poignée de chambres croquignolettes, avec de gros ventilos. Douche (eau froide) et w.-c. communs. Entre les plantes vertes, les oiseaux et le mobilier en bambou, l'ambiance est vraiment rétro. Prix doux. Bon petit resto. Paula pourra vous tuyauter sur les centres d'intérêt de la ville.

Yoma Guesthouse – โยมาเกสท์ฮ้าส์ ***:*** Rong Muang Rd (également derrière le *Songkhla National Museum*). ☎ 441-425. Dans cette belle maison ancienne (tout en bois) au charme suranné, vous serez forcément séduit par les chambres coquettes et impeccablement tenues, avec ventilo, douches et w.-c. communs. Accueil prévenant. Excellente atmosphère.

Sooksoomboon 2 Hotel – โรงแรมสุขสมบูรณ์ ***:*** 14-18 Saiburi Rd. ☎ 323-809. Fax : 323-406. Cet hôtel comporte deux parties. Une demeure moderne, avec des chambres toutes neuves à la déco agréable, très bien équipées (AC, salle d'eau avec eau chaude) et d'un bon rapport qualité-prix. Accueil souriant. À côté, une maison ancienne, avec des chambres très simples (douche froide et w.-c.), genre cellules, et dont la propreté est douteuse.

D'un peu plus chic à plus chic (de 1 000 à 2 000 Bts – 20 à 40 €)

Pavilion Songkhla Hotel – โรงแรมพาวีเลียนสงขลา ***:*** 17 Platha Rd. ☎ 441-850/9. Fax : 323-716. • www.pavilionhotel.co.th • En centre-ville et à quelques encablures de la plage. Oubliez la façade un brin austère et franchissez le porche d'entrée *Chinese style* vraiment original, pour vous retrouver dans un hall de palace avec corridor et grand escalier. Belles chambres douillettes et très bien équipées (TV, AC, minibar...). Ambiance feutrée. Accueil attentionné et stylé.

Où manger ?

On peut trouver de bons ***restos,*** notamment des ***seafood,*** sur la route qui longe Samila Beach. De petites ***échoppes ambulantes*** vendent aussi de croustillants *som tam,* beignets composés de plusieurs petites crevettes non décortiquées (c'est excellent, et les têtes passent très bien !).

À voir

***Le marché de nuit* – ตลาดกลางคืน :** à l'extrémité de Wichianchom Rd. Animation et petits restos avec spécialités musulmanes.

***Samila Beach* – หาดสมิหลา :** immense plage, assez fréquentée pendant le week-end. La bande de sable est belle et large, mais, suivant les courants et les endroits, la mer peut être assez trouble. À l'extrémité nord de la plage, la statue d'une sirène en bronze, lissant ses cheveux, perchée sur un rocher, est vénérée par les gens du coin.

***Songkhla National Museum* – พิพิธภัณฑสถานแห่ง ชาติสงขลา :** Wichianchom Rd. ☎ 311-728. Ouvert tous les jours sauf les lundi, mardi et jours fériés, de 9 h à 16 h. Entrée : 30 Bts (0,6 €). Le musée est installé dans une curieuse maison blanche de style chinois, avec un double escalier, de larges balcons et de beaux jardins intérieurs (un peu style patio). Elle date de 1878 et servit de résidence au gouverneur de la province. Plusieurs salles où sont présentées de belles sculptures de pierre ou de bronze, principalement des bouddhas, dont il n'est pas toujours aisé de reconnaître le style : de Sukhothai, Dvâravatî, Ayutthaya, Lopburi... (essayez donc, sans regarder !). Plusieurs meubles chinois, des vestiges archéologiques et des objets de vie courante complètent l'expo.

DANS LES ENVIRONS DE SONGKHLA

***Khao Noi* – เขาน้อย :** petite colline qui domine le cap de Songkhla. Belle vue sur le site de la ville.

***Son on Cape* – แหลมสนอ่อน :** c'est la pointe qui sépare la mer de la lagune, au nord-ouest de la ville. Y aller à pied par la plage. Très beau paysage.

Visite à l'***île de Koyo** (ou **Ko Yor)*** **– เกาะยอ :** prenez le bateau à 10 h devant la poste de Songkhla. Pas cher. C'est l'omnibus local. Promenade de 2 h entre les îles pour ceux qui n'ont rien d'autre à faire. Arrivée vers midi à Koyo. On peut aussi y aller par voie terrestre, car l'île est reliée à Songkhla par un pont. Minibus à prendre devant le bureau de *Tourism Services,* sorte d'office de tourisme rudimentaire à l'angle de Platha Rd et Saiburee Rd. Petite île montagneuse, cocotiers, jungle, immense verger. Un métier à tisser dans pratiquement chaque maison. On peut reprendre le bateau vers 15 h, à l'autre bout de l'île.

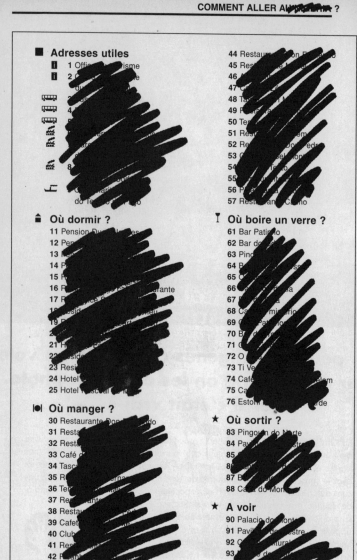

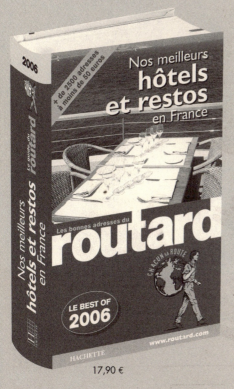

ASSOCIATION CONTRE LA PROSTITUTION DES ENFANTS
ôkô - Espace offert par le Guide du Routard
Abusez d'un enfant au soleil et vous passerez 10 ans à l'ombre
La Loi d'extraterritorialité votée en 1994, révisée en 1998, permet de juger un résident et/ou un ressortissant français ayant commis des abus sexuels en France ou à l'étranger. Les peines pour un abus commis sur un enfant sont sévères : jusqu'à 10 ans d'emprisonnement et 150 000 € d'amende.
www.acpe-asso.org
A C P E - 14, rue Mondétour - 75001 Paris
Tél. : 01 40 26 91 51 - acpe@acpe-asso.org
a c p e
ASSOCIATION CONTRE LA PROSTITUTION DES ENFANTS

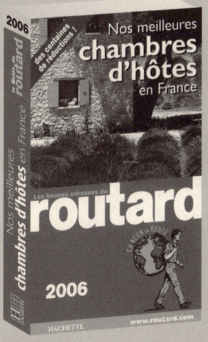

Photo : Laurence & Renaud - Espace offert par le Guide du Routard.
ISA
SIDA
LOLA
protégez-vous
AIDES
www.aides.org

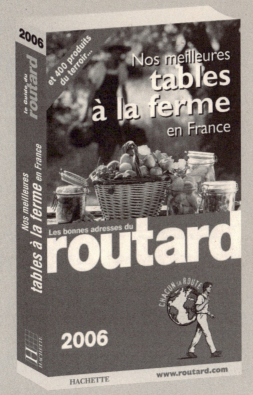

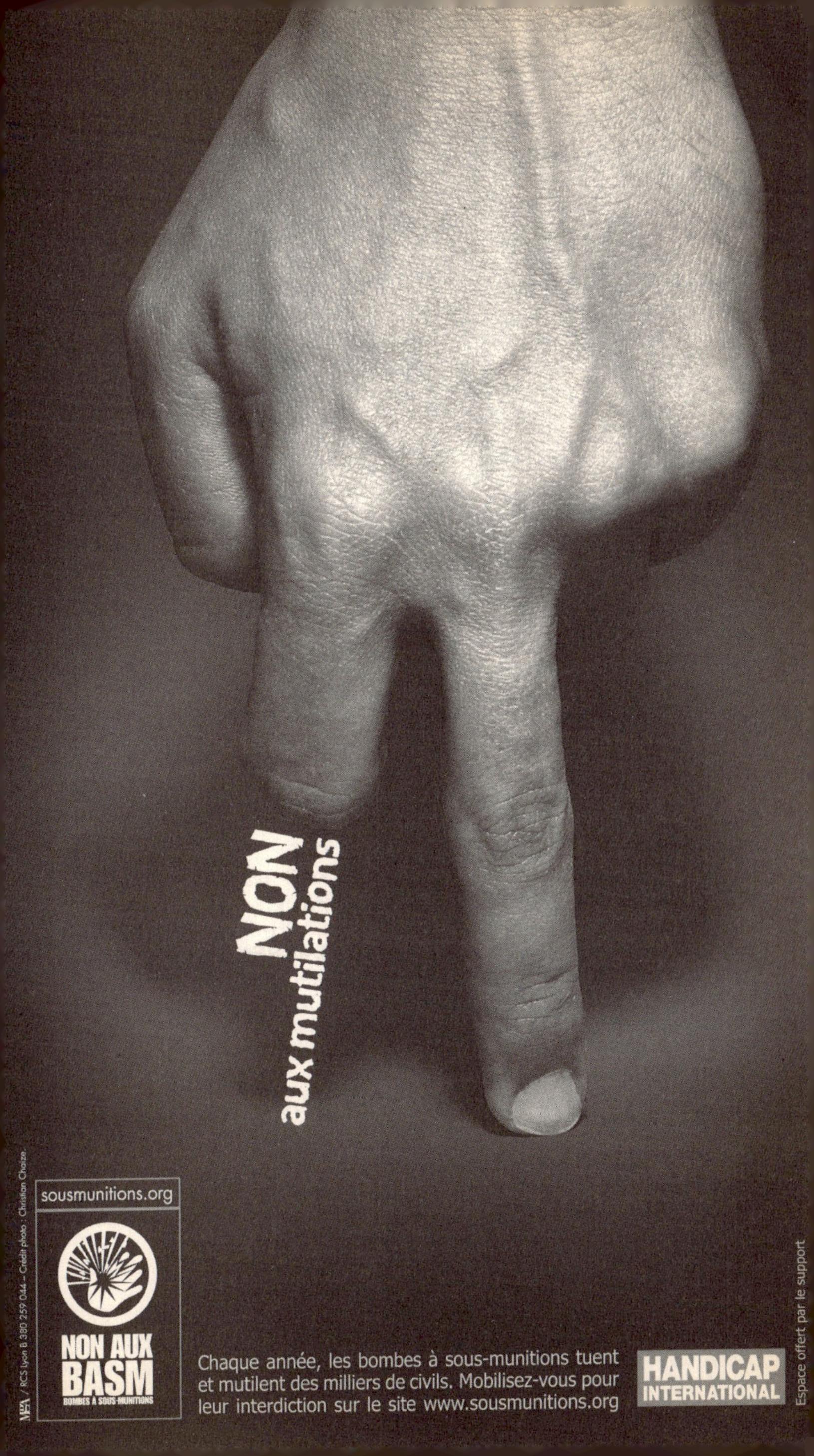
NON
aux mutilations
sousmunitions.org
NON AUX
BASM
BOMBES À SOUS-MUNITIONS
Chaque année, les bombes à sous-munitions tuent
et mutilent des milliers de civils. Mobilisez-vous pour
leur interdiction sur le site www.sousmunitions.org
HANDICAP
INTERNATIONAL
Espace offert par le support
MPA / RCS Lyon B 380 259 044 – Crédit photo : Christian Chaize

INDEX GÉNÉRAL

– A –

– B –

– C –

– D-E –

– G-H –

– K –

INDEX GÉNÉRAL

– L –

– M –

– N –

– O-P –

– R –

– S –

– T-U –

– W –

– Y –

OÙ TROUVER LES CARTES ET LES PLANS ?

Les **Routards** *parlent aux* **Routards**

Faites-nous part de vos expériences, de vos découvertes, de vos tuyaux. Indiquez-nous les renseignements périmés. Aidez-nous à remettre l'ouvrage à jour. Faites profiter les autres de vos adresses nouvelles, combines géniales... On adresse un exemplaire gratuit de la prochaine édition à ceux qui nous envoient les lettres les meilleures, pour la qualité et la pertinence des informations. Quelques conseils cependant :

– Envoyez-nous votre courrier le plus tôt possible afin que l'on puisse insérer vos tuyaux sur la prochaine édition.
– N'oubliez pas de préciser l'ouvrage que vous désirez recevoir.
– Vérifiez que vos remarques concernent l'édition en cours et notez les pages du guide concernées par vos observations.
– Quand vous indiquez des hôtels ou des restaurants, pensez à signaler leur adresse précise et, pour les grandes villes, les moyens de transport pour y aller. Si vous le pouvez, joignez la carte de visite de l'hôtel ou du resto décrit.
– N'écrivez si possible que d'un côté de la lettre (et non recto verso).
– Bien sûr, on s'arrache moins les yeux sur les lettres dactylographiées ou correctement écrites !

En tout état de cause, merci pour vos nombreuses lettres.

Le Guide du routard : 5, rue de l'Arrivée, 92190 Meudon

e-mail : guide@routard.com
Internet : www.routard.com

Les **Trophées** *du* **Routard**

Parce que le *Guide du routard* défend certaines valeurs : droits de l'homme, solidarité, respect des autres, des cultures et de l'environnement, les Trophées du Routard soutiennent des actions à but humanitaire, en France ou à l'étranger, montées et réalisées par des équipes de 2 personnes de 18 ans à 30 ans.
La troisième édition des Trophées du Routard 2006 est lancée, et les équipes partent chacune avec une bourse et 2 billets d'avion en poche pour donner de leur temps et de leur savoir-faire aux 4 coins du monde.
Ces projets sont menés à bien grâce à l'implication d'Air France qui nous soutient.

Routard Assistance *2007*

Routard Assistance, c'est l'Assurance Voyage Intégrale sans franchise que nous avons négociée avec les meilleures compagnies, Assistance complète avec rapatriement médical illimité. Dépenses de santé et frais d'hôpital pris en charge directement sans franchise jusqu'à 300 000 € + caution + défense pénale + responsabilité civile + tous risques bagages et photos. Assurance personnelle accidents : 75 000 €. Très complet ! Le tarif à la semaine vous donne une grande souplesse. Tableau des garanties et bulletin d'inscription à la fin de chaque *Guide du routard* étranger. Pour les longs séjours, un nouveau contrat *Plan Marco Polo « spécial famille »* à partir de 4 personnes. Si votre départ est très proche, vous pouvez vous assurer par fax : 01-42-80-41-57, en indiquant le numéro de votre carte de paiement. Pour en savoir plus : ☎ 01-44-63-51-00 ; ou, encore mieux, sur notre site : • www.routard.com •

Photocomposé par MCP - Groupe Jouve
Imprimé en Italie par Legoprint
Dépôt légal n° 75482-10/2006
Collection n° 13 - Édition n° 01
24.0597.5
I.S.B.N. 2.01.24.0597.5